国际海关业务制度教材

CUSTOMS

海关法学

欧盟与法国海关法研究

第七版

[法] 克劳德·让·贝尔　[法] 亨利·特雷莫◎著
黄胜强　万曙春◎译

LAW

中国海关出版社有限公司·北京

图书在版编目（CIP）数据

海关法学：欧盟与法国海关法研究／（法）克劳德·让·贝尔，（法）亨利·特雷莫著；黄胜强，万曙春译．—北京：中国海关出版社有限公司，2019.11
ISBN 978－7－5175－0389－7

Ⅰ.①海… Ⅱ.①克… ②亨… ③黄… ④万… Ⅲ.①海关法—法学—法国 Ⅳ.①D956.522

中国版本图书馆 CIP 数据核字（2019）第 218205 号

北京市版权局著作权合同登记号：01-2019-6691

Originally published in France as：
Le droit douanier：Communautaire et national 7ed by Claude J. BERR Henri TRE MEAU
© Ed. Economica 2006
Current Chinese translation rights arranged through Divas International，Paris
巴黎迪法国际版权代理（www.divas-books.com）

海关法学——欧盟与法国海关法研究（第七版）
HAIGUAN FAXUE——OUMENG YU FAGUO HAIGUANFA YANJIU（DI QI BAN）

作　　者：克劳德·让·贝尔　亨利·特雷莫
译　　者：黄胜强　万曙春
策　　划：普　娜
责任编辑：李　多　左桂月
出版发行：中国海关出版社有限公司
社　　址：北京市朝阳区东四环南路甲 1 号　　邮政编码：100023
网　　址：www.hgcbs.com.cn
编 辑 部：01065194242-7529（电话）　　01065194231（传真）
发 行 部：01065194221/4238/4246（电话）　　01065194233（传真）
社办书店：01065195616（电话）　　01065195127（传真）
www.customskb.com/book（网址）
印　　刷：北京新华印刷有限公司　　经　　销：新华书店
开　　本：787mm×1092mm　1/16
印　　张：22.5　　字　　数：600 千字
版　　次：2019 年 11 月第 1 版
印　　次：2019 年 11 月第 1 次印刷
书　　号：ISBN 978－7－5175－0389－7
定　　价：130.00 元

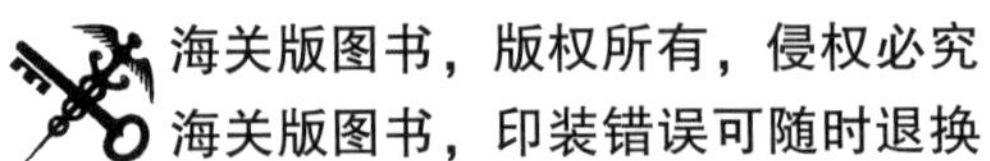
海关版图书，版权所有，侵权必究
海关版图书，印装错误可随时退换

中文版前言 CHINESE PREFACE

海关法可被定义为由国家制定的用以调整和规范货物跨境活动的所有法律规范的总和。因而，从性质上看，它与真正意义上的货物以外的要素跨境并不相关，例如，外汇、服务、专利等。在长达几个世纪的漫长历史中，海关法的使命具有单一的财政性。对于可在自己的领土范围内设立一定的有监管保护措施的海关法而言，就是对货物出口或进口征收轻重不等的关税，以增加国家财政收入。承担该项非常特殊任务的人员经重组，成立了初步意义的海关，后来随着时间的推移，海关逐步演变为一个专门的行政机关，自此其职责也发生了深刻演变。

关税，在其纯粹税收利益的背后，显露出其在保护地方和国家经济方面所发挥的重要作用，使本国经济免受来自得益于更为有利的生产条件的外国产品的竞争。但受到自由贸易学说批判的关税保护主义影响，有时会导致闭关锁国，在当今已不能以游离于总的发展趋势的方式来实行了。总的发展趋势就是关税本身不断下降，这也是在关税及贸易总协定主持下经长期谈判所带来的结果。再加上关税同盟、自由贸易区的发展，以及国际社会对发展中国家采取的优惠措施等，都相应推动了对保护主义的反对。

当然，海关的工作范围并非止于此。它还要警惕地监管一系列旨在限制贸易自由的做法，这些做法被称为“非关税壁垒”。然而，并不是所有这些做法都应受到谴责，比如征收反倾销税一类用来反击某些具有进攻性的不正当行为的做法。当今，海关的职责又被扩展到打击国际犯罪领域，国际犯罪当前呈现出形式多样的态势，令人无比担忧。海关还积极参与到打击侵权，打击对恐怖主义的资助，以及打击非法移民等斗争中。

虽然打击是一种有效的辅助手段，但海关从未因此弱化过——这丝毫不有悖于其职能——它在合规的世界贸易发展中所扮演的推动者的角色。海关向企业提供过一个真正的产品目录，用一个几乎普世性的商品分类目录，将所有商品用一种定义非常清楚的“税则分类”排列组合起来。海关还成功地与某些经营者间维系着一种信任关系，帮助经营者合理利用“经济监管方式”，使他们能根据其业务的需要来承担海关债。我们已经接近某些人所称的“海关与企业间的伙伴关系”。

最后，我必须强调，由于对通信技术发展高度关注与依赖，海关在使其监管程序（申报、查验、缴税，等等）适应互联网所带来的变化的过程中，已经毫无保留地进行了重组。

在这些条件下，人们将坚信，海关虽然从法律上与过去没有割裂，但它正在成功地历经一场“革命”，而且与某些一贯的批评者的论断恰好相反，海关并没有处于消失的边缘。

克劳德·让·贝尔

2019 年 4 月 26 日

前言 PREFACE

自本书的上一版出版以来，海关法基本上没有进行过重大修改，尽管明确性仍然很差的欧盟和法国的法律越来越多。然而，我们已经充分地反复指出，法律文件对于国际贸易经营人是必不可少的保障，因此国际贸易的实践要求它能简单明了。

但是，在这一表面的稳定之外，出现一些深刻变革的迹象，其大的方向逐渐显露出来。一方面，与“9·11 事件”相联系的安全担忧，越来越要求海关当局防范犯罪活动，海关法各项规定所体现的传统目标、税收目标和经济目标正在被新的要求所取代——发现危险、有害或侵权的货物所带来的危害公共秩序的各种性质的风险，在收集并交换情报方面加强国际合作以打击有组织的犯罪。原本已经倾向于尽量弱化其威慑功能的口岸，正在一点点地恢复战略重要性，海关就处在应对贸易发展所造成的实际或者假想威胁的前哨上。

另一方面，国际贸易的诚信经营人对海关的压力并没有因此而减弱，他们不懈地主张贸易便利是流畅的商品转让的必要条件。而这又怎样才能与他们必须遵守的构成海关存在理由的谨慎、严格和强制的要求与规则相适应呢？

如今，在各项应满足的工作要求之间进行协调，似乎应当大量借助电子技术，电子技术能通过对风险进行“靶向”，为海关提供提前对货物进行实际监管的可能性，并且使经营人能够迅速介入他们之间。

尽管如此，即使古典法律框架仍能成功地（不论好坏）适应这些新的情况，但这些框架显然需要进行深刻的变革。这也是欧盟的机构正在努力实现的目标，它们正在积极准备对《欧盟海关法典》进行一次大修订。但只有在法国当局也应当相信《法国海关法典》的法律规定也不再适应当代的要求，而且到了使其现代化的时候，变革才会到来。

从整体上讲，本版书保持了之前各版的基本精神，而且希望继续保留亨利·特雷莫不可估价的贡献。但在每次觉得有必要时，我们还是不得不引入新的变化，即使这些变化仍有某种程度的不确定，而不确定性是海关法独特的活力的标志。

目录 CONTENTS

第一部分　海关与海关法

第二部分 海关税法

第三部分 海关经济法

第四部分　海关诉讼法

引用规则

由于欧盟各项条约的条目编号的变化，所引用的条约原则上指已完成修改的那一版（《欧洲联盟条约》简称《欧盟条约》，《关于建立欧洲共同体的条约》简称《欧共体条约》），过去的文本列在后面。

例如，文中的“《欧共体条约》第234条规定（过去的第177条规定）”，指《关于建立欧洲共同体的条约》的第234条规定，并且注明是《欧共体条约》或《罗马条约》的第177条规定。

总 论

1 [①]海关问题在社会科学中的位置始终不甚清晰，它处在国际经济学和税收学的交叉点上，因此可以从多种的角度去研究它：首先，从贸易的角度，关税的税额和通关手续的成本通常被视为不可避免的费用而且是没有回报的；其次，对于经济学家而言，海关问题是自由贸易倡导者与保护主义者争夺的“选票仓”；最后，从政治角度看，海关问题在发达国家与发展中国家之间的各种问题之外构成一笔平衡的赌注。

本书的主要内容涉及海关问题的法律方面，即用来实现现行海关政策的法律工具。海关法虽然远没有受到欧盟成员国家之间取消边界的影响，但在几年之内却经历了重大变革，使其成为国际经济法中最基本的一部分，使它的诠释者们再也不能满足于对通常是表明状况而且不幸地越来越缺乏拉丁法律文化的法律文本进行简单的分析了。所以，只要有可能，我们两位作者都努力解释法律规定的出发点和落脚点，因为这些规定由于其专业性和不透明性使人们有时不容易直接理解。

也正是本着这一精神，作者觉得有必要在研究什么是海关法的现行框架之前，以总论的形式回顾一下海关问题的总体演变。

第一节 海关问题总体演变

2 如果要理解现行海关机制及其复杂性，就必须懂得进行国际货物贸易所处的环境在人类历史进程中所经历的变化（本节一）。而且，即使我们可以置疑这一表述是否仍具有现实意义，不妨回顾一下法国海关政策的波澜起伏（本节二），哪怕是为了更好地理解如今的海关仍保留的某些特征。

一、国际贸易环境的变化

3 对跨越国界的货物征收关税及其他税的做法自古以来就存在。在数世纪的历史长河中只有税收这个理由可以来解释海关的存在。在原始的财政体制下，商品流通税及关卡税构成最简单的课税手段。直到文艺复兴时期，海关税收仍只在出口环节征收，因为任何关税都会提高商品的价格，对出口到外国的货物征税要好于对本国国民购买的商品征税。除此之外，还要考虑确保国家的供给以避免饥荒。其实，直到 17 世纪才出现一种理念，认

---

① 本书依照引进版原文保留段前序号，以便于查询脚注中标注的相关内容。例如，本书 P18 脚注④为“参见本书 16 及其脚注”，读者则可查找段前标注“*16*”的段落，在本书 P9，参考阅读相关内容即可。——译者注

为关税能发挥一种经济作用，促进某些制造产业的建立和发展。保护主义虽然没有因此确立成一种学说，但受到那个时代重商主义思想的影响，在关税中发现了一种独特的工具，尤其是可以按商品的性质（制成品和原材料）对其进口实行差别待遇。也正是在那个时期，人们开始意识到可以通过取消关税来吸引某些商业活动（设立自由港、大集市）。

4 然而，自由贸易学派受到英国人，特别是李嘉图的启发，在19世纪引发了一场至今仍没有结束的辩论——从世界贸易能给人类带来好处的角度看，关税本身是否具有合理性。关税尽管被指责为国际竞争的绊脚石，却在各个国家的眼中始终作为一个确保（至少部分地）其对外贸易管理的一种有效的手段而存在着。

1929年的经济危机标志着不足以应对货币贬值国家的海关传统作用的削减，和诸如禁止进口和许可方面的配有许可证或对外汇管制制度的数量限制等被称为非关税的保护措施的兴起。

5 第二次世界大战结束不久，国际关系开始走上正常化，关税开始趋向于重新找回它在保护本国正在重建的经济的独一无二的作用，但它所处的环境已经发生了深刻的变化。在《大西洋宪章》① 所确定原则的影响和联合国的推动下，出现了一轮旨在促进恢复国家之间的贸易和扩大经济合作的浪潮，从而要求所有参与国家接受一些自由主义的原则：逐步降低关税、取消进口禁止或限制、放弃歧视性贸易做法。1947年关税及贸易总协定（以下简称关贸总协定）的签署确定了关税在国际贸易中的作用及地位②，1995年建立的世界贸易组织在此方面也没有做出重大改革③。

于是，关税一直被视为是一种合法的保护工具，即使在本质属于自由主义的国际意识形态占主导地位的情况下也是如此。人们还承认，对于发展中国家而言，关税至少能保留其税收职能，这是对发展中国家的特殊待遇。但是，关贸总协定原则的基本作用在于把关税彻底地剥离出间接税，现在原则上已经被缔约方通过协定固定下来并且不能提高。此外，对国家主权的约束也不能仅仅止于关税的税率，还应当涉及关税的征管规定及在某个程度上涉及海关手续本身。

6 关税领域中的这种国际化并没有阻止形成在其中建立专门的法律制度的特定的地理区域，比如源自《罗马条约》④ 的关税联盟。

《欧共体条约》在其第9条（在《欧盟条约》中变为第23条）规定：共同体的基石是关税联盟，关税联盟适用于所有的货物贸易，并且包括成员之间取消进口或出口环节的所有相当于关税的税收，以及在它们与第三方关系中采用一套共同关税税则。共同关税税则是区别关税联盟与自由贸易区的标志，自由贸易区内各个成员对第三方仍保留自己的关税税则。

关贸总协定第XXIV条明确规定，可以在数个成员之间创建某种其法律依据被假定为对最惠国待遇条款的例外的区域一体化，区域内各成员对其互相之间的贸易不征收关税，

---

① 1941年6月，苏德战争爆发。8月9日~12日，罗斯福和丘吉尔在大西洋北部纽芬兰岛普拉森舍湾的美国军舰上举行会晤，双方就苏德战争爆发后的国际形势、两国关系和对德、对苏政策，以及战时和战后世界重要问题等进行了磋商，最后签署了《大西洋宪章》。该宪章对鼓舞世界人民反法西斯斗争和促进反法西斯统一战线的形成具有积极作用。——译者注

② 参见 D. Carreau et P. Juillard, *Droit international économique*, 2e éd., 2005, Dalloz。

③ 参见 *La Communauté européenne et le GATT*, sous la direct. de T. Flory, Éd. Apogée, 1995. -J. M. Jacquet et P. Delebecque, *Droit du Commerce international*, 3e éd., Dal-loz, 2002。

④ 参见 C. -J. Berr, Chronique Union douanière, Rev. trim. Dr. eur. 2001, p. 627。

但第三方却不能享受这种优惠。为了使这项例外得到关贸总协定的认可，还必须符合几项条件，其中包括对贸易往来基本消除关税和其他贸易管制（但欧洲煤钢联营[①]就不是这种情况）。同样，适用于海关同盟的对外贸易的规则也应当“实质性相同”[②]。

7 尽管关贸总协定从来没有正式承认过欧洲海关联盟符合其原则，但它现在肯定符合关贸总协定的第XXIV条规定的标准。成员国之间取消关税已于1968年7月1日生效并正式实施《共同关税税则》。至于真正意义的海关立法，它经过各个阶段的协调之后，已经自1992年开始引入，通过了《共同体海关法典》，给自欧盟运作初期就开始的法律一体化工程戴上了花环。

从法律的角度看，创立海关同盟最显著的成绩无疑是成员国的权限向共同体本级转让。法国和其他成员国家一样，不得不放弃了独立自主的海关政策。然而，千万不要相信海关法从此与其所有的本国历史根源一切两断了。即使关于海关机制的法律，从赫尔辛基到雅典都是同一个，但激发那些负责实施这些法律的人的精神却带有相当的历史痕迹。由于本书首先面向希望了解法国法律传统的读者，所以有必要，至少是简要地回顾法国海关政策的历史巨变，即使仅仅为了更好地理解只能在国家层面才能解决的海关问题的某些特殊方面。

二、法国海关政策的历史巨变

（一）从最初到革命时期[③]

8 关税在法国最早出现在高卢—罗马时期，形式为罗马帝国的税务机构在所占领的省份的边界上征收海关税[④]。这种税便从此延续下来，到墨洛温王朝[⑤]和加洛林王朝[⑥]时期改为对货物的流通在进出边界环节征收商品运输税。瓦卢瓦王朝[⑦]统治时，征收称为“haut-passage”和“rêve”的通行税，当时，几乎全面禁止货物出口，对于少数作为例外的出口产品在出口环节征收这种税。后来，发展出“外来品税”和“自产品税”，这两种税征收的对象最初仅限某几种产品，后来扩大到几乎所有商品。

其实，直到科尔伯特[⑧]政府时期海关才真正地服务于经济。1664年及1667年的关税税则中规定了自由港制度及多种变通措施，勾勒出当代海关法的总体架构。然而，科尔伯特的宏大统一蓝图遭遇了不少阻力，法国的内部壁垒一直延续到大革命时期，全国海关统

① 西欧部分国家为促成煤炭和钢铁工业一体化而成立的经济联合体，以后又发展为欧洲经济共同体。——译者注

② 参见 Organe d'appel OMC, 21 oct. 1999, WT/DS34, *Restrictions à l'importation de produits textiles et de vêtements* (Inde c/ Turquie), JDI, 2000, p. 411。

③ 指1848年2月爆发的法国革命，建立法兰西第二共和国。

④ 按货物价值的四十分之一征收的税。

⑤ 墨洛温王朝，又称梅罗文加王朝，是法兰克王国的第一个王朝。它存在于公元481~751年的西欧，疆域相当于当代的大部分法国与德国西部。——译者注

⑥ 加洛林王朝是自公元751年统治法兰克王国的王朝。

⑦ 瓦卢瓦王朝，又称华洛亚王朝，14~16世纪统治法国的封建王朝。——译者注

⑧ 让-巴蒂斯特·科尔伯特（Jean-Baptiste Colbert，1619~1683年）是法国路易十四时代卓越的财政大臣，伏尔泰曾称誉其为“治国良相”。特别重要的是，他将重商主义付诸持久的实践，极富创造性地扶植了法国的制造业，可谓法国的“工业之父”。在经济学话语中，重商主义往往也被称为“科尔伯特主义”，由此可见科尔伯特的历史地位。——译者注

一就是从当时的五大征税机构①起步的。

后来，为了报复英国实行的重税政策和克伦威尔航海法案②，海关政策又重回禁止进口制度上来，特别是1701年的法令使其更加严厉。然而，在重农主义理论的影响下，人们后来见证了一些变通措施，如杜尔哥③关于粮食（之前一直被法律禁止出口）自由出口的主张，以及1786年法英关于互相实施特别关税并想到给予最惠国待遇的双边协定。

（二）自革命时期到1860年

9 这段时期的海关政策，仅在制宪会议时期④有过短暂的自由贸易尝试，始终服务于战时经济，一直坚持严厉的保护主义，战争结束后也没有放松。

1790年，制宪会议以革命的总原则的名义，拆除了所有内地海关及地区关卡，实现了全国海关的统一。1791年3月17日，制宪会议颁布了一部税则，取消了大部分禁限进口的规定，那是一部统一的、自由贸易的税则，税率较过去大大降低，都在货物价值的15%以下。然而，这股自由贸易的潮流好景不长，政治的需要很快将海关立法变成一个战争工具。大陆封锁令⑤标志着绝对禁止的重现，只是配有以进口许可形式的若干安全阀。

拿破仑一世帝国的灭亡并没有带来用来维护大地主和新生工业厂主利益的严厉的保护主义的消失。1850年，大部分工业品仍禁止或限制进口，而对准许进口的产品征收高额的关税。与此同时，对农产品实行滑动税制，通过一种随国内价格变动而变动的关税来保护国内的小麦和面粉。

（三）从1860年至1939年

10 在拿破仑三世的影响下，自由贸易主义开始占上风，从1860年1月23日的《法英条约》开始，进口禁限措施逐步取消，采用较轻的关税取而代之，只是某些加工制造产品保留了明显的保护主义特征。于是，关税又重新成为适度的保护主义的工具。至于出口，在第二帝国结束之时，既不征收关税也没有禁止出口的规定。后来，到了1881年，特别是1892年1月11日发布的税则，又转回到全面的保护主义，但这是一种可以定义为客观的保护主义。因为当时有一条原则，即一定要用关税来拉平本国产品与相似的外国产品之间的成本差别，而不人为地偏护本国产品。这条原则在很长时间内成为法国贸易政策的基本点。

第一次世界大战对海关产生的影响仅仅是一时的，战争结束后，这一适度的保护主义的地位得到巩固，一直持续到1930年。法国曾努力实施一种完全的自主关税，同时在对等的条件下对其他国家实施优惠，但这种优惠仅限于签订最惠国待遇条款。

---

① 指16世纪末法国亨利三世国王为一个意大利银行家财团创建的五大征税机构。——译者注

② 克伦威尔航海法案指1651年10月，克伦威尔领导的英吉利共和国议会通过了第一个保护英国本土航海贸易垄断的法案，航海法订立的目的在于保障英国本土的产业发展，并排除其他欧洲国家尤其是荷兰在贸易上的竞争，这是当时重商主义思想下的产物。——译者注。

③ 法国政治家和经济学家，在任职时期推行重农主义政策。——译者注

④ 一般特指法国大革命时期的第一时期，即1789年7月9日至1791年9月30日这一阶段。——译者注

⑤ 指拿破仑在1806~1814年间为反对英国而采取的一项重要的经济政治措施。1805年，拿破仑直接登陆英国的计划失败以后，决定用经济封锁摧垮英国。1806年11月21日，《柏林敕令》规定：所有隶属于法国的各国，与英国不仅不准发生贸易关系，而且要断绝一般来往；对法国统治下的欧洲的英国侨民，一律宣布为战俘；所有英国的货物和商船，全部没收。——译者注

(四) 从 1939 年至 1958 年

11 1939 年，法国遇上了与其在第一次世界大战期间所经历的问题相似的问题，但这次它所面临的经济形势更加严峻。它应当采取的措施受到两方面考虑的影响，一方面要确保国家进行战争必需的外国和本国产品的供应，另一方面要建立必要的外汇储备来支付从外国购买的商品。1939 年 9 月 1 日及 12 日的两项法令建立了一项名为“对外贸易及外汇管制”的制度。这项制度的基本精神，是在全面禁止或限制进口和出口前提下，允许普遍或单独的例外（许可证），进口人必须从外汇管理局获得对外付汇的许可，出口人必须承诺将从所准许的出口中获得的收汇转卖给外汇局。

这项立法直至大战结束时，在进口方面仍无任何松动。法国政府外汇匮乏，必须严格控制进口。也正是出于这一原因，政府也不得不放宽对出口的控制。发展到后来，出现了配额制度，但配额仍主要通过法国与外国签署双边贸易协定来分配。至于通过关税来实现的海关保护，它在国家重建这个首要任务面前只能屈居二线，直到 1948 年，税则按从价税制进行改革后，才重新找到它在保护工具中的位置。随着国际收支状况的相对好转，并且为了回应欧洲经济合作组织关于贸易自由化的号召，对来自经合组织成员国家的进口，取消了四分之一的配额和禁限措施。关税现在可以发挥它的作用了，可以用来防范取消配额和禁止进口会带来的风险。1951 年，没有配额和禁限措施的进口的比率达到了 75%。但在 1952 年，当贸易平衡出现赤字而且其对欧洲支付联盟[①]的负债增加时，法国不得不中止了它的自由化措施。直到 1954 年 4 月，随着形势的好转，进口自由化的比率才恢复到 53%。同时，出现了一种附加性的关税保护，即对被允许进口的产品征收一种“临时补偿特别税”，借以取代因贸易协定而取消的关税保护。1957 年 3 月，法国再一次在经济形势恶化的情况下不得不调高补偿税税率并要求进口人交存其进口货物价值的 25%的保证金。1957 年 6 月，自由化比率已经达到 85%的对外贸易自由化再次被叫停。1958 年 8 月，取消临时特别补偿税，改为对所购买的外汇征收 20%的税，借以调节进口。

1958 年年初，人们甚至质疑法国是否有能力最终赶上当时在世界范围内兴起的贸易自由化浪潮的步伐。人们也许会怀疑，法国是否已经忘记到 1958 年年底其第二批国际承诺就要到期了，除非反悔否则它不可能再继续拖延兑现了。实际上，由于加入了经合组织，法国必须在 1958 年 6 月 18 日对至少 60%的贸易实行自由化，并在 1958 年 12 月 12 日将该比率提高到 75%。不仅如此，在关贸总协定项下，法国在关税和配额方面都受到了约束，而且由于法国的贸易平衡得以恢复，便不能再诉诸关贸总协定的第 XVII 条规定的保障条款[②]了。

法国加入《罗马条约》[③]，在海关方面仅仅是加速了本来无论如何就应当在那个时期达到的状况的进程。然而，共同市场的发展才真正把法国推向更远。

---

① 成立于 1950 年 9 月，是欧洲经济合作组织框架内的一个独立机构。——译者注

② “保障条款”是许多涉及自由贸易内容的国际协定或条约里所包含的一种例外条款。在市场经济国家，政府为使本国经济部门免受外国产品冲击，可引用“保障条款”采取多种措施限制进口。——译者注

③ 指 1957 年 3 月 25 日在意大利首都罗马签署的《欧洲经济共同体条约》和《欧洲原子能联营条约》（合称《罗马条约》）。

（五）自 1958 年以后

12 法国签署《罗马条约》，标志着与过去的海关政策彻底决裂①。由于接受按期取消其与伙伴国家的贸易往来中的关税及相当于关税的措施，法国掷下了一个前所未有的经济赌注，主动与其长达 3 个世纪之久的保护主义一刀两断。这种休克疗法，尽管有一个比较长的过渡期，仍不免会带来一些可怕的问题，其对法国海关的影响无法预见。在经济上，企业在国际竞争方面开始面临新的前景，这要求对海关的使命和技术进行一次脱胎换骨式的手术。法国海关终于被要求把主动并且灵活地帮助企业作为第一要务。在政治上，必须承认，国家利益不再是唯一重要的了，欧洲共同体的机构已经获得一种制定规范的权限和相当大的责任。

于是，法国和其他国家一样，发现自己不得不一点一点地放弃本国的政策而且一般是没有任何保留的。对于直接保护，实话说，法国几乎没有选择的余地，只能被动地接受在过渡期间降低关税。法国甚至乐观地接受了某些产业界和共同体当局都期望的加快降税进程。同样，它也毫无保留地接受了肯尼迪回合、东京回合和乌拉圭回合，并在共同体与许多第三国签订联盟协定中发挥了引擎作用。然而，法国在海关政策方面的民粹主义态度却授人以柄，一是因为法国在过渡期经常诉诸《罗马条约》第 17 条、第 4 条及第 226 条规定的保障措施（但《罗马条约》并没有禁止它）；二是因为法国仍没有放弃以各种微妙的方式开征某些相当于关税的税收；三是人们有时抱怨法国对共同体某些法律文件的解释具有一种从严的倾向，有悖于《罗马条约》的精神。

13 海关政策的总体变化最终表明，保护主义鼓吹者与自由贸易倡导者之间你死我活的理论争论与实践本身相比肯定不那么具有决定意义。在没有危机的时期，实践为自由贸易理论的胜利提供了支持；相反，在危机发生时期，实践是采取了往往与任何理论思想都不相干而且具有多种目的的保护主义措施，从柯尔培尔的重商主义的保护主义到每逢重大冲突之际采用的战时保护主义，中间还有旨在促进产业发展的保护主义，国家在海关政策上所表现的首先是一种强烈的经验主义。至于海关法，它不得不按这些成功的实践来调整自己的概念和技术，以反映这些实践的要求。我们今天所能记住的，只是一个复杂而且往往带有传统标志的演变结果，尽管给它设立的目标远没有实现。

第二节　海关法的当今框架

14 当代的海关法不再受到曾搞乱国际经济生活数据的贸易自由化的约束，日渐充满着新目标（参见下文“一”），这些都是负责实施的当局必须面对的（参见下文“二”）。

一、海关法的立法宗旨

15 虽然体现海关法起源的税收考量在经济发达国家明显弱化，但人们还是观察到，在欧盟范围内，关税在共同体预算的本级来源中的比重仍不可忽略，并且对欧盟一般政策

---

① 参见 Berr et Trémeau, *La France et l'Union douanière*, in *La France et les Commu-nautés européennes*, ouvrage collectif, LGDJ, Paris, 1975. p. 525. -V. égal. M. Derrac, *L'adaptation de la douane au nouveau contexte international et communautaire*, Rev. fr. fin. publ. 1996, n° 54, p. 83。

的资助由来已久。特别是,《共同关税税则》的收益本身仍受欧盟当局的关注,而且某些规定的严厉程度,如关于海关债的规定,仍受到税收意识的影响而且非常强烈。

16 然而,海关法的精髓并不在此,其主要的经济使命在历史过程已经得到充分的肯定。因此必须避免将海关法仅限定在只是涉及关税征管的规定上。长期以来,海关一直效忠于保护主义,无论是披着什么外衣的保护主义。所以,在必要时,就会出现新的越来越复杂的保护技术,如附加税及许可税、自动进口和出口许可、外汇管制,还不算某些与有倾向地解释法律规定相关的习惯性做法,而这些措施都遭到关贸总协定本身的批评,被谴责为"滥用的行政保护主义"①。不可否认,关税本身所能发挥的作用正在弱化。最初,关税是纯粹保护性的,甚至是禁止性的,但从19世纪末以来,开始出现一种理念,认为关税应当具有一种主要是补偿性的功能,因此其目标仅是重新拉平国内外之间的差价。第二次世界大战结束之时,甚至像法国这样的国家,竟然暂时停止征收关税,使关税在海关政策工具筐中让位于外汇管制措施。关税是唯一一个关贸总协定真正准许的外汇管制的措施,关税的作用重新得到重视,不应当让人们忘记关税的实际作用大大超过其纯理论上的作用。

17 即使如此,我们也不能回避一个根本的问题:如果海关法在过去是保护主义的专属工具,那么它在自由经济条件下的命运会怎样呢?实际上,如果主导世界贸易组织的理论预言将来会取消对国际贸易的所有壁垒,人们完全可以质疑它是否还会继续存在。

从绝对意义上讲,海关法与关税保护之间的关联是无法否认的,但是,某些人在创立欧洲海关同盟之时关于普遍的自由贸易会导致取消海关监管的幻想,则属于对国际贸易本质要求的无知。一方面,自由贸易几乎不可能真正普世地实现,充其量只是一种理想主义的愿景。海关同盟和自由贸易区无论规模多大,当代世界在根本上的分割,是国际贸易行为人的发展水平之间无法完全拉平的差距所造成的,必然导致即使是很低的壁垒的存在。另一方面,而且特别是在这方面,关税最现代的运用实际上集中于实施关税的减征或停征措施,而且从这个角度看,毫不夸张地说,当今海关作为基本职能的相当一部分工作,不是监控所缴纳的关税是否正确,而是对是否具备不征关税的条件进行审查。

18 这一现象最有可能带来使海关法真正地在扩大其应用领域的同时不断改变其目标。于是,旨在取消一部分对国际经济活动的限制的"去管制化",显然不合常理地只强化了公共权力对经济活动人遵守国际竞争所要求的新规则进行严密监控的必要性。我们没有任何理由不承认,海关法应逐步地服从于经济自由主义并在未来致力于监督贸易流不会被人为造假或转移,使海关因此被赋予一种经济警察的职能,而事实上海关从那之后已经履行着这一职能。同样,人们也能想象,海关法将越来越被用于支持各种打击货物(毒品、武器等)非法贩运、某些涉嫌犯罪活动或处于不符合移民规定状态的人的流动,以及一般性的国际瞒骗(例如侵权、犯罪洗钱)的措施,它的"保护"使命也在消费权领域或环保领域中找到新的用武之地。况且,这些前景使我们必须除了研究海关法的这些目的外,还要研究它的实施所带来的问题。

二、海关法的实施

19 海关法的实施带来的问题只能在具有专门立法并且拥有一套负责实施该法律的行

① 行政保护主义指某些行政做法在实施海关法的掩护下,实际上使其更严并且能起到组织额外保护的作用,这些保护或多或少具有伪装性而且始终不敢公开自己的名称。

政结构的明确的境域中来处理。从这个观点出发，欧盟具有某种独创性。即使海关法的基本内容都统一了，但自《欧盟海关法典》通过以来，负责其实施的行政组织仍然是成员国家的专属权力。这种分权在联邦国家是没有的，只要所适用的规定的统一不能完全按经济经营人从事其经济活动所在的国家来给予某种身份待遇，便不可避免地带来一些困难或不尽如人意。为了了解问题的大小，我们不妨先后讨论一下海关在欧盟中的行政组织和海关在国际贸易往来中的干预方式。

（一）海关在欧盟中的行政组织

20 尽管各国海关组织的比较不是本书研究的范围，但必须提出，每个成员国家都是本国海关的主人，以至于根本无法在偏重于税收的制度与其他体现海关是一个以经济为基本使命的机关的制度之间找到一些共同的原则。但是，在这种多样性之外，我们却有可能看到，海关法的实施在各个成员国家都要求主管机关使用履行所赋予他们的实际的职责所必需的一套基本的物质手段（保税仓库、专业技术服务、监管车辆，甚至巡逻艇或航空器）。例如，与税收法相反，海关法的有效性往往取决于使用公权力的行动，这在很大程度上说明了主权国家对建立一个欧盟的海关的抵制态度。

21 然而，把欧盟海关法交给这样一个行政管理部门来实施，这一想法并不是没有它的合理性，而且能诱发理智的精神。但这个想法遭遇到多个否决性的反对意见，因而被搁置多年。实际上，一定要从思想上认识到，海关在任何情况下都不是唯一一个负责实施共同的海关法规的机构，但它作为本国的公共部门却被赋予承担着其他多种职能，例如，即使仅仅在间接税方面。这一“职能双重性”使一个真正的欧洲海关的出现成为乌托邦，除非将它的其他职能剥离出去，将它改变成一个仅管理《共同体海关法典》的行政管理部门。

然而，这并不应当认为各国的海关对海关同盟所带来的变化没有反应。有几个法律文件（欧盟的公约及条例）都规定在成员国家之间建立行政互助制度，旨在既确保法规的有效实施也便于打击瞒骗①。某些机制，如欧盟转口监管机制，需要不同成员国家之间的海关官员直接进行行政接触。从更长远的角度看，由于信息技术的发展，海关官员交流及培训计划可用于促进他们更好地互相了解②。

21-1 （原文无）

21-2 在欧盟委员会框架内，海关同盟的管理责任由一个同时负责间接税的总司（税务及海关同盟总司）负责。该总司与海关法典委员会合作开展工作，主要管理方式为推动实施和提出建议（《欧盟海关法典》第 247 条规定）。

---

① 参见：Convention sur l’assistance mutuelle et la coopération entre les administrations douanières（Naples II），abrogeant la Convention de Naples du 7 sept. 1967：Acte du Conseil 98/C 24/01，du 18 déc. 1997，*JOCE* C 24 du 23 janv. 1998. Comp. Convention de Nairobi du 9 juin 1977 et décret n° 2001-546 du 20 juin 2001 portant publication de cette convention。

② 因此，1991 年开展海关官员专业培训及交流项目（命名为“马修计划”，以纪念耶稣十二门徒之一马修），该项目自公布以来被纳入 2000 年、2002 年及 2007 年行动计划中。参见本书 23-1。

（二）海关对国际贸易的干预

22 海关法的实施要求海关在货物进入一个关境或离开该关境之时进行干预。由于海关干预与货物的物理流动之间的这种联系是海关法的本质所在（而且部分地解释了海关为什么不关心“无形的”转移，更普遍地不关注服务贸易），因此当今世界见证了海关与国际贸易行为人之间的关系的深刻变化。

首先，海关就是“边界宪兵”，边界是海关履行职能的专属地点这一理念逐渐被摒弃。受企业即时生产模式的影响，海关手续可以在关境的内地办理。于是，由于监管方式必须适应这种新情况，监管地点与监管活动本身便出现了脱离。部分人甚至鼓吹取消对货物的实际监管，用对从事对外贸易企业的账册进行监管来取代它。无论这一争辩的重要性如何，但我们似乎处在这样一个根本性的变革就要到来的前夕。对货物的监管仍然是海关法实施的最基本的工具，而且，即使内部市场[①]建成后会实现取消海关边界，但必须牢记，真正消灭的东西，是共同体内部的边界监管，而不是监管这一原则本身，监管在海关其他方面仍然必须存在。

23 此外，必须看到，在监管这个词中有两个相近但明显不同的含义。第一个含义表示对货物流动的监管，旨在防止试图偷逃应征关税的瞒骗、非法货物的进口或违反国家遗产保护管制的财产的出口，所以这种监管带有警察的活动的形式（查抄运输工具、打开个人行李、搜身等）。这类监管与刑罚的关联也是欧盟法在此方面受到限制的根本原因，即使这个问题始终列在议事日程上[②]。

监管的第二个含义涉及贸易的常规业务。对海关而言，就是监督经济经营人正确地执行管理规定并征收关税。在海关同盟框架内，除海关法规本身的要求外，无论利益相关人在哪个国家经营他们的业务，确保他们之间享受真正的公平待遇也是不可或缺的，否则会出现贸易转移，经济经营人会从执行规定最不严格的地点进出他们的货物。想要在欧盟中完全消除这类风险也许会很不现实，欧洲共同体司法法院受理的一些诉讼也证明了这点[③]。不过，已经采取了一些新的措施以至少避免各个成员国家在商品归类或原产地确定方面的某些主观判定上的差异。进口人可以向本国海关申请做出“有约束力的行政裁定”[④]，这样他们便可以在必要时对其他成员国家的海关做出的行政决定提出异议，这一做法已经成为他们在法律保障方面的一项权益，在有许多成员国家海关共同管理的体制下是一项最基本的要求，但它不应当导致刺激各个成员国家把经济活动人为地吸引到自己

---

① 1985年《关于完成内部市场》白皮书和《欧洲单一文件》提出要建立一个内部实现商品、劳务、人员和资本自由流通，没有边界的完全统一的市场，学术界称之为内部市场或单一市场。——译者注

② 参见：P. Ravillard, *La répression des infractions douanières dans le cadre du grand marché intérieur*, Joly, 1992。

③ 参见：l'affaire 68/88 jugée par la CJCE le 21 septembre 1989 (*Commission c/Grèce*), Rec. p. 2965, relative à des importations de maïs trop complaisamment dispensées de payer les droits dus。

④ 参考本书304等。

国家[①]。

然而，有一点我们不能忽略，除了故意地违反规定之外，有些成员国家海关比其他国家的海关更坚守过度的自由主义传统，所以不可能想象这些国家很快会放弃这一传统，即使（应当承认）它们从总体上讲正在朝这方面努力[②]。

23-1 当下，欧盟正在通过明确几项要求，致力于从根本上改革海关同盟的运行。欧盟的这些措施并没有挑战海关同盟的现行构建的基础本身，仅仅强调了几个被视为是极其重要的目标：改善对反瞒骗的监管，降低经济经营人的经营成本，以及为所期待的欧盟扩大做准备。为此，欧盟议会和欧盟理事会通过了数项行动计划，做出多项决定[③]明确了应采取的行动并且配置了专门用于实施这些行动的资源。欧盟委员会还以通报的形式定期通报大家共同关心的问题[④]。这些决定特别强调了法律及海关监管方式的简化和合理化，以及使用优化的工作方法，如信息技术、风险分析和先进的查验技术的重要性。在此方面，重点强调了信息化及经济经营人与海关之间、各成员国家海关之间的加强联系能提供的可能性。决定还表明了加强对海关同盟关境的保护，防范瞒骗，非法移民甚至恐怖主义所引发的风险增多的愿望。所有这些雄心勃勃的目标，虽然有广泛的支持，也肯定需要很长时间才能全部达成，但我们可以致力于许多经济经营人反映强烈的方面。比如，受美国的做法的启发，要求进出口人在货物进口或出口之前就必须向海关申报。在这个问题上，世界海关组织的成员接受的 2005 年 6 月的《世界贸易安全与便利标准框架》似乎是对这一趋势的一个近乎普世性共识。

---

① 与此相类似，《欧盟海关法典》（第 6 条至第 10 条）已经对便于使用者获得“涉及海关法规实施的行政决定”做出了规定。这些规定主要涉及明确经济活动人与海关之间的总体关系的某些方面（准许货物按某项经济目的性监管方式监管、提取货样等）。除提及某些一般原则（行政决定的直接适用、撤销根据不正确或不完整的申报项制发的行政决定等）外，我们要特别注意，对驳回请求或会对请求人带来不利后果的行政决定，海关应当说明理由并且应说明可按《欧盟海关法典实施细则》（以下简称《实施细则》）第 243 条规定申请复议。该条规定的法律效力并不大，只要求成员国家对海关行政决定建立一套有两个阶段的程序，目的在于明确，程序的运作权限属于各成员国家而且这套程序对“依照刑法”做出的决定不适用。参见：CJCE，17 juillet 1997，aff. C－130/95，*B. Giloy*，Rec. p. I－4291. Sur l'inapplicabilité du système en dehors de la réglementation douanière *stricto sensu*，cf. CJCE，17 juillet 1997，aff. C－334/95，*Krüger GmbH KG*，Rec. p. I－4527。

② 参见《欧盟海关法典》第 250 条规定，根据这条规定，如果在一个以上成员国家同时按同一项监管方式监管，这些成员国家中的每个国家必须认可另一个成员国家做出的行政决定、识别措施、单证及查验报告的法律效力及证明效力，将其视为是由本国海关做出的相似法律行为。

③ 参见：Décisions n° 210/97 du 19 déc. 1996（Douane 2000），n° 105/2000 du 17 déc. 1999（Douane 2002）et n° 253/2003（CE）du 11 févr. 2003（Douane 2007），*JOUE* L 36 du 12 févr. 2003。

④ 参见：例如，la communication concernant une stratégie pour l'Union douanière du 8 févr. 2001，COM（2001）51 final 及 les communications au Conseil，au Parlement européen et au Comité économique et social européen，du 24 juillet 2003，sur le rôle de la douane dans la gestion intégrée des frontières extérieures，sur un environnement simple et sans support papier pour la douane et le commerce，COM（2003）452 final. 另参见：la proposition de décision du 30 nov. 2005（COM（2005）609 final。

第三节　本书结构

24 由于共同体法律文件与各成员国家的法律文件之间在基本精神上的高度一致，因此分别论述法国海关法和共同体海关法会很不适宜，甚至是反法律的。根据共同体法律优先于成员国家法律的原则，目前作为一个整体来论述才合适，当然，我们仍会遇到某些解决方案是纯法国海关法的，我们会向读者介绍它的性质。

因此，海关法不同目标便成为本书结构安排的基本依据。这方面的根本区别在我们看来应当是由海关传统的税收目标和新的经济目标所造成的。另外，研究海关诉讼的那部分是独立的，因为处理不合规及违法的规定对税收和经济目标的研究均适用。最后，我们已经发现，必须对海关法的所有一般性问题的研究进行不同的论述。

因此，本书的结构如下：

第一部分：海关与海关法

第二部分：海关税法

第三部分：海关经济法

第四部分：海关诉讼法

第一部分

海关与海关法

CUSTOMS

LAW

第一篇
作为公共部门的法国海关

25 由于在国家层面上的权力及工作任务的多样性，对某些国际事务的巨大贡献，以及海关职能的新概念，海关在海关法的制定和海关法适应经济生活的需要方面发挥着积极的作用。其组织结构的独特性和灵活性，往往决定了海关管理活动的演变。此外，海关法的特征，以及某些海关机制的终极目标有时只能在海关活动所处的历史和行政的情景中才能清楚地把握。因此我们认为，有必要让读者和我们一起回顾法国海关的职能和这一公共部门在其组织和活动手段方面的独特性。

第一章　法国海关的职能

26 海关同盟的创立和内部市场的形成，都没有弱化法国海关的重要性。当然，法国海关参与欧盟事务，首先会使它跳出自己传统的税收和保护作用，从而开始了一个远远没有结束的新的征程。但我们不能忘记，一方面，在法国海关目前的这些特性中，有一部分来自它的厚重的历史；另一方面，它现在的职能远没有只限于执行欧盟的海关政策，许多方面还继续保持着它的独特性。

第一节　历史遗产

27 真正意义上的法国海关，最早出现在法国大革命时期，1790 年制宪议会取消了法国所有境内各地的海关及关卡，实现了全境统一的海关。1791 年 5 月 1 日的法律撤销了当时的五大征税机构并将关税税则的实施交由“海关管理局”负责，海关管理局最开始由 8 个总管领导，后来集中由 1 个局长掌管。正是从那个时期开始，1791 年 8 月 6 日至 22 日制定的各项法令所颁布的第一部《法国海关法典》汇总了全部新海关的法规，其中的基本规定直到现行的《法国海关法典》中仍保留着。

法国海关还必须在法国行政机构中找到它的位置，它的先后数次转隶在某种程度上说明了它被公认的特征。

一、法国海关在法国行政机构中的位置

28 海关管理局自其创立之初就归属法国公共税务部旗下，但有部分部门归属内政部

和海军部，后来按1793年9月21日的法令才全部划入财政部。这次重组刚刚完成，为了强化旨在摧毁英国工业的经济措施，制宪议会下令（共和历Ⅱ年雾月[①]26日法令）将海关转为外交部隶属，成为一个政治工具，但这一效果令人失望的转隶只持续了1年时间。1810年6月21日，海关再次转隶划入商务及制造部，当时所提及的理由是海关的某些职责不具有税收性质，而且涉及真正意义上的关税的指示并不来自财政部而来自商务部。

1814年，海关又重归财政部，但与由于其知名度不高所以人们想取消的关税总局进行合并，取名为间接税总局。1815年，法国海关再次独立。

29 在法兰西第二帝国[②]期间，1851年12月27日的法令又一次将海关总局和税务总局合并成一个总局，目的是简化机制，提高效能，因为这两个机关在税收方面"职责上相近"，"工作手段、方法、征管方式在许多方面有很多的相似之处"[③]。其实，国家从这次机构重组中并没有得到任何可圈可点的好处。两个总局并没有融合，而是并行运作。因此，1869年3月18日的法令又将海关独立成一个机构。1918年又被重组，这次是因为一项倾向于将其归属商务部的议案。同意这样归属的人，将过去的论据重新提出，强调海关的根本职能是鼓励出口和促进贸易平衡。该议案引发的辩论旷日持久，以无果告终，虽然此后多次出现将海关划归某个职能更具经济色彩的部或总局的想法，甚至在1948年之后，在主要税务机构改革的框架内，海关开始使用"海关及间接税总局"的名称，但它的税收方面的职能仍然至今只增不减。

二、法国海关的特征

30 法国海关由于固定并持久地驻守边陲，长期以来都是最完美的保护主义的象征：它对国际贸易所涉及的货物和参与国际贸易的人拥有很大的而且很独特的权力，其他部门还授权它执行它们的法规，从而成为经济警察、检验检疫、海事及间接税这些部门最得力的助手。为了打击瞒骗，法国海关装备精良，素有准军事化组织之称，因此经常被指责沦为名副其实的行政保护主义的工具[④]，有一整套旨在为难进口人的措施，给他们制造直接或间接的障碍。在从事国际贸易的人反复抱怨中，海关的形象是管理规定复杂，不休的争议，在其历史过程表现出来的往往是冗长甚至有时令人头痛的繁文缛节，以及过于严厉的法律条文。

31 尽管这些微词中有些肯定是夸大，但不可否认，始终强调海关的使命的理念，特别是保护国家财政利益的职能，有时使其忽略了它的保护职能的经济面。不管怎样，这也说明了在正常时期人们要求将海关归入商务部的原因，无疑是为了使它重视商贸活动的要求。

然而，很明显，自海关同盟创立以来，法国海关坚定地——往往在欧盟作出决定之

---

① 共和历又称法国大革命历法，是在法国1789年大革命时期采用的，虽然已经废弃不用，但当时的法国历史事件都是用这种历法记载的。雾月是共和历中秋季第二个月的名字，时间上为公历10月22日至11月20日。——译者注

② 法兰西第二帝国于1852年12月2日建立，1870年9月4日被法兰西第三共和国取代。是波拿巴家族的路易-拿破仑·波拿巴在法国建立的君主制政权，先于法兰西第三共和国（1870年至1940年），而后于法兰西第二共和国（1848年至1852年）。——译者注

③ 参见：Pallain, *Les Douanes françaises*, Paul Dupont, 1913, t. II, p. 38。

④ 参见本书16及其脚注。

前——努力简化与物流监管和税收征管相关的手续。法国海关特别致力于与企业之间建立一种基于信任和扶助出口活动的新型关系，从而懂得从其历史遗产中汲取走向未来所必需的经验教训。于是，在企业和海关之间产生了一种真正的伙伴关系，海关通过分析企业的需求，可以帮助企业更好地组织业务并采用更适合它们的经营方式，从而可以为企业更好地经营国际贸易做出贡献。法国海关这种新的形象，虽然受到了普遍的欢迎，但没有使其丢掉指导其当今职能的根本原则。

第二节　法国海关的当今职能

32 关税联盟对海关的职能履行的影响，我们已经在上面讨论过了，但它只有渐渐地而且部分地抹掉历史遗迹和长期以来涉及法国海关的作用的问题。对这些问题做个简要的回顾，有助于我们更好地理解法国海关的当今职能。

海关是税务部门还是经济管理部门？这是造成长期以来海关问题争论不休的核心。有些人强调海关业务技术的税务性质及它归属于财政部这两点，只愿意看到它是一个征税机构；而另外一些人，在他们眼里，海关首先是一个保护工具，因此他们认为海关的基本职能在于它的经济性。如今，这已经成为一个伪命题，因为税收作用和经济作用殊途同归，更经常地只朝向同一个目标。如今，争论已事过境迁。海关工作任务的增长和多样化，使海关具有经济和税收的双重职能，这点不容任何人置疑。我们甚至可以说，海关是一个多功能的管理部门，因为我们看到海关的职责已经扩展到许多管理活动的领域。

如今，海关职能这种多样化的表现形式，是一种在“焕发青春”同时适应海关职能，实现环境变化带来的问题的模式。首先，海关的税收职能被重新恢复但其内涵更为丰富了，新的税收目标已经超出了关税的征管，因为涉及真正意义上的海关税收的征管工作量在日益减少。其次，新的考量取代了传统的保护主义的严厉性，要求海关通过制定适用不同目标的监管机制来发挥它的经济职能。最后，由于现代世界的变化带来了各种新要求，海关正在承担一些特殊职责，如果要列举会是一个特别长的清单。

一、海关的税收职能

33 我们理解，在很长一段时期中，海关被误认为是一个专门的税务机关，因为人们看到的仅是它所承担的税收量①和它在税收方面的多个职责。确实，除了真正意义上的关税征管之外，海关还负责在进口或出口环节对货物征收各种其他税或附加税，以及负责对本国货物在境内消费或使用征收某些国内税。除此之外，海关还负责对一些特殊税种进行各种监管。

（一）关税征管

34 征收关税及其他相同性质的税，是海关的传统职能，现在也依然是海关得以存在的基本理由之一。但是，从它所贡献的预算收入量的纯税收角度看，这一职能现在已经大大弱化了。而且，自海关税收上缴共同体预算以来，它的国家专属的性质也开始丧失。

---

① 即使由于客观原因有所下降，但法国海关的税收量目前在国家预算的税收中仍占12%。

1. 海关税收的重要性

35 关税在很长一段时期内曾是国家收入的重要来源，在预算紧张时偶尔也是一种方便的财政调节工具。在某些时期，对预算的关注无非是与保护的要求毫不相干的增加关税。如今，在法国，在真正意义上的海关税收中，关税仅占很小比例，即使这样，法国也因国际承诺无法对关税有任何调整①。

自实施共同农业政策②以来，海关也负责征收在共同农业政策框架内制定的旨在保护欧洲共同体的农业生产者的农产品价格水平的税收（差价税及类似机制）③，但这项税收在海关税收总额中占比很小。

2. 海关税收的规定用途

36 关税传统上属于国家预算。制定欧洲共同体各个成员国家统一使用的对外关税税则，打破了这一关税收入的国家概念。加上《罗马条约》第 201 条（后为《欧洲委员会条例》第 269 条）规定的授权，一个新的概念逐步问世，关税成为共同体的财政收入。这一概念最终被固定下来，并使欧盟理事会于 1970 年 4 月 21 日做出了第 70/243 号决定④，规定自 1971 年 1 月 1 日起，将原先各成员国家的财政分摊改为将全部的农产品差价税和上缴比率越来越大的关税收入作为共同体的本级收入，并且从 1975 年 1 月 1 日起，共同体的预算全部来自农产品差价税和关税收入，以及某个百分比的增值税税基（当该税项税收实现协调后）⑤。因此，人们见证了海关税收征管的传统海关责任被扩大到共同体层面上了，而且法律还规定将对征收该税的监督权转交给欧共体委员会和欧洲审计法院。

（二）非关税税收的征管

37 除真正意义上的关税征管外，海关还负责征缴一些不同领域的具有税收或收费性质的其他税费。这些税费有些全部由海关管理，有些则属于其他公共和非公共部门或组织管理，海关仅提供服务，在其必须进行的对外贸易监管业务中顺带予以征缴。

1. 海关独家征管的税收

38 主要是真正意义上的石油税。特别是自 1928 年 3 月 30 日的一项法律生效以来，国家对石油进口商、炼油商和石油批发商实行管理，海关便开始执行国家的炼油保护政策，目的在于鼓励使用某些石油产品和引导使用石油产品的产业活动⑥。在这项政策的执行框架内，从税收的角度讲，海关不仅仅负责征收从 1864 年起首次保护国内炼油产业的

---

① 尽管来自第三国的进口量持续增长，但由于关贸总协定框架内或欧洲共同体（简称欧共体）与世界上其他国家的关系（主要是自由贸易协定及向发展中国家提供优惠或者新国家加入欧盟）项下不时地实施关税减让措施，使海关税收的总额趋向于减少。

② 共同农业政策是欧盟共同农业政策的简称。主要内容是：（1）共同体内部实行农产品统一价格，自由流通，免征关税，并优先购买成员国的产品；（2）对共同体以外的国家实行保护关税，进口的农产品按照国际市场价格和内部统一价格之间的差额征收差价税；（3）建立共同农业基金（称为“农业保证和指导基金”），用于补贴向共同体外的出口，提高在国际市场上的竞争能力，稳定及调节各成员国农产品价格，资助各成员国进行农业结构改革（即兼并中小农场以扩大农场经营规模）。——译者注

③ 参见本书 138。

④ 该决定后经数次修改，参见：Encycl. Dalloz，Communautaire，V° Budget。

⑤ 参见上注。然而，人们观察到，自 2000 年 9 月 29 日一项决定之后，关税收入上缴共同体时会在其中扣除 25%用于偿付各成员国家的税收征管费用，这个扣除比率过去为 10%。

⑥ 1928 年 3 月 30 日法律被 1992 年 12 月 31 日第 92-4443 号法律废除并取代，后一项法律主要是放宽了石油产品行业的采购条件。

关税，还负责征收所有对石油产品的国内税，主要是征收增值税和对在国内市场消费的石油产品（无论是进口的还是本国生产的）从量计征国内税（石油产品国内税）。因此，法国海关在全国范围内不仅对进口的石油产品，而且对石油的生产、提炼、运输、批发，甚至在某些情况下对石油产品的使用都实施税收监管。

我们还会注意到，间接税（消费税）的管理工作已于 1993 年 1 月 1 日从国内税总局移交给海关总局，而且从那之后，海关负责征收几乎所有的间接税[①]。这些税收都是在应税产品的生产、进口或销售地点征收的，特别是酒精饮料及烟草[②]。

39 在这些税收中，除为法国海外省地方政府征收的特定税收（如入市税[③]）外，还应再加上对某些公路车辆征收的特别国内税，称为车轴税[④]，以及在港口税方面的国内税（如为自治港及公共管理政府组织或机构征收的船舶吨税[⑤]、货物税及旅客税）。还要列举的是，在最近交由海关征管的税收中，还有在出口环节对贵金属、珠宝、艺术品、收藏品及古玩征收的增值税[⑥]。

2. 代其他部门或组织征收的税费

40 为了拉平外国产品与本国产品之间的差价，对进口货物，除征收关税外，其他管理部门或组织还要征收各种税费。此类税费通常是由海关来负责征收。

主要有营业税（现阶段基本改为增值税），出于方便起见其征管工作自一开始就由海关负责，因为人们认为这类国内税费与关税的应税环节是相同的，由海关征收可以节省征管费用。

还有对某些产品，如林业产品或者植物或动物油的进口征收的特别国内税也属于这种情况。

最后让我们看看法国海关负责征收的十多个不纳入预算的收费，收费对象为某些进口产品，收入用于资助或研究基金，或者用于补贴某些专业组织的经费[⑦]。海关提供的这种帮助越来越受欢迎，因为在该附属于税收的领域的逃费现象十分严重，而且有关组织因缺少足够的手段来确保收费的应收尽收。不过，严格地讲，此类税费在海关税收总量中的占比微不足道。

（三）税收征管

41 海关的税收职能并不局限于我们在前面提及的税收征管任务。除了这些活动外，还有必要加上海关直接或间接地为其他管理部门实施的众多的税收征管：如对进口的贵金属物品的监管（根据共和历Ⅺ年雾月 19 日法律），对涉及“机动车纳税证票”的税收征

---

① 除了对电视广告征收的国内税。

② 间接税征管职责的移交伴有涉及农产品市场组织及某些农产品质量的经济性职能的转隶。

③ 入市税在经历了多次变化后，终于成为 2004 年 7 月 2 日第 2004-639 号法律。

④ 必须指出，该项由 1968 年财政预算法设立的税收，也适用于货物的国际运输及国内运输。其实，该项税收的国内征管曾由国内税总局负责，海关的作用仅限于对外国运输工具。1970 年 7 月 9 日法律将海关的权限扩大到国内运输，从而使海关征收了一种超出传统上限于货物国际流动的海关保护主义的常规领域税收。应当强调，这种特殊性在其他任何将由海关征管的税收中是独一无二的（继石油税收及间接税的例外之后），参见《法国海关法典》第 264 条 bis 等规定。

⑤ 参见《法国海关法典》第 218 条、第 222 条、第 223 条及第 238 条规定。

⑥ 参见：Art. 150 V bis，CGI。

⑦ 但共同体内部贸易框架下对货物的增值税是由国内税总局负责征收的。

管等。但是，我们不要忘记海关税收职能在出口环节的重要性①，虽然自 1967 年 1 月 1 日最后一批出口关税被取消后，这项职能不再像进口环节那样具有税收的重要意义。由于这项职能的主要任务是审核出口申报单并出具证明出口货物已实际离开欧盟关境的文件，因此它的税收征管实际上构成一项基本的工具，用来保证为鼓励出口活动而制定的税收法规（增值税减免）的正确实施。除增值税外，海关还在另外一个领域承担相似的职能，即它对农产品出口监管的重要作用。在共同农业政策框架内，农产品的出口可以享受财政优惠（奖励、退税等）。

二、海关的经济职能

42 我们在前面提到，由于海关具有税收职能和经济职能的两面性，人们对海关职能的定义始终存在分歧。若有人质疑海关职能的经济使命的目标，可能需要另外进行辩论。实际上，在海关监管活动的这一特定领域中，海关也是两副面孔，时而奉行保护主义，时而奉行自由主义，因此有点令人困惑。然而，这种状况，乍看起来不合常理，但却反映了一个管理部门的职能演变，海关从长期以来一起专门服务于保护主义转向一种新的干预方式，趋向于在履行其传统的监管职能的同时，成为一个对外贸易的激励因素。

（一）监管对外贸易

43 海关的监管职能体现在两个方面。一方面，海关监管的目的在于确保管理对外贸易的法规得以遵守，并因此被赋予很大的监管权力使其能掌控货物的跨境流动。另一方面，海关监管采用一种仅仅对贸易往来进行观察的形式，一种不对货物流动造成任何阻碍、只达到收集统计信息的目的的观察。

1. 实施对外贸易法规

44 无论是在本国还是在国际或欧盟层面，海关都参与了旨在确定对外贸易政策的目标及手段的措施的制定。但不论海关在其中发挥的作用大小，政策制定工作并不构成海关的主要职责，而监督使用者遵守管理货物跨境的各项法规才是它的主业，特别是遵守那些实施关税或其他保护机制的法规②。这是海关的传统职能，我们只是应当提醒大家注意海关履行这些传统职责所处的新环境，以及海关在保护领域的责任扩大到欧盟层面上所带来

---

① 我们在后面会提到，海关与国内税总局合作，也负责监管关于欧盟内部往来中征收增值税的法规的合规监管（参见本书 269 及相关注释）。

② 在此应提及两项法规，它们在海关的职责中始终占据特别重要的位置，但它们的变化却表现为传统上置于海关监管之下的领域正在逐渐弱化。首先是涉及对外贸易管制的法规，它从此属于欧盟的权限，各成员国家的数量限制措施（数量配额）及监管权被取消并上交给欧盟当局，成员国家层面只对配额产品进行简单的管理（1994 年 3 月 7 日共同体条例第 519/94 号及第 520/94 号）。其次是涉及向某些国家出口的高技术产品的最终目的地监管的法规，这是对外贸易管制的一项内容，其实施由海关全权负责。还应当加上对遵守涉及与外国金融关系的法规的监管。该项法规传统上属于对外贸易监管的法规并且被视为一项补充的保护手段，已渐渐地弱化直至 1966 年 12 月 28 日第 66-1008 号法律的颁布，第一次提出了法国与外国金融关系的自由化原则，但同时仍保留了若干条旨在反对资本投机流动的措施。在此方面的法规起源于 2000 年 12 月 14 日第 2000-1223 号法律颁布的《货币及金融法典》及多项实施细则的规定。还要提到 1990 年 7 月 12 日第 90-612 号法律（随后数次被强化，特别是 2004 年 2 月 11 日及 3 月 9 日的法律），该项法律完善了关于打击来自毒品交易的资本的洗钱活动的管理机制。另参见 1996 年 3 月 13 日第 96-392 号关于在打击洗钱活动方面促进对“手工换汇人”的监管的法律。

的变革[①]。

2. 统计信息

45 由于海关借助传统的保护或促进出口的手段对国际贸易流的干预的可能性越来越小，对于公共权力和使用人而言，有必要对对外贸易的变化有一个准确的了解，只有这样才能预见在国家层面上实施恰当的经济措施的效应，并在可能的情况下进行调整。统计便理所当然地被要求在此方面发挥一种基础作用。海关便承担了这项新的对外贸易监管职责。实际上，在许多国家特别是在欧盟其他成员国家，编制对外贸易统计的任务通常由国家负责各类统计的统计部门来完成，但在法国，这项职责则由海关独家承担，原因可以追溯到17世纪的传统，当时的大型征税机构被要求根据海关执法人员提供的数字编制早期的对外贸易统计。

海关的对外贸易统计无一例外地根据管理相对人在办理往来于第三国的货物通关手续时或递交欧盟内部贸易的按月汇总报关时递交的报关单[②]来编制，统计内容随着历史的发展越来越丰富。如今，海关所拥有的信息化手段使其能在越来越短的时限内为越来越广大的服务对象（政府、专业组织、对外贸易使用人、欧盟统计局、联合国等）提供越来越详尽，且涉及越来越多的与对外贸易相关的活动部门（外贸、运输、港口作业等）的统计。此外，海关统计正在超越单纯的统计信息，朝着将海关统计变成一种监控和运行研究的工具的方向发展（比如在对外国竞争特别敏感的活动部门中对货物价格和流动变化的监控，对外金融管制的监控，以及对外贸易结构的分析，旨在加强对外贸易的周期性分析和加强对外贸易长期趋势的研究等）。

（二）促进对外贸易

46 贸易自由化的世界进程、单一市场的形成，以及它们在国家层面上的影响，使海关在履行其传统的监管职责的同时，承担了实施一项适应现代世界要求的新政策的职责。对这个过去单纯保护的部门，如今人们要求其促进对外贸易的扩大。为此，一方面，海关必须对所监管的贸易保持海关机制的中性；另一方面，海关被要求支持某些特定问题（特别是帮助支持出口）的解决方案。

1. 监管机制的中性

47 在世界贸易现实环境下，对海关提出的第一个要求就是消除间接的保护主义的最后痕迹，这种保护主义偶尔也被定性为行政保护主义，长期以来一直遭到诟病，即使仍有必要，却无须继续坚持[③]。然而，仅仅摒弃这种受人非议的习惯做法远远不能满足这一形势对海关的要求。面对国际贸易的数量持续增长，节奏日益加快，并且为了确保贸易自由化的措施能有条件充分发挥作用，海关必须努力废除所有非严密监管所必需的，有可能会间接地加重对外贸易的成本负担，以及延缓货物流动速度的措施。

为了履行这一新的职能，海关采取了一系列措施，主要的目的在于减少货物在边界的停留（设立内地海关）、便利并引导物流（放宽转口监管方式的实施）和降低海关手续费用（定点集中通关程序），这些将在后文作详尽介绍。

---

① 参见本书18。

② 该报关单被称为“欧盟成员国家之间有形货物贸易报关单”（参见本书269及相关注释）。

③ 参见本书16及相关注释。

2. 扶助某些活动

48 边界开放会导致国际竞争的激化和传统贸易流向的变化，会影响对外贸易结构，会加深某些地区之间的不平衡。它因此用另外一种形式，提出一个对外平衡的问题，并对领土治理的经济政策的某些方面提出质疑。然而，在这一问题直接涉及的管理部门或组织中，海关由于其业务领域的性质本身和它能够使用的手段而处在一个特殊的位置上。

实际上，自古迄今，海关始终拥有特殊的机制，用来促进出口活动或者便利与国际贸易相关的活动（如仓储、运输等）的发展。如今，这些在过去往往偏离其目标的机制，已经实现了现代化并得到了更好的应用，使海关能在保护之外的另一个领域担负起它的经济使命①。

最后，我们应提到海关同时在国家或区域两个层面上所发挥的作用，即帮助在国际市场上开展业务的企业解决它们在处理海关问题时会遇到的问题。这种帮助功能，主要表现为设立“顾问室”供对外贸易经营人咨询，体现了海关深入改善其与使用人之间关系的意愿。诸如在 2002 年举办“关企论坛”这样一类海关的倡议，向国际贸易专业人士的代表提供了与海关当局对话，以及互相交流它们各自的期望的可能性，更是海关想与企业之间建立一种新型的关系的另一佐证。同样，法国海关在 2005 年出版了《通关白皮书》，向人们展示了海关有愿望努力进一步倾听使用人的声音并在与某些外国海关的竞争中恢复其竞争力的前景。最近出现的“海关处方”，可以帮助使用人利用海关对法律法规的行政解释，使他们能部分地避免今后法律原则的改变所造成的被动，最终反映出海关通过使某些海关规则与一般税收法的规则相一致的方法，为从整体上更尊重纳税人权利所做的努力②。

三、海关的特殊职能

49 税收征管和促进经济发展是最基本的海关职能，与此同时，海关还履行着其他很多职责，这些职责都是在历史进程中逐渐地交由海关承担的，原因有两点，一是海关在边界上的长期存在；二是海关干预技术的有效性。这些职责主要有对跨境流动的货物及人实施各个领域的立法者规定的保护措施。在所有这些措施中，应区分哪些措施是过去沿袭下来且其管理目标偶尔仅为了回应一些无关紧要的关切，哪些是新采取的以应对现代世界变化带来的新问题的措施。

对于从过去沿袭下来的措施，我们不可能一一列举，因为除海关领域之外至少涉及 100 多个领域对其海关执法人员拥有干预权，这种干预权从历史上就构成赋予海关特殊权力之一的对“监狱逃犯、开小差的逃兵、强盗及其他各种被通缉的在逃人”的抓捕权力（共和历Ⅻ年获月 7 日通令）或对河流及海洋渔业以及在狩猎期之外出售野味的合规监管，或者对信鸽进口的监管，一直到赋予海关查发违反法国语言使用规定的权力。此外，海关还参与了对运输调度和机动车保险的合规监管，而且海关在远洋运输领域所承担的职责也具有特殊性。实际上，船舶吨位的测定和船舶抵押的保管工作是由海关来负责完成的。

50 至于海关新的特殊职责，最常见的是那些回应一些需要优先处置某些情况所提出的特定要求的职责，这些情况可能会产生严重后果，因此必须采取新的监管措施。在此我们仅列举这些措施所涉及的最重要的领域：

---

① 参见本书 463 等。

② 参见本书 106。

——保护公共卫生（反毒品及麻醉品贩运、某些药品的进口监管、动植物食品的卫生检疫）；

——保护消费者（主要是对某些进口物品的技术标准的合规监管）；

——保护环境（有毒废料或危险品材料的跨境流动监管、濒危动植物物种贸易的监管）；

——保护公共安全（武器及爆炸品进口监管、反偷渡及反恐框架下的人员身份监管、机场及海上安全监管）；

——保护知识产权①；

——反洗钱；

——反打黑工；

——保护民族遗产（主要是艺术品及国家宝藏的出口监管）。

第二章　法国海关的组织及工作手段

51 海关为了履行职能，拥有适应其工作的独特性和不断变化的物质干预手段和法律干预机制。实际上，海关工作任务的多样性及其某些任务特有的要求，给这个管理机关的组织结构带来了根本性的变化，并且根据偏离普通法规定的特殊的领土权标准来确定海关执法人员的干预权力。至于海关工作的物质手段和法律手段的不断变化，其原因当然是海关工作任务的不断增多和日益多样化，还有欧盟向一体化海关和统一海关机制方向发展对本国海关工作形成的限制。除此之外，当然还有它的人力资源面对海关负责监管的国际贸易持续增长的相对减少，而不得不进行的调整②。

我们在本章中将简要介绍海关的组织及权力的特殊性，此外我们还会讨论海关执法人

① 在欧盟层面上，当局自 1994 年以来必须实施一项针对禁止侵权及盗版货物的进出口的制度（参见：Règlement n° 3295/94 du 22 déc. 1994，remplacé par le règlement n° 1383 du Conseil du 22 juillet 2003，*JOUE* n° L 196，2 août 2003）。主要涉及准许海关执法人员自行或根据利益相关人的要求暂不办理某项海关业务，如果该项海关业务涉及涉嫌损害对其拥有合法知识产权（工业产权、商标、著作权或邻接权）的人的利益。此类暂不办理必须有限定期限，目的在于使产权持有人将案件移送本国的主管当局，否则货物应被放行。被扣留的侵权货物在某些条件下可以被销毁。前面提到的 2003 年 7 月 22 日的条例，为了方便海关和产权持有人采取措施，放宽了快速销毁侵权货物的审批程序。此外，海关的干预权还扩大到涉及侵犯植物品种保护方面的权力，如原产地名称及地理标识和名称。关于对在某个成员国家合法制造并将投入另一成员国家市场的货物不适用扣留程序，请参见 CJCE，26 septembre 2000，aff. C-23/99，*Commission c/ République française*，Rec. p. I-7653。对于已投入第三国市场的货物也提供了相同的解决方案，请参见 CJCE，23 oct. 2003，aff. C-115/02，*Administration des douanes et droits indirects et Rioglasse SA*，*Transremar SL*。2005 年 10 月 20 日的一项法令修改了知识产权法典的部分规定，要求申请扣留涉嫌侵权货物的人提供全部能证明货物既不是合法生产的，也没有在另一个欧共体某个成员国家按自由流动监管并销售的文件及信息。

② 尽管国际贸易量在进口和出口方面都不断增加，但海关的人员编制目前为 19000 人（其中 31% 为女性），自 1930 年以来基本没有变化。参见：V. P. Godignon，*La modernisation de la douane sur le terrain*，Rev. fr. fin. publ. 1996，n° 54，p. 104。

员在行使其职能时享有的特权和豁免权，以及他们必须履行的义务。

第一节 海关的组织

52 法国海关隶属经济、财政及工业部（预算及预算改革部部长），由一名通过法令任命的局长领导。海关内部设中央机关，即职能管理部门和传统上称为下属机构的执行部门。

一、中央机关

53 法国海关的中央机关是海关总署，海关总署负责根据海关政策的方向，会同其他相关的部级部门制定适用于国际物流的法律法规。海关总署负责参加（特别是在单一市场的框架内）共同体和国际机构研究海关问题的会议，负责海关的人事管理和业务活动的组织，并进行监督以确保由法国海关负责实施的各项海关法律法规得以正确执行。

海关的中央机关由署长直接领导，署长进行领导时由一个管理委员会协助，管理委员会由一名办公室主任、司长和监察部门的主官组成。中央机关的各个职能司室按不同的中央机关的职责设立，如人力资源、信息通信系统、经济统计分析、法律事务、法律诉讼、打击瞒骗、国际贸易及间接税征管，并会按当时的需要不断重新划分。每个司长有在全境的一般权限和职责层面的职能权限，有权向所有下属机构的海关执法人员下达指示，但必须在他的司室的职责范围之内。监察室负责对热点的海关问题和各地海关办理业务的条件进行一般性调查。

二、下属机构

54 海关总署的下属机构负责执行海关总署下达的各项任务。下属机构分为有全国管理职能和有地区管理职能两类部门。

（一）有全国管理职能的部门

55 由于某些业务的技术性及专业性，海关总署的业务已渐渐地交由若干有全国管理职能的部门来办理，这些部门专门在海关总署直接领导下承担一些特殊任务。

这些部门包括国家对外贸易统计局（DNSCE）、职业招录及培训局（DNREP），以及海关信息中心（CID）。

55~59 还有国家海关情报及调查局（DNRED），它对经济经营人至关重要，其职责是收集与瞒骗有关的信息，进行事后调查，对各业务现场海关所办理的业务的合规性进行监控，在全境范围内查缉走私并与某些外国海关合作在更大范围内反瞒骗。

在这个部门下设有一个起诉及追缴事务所，它负责在巴黎地区的法院（某些情况下在其他法院）进行的初审及复议中代表海关出庭，并替海关采取任何保全措施或行使任何执行手段①。

（二）有地区管理职能的部门

60 海关的全国性的部门以外的下属机构，由两类部门组成，一部分是贸易业务管理

① 参见：Cass. crim. 26 novembre 1998, Bull. crim., n° 320, p. 915。

部门，另一部分是实际监管部门，它们处在中央机关与执行机构的中间，在地区范围内分成若干层级。

1. 地区管理架构

61 地区海关分布在40个关区，各自的辖区范围因地区的经济活动或瞒骗的规模大小而不同。

每个关区都由一名关区海关关长领导，由他在地方当局代表海关。关区海关关长在其职责范围内负责向法院提起诉讼。他是海关系统中二级行政长官。

各海关关区又组成若干跨关区，由一名跨关区海关关长领导，他主要负责在海关工作的最重要领域中统一和协调所辖各关区的工作。

每个关区都设有若干职能或地区处室，此类处室由一名副关长或关务监管主官担任领导，负责协调、监督和领导其职权范围内的贸易监管业务及物流监控。

最后，在财务方面，每个关区都设有对应的税收征管部门。该税收征管部门由税务司领导，由它汇总各个税务主管的税收账户，审批在其辖区内现场海关办理海关业务的纳税人申请的担保，以及授予海关法规规定的各种纳税授信①。

2. 贸易监管部门

（1）作用

62 贸易监管部门的工作范围涉及所有由海关负责征收的关税及其他税的计税要素的确定、监督等。贸易监管部门还负责监督海关作为职能应要求遵守的各项法规的实施。纳税人必须向该部门办理通关手续②。

（2）业务现场海关③

63 在每个关区内，若干个业务现场海关共同设立一个贸易监管部门，业务现场海关由关务监督、监管官员及查验官员组成，由税务司或一名税务主管领导。

①业务现场海关的权限

64 不是所有的业务现场海关都可以办理所有通关业务。实际上，考虑到贸易监管业务的多样性和其中部分业务的复杂性，能办理所有通关业务的业务现场海关都会要求配备更为齐全和特殊的专业人员和物质手段。因此需要区分以下三类业务现场海关：

——全业务现场海关，具有普遍性的职能并且对所有货物开放办理所有监管方式的海关业务，但不能办理只能由专门的业务现场海关（参考下文）办理的海关业务；

——有限业务现场海关，仅能办理某些类海关业务；

——专门的现场海关，某些货物（毛皮、宝石、艺术品、收藏品及古玩等），不论按什么海关监管方式申报，都必须而且只能在这些业务现场海关办理。

全业务现场海关除了不能办理由专门的现场海关办理的业务外，还有一些权限限制，主要是某些必须适用特殊的规定的货物，以及必须由指定的业务现场海关办理以便对其进

---

① 关区的职权中还有设在其辖区内隶属于跨关区海关的海关化验室，该化验室负责在正确实施海关法规所必要时对海关监管货物进行化验分析。

② 请注意海关组织的独特性，即一个执法人员集税收征管职责于一身，这是税务方面的确定计税要素与收取税款分离原则的一个例外。

③ 应当指出，由于由海关代征的间接税的部门的一体化，传统上使用的“业务现场海关”一词已被正式完整地称为“办理海关及间接税业务的现场海关”。为简化起见，在日常用语及在大多数行政文件中，仍使用“业务现场海关”的名称。

行特殊监管或必须由专业部门干预的业务（比如应受内政部图书馆管控的图书、应进行检验检疫的动植物产品等）。

除了以上三大类业务现场海关外，还要加上“附属监管点”，即一些很小的海关现场，设立的目的在于监管本地或边境地区的货物和人员的进出境。还有“天线监管点”，它们远离其所隶属的业务现场海关的办公地点，被视为是业务现场海关负责备案和核查区的海关现场①。这些监管点随着正在进行的海关重组正在消失。

②业务现场海关的设立

65 除罕见的特殊情况外，业务现场海关传统上只设在口岸。所有通关业务因此都在货物进出境的跨境地点和跨境环节办理。由于国际贸易的增长，加工程度很高的新产品的出现，以及贸易合同形式的千变万化，关务监督很快发现，除非让货物遭受与贸易要求不相适应的延误，否则越来越无法让所有货物都在口岸查验，并且审核所有一般情况下是由信息不够充分的关务代理递交的报关单。至于海关管理相对人，除去这种状况造成的费用、不方便和时间损失外，他们还不得不面对越来越多的与海关的关务争议。所以，自1959年开始，海关通过逐步在境内设立内地业务现场海关走近货物的收发货人，以此向企业提供自行办理海关手续的可能性，使他们能享受到与在货物的启运地或目的地最邻近的业务现场海关办理通关手续的所有好处。

与此同时，为了避免通常的通关规定所造成的车辆绕行及运输途中停车和搬运，设立了关区通关中心性质的业务现场海关，使中心辖区内的企业不出公司就能办理通关业务，无须将货物运至业务现场海关②。

3. 物流监控部门

（1）作用

66 物流监控部门的基本工作是确保进入关境的货物和人的海关监管状态的合规性。不同关区开展这项工作的条件互不相同。处在共同体外部边界的物流监管部门必须实行不间断监控以防止任何货物或人绕过海关非法出入。至于共同体内部边界，在单一市场实现后，海关在边界上传统的守株待兔式的监控机制已经由驻扎在边界内的负责对货物或人的流动进行突击抽查的机动小分队式的监控机制取而代之。在与欧盟其他国家的边界沿线的所有跨境点上，都设有“瞭望站”，用来观望跨境流动并在特殊情况下采取任何必要的措施。

（2）海关巡缉队

67 查缉瞒骗的任务交由一个称为海关巡缉队的部门来承担，海关巡缉队的官员全部穿着制服并按军事化管理，但他们仍然是公务员身份。该部门下设若干由一名关务监督领导的科室，各科室由几支海关巡缉队组成，海关巡缉队由一名队长指挥。这些海关巡缉队配有不同的机动手段（海上缉私艇、直升机和飞机）、联络及侦查手段（无线电网络、雷达、微粒检测仪及X光扫描仪器等），有时甚至配备经过训练查找毒品或爆炸物的工作犬。

---

① 也被视为“海关及间接税当地税务所”，负责征收间接税，而且其税收账册应集中到所隶属的业务现场海关，此外，这些税务所随着间接税制的改革正在消失。

② 自从单一市场生效并相应地在共同体内部边界取消海关手续以来，内地的业务现场海关及关区通关中心可受理过去在边界通关的货物。

第二节 海关的监管空间及权力

68 海关可能是唯一一个权力大小按其开展业务所在地点不同而规定的管理机构。它的这一特殊性，如果从其主要任务是在全国范围内阻止货物非法入境的角度来看，很容易理解。由于不合规行为瞬间即逝（跨境那一刻），以及海关事后很难取证，边境地区很自然地必须受到比内地更为严格的监控，海关执法人员在边境地区必须享有更大的权力。所以，我们有必要区别在传统上称为关境和海关监管区这两个监管空间的概念。

一、关境

海关法的规则对于货物和人来说，一旦越过《法国海关法典》所定义的关境即予适用，海关在关境内的权力赋予越来越大。

（一）关境的定义

69 关境包括法国本土的领土及领水、科西嘉岛、沿海的邻近法国岛屿、圭亚那、瓜得鲁普、马提尼克及留尼汪（《法国海关法典》第 1 条 1 规定）。关境内可以设立全部或部分例外于海关各项监管方式的自由区（《法国海关法典》第 1 条 2 规定）。所以，依照《维也纳条约》（1815 年）及《都灵条约》（1816 年）[①] 规定制定的 1933 年 12 月 27 日的法律设立了法国上萨瓦和节克斯两个自由区[②]。相反，外国的领土的全部或一部分也可以划入法国关境（《法国海关法典》第 1 条 3 规定），比如摩纳哥依照 1912 年 4 月 10 日的一项海关及毗邻公约（1963 年 5 月 18 日的公约对其进行了修改并取而代之）划入法国关境[③]。

由此可见，一个国家的政治领土与关境之间不可能绝对地吻合。海关法的地理适用范围区别于普通法习惯上确定的法律的地理适用范围，而且海关法正因为这点而具有众多的独特性。这一独特性并不是法国所专有的，在欧盟成员国家也有这种情况。于是，为避免欧盟的海关措施在适用上的模糊，欧盟当局不得不精确地规定这些措施的地理适用范围并对“欧盟关境”做出定义（《欧盟海关法典》第 3 条规定）。

69-1 由于欧盟不断扩大，欧盟关境目前由以下国家的国境组成：比利时王国、丹麦王国，费罗埃群岛和格陵兰岛除外；德意志联邦共和国，墨尔戈兰岛和布辛根境除外，该地区被视为是瑞士关境的一部分；西班牙王国，不包括休达及梅利利亚地区；希腊共和国；法兰西共和国，不包括法国海外领土及圣・皮埃尔、圣・密克隆和马约特岛；希腊共和国；爱尔兰；意大利共和国，不包括利维涅奥镇（享有外关税区的特殊地位）和意大利

---

① 即 1815 年的《维也纳条约》和 1816 年的《都灵条约》规定在法国东南部的上萨瓦和节克斯区建立两个自由区。

② 这两个自由区监管方式仅适用于法国与瑞士的贸易，目前按法国与瑞士两国之间协定管理并定期展期。根据欧洲审计法院 1993 年的一份报告，在这些自由区内居住的人可以享受比原先规定更优惠的待遇。该监管方式最初仅主要涉及方便购买日内瓦的农产品，后来渐渐地转变为允许居住民免关税进口任何种类的商品，特别是原产于第三国的车辆。实在令人震惊。

③ 至于设立节克斯和上萨瓦自由区，以及将摩纳哥大公国纳入法国关境的历史和政治方面的初衷，参见：Allix, *Les droits de douane*, t. II, p. 50 et s。

堪皮澳那岛（属于瑞士关境部分），以及卢加诺湖中湖岸和位于蓬蒂—特雷萨和波尔多·塞里西奥地区政治边界之间的意大利领水部分；卢森堡大公国；荷兰王国的欧洲部分（不包括被视为海外领土的荷属安的列斯群岛及阿鲁巴）；奥地利共和国；葡萄牙共和国；荷兰共和国；瑞典王国；大不列颠及北爱尔兰联合王国，以及海峡群岛和马思岛地区。自2004年欧盟东扩以来，欧盟关境还包括捷克共和国、爱沙尼亚共和国、塞浦路斯共和国、拉脱维亚共和国、匈牙利共和国、马耳他共和国、波兰共和国、塞尔维亚共和国和斯洛伐克共和国。此外，与摩洛哥公国的情况相反，梵蒂冈和圣马力诺都没有因此被涉及。

所列各成员国家及各地区的领海、海洋内水及空间均属于欧盟的关境①。

（二）可以在全关境行使的海关权力

1. 一般权力

70 尽管《法国海关法典》（第43条规定）最初时原则规定，海关一般情况下应在边界及边境地区行使职权，除非海关法有专门的具体规定。但我们已经看到，海关自1959年开始与长期的传统相决裂，逐渐在法国的内地设立海关，以为其履行监管职责提供更好的条件，同时向管理相对人提供更灵活的通关的可能性。这项政策必然伴随着海关干预的可能性拓展到全国范围内。1963年12月31日，法国通过了一项海关方面的法律，其中一条是废除了《法国海关法典》原第43条规定，取而代之规定海关有权在全关境行使职权。根据这条法律规定，法国海关从此拥有除其他以外能对进出口货物的生产、消费、运输或用途进行干预或者对其进行监管的一般行动权力。海关还有权核查运输途中的货物的海关监管状态②。

71 海关的这项普遍性干预权力在某些情况下根据一些具体规定可以扩大。

比如，《法国海关法典》第60条授权海关执法人员有权对货物及运输工具及其人员进行检查③，同时在第61条规定中明确，所有运输工具的驾驶人必须听从海关执法人员的指示，而且如果驾驶人没有按其指示停驶时，海关执法人员有权动用一切恰当的器械堵截该运输工具④。

特别是对于海洋或航道运输，《法国海关法典》第62条规定，海关执法人员有权登临所有停泊港区或码头的或正沿内河或水道航行的舰船，包括军舰。

至于从邮递渠道递送的邮件，《法国海关法典》第66条规定，在不侵犯通信人秘密的条件下，海关官员有权进入邮局或国际邮件分拣大厅搜查含有违禁品、应征关税或其他税的物品、限制进出口或进出口应办理特别手续的物品的邮件⑤。

除以上列举外，最后应该加上《法国海关法典》第63条bis及第44条bis的规定，

---

① 《法国海关法典（1994年版）》与其过去的版本相反，在其本国关境的定义中没有提到空间（第1条规定），我们显然不能由此推断法国的关境不包括法国领空。

② 我们会在后面提到，这项干预权力从含义上讲是《法国海关法典》第13条规定赋予的，该条规定写道，本国海关当局有权采取“其认为实施海关法规所必须的一切监管措施”。

③ 对于人员的查验权，一些非常严格的行政法规准确地限定了海关执法人员的权力，即法律上的“搜身”。参见：Cass. crim. 15 oct. 1984, Bull. crim. n° 298, p. 793. Sur la possibilité de soumettre certaines personnes à des examens de dépistage de produits stupéfiants。参见《法国海关法典》第60条bis规定。另参见本书17。

④ 参见：Cass. crim. 28 mai 1984, Bull. crim. n° 192, p. 498。

⑤ 参见：Cass. crim. 4 mars 1991, Bull. crim. n° 105, p. 266。

授权海关执法人员在任何时间内在检查海洋大陆架和经济区[1]的设施或设备并进行必要的监管以防止并查处“毗邻区”[2]内的违法，尽管这类区域不构成海关关境的组成部分。

2. 特殊权力

72 对某些与查处违反海关法行为相关的权力[3]，诸如文字材料的访问权[4]或场所搜查权[5]，我们会在本书其他部分另行研究，但在这里仍应提及以下两方面的权力：一方面是适用于某些类别货物的特别的监管权，另一方面是对欧盟内部贸易往来货物的特别监管权。

（1）对某些类别货物的特别的监管权

73 该项权力源自《法国海关法典》第 215 条规定。该条法律内含对本国法律传统的适当修改，以适应单一市场的要求。它规定，对主管预算的部长发布的部长令中专门列名的“对于危害健康、国家安全或公共道德的货物，知识产权侵权货物，国际协定禁止或限制的货物，或者国际走私货物，以及有损商业及国家财政合法利益的黑市货物”[6]，海关执法人员有权在全关境范围内要求其持有人或运输人，以及所有曾经持有、运输、出售、转让或交换过这些货物的人，出示证明货物合法输入欧盟关境的纳税凭证或者购货发票、制造清单和其他一切证明货物来源于在欧盟关境内长期居住的个人或正式注册的公司的文件。首次被要求提供证明其来源的货物的持有人，可在 6 个月限期内，通过向海关申报使其前期的占有合规化。

（2）对欧盟内部贸易往来货物的特别监管权

74~76 根据《法国海关法典》第 2 条 bis 规定[7]的关于在欧盟内部往来中不适用本国海关法典的例外规定，海关可以对某些类属于与其他成员国家之间往来的欧盟货物行使监管权。这些权力适用于有关货物的流动及持有。

①在这些货物中，我们先单独介绍军用的作战材料及爆炸物，这些货物根据《欧盟条约》（第 223 条）规定，可以按基于成员国家安全基本利益所必要的措施来管理，它们不能享受流动自由的优待。因此，《法国海关法典》第 2 条 ter 规定将这些货物写入本国海关

---

① 指与海岸相连但位于领海之外的海底区域，有国际公约定义的并且海岸国家为了开发自然资源对其行使主权的。它们是 1968 年 12 月 30 日第 68 1181 号法律和 1976 年 7 月 16 日第 76-655 号法律规定的，对其的海关规定被订入《法国海关法典》第 63 条 bis、第 196 条 quter 及第 196 条 quinquies。

② 毗邻区是一种与领海相连接并构成经济区的一部分的区域。

③ 根据《法国海关法典》第 63 条 bis 规定，如果有明显的迹象可以推定某人利用其身体器官携带麻醉品，海关执法人员有权对其进行医学检查，但事先必须征得当事人专门的同意，如果当事人拒绝，可经拥有全境管辖权的大审法院的院长批准进行检查。2004 年 3 月 9 日的法律使对某些违反海关法犯罪行为的控制交付的执法活动合法化，允许监视涉嫌是某些违反海关法犯罪行为的主犯及其共犯，特别是可以伪装成为这些违法人之一、共犯或与犯罪活动利益相关人进行执法。这项技术，称为潜入，订有严格的规定以避免执行走样。参见本书 963 等。

④ 参见本书 942 等。

⑤ 参见本书 958。

⑥ 应受监管的货物的清单参见 l'arrêté du 11 déc. 2001（*JORF*，26 déc. 2001），modifié par l'arrêté du 10 janv. 2002（*JORF*，24 janv. 2002）. Cf. Cass. crim. 6 févr. 1997，Bull. crim.，n° 50，p. 164 - 24 septembre 1998，ibid. n° 235，p. 684。

⑦ 该条规定将欧盟内部贸易往来排除在《法国海关法典》的适用范围之外，除非有具体的例外规定（art. 111 de la loi n° 92-677 du 17 juillet 1992）。

法典并且货物的运输人和持有人有出示其来源于本国的证明的义务①。

②第二类货物涉及《法国海关法典》第 65 条 B 规定，该规定为海关提供了实施《法国海关法典》第 60 条、第 61 条、第 63 条 ter 及第 65 条规定所指的监管措施的可能性，目的在于确保适用于某些欧盟货物的成员国家之间往来的特别规定得以遵守。此后，属于这种性质的情况均以部长令形式予以规定②，主要涉及某些兽药品，以及动物和野生植物的活标本③。海关的作用限于核查是否能出示这些货物在法国境内流动必须随带的证明文件，或者核查是否有证明进口许可的文件。

③《法国海关法典》第 2 条 bis 规定例外的第三类货物是欧盟产品，它们是列入《法国海关法典》第 38 条 4 及 5 规定的违禁品类别之中且根据该法第 65 条 C 规定在其流动过程中或者处在企业或私人场所中应受监管的货物（不被视为作战材料的武器及弹药）、军民两用物项④、文化物品、某些药品、归入麻醉品或精神药物的物质或制剂、人工放射性核素、涉及未成年人的淫秽物品。

判断运输或持有这些货物是否合规，以及对于哪些文件可以证明货物来源或进入关境符合关于禁止进口规定，均以作为《法国海关法典》第 215 条规定的例外的在法国关境内进行为参照（《法国海关法典》第 215 条 bis 规定），该条规定还包括如何从欧盟关境的角度来判断合规⑤。

为了进行查发可能违反海关法规定的行为所必需的任何调查，海关执法人员有权将某些货物及运输车辆封存在（寄存权）持有人的地点或其他任何经过批准的地点（《法国海关法典》第 322 条 bis）。海关执法人员还有权要求货主或持有人将违反关于禁止进口规定的货物退运回来源国家。

④最后，我们要提到 1992 年 12 月 31 日法律的第 34 条规定，这条规定没有写入《法国海关法典》，它赋予海关执法人员在《法国海关法典》第 60 条、第 61 条、第 65 条及第 322 条 bis 规定的条件下，查发违反植物或某些植物产品必须随带卫生检疫证明的规定行为的权力。

---

① 必须指出，作为欧盟内部贸易往来的作战材料也应办理《法国海关法典》规定的其他所有海关手续（主要是通关手续）。

② 参见：Art. 38, IV de la loi du 12 avril 1996。

③ 参见：Circulaire du ministre du Budget du 31 déc. 1992。

④ 两用物项指所有可以被既用于民事也用于军事目的的产品，如某些化学产品、电子仪器、计算机、航空食品，等等。对这些产品出口的监管长期以来一直被视为是本国专属的权限，如今被纳入欧盟权限范围［参见：Décision n° 94/942/ PESC du Conseil, *JOCE* L 367, 31 déc. 1994, modifiée par la Décision du 20 mars 2000, *JOCE* L 82, 1er avril 2000 et Règlement (CE) n° 3381/94 du Conseil, *ibid.*, remplacé par le règlement n° 1334/2000 du 22 juin 2000, *JOCE* L 159, 30 juin 2000, modifié par le règlement n° 394/2006 du 27 février 2006 (*JOUE* L 74 du 13 mars 2006)］，这项权限的管理依据一是一份共同的清单，列入清单的物品的出口应申领许可证，二是许可证的互认，三是各国当局之间的行政互助。这些原则的实施存在着很大差异。

⑤ 《法国海关法典》第 215 条 ter 规定，持有或运输该法规第 38 条 4 规定的文化财产及国家珍宝的人，应出示能证明这些货物的出境符合关于禁止出口的规定的证明，或者出示任何能证明这些珍宝从欧盟另一成员国家暂时进口的文件，或者出示由欧盟关境内长期居住的个人或正式注册的公司出具的来源证明。Cass. crim. 23 mars 2005, Pourvoi n° 04-82418。

二、海关监管区

77 海关监管区由本国领土内一个与边界相连续的区域构成，在海关监管区内，货物流动要按一项更严格的法规管理，而且海关在监管区内能行使的权力比其在整个海关关境所行使的权力更大①。

（一）海关监管的定义

78 海关监管区包括《法国海关法典》第 44 条规定所定义的海上监管区和陆地监管区两个部分。海上监管区划定在从海岸线起向外延伸至领海基线以外 12 海里以内②。陆地监管区在陆地上从关境边界向内延伸 20 公里。在海边划定陆地监管区更为复杂，因为此类监管区必须嵌在沿海地带与海岸及汇入海洋的河流（江、河、水道）两岸向外延伸 20 公里界线以内，直到上述河流的上游的最后一处办理现场业务的海关所在地点方圆 20 公里。不过，《法国海关法典》规定，为了便于查缉走私，陆地监管区纵深可以延伸至 60 公里。因此目前所有边界，除对科西嘉岛和 4 个海外省有特殊规定外③，均按此延伸至 60 公里纵深④。

（二）关于海关监管区的特别规定

79 为了更有效地打击边境地区和国际水道附近更为猖獗的走私瞒骗，《法国海关法典》对海关监管区的货物流动规定了特别的监管措施。

任何海运进口货物进入海关海上监管区必须置于严密的监管之下（《法国海关法典》第 68 条及第 69 条规定）⑤。法律还规定某些货物的进出口只能由《法国海关法典》第 24 条规定的吨位限制的船舶运输，这些货物禁止在锚地和港口，以及在海上监管区范围内流动或被持有⑥。

至于陆地监管区，货物在其中流动和被持有时应遵守非常严格的管理规定（《法国海关法典》第 197 条至第 206 条规定）。货物流动时必须随带海关发放的凭保放行单或证明其来源的文件⑦。在两千人以下的居住点内，为了粉碎在边境地区囤积货物伺机走私的企图，法律规定禁止持有禁止性或进口应征重税的货物⑧，除非能通过提供任何能证明其合法进口或来自本国的证明来说明存放货物的合理性。对于本地区原产的货物，即使不属于禁止出口或应税出口的，如果其持有人不能说明其正常用途，也禁止存放。

80 对于这些起源于制宪时期的规定（1791 年 8 月 6 日至 22 日法律），我们会问，其中某些条文如今是否仍适用。特别是那些关于两千人以下的居住点的规定，在过去这样的

---

① 我们会注意到，某些成员国家也在其法规中引入了“海关监管区”的概念。

② 自从 1971 年 12 月 24 日的法律将底土领海扩大到 12 海里以来，海关海上监管区于是与领海相吻合了。

③ 参见：Arrêté du 31 juillet 1962（*JORF*，9 août 1962）modifié par l'arrêté du 12 mai 1969，*JORF*，29 mai 1969。

④ 参见：Arrêtés du 1er août 1962（*JORF*，12 août 1962），du 12 mai 1969 préc. et du 7 octobre 1969（*JORF*，10 octobre 1969）。

⑤ 参见本书 277。

⑥ 参见：Arrêté du 9 juin 1969，*JORF*，20 juin 1969。

⑦ 参见：Arrêté du 17 novembre 1969，*JORF*，28 nov. 1969。

⑧ 参见本书 828 及其注释。

规则大概出于担心小规模居住点比大规模居住点掩藏地下仓库的可能性更大的考虑[①]。此外，单一市场生效之后，在成员国家之间内部贸易的新条件下，我们会质疑欧盟内部边界保留关于海关监管区规定的必要性。

然而，这项法规无论将来变成怎样，必须承认，它目前仍不失为对海关缉私行动的特别有效的法律支持，因为海关法实际上将任何在海关监管区内违反对货物流动及持有的法律法规规定的行为视为走私行为（《法国海关法典》第 417 条及第 418 条规定）[②]。

（三）海关在海关监管区内的特别权力

81 在海关监管区内，海关执法人员除拥有可以在全关境行使的一般的监管权力之外，还拥有一些特别的权力，这些特别的权力加重了使用者在这个海关拥有特权的区域中应受到的限制：

私人地产的出入权：海关在法律上[③]有权在海关监管区全区内检查，还可以设卡检查，即使在私人地产上也可以行使这些权力。但是，这项出入权仅限于没有围栏的地产。

货物扣押权：在海关监管区内被持有或流动的货物，如果其条件不合规，可被推定为走私进口并会被没收（《法国海关法典》第 414 条规定）。海关执法人员因此有权扣押这些货物（《法国海关法典》第 323 条规定）。

船舶查抄权：为了便于海关更有效地防止小吨位船舶在沿海非法卸货，海关执法人员有权登临任何处在海关海上监管区内及处在“毗连区”内的船舶（《法国海关法典》第 62 条规定）[④]。

第三节　海关执法人员的特权及义务

82 《法国海关法典》专门有一章对海关执法人员的特权和义务做出规定，尽管这些特权和义务并不完全是海关官员特有的，但我们不妨对海关官员在日常履职时所适用的法律环境做简述。

一、特权

83 《法国海关法典》第 53 条规定，海关执法人员受法律特别保护，禁止任何人“辱骂、虐待或干扰他们执行公务”，并禁止“抵抗公务执行”。该条法律还规定，各军政当局有义务“根据海关执法人员的请求立即协助他们完成公务”。《法国海关法典》第 56 条规定明确，海关执法人员为执行公务有权佩带武器，并列明了海关执法人员有权使用武器的情况。

---

① 参见：Allix，*op. cit.* T. II，p. 207。

② 对于走私的假定，参见本书 831。

③ 主要参见：Trib. civ. des Ardennes，22 juin 1927，Doc. cont. n° 583。

④ 参见：Cass. crim. 13 juin 1996，Bull. crim. n° 252，p. 759。我们也会提到海关执法人员在实施 1990 年 6 月 19 日关于取消人员边界监管的《申根公约》框架内的特别监管权力。在法国与该公约成员国家边界之间的地区向内延伸 20 公里范围内，以及在港口、机场、火车站，以及开放国际交通的公路沿线周边方圆 20 公里范围内，海关执法人员有权对关于外国人进入和逗留在法国的条件的法规性文件所规定的单证的持有、携带及出示的义务方面进行监管（《法国海关法典》第 67 条 quarter）。

这些规定中某些条文，如涉及海关执法人员可使用武器的情况，规定得非常具体、明确，一般情况下不会引起歧义。但并不是所有条文都是如此，特别是在法典中关于被视为构成抵抗公务执行或拒绝出示证件的做法[①]容易引起歧义。实际上，法律对海关执法人员的保护范围，是对无数次法律实践的总结。然而，从这些法律实践中得出一条法理并不那么简单，因为诉诸法院的情况千差万别，法院做出的判例虽然基本相似但也都有细微的不同[②]。

二、义务

84 海关执法人员应履行的义务大部分是对其他公职人员特别是就职于税务管理机关的公职人员规定的义务。包括关于宣誓的规定（《法国海关法典》第 54 条规定）、关于在执行公务中携带工作证并遇有要求时应予出示的规定（《法国海关法典》第 55 条规定）、关于严禁“直接或间接接受任何额外报酬、补偿或馈赠，否则按《刑法典》关于公职人员受贿的规定处理”“行贿人告发海关执法人员受贿行为，不追究刑事责任，不处以罚金和没收”的规定[③]（《法国海关法典》第 59 条规定）。同样，海关工作人员必须保守职业秘密（《法国海关法典》第 59 条 bis 规定）[④]。

唯一值得提及的特殊之处，是对海关机动监管队执法人员的特殊规定，根据《法国海关法典》第 58 条规定，考虑海关在边境地区执法的特殊性，为了防止海关执法人员与当地居民相勾结，他们必须承诺如果自己被解雇保证不在海关监管区内居住，除非是返回其在进入海关工作之前就已经住过的在海关监管区内的家中，违反该条规定应承担刑事责任。

---

① 参见本书 944 等。

② 例如，“在边界附近海关工作人员召唤时逃逸”不构成抵抗公务执行行为（Cass. crim. 8 janvier 1955，Doc. cont. n° 1115），而“窥探海关执法人员并在被发现时强行使其离开其观察哨位”则构成抵抗、干扰执行公务（Cass. req. 11 décembre 1943，Doc. cont. n° 866）。另参见本书 837。

③ 参见：Cass. crim. 29 octobre 1998，Bull. crim. n° 283，p. 814。

④ 参见本书 942。

第二篇
海关法的概论

第一章　海关法溯源

85 国际贸易运作的法律框架并不只属于真正意义上的海关法的范畴。不同国家的经营者之间的货物交换会涉及很多法规，其中有些法规完全不受海关管辖，有些甚至与海关实施的法规相抵触。

在完全不受海关管辖的法规中，我们可以列举国际销售、贸易仲裁问题，以及一般来讲所有涉及交易双方在私法意义上的关系的法①。但这并不是说海关法与它们毫不相干，特别是为了执行海关法的某些规定，海关法需要研究合同所产生的法律关系（例如，如果该合同的某些条件会导致买卖双方的价格差异）或者表明出口人与进口人之间存在着商业上的关联关系（例如，在海关估价方面）。不过，在这些情况下，海关法只参考这些不属于其法律范畴的规定。

这些法律规定之间差异很大，而且各自属于不同的法律或法规范畴，尽管如此，涉及国际贸易的某项业务时则必须由海关来负责实施。不用细说，税法就属于这种情况。海关在对进口货物征收增值税时，对原则上无法纳入海关法的法律规定，海关只需执行即可。同样，海关也被要求协助监管货物是否符合为了使用人的安全、人及动物健康等而制定的技术标准，但不会因此将这些标准纳入海关法范畴。

86 然而，即使在最严格的意义上，我们也不能把海关法与实施共同对外税则的规定相提并论。出于历史原因，某些制度，如船舶的法国船籍登记或碳氢化合物的国内税，只有《法国海关法典》有这方面的规定，如果撇开这一事实不论，我们应当承认，划分海关法与其他立法之间的界线有时不甚清晰。

所有涉及“对外贸易监管”的法律都是这样。《法国海关法典》第 42 条规定：“进口人及出口人除应遵守本法规定外，还应遵守对外贸易管理法规及对外金融关系方面的法律规定。”同样，我们在前面提到的“对最终目的地的监管”（旨在确保对战略物品的出口流向的管控）也属于这类情况②。

无论这些法规多么重要，而且即使海关与其实施密切相关，但都不是本书应当研究的

---

① Mousseron, Raynard, Fabre et Pierre, *Droit du Commerce international*, Litec, 3e éd., 2003 ; Jacquet et Delebecque, *op. cit*。

② 参见本书 74 至 76 及相关脚注。

范围。

87 从严格意义上的海关法角度讲，内部市场的形成理清了它的溯源问题，因为《欧盟海关法典》的生效结束了各国当局行使了30多年的权限向欧盟当局移交的进程。此外，货物在欧盟内部流动已经只涉及国内税利益了，真正意义上的海关法从此仅涉及欧盟与第三国之间的贸易，对此成员国家的海关法再也没有存在的合理性了。

然而，没有什么比声称海关法的源头完全是欧盟的说法更离谱的了：一方面，欧盟允许各成员国家管理对外贸易的某些方面（如行政组织和海关诉讼）；另一方面，部分欧盟内部的贸易往来仍应按由成员国家法律规定的纯海关的机制监管（如对于某些“敏感”货物）[①]。

所以，在研究海关法的溯源之前，仍有必要像本书前几版那样研究一下参与制定海关法的当局，即使各国海关的各自角色被彻底地重新分配了。

第一节　参与制定海关法的当局

88 直至统一的内部市场形成之前，欧盟当局与各成员国家之间的权限一直按海关的政策制定与政策实施这条界线来划分。如今，这条界线还依然存在，而自从《欧盟海关法典》通过以后，通过成员国家之间密切合作来实现海关立法的协调已经失去了现实意义。

一、在制定海关政策方面

89 首先，海关政策的制定自《共同海关税则》生效（1968年7月1日）以来已经成为了部长理事会（以及往下一级的欧盟委员会）的特权。从那时开始，税则中的关税不得进行任何单边的调整[②]。其次，根据《罗马条约》第25条允许各成员国家在过渡期内对某些商品减征关税的关税配额制度，如今已经被欧盟关税配额制度取代[③]。最后，所有涉及海关税法的实施规定（税则归类、原产地、海关估价、减免税）原则上也不再属于各成员国家的权限。

90 我们很乐意想象，最近的事态发展并没有改变这些格局。相反，尽管欧盟在贸易政策领域的权限得到越来越清晰的明确，但贸易政策完全属于欧盟的权限这一提法并没有得到确认[④]。不可否认，大部分国际贸易谈判所实现的目标，不论是统一的关税减让（如在关贸总协定及后来的世界贸易组织框架内的关税减让），还是与某些国家的优惠贸易协定（自由贸易区协定，如《洛美协定》），都是欧盟的功劳。同样，欧盟当局也被赋予了采取各种措施放宽或强化对欧盟的保护的权力。最后，对某些进口货物流进行全面监控，特别是在危机时期，如今也成为欧盟的基本关切内容。然而，成员国家在本国的贸易政策

---

① 参见本书74至76。

② 参见：CJCE, 18 février 1970, Aff. 40/69, *Hauptzollamt Hamburg Oberelbe et Bollmann*, Rec. p. 69. - 18 juin 1970, Aff. 74/69, *Hauptzollamt Bremen Freihafen et Krohn*, Rec. p. 451。

③ 参见：Daché, *Bases juridiques des décisions d'ouverture des contingents tarifaires communautaires*, Rev. trim. dr. eur., 1972. 578. Cf. CJCE, 27 septembre 1968, aff. 51/87, *Commission c/ Conseil*, Rec. p. 5459。

④ 参见：Encycl. Dalloz communautaire, V° Politique commerciale。

方面却只保留着很少一部分权力，这些方面涉及某些产品，或者涉及特定的国家，而这些权力的运行有时很难与欧盟的共同贸易政策相协同[①]。

91 对于海关诉讼，特别是对于刑事诉讼，欧盟监管各成员国家的立法权限的方式更具特色[②]。每个成员国家在此方面仍保留主权，不仅为了起诉违法行为人（这再正常不过了，因为欧盟没有在各成员国家设有法院），也是为了认定违法的构成要素和确定应处罚的标准。尽管在此方面做过很多的协调工作而且还签订了海关行政互助协定，但必须承认，海关政策的这个方面，虽然很小，但与海关法规定的几乎完全的一体化形成鲜明的反差。

二、在实施海关政策方面

92 由于没有一个欧盟海关，海关法的实施规定的制定理所当然地成为各成员国家海关当局的全权，条件只是要按照欧盟的各项决定来制定。所以，成员国家的所有法规性文件、法令及部长令、通知或意见，只能完善或详细解释欧盟已经制定的一般规定。这些与实施欧盟海关政策相关的法规性文件必须符合欧盟海关政策的要求，违反时会被诉诸欧盟司法法院[③]。与之相反，所有特别是涉及海关的组织、职责和履职的法规，加上海关诉讼，均由各成员国家自行制定规定[④]。于是在法国海关法中，规定违反海关法行为的处罚标准的法规（无论法律或法规）与规定审批一项减免税的条件的法规两者之间存在着根本性的差异。在前一种情况下，欧盟没有任何权力干预属于成员国家法律权限的处罚标准[⑤]。相反，在后一种情况下，若有背离欧盟规定的原则定会受到欧盟干预[⑥]。

93 然而，原则不难制定，实际执行则困难重重，在欧盟权限与成员国家权限之间的准确划分方面，实践中就存在着模糊地带。应当承认，欧盟法律体系与成员国家法律体系之间的微妙关系，在这方面制造了某种混淆，而这种混淆很可能是海关法的法律文件的表现形式无意识地制造出来并且维持着的，原因主要在于关税税则从来不是欧盟的代表作，而是以成员国法律的形式出现，使用人根本不会计算他们应向欧盟当局缴纳多少关税。

此外，人们对成员国家当局在执行海关政策方面的自主权力的前景并不充满信心。关税收入最终上交欧盟这一事实动摇了现存的责任分摊原则[⑦]。内部市场的进程又加剧了这种信心动摇。既然欧盟的利益已不再仅停留在整体政策的制定上，而绵延到既定政策的实际结果之上，因而完全可以想象，欧盟当局会越来越死死盯住关税的征管方法和关税法的按普遍适用的方法来实施。这样下去，各成员国家在制定海关政策方面的权限必然会日趋减少，犹如大势所趋。

---

① 参见：Schapira, Le Tallec Blaise et Idot, *Droit européen des affaires*, 5e éd., PUF, 1999. p. 779。

② 参见本书 736 等。

③ 参见：Cass. crim. 30 janvier 1997, Bull. crim. n° 44, p. 128。

④ 参见：P. Ravillard, *La répression des infractions douanières dans le cadre du grand marché intérieur*, Joly, 1992。

⑤ 但某些一般原则的实施标准除外，如比例原则。参见本书 895。

⑥ 参见《刑事诉讼案例汇编》，1985 年 1 月 28 日。

⑦ 参见本书 36。

第二节 海关法的主要渊源

94 在海关法规呈扩散趋势的同时，一般概念的主要渊源也有移动变位的走向。在一个海关同盟内，对主管当局制定的规定的解释必须严格地一致，否则会在贸易往来中造成扭曲，所以不论是对于欧盟的还是对于各成员国家，法律原则在海关方面的重要性大大增强了。

因此，应当将法律的成文法渊源与判例渊源一视同仁，同时不要忘记法律原则在此方面的贡献，尽管它不是一种狭义的法源。

一、成文法渊源

海关方面的国际条约为数不少，可谓是海关法一个颇为重要的渊源。我们将在下面作概述，并把它们与各成员国家和欧盟的法律规定进行比较。

（一）国际条约

95 除《巴黎条约》[①] 和《罗马条约》[②]，以及确立了欧盟和内部市场的原则的《欧洲单一法案》[③] 和《欧盟条约》[④] 外，我们首先必须提到欧盟所有成员国家都加入的关贸总协定（后来称世界贸易组织），它在贸易自由化和制定海关的基本规范方面的作用已经被放大了[⑤]。其次要提到一些世界性的公约，如1950年布鲁塞尔公约，这项公约创立了海关合作理事会和后来的世界海关组织。该组织的基本使命是技术性的，它不干预其成员的海关政策，但致力于海关法在国际关系中的协调运作。因此，在它的主持下，通过了数个重要的国际公约，这些公约所包含的国际承诺对签字国家直接适用[⑥]。请注意，自《共同对

---

① 由法国、德国（西德）、意大利、荷兰、比利时、卢森堡六个欧洲国家于1951年4月18日在巴黎签订，并于1952年7月23日开始生效，成立了欧洲煤钢共同体。——译者注

② 1957年3月25日，在欧洲煤钢共同体的基础上，法国、德国、意大利、荷兰、比利时和卢森堡六国政府首脑和外长在罗马签署《欧洲经济共同体条约》和《欧洲原子能共同体条约》，后来人们称这两个条约为《罗马条约》。——译者注

③ 是1957年《罗马条约》的首个主要修订，订立了欧洲共同体于1992年12月31日前创建单一市场的目标；又使欧洲政治合作成为法律条文，即欧盟共同外交与安全政策的前身。法案分别于1986年2月17日于卢森堡市及1986年2月28日于海牙签署。——译者注

④ 1991年12月9日~10日，第46届欧共体首脑会议在荷兰的马斯特里赫特（Maastricht）举行。经过两天辩论，代表们通过并草签了《欧洲经济与货币联盟条约》和《政治联盟条约》，统称《欧洲联盟条约》，即《马斯特里赫特条约》（Treaty of Maastricht）。1992年2月7日欧共体十二国外长和财政部部长在荷兰小镇马斯特里赫特正式签署了该条约，条约也正式生效。这一条约是对《罗马条约》的修订，它为欧共体建立政治联盟和经济与货币联盟确立了目标与步骤，是欧洲联盟成立的基础。参与签订该条约的为原欧共体的12个国家，即比利时、丹麦、德国、希腊、西班牙、法国、爱尔兰、意大利、卢森堡、荷兰、葡萄牙和英国，芬兰、奥地利和瑞典于1995年1月1日加入。——译者注

⑤ 参见：D. Carreau et P. Juillard, *Droit international économique*, préc。另参见：*La Communauté européenne et le GATT*, Éd. Apogée, Rennes, 1995。

⑥ 例如，关于商品分类、海关估价，商业货样单证册、包装暂时进境、暂时进境单证、简化及协调海关监管程序等公约。参见修改后的《京都公约》（*JOUE* L 86, 2 avril 2003）。

外税则》实施以来，世界海关组织的建议都已经拿到欧盟的机构的层面上来讨论了，因为这些建议所涉及的领域已经属于欧盟而不再属于成员国家的权限。

96 还要提到《洛美协定》[①]，因为《洛美协定》非常重要，它涉及欧盟与非洲、加勒比海及太平洋国家之间经济关系的诸多方面，因此主要内容都是海关方面的。还有《多种纤维协定》，该协定长期以来一直是纺织品贸易的基本规定[②]。

最后是涉及海关的一些国际协定，即使这些协定的目标一般来讲更广泛。比如在知识产权保护、万国邮政联盟、濒危动植物物种保护等方面的各种协定。

此外，众所周知，在某些条件下，欧盟当局可以谈判签署欧盟与某个或数个第三国家之间的协定。

（二）欧盟及成员国家法律

97 《欧盟海关法典》的通过，使《法国海关法典》降级为海关法的第二级成文法渊源。然而，还必须明确海关法及许多没有汇编入典的法规性文件的实际法律效力。

1.《欧盟海关法典》

98 《欧盟海关法典》是自海关同盟创立初始就进行的协调工程的杰作。它的主要成就在于“把目前在许多欧盟条例及指令中包含的海关法规定集中到一部法典之中”，而且“是符合欧盟、经济经营人和成员国家海关的共同利益的”[③]。我们无法肯定这一值得称赞的目标是否真的实现了。一方面，把一个发生过很多变化的主题归入法典——而且在某种程度上固定下来——不能不说是一种幻想[④]。所以，在《欧盟海关法典》问世不久，法律规定很快又修改了。另一方面，使用人也许期望在一部法律文本中找到所有的法律规定，但实际上不可能，由于欧盟理事会和欧盟委员会之间的权限划分（以及一些政治方面的考虑），《欧盟海关法典》实际包括两个文件：一是基本的法律规定[⑤]，二是更复杂的基本的法律规定的实施细则[⑥]。从性质上看，我们无法肯定摆在我们面前的法律是否有模糊或不明确之处，移植某些过去有效的法律规定有时会引发编辑方面的争议[⑦]。

相反，至少在一点上，《欧盟海关法典》的通过代表着一次无可争议的进步：法典中的所有规定具有法规性质，可以直接适用于所有成员国家，从而消灭了成员国家偏离的可能性，哪怕是微不足道的偏离，过去欧盟指令作为法规性文件时也会出现这个情况。于是，《法国海关法典》受到了严重的影响。

2.《法国海关法典》

99 一个国家在海关方面有自己的法典这一事实本身就会让人觉得与内部市场的实现

---

① 参见：G. Brayer, *Europe-Tiers monde*, *Lomé*, *une nouvelle coopération douanière ?*, LGDJ, 1989。参见2003年1月1日生效的现行的2000年6月23日签署的《非加太-欧盟科托努伙伴关系协定》。

② 参见：Décision n° 94/216 du Conseil, 2 décembre 1993, *JOCE* L 110, 30 avril 1994。

③ 引自《欧盟海关法典》的立法动因的表述。

④ 欧盟当局致力于法典的重大改革，其制定体现出这些困难。

⑤ 参见：Règlement (CEE) n° 2913/92 du Conseil du 12 octobre 1992, *JOCE* L 302, 19 octobre 1992。

⑥ 参见：Règlement (CEE) n° 2454/93 de la Commission du 2 juillet 1993, *JOCE* L 253, 11 octobre 1993。

⑦ 参见我们在JCP éd. E., 1993. 273, n° 2的观点。目前正在讨论之中的《欧盟海关法典》的改革方案致力于在此方面实现进一步的一致性，这至少部分地说明了《欧盟海关法典》在制定中所遇到的困难。

格格不入①。从抽象意义上看，《欧盟海关法典》的实施，可能会终结某些法律规范（欧盟指令）的性质与使成员国家法律法规存在的合理性的性质这两者至今为止在某种程度上共存的状态。从实践意义上看，这一观点应当是相对的：法国的法典实际上处理了很多欧盟法典不涉及而且仍属于法国权限的问题（海关的组织及运作、石油税收、船舶管理制度、各种代征税、关务争议）。但是，《法国海关法典》的某些条款（特别是进口及出口手续）尽管涉及《欧盟海关法典》的核心，但竟然没有纳入《欧盟海关法典》的范畴，在这些导致保留它的理由中，最主要的理由在于，部分欧盟内部贸易往来仍需要接受成员国家的监管，这与单一市场实施以前就已经存在的条件相仿。

100 《法国海关法典》第 2 条 bis 规定就非常清楚地说明了这点，该条规定根据 1992 年 7 月 17 日法律入典，明确规定"除另有相反的规定外，本法规定不适用于：1. 进入关境的欧盟货物；2. 离开关境但目的地为欧盟其他成员国家的货物。"根据这条规定，军事材料及类似品的贸易一方面应不折不扣地按《法国海关法典》的规定办理，另一方面还可以享受该法典所规定的各项特别例外。例如，1992 年 12 月 31 日法律特别规定，与其他成员国家之间的进口和出口，如果涉及《欧盟海关法典》第 38 条 4 及 5 规定的货物（文化物品、药品、输血产品、废料、恋童癖图像等）应"按本法典规定管理"（《法国海关法典》第 2 条 ter 规定）②。

继续保留《法国海关法典》，符合保护法国海关关境的需要，但必须始终遵守海关同盟的原则。任何一个成员国家无权单边地决定某些货物不适用《欧盟海关法典》的规定。成员国家同意，留给成员国家的自由空间仅限于《欧洲经济共同体条约》《欧洲煤钢共同体条约》《欧洲原子能共同体条约》均适用的货物，如果《欧盟海关法典》也适用于这些货物（第 1 条规定）。似乎在问题没有正式解决之前，我们只能把《法国海关法典》［除其自主条款（监管程序、船舶吨税、关务争议等）外］的继续存在的理由建立在《欧盟海关法典》第 2 条规定之上，因为该条明确规定，欧盟的海关法规"统一地"适用于欧盟全关境，但该适用"除因国际公约或惯例性的地理限制或者欧盟自主措施另有相反的规定外"。

3. 没有入典的法律条文

101 尽管《欧盟海关法典》的存在使在法典之外制定纯粹海关性质的法律条文从此失去了并存的理由，但海关职责的多样性却不可避免地涉及许多欧盟法规，因此，我们可以把涉及货物的技术规范、反侵权、反污染，以及打击废料贩运、保护消费者等的欧盟法律条文列为海关法的附属渊源。

在法国层面上，还有许多不属于真正意义上的海关工作（国内税、卫生检疫、技术等）领域的法律条文，除此之外，海关当局需要依照《欧盟海关法典》或《法国海关法典》的授权制定许多实施方面的规定（行政决定）。在这方面还有海关根据对外贸易法规对进口人和出口人做出的行政意见③，但其法律性质并不非常清晰。所以，最高法院的商

---

① 参见：Natarel, *Construction communautaire et mutations du droit national: le Code des douanes français en question*, 2004, PUAM, Aix-en-Provence 》。

② 参见本书 74 至 76。

③ 参见本书 44。

事庭仅承认它们的信息效力①。不过，应当使这些行政意见具有可上诉的法律的性质，即使是为了避免其规避法国行政法院的干预②。

二、司法判例及法理渊源

102 如今，判例（或许在较小程度上）及法理已经至少与成文法一样成为法律准则的认知工具。这一现象在海关法领域尤其真实，特别是海关法的使用人日常所遇到的实际困难是非常具有技术性的，因而非常依赖于过去的判例或正式的法律解释。当然，不可能会有一个专门管辖海关法的司法当局或者有一个海关法的特殊法理。对于海关法，和许多法学的分支一样，都是成文法至上。这就是本书在以下的研究只能限定在一般理论对我们这个领域的适用上的原因。

（一）判例

1. 成员国家判例

103 在法国，海关法的解释时而由行政法院负责，时而由司法法院负责③。前者一般管辖涉及对海关法规的合法性的认定，而后者负责更具体地解决海关法规内容的内源性困难。判例的首创力经常被用在海关法的很多方面。因此，特别是在海关刑事诉讼方面，解释《法国海关法典》规定的一般原则归刑事方面的法院管辖，主观故意、瞒骗的利益及刑事责任的基本理论均以判例为依据④。同样，对于违反海关法行为的具体定义，海关立法者往往只做简单规定，主要根据判例来理解它。

2. 欧盟判例

104 我们不能过分地强调自欧洲共同体运作以来欧洲共同体司法法院在海关方面的判例的重要性。为此最好仅再看看该法院的主要管辖权，因为它涉及海关法。

首先，如果某个成员国家未履行其应履行的某项义务，欧盟委员会可以根据《欧盟条约》第226条规定（原第169条规定），任何成员国家可以根据《欧盟条约》第227条规定（原第170条规定）诉诸欧盟司法法院。这条通用规则等于授权欧盟司法法院对各成员国家法是否符合欧盟法进行密切监督。事实也是如此，《欧盟条约》第228条（原第171条）规定："司法法院认定某成员国家未履行某项根据本条约规定应履行的义务时，该成员国家有义务采取措施执行司法法院做出的决定。"不难想象，根据这些法律条文做出的决定就像是一种原则性判决。所以，"相当于关税的国内税"这一理论完全是欧洲共同体

---

① 参见：Cass. Com. 28 novembre 1984, Bull. civ. IV, n° 325, p. 263；JCP éd. E, 1985, ADG, 14775, n° 31, observ. Berr et Vignal。

② Cons. d'État 17 juin 1985, *Dauberville* 认定，根据发给出口人的行政告知做出的禁止某件艺术品出口的决定，如果理由不正当，应无效。

③ 关于管辖规则，请参见本书740等。

④ 参见本书797及838。Rodanet 和 Pellerin 曾将海关的主要行政决定汇编出版：*Nouveau recueil de jurisprudence douanière*（*NRJD*）portant sur des décisions rendues entre 1920 et 1941, Poitiers, 1943. Sur la période antérieure（1794 à 1920）。参见：Boulay, *Recueil analytique et chronologique de jurisprudence en matière de douane*, Paris, 1918-1922, deux vol。海关为方便其工作编制了法国法院做出的主要决定的编年集：*Documents contentieux*（Doc. cont.）, dont la diffusion, actuellement sus-pendue, sans être à proprement parler confidentielle, demeure restreinte。另参见：Recueil de jurisprudence française de J. Pannier：*Douanes et changes*, 1959-1990, Litec, 1990, préf. J. Cosson。

司法法院自行创造的[①]。在这个最基本的管辖权中，必须仔细区分《欧盟条约》第234条(原第177条)[②] 所规定的司法解释的权限，这项权限在海关方面运用过很多次。每当行使这项权限时，虽然司法法院均限于在提交其解释的欧盟法律条文的含义做出说明，但实际上，它的说明是一种具有根本性的决定，其法律效力是绝对的，所有成员国家都必须承认它的权威性。所以，在适用任何一项欧盟的海关法律条文时，千万不要忘记《司法法院判决汇编》中的判例。

（二）法理

105 法理这个词，从字面上讲，可以指两个互不相关的现实，但其共同点却是都没有法律效力。从定义上讲，法理文献只有说明效力。但是，无人不晓，在法学的其他方面，法理有时非常重要，所以我们没有任何理由否认它在海关法渊源中应占有一席之地。确切地说，可以把法理分为两类，一类我们可以把它定义为官方法理或行政法理，另一类可以称为科学法理，我们不会展开阐述它，但必须有所了解。

1. 官方法理

106 官方法理在成员国家层面上表达的方式多种多样：通令、意见、各类文件。这些法律条文是由行政部门下发的，对于使用人非常宝贵。立法者为了回应经济经营人的期望，曾利用2005年12月7日关于简化税收征管措施的法令，把“税务行政预裁定书制度”扩大适用于海关领域。使用人如果使用“行政预裁定书”完成某项后来被海关认为是不合规的业务时，可以用“行政预裁定书”来质疑海关对某项法律条文或某个事境的解释，因此“海关行政预裁定书制度”从此列入《法国海关法典》第345条bis规定（规定本身没有使用这个名称），我们对此感到遗憾[③]。还好该条法律的适用范围仅限于两个方面：一是仅适用于对税收法律条文的解释，不适用于海关某条关于检验检疫或安全准入的规定的解释；二是有明确规定它不涉及海关债，海关债方面的规定应由欧盟来解释。在这些情况下，如果认为“海关行政预裁定书制度”为企业提供了实质性保障，实属夸大。

在欧盟层面上，法理主要表现为欧盟委员会的意见和建议，这些法理用《欧盟条约》第249条规定（原第189条规定）的用语来定义就是“互相独立”。但在实践中，必须正视欧盟海关税则关于商品的税则归类的“注释”的重要性。同样，我们更不能忽略世界海关组织及其各个专门委员会的作用，比如海关估价委员会，它的建议实际上具有相当大的权威性。

2. 科学法理（参考书目）

107 就海关法学而言，普世性的法理在第二次世界大战之后似乎渐趋衰弱。论及原因，不仅比较复杂，而且也同时归咎于海关法的声誉（以法规为主并且经常变化，杂乱不成大章）和法国法学界大多数人对国际贸易问题的不甚重视。但是，我们会注意到，共同市场的建立引发欧洲法的专家们开始关注海关法，重新燃起法学界对该领域的兴趣。

下面这个清单可能会不详全，只列出主要的法理方面的文献，而且还应当加上那些在常见的法学杂志（*Dalloz-Sirey*，*Semaine juridique*，*Gazette du Palais*，*Europe*，等等）刊发的法学研究和论文。

---

① 参见本书134。

② 参见：Encycl. Dalloz Communautaire，V° Interprétation（renvoi en）。

③ 参见本书770。

• 关于大革命之前时期的：

DUFRESNE DE FRANCHEVILLE, *Histoire générale et particulière des finances*, 1738, 2 vol;

FORBONNAIS, *Recherches et considérations sur les finances de la France depuis* 1595 *jusqu'en* 1721, 1758, 5 vol;

NECKER, *De l'administration des finances de la France*, 1784, 3 vol。

• 关于第二次世界大战之前时期的：

主要著作有 *Les douanes françaises* de G. PALLAIN, en quatre volumes, Librairie administrative Paul Dupont, 1913，遗憾的是其内容绝大部分因太法规化而失去任何研究价值。

Les droits de douane, traité d'E. ALLIX en deux tomes, Ed. Rousseau, 1932，始终被正确地视为是海关法各个方面最满意的论文。

在仍有价值参考的著作中，还可以列出：

Traité de législation douanière, de J. MOLIERAC, Sirey, 1930;

Le régime douanier de la France, de B. NOGARO et M. MOYE, Sirey, 1931。

最后还有 *le Traité des infractions, du conten-tieux et des tarifs des douanes* de L. PABON, Féret et fils éditeurs, Bordeaux, 1893，该论文集虽然被认为已经过时，但其分析非常细腻。

• 关于当代的：

除简明的 *Manuel pratique de législation douanière* de R. ROSIER, LGDJ, 1954, et du《Que sais-je ?》de J. C. RENOUE, *Les Douanes*, PUF, 1989 外，海关法学的最好论文可以在以下书目中找到：

G. DEGOIS et A. SEMINI, *Le Marché commun. Ses techniques douanières*, Hachette, 1959;

A. SEMINI, *Douanes*, Delmas, 1967;

C. JACQUEMART, *La nouvelle douane européenne*, Editions Jupiter, 1972, et mise à jour, 1974;

N. VAULONT, *L'union douanière de la Communauté économique européenne*, Perspectives européennes, OPOCE, 2e éd. , Luxembourg, 1985;

J. NASSIET, *La réglementation douanière européenne*, EJA Jupiter, 1988;

F. URBINO-SOULIER, *L'entreprise et la douane face au grand marché européen*, PUF, 1992;

V. CARPENTIER, *Guide pratique du contentieux douanier*, Litec, 1996. B. de MORDANT de MASSIAC et C. SOULARD, *Code des douanes*, 4e éd. , 2006, Litec;

J. DECHAUME et W. VENTURELLI, *Gestion des procédures douanières*, 2001, Le génie des glaciers;

J. -M. FEDIDA, *Le contentieux douanier*,《Que sais-je?》, 2001, PUF. S. RIDEAU-VALENTINI, *Contribution à l'étude des particularismes de la matière pénale douanière*, 2003, Presses universitaires du Septentrion;

E. NATAREL, *Construction communautaire et mutations du droit national*: *Le Code des douanes français en question*, 2004, PUAM, Aix-en-Provence。

对于那些希望在此方面有一个综合概览的读者还可以加上：

C. -J. BERR et H. TREMEAU, *Introduction au droit douanier*, coll. Connaissance du droit,

Dalloz, 1997;

以及专门关于欧盟的：C. -J. BERR, Jurisclasseur Europe, Fascicules 500à 506,《 Union douanière 》, 1998-2002。

专业人员可以在这些著作［如 MOCI, le Dictionnaire permanent de droit européen des affaires（Ed. Joly）］或 Lamy Transport 的活页中发现更新的信息。

在研究海关问题占有一席之地的国际关系的著作中，必须提到：

4. CARREAU et P. JUILLARD, *Droit international économique*, 2e éd. , 2005, Dalloz;

J. SCHAPIRA, G. LE TALLEC, J. -B. BLAISE et L. IDOT, Droit européen des affaires, PUF, 5e éd. , 1999（2 vol. ）。

我们还会提到 Encyclopédie Dalloz（Commercial, Pénal, Communautaire）、Jurisclasseur（droit pénal, droit administratif, droit international, Europe），以及在各种期刊中有一些条目涉及海关问题，这些期刊包括：*Revue trimestrielle de droit européen*, *Revue du Marché commun et de l'Union européenne*, *Revue du Marché unique européen*, *Droit et pratique du commerce international*, *Cahiers juridiques et fiscaux de l'exportation*（publication du Centre français du commerce extérieur）, *Journal du droit international*（Clunet），等等。

含有海关信息的官方互联网网站有：

EUROPA：http：//europa. eu. int.

Douane française：www. minefi. gov. fr

第二章　海关法的特性

108 海关法尚未像税法或劳动法被普遍地视为是法学的一个独立分支。所以，有必要先对将在本书通篇研究的法律规定本身的性质进行简要的思考。

坦率地说，每当需要对海关法做出定义时，都会遇到这样的难题。海关法通常被理解为适用于货物国际流动的公法的一整套规定，这个概念显然过于宽泛，因为我们还必须把显然属于其他法律范畴的涉及外汇监管、检验检疫、商品检验等法规纳入海关法的范畴。倘若想给海关法做个更严格的定义，我们肯定会在数个标准之间犹豫不决。于是，人们期望有一个正式的标准并将海关法定义为由海关负责实施的法，但这并没有解决长期以来人们的这样反驳：海关的职能大大超出了严格意义上的海关①，甚至涉及与海关的传统作用相距甚远的部门。但如果将海关法定义为所有编入《法国海关法典》的法律规定，仍会遭到同样的反对。反对的声音认为《法国海关法典》有些规定只涉及有时与海关仅仅在历史上有过关联的领域。如此来看，一个正确的海关法定义只能基于实际标准，或者说只能基于对海关法内容的观察，如果这样说更可取。

109 我们因此可以注意到，海关法的要义应当建立在跨境货物的关税待遇的基础之上，但海关法的适用范围却不限于此，这是大家都了解的。另外，我们也会注意到，对于出口，多年以来已经没有任何征税了，但并不能因此说出口与进口相反，已经不属于海关

① 参见本书 32 等。

法的管辖范围了。于是，人们不禁会问，现阶段是否没有可能给海关法下个总的定义？在内部市场建设的过渡阶段中，对外贸易问题在不断地变化着，而且在内部市场建设完成之时，海关法的特征似乎在于它的多样性和不稳定性。让我们暂时放弃做出一个抽象的定义，先来设法确定什么是海关法的现阶段的内容，然后去描绘什么是它的传统特征，最后致力于研究海关经济法的当代概念。

第一节　海关法的内容

一、海关法的唯一性

110 从整体上看，海关法必须能使政府对进出关境的货物流拥有监管的权力。这一点使它完全脱离国际贸易法范畴，因为国际贸易法是从贸易的买卖双方和其他中间人之间的私人关系的角度来审视货物的国际流动。同样，这一点也打消了欲将海关法并入国际税法的非分之想，原因在于国际税法不涉及货物，只涉及发生在一个以上国家的某些经营和收入。同理，海关法也不能归入外汇法，外汇法只关注资本流而不关注货物流。所以，必须进一步确定国家借助海关法来行使的所有具体目标才能理解海关法的唯一性。

很明显，海关法的概念与海关政策的理念这两者之间在国家借助海关法来行使监管的所有具体职责上存在着一种绝对的联系。实际上，海关法是由各种能实现海关政策的法律工具构成的，这意味着，海关法的内容就其本质而言会随着时间和空间的变化而变化。因此，海关政策，如果可以用它来定义这个概念，可以视为是海关法存在的合理性的特定的理由；一个国家或一个经济体集团会在某个特定时期对其对外贸易实行保护主义政策，在另一个特定时期会实行自由化政策，从这一概念出发，我们很容易得出结论说海关法的内容本身就是这种政策变化的结果。然而，抚今追昔，再没有任何政策会比海关政策更审时度势了[①]。此外，海关政策从来没有完全摆脱其他政策的影响。如今，政府的干预之手已经伸向各个领域，海关政策一定会与其他政策相辅相成，比如农业政策、产业发展政策，以及（一般来讲）贸易政策。在过去某些时期（而且现在仍然是但程度肯定不如过去那么深），海关政策曾直接服务于外交政策，甚至军事政策（大陆封锁[②]就是最好的例证）。

111 从上面的论述中，我们似乎可以得出一个结论，就其性质本身而言，不可能对海关法的内容下个抽象定义。海关法的内容只能通过参照某个特定的海关政策来理解，属于经济法学范畴的各个分支学科（如竞争法、领土整治法、发展法等），如今也属于这类情况。于是，我们不得不放弃对海关法内容的定义的研究，而移志于采用分析的方法对它的现实状态进行描绘。但是，海关法内容日新月异的表层，并不能掩盖住其不可否认的唯一性和一种专属特征，丝毫不给人以与其他相同法律并列之虞。自从税收、行政和法律手段被用来服务于海关政策以来，海关政策便具有了鲜明的海关特色。我们认为，正是这个非常强烈的特色，说明了海关法已跻身于法学之中成为一个完全独立的分支。

---

① 参见本书 2 等。

② 指拿破仑在 1806 年 11 月 21 日在柏林启动的对英国的经济封锁政策，该政策于 1814 年结束。拿破仑意图使用经济战的手段使英国屈服，另外，该政策也可以起到保护法国经济的作用。——译者注

二、海关法的多样性

112 在海关法的现状中，我们可以注意到，形式上讲可以称为核心部分的仍然是海关税则，也就是一系列关于所有国际贸易货物跨境的条件及效应的规则。围绕税则还有很多配套法规，它们不是税则的正式组成部分。这些法规被用来确保关税和其他按同一税收征管办法征收的代征税的有效征管。因此，我们应当把所有关于货物运抵海关、报关和其他通关业务、税则归类、原产地认定、海关估价及关税计征的法规向“税则核心”靠拢。

从这个角度看，海关法的内容带有任何税收立法的基本特征，唯一的区别在于其实施的特殊条件。然而，海关法立法者从一开始就明白，建立一个无差别的保护性关税壁垒不仅有好处，而且还可以考虑到特别是当地的某些情况，用例外来缓解一下海关法的严厉性，这些例外的形式有保税仓库、自由港，以及后来的关税保税监管方式，如对最终将复出境货物的暂时进境监管方式①。规定这些监管方式的法规一直以来构成海关法不可或缺的一部分，它们是“税则核心”必不可少的配套法规。

113 海关法最近演变进程中最显眼之处，当属保税监管方式，它从诞生之日起，就是海关法一般规则的一条重要的但书，之后范围越来越宽、重要性越来越大，甚至呈有悖其初衷之势。我们所了解的保税监管方式，除其制度本身经久不衰外，已被赋予多个新的使命，比如用来鼓励出口和物流活动。“保税监管方式”这一用语本身就给人以启示，确切地说，它是“经济监管方式”的代名词，意指一整套其主导思想与关税法不同的法律规定。从这个用语中我们可以体会到，海关法的适用范围对海关政策的依赖程度有多么的深。归根结底，“经济监管方式”的法规在当今的重要性只是政府的行为在新的经济学理论影响下发生的深刻变化的反映②。

海关法可以按税收动因和其他动因分为两大部分，但我们能从这种根本的双重性得出结论说在海关法这两大部分之间存在着根本性的对立关系吗？似乎很难。从多方面看，海关法的技术仍然是独一无二的，而且即使我们今天有充分理由谈论一个与海关税法相对立的真正的海关经济法，我们仍应当记住，从根本上讲，围绕“税收核心”构建的法律工具过去曾经是，而且现在仍然是大部分海关经济监管方式的运行基础。而且，在海关诉讼法方面，海关法的这两个部分竟如此的完善统一。确切地说，海关诉讼构成海关法的第三个维度，因为，由于各种原因，违反海关法的情事始终未能纳入普通法的范畴。海关诉讼法具有一种一致公认的独特性，而且正是它旨在确保海关税法和海关经济法有效实施的这一独特使命使其明显区别于这两个法。

114 海关税法、海关经济法、海关诉讼法，这已经把法学的一个分支的概貌展现在我们面前了，当务之急在于发现它们各自的特征。然而，如果说有人不相信能发现各自的特征，我们也不必大惊小怪，因为某些特征是海关法的各个方面都共同具有的。事实上，这些特征只有在一个历史的语境下才能被真正地发现，因为有的特征自从海关法问世就具有了，有的特征却直到近期才显现，而过去的特征并没有因此消失。经常会出现这样的现象，新的特征与已有的特征之间相互补充或产生抵触，然后犹如在被侵蚀的沉积地带一样，它们会在某个

① 参见：G. Vignal, *L'élaboration du système douanier de la France de Colbert à la Révolution*, ronéotypé, Grenoble, 1974, p. 56 et s。

② 参见本书15等。

特定的区域重现。所以，我们将先后介绍海关法的传统特征和它的当代演变。

第二节　海关法的传统特征

115 海关法学至少在原则上可以归入属于公法的学科。由于它规定着个体与海关之间的法律关系，因此不属于私人关系的范畴。然而，有必要提醒读者，海关法的某些方面主要由于历史原因又涉及私法的数个分支，特别是涉及刑法和刑事诉讼法。但实话说，这些一般的性质对于它的特征而言影响有限。长期以来[①]，海关法素以其独立于法学其他分支而著称。最显著之处，除已经提到的那些特征外，仍然是它所体现出来的极端严厉性。

一、海关法的独特性

116 从海关税法的角度看，海关法的独特性很大一部分来自普通税法，特别是间接税法。但是，它另有一整套自己的并且对应国际贸易需要的属性，如商品的税则分类、原产地或海关估价的属性[②]。除此之外，众所周知，海关执法人员在任何情况下都拥有超越普通法的特权，而且这些特权大大超出税务执法人员一般情况下所拥有的特权[③]，如检查军舰的权力或进入邮局并在邮局内搜查可疑邮包的权力。

显然，能充分体现海关法特殊性的当属海关经济法。进境加工和出境加工、转口或返销产品等概念[④]在普通税法中都无从寻觅，完全为海关法独有，不属于人为法的任何一个其他概念。另外，海关诉讼法也不是行政法或刑法规定的简单照搬。海关诉讼法有自己的概念，如瞒骗关系人的概念[⑤]，有自己司法制度，比如公诉中的调解处罚的概念[⑥]。

二、海关法的严厉性

117 海关法的严厉的名声已不需要我们来指出了。使用人认为，海关法和海关本身一样，具有注重形式和执法的双重特征。

必须强调，海关法在其大多数监管方式中表现出来的形式主义，自数年来已经大大减弱了。长期以来，通关业务只能在位于边界的业务现场海关办理。每票货物都必须办理的正式报关单，始终是最重要的单证，具有经公证的文件的法律效力[⑦]，而且任何一点很小

---

① 参见：Berr et Trémeau：*L'évolution récente du droit douanier*，in *Dix ans de droit de l'entreprise*，Libr. techn.，1978，p. 843 et s。

② 参见本书 204 等。“称之为理论的海关估价定义无论被任何具体的定义所取代都不会失去概念本身的特性”，这一论断，尽管近年来有些变化，但仍然成立。

③ 尽管当代的趋势是将海关的权力向税务执法人员的一般权力靠拢。参见本书 70 等。

④ 参见本书 462-2 等。

⑤ 参见本书 850 等。

⑥ 参见本书 1034 等。值得庆幸的是，这方面近年来出现一种回归普通法的趋势。所以，根据 1977 年 12 月 29 日法律规定，法院判决后仍可进行调解处罚的规定被废止了，但可减轻处罚情节的理论则出现了，而这个概念在新《刑法典》中却没有出现，我们认为这对它有很大影响。同样，违反海关法的理论如今也成为围绕犯罪主观故意进行争论的一个问题。

⑦ 参见本书 306。

的遗漏和不准确都会给当事人带来受处罚的后果[①]。在此方面，尽管做出过努力以简化通关程序[②]，但注重形式的海关手续依然是一条铁律。同样，保税（或经济）监管方式的审批，尽管从多个观点看具有某些契约性质[③]，但仍需要申领担保放行单并且在某些情况下要对按该监管方式监管的货物进行加封[④]。至于在诉讼方面，特别是对于违法的侦查及认定，适用规定中含有相当数量的严重形式主义的制度，如扣押笔录或调查笔录[⑤]。

118 虽然形式主义只涉及海关手续，但法国海关法的精神仍然以执法为特征。我们肯定会注意到，任何具有税收性质的法都是严厉的，因为偷漏税现象在税法的使用人中相当普遍。但是，在全部的法国法律中，肯定没有任何一部像海关法那样严厉。尽管经过两次改革带来了部分条款的放宽，但改革的力度肯定不如某些人想象得那么大[⑥]，基本面仍然没有变：违反海关法会轻易地根据简单的要件行为被处罚，如持有违法进境的货物，持有人即被推定为违法人。长期以来，海关不仅无须证明违法主观故意，甚至只需了解货物的违法性质，而且在程序方面也享有很大的调查权，特别如果涉及它在笔录中的侦查时，海关推定的有效性几乎是无可辩驳的。由于它的调解处罚权，海关实际上拥有一种有效的压力，使其在海关诉讼的裁决中无可争议地占主导地位。

然而，必须注意到，这种状况从来没有引发决意要剥夺海关的这些行动手段的舆论反响。相反，受以毒品和恐怖主义所代表的危险的影响，公共舆论反而希望用海关的执法权来保障社会安定。而海关也努力证明自己是有区别地行使执法权，有系统地将违法人和由于疏忽大意而触犯繁杂的海关规定的人区别开来，严厉仅针对前者。

但无论如何，法国海关在内部市场框架内确实逐渐地改变了它对主要合作伙伴的态度，这些合作伙伴远远没有感受到海关法的这种严厉。自 1997 年以来，海关立法变革一直朝着这个方向发展。

第三节 海关经济法的当代概念

119 在数个世纪中始终受经济保护主义支配的海关，现在已经成功地彻底摆脱了其传统的导向，否认这一点是不现实的。然而，当代的海关政策正朝着海关新使命的方向转变[⑦]。众所周知，海关现在不再像过去很长时间里那样只局限于在边境监管货物的跨境流动，货物一经完税，海关便撒手不管，也不像过去那样仅仅盯住物质资料的消费而忽略物质资料的生产。海关立法者们现在清楚地认识到，生产企业，国家要求它们在内部市场上越来越强大，而它们就必须与其外国的供应商或顾客建立一种新型的关系。为此，应当采用恰当的法律手段来方便处理用于工业、贸易和运输的货物。

起初，我们只是在过去的法规中来寻找这些手段，在某个时期，曾放宽过保税监管方

① 参见本书 775。
② 参见本书 333 等。
③ 参见本书 467。
④ 参见本书 483。
⑤ 参见本书 973。
⑥ 参见本书 736。
⑦ 参见本书 42 等。

式的审批条件，让比较随和的法国经济能发现保税仓储、暂时进境等监管方式的效益。但是，渐渐地，保税监管方式随着欧盟立法的出现开始改头换面。如今，这方面的所有法规均具有经济法的特征，在这里我们不妨明确经济法这个概念。

120 经济法的概念在法学家们中间远没有形成共识，而且有非常多的争论。本书的研究范围和主题不允许我们在这里哪怕是简要地罗列一下这些分歧[①]。然而，我们很乐意介绍（哪怕是部分地）海关法是怎样向经济法靠拢的，而这需要我们首先明确对经济法的特征的态度。可能的话，可以通过介绍它的宗旨和技术来阐述。谈到宗旨，经济法的主要目的是按某种模式（社会主义的、自由主义的、计划经济的，等等）来组织一个国家或一个国家共同体（如欧盟）的总体经济活动。因此它可以在法学的任何或者几乎任何一个领域（如税收、领土整治、竞争）中应用，当然不涉及纯粹的私人和家庭关系。谈到技术，经济法的技术具有鲜明的特征和深邃的内层，在我们看来，这正是它真正的独特之处。传统的法律规定在经济法中实际上被完全解体：在法律规定的适用条件与其法律效力之间已经出现了经济权威这个连普通法都陌生的外来成分，经济法有效，经济权力就必须存在。所以，尽管法律效力在普通法中只要条件具备应可以自动产生（最好的例证无疑是《法国民法典》第1583条规定，购货人和售货人一旦就物品和价格达成一致，所有权就转让了），而经济法则不同，它似乎会打破传统法学这一绝对的决定性。确实，经济法的立法者一方面为某项制度的运作规定了必要的条件（如某些产业重建的补贴限定在地区整治政策的框架内），另一方面又对这项制度的效应做出规定（如补贴的分期发放、减免税收等）。于是，仅仅具备所需要的条件并不足以使法律规定产生效力，必须由某个政府主管部门来负责认定有关业务是否适当，由它做出决定才能使补贴得以发放。这种政府的干预完完全全地符合我们如今希望看到的政府在经济领域中应发挥的作用。但千万不要忽略国家会采用哪种技术手段，以哪些传统的法律规定解体为代价，来发挥这个作用。

121 显而易见，如果海关税法属于古典法系，对货物征收关税（法律效力）一定来自某些条件（商品分类、原产地、价格），然而海关经济法却不具有如此绝对的决定性。海关经济监管方式或者某项简化的通关程序原则上必须由海关来审批[②]。由此带来一系列的严重后果：首先，法律规定失去了它的严密性，变得宽松灵活，出现了使用人与海关之间的谈判和争辩过程，这在古典税法的框架内根本不存在；其次，海关的权力扩大了，它主宰着法规或监管方式的法律效力能否产生决定权；最后，海关还拥有一个非常适合其促进经济的使命的灵活干预手段。以上这些论述也说明了经济法特有的新概念所具有的重要意义，如“税收精神”概念，它已经成为海关在批准某些经济监管方式或某些简化程序时进行评判的一个选择因素。

总之，非常有必要把海关法的一个部分与经济法这个概念做这样的对比，即使仅仅为了更好地领会精神，强化经济法与海关税法之间应当存在的对立。

---

① Carreau 和 Juillard 的著作序言部分对此问题有很好的概括。

② 无疑，使用人可以自动享受许多海关经济监管方式。但是，规定审批条件及海关经济监管方式的法律效力本身就体现了有关经济监管方式在经济上的必要性。出于简化手续考虑，政府会放弃逐案审批的做法，允许以制定实施细则的方式把这类海关经济监管方式法定化。从根本上讲，即使立法者们准许任何类别的利益关系人可以把任何货物都按某项经济监管方式办理，我们也可以肯定，一定还有一个基于经济必要性的认定。

第二部分
海关税法

CUSTOMS
LAW

第一篇
关税征管要素

第一章　货物国际流动的海关监管方式

122 海关税则上所列的关税，构成人们称为海关税收的法律要素，与货物的具体特性对应起来，便可以计算出每票报关单的单笔海关债金额。海关税收的征管作业，其原则大道至简：根据货物的特性在税则上找到适用于它的税率，以此计税。但知易行难，实际操作中会有很多变化，使海关税收征管成为一门十分复杂的技术。因为，一方面，涉及国际贸易的法规越来越繁复，使真正意义上的海关税收失掉了一部分专业性，逐渐被淹没在浩如烟海的对货物跨境流动的一般税务工作中，使它所考虑的范围远超出真正意义上的海关的目的。另一方面，海关相关技术的存在也时时影响着关税征管本身，结果使严格执行税则规定产生的保护作用不是从严了就是失之于宽。

第一节　税收征管原则

123 海关负责征收关税，同时也负责代征出于各种目的而设立的其他税费①。欧盟海关联盟的出现，虽然取消了成员国家之间的关税壁垒，但没有因此取消海关代征的其他税收（而这些税收常常被公众不愉快地误认为是关税）。

因此，必须在所有以货物的跨境流动为对象的税收中，严格区分真正意义上的关税与海关负责代征的其他税，即使前者已经在欧盟内部贸易往来中消失了。

一、真正意义上的关税

124 对于真正意义上的关税，我们如今能给出的真正令人满意的唯一一个定义只能基于它的正式标准之上：即指海关税则中规定的关税。关税具有独立的法律制度，应当很容易被认出，并不需要从深处来探究它的本质。当然，我们不应否认，不是所有的关税都具有完全同样的特征，因而首先需要进行分类，然后再讨论各类关税的税额。

---

① 参见本书 34 等。

（一）关税的分类

1. 从量关税与从价关税

125 关于从量关税与从价关税各自的利弊的争论和分歧如今已成为历史[1]。长期以来，从价关税已在现代海关制度下得以广泛地应用，尽管对应税货物的估价给征管工作带来很多困难。我们可以把从量关税看作是对某一类货物规定的统一税率，关税税额根据货物的简单物理度量衡来确定，如容积、体积、面积、酒精含量等。从价计税方法则反其道而行之，某一票货物应征的税额是根据有法律定义的价格乘上一个用百分比来表示的税率进行计算的。

长期以来，人们认为从价关税的税则结构十分简单，其实不然[2]。实际上，关税保护的效应不应当取决于所选择的征税制度，而应当通过税率水平之间的多层次的差别来实现。从价关税的最大优越性在于关税的保护率能直接适应国际市场行情变幻，无须像从量关税那样需要定期进行调整。在当代世界经济的环境下，基本不用担心货物价格会有规律地下跌，因此从价关税的税率已成为一种真正的滑动税率，在实践层面上成为其收入的一个有效保证。

126 此外，如果有必要抵消外国货物的价格不正常降低，可以建立某些普遍适用的机制[3]。

即使如此，由于低报价格导致的关税保护水平下降的风险（人们在某些时期大大地夸大）[4] 依然实实在在地存在着[5]。但是，现行估价理论的完善已经消除了大部分风险，只是必须有一种是不可否认的最管用的估价定义为前提。估价定义作为税收征管中心环节的地位势必不可动摇。

然而，从量征税并没有完全从关税征管中消失。有些货物十分特殊，非使用从量关税不可，比如已冲洗的电影胶片，其载体的价格几乎为零，而电影的“知识”价格无法估价，非采用固定税额的计税方式不可。相反，对葡萄酒和醋或石油产品仍坚持从量计征关税似乎缺乏充足的理由。

最后必须提到混合关税，它同时兼有从价关税和从量关税两个特征。征收对象为某些水果和蔬菜、陶瓷和玻璃制品。在计税方法上除按一个最低的从量关税征税外，再加上一个从价关税。同样，对于其他货物，根据货物的性质，还可以在从价计税时，另规定有一个最高税额或一个最低税额，或最高税额和最低税额都有。这种多样性的计税方法，可以在需要时弥补从价关税和从量关税各自的内源性弊端。

2. 财政关税

127 财政关税及其他税之间的区别，如今也只具有历史意义了，因为这些关税仅涉及欧共体的关税同盟的建立：《罗马条约》的起草者们认为，某些被定义为关税的税种实际上只有增加国家财政收入的目的，并不具有保护本国生产的作用（如对咖啡、茶、香料

---

① 参见：Moliérac, *Traité de législation douanière*, Éd. Sirey, 1930, n° 32 et s。

② 参见：Moliérac, *loc. cit.*, “如果商品从价征税，整个税则一页就足以。”

③ 参见本书 149 等。

④ 参见：Nogaro et Moye, *Le régime douanier de la France*, Sirey, 1931, p. 16. –Moliérac, *op. cit.*, p. 26。

⑤ 参见本书 219。源自 1979 年东京协定的海关估价的新定义造成海关税收整体上下降，因为现在征税基本上依据发票上的价格，而不像过去是根据海关调整后的价格。参见本书 236 等。

征收的关税），因此要求各成员国家取消这些关税，但同时允许它们用国内税（消费税、统一税等）来取而代之。但这一授权有时刺激了某些成员国家的滥用，从而遭到了欧洲司法法院出面干预①。

（二）关税税额

128 确定关税税额时会遇到两个当属负责制订税率的当局来决定的问题：一个问题是应当明确它们对所寻求的经济保护水平拥有多大的确定权；另一个问题是它们应以什么方式来努力使关税总水平适应贸易政策的需要，并且最终他们怎样能够对同一货物利用制订不同的税率来体现国别政策。

这两个问题是一个整体，我们并不能总是可以分开来单独考虑，所以，关税的税额一方面取决于税率的性质，另一方面决定于税率的结构。

1. 关税税额与税率性质

129 传统上我们把税率按其性质分为自主税率和协定税率两大类。自主税率由本国当局自主制订，并且因此表现为一种主权的宣示。和一般的税收一样，政府是本国经济保护水平的唯一评判者，它们有权根据当时的需要自行修订或暂时取消某项税率。各国最早的关税税率，如法国的1664年的税率，多属于自主税率②。相反，协定税率的制订必须遵守国际承诺，本国无权调整，否则就是违约。

我们可以肯定地说，当今世界几乎所有国家的关税税率，包括欧盟的关税税率，基本上都是协定税率。但我们同时也会注意到，自主税率并没有完全消失。

在欧盟现行的关税中，绝大多数是协定税率。法国在进入共同市场之前也是这种情况：80%的关税税率是根据关贸总协定的规定制订的并受到约束。这项重要的国际公约在关税历史上要求所有签约国家都互相给予最惠国待遇③。法国与大部分工业化国家之间编织的双边贸易协定的网络也限制了它自己在关税方面的自主权④。很明显，《罗马条约》对法国在税率制订方面是致命的一击⑤。其原因大家都知道，在于《罗马条约》第19条规定（已废止）：“《共同海关税则》按组成共同体的四个海关关境所施行的关税税率的算术平均制订税率。”即使有一段过渡期，也只是便于各成员国家进行必要的调整，但有一点是肯定的，即自1968年7月1日开始，欧共体的任何一个成员国家均不再能声称它在关税方面有什么自主权了。

130 从此出现了一种共同的税率，它的出现并没有完全解决税率的性质问题，关于它的争论在欧盟层面上仍愈演愈烈，只是从此不再涉及成员国家自己的税率罢了。不过我们可以毫不犹豫地肯定，从总体上看，《共同海关税则》的税率基本上是协定税率。这点可以从两方面来理解，一方面，各成员国家在加入欧盟之前所做出的承诺得以继续履行，这里有明确规定：“各成员国家应会同共同体委员会采取一切必要的措施解决其已与第三国签订的且仍然有效的关税协定问题。”另一方面，欧洲经济共同体各个机构根据《罗马条约》的规定获得了某些签订新关税协定的权限，加上几轮重要的多边贸易谈判（如狄龙回

① 很有可能会产生因此创造一种与关税具有同等效力的国内税的风险。参见本书134。

② 参见：G. Vignal, *L'élaboration du système douanier de la France*, préc. p. 46。

③ 参见：Sauvignon, *La clause de la nation la plus favorisée*, PUG, 1972。

④ 参见：Allix, *op. cit.*, T. 1, p. 47。

⑤ 相反，法国和其他成员国家一样，保留了对货物贸易方面的欧盟规定的具体实施权力。

合、肯尼迪回合、东京回合、乌拉圭回合）实际上也以国际承诺的名义大大降低了共同税率的保护水平。

不过，从法律的角度看，必须指出，欧洲的关税自主并没有完全丧失，充其量可以说关税自主权在某个国际贸易的发展使保护经济的任务处于次要地位的时期中被暂时束之高阁了。《罗马条约》第26条（修改了过去的第28条规定）规定“《共同海关税则》由欧共体理事会根据欧共体委员会的建议按规定多数的规则通过”①。在法国，《法国海关法典》中悄悄地删除了关于授权政府调整关税的权力的规定，这清楚地说明，关税自主权在任何情况下只能在欧盟的层面上来设计②。

2. 关税税额与税率结构

131 进口关税与出口关税之间的传统区别如今已基本上没有意义了，因为现行的税则不再对出口规定征收关税了。相反，现行的《共同海关税则》的结构仍比较复杂，同一项货物会适用多个不同的税率。

确实，抚今追昔，进口关税都分别设最低和普通两栏税率。最低税率原则上适用原产于与进口国签订有关税或贸易协定的国家的货物，因此也称为协定税率。普通税率明显较最低税率要高，只适用于原产于其他国家的进口货物。由于国际关税条约风靡全球，普通税率的适用范围在不断缩窄。如今而且自《共同海关税则》实施以来，尽管仍区分最低税率和普通税率，但税率的适用相当复杂，除了适用原产于与欧盟没有任何协定关系的国家的货物的税率之外，协定税率中的税率也互有区别，分别适用于欧盟所签订的不同的国际协定。所以，欧盟有相当多的关税优惠制度，每项制度都有各自的适用规则，每笔税款必须仔细查阅税则后才能准确地计算出来。

二、其他关税及代征税

132 众所周知，货物的国际流动不仅会导致征收真正意义上的关税，而且也是各个国家施征关税以外的很多其他税的良机。读者在本书中将看到的不过是这方面的几个主要税种。

我们可以从总体上把这些税收分成两大类，一类是与跨越关境边界相关联的税，另一类是因为货物在境内存在而直接产生的税。

（一）与跨境相关联的关税及其他税

133 《罗马条约》为了避免欧共体成员国家之间出现新的形式的贸易壁垒，规定禁止在欧共体内部贸易往来中征收相当于真正意义上的关税的其他税③。但是，《罗马条约》中则在农产品方面建立了其他形式的保护，还允许征收一些特殊的税。

1. 禁止征收任何相当于关税的税

134 《罗马条约》并不区分关税与相当于关税的税这两种税，规定两者在欧盟内部贸易往来中必须都被取消④。但实施这条禁令却困难重重，主要原因在于相当于关税的税

---

① 参见本书90。

② 参见本书92。

③ 参见《欧共体条约》第14条规定（原第12条规定）。

④ 相反，该项禁令原则上不涉及欧盟的对外贸易。但欧洲司法法院曾判定，如果允许各成员国家单方面对来自第三国的进口货物征收相当于关税的税，会同时严重地损害了欧盟海关关境的统一和欧盟贸易政策的一致。参见：CJCE，5 oct. 1995，aff. C-125/94，*Aprile Srl c/ Douanes italiennes*，Rec. p. I-2919. - 30 novembre 1995，aff. C. 113/94，*E. Casarin ép. Jacquier*，Rec. p. I-2919；D. 1996，IR，4。

（成员国巧妙地保留的）概念本身的模糊性，欧洲共同体司法法院不得不三番五次地做出一大堆决定来裁定这些税是否相当于关税。如今，我们不无满意地看到，绝大多数最初的不明确之处已渐渐地澄清，但这不意味着相当于关税的税已经被完全取消了①。

相当于关税的税这一概念，出自共同体法院在前后相当长的一段时间内做出的一系列判决书，法院将其定义为“一个国家单方面征收的，在进口环节或在进口之外其他环节专门针对从某个成员国家进口的货物（但不针对本国相似的货物）的进口税，通过改变货物的价格对货物准入放行后产生了与关税相同的效果国。”② 于是，我们可以用“对进口货物会产生歧视性效应”这个标准来判定某项税收是否是相当于关税的税。不过有些成员国家的手法实在巧妙，歧视性的把柄很难捕获③，尽管欧盟委员会和欧盟司法法院始终保持高度警惕，多次挫败各成员国家以掩饰的形式使违背《罗马条约》这一最基本原则的税收保护死灰复燃的企图。

于是，形形色色的税种被判定为相当于关税的税，如在发放许可之时征收的被称之为行政性的税、统计税、准国内税全部归成员国家的专业组织的收费、邮包报关税④，等等。同样，对成员国家以该税不产生任何歧视效应或保护效应为由征收的税，只要专门针对不是本国货物的，也均属违反规定征收的相当于关税的税⑤。

相反，司法法院对向经济从业人收取的对实际提供服务的收费却网开一面，只要收费与该服务的成本相符⑥。

135 然而，“相当于关税的税”这一概念带来的难题却远没有解决。例如，如果某种税即使可以被视为在一个普遍适用的税收制度框架下开征的，而且即使对国内和国外货物均一视同仁，实际上仍会受到质疑。《罗马条约》第 90 条（前第 95 条）规定，任何成员国家无权直接或间接地对其他成员国家征收任何性质的国内税，只要该项国内税高于对相似的本国货物所直接或间接征收的国内税⑦。据此，仅对某些国内不存在同类的进口货物征收进口税，如果符合国内税的一般水平而且不构成对货物准入放行的壁垒，便可规避受到质疑⑧。此外，证明某种税是否具有保护性质这点非常微妙。

136 我们不应当置疑欧盟委员会的警惕性，它在追查成员国家不守纪律这个问题上从

---

① 对这一问题，请参见：Encycl. Dalloz Communautaire，V° *Douanes*（*droits de douane et taxes d'effet équivalent*）. –Commentaire article par article des trai–tés UE et CE，sous la direction de P. Léger，Dalloz/Bruylant，2000，art. 25–27，n° 7 et s. –Juris–classeur Europe：fasc. *Surveillance communautaire des droits fiscaux natio–naux*. –*Adde*：A. Mattera，*Le Marché unique européen*，Jupiter，1988，pp. 21 et 99。

② 参见：CJCE，14 décembre 1962，aff. jointes 2 et 3/62，*Commission c/ Luxembourg et Belgique*，Rec.，p. 813。

③ 参见：Burki，*Les taxes d'effet équivalant aux droits de douane en droit fiscal euro–péen*，thèse Lyon，1978。

④ 海关印花税已按 1987 年 12 月 30 日法律规定取消。

⑤ 参见：CJCE，1er juillet 1969，affaire 2 et 3/69，*Sociaal Fonds voor de Diamantarbei–ders*，Rec.，p. 211，1er février 1976，aff. 85/75，*Bresciani*，Rec. p. 129. –25 janvier 1977，aff. 46/76，*Bauhuis*，Rec. p. 5。

⑥ 参见：CJCE，31 janvier 1984，aff. 1/83，*IFG c/ Freistaat Bayern*，Rec. p. 349. – 20 mars 1984，aff. 314/82，*Commission c/ Belgique*，Rec. p. 1543. – 21 mars 1991，aff. C – 209/89，*Commission c/ Italie*，Rec. p. I–1575。

⑦ 参见：CJCE，4 avril 1968，aff. 31/67，*Stier*，*c/ Hauptzollamt Hamburg/Ericus*，Rec. p. 347。

⑧ 参见：Mattera，*op. cit.*，p. 347。

来没有犹豫过，相反，我们却应当置疑欧盟司法法院关于利益关系人是否能以不合规定的名义要求退还不应当缴纳的税费的判例。实际上，他们其中有些人曾被其本国当局拒绝承担不合法征税的逻辑后果而无法退还已缴纳的相当于关税的税。这就是法国的情况，法国1980年12月30日《财政法》通过之后，《法国海关法典》第352条bis便规定，退税必须由利益关系人证明他没有把税款转嫁给他的购货人才能获批。欧洲共同体司法法院方面已经承认，欧盟“没有任何理由反对成员国家的判例依照其本国法考虑非法征收的税款是否已经加在缴税企业的价格之中并转嫁给购货人的事实”①。

为此，法院应当在确认应由成员国家来制定退还不合法征收的税款的程序的同时，明确这些程序既不能是歧视性的，也不能使退税几乎无法实现②。至于法国的立法者们，他们仍坚持那项不退税的原则，即如果不该征收的税款已经转嫁给购货人则不予退税，但他们取消了要求由退税申请人承担的提供税款没有转嫁的举证责任③。

137 对于准许退税，法国的法院在这些情况下会显得有些犹豫，但在利息的起算点这一退税附带的问题上则表现得非常坚定。实际上，法国最高法院认为，利息应从税款征收之日而不是退税申请提出之日起计算，在此方面把海关看作是一个恶意的债权人④。根据同一原则，最高法院决定退税申请的时效期限只能从所征收的税被宣布无效而不是其征收之日起计算⑤。

2. 例外保留的进口环节税

（1）农产品差价税

138 长期以来，农产品差价税构成一种对某些列入共同体的市场组织范围产品的专门保护措施。农产品差价税与共同农业政策的目标直接挂钩，它的税率是根据农产品的世界

---

① 参见：CJCE, 27 mars 1980, aff. 61/79, *Denkavit*, Rec. p. 1205 -12 juin 1980, aff. 130/ 79, *Express Dairy Foods Ltd.*, Rec. p. 1887. -10 juillet 1980, aff. 811/79, *Ariete SpA*, Rec. p. 2545. -10 juillet 1980, *Mireco*, aff. 826/79, Rec. p. 2559. -9 novembre 1993, aff. 199/82, *SpA San Giorgio*, Rec. p. 3595。后来，法院曾确认不得要求退税申请人独自承担税款没有转稼的举证责任，参见：25 février 1988, aff. jointes 331/85, 376/85 et 378/85, *Bianco et Girard*, Rec. p. 1099. - 24 mars 1988, aff. 104/86, *Commission c/ Italie*, Rec. p. 1799. -Comp. Cass. com., 22 mars 1988, JCP éd. E, 1989, 15552, n° 25, obs. Berr. -*Adde*：29 mars 1994, D. 1994, IR, 104。根据这项决定，法官可以自行评估诉讼各方提供的证据，而且必要时可以命令进行专业鉴定。

② 参见：J. G. Huglo, *La répétition de l'indu communautaire dans la jurisprudence de la Cour de cassation française*, Rev. trim. dr. eur. 1995, p. 1. - Berlin, *Chronique de juris - prudence fiscale européenne*, Rev. trim. dr. eur. 1999, p. 451. -CJCE, 17 novembre 1998, aff. C-228/96, *Aprile Srl c/Administration italienne des finances*, Rec. p. I-7164. V. égal. CJCE, 2 oct. 2003, aff. C-147/01, *Weber's Wine World e. a.*, Rec. I-11375 -CJCE, 9 déc. 2003, aff. C-129/00, *Commission c/ Italie*, Rec. I-14637. -Cass. com. 8 oct. 2002, Bull. civ. IV, n° 141. -Cass. com. 10 mai 2006, pourvoi n° 04-17759。

③ 参见：Cass. com. 9 octobre 1985, Bull. civ. IV, n° 243, p. 196 -22 nov. 1988, Bull. civ., n° 315, p. 211。

④ 参见：Cass. civ. 8 juin 1983, Bull. civ., n° 172, p. 151. -Cass. com. 10 février 1987, *ibid.* IV, n° 39。

⑤ 参见：28. Cass. com. 24 avril 1985, Bull. civ. IV, n° 129, p. 110。但是，应当考虑《法国海关法典》第352条bis规定（1991年度财政法），该条规定写道：“如果海关及间接税总署的执法人员征收某种税所依据的法律被法院认定为无效，第352条规定所指的退税诉讼应限于从法院的决定做出所在年度之前第三年1月1日开始的时段。”显然，该条规定与关于利息从不应征税之日开始计算的规定相抵触，而且它是否符合共同体法也无法肯定。参见observ. C. -J. Berr, JCP éd. E. 1992, 170, n° 7。

行情与共同体当局在内部市场确定的价格之间的差价来确定的，因此具有随时会变化的特点。

由于受到欧盟一些伙伴国家的猛烈批评，农产品差价税即将被取消，用关税（关税等值[①]）来取而代之，这是乌拉圭回合在农产品市场准入谈判方面取得的一项最显著的成果。用关税来取代农产品差价税对海关业务没有本质上的影响，因为海关自欧洲共同体诞生开始就按征管真正意义上的关税那样征管农产品差价税。

（2）其他例外保留的次要的税

139 为了应对各个欧洲货币之间的汇率浮动，成员国家被准许在共同农业政策项下的产品的贸易中实行“货币补偿制度”，补偿金额视情况在农产品差价税税额中多扣少补，或者采取对本国出口人的一种专项补贴或扣减与出口挂钩的金融优惠的形式[②]。该制度由于很难与单一市场的运行相兼容，因此注定会被判为不合法[③]。

以准许出海的名义征收的税（只有法国征收），在它的很长历史过程中一直遭到很多质疑[④]。该项税收只涉及法国的海外省，对原产于宗主国和外国的货物都征收，其 1993 年 1 月 1 日之前的税种形式被投诉到欧洲共同体司法法院。司法法院判定这是一种应取消的相当于关税的税[⑤]，于是撤销了欧盟理事会[⑥]已经做出的准许法国保持现状一直到该税的新税种形式出现的决定[⑦]。出海税的特殊性主要在于法国海外省所处的劣势的经济条件，本书对此不做详细讨论。

最后还有海关印花税，它的征收对象是海关签发的所有单证（《法国海关法典》第 269 条规定），目前已按 1988 年《财政法》的规定取消。

（二）对货物在境内存在征收的关税及其他税

140 外国货物被允许进入关境后，应缴纳当地的间接税，而且不论其地理来源。在欧洲共同体框架内，本国货物与外国货物一视同仁的原则导致每个成员国家都可以继续对在其境内消费的货物征收本国的税，不论该货物是来自其他成员国家还是来自第三国。换言之，所有进口货物的税收待遇都是相同的，主要是允许从某个成员国家向另一成员国家出口时予以退税，然后在跨境时按目的地国家的规定及税率重新征税。然而，我们在这些国家很容易看到，这一制度对真正的内部市场的运行带来了严重的障碍，因为在内部市场中货物应被允许与在成员国家的空间内存在的货物完全相同的条件来流通。这就是为什么在欧盟关于间接税规定的改革问题已经争论了很长时间[⑧]。尽管各成员国家还没有下决心

---

① 关税等值也称关税化，就是把所有各种非关税措施转化为保护程度相等的关税税率。——译者注

② 详细情况请参见：*Les distorsions de concurrence en matière agricole dans la CEE*, Colloque de Tours, Economica, 1988, p. 128。

③ 参见：Règlement (CEE) n° 3813/92 du 28 décembre 1992, *JOCE* L 387, 31 décembre 1992。

④ 参见：M. -C. Esclassan, *Le régime fiscal des départements d'Outre-mer*, Rev. fr. fin. publ. 1991, p. 39 - A. de Raulin, *L'octroi de mer*, *ibid.*, p. 63。

⑤ 参见：CJCE, 16 juil. 1992, Aff. C-163/90, *Legros et a.*, Rec. p. I-4625, Journ. dr. intern. 1993. 415, obs. C. -J. Berr。

⑥ 参见：CJCE, 9 août 1994, Aff. j. C-363/93 et a, *Lancry*, Rec. p. I-3957。

⑦ 参见：Loi 2004-639 du 2 juillet 2004 relative à l'octroi de mer。

⑧ 参见：Chroniques G. Montagnier, Rev. trim. Dr. eur。

在此方面进行彻底改革，但在建立大市场之时，他们都表示愿意按期提出一个更符合单一经济空间理念的解决方法。

无论间接税的前途如何，第三国货物在其被消费或被使用的成员国家境内仍应缴纳间接税，而且仍需要由海关来负责征收，虽然从此之后间接税已经被排除在欧盟内部关系的框架之外。

海关经常被要求按不是它自己的规定来代征各种税，我们在本书中只做了非常简要的介绍，读者如欲进一步详细了解，可查阅专门的资料。因此，我们下面仅介绍外国货物应按普通法规定缴纳的增值税、国内税及其他税。

1. 增值税

141 即使自从内部市场建立以来在欧盟内部贸易往来框架中增值税的职责归属税务管理部门，但其征管程序和涉及所查获的违法的诉讼仍适用海关的关税征管机制。所以，必须指出，有必要考虑对外贸易的某些专门要求（保税监管方式），还要考虑到增值税的征税基础与海关税不同，不是按货物进入欧盟关境之时的价格来征税，它的完税价格是关税的完税价格加上其他进口税（主要是关税）的税额，以及货物运至本国关境内第一个目的地之前发生的各种费用（运输费、保险费等）的总和。

2. 国内税

142 《法国海关法典》第 265 条规定了对石油产品及类似产品、石化产品及类似产品征收国内税，该条规定还列有相关产品按其税则分类的税率表。这些产品的征管权力由法国海关独享，征税对象包括百分之百的本国产品①。

还有其他国内税，它们是按《法国国内税总法典》而不是按《法国海关法典》的规定征收的。法国海关在此方面的任务仅仅是协助间接税税务局的工作，而且征收对象仅限于进口货物。对乙醇酒精征收的补偿附加税是海关代征的这些税种中最重要的税种。

3. 其他税费

143 各种税无序地层出不穷，对同一项货物征收的苛捐杂税数不胜数，以至于我们没有信心对海关代征的税费进行分类整理。就拿那些准国内税来说，它们的税率变化甚大，而且不同时期征收对象（纺织品、皮革等）也不同，显然是可以规避税法中关于某些相当于关税的税费规定的领域②。这些税费由于通常涉及某个特定行业的各种经济措施，因此必须对进口货物加上一种其最终目的是帮助本国货物的生产与竞争的经济负担。所以，欧盟司法法院曾经判定某些准国内税不符合欧盟的规定③。

同样，海关被要求代征某些特殊的税费，如对商务旅行的旅客征收的税、对公路车辆征收的税、港口税，以及对动植物的检疫费。

统观以上各种税费，我们可以得出这样一个结论，海关税收征管正在成为一项非常复杂的业务，这主要是因为成员国家在税收和收费方面仍保留着一定的权限。在该领域中，内部市场的理念与现实相距甚远。但我们必须铭记，与税收征管相配套的某些海关技术正在逐渐成为真正意义上的税收征管技术。

---

① 自 1999 年 1 月 1 日起，对某些产品（洗涤制品、天然矿产物、农用杀虫产品等）实行一种相似的征管制度。参见《法国海关法典》第 266 条 sexies 等规定。

② 参见《法国海关法典》第 285 条等规定。

③ 参见本书 134。

第二节 与税收征管相配套的海关技术

144 虽然征收海关税则上所列的关税仍旧是海关税收征管的核心，但我们必须强调某些技术，它们其中的大部分都历史非常悠久，在现阶段主要是由于欧盟当局的介入又增添了很多新内容。它们是一些性质不同的一般性措施，一部分是为了强化海关的保护，另一部分则是放松保护的。

一、保护的强化技术

145 征收关税能提供的保护，在应对内部经济（既指本国的经济也指欧盟的经济）的需要时会显得力不从心。于是有必要时而限制货物的准入数量，时而甚至对其他国家采取报复措施。

不言而喻，在欧盟内部贸易往来和欧盟与第三国的贸易中，强化保护的海关技术不能以同样的方式来应用。各成员国家对没有区别的保护主义的冲动如此强烈，以至于欧洲共同体司法法院必须严密监督，防止成员国家背离其建立在货物准入放行理念之上的对等义务。在此方面，最好也简述一下关于相当于数量限制的措施的原则。

（一）对关境准入的限制

1. 禁限措施

146 进出口禁限措施的含义是对特定的物品禁止进口或出口，除非有例外的规定。所以，禁限措施是一种粗暴的海关技术，只能用于广义的需要保护公共秩序（公共卫生、公共安全、外交政策等）所必要的情况。正是由于这个特点，各成员国家的权限只有很少一部分转交给了欧盟当局①，而且是否禁止某些物品进入成员国家的关境在欧盟内部贸易往来的框架内仍由成员国家自己来决定［《欧盟条约》第 30 条（前第 36 条）规定］。此外，我们还要提到欧盟当局依据相当于数量限制的这一原则对这些措施实行的监控②。相反，如果某个成员国家单方面规定的禁限措施涉及原产于第三国的货物（如在对原产于某个特定国家的货物实行禁运的情况下），而且因此不影响单一市场内部的准入放行，我们今后便可以置疑它的有效性，已经运抵规定禁限措施的国家边界的货物遇到禁限措施时会轻易地从另一成员国家迂回进入（或者离开）欧盟空间。

“无国界”的单一市场理念与规定禁限措施的权力基本上仍属成员国家，这是现在我们必须面对的一对大矛盾。

---

① 欧盟的禁限措施主要针对来自第三国的损害公共秩序的物品（麻醉品、濒危动植物等）、不符合欧盟当局制定标准的物品（某些药品），或者应采取保障措施的物品。关于禁止海关放行侵权物品，禁止出口、复出口及按某项保税监管方式监管的规定，请参见：Règl. 2549/1999 de la Commission du 2 décembre 1999，*JOCE* L 308，3 déc. 1999 和本书 50 及相关脚注。关于海关干预涉嫌侵犯知识产权的货物，以及应采取的措施的条例，参见：Règl. CE du 22 juillet 2003。至于对两用物项和技术的出口管制，今后应按欧盟委员会 Règl. CE du 22 juin 2000，modifié par un Règl. du 27 janv. 2003（*JOUE* L 30 du 5 févr. 2003）规定管理。相反，过去对信鸽，以及对奶瓶和奶嘴等的管理规定仍属于成员国的立法管辖。

② 参见本书 154。

2. 数量配额

147 数量配额（必须严格区别于关税配额[①]）用于规定某项货物在某个给定的时段可以进口或者可以出口的最大数量。在国际贸易自由化的环境下，该项技术趋向于只适用与过去实行国家之间专营贸易制度的国家，或者针对某些敏感货物（如《多纤维协定》到期废止前的纺织品）。如今，数量配额的确定权已经归属欧盟当局，但数量配额的管理，如向经济从业人发放数量配额许可证，则由各成员国家海关负责。

3. 其他限制措施

148 由于国际贸易领域出现新的参与者（主要是东南亚国家）所带来的当代经济问题，需要欧盟做出各种不同的应对。欧盟当局采取的措施，一反传统保护技术的严厉特征，其形式呈多样化，体现了对给某些特殊行业的市场造成无序的担心。它们一些保障措施或调控措施多属临时性的，通常是根据成员国家的要求规定的，对象多为某些敏感货物，如纺织品、鞋类、钢铁等[②]。

4. 装船前检验

148-1 虽然装船前检验不属于真正意义上的欧盟出口监管方式，但我们有必要对它进行简单的介绍，哪怕是因为这些程序会给某些经济从业人带来困难。

我们可以把装船前检验定义为出现在 20 世纪 60 年代的一种通行做法，要求发展中国家由专业公司在出口人的公司核查发往欧盟的货物的质量和价格。装船前检验制度，虽然它的理念并没有取得完全的共识，但由于我们承认当地监管手段确实薄弱，因此从保护其财政利益和打击某些瞒骗做法（不遵守出口货物的质量规定，高报价格等）出发，被认为是必要的，至少是有必要作为过渡措施。

装船前检验制度的总法律框架是由世界贸易组织确定的[③]。该制度各项规定由欧盟以理事会条例形式立法[④]，法国于 1997 年 3 月 18 日以第 97-262 号法令在国家层面上做了补充规定[⑤]。这些规定包括装船前检验协定的签约成员国家有义务将被指定进行装船前检验的公司，以及这些签约成员国家与有关国家签订的条约中所列的主要规定条款，通报欧盟委员会。有关国家应当使检验工作以一种非歧视的、客观的方式进行，并且原则上在货物出口所在的关境内进行，特殊情况下可在其生产所在的关境内进行。

其中有几条规定，其性质属于职业道德而不是法律范畴的，目的在于确保检验有效、合规、迅速和保密。这几条规定主要是保护出口人免遭可能出现的生产秘密、他们之间的优惠程度及他们的商业关系的泄露。然而，“检验实体”被授权检查出口人的实际价格时必须遵守一系列的提示性规定，如出口货物与同一国家在同时或“大约同时”出口的相同货物或相似货物之间的价格比较，必须选用有竞争并且可比较的价格，同时还应考虑销售合同的签订方式和与该交易相关的可适用的一般性调整因素（销售水平及数量、修改条款、运费等）。我们在这里也看到了海关官员常用的一些烧脑的审价步骤，一些从其性质

---

① 参见本书 160。

② 某些保障措施只能通过与有关国家签订双边协定使其贸易进攻性有所缓和的方法来实施。

③ 参见：Accord de Marrakech, 15 avril 1994 et décision du Conseil général de l'OMC du 13 décembre 1995。

④ 参见：Règlement (CE) n° 3287/94 du Conseil du 22 décembre 1994, *JOCE* L 349, 31 déc. 1994。

⑤ 参见：*JORF*, 21 mars 1997。

上讲交由私人企业去完成是否合适值得商榷的审价步骤。

检验结束后，如果被认为是满意的，会发给出口人一张“检验合格证明”。如果检验结果不尽如人意，会在短期内要求出口人提供一些书面说明，而且出口人有申诉和要求对货物进行重新检验的机会。如果出现争议而且久拖不决，可以使用原始检验数据的程序来出具检验证明。法国在此名下设立了一个调解委员会，负责研究现行立法在解释方面的难题，但它的决定对利益相关人只有建议的效力。如果争议仍无法裁决，可以诉诸一个由双方指定的国际专家的“独立审查”程序，专家们的决定具有强制力，但这并不是说这些决定具有某种既判力。

（二）报复措施

149 无论实现国际贸易完全自由化的意愿如何，任何人都不会否认，每个国家都有必要保留一些保护措施，以备经济环境之需要而无患。于是就出现了一整套举不胜举的保护措施，不过归纳起来也不外乎那么几大类。所以，我们除对反倾销措施（因为它的特殊性）稍作比较详细的介绍外，其他仅仅简单地提及。

1. 反倾销措施

150 被称为倾销的现象，在国际贸易中被视为是不正当的贸易做法。鉴于此，它是一种私人个体的行为。倾销不仅损害严格意义上的财政利益，而且还损害着受害国家的企业家的经济利益。倾销是一种通过以大大低于被倾销的国家的正常市场价格销售货物，以占领这个国家的市场的蓄意行为，它扭曲了竞争条件而且会导致严重的后果，最终会扼杀受害国家的某些国内产业。因此，它显然是一个大大超出严格意义上的海关政策所能解决的问题。

制定一套非常复杂的经济保护技术，这一重任落在欧盟当局的肩上①。

2. 其他报复措施

151 报复措施的轻重程度之间的跨度非常大，在我们这本法学论著中，似乎不可能去研究某些显然与海关技术关系甚远的报复手段，比如制定表面上的技术规范而实际上是为了阻止某些外国货物进入本国关境的做法。同样，某些有利于出口产业的各种形式的资助和补贴也不在本著的研究范围内。

相反，我们有必要讨论欧盟法本身规定的保障措施，以及涉及农业产业部门的补偿税。

（1）保障措施

152 保障措施这个概念本身并没有真正的自主的法律内涵。对于欧盟而言，就是要通过保障措施阻止某些进口会威胁欧盟或更通常的是某些成员国家的经济均衡的货物进入欧盟。保障措施的特点在于它的时限性，特别是必须按一套程序把所涉及的货物置于监控之下，然后进行调查以确定这些货物是否“以数量剧增和/或已经造成或者可能造成严重损

---

① 参见：Règlement n° 384/96 du Conseil du 22 décembre 1995, *JOCE* L 56, 6 mars 1996 plusieurs fois modifié（参见：J. Boudant, *L'anti-dumping communautaire*, Economica, 1991. -P. Didier, *Le code anti-dumping du cycle de l'Uruguay*, Cah. dr. eur. 1994, 251）。

害的条件进入[①]"。

过去，成员国家可以要求欧共体委员会准许它们运用《欧盟条约》第134条（前第115条）规定把按准入放行方式监管的货物视为非欧盟货物，但由于内部市场的运行终结这种可能性，于是，成员国家经济的保障从此将由欧盟当局来负责，即使看上去很难想象一旦出现危机各成员国家不会有自行采取报复措施的冲动。

（2）补偿税

153 农产品市场对于国际行情的波动非常敏感，从而必须建立某些非常复杂的机制，以便在一般的税收保护制度单独不足以保证贸易健康运行时用来替换它。所以，某些价格不正常的农产品会被征收旨在使交易重新平衡的补偿税。

乌拉圭回合框架内签署的协定要求这些已经被置于世界贸易组织监督的保护技术必须进行彻底改革[②]。

（三）相当于数量限制的措施

154 加入欧洲海关同盟并不仅仅剥夺了成员国家对其他成员国家生产的货物征收关税和相当于关税的税的权利。欧盟内部准入放行的原则还禁止采取直接的非关税的准入限制措施（禁限规定、配额），包括各种具有同等效力的措施。而这一原则理论上虽然很清楚，但执行起来却很复杂，因为它在实践中会遇到成员国家出于保护其关境防止违反公共秩序的货物的进入而采取的准入限制。《欧盟条约》第28条及第29条（前第30条及第31条）规定与《欧盟条约》第30条（前第36条）规定之间的这种冲突给欧洲共同体司法法院增加了大量的工作来尽力制定这方面的一般原则，但这些原则并没有平息即使内部市场建成之后也不可能平息的众多争议。

然而，鉴于海关法如今只能担当管理欧盟的对外贸易的使命，所以对该问题的深入研究超出了本书的框架范围[③]。

二、保护的放宽技术

155 很多原因会使政府部分或全部放弃关税这个主要保护手段。但政府必须仔细地划定这些减免关税的方式，以便只有某些进出口或者某些货物才能独享这种优惠。

（一）仅适用于某些进出口的放宽技术

156 从来没有人否认，作为一般原则的例外，国际贸易的某些进出口不应当征收关税，有时甚至不应当征收国内税。

我们不讨论适用于短期旅行旅客的简单的免税限量，短期旅行旅客随身携带的少量自用物品（往往被归入应课以重税的）可以免税放行[④]。但我们必须提醒读者，这些物品应

---

① 参见：Règlements n° 3285/94 du Conseil du 22 décembre 1994, *JOCE* L 349, 31 déc. 1994 et n° 519/94 du Conseil du 7 mars 1994, *JOCE* L 67, 10 mars 1994 modifiés notamment par le Règl. CE n° 2474/2000 du 9 nov. 2000 (*JOCE* L 286, 11 nov. 2000)。

② 参见《法国海关法典》第19条quarter。

③ 参见：V° Restrictions quantitatives et mesures d'effet équivalent, Encycl. Dalloz, Communautaire。我们还会注意到，随着海关在欧盟内部边界的干预逐渐消失，由欧盟司法法院判定为相当于数量限制的大部分准入限制措施都与海关代为执行的非真正意义上的管理规定有关。参见：Chron. annuelle C. -J. Berr au Journ. dr. intern. depuis 1987。

④ 同样，无商业价值的小邮件也可以免税放行。

当进行如实的口头申报，否则会对无视这一规定的旅客按违法处理。

相反，免税规定则是一种权利，是本国和欧盟给予的或者是根据国际公约给予的权利，免税规定如今越来越多地在欧盟框架内引发了不止一个重大问题。原因有两个：一是对于来自第三国的货物，欧盟各成员国家应当采取一个共同的态度，这样才能使《共同关税税则》的统一实施不受置疑；二是应当尽可能扩大欧盟内部贸易往来中的国内税免税范围，这主要是从人的心理角度来考虑，欧盟成员国家之间已经撤除了关税壁垒，若没有平民百姓能受益的具体措施，会使他们觉得这是在玩弄法律游戏。

157 免税的法律制度的复杂性，主要归咎于这些法律制度具有关税和国内税的两面性，而这两种税又不能按同样的方式同时适用。从真正意义上的关税的角度讲，免税的问题只涉及来自第三国的货物，而且因此必须按欧盟条例的规定作为《共同海关税则》的例外来处理。相反，从国内税的角度来看，无论是第三国货物还是欧盟货物，免税原则上属于各成员国家自己的权限。然而，关税与国内税免税规定的过分分解带来了很多不便，而且还制造出一些歧视，以至于欧盟当局不得不极力协调成员国家的国内税免税规定，不论是对第三国货物还是对欧盟货物，至少要在进口免税方面能够协调一致。结果是，即使海关免税的条件始终由欧盟的条例来规定[1]，而涉及国内税免税的条件则来自每个成员国家的本国立法[2]，但后者（如果有）必须符合欧盟在此方面的指令的规定。最后需要指出，国内税免税的权力在于各成员国家的行政当局，而且——这也是它的特征之一——不考虑货物的地理来源。

作为说明，我们因此可以列举以下几种主要的免税类型[3]：一类是对旅客的免税（来自欧盟各成员国家和来自第三国的旅客的免税条件不同，在后一种情况下对关税和国内税均免除）；一类是对迁居或继续在某个教育机构从事研究的人员的免税；一类是对教育、科学或文化性质的公共或私人组织（即联合国教科文组织）的免税。另外，有专门具体的法律文件规定了在每种情况下相关人员享受免税应具备的条件。

（二）仅适用于某些货物的放宽技术

158 导致负责制定海关政策的人放宽关税保护的一般规定的原因有很多：急需进口某些货物以应对暂时的短缺、本国或本地区的生产发生危机，等等，可以临时停征关税。特别是在一个差别性的贸易政策的框架内，越来越倾向于对原产于某些国家或某些国家集团的特定货物给予税收优惠。所以，欧盟承诺对与其签订自由贸易协定的国家（欧洲自由贸易联盟[4]国家，非洲、加勒比海沿岸和太平洋地区加入《洛美协定》[5] 的国家，土耳其，

---

① 参见：理事会的基础条例已于1983年3月28日通过（Règlement n° 918/83, *JOCE* L 105, 23 avril 1983，多次修改）。另参见：Art. 184, CDC. 和 CJCE, 3 décembre 1998, aff. C-247/97, *Marcel Schoonbroodt c/ État belge*, Rec. p. I-8112。

② 于是，法国于1983年12月30日发布的部长令就是依据欧盟1983年3月28日第83号、183号指令规定，对安家、结婚、继承遗产，以及对无商业价值的小邮件予以免税。参见：CJCE, 15 juin 1999, aff. C-394/97, *Procédure pénale c/ Sami Heinonen*, Rec. p. I-3614。

③ 参见：Cf. Juris-Classeur Europe, fasc. Union douanière, Bases de la taxation。

④ 欧洲自由贸易联盟，指英国、丹麦、挪威、葡萄牙、瑞士、瑞典、奥地利7国根据1960年1月签订的《建立欧洲自由贸易联盟公约》（《斯德哥尔摩公约》）组成的工业品自由贸易集团。——译者注

⑤ 《洛美协定》是欧洲经济共同体与非洲、加勒比海沿岸和太平洋地区的一些发展中国家（简称非、加、太国家）在多哥首都洛美签订的贸易与经济协定。——译者注

马格里布，以色列，等等）或享受普遍优惠制[①]的国家实行免征关税[②]。最后，某些货物也会因为它们的特定使用去向也享受关税优惠待遇。

1. 暂时停征关税

159 关于真正意义上的暂时停征关税，应当指出，自从《单一欧洲文件》[③] 修改以来，《欧盟条约》第 26 条（前第 28 条）规定，关税的停征必须由欧盟委员会提交议案，由欧盟理事会以规定多数（不再是全体一致）通过。停征关税一旦决定，在规定时段内，所规定的货物的任何进口人均可享受。

2. 配额及关税上限

160 关税的减免有些是按关税配额或关税上限这种复杂技术来运作的。一项关税配额的开放只允许在给定的时段内进口规定数量的货物享受所给予的优惠，所以，一旦达到这个规定数量，之后进口的货物则应恢复按正常的税率全额征税。确定关税上限的技术更为灵活，因为即使进口总额达到阈值，关税减免也并不一定会取消，而是欧盟委员会根据当时的经济因素考虑来决定恢复正常关税的时机。

最初，关税配额一直根据成员国家各自的需要进行分配，由各国当局负责向企业发放这些配额，但欧洲共同体司法法院判定这一制度会导致关税同盟的功能障碍，因为来自第三国的货物实际上都是同时输入关境的，有些货物按关税的正常税率征收，而有些如果在进口之时分配给那个国家的配额还没有用完则可按减税甚至免税税率征收关税[④]。为此，欧盟制定了一项关税配额的管理制度：各成员国家当局不能再参与各自的配额许可证的发放，只能将他们的需求向欧盟委员会提出，从而使欧盟委员会能对关税配额的状况有一个全面的了解。

3. 特定使用去向

161 在遵守对某些货物的特定的使用条件的前提下，进口人可享受应征关税的减免。这项优惠的批准权属于各成员国家当局，并要求进口人必须制作并保存所涉及货物的账册，在这点上与某些经济监管方式的监管模式相似[⑤]。

---

① 指工业发达国家对发展中国家或地区出口的制成品和半制成品给予普遍的、非歧视的、非互惠的关税制度。——译者注

② 由于这些优惠制度很多，使货物的原产地成为至关重要的问题。参见《实施细则》第 66 条等规定。

③ 《单一欧洲文件》（也叫《单一欧洲法令》），指欧共体成员国于 1986 年在卢森堡签署的推动欧洲一体化进程的文件，《单一欧洲文件》实际是《罗马条约》的更新，加强了欧共体在技术合作和环境保护等领域采取有效措施的权限，增加了强化“欧洲意识”的内容。——译者注

④ 参见：CJCE，27 septembre 1988，Aff. 51/87，*Commission c/ Conseil*，Rec. p. 5459，JCP éd. E，1989. 15552，n° 3 et 15556，n° 21，obs. C. -J. Berr。

⑤ 《欧盟海关法典》第 21 条规定和《实施细则》第 291 条至第 294 条及第 300 条规定。参见：Lignes directrices de la Commission（*JOCE* n° C-207 du 31 août 2002）。参见本书 512。另参见：Cass. crim. 13 mars 1997，Bull. crim. n° 104，p. 342。

第二章　关税计征

162 货物的海关待遇以海关法规对货物的定性为前提，而这类定性与确切的并且经过认定的地理区域相挂钩。因此，应征收税额的计算和主要与贸易政策相关的不同非关税措施的适用，需要基于 3 个基本要素：税则分类、原产地和海关估价。例外情况下，也会考虑某些其他要素。

第一节　税则分类

163 欧盟不使用“税则分类”这个词，而使用税则的“税目”和“子目”这两个词。法国相反，它在《法国海关法典》中将货物的税则分类定义为“《共同海关税则》对该项货物的称谓”（《法国海关法典》第 28 条规定），而且将伪报税则分类定为数种违反海关行为的依据（参见《法国海关法典》第 412 条 2°、第 426 条 3°及第 450 条规定）。

不言而喻，对无数的国际贸易货物进行分类的必要性长期以来一直存在着，以便其能够按相同的类别适用同一种待遇。货物税则归类（本节二）的基础是税则商品分类目录（本节一）。

一、税则商品分类目录

164 一部税则商品分类目录，就是一种详尽的商品清单，其间按某种规则来列名各种商品。分类目录的特征完全取决于负责制定它的当局，以及该当局为实施它所采用的原则。

（一）负责制定税则目录的当局

165 如果说制定商品分类目录和海关税率的确定一样，在很长时间内一直是各个国家的特权，但自 19 世纪末以来开始出现一个共识，认为应在国际层面上制订一部商品分类目录①。然而，尽管国际联盟②在两次世界大战之间的期间做了许多努力，但在海关税则方面的商品分类目录的重要公约（以下简称布鲁塞尔税则目录）于 1950 年 12 月 15 日在关贸总协定的主持下在布鲁塞尔签署之前，各国之间的商品分类目录依然五花八门，大不相同。该公约的签署对过去的商品分类目录的无政府状况而言，当属一次决定性的进步。尤其是签约国家从此之后不得单方面在商品分类目录上有任何自作主张，它们的主权被限制在商品分类目录编制的一般条目下设立子目。

同时诞生的海关合作理事会（自世界贸易组织创立以后成为“世界海关组织”）负

① 参见：Allix, *op. cit.*, T. 1, p. 217。

② 国际联盟（League of Nations），简称国联，是《凡尔赛条约》签订后组成的国际组织。成立于 1920 年 1 月 10 日，解散于 1946 年 4 月。1934 年 9 月 28 日至 1935 年 2 月 23 日处于高峰时期，曾拥有 58 个成员。

责公约的管理事务，并根据国际贸易的需要定期修订公约，从而使这部商品分类目录能使用长达 30 年之久。然而，贸易往来的国际化和越来越多的用于非海关监管目的（如统计）的商品分类目录的出现，要求对布鲁塞尔公约进行重大改革，于是，1988 年 1 月 1 日，《商品名称及编码协调制度的国际公约》终于正式生效。《商品名称及编码协调制度》（以下简称协调制度）是该领域一项史无前例的专家工程[①]，尤其它是对前一部商品分类目标的全面重组，贯穿着简化经济从业人的工作负担和促进采用现代信息化管理手段的思想。

166 从欧盟的角度看，接受这些国际公约不会出现很大的问题。自欧盟理事会第 950/68 号条例[②]通过以来，所有成员国家在海关商品分类目录方面的权限均被剥夺。世界海关组织不时会修改该分类目录并向各缔约方提出修改建议。在欧盟，只有欧盟理事会才有权接受这些修改建议，它负责定期根据修改建议的具体内容下发一项理事会条例来更新分类目录，各成员国家必须遵守。

《合并商品分类目录》也是欧盟理事会编制的[③]，它是欧盟根据关税征管和对外贸易统计两方面的需要，通过在协调制度目录中增列纯欧盟的子目来编制的，这类子目与成员国家自行增列的子目具有相同的法律效力。

最后，真正意义上的《合并商品分类目录》中，必须单独提到《欧盟一体化税则》，一体化税则由欧盟委员会编制，用于确定《合并商品分类目录》中所列每个商品名称所对应的关税税率、欧盟监管措施及其他应适用的具体列明的欧盟法规[④]。成员国家必须在《欧盟一体化税则》的基础上制订它们自己的使用税则，并在使用税则中列出针对所涉及商品的本国措施（以国内税措施为主）。

167 我们必须区别协调制度规定的税目（或子目）和《合并商品分类目录》规定的税目（或子目），其间最大的利益在于前者是世界海关组织负责管理的，而后者的管理权限则属于欧盟的机构。于是，世界海关组织会定期公布协调制度目录的注释和归类意见，便于某个具体的商品准确地归入协调制度目录中某个既有的条目。欧盟司法法院曾确认，世界海关组织的这些注释和归类意见对欧盟没有约束力，但可以对《共同海关税则》的有效实施构成具有决定意义的诠释要素[⑤]。

制定新的子目和解释《合并商品分类目录》的任务由欧盟当局负责，它主要通过制定“补充注释”或“注释”[⑥]，或者甚至是归类条例来完成。《欧盟海关法典》第 247 条规定所指的海关法典委员会在此方面继承了过去由商品分类目录委员会承担的职责。

（二）税则商品分类目录的特点

168 国际统一的原则是：统一分类，终止以往各国商品分类目录之间的结构不同所

---

① 参见：M. Lux, *Le système harmonisé de désignation et de codification des marchandises*, Eurostat, 1985。

② Règlement du 28 juin 1968, *JOCE* L 172, 22 juillet 1968, remplacé par le règlement n° 2658/87 du Conseil du 23 juillet 1987, *JOCE* L 256, 7 septembre 1987。自 1988 年 1 月 1 日起有数次修改。

③ 参见：Règlement n° 2658/87, préc. Cf. la Communication de la Commission《 Code de conduite pour la gestion de la nomenclature combinée 》(2000/C 150/03, *JOCE* C 150, 30 mai 2000)。

④ 于是，协调制度中的 5000 个条目被转换成《合并商品分类目录》中的 9500 个条目和《欧盟一体化税则》的 13000 个条目。

⑤ CJCE, 19 novembre 1975, aff. 38/75, *Douaneagent der Nederlandse Spoorwegen*, Rec., p. 1439。

⑥ 对于注释的法律效力，参见：CJCE, 28 avril 1999, aff. 405/97, *Mövenpick Deutschland GmbH für das Gastwerbe*, Rec. I-2397。

导致的不便。

1. 分类原则

169 从根本上讲，协调制度如同布鲁塞尔税则目录一样，是海关商品目录真正的基石，它致力于按商品的属性和构成材料、商品的用途或生产技术来列名不同的商品。按这样的规则列名，远不能体现某个或某一组商品应归入同一个条目的理由，而仅仅是不受外界影响的经济或贸易上的考虑。我们在每章内都能观察到，商品的分类一般也考虑商品的加工程度，例如，税目的变化与某一项特定的工业生产过程相吻合。

2. 商品分类目录的现行结构

170 从形式上看，商品分类目录的基础建立在一套分为 20 多个“类”的商品的数字编码制度之上，每一类下又分若干个“章”。每章又都包含数量不等的标有 4 位数列号的“条目”。而“子目”则用 6 位数字来表示。如果合并目录中需要再设子目，每个子目就必须再加上 2 位数字。在《合并商品分类目录》各成员国家的法规中，后面继续补加的数字并不真正地涉及该商品的海关分类，而是与针对商品所适用的不同的欧盟或者成员国家的措施（如国内税方面的）相关。

171 除了这一分级的货物清单外，该术语表还包括一套一般规则对货物进行解释，并附有对所处章节位置的说明，它们说明了货物的含义并对用户具有约束力，对于货物的分类至关重要。

二、税则归类

172 将某种商品归入其由商品分类目录规定的税则类别中，实际上就是给商品进行税则归类，这个专业性很强的程序在普通法中广为人知，普通法中所有财产都必须有法律制度上的归类（动产与不动产、特定物与种类物等）。但是，海关法非常具体的特征和人们对税则归类的确定性的希冀，使这种归类需要配有某种往往是非常棘手的为使用人着想的管理便利，这也很值得在此讨论。

（一）商品的归类问题

173 税收征管越专业化，商品的归类就应越确切，而且其粗细程度取决于税率本身。

所以，我们不会感到惊异，自在欧盟内部贸易往来中取消真正意义上的关税以来，确切的商品归类的重要性只有在与第三国贸易的框架内才真正具有意义。因为，对于欧盟各成员国家之间流动的货物，它的归类仅仅用于编制各成员国家对外贸易统计，当然也会为了征收纯粹的国内税，如增值税，而增值税的类别数目很有限。

然而，在研究可能会出现的商品归类的特殊困难之前，我们一定要了解商品归类的一般方法。

1. 商品归类的一般方法

174 商品归类的一般方法已在与商品分类目录配套的归类总注释，以及各章或节的注释中规定下来了。过去的布鲁塞尔税则目录所采用的各项原则在协调制度框架中基本上得到了传承。尽管没有必要在此详叙，但推举数例也不无益处。

第一个例子是，目录中类、章或分章的标题仅具有一种提示作用，以便于查找，只有依据条目名称、类注或章注的规定进行的归类才具有法律效力。因此，应归类的商品的特征及客观属性必须与其在商品分类目录的定义及其描述相符。这种精准要求特别意味着，除有特殊规定外，无论是商品的生产工艺还是它的用途和实际的使用，均不能作为归类的依据[①]。

第二个例子是，分类目录的某个条目中所列名的任何一项物品基本包括该物品的半成品状态，但半成品必须具有成品的主要特征[②]。同样，被拆散或未组装状态的成品应按成品对待[③]。

最后一个例子是，分类目录的某个条目中的任何一种物质基本包括该物质的纯状，也包括与其他材料混合或结合构成的该物质。

2. 商品归类的特殊困难

175 由于编制商品分类目录所采用的归类标准的多样性，有些商品看上去可以同时归入不止一个条目。相反，有些商品却显得没有一个对应的归类。对于这两种情况，分类目录都制定了若干规则，致力于满足经济从业人对确定性的需要，但我们不能肯定用这些规则能解决所有困难。

（1）可以同时归入不止一个条目的物品

176 如果商品名称上看可以同时归入不止一个条目，那么应当优先归入列名最具体的条目。因此，艺术丝印，即使有艺术家的签名而且是限量印制的，应归入“印刷方法获得的图像”的条目，而不归入“未经加工的木版画、铜版画或石版画”的条目[④]。同理，对于复合产品，最好应参照构成其基本特性的材料或物品归类[⑤]。

最后，如果按前述的所有规则都无法确定归类，可以诉诸一条辅助规则，即归入商品分类目录中在顺序上的最后一个可以归入的条目或子目。

（2）没有一个条目可以归入的物品

177 实话说，无条目可归的现象极为个别，特别是因为大多数章都包括“其他”或“未列名”的条目或子目，以便于灵活归类。但是，这种情况主要会出现在新产品中，它们还没有纳入商品分类目录的范围内。

海关法借助“比照”的方法来处理此类情况。无条目可归入的商品可以归入与其最相类似的商品所适用的条目。“比照”归类方法不一定都必须建立在相关性之上。而且也不可能有任何精准的定义。但人们会认为，比照的依据是相近的要素（如物品的使用、工业或商业用途），各种要件组合起来与某个有条目的产品相似[⑥]。

（二）向使用人提供的管理便利

178 尽管我们已经指出，归类规则非常精准而且层次很分明，但商品在税则中的归

---

① 关于这条规则的应用例子，参见：Y et M. Famchon, *La jurisprudence communautaire en matière de douane*, Encycl. douanière, 1992, p. 125 et s。

② 参见：CJCE, 8 mai 1974, aff. 183/73, *Osram*, Rec. p. 477，关于灯泡及灯泡的玻璃罩的归类。

③ 参见：CJCE, 29 mai 1979, aff. 165/78, *Imco-J. Michaelis*, Rec. p. 1837，关于圆珠笔的归类。

④ 参见：CJCE, 27 octobre 1977, aff. 23/77, *Westfälischer Kunstverein*, Rec. p. 1985。

⑤ 参见 CJCE, 26 février 1980, aff. 54/79, *Firma Hako-Schuh Dietrich Bahner*, Rec. p. 311，关于由麻及橡胶混合鞋底的鞋的归类。另参见：Cass. crim. 24 octobre 1996, Bull. crim. n° 372, p. 1088. -3 avril 1997, *ibid.*, n° 133, p. 448。

⑥ 但是，“比照”方法只能是辅助性的，不能导致条目的改变。对此，请参见 Cass. crim. 20 février 1969, Bull. crim. n° 90, 4 juin 1971, *ibid.*, n° 177 及 Comp. CJCE, 18 février 1970, aff. 40/69, *P. G. Bollmann*, Rec., p. 69，涉及火鸡内脏的归类。另请参见 7 octobre 1985, aff. 283/84, *Telefunken*, Rec. p. 3335，涉及定时器的归类。

类作业会经常引发争议。原则上讲，只有欧洲共同体司法法院才享有对争议的最终裁决权，遇有某个经济从业人与某个成员国家海关发生争议时，一般由它来裁决。通过这套机制，使《共同海关税则》的统一实施在事后得到了保证。

179 在实践中，使用人每天遇到的困难，一般无法通过与国际贸易要求很不合拍的冗长的法律程序（其中还有法律的确定性问题）得以解决。所以，海关法既要考虑使用人无法进行税则归类的某些实际情况，也要考虑海关提供一条明确的信息和归类意见的必要性。

所以，如果某个进口人不掌握申报商品的税则分类所需要的所有详情，可以在申报之前查看货物并提取货样。法国海关法律已经提供了这项实施的可能性①，在欧盟层面也得到了认可，而且其实施条件也被放宽了②。

更一般地讲，使用人如果对某项货物的税则归类没有把握，始终可以向海关请求咨询，并向其提供必要的详情（货物的技术或商业名称，具体成分、使用，等等）。当然，海关据此会做出一个归类意见，但此类归类意见对海关和提出请求的经营人均没有约束效力。

180 相反，出于保证国际交易的确定性起见，在欧盟法律中建立了一项制度③，规定海关当局有义务向按正式程序提出要求的人提供“有约束力的税则归类信息”④。

第二节　货物的原产地

181 货物的原产地可以定义为该货物与它所来自的某个国家之间的地理联系。如果说税则分类可以通过对货物的实际查验来确定，那么原产地则是一个抽象的概念，其内涵因很多往往来自贸易政策的目标的因素而异。如今，原产地认定已经成为一项其意义事实上超出了仅仅实施关税税则所具有的意义。因为，认定某项货物的某个地理上的原产地，不仅决定着该项货物应适用的关税税率，而且还确定着应对其实施的非关税措施（数量限制或自由准入、反倾销措施，等等）。因此，直到最近，原产地规则一直被视为属于某个国家（或海关同盟）的自主贸易政策。海关商品分类目录和海关估价这两项技术我们已经承认可以制定公认的国际定义，与之相反，原产地却似乎仍只停滞在由单边的法规来定义的阶段。所以，自《共同海关税则》实施以来，欧盟便制定了一系列法律法规来认定进口到欧盟关境内的各种性质的货物的原产地。下面让我们来讨论这些法律法规。

182 乌拉圭回合结束之后，原产地规则被纳入关贸总协定框架，从此，它所带来的原产地概念方面的重大改革便成为我们必须面对的问题⑤。其实，关贸总协定的原产地协定包含了关于原产地规则的各项具体规定，为了避免目前规则的差异本身会构成对国际贸易

① 参见《法国海关法典》第 98 条 1 规定及 1987 年 10 月 13 日部长令。

② 《欧盟海关法典》第 42 条规定，“货物呈交海关后，经海关当局准许，可以按用于某项海关使用去向进行查看或提取货样”。另参见《实施细则》第 182 条规定。

③ 参见 Régl. (CEE) du Conseil n° 1715/90 du 20 juin 1990。已订入《欧盟海关法典》第 11 条及第 12 条规定，以及《实施细则》第 5 条规定等。

④ 参见本书第 304 等。

⑤ 参见关贸总协定附件，*JOCE* L 336，31 déc. 1994。

的非关税壁垒，今后仍需要实现协调和分类。于是，谈判者们被建议对各个国家制定的原产地规则进行审查，看看这些规则是否透明，是否以一种“公正、可预见、一贯并中性”的方式来实施。但应当指出，这项计划并不针对给予关税优惠挂钩的协定或自主贸易制度项下的原产地规则①。

首先，有必要区分原产国概念和与其相近的来源国概念。来源国概念指货物的最后一个启运国家，不考虑该货物是否曾进口到该国家。货物的来源国主要用于实施进出境检验检疫方面的措施。但是，当由于某些特殊定义要求必须符合从其申报的原产国直接运输的条件时，来源国概念便具有一定的决定意义②。

（1）原产地概念的意义

183 对外贸易统计需要按照地理标准来编制，这个问题我们暂时不讨论，因此我们可以看出，认定一批货物的原产地如今应出于两种不同的需要。第一种需要，目前海关税则大多按原产国不同实行不同的税率，因而原产地便构成海关税收征管的一项基本要素。从《共同海关税则》的角度看，给欧盟当局带来的主要问题是制定一个共同的原产地定义，以避免各成员国家在实施税则方面出现差异。第二种需要与之相反，在欧盟内部贸易往来中，成员国家原产地的概念自然地失去意义，特别是自内部市场运作以来，原产于成员国家并在内部市场自由流动的货物在流动时无须办理任何海关手续。这实际上就是最基本的规则：《欧盟条约》第 23 条 2（前第 9 条）规定将原产于成员国家的货物比作“按准入放行方式监管的来自第三国的货物”，即货物已经办结了进口手续而且已经征收了应征的关税及相当于关税的其他税，而且没有享受关税的全部或部分退还［《欧盟条约》第 24 条（原第 10 条）规定］。尽管有此原则比照，但我们还不可能认为，按准入放行方式监管的货物彻底地失去了它的最初的原产地。首先，我们知道，某些货物不属于完全自由化的适用范围（而且在其被运抵成员国家的领土时应向海关呈验）③。对这些货物，认定原产地的要求丝毫没有丧失其传统的特征。其次，我们不能忽视这样一个事实，欧盟内部贸易往来中还有纯粹的国内税征管问题，因此从某个其他成员国家获得货物的人必须根据一般规定承担申报义务，精准地认定货物的原产地对欧盟主管当局而言具有统计意义。最后，我们必须考虑两个因素，一是成员国家在贸易政策方面还保留了某些权限，二是根据《欧盟条约》第 134 条（前第 115 条）规定它们可以启用保障措施④，如果成员国家不能再要求申报所涉及的货物的原产地，这些权限及措施便会无法发挥作用。

184 随着欧盟与第三国的关系都建立在一整套不断变化的差别待遇之上，因此如今原产地概念的意义显得越来越与非关税保护相关联。一批货物一旦被认定为属于某个具体的原产地，就会产生使其禁止入境或者必须符合某些条件才能入境的法律效力，在这里，我们会明白为什么主管当局非常关注经济从业人通过规避原产地规则使他们的货物获得一个能享受优惠待遇的原产地的问题。原产地定义的复杂性正源于此。

---

① 优惠原产地的概念请参见本书 196 等。

② 参见本书 197。

③ 参见本书 74 至 76。

④ 参见本书 152。

(2) 原产地定义

185 对《法国海关法典》中仍保留的本国的原产地定义[①]，人们会质疑它的法律效力，因为欧盟已经根据不同的贸易类型制定了数个原产地定义。对于不享受优惠待遇的货物，适用于欧盟与第三国之间的贸易的原产地定义，是《欧盟海关法典》第22条至第26条规定的，这几条法律规定确立了一个一般原产地概念，可供根据其他规则无法采用原产地定义时参照适用。相反，对于享受欧盟与某些国家或某些国家集团签订的协定中所规定的或者欧盟单方面给予某些国家（地区）或者国家（地区）集团的优惠待遇的货物，欧盟规定应适用特殊的原产地规则（《欧盟海关法典》第27条规定[②]）。

对协定优惠制度项下的原产地定义应当在规定设立这些制度的各项法律工具中去寻找。但是，普惠制项下的原产地规则应当订立在《实施细则》第67条等规定及其数项附件中。

此外，最好不要夸大各个定义之间的差异，至少是在原则层面上，我们可以先用一般的方法讨论原产地概念，然后再研究在实践中如何认定货物的原产地。

一、原产地概念

186 鉴于欧盟的原产地概念已成为当下的主流概念，我们似乎可以接受《欧盟海关法典》第23条至第26条规定中所定义的原产地概念，这个概念与我们将要简要介绍的另外几种原产地概念很相近[③]。

（一）共同原产地概念

187 共同原产地概念的诞生，满足了欧盟统一实施《共同海关税则》、数量限制及其他所有涉及货物的进口和出口的措施的需要。

共同原产地概念也在欧盟内部贸易往来的框架内用来认定货物的原产地[④]。这一原产地概念基于两类货物之间的根本区别，一类是完全在一个国家获得的货物，另一类是在某个国家从进口货物中获得的货物。

1. 完全在一个国家获得的货物的原产地

188 《欧盟海关法典》第23条规定的欧盟原产地定义，对完全在一个国家获得的货物做出了具体的规定。可以属于完全在一个国家获得的货物有：

(1) 在该国境内开采的矿产品；

(2) 在该国境内收获的植物产品；

---

① 参见《法国海关法典》第34条规定。

② 指自由贸易区协定、优惠协定及某些合作协定、贸易自由化协定、贸易协定，以及普遍优惠制度。在此方面的变化之快使我们无法列出一个不会过时的清单。

③ 这些法律条文基本上是采用1968年6月27日理事会第802/68号条例的规定。

④ 参见本书183。*Adde* Nassiet, *op. cit.*, n° 57。如果一批原产于第三国的货物，在某成员国家按准入放行监管之后，在该国家接受了实质性加工，使其获得了加工国家的原产地，该货物便不会再成为《欧盟条约》第134条（前第115条）规定的针对其原产地不同国家货物的其他限制措施的管理对象。应当指出的是，根据欧洲共同体司法法院的法律原则（在内部市场形成之间确实如此），对准入放行货物加贴原产地国家标志的要求（当时是在海关报关单上注明），本身并不构成一个相当于数量限制的措施，除非要求进口人在原产地方面申报“他了解或安理会了解的其他情事”（参见 Arrêt du 15 décembre 1976, aff. 41/76, *Donckerwolcke*, Rec. p. 1921）。

（3）在该国境内出生并经过饲养的活动物；

（4）从该国境内饲养的活动物获得的产品；

（5）在该国境内狩猎或捕捞的产品；

（6）由在该国注册或登记并悬挂该国船籍旗的船只在本国领水以外海域捕获的海洋渔业产品和其他产品①；

（7）该国加工船舶对原产地为该国的以上（6）项产品进行加工后所得的产品，但这些加工船舶必须已在该国注册或登记并悬挂该国船籍旗；

（8）从该国领水以外海床或海床底土获得的产品，但该国必须对该海床或底土享有独享开采权；

（9）生产制造过程中产生的边角废料及在该本国收集的且仅能作为原料回收的废旧物品；

（10）在该国完全使用以上（1）至（10）项产品及其衍生物（不考虑加工程度）生产的货物。

该条法律最后明确，国家的概念包含该国家的海外地区。

189 特别是，从这条长长的清单来看，从海床或海床底土获得的产品，其原产地取决于开采位置与领水的关系。在领水以外开采的海洋产品按对该海床或海床底土享有独享开采权的国家认定原产地。反之，虽然法律没有明文规定，如果该产品是在领水范围内开采的，其原产地理所当然地按对其有领水权的国家认定。

如果每个国家都自主地确定其领水范围，而这些范围没有得到其他国家特别是欧盟成员国家的必要的承认，这条法律规定执行起来可能会有一些困难。因此我们可以认为，在实施《共同海关税则》方面，欧盟的原产地概念是针对第三国的原产地概念的。

2. 在某个国家从进口货物中获得的货物

190 这个问题非常重要，有必要适当强调。在当代经济条件下，但凡稍经加工的货物，很少不含外国原产地的成分。在一国生产的货物，到另一个国家会成为加工制造的对象。那么取哪个国家作为它的原产地呢？是保留它原来国家的原产地，还是获得对它进行加工制造的国家的原产地？

欧盟的原产地制度素以灵活为特征，这要归咎于欧盟第 802/68 号条例的抽象定义，但它所造成的不确定性逐渐消失，至少对于最常见的货物是这样。确实，欧盟委员会已经制定了许多项法规性文件来明确可以合规地获得加工国家的原产地的条件，而且这些规定现在都已经写入了《欧盟海关法典》的《实施细则》（第 35 条等规定及附件 9 等）中。此外，还有一项普遍适用的规定可以防止不合规地获得原产地。

（1）合规地获得原产地

191 《欧盟海关法典》第 24 条规定："在两个以上国家生产的货物，其原产地为货物在一家装备有专门设备的企业接受最后一道有经济价值的实质性处理或加工的国家，货物加工后应获得新产品或者原产品的加工程度有明显改变。"

应当指出，《实施细则》第 41 条规定，用于某个器材、机器、仪器或车辆的基本备件，其原产地应与其所用于的主件的原产地相同。欧盟委员会 1993 年 12 月 21 日（CE）

① 参见：CJCE, 28 mars 1985, Aff. 100/84, *Commission c/ Royaume-Uni*, Rec. p. 1169 ; JCP éd. E, 1986, ADG, 15664, n° 31。

第 3665/93 号条例[①]在其中增加了一条规定，即原来第 802/68 号条例第 7 条的规定：与器材、机器、仪器同时交付而且作为其通常装备的附件、备件及工具，其原产地应视为与其主件相同（《条例》第 1 条 5 规定）。

从《欧盟海关法典》第 24 条规定可以看出，原产地标准首先是一个经济标准。因为，新原产地的获得取决于两项基本条件。

①实质性加工或处理

192 实质性加工或处理这一概念，仅仅在各国过去长期对货物是否能获得它所接受处理的国家的原产地认定标准之间互相抵触时才真正具有意义，这条认定标准就是当时的改变税目的标准。货物只有经过能使其应归入的税目发生变化的加工或处理才能获得对它进行加工或处理的国家的原产地。如果税则的商品分类目录是按货物的加工程度高低以未加工状态、半成品或成品来分列税目，这个标准便非常适用，但它没有考虑到某些现代的商品分类目录是根据与货物的加工程度毫不相干的标准（如用途标准或使用标准）来分列条目的，在这种情况下，这个标准便无法适用了。于是，对于某些尽管经过实质性改变但却不足以改变税目的货物，这个标准会使它们没有真正的合理理由就能随意地获得新原产地，或者无法获得新原产地。

所以，欧盟在采用加工或处理（沿袭纺织业词汇的用语）概念时，刻意地避免商品分类目录与认定原产地这两者之间在目的上的混淆，这一概念实质上就是实际地研究在某个国家获得的货物所接受的加工或处理是否能使它变成一个新货物或至少使它的加工程度有明显变化，而不考虑该货物在商品分类目录中原先所在的税目。

193 必须承认，一段时间以来，对某种处理（特别是组装）是否具有实质性的认定，对于经济从业人来说，代表着一种不确定性。虽然欧洲经济共同体司法法院的判例在很多情况下可作为很有用的释疑[②]，但这些解释仅在发生争议几年后才做出，所以不能从根本上满足国际贸易对法律确定性的需求。与此同时，欧盟委员会也在致力于在某些方面提供准确的解释[③]。

因此，欧盟决心在给予优惠待遇方面，使其贸易伙伴重新回到原则上基于改变税目标准的原产地认定制度上来[④]。在乌拉圭回合期间，这种国际压力非常大[⑤]，迫使欧盟放弃实质性加工或处理的概念，除非欧盟继续进一步明确哪些生产作业可以获得原产地，哪些生产作业不可以获得原产地[⑥]。于是，《欧盟海关法典》的《实施细则》也努力（特别是但不仅仅在纺织工业领域）提供一份详尽的清单，使实质性加工或处理的概念能对委员会将来制定法律规范起到参照的作用。这尤其体现在司法法院所行使的监督权中，它曾被要

---

① 参见：*JOCE* L 335，31 décembre 1993。

② 例如，酪蛋白粉被认定不足以改变原产地，参见 CJCE，26 janvier 1977，aff. 49/76，*Gesellschaft für Ueberseehandel GmbH c/ Handelskammer Hamburg*，Rec. p. 41。另参见 CJCE，23 février 1984，aff. 93/83，*Zentrag c/ Hauptzollamt Bochum*，Rec. p. 1095，关于对进口肉进行去骨、去筋、去肥膘和切成小块加工后装入真空包装（甚至融解）。

③ 参见本书 190。

④ 参见本书 197。

⑤ 参见 1994 年在马拉喀什签署的公约的各个附件。

⑥ 参见《实施条例》第 69 条规定。

求对委员会在此方面做出决定是否有效进行确认，导致其中一些决定被撤销①。然而，这并没有减少在任何一批进口业务中海关与经营人对货物所接受的处理是否是实质性的问题上出现理解上的分歧，而且从这个角度看，不能不承认，由于各个国家对这个问题的看法不可能相同，从而使其成为某些贸易转移的一个渠道②。

②“有经济价值的”加工

194 并不是任何实质性加工都一定能改变原产地而获得一个新的原产地。加工还必须有经济价值。但“有经济价值的”这一表述本身并不准确。由于没有正式的解释，“有经济价值的”这一条件似乎表明欧盟当局完全是从财政、管理和政治等方面的考量来关注防止贸易转移，因为贸易转移会使欧盟的贸易政策成为一纸空文。即使原产于某个国家的货物在另外一个国家进行过加工，但如果加工没有经济价值（如成本更低、技术性更好），仍无法获得加工国家的原产地③。

在这一点上，我们必须把这个理念与《欧盟海关法典》第 25 条关于不合规地获得原产地的情况的规定所奉行的理念结合起来考虑。

（2）不合规地获得原产地

195 《欧盟海关法典》第 25 条规定写道：“对货物的任何加工或处理，经认定或有事实证明有以下专门规避共同体对某些国家专门的规定的情况，在任何情况下均不得使加工或处理的货物获得其所在国家的本法第 24 条规定意义上的原产地。”

《欧盟海关法典》第 25 条规定所指的情况，在实践中有时很难与第 24 条规定的加工或处理活动相区分，而且我们甚至担心这是“一箭双雕”。没有经济价值的加工难道就那么可疑以至于我们拒绝承认它能改变原产地？实际上，为了有效地实施第 25 条规定，我们必须假定出一种表面上看完全合乎规定而实际目的却在于不合规地获得原产地的情况，特别是从加工是否具有经济价值的角度来看。如果这种瞒骗被查实，改变原产地的表面上的合规并不能使货物原来的原产地得以改变。

在这里，我们后面也会提到，有一个海关方面的违法概念的适用问题，这在国际私法范畴中很常见，最经常的例子是自然人获得国籍的情况。不言而喻，无论是国际私法还是海关法，都不能根据假定来认定哪种情况就是违法。

（二）特殊原产地概念

1. 欧盟与部分第三国之间特殊关系项下的原产地概念

196 各项关于建立欧盟与某些第三国之间的特殊关系的法律文件（国际公约或理事会决定）都规定了不同的原产地定义。

此类不同的定义非常必要，因为它关系到给予某些国家（地区）或国家（地区）集团的优惠待遇，而优惠待遇会引发在欧盟境外人为地改变贸易流的风险。某些进口人甚至会铤而走险，在进入关境之时将某件货物瞒报为能够享受最优惠待遇的国家的原产地，甚

---

① 参见关于对拉锁的裁定：CJCE，31 janvier 1979，aff. 34/78，*Yoshida Nederland*，Rec. p. 115。又如关于某些着色或丝光处理作业的裁定：Règlement sur certaines opérations de teinture et de mercerisage，23 mars 1983，aff. 162/82，*Paul Cousin*，Rec. p. 1101。

② 这就是税则分类的相关规定（关税配额信息）已经扩大适用于原产地的原因，参见本书 304 等。

③ CJCE，13 décembre 1989，aff. 26/88，*Brother international c/ Hauptzollamt Giessen*，Rec. p. I-4253；JCP，éd. E，1990，15876，n° 14，obs. C. -J. Berr。

至连原产于某个非优惠的地理区域的货物也按此申报。所以，海关法必然要对可享受优惠待遇的原产地规定更为严格的条件。而这种“诚实的原产地”的愿望，在实践中都体现在同时存在的相当多的主要按程度不同而不是按属性来互相区别的原产地定义之中。

对于在一个国家完全获得的产品，我们很少遇到原产地认定方面的困难，除非是海产品。欧盟制定了一些关于船舶的产权的要求，以确定这些船舶真正与受惠国家的经济有实际的关联（国民的最低占股、船上的高管及机组人员的构成）[①]。

相反，如果申请享受优惠的货物是使用在另外一个国家获得的产品进行加工（或处理）后获得的，所适用的规则会很复杂，尽管欧盟在标准化方面做了大量的工作。确实，一方面，除普遍优惠制度[②]给予的优惠的原产地获得条件由欧盟单方面规定外[③]，其他的优惠制度都根据国际协定（自由贸易区协定、合作协定等）制定，都有自己的原产地规则。另一方面，如果进口到某个能享受优惠待遇国家接受加工的货物本身也原产于与欧盟有优惠关系的国家，则有必要放宽相关的原产地规则。于是产生了关于累计原产地的规定，使原产地的基础规则复杂化了。

（1）基础规则

197 简而言之，我们可以看到，对某件货物是否能获得其所接受加工的国家的原产地而言，基本标准仍然是改变税目的标准[④]，即使某些生产作业改变了税目也绝不能改变原产地[⑤]。但是，该项基本标准的严格性被许多例外减损。因此制定了一个清单，列明了一方面哪些货物可以无须改变税目便可以获得某个国家的原产地，另一方面哪些货物尽管改变税目但只能在某些条件下才能获得原产地，例如货物的原价值不得低于新产品的某一百分比，否则如果增值不足，该货物仍不能改变其原来的原产地[⑥]。同样，法规经常会要求对货物的处理必须使用一定比率的本国产品[⑦]。

还应当考虑一个事实，即获得能享受优惠的原产地往往需要货物符合在欧盟境内直接运输的条件，这被看做是一个防止某些不诚实的从业人可能作假的保证[⑧]，防止货物假装被调包。来源地概念[⑨]所起到的这项新的作用值得注意。

（2）原产地的累计规则

198 原产地的累计规则放宽了部分前面提到的原产地规则，特别是要求在所获得的原

① 参见《实施细则》第 68 条规定等。另参见 CJCE, Rec. p. I-2465, 14 mai 1996, aff. jointes C-153/94 et C-204/94, *Faroe Seafood Co. Ltd. et Arthur Smith*, Rec. p. I-2465，关于法罗群岛船舶的机组人员的构成。

② 参见本书 185。

③ 参见《实施细则》第 66 条规定等。正在从根本考虑改革现行的适用于享受普惠制的商品的原产地规则。改革将主要采用在所涉及国家的增值标准，以简化并统一优惠原产地标准。

④ 参见本书 192。

⑤ 因此，在普遍优惠制度的框架内，《实施细则》第 70 条规定列明了一张“不论是否改变税目”都不足以获得货物的原产地的生产作业或加工的清单，例如分选、分级、相配、装瓶、动物的屠宰，等等。

⑥ 参见《实施细则》第 71 条规定。

⑦ 参见《实施细则》附件 10 等。

⑧ 关于直接运输的概念，请参见《实施细则》第 78 条规定。参见：TPI, 16 juillet 1998, aff. T-195/97, *Kia motors Nederland BV et Broekman Motorships BV*, Rec. p. Ⅱ-2909。

⑨ 参见本书 182。

产地的国家必须进一项占比较高的加工程序的规定。实际上，某件货物可能会先后在好几个国家分别单独仅仅进行过达不到改变原产地的标准的处理，而如果累计起来则会超过规定的要求。于是，我们认可该件货物可以获得最后一个国家的原产地。我们理解，这种灵活性只能根据所涉及的生产作业的性质有区别地适用。所以，我们将原产地的累计规则分为双边累计、多边部分累计和多边全部累计三类。双边累计规则仅限于欧盟与某个既定的贸易伙伴国家之间的贸易①，允许进口货物即使经过加工仍没有达到基础规则要求的加工程度也可获得进口国家的原产地②；多边部分累计规则指进口到某个欧盟给予优惠的一个国家群体中的某个成员国家的货物可以获得组成这个国家群体的任何一个成员国家的原产地，只要是使用原产于这些国家的产品进行加工的③；多边全部累计指优惠待遇区域内的所有成员国家从获得原产地角度看都被视为组成单一的关境。实际上，在考虑某件第三国的货物能否获得新的原产地的问题上，关键的条件是它在不同国家先后所接受的所有处理，而这些处理中即使有些处理很小也不影响最终获得新的原产地④。

2. 涉及公共信息的原产地概念

199 法国海关法中有一种原产地概念，其作用与海关政策的需要毫不相干，但这个问题值得简单地讨论一下。

这就是《法国海关法典》第39条规定：“外国天然产品或工业制成品，在产品本身或者其外包装（包、箱、裹、套、带或签，等等）表面载有使人误认为是法国制造或原产地为法国的生产或商业标志，任何性质的名称、商标或标记的，均应禁止进口。”这条规定的适用范围正在缩窄，因为它仅涉及进口到法国的第三国货物，而且不适用于海关已放行进入其境内的货物⑤。因此这条法律已经失去了大部分的意义，对于一个没有认真考虑后果的进口人来说，最简单的办法莫过于通过另外一个成员国家转运货物。但该法律的立法宗旨则是为了向公众提供卖给他们货物的真正地理原产地的信息，防止某些国家特有的生产受到伪劣货物的不正当的竞争。所以，如果贴上一个虚假的法国原产地标志，会因此构成一项违法并按1930年3月26日法律规定处罚，海关只被要求证明误导标志的可能性是否存在并监督货物粘贴明确地标明争议货物的生产国家的“原产地校正”的标志（如“××制造”⑥）。

二、原产地证明

200 每当对该货物税收待遇取决于对其原产地国家的认定时，就必须要求对该货物的原产地进行证明。原产地监管实际上构成了对关税税则正确实施的贸易政策有效执行的基

① 适用于欧盟与享受普惠制国家之间的贸易的双边累计规则已经扩大适用于挪威和瑞士。

② 但条件是该货物不是简单地接受一些本身绝对不可能获得原产地的生产作业（参见本书197）。

③ 在欧盟与欧洲经济空间国家之间的关系，以及在某些普遍优惠制度受惠群体国家中的某项措施中就是这种情况（参见《实施细则》第72条规定）。在后一种情况中，我们也称为“区域累计”。

④ 这一制度特别适用于欧盟与非加太国家（非洲、加勒比海沿岸和太平洋地区国家）和太平洋岛国论坛国家的关系，以及欧盟与马格里布之间的关系。

⑤ 参见：DA，19 déc. 2002，BOD n° 6567，8 mars 2003。

⑥ 欧盟当局准备要求许多货物，不论进口货物还是出口货物，必须标明原产地。出于使消费者能更好地知情并确保欧盟产品与其他国家货物之间的公平竞争，该议案如果不经修改，会导致部分成员国家提出保留意见，特别是因为它将海关的原产地概念与“生产”概念相提并论，似乎没有道理。

本保障。在大多数情况下，即使货物的原产地都可以通过其随附的各种贸易单证来证明，但有时仍需要更为具体的证明，而且该证明应作为一项真正的进口条件[①]。

为了满足这些要求，欧盟当局制定了一整套涉及原产地证书的规定，构成了证明货物原产地的常规方法。欧盟当局在制定这些规定时考虑了原产地证书的两重性：对于进口到欧盟的货物，欧盟无权单边要求非欧盟成员国家当局义务出具原产地证书，但这些国家的当局应当了解各成员国家认可其出具的原产地证书的有效性的条件。相反，对于从欧盟出口的货物，欧盟则有权对成员国家负责制发原产地证书的组织规定条件，但该原产地证书是否具有证明力，则显然属于第三国的主权。

鉴于此，我们应先后研究欧盟内部原产地证书和欧盟原产地证书。我们在最后会简单介绍流动证明。

（一）欧盟内部原产地证书

201 《实施细则》第 47 条规定，原产地证书必须符合以下条件：

a）由发证国家的某个能提供必要的担保的并有此正式授权的当局或机构制发；

b）必须列明辨认货物的一切必要指标，包括货物的件数、品质、箱标及编号、商品类别、毛重和净重；如果货物在运输期间重量有很大变化，或者货物的重量无法确定，或者通常可以采用其他指标来辨认货物，可以使用诸如数量或体积等其他标记代替；发件人的姓名也必须列明；

c）清楚地注明货物原产地。

这条法律规定十分明确，无须赘述，在这里我们仅提醒读者注意一点，就是所涉及的发证当局或机构会非常不同，最常见的是货物启运国家的商会，但也有驻外的外交机构、海关、某个部委，等等。

除了对一般原产地证书（本书以下称普通原产地证书）的一般规定外，还存在一些特殊的规定，主要涉及农产品[②]和原产地为普遍优惠制度的受惠国家的货物的进口[③]。关于这些原产地证书及接受这些证书的条件散见在《欧盟海关法典》的《实施细则》的具体规定中。

有必要在此强调，这些原产地证书并不能因此免除欧盟当局在某些情况下进行“作为抽查以及每当有理由怀疑证书的真实性或证书所载信息的准确性时”进行事后监管（《实施细则》第 64 条规定）[④]。

（二）欧盟原产地证书

202 如果需要证明货物原产地为欧盟，应比照前述规定来出具欧盟原产地证书[⑤]，此外还要遵守对其应使用的格式的具体要求。欧盟原产地证书证明货物的原产地是欧盟，但如果出口贸易有此需要，欧盟原产地证书还可以证明这些货物的原产地是具体某个成员国

---

① 比如，某些纺织品及某些农产品。此外，为了方便进口人确定原产地而且不用真正地谈到某种证明方式，这些农产品的原产地可以事先从海关获得有约束力的认定信息，并据此填制他们的报关单，这样做原则上不会冒对后面的事情担心的风险。参见本书 304 等。

② 参见《实施细则》第 55 条规定等。

③ 指原产地证书“格式 A”（参见《实施细则》第 81 条规定）。

④ 参见《实施细则》第 64 条规定。关于对不合规的证书的审查，参见 Cass. crim. 9 mars 2005, pourvoi n° 04-81535 及 Cass. crim. 15 juin 2005, pourvoi n° 04-85190。

⑤ 参见《实施细则》第 48 条规定。

家。这种情况每当进口国家不承认欧盟作为一个实体或者外国的进口人想知道具体的出口国家时就会发生。

（三）流动证明

203 流动证明是一种为方便欧盟与其有特殊优惠关系的国家之间的贸易而规定的专门的原产地证书，其使用方法有的在所涉及的优惠协定（《欧盟—欧洲自由贸易区自由贸易协定》《欧盟—非洲、加勒比海沿岸和太平洋地区优惠贸易安排》，等等）中予以规定，有的是在欧盟的自主法规中规定的[①]。

相关的特殊当局必须按严格的条件向申请享受优惠待遇的国家的海关出具流动证明。于是，"认定货物的原产地以及因此准许享受协定规定的优惠制度所考虑的因素，由出口国家的海关来评判"[②]。据此，如果对优惠原产地的获得的规定在解释上出现争议，应由相关各国海关之间进行对话，而不能让诚实的进口人去承受这种不确定的风险。

第三节　货物的价格

204 在主要基于对货物从量征税的海关税收征管制度中，货物价格的确定仅具有辅助意义，但在从价征税的税收征管制度中，情况显然并非如此，确定海关估价于是成通关监管的最基本的步骤。实际上，货物的价格会用于计征真正意义上的关税及其他税费（增值税、检疫税，等等）。我们很容易想象到使用人和海关对此关键要素的关注。

205 通常，货物的价格多采用不同的客观标准（商品交易所的牌价、专业认定等）来确定。而海关法却首先要对产生进口的合同双方之间的关系进行主观评判。所以，海关原则上承认货物的价格与其销售价格有直接关联，但它不是无条件地承认这种关联。一方面，考虑到国际贸易业务的复杂性，海关必须确定在哪些条件下它可以接受买卖双方商定的价格作为计税的基础。另一方面，海关必须保留在公共经济秩序需要时用特别的估价规则来替代买卖双方商定的价格的权力。海关估价的概念从纯粹本国性质发展到几近普世性，这是海关估价领域最突出的变化。

206 第一次世界大战之前，在法国，应申报的价格一直是"货物在其向海关呈验之地和之时的价格"[③]。当然，这种价格定义允许根据货物成交之后的价格变动进行调整，经济危机期间这种情况尤甚。所以，海关的实际做法似乎缺乏统一性，经常甚至直接按货物在法国市场的价格征收关税。

207 只是在第二次世界大战之后，海关估价才具备了我们现在了解的特征。早在1927年和1930年，日内瓦国际经济大会就强调由于各国在海关估价上的不一致造成了对国际贸易发展的障碍，因而有必要制定一个海关估价的国际定义。1947年10月30签署的关贸总协定为此专门制定了第七条规定。关贸总协定的23个签约方承诺遵守以下原则：一是

---

① 参见《实施细则》第109条及第123条规定。

② 参见：CJCE, 12 juillet 1984, aff. 218/83, Accord de libre échange CEE/Suisse, Rec. p. 3105. - Cass. com. 5 mars 1985, Bull. civ. IV, n° 83, p. 73 ; JCP éd. E, 1985. I. 4475；Journ. dr. intern. 1985. 889, obs. C.-J. Berr. - Adde CJCE, 14 mai 1996, préc。

③ 参见：Allix, *op. cit.* T. 1, p. 231。

海关估价应当是货物的实际价格，不应是任意的、虚构的价格，更不得根据原产地为本国的货物的价格来确定；二是用于确定海关价格的标准，以及所采用的方法，应当具有连贯的一致性，而且必须对外公布；三是海关估价法规的实施应当统一、中性、公平并且可仲裁。根据这些原则，签约方必须制定一个海关估价的国际定义。于是 1950 年在布鲁塞尔签署了于 1953 年 7 月生效的《海关商品估价公约》（布鲁塞尔公约）。欧洲经济共同体所有成员国家都是布鲁塞尔公约的签字国，所以欧盟理事会很轻松地于 1968 年 6 月 28 日制定了第 803/68 号条例[①]，该条例直到 1980 年 7 月 1 日，对于属于《欧共体条约》的货物，一直适用于所有原产地为第三国并按《共同海关税则》征税的货物。

208 布鲁塞尔估价定义在长达 30 多年间似乎对国际贸易的发展立下了汗马功劳，但现在已被一个普世性的估价制度所替代。这一替代是签署东京多边贸易谈判的协定的直接结果[②]。然而，我们应当注意到，布鲁塞尔公约对于没有退出的国家仍然有效，而且新的估价定义只适用于东京协定的签约方。因此可以预料，虽然我们能预期已经接受新的估价定义的国家在全球所占经济总量应当会导致接受布鲁塞尔公约的国家最终放弃它，但这两种根本不同的估价制度仍有可能长期共存。

无论如何，我们在研究新的估价制度时，不能不考虑旧的估价制度，因为许多欧盟的贸易伙伴仍然继续采用旧的估价制度，而且旧的估价制度仍属于他们的成文法。

欧盟的出口人必须牢记这样一个事实，他们向其在大多数发展中国家设立的子公司发运的货物实际上主要是他们在向海关申报。如果在当地发生估价争议，对他们来说，至少有必要了解本书下面所介绍的这方面的原则。

第四节　布鲁塞尔公约估价制度

一、价格概念

209 布鲁塞尔公约的第一条规则是：“从价计征关税时，海关估价应当是对一般贸易进口货物进行征税之时，相互之间独立的买卖双方在充分竞争条件下成交的正常价格。”

研究这段文字，我们会发现，布鲁塞尔公约起草人的理论依据，显然是海关估价与货物的价格完全相似。只是在涉及“正常价格”理念的具体剖析时才会遇到难题，而且这些困难只能借助商法的概念来解决。正常价格并不是某笔销售中真正的定价，而是一种埋论上的价格：一种被视为是能够在完全竞争条件下实现的销售中形成的价格。所以，布鲁塞尔估价定义的所有理念都指向估价公约的缔约各方在销售的真实条件与理论条件之间进行某种对比的意愿。我们想通过这一方法既尊重国际贸易必不可少的契约自由，也尊重同一货物（无论它在什么条件下获得的）应按相同的估价征税的普世意义。

210 不难想象，如此一个价格概念一定会带来很多的问题[③]。只要一笔国际贸易交易

---

① 该项法律也创立了一个“估价委员会”，类似于商品分类目录委员会和原产地委员会。

② 参见：*Les négociations commerciales multilatérales du Tokyo Round*, publication du GATT, Genève, avril 1979。

③ 参见：Benhamza, *La valeur en douane*, Cujas, 1975。

偏离理论的价格（而且，由于国际贸易的变化，相互之间独立的买卖双方在完全竞争条件下实现的销售肯定越来越罕见），其货物的销售价格就必须接受一系列的调整才能减少合同双方的主观因素以利于海关直接确定估价。至少海关有权在某些法律中找到权力来完全不考虑合同双方的愿意并使用海关自己的价格来取代合同双方商定的价格。

（一）海关估价与货物的销售价格

211 在布鲁塞尔估价定义框架内，价格是建立在进口货物的正常价格基础之上的。据此，布鲁塞尔公约第 1 条 2 规定：

a）货物应为在进口国家境内的口岸或进口地点交付给购货人的货物；

b）售货人应承担与货物在口岸或进口地点销售及交付相关的所有费用并将其包含在价格之中；

c）此后购货人应在进口国家承担不包括在价格之中的应征收的关税及其他税。

1. 在完全竞争条件下实现的销售的概念

212 如果正常价格应当是我们在前面所定义的那种货物在跨境之时及地点的 CAF（成本、保险、运费）销售价格，那么以下这个复杂的概念“完全竞争条件”便是布鲁塞尔估价定义区别于其他估价定义的特征，而且根据布鲁塞尔公约第 1 条 1 规定，“完全竞争条件”应决定着货物价格的形成：

“相互之间独立的买卖双方在充分竞争条件下进行的销售是以下销售：

a）支付货物的价格构成购货人唯一实际的给付；

b）售货人或与其在商业上有关联关系的自然人或法人与购货人或与其在商业上有关联关系的自然人或法人之间在销售本身形成的关系之外存在的商业、金融或其他关系（不论是否有契约）没有影响这笔销售形成的价格；

c）从货物的销售、售后的转让或使用所得的任何部分没有直接或间接地返回给售货人或返回给任何其他与其在商业上有关联关系的自然人或法人（第 2 条 1 规定）。”

这样一来，海关法只有在买卖双方处在非常特别的情况下才承认他们之间的主观定价是正常价格，这种非常特别的情况必须具备两个条件：一是购货人对售货人必须只承担支付所议定的价格的义务；二是购货人必须没有从该销售条件中获得不同于任何其他购货人的好处。

（1）购货人对售货人只承担支付所议定的价格的义务

213 有两个假定可以推定完全竞争的销售不存在：一个是购货人承诺使售货人能直接或间接地获得一部分销售所得；另一个是购货人可能除支付价格之外会进行一笔实际的给付。

214 对于第一个假定，通过观察我们了解到，在某些情况下，售货人与转售人有利益关系，他会从中获得部分好处。所以每次购货人均必须向售货人返回某些使用费作为使用某个专利、商标或任何其他知识或工业产权所产生的费用①。

215 第二个假定会引发很多争议。这个假定涉及售货人以购货人承诺某些给付为条件，同意以低于正常价格的价格向购货人销售。此类给付的性质多种多样，一般是购货人

① 参见：Cass. crim. 3 mars 1966（2 arrêts），D. 1966，717，note J. M。对于补充加工，参见：5 mars 1970，D. 1970，363，rapport J. Mazard。相反，进口人应支付的货物再生产权利的费用不应计入海关估价中（参见海关合作理事会 1964 年 12 月 2 日建议）。

同意承担费用的服务，而在完全竞争的假定条件下，这些费用应当由售货人来承担。毫无疑问，在这些情况下，售货人的价格中没有包括这些实际给付的金额（转移的费用）。

216 这种情况多发生在购货人为生产人承担市场调研的费用的时候，例如在制定销售发展计划阶段；还有的是为售货人的品牌承担广告费用，包括必要时提供产品目录和其他广告材料；超出转售人准备仅为单纯的服务所承担的售后服务费用，等等。

（2）购货人没有从销售条件中获取不同于其他任何购货人从中获得的好处

217 在所有购货人之间没有歧视是竞争销售最具特征的标志之一。然而，所有潜在的购货人进入采购渠道的条件在实践中并不完全相同。他们其中某些人能享受比别人更优惠的价格，而不必接受任何附加条件（这是前面那个假定），其原因有时涉及交易水平，有时涉及买卖双方之间的商业关系。

218 对于交易水平，大家一致认为，对某些类别的购货人仅仅给予降价不会影响一笔销售的完全竞争性，所称交易水平降价和数量降价均属于这种情况。其实，价格会根据批发、半批发或零售的交易水平不同，以及交易的数量不同出现差别。此类降价完全符合竞争市场的理论，而且因此形成的价格应当被视为是正常的。

正常的降价，如季节性降价或断码降价，以及延期回扣等，包括老客户折扣，均不影响价格的正常性。但非正常的降价或者折扣与正常的竞争价格差别很大，其发票价格当然不符合海关估价的定义。这是一个按个案认定的事实概念。

219 如果买卖双方之间存在着关联关系，而且销售价格直接受到关联关系的影响，也不符合完全竞争的条件。布鲁塞尔估价定义使用了一个刻意广义的措辞，对由于买卖双方之间或与售货人有关联关系的人之间“商业、金融或其他关系（不论是否存在契约）”而形成的减价作出规定。即两个企业之间如果其中一个企业对另一个企业控股或者一个企业是另一个企业的子公司，便存在着关联关系。

实际上，在这类情况中，控股企业与被控股企业之间的货物转让往往不遵守市场法则。例如货物可以不作价交付，两个企业之间的最终结算可以通过实际实现的货物转售的所得，在进口国家境内发生的商业费用，未售出货物的回收、仓储费等费用来进行补偿。同样，已经有先例表明，销售中确定的价格只是为了实现资金或利润转移，甚至为了逃税①。

在刚才我们研究的不同情况中，发票价格显然不能作为海关估价的依据。

2. 适用于“非竞争”销售情况的特别规定

220 因此，在实践中，对每一笔进口都必须认定交易是否符合理论模式。如果销售是在一笔完全竞争的交易中成交的，使用前述的一般规定应足以确定海关估价。相反，如果销售不是完全竞争的，这些规定则需要补充。在海关合作理事会的推动下，各国海关逐渐而且全凭经验制定了一些被称为“价格调整”的特别规定。

221 价格调整可以被定义为一种认定，即根据一笔商业销售成交时所处的实际条件，认定该笔交易如果在完全竞争条件下成交应当是什么价格。

222 于是，海关有时会在发票价格上加上购货人为售货人承担的费用（转移费用）。

---

① 参见：CJCE，24 avril 1980，Aff. 65/79，*Chatain*，Rec. p. 1345. -4 décembre 1980，Aff. 54/80 *Wilner*，Rec. p. 3673；Cahiers dr. eur. 1981，557，note C. -J. Berr. -*Adde*：Cass. crim. 19 novembre 1979，Bull. crim.，n° 323，p. 878. -31 janvier 1983，D. 1983，391，note C. -J. Berr。

有时会考虑母公司在确定向其子公司销售的价格中会施加的影响，有时还会提高按提前支付的折扣规定的价格。如果有不正常的折扣，也会进行调整。

223 为了避免个案式武断调整所带来的不确定性，大多数发展中国家的海关（特别是受法国法治文化影响的发展中国家）实行一种契约调整做法，通过与有长期进口业务的进口人协商签订契约，可以使用一个“调整率”来确定海关估价，只要调整契约没有失效，海关即可使用该调整率乘以发票价格得出海关估价。这些契约制度因此仅属于当地法律范畴。

（二）海关估价与海关限价

224 在布鲁塞尔估价定义框架下，海关始终被认可在某些条件下有权不采用买卖双方签订的销售价格，而使用根据各个国家自己的一套方法来确定的价格取而代之，这套方法有时旨在查找货物的公平合理的价格，有时是旨在为过于特殊以至于无法适用一般价格定义的交易确定一个销售价格。

1. 查找公平合理的价格

225 对国际贸易实务的观察显示，货物的价格有时会受到生产人和政府（特别是进行国家贸易的国家）本身的全球战略的操纵，导致货物明显低价。然而，布鲁塞尔估价定义由于只采用买卖双方的主观定价，对这种情况也同样适用，只要被考虑的销售在所有购货人之间不存在任何歧视。

226 这就是为什么必须制定一系列方法来允许拒绝接受买卖双方签订的价格。于是，海关合作理事会在 1965 年 6 月 1 日的建议提出，如果某笔销售价格“明显低于相同货物或者相似货物由其他国家的售货人在同时并以与所涉及的购货人相等的数量在同一销售水平上自由地销售的价格”，海关可以拒绝接受该销售价格。

毫无疑问，该段文字如果被解读得过于宽泛，肯定会取代所有其他规定，从而导致用一个完全不同的估价制度取代海关估价的原则定义。然而这种担心并没有那么严重。海关合作理事会下发过数条意见，呼吁布鲁塞尔公约的各成员国家海关不应（例如）采用进口人的国内市场价格作为海关估价。

此外，海关合作理事会的建议还特意指出，不能拒绝因为国家或地区之间的生产成本差异、技术进步、流通方式不同或者为适应进口国家市场的竞争状况而形成价格差异。简言之，正常的竞争价格的概念只能在“特殊情况下，以及特别是为了防止在不正当竞争情况下的低定价和防止采用虚假的价格或合同来偷逃关税的情况下”运用。我们因此不能低估这些规定的重要性，因为这些规定从本质上讲会减损海关估价的确定性。

2. 在特殊交易情况下查找公平合理的价格

227 布鲁塞尔定义无论具有多大的普遍意义，仍不能方便地适用于某些特殊的交易，这些交易要么不具有实盘销售的性质，要么涉及非货物。

（1）不具有实盘性质销售的交易

228 几乎不可能列出一份不具有实盘销售的商业交易的清单，因为太多，如向代理或连锁企业的发货交易，或者由个人无商业目的的进口，在境外加工或处理后复进境的交易，等等。对于每种情况，海关合作理事会均一般地建议采用“最恰当的标准来确定货物在一笔符合估价定义规定的销售中应达到的价格”。但是，这必须有一种“秘诀”，而这种秘诀与其说是严格意义上的法律规定不如说是实用的建议。因此，我们在布鲁塞尔估价定义的注释中可以看到这段文字（第Ⅸ章）：“根本的标准是被估价货物的销售可能会获

取的所得。如果能用倒推方法来估价，我们可以采用销售的实际所得的标准。如果无法采用实际所得的标准，或者这些标准都不适合，最通常的做法是求助于可比货物的可接受的价格。”

229 举例来说，我们因此可以很快地提到两种在实践中经常遇到的情况，一种是按寄售方式进口的货物，另一种是按租赁方式进口的货物。

其实，在寄售方式中，货物在通过某个代理商或委托人销售之前，其所有权仍属于外国的供货人。因此，销售价格在进口时无法确定。但海关估价并不能每次都在事后来确定。所以，原则上只能参照相同货物并且原产地为同一国家的、在同一时间和同一地点的一笔实盘的销售中的实际价格来确定海关估价。但是，这条规定远不是绝对的，也绝对不禁止求助其他要素（如与行业组织商定规定某些统一的价格）。

对于租赁方式，海关合作理事会对租赁货物所遵循的原则不乏独到之处：根据租赁与销售一样均赋予使用人在租赁期间使用被租物品的权利的理念，并且考虑享受货物使用权的代价是租金而不是销售价格，因此承认在租赁期内应支付的租金就构成海关估价。换言之，这一原则在于认为租赁就是一种使用权的销售，其价格当然与租期成比例。

（2）涉及某些非货物的交易

230 如果布鲁塞尔估价定义遇上不是交易的性质而是货物的性质问题，情况就会截然不同。实际上，某些其经济重要性如今被广泛公认而且具有很高的知识价值的非货物，由于其载体价值甚微可以忽略不计，从而使海关估价遇到了前所未有的难题，例如工业图纸、设计、建筑设计图、书箱及印刷品，以及（当然包括）信息化的软件①。一般地讲，海关只对物质载体按其生产成本确定海关估价，而忽略其知识内容，结果“捡了芝麻，丢了西瓜”。

二、海关估价的计算

231 布鲁塞尔估价定义认为，货物应在进口国家的入境地点被视为交付给购货人。这种定义的基本含义是，虽然供货人开具的发票在大多数情况下构成定价的最基本要素，但采用我们前面讨论的各种方法得出的销售价格应当仅构成计算海关估价的基础。海关估价需要对该笔销售的成本进行全面估算，而销售的净价格只是其中的一个组成部分。确定完税价格时必须加上某些价格之外的附加费用，不论这些费用是否与价格一起列入发票还是单独分列。于是，我们可以把这些费用分为运输费用和商业费用两大类。

（一）运输费用

232 一般地讲，“所有与（货物）销售和交付到入境地点相关的费用”均应计入销售费用，即适用关贸总协定规定的从价关税应按以到岸价格定价的销售来计算的估价规则。

所以，必须在货物的净价格上，按我们上面讨论的方法，加上货物运输到关境入境地点的运输费用、装卸费用、在境外的组装费、涉及货物入境的单证费用，包括领事签证费用，等等，即使这些费用没有列入发票。必要时，还要加上关境境外征收的关税及其他

① 关于这一棘手问题，可参阅 l'étude n° Ⅲ du CCD（计算机及程序载体的海关估价）、les conclusions du Comité CEE de la valeur en douane, plus spécialement les conclusions V du 11 avril 1975（某个与外国供应商有关联的公司的进口）和 VI du 4 octobre 1978（硬件与软件分开发票）。

税、包装成本（如果包装没有按单独的归类征税），以及（一般地讲）所有与货物运输相关的费用（《海关合作理事会估价意见》第 21 号、第 26 号、第 27 号及第 30 号）。

233 发生在进口之后的销售附加费用，应不计入海关估价。这些费用不应列入发票价格，如果列入总价，则应酌情扣除。

这包括在海关关境境内发生的货物的运输费用、与货物的维修和调试相关的费用（仓储费、搬运费、场地占用费、安装费，等等）。

（二）商业费用

234 与运输费用相平行，还有因购买货物产生的商业费用，主要是佣金和经纪费，或者是特许权使用费。

货物进口经常是通过某个经纪人、中间人或代理人实现的。在所有这些情况下，经纪人在任何时候都不会成为货物的所有人。如果是卖方经纪人，他便代表售货人，负责收集订单并且在可能情况下负责交付。如果是买方经纪人，则他要为购货人开展某些活动，负责货物投保或运输或者执行其他相关的业务。无论是卖方经纪人还是买方经纪人，都会收取一笔通常按销售价格的某一比率支付的佣金，该笔佣金应加入其他费用，无论以什么方式开具发票。然而，如果经纪人在发票上标明佣金金额，表明售货人已经支付了该笔佣金，因此不应再在发票价格之外加上佣金。为数家大型商店供货的联合进货公司也适用这条规则。

235 如果进口货物或材料需要支付一笔知识产权使用费[①]，则应区别以下三种不同的情况。

第一种情况，对于货物进口时使用某个生产或商业标志，原则上该标志的使用权的价格应计入海关估价。第二种情况，货物进口时专利费、著作权费或复制费没有列入发票价格，与这些权利相对应的费用会一次性或者分期付给供货人或某个第三者。这些均不影响进口的性质，即使是进口之后发生的特许权费也应计入货物的价格之中[②]。最后一种情况，如果货物的进口产生复制权利，海关合作理事会认为，作为让与复制权利的回报不应视为构成独立于该权利的销售合同的一项要素，为此所支付的费用不应计入海关估价中。

第五节　东京协定的估价制度

236 东京多边贸易谈判期间最终确定的并且写入一项欧共体条例[③]的海关估价的概念，在多方面被视为是一种颠覆性变化。欧共体条例在其立法动机项下对这些规定的精神进行了阐述，即“为了方便国际贸易，避免国际贸易受到海关估价方法不同的影响”。在

① 这种情况不影响销售的竞争性。必须假定，购货人可以找到其他有能力供应类似货物的销售人。

② 参见：Cass. crim. 3 mars 1966，préc。

③ 参见 Règlement（CEE）n° 1224/80 du Conseil du 28 mai 1980，*JOCE* L 134，31 mai 1980，后来成为《欧盟海关法典》第 28 条至第 36 条规定。另参见：Règlement particulier《La valeur en douane》，sept. 2000，我们不能说该估价制度得到所有人的认可，这方面的例子是 Rapport spécial n° 23/2000 de la Cour des comptes，du 18 déc. 2000，该报告特别揭示了在海关估价方面各国做法的差异。

该条例被通过之前，欧共体理事会的立法宗旨一直是确保《共同海关税则》的统一实施和欧共体的所有进口人能得到一视同仁的待遇。如今，欧盟有了一套“公平、统一和中性的、杜绝使用武断或虚构的海关估价”制度，“因此，海关估价应根据符合贸易惯例的标准来确定，特别是作为总的原则，货物的海关估价的依据应当是本条例第 3 条规定所定义的成交价格”。

在欧盟委员会方面，它制定了若干项条例来实施新的估价规定。

这些规定此后变成《实施细则》第 141 条等规定，以及《实施细则》的若干附件。

237 在深入讨论海关估价制度之前，必须明确，《欧盟海关法典》及《实施细则》中所列的各项关于海关估价的规定只适用于向欧盟的进口，而且更确切地说，仅适用于“《欧洲共同体海关税则》和共同体货物贸易方面单项法规中规定的各项非关税措施”（《欧盟海关法典》第 28 条规定）。因此，特别是出口货物的海关估价只能继续适用《法国海关法典》第 36 条规定，根据这条规定，在出口环节，申报价格应为货物在出口地的价格加上运到法国边界的运输费，但不包括出口关税和应退还给出口人的国内税及类似税费。同样，如果货物只是在其办理了按某项欧盟海关监管方式（保税仓储、保税加工，等等）监管的手续之后才按准入放行方式监管，则应适用该监管方式专门的估价规则。最后，在反倾销的情况下，应采用反倾销方面专门的特别价格概念①。

还必须指出，在处罚方面，各成员国家有权采用其他的价格概念，特别是如果成员国家以货物的价格来规定处罚标准。所以，对于麻醉品，由于其不可能按准入放行方式监管而不能适用《欧盟海关法典》的价格定义，法官会顺理成章地参考其在黑市的价格②。

一、估价原则

238 新估价制度的主要创新在于规定了数种估价方法供各国海关按具体规定的规则来采用。因此，不存在真正意义上的一般概念的海关估价，而且只需引用这些估价方法的名称，而不必对现有法律规定的措辞提出保留，因为这些法律规定显然受到与大陆法系相对立的盎格鲁—撒克逊法系的影响（没有一般原则，令人尴尬的冗长的定义清单，适用于相近情况的同一规定的重复）。

（一）估价方法的选择

239 海关有 5 种估价方式可选，用来确定货物的海关估价，而且这 5 种估价方法之间应按可参照的程度依次采用。只是在无法采用第一种估价方法的情况下才能采用第二种估价方法，无法采用第二种估价方法时才允许采用第三种估价方法，依此类推。一种估价方法的无法采用（即采用下一种估价方法的可能性），只能是客观考量的结果，即需要用客观事实来证明不具备采用被否定的估价方法的条件③。

但是，我们会观察到，对于第四种和第五种估价方法，进口人有权要求颠倒采用顺序④。

（二）基于成交价格的海关估价

240 采用现行基于成交价格的海关估价制度，很好地解释了东京回合谈判者的最大

① 参见：Encycl. Dalloz Communautaire，V° *Dumping*。

② 参见本书 902。

③ 参见《欧盟海关法典》第 31 条规定。

④ 参见《欧盟海关法典》第 30 条第 1 款。

担心，他们最大的愿望是交易双方在一笔国际销售中制定的价格在绝大部分情况下能作为海关估价。从这个意义上讲，我们可以说海关的估价的“正面清单”概念战胜了“理论”概念。但在仔细研究这种海关估价时，我们应当对“正面”这一概念加以严格的界定。一方面，采用这种估价方法的条件毕竟非常严格，另一方面，成交价格的概念本身与发票价格之间没有任何关联。

1. 采用成交价格的条件

241 海关估价的法律规定并没有对一笔买卖双方制定的价格可以接受为海关价格的销售的条件做出定义，而是采用“负面清单”的方式列举出正常情况下不能接受的情况。首先，该笔销售不得存在着涉及货物转让或使用的限制（但法律或销售地理范围的限制除外），除非这些限制不实质性影响货物的价格[①]。其次，该笔销售或该价格上不得附加其价格无法确定的条件或提供（比如，根据解释性规定，如果卖方确定进口货物的价格时，附加有买方必须也购买一定数量的其他货物的条件）[②]。再次，该货物的转售所产生的任何所得的任何部分都不得直接或间接地返还给卖方。在此，我们会发现一个假定，这个假定在过去的海关估价制度中属于一种非竞争的情况[③]。最后，也是最受关注的条件，买方与卖方不得在商业上有关联关系，或者如果有关联关系，但成交价格可以接受作为海关估价[④]。

242 商业上有关联的人的概念本身并不很精准，因此制定这方面的法律的起草者们曾努力于用一个详细的清单来定义它。不仅如此，他们采用的商业上有关联这一概念比《实施细则》第 143 条规定的范围更宽，一是把组成领导层或董事会、具有共同的合伙人身份以及相互之间控制（各种形式的，主要是持有 5%以上有投票权的股份的）的数人之间或者均受某个第三人控制的两人之间，均视为互相有关联关系[⑤]；二是如果某人是另一人的雇员（这一点很特别）；三是如果这些人是同一家庭的成员，也会存在关联关系。对于最后这点，必须明确“同一家庭的成员”一词的含义。我们在清单上只看到叔舅或婶姨与侄子（外甥）或侄女（外甥女）、妻弟妻哥及嫂子或弟媳，但没有堂或表兄弟姐妹……，尽管法律起草者们置疑是否有必要规定得如此具体。

243 还应补充一点，关联关系的存在“本身并不构成认定成交价格不能接受的充分理由”[⑥]。实际上，进口人只要证明所涉及的关联关系没有实际影响发票价格即可。对此，《实施细则》的附件中有非常详细的解释，而且提供了在几种详细列明的条件下证明没有实际影响发票价格的可能性[⑦]。我们认为，如果最终是海关来决定商业上的关联关系是否影响了价格，那么使用人从东京回合谈判代表们那里所获得的对海关估价确定性的预期可能会成为一种幻想。各国海关在实践中的执法不统一问题，尽管在过去的估价定义时期颇受置疑，却在任何情况下没有得到缓解。

应当承认，跨国企业内部的“转移价格”问题不仅涉及纯粹的海关利益，而且也关系

---

① 参见《欧盟海关法典》第 29 条 1. a 规定。

② 参见《欧盟海关法典》第 29 条 1. b 规定。

③ 参见本书 214。

④ 参见《欧盟海关法典》第 29 条 1. d 规定。

⑤ 必须注意，因为一人作为另一人的独家代理、独家经销人或独家受让人而形成的商业上的关联关系，不是《欧盟海关法典》第 29 条规定（《实施细则》第 143 条 2 规定）意义上的关联关系。

⑥ 参见《欧盟海关法典》第 29 条 2. a。

⑦ 参见《实施细则》附件 23。

到至少各国的税务管理问题，它们很关心如何防止跨国企业通过高估或低估价格来达到利润转移的做法。对关贸总协定的谈判代表们的这一愿望，欧盟的立法只是简单地进行了移植，虽然纯粹的海关规定没有受到对税收的担忧的影响。因此，海关必须接受有关联关系的企业之间制定的价格，只要这个价格“非常接近”同一时间或大约同一时间，没有关联关系的买方和卖方之间买卖相同货物或相似货物的价格[①]，基于没有关联关系的买卖双方在欧盟以更多数量销售该进口货物或者与进口货物相同或相似的货物的单位价格[②]，或者与“计算”价格相对应的价格[③]。

2. 成交价格的概念

244 根据《欧盟海关法典》第 29 条规定给出的定义，成交价格必须是“货物在按向欧盟关境出口销售时实际支付或应当支付的价格，必要时按本法第 32 条及第 33 条规定进行调整”，支付方式无关紧要[④]。

上段文字中所使用的“调整”这个词的含义是困难的焦点[⑤]，因为这个词对我们而言代表一种特定的含义。其实，《欧盟海关法典》第 32 条及第 33 条规定所指的调整，实际上是一种简单的价格调整，调整的理由在于需要对纯发票价格增加或扣除某些实际产生的费用。相反，对以各种方式转移的费用，现在已经没有必要进行调整了，这也是欧盟海关估价立法改革的一个重要方面[⑥]。新的法律条文特别规定，“除非本条有特殊的规定”，任何费用不得添加入发票价格之中[⑦]。

但是，成交价格中应包括的主要费用是佣金及经纪费、包装费、运输费[⑧]及保险费、装卸费，所有费用计算至关境的输入地。这是对过去规定的重申，而且还专门规定必须加上特许权使用费[⑨]，直接或间接地返回给卖方的进口后任何转售、转让或使用的任何一部分所得，以及买方提供的并在进口货物生产中所使用的某些货物或服务，只要发票没有包括这些费用[⑩]。

---

① 《实施细则》第 29 条 2. b. i 规定。

② 《实施细则》第 29 条 2. b. Ⅱ规定。

③ 参见本书 248。

④ 根据布鲁塞尔估价定义，在签订销售合同与实际进口之间的时段内会出现的价格变化会导致产生一个期限问题。过去一直认为，时差问题不影响考虑发票价格，只要不超过某个期限。《实施细则》的思路则不同：如果成交价格被接受，发票日期无关紧要，如果价格是采用扣减方法来确定的，则必须采用货物与被估价货物在同一时间或大约同一时间销售的价格。

⑤ 参见本书 220。

⑥ 参见本书 222。

⑦ 参见《欧盟海关法典》第 32 条 3 规定。

⑧ 但不包括称重费，参见 CJCE，4 février 1986，Aff. 65/85，*Van Houten intern.*，Rec. p. 447。关于滞期费，参见 6 juin 1990，Aff. C-17/89，*Deutsche Olivetti*，Rec. p. I，2301。关于配额费，参见 19 mai 1994，Aff. C-29/93，*Ospig Textil Gesellschaft*，JCP，éd. E，1994，390，n° 6，obs. C. -J. Berr。旨在证明进口货物是符合进口成员国家法规规定的化验分析费用应计入海关估价，参见 19 octobre 2000，Aff. C-15/99，*Hans Sommer GmbH et Hauptzollamt Bre-men*。

⑨ 关于涉及特许权使用费的具体规定，参见《实施细则》第 157 条等规定。

⑩ 参见《欧盟海关法典》第 32 条 1 规定。关于应将与销售价格没有单列的买方佣金应计入海关做价问题，请参见 CJCE，20 oct. 2005，aff. 468/03，*Overland Footwear Ltd c/ Commissioners of Customs & Excise*，Rec. p. I-8937。

相反，买方佣金、与复制进口货物的权利相关的费用、涉及购买货物的金融协议项下支付的利息、买方为获得配送或转售货物所支付的费用，只要不构成销售的条件，均不可计入海关估价[①]。最后，该条法律规定明确，在货物原产国家缴纳的国内税收可从海关估价中扣除，但条件是货物享受了退税的优惠[②]，产品设计方面的研究及制图费用也可不计入[③]海关估价。

（三）其他估价方法

245 如果货物的进口并不是销售（例如，货物是租借的或免费提供的），或者如果货物的价格在进入关境时无法确定（例如寄售），或者如果货物价格的确定条件无法接受（有关联关系的合伙人之间的销售且关联关系影响了价格的确定条件），我们在上面介绍的方法便无法采用。此时，海关应当运用其他估价方法，这些方法一部分被定义为参照性估价方法，另一部分被称为计算性估价方法。

1. 参照性估价方法

246 新估价制度提供的两种参照性估价方法之间只有程度上的区别。对于被估价的货物，这两种参照性估价方法都是参照“作为出口到欧盟并在与被估价货物同时或大约同时销售的”其他货物的价格。同样，采用这两种参照性估价方法时，参照价格必须与所考虑的进口导致的销售位于同一商业水平和数量，因为此类比照有时是直接的（如果我们找到一个与这些水平完全对应的价格），有时会需要进行估定（例如根据零售价格来估定批发价格）。海关应当以诸如出口人本人提供的这些货物的成交价格为依据，如果没有此类价格，海关只能从其他人那里去寻找价格。还要明确的是，如果寻找价格导致出现好几个不同的价格可以用来参照，应当参照其中最低一个的价格来计算海关估价。

这两种参照性估价方法之间的区别只涉及被要求参照的货物的性质。最好是相同货物，最差是相似货物。在这点上我们只能借用《实施细则》规定本身的定义，此类定义值得我们称赞，因为区别这两个在根本上模糊的概念在过去是不可能的：“‘相同货物’一词指在同一国家生产的与被估价货物在各方面，包括物理特性、质量及产品声誉都相同的货物。细微的差别并不影响货物符合相同货物的概念”[④]“‘相似货物’一词指在同一国家生产的，与被估价货物虽然不是在所有方面都相同，但具有相似特性而且是由相似的材料构成的，从而具有相同的效用，而且在商业上可以互换的货物，货物的质量、声誉和是否有生产和商业标志也是认定是否是相似货物时应考虑的因素”[⑤]。

但愿以下区别标准在实际运用中不会引起很大的困难。但我们仍不禁自忖，欧盟当局在多大程度上相信这些过于精细的定义的可靠性？因为《实施细则》声称以一种“合理的灵活”的方式来执行这些规定，这与欧盟第1224/80号条例的立法宗旨所宣称的原则相抵触[⑥]。

---

① 参见《欧盟海关法典》第32条5规定。

② 参见《实施细则》第146条规定。

③ 参见《实施细则》第155条规定。

④ 参见《实施细则》第142条1.c规定。

⑤ 参见《实施细则》第142条1.d规定。

⑥ 参见本书236。

2. 计算性估价方法

247 第四种估价方法是扣减方法，这种估价方法在过去的估价制度中也偶尔使用过[①]。如果我们撇开法律规定中某些长期考虑的变化不谈，它其实是一种以货物的再销售价格为依据并扣除不同的成分的估价方式，用这种方法来找到一个海关可以接受的价格。需要扣除的成分有佣金和一般利润及费用中通常提取的利润、正常的运费和保险费、关税及其他税[②]。

248 可以采用的最后一种估价方法则是基于“计算”的价格。计算价格原则上应是最后一个使用的估价方法[③]。这种估价方法主要是把在确定估价货物的销售价格时应考虑进去的全部要素，如生产成本、同一性质或同一种类的货物的销售通常实现的利润和一般费用、运输费、保险费等加在一起作为海关估价的基础。为了帮助计算，《实施细则》的后面附有很有用的说明。

3. 采用“合理的方法”估价

249 谈到合理的方法，最好先看一下海关当局在无法运用所有前述的估价方法时，还有哪些其他手段。考虑到不可能用正面清单的方式列明这些估价方法，因此欧盟的法律规定仅仅采用负面清单的方式列出一些禁止海关采用的估价方法。这些原则都在《欧盟海关法典》第 31 条中做出了规定：“进口货物的海关估价无法按本法第 29 条或第 30 条规定确定时，应依据欧盟境内可获得的数据，使用符合关贸总协定的原则和一般规定的方法予以确定。”[④] 其实，在这种不太具体的措辞的后面，隐藏着禁止采用一种让欧盟的海关执法人员到出口国家进行调查的估价方法。在该条规定第 2 款具体列明的禁止采用的估价方法中，有以欧盟境内生产的货物在欧盟境内的销售价格为依据来确定海关估价（这项规定因此是美国放弃其“美国销售价格”制度的必然结果），根据两个可选价格中较高的价格来确定海关估价，根据货物在出口国家的国内市场的价格来确定海关估价，或者根据武断的海关最低限价来确定海关估价，等等。

4. 特殊情况

250 长期以来，进出口人对适用于数据处理设备使用的信息载体的估价规定一直颇有微词[⑤]，这种状况现在已经彻底改变，因为在世界贸易组织主持下签署的协定已经把对它征收的关税全部取消了。

但是，按寄售方式监管的货物及某些易腐烂变质的货物，由于它们的特殊性，需要按特殊的监管方式处理。对于易腐烂变质的货物，并且考虑到会受到市场价格重大变化的影响，欧盟已经制定了适用于不同种类的水果和蔬菜的在一个很短的限期内有效的单独的估价制度[⑥]。因此。进口人没有义务参照这种价格，并且能按常规的方法来对其货物进行估价[⑦]。

---

① 参见本书 228。

② 《实施细则》第 153 条规定。

③ 但请参见本书 239。

④ 参见《实施细则》第 153 条规定。

⑤ 参见《实施细则》原第 167 条规定。

⑥ 参见《实施细则》附件 26 及 27。

⑦ 参见《实施细则》第 177 条规定。

二、实际估价方式

无论采用哪种估价方法，单独一批进口货物都会带来一些普遍存在的问题。为了解决这些问题，欧盟当局力图将某些传统的估价方法移植到新的估价法规中。我们在这里仅仅简要地介绍涉及所有估价作业的共同要素的主要规定，而重点研究使用人与海关之间的关系变化问题。

（一）所有估价作业的共同要素

1. 运输费

251 《欧盟海关法典》第 33 条规定，进口货物的海关估价不包括货物进口之后在欧盟境内产生的运输费，只要这些运输费与进口货物的实付或应付的价格分列。对于货物采用同一种运输方式直运至超过欧盟口岸的境内地点、运费在货物的发票价格中不分列、免费运输或者由购货人自行负责运输等特殊情况，都有特别的规定①。

2. 进境口岸

252 某些用于货物运输的费用（运输费，但也包括保险费、卸货费和处置费）都是以进境口岸为地点结算的②。《实施细则》第 163 条规定的估价原则，在保留了过去的处理方法同时，区分了海运货物、不换装运输工具从海运转为内水运输的货物、铁路运输货物，等等。该条规定还涉及借经某个第三国运输，以及从法国海关直接运入欧盟关境的情况。

3. 汇率

253 以海关估价所在国家以外的货币计价的发票，其货币兑换问题应按《欧盟海关法典》第 35 条规定办理。应遵循的原则是执行该成员国家主管当局公布的官方汇率，而且应当“以尽可能有效的方式反映该货币在商业交易中的市价”，《实施细则》显然考虑了货币剧烈动荡的可能性③。

（二）使用人与海关之间的关系

254 毋庸置疑，东京回合的谈判者希望给国际贸易的从业人带来对他们正常业务处理的确定性。欧盟的法律也自然地反映出这种考虑。主管当局据此明确了进口人在申报确定海关估价所必需的信息方面的义务，在从业人与海关之间的信息沟通上也有一些有意义的创新。但是，争议裁决的问题仍然没有解决。

1. 用于计算估价的要素的申报

255 《实施细则》第 178 条规定了一种价格申报单，用来附在有关货物的准入放行的报关单之后，要求是欧盟关境居住民或其工作地点在欧盟关境境内的人本人④，或者由掌握所有与之相关的事实的人填报海关估价的相关要素。如果海关估价无法依据成交价格确定，各成员国家有权免予要求填报价格申报单。同样，对于交易量很小的进口、没有商业价值的进口货物，以及如果所申报的监管方式不需要出示此类格式单证，也规定了一些

---

① 参见《实施细则》第 164 条规定。

② 关于欧盟关境的定义，请参见本书 69-1。

③ 参见《实施细则》第 171 条规定。

④ 但不包括欧盟委员会 1998 年 7 月 29 日第 1677/98 号条例（*JOCE* L 212，18 au 30 juill. 1998）规定的例外。

灵活的处理措施。此外，欧盟法律规定并没有禁止海关考虑到企业某些商业需要（频繁进口、信息化管理，等等）而自行采取各种简便措施。

2. 海关与从业人之间互通信息

256 《欧盟海关法典》颁布之前的一些具体的规定，对经济从业人与海关当局之间在估价监管方面的相互义务有明确的界定，但这些规定由于《欧盟海关法典》的生效而消失了。因此，现在这方面只有适用在《欧盟海关法典》第三章（题为“主要适用于海关立法范围的权利和义务的各项一般规定”）中的一般性规定①。因此，过去的法律规定②，进口人有权利要求海关向其提供一个关于对这些货物进行海关估价所采用的方法的书面解释，在此基础上，进口人根据《欧盟海关法典》第 11 条规定还可要求海关当局提供关于“实施海关法规方面的信息”。同样，《欧盟海关法典》第 14 条规定取代了过去关于允许海关当局从所有直接或间接地利益相关人或利益相关企业获得“所有必要的单证和所有必要的信息”的规定，将海关要求在其规定的期限内提供所有支持单证信息，以及任何必要的协助的权力扩大适用于所有海关法规的实施③。但是，必须指出，如果采用计算价格的估价方法，“海关当局不得为了确定计算价格而要求或强迫某个不是欧盟居住民的人出示账册或其他文件供核查”。该条法律只是重申了一项属于国际法范围的基本解决方法，其作用并没有明显地显示出来。不过还要补充一条并不多余的规定，根据这条规定，调查仍需经外国当局“同意”④。

3. 涉及估价的争议

257 涉及海关估价的争议，由于欧盟没有统一的裁决程序，因此仍按各成员国家的规定处理。没有人会怀疑，原因在于无法建立一套统一的裁决程序。然而，值得注意的是，《实施细则》第 253 条等规定迈出了在欧盟层面上解决国际贸易的一个重要问题的第一步。因为，根据这些规定，在进口货物的海关估价过程中，如果有必要推迟海关估价的最终认定，进口人仍有权要求海关放行货物，条件是如果提出这样的要求应提供足以缴纳被放行货物最终可能应缴纳的关税的担保，担保形式为交付现金或使用其他适当的支付工具。

第六节 货物的其他特征要素

258 在货物的各种特征要素中，某些特征要素并没有其他的特征要素那么重要。但这些特征要素仍值得简单地讨论一下，因为它们通常应当填在报关单上。主要是货物的货号、性质、唛头和件数，必要时还有长度、体积、面积、酒精度，等等。货物的重量如今被欧盟法律规定为应区分毛重、半毛重和净重。申报这些不同的物征要素是为了适应非常多的目的：除了统计要求之外，还便于征收某些关税或其他税（如港口税），执行对外贸

---

① 《欧盟海关法典》第 5 条至第 19 条规定。

② 参见欧盟第 1224/80 号条例第 12 条规定。

③ 我们不道为什么这种性质的要求在海关估价方面被特别保留并写进《实施细则》第 178 条规定，以专门针对海关当局由于无法采用成交价格的方法来确定海关估价而放弃要求填报价格申报单的情况。

④ 《实施细则》第 153 条规定。

易管制（数量配额），以及特别是对某些货物计税，比如需要根据这些特征从量计税时。其实，最重要的就是应征收农产品调节税的产品。

为了尊重本著的主旨，我们不在这里详细研究这些概念。

第二篇
通关监管

259 在对所有计税要素（即作为税基和计征关税的依据的法律概念）做出定义之后，需要讨论一下旨在确保正确税收征管的法律或法规措施，这些措施在《法国海关法典》的用语中传统上被称为通关监管。

即使我们认为这个用语现在仍可以使用，但必须注意，这个用语远不能表明它所暗示的很窄的含义。一方面，真正意义上的通关意味着由于实施欧盟海关税则所产生的所有要求都必须满足。为了完成通关监管，还应当对货物征收成员国家的各种国内税。同样，货物还必须符合既有在进口也有在出口环节适用的其他法规规定（卫生检疫、动植物检疫，等等）。另一方面，从《欧盟海关法典》的角度看，对于转入关境的货物而言，其进口人首先履行的义务就是办理该货物按“某项海关监管方式”监管的海关手续，通关监管就是这项手续的形式。

一、海关监管方式的概念

260 由于《欧盟海关法典》没有对海关监管方式做出一个普世性的定义，因此我们采用世界海关组织（过去的海关合作理事会）的词汇汇编中所给的定义，即“海关给予应受其监管的货物的待遇”。从不太抽象的角度来说，我们认为，进口货物或者出口货物能够适用的各项海关监管方式是根据对外贸易从业人按其经济需要所确定货物不同的海关准许的使用去向来分类的。《欧盟海关法典》对所有这些监管方式分别做了定义。但是，仅仅参考这条法律并不能对海关监管方式的概念有一个完整的理解。因为，《欧盟海关法典》仅仅针对通关的欧盟海关法规的措施来定义海关监管方式。然而，在通关实践中，货物按某项欧盟海关监管方式监管，通常与成员国本国法律项下对按该监管方式监管的货物规定的各项要求（特别是国内税方面的要求）相挂钩的。甚至有时，如果某票通关作业的完成不受任何欧盟法规规定的措施管理时，通关便成为只履行成员国法律所规定的税收或其他手续了。在后一种情况下，货物其实是按一项成员国法律项下的海关监管方式监管的，只是借用相应的欧盟海关监管方式的名称和机制（可能情况下经过调整）而已。所以，如果我们想全面了解对外贸易从业人可以使用的海关监管方式，则必须考虑这些监管方式的功能的双重性。

二、准入放行监管方式与一般贸易进口监管方式

261 非欧盟货物进口，如果准备留在欧盟境内，可以根据情况或者按准入放行方式监管，或者按成员国家的一般贸易进口办理。尽管这两项监管方式的目的有所不同，但它们之间存在密切的关系，始终因时期不同在同一项监管方式的框架内，时而分离，时而融

为一体。这种状况很自然地需要我们把这两项监管方式放在一起研究。

（一）准入放行和一般贸易进口两项监管方式的定义

262 准入放行监管方式的目的在于使非欧盟货物获得欧盟货物监管状态并因此允许获得欧盟货物监管状态的非欧盟货物在欧盟境内自由流动（《法国海关法典》第79条1规定）[①]。按准入放行监管应办理《欧盟条约》第24条规定（前第10条规定）所指的所有手续（特别缴纳关税及其他税并适用欧盟的贸易政策措施）[②]。按准入放行监管的货物遇有下列情况时会失去欧盟货物监管状态，如向第三国按一般贸易出口，或者按准入放行监管的报关单失效，再或者货物应缴的关税及其他税被退还。

而一般贸易进口监管方式则包含着同时在欧盟法律和成员国家法律的框架内进口应符合的要求：准备投入国内市场的进口货物应同时遵守与准入放行监管方式相关的和成员国家对货物的适用的各项法规的要求，特别是税收方面的要求。所以，已经办理过一般贸易进口的全部手续的货物应被视为已经按准入放行监管了。

（二）准入放行和一般贸易进口两项监管方式之间的关系

263 准入放行监管方式和一般贸易进口监管方式是对外贸易从业人最经常使用的两项监管方式，为了更好地突出影响这两项监管方式的现状的特点，我们不妨简要地回顾一下准入放行与一般贸易进口这两项监管方式之间的关系的历史变化。

1. 传统关系

264 创立海关同盟的首批共同体的措施实施之后，在很长一段时期内，由于共同体法律中没有对准入放行制定专门的海关监管方式，从第三国进口的货物在包括法国在内的大多数成员国家一直按一般贸易进口方式来监管，一般贸易进口监管方式把共同体和本国的要求都融入一套单一的程序中。

1979年，欧共体的一项指令终止了这项合二为一的监管方式，欧共体的指令创立了一项与成员国家一般贸易进口监管方式不同的监管方式，称之为“准入放行”监管方式。准入放行监管方式只要求办理欧共体法规规定的手续，而且其法律效力仅仅是给予第三国货物的共同体货物监管状态并因此允许其在共同体境内自由流动。准入放行监管方式的创立，适应了共同体当局表示的希望结束对一些在其入境的成员国家停留的货物因适用成员国家只为其按一般贸易进口监管设计的通关程序所带来的不便。从涉及准入放行的规定（特别是通关程序的规定）角度看，各项不同的监管方式应当可以保证在同一时间实现进口业务所涉及的有关从业人在货物的共同体入境环节受到平等的待遇[③]。准入放行监管方式与一般贸易进口监管方式只能在货物必须在其已经按准入放行方式监管的国家，按一般贸易进口申报时才能在同一张报关单上同时办理。

2. 当前关系

265 单一市场的形成给通关实践带来了很多变革，其中有一项变革特别地影响了准

① 但我们会提到，按准入放行监管的货物应受海关监管，而且只能在进一步按某项相关的海关监管方式监管之后才能进入欧盟的内部市场。

② 准入放行监管方式的概念的定义请参见本书183。

③ 例如应征收按季节变化的关税的进口货物（特别是某些国家的进口水果），或者按准入放行方式监管时必须提交短期有效的单证的货物（如某些应按共同农业政策管理的货物）。

入放行监管方式的使用条件，这就是1993年生效的欧盟对增值税的管理措施[①]，规定从此之后在增值税发生事实和增值税应税时间认定方面应适用关税方面的规定[②]。

266 这个时间就是来自第三国或某成员国家位于欧盟税境之外某个地区[③]的货物进入欧盟关境后按准入放行监管方式申报的时间，无论这些货物是否应征收关税。如果需要征收海关税，这些货物就必须像应征收关税一样按对关税的规定认定增值税的发生及应税事实。如果货物在其进入欧盟之时按某项欧盟的保税监管方式申报，增值税的发生事实及增值税应税时间应推迟到该货物办理该监管方式的核销手续转为在内部市场内销的时间。

因此，如果从第三国进口的货物必须留在欧盟税境时，便不能只申报按准入放行方式监管。准入放行监管方式的申报手续应与其他一项监管方式同时申报，以便能考虑增值税的征收。这条强制规定适用于按准入放行监管方式申报的同时，也适用于按一般贸易进口监管方式申报，或者适用于按准入放行监管方式申报的同时，也适用于按某项成员国家的某项保税监管方式申报，然后在其终结时再按包括缴纳增值税的一般贸易进口监管方式办理的增值税保税监管方式（成员国家保税仓储、暂时进境或成员国家进境加工监管方式）[④]。只有在同时递交发往欧盟关境某个不同税制的地区的报关单或者出口到第三国的报关单的情况下才能只按准入放行一项监管方式申报[⑤]。

267 准入放行监管方式与一般贸易进口监管方式最初混为同一种监管方式，直至后来在1979年的改革中才被赋予不同的功能，从此所有进入欧盟税境的货物，其进口的通关手续必须将这两种监管方式合并在一起办理。

在欧盟境内税制不同的地区之间的内部贸易往来中，第三国货物应按直接从第三国进口的货物对待（按准入放行及/或一般贸易进口监管）。欧盟的货物从不属于欧盟关境的地区运抵欧盟税境时，从国内税的角度讲，应按第三国货物对待并且应按一般贸易进口监管。

至于欧盟内部的贸易往来，来自另一成员国家的欧盟货物进入某个成员国家时，可不再适用征收增值税所使用的一般贸易监管方式的海关手续[⑥]。过去用来定义欧盟货物进口的“进入”一词，现在用“获得”这一国内税概念来取代。

---

① 参见：Directive 91/680 du 16 décembre 1991, *JOCE* L 376, 31 décembre 1991 modifiant la directive 77-388 du 17 mai 1977 relative au système commun de la TVA et dont les dispositions ont été transposées dans la législation fiscale par la loi 92-677 du 17 juillet 1992, *JORF* du 19 juillet 1992。

② 这些规定也适用于作为增值税征收的其他国内税。

③ 欧盟的税境包括欧盟全境，但不包括欧盟第77/388号指令规定的不适用欧盟增值税税制的某些地区（参见该指令新订的第3条关于这些地区的名单，特别是其中的法国各海外省）。

④ 如果货物在通关之后直接交付给另一成员国家的纳税人，按一般贸易进口可以免征增值税。

⑤ 对于通关手续的办理地点，应当强调，和过去的情况一样，不存在任何自货物实际进入欧盟境内就应办理结关手续的强制规定，因为这些货物可以持转关运输的单证在欧盟境内流动而暂时不征税（参见本书702），到目的地成员国家海关后再按一般贸易监管，或者按一项保税的经济方式监管。

⑥ 欧共体第91/680号指令规定，增值税的征收在成员国家应一直持续到1977年1月1日，该日期为在来源地的成员国家的征税原则所依据的日期。但我们会注意到，这个日期已经被推迟了，欧盟理事会一致认为，过渡到最终税制的条件没还有具备。参见：Communication de la Commission (COM/2003/0614 final)。

三、一般贸易出口

268 长期以来，关于一般贸易出口的通关程序被设计成仅适用于成员国家，主要的原因在于国内税。实际上，一般贸易出口过去一直被视为是成员国家的货物（或者已按一般贸易进口的外国货物）离开成员国家的本国国境，目的地为某个第三国或另一个成员国家。从涉及在出口环节免征增值税的角度讲，这些国家便构成出口税境，一般贸易出口的报关单便作为货物离开本国国境的证明文件。

1981 年，欧共体下发了一项指令，建立了专门适用于欧盟货物离开欧盟关境出口的欧盟通关程序，纠正了原来的通关程序没有充分考虑海关同盟的要求的错误。对于欧盟内部的贸易往来，为了更好地体现其特征，法律文本中的海关术语逐步用“发运”替代了“出口”一词，但在成员国家之间在实施涉及增值税的法规方面的关系中，仍保留“出口”这一概念。

269 自单一市场运行以来，在欧盟内部贸易往来方面，过去情况从根本上被改变。货物成员国家之间的准入放行监管方式消除了会因为角度不同而导致使用不同的专业术语的模糊问题，这也是过去情况的问题所在。其实，成员国家的国境没有被视为出口的国境。欧盟货物由某个作为增值税缴税义务人的发货人发给另一个成员国家的某个也是增值税的缴税义务人的收货人，在货物出发的成员国家无须办理海关手续①。“交付”这一国内税概念被“发运”取代。只有从不属于其税境内的欧盟关境的地区发往欧盟关境的其他地区的，以及两个不属于欧盟税境的地区之间的欧盟货物往来才需向海关做发运申报。

对于适用于出口货物的规定，从此都按《法国海关法典》第 161 条规定所定义的一般贸易出口监管方式，准许欧盟货物离开欧盟关境，但必须适用欧盟法规对货物出口的规定（特别是适用贸易政策措施，并可能缴纳出口环节应征收的税）②。

四、经济监管方式

270 原产地为第三国或欧盟的货物也会受到我们在本书后面逐一单独研究的称之为“经济监管方式”中一项监管方式的特殊法律状况的影响③。在监管方式概念的初步分析阶段，我们仅仅从总体上将经济监管方式定义为是对一般的海关和税收规定的例外工具，

---

① 这些规定的适用，加上对欧盟货物流跨越欧盟内部边界从另一成员国家发运至某个成员国家的输入情况的规定（参见本书 266）致使消除了任何理解和监管上可能性。因此，建立了一套机制用来确保遵守涉及欧盟内部增值税的税收规定，将增值税的征税职责转交给法国国内税总局管理（参见 Loi 92-677 du 17 juillet 1992 complétée par le décret 92-1429 du 27 janvier 1992），同时也公布了欧盟一项法律趋向于准许编制欧盟内部货物贸易往来的统计，该统计直至目前一直是根据对外易从业人在办理通关手续之时填制的报关单来编制（参见 Règlement 3330/91 du 7 novembre 1991）。该制度写入法国海关立法后，于是便建立在增值税缴税义务人（销售人或获取人）填制的定期汇总申报单合并在一份称之为“欧盟成员国家之间财物往来申报”的单一海关单证中的基础之上。该报关单应向海关的信息部门传送，仅载有除了纯统计的信息外，还有可以对在涉及欧盟增值税方面的法规方面的业务合规性的可能的事后监管的信息。事后监管是海关总局与国内税总局之间协同开展的。在欧盟层面，开发了一套信息系统，可以在成员国家之间自动互换特别是涉及欧盟内增值税缴税企业的信息。更详细地说，管理 DEB 内容的法规规定会经常修改，会迅速废止现行规定的同一个概括性的名称。

② 对于旨在确保货物离开欧盟税境的监管手续（免征增值税所必需的），请参见本书 450 等。

③ 参见本书 462-1 等。

其例外方式根据这些监管方式的经济使命不同各自不相同（如暂时不征关税及其他税，或者部分不征税）。

至于单一市场生效对这些监管方式的影响，我们只需回顾关于前面涉及按保税方式监管之后改按准入放行或一般贸易进口监管中提到的增值税的发生及应税事实的新规定。我们也会强调一个事实，即从此之后，在纯粹的欧盟内部关系中不再使用这些欧盟或成员国家的监管方式了，因为这些监管方式只能用于与一般贸易进口或与一般贸易出口相关的业务中。

五、第二篇的结构

通关监管包括几个阶段，每个阶段都有不同的要求，这些要求的目的均在于确保货物合规地进入关境并运抵它们确定一项海关准许的使用去向的所在地。

为了更详细地了解各个阶段的进程，我们将用三个章节来介绍基本的通关手续，前两章介绍真正意义上的通关手续及后续的通关手续，最后一章用来介绍海关债。

下面的讨论仅描绘目前的现状及发生根本性变化的前夕时的情况。这些巨变主要与欧盟机构为了采用海关技术来强化口岸保护以适应电子社会的需要而采用的措施有关联。在法国海关方面，它也开始进行战略思考，思考怎样才能使法国的通关程序对经济从业人更有吸引力。于是，他们努力在可能的范围内提供一些这方面未来方向的意见，即使其中某些意见仍在激烈的讨论中。所以，欧洲议会和欧盟理事会于 2005 年 4 月 13 日发布的第 648/2005 号条例对《欧盟海关法典》的大部分重大修改仍需要由欧盟委员会转变成实施细则来明确它的具体内容及适用范围。

第一章　通关前的监管手续

271 所有进口或准备出口的货物，必须向海关呈验以办理通关手续。这是一项所有对外贸易业务都必须遵守的要求，但根据进口或出口的不同情况，海关法的规定也不同。其实，在出口的情况下，这项要求因为所针对的是从国内市场采购的货物，所以海关不进行任何监管。因此，这些货物在其被运至可以存放的通关地点之前均可以自由流动，而且直至向海关递交将其按某项监管方式监管的报关单之前，仍然可以自由流动。只有在报关单递交之后，货物才受海关监管。与之相反，在进口环节，货物一旦进入欧盟关境并且在办结通关手续之前的整个期间都必须受到海关监管，这时，通关手续与在出口环节相反，对于货物而言，具有解除监管的法律效力①。

于是，对于这些货物便出现了在通关准备阶段就必须采取的保全措施的问题。也正是为了解决这个问题，各成员国家过去都制定了一些规定并在自己的关境内实施，而这些规定有些互不相同。1968 年，这一状况通过执行欧共体关于协调成员国家做法的指令被结束，1988 年，另一项指令废除并替代了该指令，新指令的规定经过更新被写入《欧盟海

① 当然，除非如果进口货物按某项包括暂时不适用货物正常情况下应适用的海关措施的经济监管方式监管。

关法典》(第 37 条至第 57 条规定) 及其实施《实施细则》(第 182 条至第 197 条规定)。这些法律条文所明确的规定适用于进入欧盟境内之后在确定一项"海关准许的使用去向"之前的货物[①]。

这些规定过去曾使用"运进海关"这个很一般的词汇来表达，对这一词汇现在需要从以下三个不同的概念来理解，即货物从实际进入欧盟关境直到其被确定一个使用去向之前所处的三个不同阶段：一是货物"运至海关"(严格的字面意义上的)，二是"向海关呈验"，三是"置于海关监管之下"。另外还有一些对货物在置于海关监管之后临时处在等待通关时应采取的监管措施，作为"运进海关"这一词汇的补充。

第一节 货物运至海关、向海关呈验和置于海关监管之下

272 由于海关税的发生行为具有稍纵即逝的特性，如果没有制定用来防止货物跨境之后违法投入国内市场的措施，会向所有瞒骗行为敞开大门。这些措施可以归结为一系列海关监管措施，使货物能合规地移动到海关接管它的地点，防止货物逃避通关。

一、货物运至海关

273 货物运至海关应当同时适用《欧盟海关法典》制定的一般规定 (第 37 条至第 39 条规定) 和成员国家海关法针对某些运输方式的专门规定 (《法国海关法典》第 68 条至第 82 条规定)。

(一) 一般规定

274 货物一旦进入欧盟关境，就应置于海关监管之下并可能会被海关查验。这些货物在其海关监管状态 (指欧盟货物或非欧盟货物) 确定之前会一直受到海关监管，非欧盟货物需要等到其被指定一项具体的海关准许的使用去向才会解除海关监管。

货物必须由其运输人将其运入境内，必要时还应按成员国家海关当局规定的路线行驶[②]，运至某个指定的现场业务海关或海关当局同意的任何其他地点，或者运入某个自由区。在某些条件下 (《欧盟海关法典》第 38 条 1 规定)，履行将货物运至海关这一义务的责任可被转嫁给任何可能负责货物进境后的运输的人 (主要指转装运输工具的情况)。

275 将货物运至海关的普遍要求并不妨碍在游客运输、边境运输、邮递运输或者"经济重要性甚微"的运输方面适用一些特殊的规定，只要海关监管和海关查验的可能性不会受到影响 (《欧盟海关法典》第 38 条 4 规定)。该项要求也适用于从欧盟境外按转运监管方式监管的入境的货物。相反，该项要求不适用于穿越欧盟各成员国家的领海或领空，但其抵运地不是位于这些成员国家境内的港口或机场的货物。同样，在某些条件下，货物在欧盟关境境内两个地点之间海运或空运过程中暂时离开欧盟关境，也不用遵守将货物运进海关的要求 (《欧盟海关法典》第 38 条 5 规定)。

《欧盟海关法典》第 39 条规定了针对货物遇到突发情况或不同抗力时将货物运进海关的要求无法履行时，或者执行穿越成员国家的领海或领空的船舶或飞机被迫在欧盟关境停

① "海关准许的使用去向"一词的定义，请参见《欧盟海关法典》第 4 条及第 15 条规定。

② 参见本书 279。

靠或降落时，海关为确保对货物的监管应采取的措施。

（二）对某些运输方式的特殊规定

276 旨在将进口货物引向业务现场海关的措施，在各成员国家的法规中体现为一系列对海运或空运两者非常相似但对陆运有特殊要求的规定。

1. 海运进口

277 构成船舶载货的货物应录入一份称之为舱单并有船长签字的单证中，而且此类单证应当在船舶进入海关海上监管区之时向海关递交。如果海关执法人员决定登船，他们会在舱单的正本各联上加盖“不得更改”字样，其中一联应由海关保存。在实践中，自船舶进入海关海上监管区之时保存舱单的要求只适用于净吨位在100吨以下或总吨位在500吨以下的船舶，也就是吃水比较浅可以在海港以外靠岸并违法卸货的船舶。对于其他船舶，舱单可以通过船东自行选择渠道（特别是邮递）直接送达海关并且可以在船舶到港时才送到船上。除遇到依法证明的不可抗力外，船舶只能在设有海关的港口靠岸（《法国海关法典》第68条至第71条规定）[①]。

2. 空运进口

278 在重新执飞国际航行的航空器应当沿一般性航空安全规定的航路飞越国界之后，《法国海关法典》规定禁止航空器在飞行过程中卸载和抛货，除非涉及“处在正式指定的地点的压舱物、邮件，以及为拯救航空器不得不抛下的货物”。航空器只能在海关机场，即设有海关的机场降落。与航运一样，空运货物必须录入由机长签字的舱单中。空运舱单可以用专门适用于航空器的单证，即关于民用航空的芝加哥国际公约所规定的“总申报单”来取代（《法国海关法典》第78条至第81条规定）。

3. 陆运进口

279 所有跨越陆地边界的进口货物必须立即运抵最邻近的业务现场海关。但是，业务现场海关并不全部设在边界线上。有时会同时有好几条公路可以抵达。因此，为了更好地疏导交通便于海关监管，法律规定运输人只能借经省长令指定的最近的路线（称为合法路线）前往业务现场海关。通往最近的业务现场海关的铁路、水道和河流均被视为合法路线。货物在被运抵现场业务海关之前不得偏离合法路线或被运往“房屋或其他建筑”内（《法国海关法典》第75条和第76条规定）。

二、向海关呈验货物

280 货物一旦抵达业务现场海关或者其他涉及运全海关按规定指定的地点，必须由在欧盟关境内运输该货物的人向海关呈验，或者必要时由货物入境后负责其运输的人向海关呈验（《欧盟海关法典》第40条规定）[②]。向海关呈验货物被定义为“按所要求的格式向海关报告货物的到达”。

这项义务并不妨碍对旅客携带的货物适用专门的规定，在某个成员国家境内按转运方式监管运输并且只是在其到达抵运地时才按转运监管方式的相关规定向海关呈验的货物也可适用专门的规定（《欧盟海关法典》第55条规定）。

---

① 还应提到涉及某些货物的运输时对运输这些货物的船舶规定吨位的限制措施（《法国海关法典》第24条及1969年6月9日部长令）。

② 参见：CJCE, 4 mars 2004, *Viluckas et Jonusas*, aff. C-238/02, Rec. p. 2141。

货物一旦向海关呈验，经海关批准，为了方便后来确定其最终的海关准许的使用去向，可以进行验货或取样。

我们应当注意，不要把刚才讨论的向海关呈验货物与法国国内法规（《法国海关法典》第468条规定）在同一名称下对《法国海关法典》第38条4及5规定所指的货物规定的要求①相混淆，该项规定例外于对欧盟内部贸易往来的货物海关不予监管的原则。

三、置于海关监管之下

281 置于海关监管之下的目的在于可以使海关能够在完成能提取货物的手续之前对货物进行辨认、看管和监控。置于海关监管实际为一项要求，向海关呈验货物的人必须递交一份称之为“运抵报告”的报关单。此类报关单必须在完成呈验手续之后立即递交，但海关可能会准许不超过货物呈验之后第一个工作日的宽限期限。

在不影响对货物进行监控的可能性前提下，如果货物在规定的递交运抵报告的期限到期之前已经办理了确定一项最终的海关准许的使用去向（一般情况下是按某种监管方式监管）的手续，海关当局有权不要求递交运抵报告②。

282 运抵报告必须按专门的格式单证填制，但海关当局有权同意使用任何含有辨认货物所必需的表述的商业单证或行政文件来替代专门的格式单证。我们会注意到这些规定的灵活性给成员国家带来了很大的自由裁量权，使它们能够适用本国的海关法（接受发票、运输单证、海运或空运舱单的一联作为运抵报告……）③。

283 除非在“易腐烂”的情况下，货物未经海关当局批准不能从其运输工具上卸下，而且必须在专门指定的地点才能卸货，此外，海关为了查验货物和查抄运输工具，有可能随时要求卸下货物或拆开货物包装。没有海关许可，已卸下的货物不得提离其存放的地点。

第二节　等待通关的状态

284 进口货物在满足涉及其运至海关的义务之后，如果不向第三国复出口，应办理正式的通关手续。由于成员国家对办结这些手续规定的期限通常很短④，而进口货物又无法在规定的期限内按一种最终的监管方式监管，因此不得不寻求对该问题的解决方法。实际

---

① 参见本书74至76。

② 这是欧盟机构组织的通关改革的最根本的内容。当前格式的运抵报告应当由一个同一名称但其目的主要是能使海关当局在货物运抵欧盟关境之前实施基于风险分析的监管的手续来替代（Règlement n° 648/2005, préc），但还要等欧盟委员会通过该项创新的实施措施（特别是确定应当递交报告及报告中应载有的数据等）。值此，欧盟规定除特殊情况外运抵报告应信息化。至于《欧盟海关法典》第43条至第45条规定，它们的消失只能在实施细则颁布之后才能生效，即使《欧盟海关法典》新的第36条有表述。因此应当注意在新的《欧盟海关法典》第5条bis中临时规定的“经认证的经济从业者”的身份方面的不确定性。从文字上看，经认证的经济从业者“享受在涉及安全和/或海关法规规定的某些简便事项的海关监管方面的某些便利”。

③ 对于在其向海关呈验之前已经按转运监管的货物，运抵报告由转运单证的一联构成。

④ 法国目前规定在货物运抵业务现场海关之后有一天时间。

上，进口人由于贸易方面的某些限制而经常无法遵守这项要求，特别是在港口（要等通关所需的单证，正常进行交易等）。出于这一需要，货物于是处于一种应当填补的法律监管真空状态。运输人对海关的责任在其遵守向海关呈验货物的所有要求之后实际上停止了，而且如果进口人不可能确保其在规定期限内递交报关单时他也没有责任。

过去，成员国家分别设计了不同的解决方案来解决海关监管链上这个脱节问题。随着欧盟为了协调涉及通关等待状态的规定的法律（并已写入《欧盟海关法典》第 50 条至第 53 条规定）付诸实施，这些解决方案之间的差异逐步被消灭。新的措施表现为两种同时涉及欧盟法规和成员国家海关法的监管方式："通关监管仓库及堆场"监管方式和"海关监管存放"监管方式。

一、通关监管仓库及堆场

285 根据《欧盟海关法典》第 50 条规定，向海关呈验等待被确定一项海关准许的使用去向的货物，只要一向海关呈验，便具有"通关中货物"的监管状态。《欧盟海关法典》第 51 条 1 规定，这些货物只能存放在"海关当局同意并符合海关规定的条件的地点"。由于这套机制具有允许成员国家自行确定实施方式的灵活性，因此经过部分调整，保留了原来在成员国家层面上实行的规范货物运抵之后在规定期限内未通关的状态的制度①。

（一）通关监管仓库及堆场的设立及经营条件

286 通关监管仓库及堆场监管方式建立在设立和经营这两个概念上，在法律上具体化为两类不同的事先许可，许可的持有人可以是两个不同的人也可以是同一人。

1. 设库（场）协议

287 通关监管仓库及堆场的设立必须事先与海关签订协议，目的在于能使海关评判所选择的地点、计划的工程及建筑，以及所准备建造的固定房屋是否可以保证正确地按监管方式监管。

通关监管仓库应当是一个封闭的地点，其建筑标准应符合某些旨在防止违法调包的风险。对于通关场所，可以只是任何某个有限定面积的场地（码头的一个部分、公路停车场，等等），用于重货或大件货物，以及其出现在监管仓库会损害仓库内其他货物的货物。

至于准予与海关签订设库（场）协议的人的资质，1985 年 11 月 29 日部长令所做的规定表示出海关希望刺激合作的积极性并且避免海关的行动过于分散。优先考虑的是商会、自主港和其他公共集体。如果找不到这类集体或者它们的设施不足，或者如果某类交易的重要性和特别性质需要，可以与任何具有某个集体利益特征的私营组织（如运输人的专业组织）签订协议。也可以与某个私法上的个人（公路运输人、关务代理人）签订设库（场）协议②。

通关监管仓库及堆场可以分为普通或特殊两类，如果经营人对海关负责所有进入监管仓库的货物，不论货物的持有人是谁，即属于普通类；如果经营人只承担自己是持有人而且是其本人运进其经营的仓库或堆场的货物，即为特殊类。

---

① 参见《法国海关法典》第 82 条 bis 至第 82 条 sexies 以及 1985 年 9 月 29 日部长令。

② 享受所在地集中通关程序的企业必须设立自用的通关监管仓库或堆场。

2. 经营许可

288 作为签订的设库（场）协议的标的物的设施应经海关同意。海关同意应发放经营许可，经营许可应规定通关监管仓库及堆场的经营规则和运行方式。设库（场）协议的受益人与通关监管仓库或堆场的经营人并不一定是同一人。实际上，协议的持有人可以将通关监管仓库或堆场交由第三人经营。他可以将经海关同意的设施出让或出租给某个具有经营人资质的第三人。

无论谁来经营，必须由实际经营的人签署一个经担保的保证书，承诺遵守对通关监管仓库或堆场的经营、运行和使用规定的条件。更为特别的是对于货物，货物一旦进入通关监管仓库或堆场，在其办结海关手续结束该监管方式之前，经营人应对海关承担责任。

（二）通关监管仓库及堆场的运行条件

1. 货物的进入

289 货物进入通关监管仓库或堆场必须向经营人出示一份“运抵报告”，运抵报告应特别列明进口货物的品种、件数、标志及编号，以及货物（如果涉及禁止性货物）的税则分类。运抵报告可以是各种商业或运输单证，或者是货物移动所持有的转关运输单证的一联。所以，无论是向海关呈验货物还是将货物置于海关监管之下，运抵报告都是相同的。运抵报告经由经营人或其为此委派的长期代表签字后，应当在货物运抵后次日的一天期限内递交给通关监管仓库或堆场所在辖区的业务现场海关，如果货物是从外国直接进口的或者刚刚办结涉及转关的手续（如果涉及按转运方式监管的货物）的。

2. 货物的停放期限

290 经营人应当制作并保存一本货物账册并遵守海关认为对停放在通关监管仓库及堆场中的货物行使监管有用的措施（计数、点数，等等）。货物只能接受为了保存或保质既不改变其外观也不改变其特性的简单处理（称重、挑出已腐烂的货物、换包装，等等）。货物在通关监管仓库或堆场中停放的时间对海运货物为从运抵报告递交之日起 45 天，其他情况为 20 天。

这一期限是根据进口人为收齐可以填制将货物按某种监管方式监管的报关单所需的信息和单证来确定的，而且考虑了海运的特殊要求。然而，如果特殊情况需要，可以延长，但所延长的期限不得很长。

3. 货物提离

291 货物必须在所属的业务现场海关办理按一项最终的监管方式监管的手续之后才能提离通关监管仓库或堆场，也可以运出欧盟关境或者经海关批准销毁，甚至可以上交国库。货物也可以在两个同属一个业务现场海关的通关监管仓库或堆场之间转移，特殊情况下并在按转关运输方式监管的条件下，可以在两个分属不同的业务现场海关的通关监管仓库或堆场之间转移[①]。如果货物在规定期限内没有被确定一项海关准许的使用去向，便法定地转为按一项称之为“海关监管存放”的海关监管方式，以结束经营人的无能力状态。

二、海关监管存放

292 海关监管存放的法律基础源于欧盟首个关于临时存放的法律，如今已经暗含在

---

① 遵守对货物停放期限的规定通过在用于运输的单证上加注货物在第一个通关监管仓库或堆场中停放的期限来保证。

《欧盟海关法典》第 53 条规定中，该条规定授权海关当局采取“任何必要的措施，包括变卖货物”来使在规定期限内没有申报的进口货物的状态合规。该条规定授权海关当局“将有关货物在其状态合规之前移至有海关监控的专门地点”。欧盟的法律因此只关注了成员国家法（《法国海关法典》第 182 条至第 188 条规定）过去长期实施的规定，该规定陈述了一项原则，根据这项原则，“在进口之时，在法定期限没有办理完整申报手续的货物”，除非货物没有任何商业价值而且海关已经决定进入销毁外，应法定地构成“海关监管存放”。

货物构成海关监管存放是在货物 20 天或 45 天的期限到期之时开始的，该期限应从临时停放在监管仓库或堆场的货物的运抵报告递交之时，即货物（如果是按通常适用的规定立即通关的[①]）运抵某个业务现场海关或海关指定的地点开始计算[②]。

货物原则上应存放在最邻近的保税仓库，或者就地存放（指没有该保税仓库并且情况合理）。货物的存放由货主承担风险，如果货物在存放期间遭受“损坏、变质、损耗”，货主无权提出损害赔偿的诉求（《法国海关法典》第 184 条 1 规定）。货物可以海关监管存放的期限为 4 个月，从其录入存放登记册之时起计算，到期将由海关公开拍卖（《法国海关法典》第 186 条规定），拍卖所得按优先顺序和应付足额，支付海关或按海关的命令为了货物的存放监管所花费的费用，以及这些货物可能应补征的关税及其他税。若有结余，应上交法国信托局，在那里存放 2 年供货主或有此权利的人处置。超过该期限便解交国库（《法国海关法典》第 188 条规定）。

第二章　通关手续

293 和在海关法规的其他方面一样，欧盟当局对通关的相关规定也进行了协调，以制定能保证《共同海关税则》和共同农业政策项下规定的税收的统一实施的程序。然而，这项任务非常棘手，因为在各成员国家的本国实际做法之间存在着根本的差异。这也解释了协调工程缓慢的原因，也解释了从启动逐步制定直接适用的条例开始，一直到最终将所有涉及通关的规定写入《欧盟海关法典》（第 59 条规定等）及《实施细则》（第 198 条规定等）之前，协调工程仅仅取得一个简单的指令的结果的原因。

涉及通关的规定如今以反复确认的避免过度形式主义的意愿为特征，因为这是延缓贸易的一个因素，也体现了对制定比传统的模式更能适应经济需要和国际贸易从业人专门需要的个性化的模式的关注。这也是制定一套非常开放的简便通关程序（本章第二节）与不经济的常规通关程序（本章第一节）并行运作的原因。从这个角度来看，信息技术的发展也为报关单的处理做出了贡献（本章第三节），在此方面，欧盟当局和成员国家当局均明显表现得雄心勃勃，致力于所有监管方式都能享受到电子技术带来的便利，从而导致在不远的将来在通关手续方面无疑会有重大变化。然而，迅速的变化加上目前的举措有时是尝试性的特征，使已经考虑的解决方案具有风险。不过，通关的目标仍然明显地体现出严

① 参见本书 319。

② 参见本书 289。

格、丝毫不能放松的意图，而且关于通关后的规定也体现了这点（本章第四节）。

第一节　常规通关程序

294 常规通关程序建立在若干从过去沿袭而来的规定之上，而且长期以来一直统一地适用于所有通关监管。常规通关程序虽然越来越少地适用了，但仍然被视为基本的通关原则的支柱。

常规通关程序主要体现在对每笔通关业务实时的“完整”申报的义务中。我们将逐一研究这一决定的本质、它的法律效力、递交报关单必须具备的条件，以及它的填制方法。

一、申报的本质

295 《欧盟海关法典》规定，任何要按某项监管方式监管的货物必须向海关申报，申报内容列在一份载有所有关于该监管方式所需要的陈述的报关单上（《欧盟海关法典》第59条1及第62条1规定）。在法国，报关单传统上被定义为“完整申报单”以更好地强调它的特性并与在海关方面使用的其他形式的报关单（简要报关单、简化报关单等）相区别。因此，为了更明确，我们应当继续使用这个传统的用语来解释欧盟的“报关单”概念。

（一）报关单单证监管原则

296 在各种旨在保证能确定应税要素的性质的海关技术中，我们有时会提到称之为“行政审查”的模式，并把它作为可以在海关领域应用的模式之一来介绍①。按照这种模式，管理相对人只需向海关呈验货物，适用海关法规所需要的要素是由海关自已通过对该货物的查验来确定的。纳税人的工作因此很轻松，而且还能规避申报不规范带来的风险。这种模式无疑很受欢迎，但在实践中却不具有基于报关单单证监管原则的模式那样的优势。根据单证监管原则，通关监管作业建立在对纳税人申报的海关审核基础之上。实际上，除了递交报关单有利于明确地确定管理相对人对海关的责任和增加对税收的保障之外，单证监管模式避免了对所有货物一一查验，而且使海关将其干预限制在单纯的核查式监管的程度内，最多只核查纳税人的申报内容，从而加速了通关。所以这条规定在所有海关法规中占主导地位。

单证监管原则没有任何例外②。所有货物无论按哪项监管方式监管，也无论货物的税收状态如何，因为不征关税及其他税，不论是在进口环节还是在出口环节，均不能免除申报的义务。该条原则也适用于所有人，由国家进口或出口的货物，所有公共管理机关应像普通个人一样向海关申报——一项主要源于《法国海关法典》第3条规定的义务，该条规定“海关法律法规应适用于所有人，不论其身份如何”，还规定“国家进口或者出口的货物不享受任何豁免或例外”。

---

① 参见：Allix, *op. cit.*, T. I, p. 310。

② 但是，需要提到适用于超过一定限额的不需要由收货人或发货人申报并且法定的由海关征收的邮包和邮递物品的特别监管方式。参见本书367。

（二）逐笔申报的原则

297 每笔进口或出口业务都应当附有一份完整报关单并将货物呈交海关监管。这条“逐笔”申报的原则无疑在海关法的所有特殊性中构成从根本上区别于间接税方面作为惯例的征管方法，在国内税的征管中，实际监管只是例外，即使实施监管，除罕见的特殊情况外，从来不针对流动的货物，即在间接税发生的经济行为完成之时进行监管。最普遍的做法是，应征收间接税的交易一般都在事后由纳税人定期进行批量申报，并且按海关在特殊情况下进行的监管方法进行事后监管。即使承认它的有效性，特别是由于它对抑制瞒骗的有效性，人们仍经常置疑海关把这些监管方法移植到间接税方面是否已经与时代不相适宜了，因为它导致税务执法人员走到每个纳税人身边去监管每笔交易，接受每笔交易的实时申报并就地征收税款。由于国际贸易的持续增长给海关带来组织和方法方面的问题，各国海关本身有时也不得不自问保持这种似乎与现代世界的变化反其道而行之的监管方法是否适宜。

（三）书面申报原则

298 按一般的税法规定，应税交易的申报通常都是事后的，因此该申报当然是书面的。但在海关方面的情况就不同了，每笔进出口都必须在其实际实现的同时接受海关监管。对纳税人做出书面申报的必要性并不那么明显，因为在税收的发生事实与货物向负责征收关税的海关申报之间具有一种同时的关系。管理相对人因此可以只向海关口头申报他们的货物和执行适用于这些货物的法规所需要的信息即可，海关通过记录来确认。然而，这种模式毫无疑问会很快遇到一些无法克服的困难，因为规范通关作业的法规规定越来越复杂。货物的放行被大大拖延。如果再加上书面申报可以确保通关监管更有效这一事实，我们一定会理解这条规定始终在海关法中非常重要的原因①。

如果所涉及的利益的重要程度不能证明书面申报的合理性，这条原则也可以例外。例如，尤其是携带非贸易性货物的旅客，以及偶尔进口用于某个商业用途的且价值不超过某一限额的货物的人会被准许口头申报（《实施细则》第225条等）。

（四）法律要素申报原则

299 在某些国家，纳税人仅需申报涉及通关货物的“事实要素”，例如他只要向海关提供确定申报货物的税则分类或海关估价的情况即可。这条规定背离了欧盟海关法，欧盟海关法规定除了在可以口头申报的特殊情况下，纳税人必须用使其对确定征税基础的法律规定直接负责的措辞来申报。这种模式使海关能更迅速、更有效地进行监管，但它需要纳税人努力理解复杂且不明确的法律规定，而且不能保证他不犯善意的差错。

300 然而，涉及海关估价时，欧共体1969年制定的措施被写入《实施细则》第178条及其他规定中，允许适当缓和过去做法的严厉程度。海关估价申报仍然是强制性的，但根据欧盟法规，只有在货物的价格高于某个金额时才必须提供一份列明与确定海关估价有关的事实要素和法律要素的申报，作为完整报关单的支持文件。于是，海关认为，继续系统地把某些在海关价格申报方面出现的差错视为违反海关法会过于严厉，因为这些差错只是对某些法律概念的错误解读而不是一个对事实要素的伪报。对海关而言，这种情况似乎

---

① 尽管表面上看是这样，但全面通过电子方式进行申报也没有改变书面申报的原则。实际上，重点的是申报人的意图的实现而不是他如何申报。《法国海关法典》第95条1bis规定（依据2004年12月30日财政修订法），电子报文仍然相当于书面报关单。相反，该条规定不允许口头申报。

不按传统的海关法规定处理反而符合公平原则，这样才能在诉讼仅仅涉及一些法律点而事实要素已经正确申报的情况下不把纳税人送到刑事法院去。所以，海关同意，在相同情况下，可以只提起关税及其他税的缴付诉讼即可（《法国海关法典》第35条bis规定）。

二、申报的法律效力

（一）让申报人承担责任

301 完整报关单构成申报人表明对货物按某项海关监管方式监管的意愿并承诺履行从所申报的监管方式中产生的义务。通过申报，申报人必须负责任地向海关提供所有可以辨认货物并对货物适用它应遵守的法规所需要的信息。

由于申报只让纳税人承担责任而且纳税人一人承担全部责任（《法国海关法典》第395条规定[①]），所以海关在任何情况下无权干预报关单的填制。充其量海关只能向申报人提供方便填制报关单所必要的咨询并提供官方文件的查询。

302 在管理相对人方面，他可以向海关征求对涉及申报货物的法规的某些方面的看法。为此，他有权向海关提出咨询申请。长期以来，对外贸易从业人收集到的咨询意见，其法律效力在各成员国家之间各不相同。比如在法国，最经常的是这些咨询意见没有任何法律效力，仅构成一项海关不承担任何责任的意见。这种做法，虽然我们可以对它的严厉性感到遗憾，但在有诚信的纳税人根据所提供的咨询意见来填制报关单到海关办理通关手续的情况下，海关不会因此不能对他提出异议。

303 在以通过几项条例为标志的变革之后，欧盟建立了一套“有约束力的咨询意见”制度，至少部分地回应了经济从业人所表达的对确定性的担忧。这项制度按《欧盟海关法典》第12条规定和《实施细则》第5条至第15条规定执行。

1. 提供强制性信息

304 任何真正地准备进出口的人都可以申请获得“有约束力的咨询意见”。申请时应提供所有海关所需要的信息（货物的详细描述，必要时提供样品、绘图、各种文件，等等），海关要把这些信息做出的答复“尽快”告知申请人。所谓“尽快”，对于涉及原产地的咨询意见，应从申请被受理开始在150天内告知，对于涉及货物的税则归类的咨询意见，期限为3个月。如果在期限内没有答复，海关应对延误做出解释并提出它认为可以告知有关的咨询意见的预计期限。除了收货人本人之外，“有约束力的咨询意见”还应当报送欧盟委员会，欧盟委员会已经建立了一个向使用人和成员国家开放咨询的数据库。

两个或数个有约束力的咨询意见之间有分歧时，应由欧盟委员会在受理之日起不超过6个月的期限内采取能确保税则商品分类目录或原产地的相关法规统一实施的措施（《实施细则》第9条规定）。

2. 有约束力的咨询意见的适用范围

304-1 “有约束力的咨询意见”虽然是由一个成员国家做出的，但却具有在相同条件下对所有成员国家的主管当局也有约束力的独特性（《实施细则》第11条规定）。与之相反，只有该咨询意见所发给的列名人才有权向海关引用该咨询意见，但他必须能证明他所呈验的货物（必要时，连同原产地获得的认定环境）与其在有约束力的咨询意见中所描

---

① 这不影响会有别人的责任（委托人、持有人、共犯，等等）。参见：Cass. crim. 23 janvier 1997, Bull. crim. n° 33, p. 96。

述的完全相同（《实施细则》第10条3规定）。如果所提供的情况不准确或不完整，咨询意见便无效。

“有约束力的咨询意见”的有效期，涉及税则归类方面的为6年，涉及原产地方面的为3年（《实施细则》第12条4规定）。但该有效期在好几种情况下可以缩短：特别是如果后来制定的法规或法规性质的普遍适用的规定使有关咨询意见失效，或者如果欧洲共同体司法法院的一项判决与咨询意见相抵触[①]。在此情况下，应通知“有约束力的咨询意见”的持有人该咨询意见已经被修改或被撤回。但是，为了照顾国际贸易的实际，咨询意见书的持有人如果根据咨询意见并且在不利于他的措施采取之前已经正式签订了所涉及的货物的购买或销售合同，一般情况下可以在其法定有效期期满之后6个月内继续使用（《欧盟海关法典》第12条6规定和《实施细则》第13条及第14条规定）。

（二）申报不可撤销原则

305 完整报关单不可撤销这条原则，长期以来在包括法国在内的欧盟大多数成员国家被视为是不容置疑的。但该项原则的严厉性正在逐步减弱，只是成员国家们对它的认识并没有从根本上产生动摇。如今，欧盟法规规定，报关单在登记之后可以被修改，但向申报人提供的这种可能性仍有时间限制，超过通关程序的某个阶段之后便无任何报关单修改的机会了，即使申报人能证明这是一项非主观故意的差错[②]。因此，为了防范报关单有差错的风险，而且《欧盟海关法典》第42条及《实施细则》第162条等规定也准许纳税人可以向海关申请在递交报关单之前自行验货，并在可能情况下提取货样。但是，由于该程序过于繁复所以很少有人申请，通常只有在申报人缺少足够的关于应申报的货物的信息而无法填制报关单的情况下才会诉诸该项程序。此外，这项程序的建立并没有消除有差错的风险，以及事后对伪报的法律责任的追究。所以，在最经常情况下，只有法院认可属于非主观故意，申报人才能找到争议的解决方法[③]。

（三）报关单，国家债权的证书

306 完整报关单一经海关接受并登记[④]，即成为一种证明文书，构成海关债权的证书，授予海关以缴税通知书的形式执行应征关税及其他税的征缴权力。例如，如果纳税人在递交报关单后不再出现，货物仍在海关手中但纳税人不接受放弃，就需要按此处理[⑤]。

三、递交报关单的条件

完整报关单的递交，除了应遵守我们在下面将要讨论的关于报关单本身的格式及内容的规定之外，还要符合若干涉及申报人合法地具有填制报关单的资质，以及办理报关手续的地点及时间的条件。

（一）填制报关单的人的资质

307 向海关申报的人的资质的认定，在各成员国家的做法之间历来存在着很大的

---

① 参见：CJCE，29 janvier 1998，aff. C-315/96，*Lopex Export GmbH*，Rec. p. I-317。如果海关提供的最初解释是错误的，请参见：CJCE，22 janv. 2004，aff. jointes C-133/02 et C-134/02，*Timmermans Transport & Logistics BV et Inspecteur der Belastingdienst -Douane-District Roosen-daal*，Rec. p. I-1125。

② 参见本书331，报关单修改的条件及方式。

③ 参见本书820。

④ 参见本书382及384。

⑤ 参见：Cass. crim. 8 décembre 1968，Doc. cont. n° 1478。

差异①。这种状况导致了在1985年欧共体当局以条例的形式进行了干预，该条例对可以被允许向海关申报的人的规定做出了定义。如今，这些规定已被《欧盟海关法典》正式写成法律后，也已经艰难地转换为法国法律。况且，即使“申报人”这一概念从此被框定，但“代理”的概念仍没有统一。

1. 申报人

308 《欧盟海关法典》第64条规定，“任何人，只要能够或有权指使他人向主管海关当局呈验所申报的货物，并能提供所有该货物适用其所申报的监管方式的规定所需的所有文件，均可以报关。但是，如果受理报关单对特定的人有特殊的要求，此类报关单必须由此人本人填制或者以他的名义填制。”

309 法国的法律原则上只承认货物的持有人具有申报人的资格。这个限制性的概念，不同的法律条文都曾努力下过定义，但现在均已过时②。实际上，在欧盟当局的压力下，法国的立法者不得不通过了1997年财政（修订）法③，加上《法国海关法典》第95条3规定，从此，申报人被定义为“以本人或者以向海关申报的人的名义向海关申报的人”。还应指出，这种表述方式与《欧盟海关法典》第4条18规定中所列的表述方式完全相同。这种向欧盟法看齐的理念反映在1988年12月22日的部长令④中，其中第1条就体现了前面提到的《欧盟海关法典》第64条规定的表述方式，规定“任何能够本人或指使他人向主管海关呈验所申报的货物及提供所有应提供的单证的人”均具有申报人的资质。

310 除转运监管方式和暂时进境监管方式的申报，或者偶尔办理的申报外，只要海关当局认为有合理理由的，申报人必须是欧盟的居住民⑤。

作为本条规定的例外，成员国家与第三国之间签署的双边协定（或者具有相同效力的惯例）可以在对等条件下准许这些国家的侨民在这些成员国家境内向海关申报⑥。

放弃“持有人”概念必然会导致“实际收货人”和“实际发货人”概念的消失，申报人的资质将来自一种纯粹的事实，再也不取决于是否是本人或指使他人向主管海关呈验所申报的货物以及提供所有应提供的单证。

311 除了法人的申报人应当由代表他（主管、总裁或总经理、行政管理人员）的自然人到场的情况外，有些人也可以接受“关务委托书”，如企业雇员、企业雇员的专门代理或公司外提供此类服务的人，上述人可以在某些条件下下放他们自己的权力。

2. 关务代理

312 根据《欧盟海关法典》第5条规定，任何人可以自己代表自己向海关当局履行海关法规规定的行为及手续。关务代理如果以其他人的名义并代表其他人，称为直接代理；如果他以自己的名义但代表其他人，称为间接代理。直接代理与间接代理的主要区别

---

① 比如在法国，在不同时期实行不同的做法，趋向于赋予很多人（运输人、船舶业主、货物的收货人……）申报人的资质，直至1948年才决定货物只能由其货主或具有为货主报关资格的人向海关申报。

② 例如1986年12月24日的部长令将“旅客对其所携带的物品，只要符合其社会地位的”视为物品的持有人。

③ 指 Loi n° 97-1239 du 29 décembre 1997, *JORF*, 30 déc. 1997。

④ 参见 *JORF*, 27 déc. 1998。

⑤ 《欧盟海关法典》第64条2规定。

⑥ 《欧盟海关法典》第64条3规定。

在于他们所涉及的海关债的法律效力：直接代理时，关务代理所代表的人应当不会出现，只有关务代理一人承担缴纳关税的责任；而间接代理时，关务代理所代表的人与关务代理本人都有缴纳关务的义务。

313 经济从业人可以自由选择代理方式（直接代理或间接代理），但欧盟法律允许成员国家同意由专业的关务代理来行使其中一种代理。而法国则与其他成员国家相反，把这类代理作为直接代理的专属权，显然不完全符合欧盟法律的精神。1997 年财政（修订）法为此做出的改革规定可向某些人发放临时的可撤回的通关许可。同样，《法国海关法典》第 94 条第二段关于准许某些公共部门及类似的公共部门（例如，法国铁路公司或法国航空公司）代理其顾客办理通关手续的规定也消失了。随便说一句，令人遗憾的是，立法者们的一次疏忽导致了《法国海关法典》第 86 条规定直至今日也没有提及此类代理，虽然此类代理如今已经不再需要了。

314 运输人按 1986 年 12 月 28 日部长令的规定应遵守专门的规定和限制条件，但此类法律已被上面提到的 1998 年 12 月 22 日的法律废止，因此没有任何规定反对他们以自己的名义办理报关手续，只要他们满足上面提到的一般条件或者持有其委托人的委托书。当然，在此情况下，他们应按间接代理的规定向海关申报。

315 专业关务代理是一种职业，它受 1935 年 10 月 30 日的法律规定管理，其身份适用《法国海关法典》第 87 条等规定的原则。我们会注意到，《法国海关法典》对历史问题很不敏感，仍有第 93 条规定，“具有正式资格的关务代理可收取关务代理费，收费标准按物价立法规定的条件制订”，而价格立法多年前就在法国法律中消失了。前面提到的 1998 年 12 月 22 日的部长令详细规定了应由部长来规定关务代理活动所必须具备的条件，还明确规定（第 26 条规定）专业关务代理应负责填制报关单、代缴关税及其他税，并亲自将货物交由海关查验。如果他以自己的名义报关，他就是申报人；相反，如果他按照有资格报关的人的名义和利益报关，他的代理身份应当出现在报关单上。因此，海关债的免责就是取决于这个委托，因为只有被代理的人才具备申报人的资格，据此有义务清偿海关债。相反，在刑事责任方面，专业关务代理在任何情况下都对其所递交的报关单负责①。

316 1997 年的法律所进行的改革使专业关务代理失去了在为第三人缴纳关税、罚款及其他各种性质的进口环节税情况下对于海关独享的代位权。此类代位权此后给予了任何处于该状态下的自然人或法人。

317 （原书无）

（二）报关地点

318 在进口环节，应向货物所呈验的业务现场海关递交报关单，该业务现场海关可以是货物进入关境的业务现场海关，也可以是境内某个地点的业务现场海关，但货物必须按转运方式监管到该业务现场海关。如果海关当局与利益相关人之间签订协议专门指定一个另外的地点，在这个地点递交的报关单也应视为向业务现场海关递交（《实施细则》第 202 条 2 规定）②。

应在出口人定居地点所在辖区或者在出口打包货物或装货的地点所在辖区的业务现场

① 参见本书 869。

② 根据法国法律并且根据欧盟现行的规定，在进口环节，应向运抵地所属的业务现场海关递交报关单。

海关递交出口报关单（《欧盟海关法典》第161条5规定）。如果出于海关机构设置的原因，递交报关单地点相关的规定无法适用，可在有关成员国家的任何对所涉及的业务有管辖权的业务现场海关递交报关单（《实施细则》第709条规定）。如果有正当理由，可在出口人定居的成员国家以外的成员国家办理出口手续[①]。

（三）报关时间

1. 原则

319 在进口环节，货物如果已有运抵报告[②]，应在40天或20天内递交一份完整报关单。40天或20天的期限根据货物所采用的海运或其他运输方式，从运抵报告递交之日开始计时[③]。但是，《实施细则》第49条2规定，如果情况合理，海关当局有权规定一个更短的期限或准许延展规定的期限[④]。正是根据这条规定，在法国，最常见的情况（从业人表示货物不按临时存放方式监管，直接办理通关手续）是通过规定在货物运抵业务现场海关或海关指定的地点之后有一天的宽限期使这个问题得以解决[⑤]。

320 对于出口，欧盟法律没有任何规定，法国1992年12月24日重新引入了在法国海关法中长期实施的一条规定，根据这条规定，货物必须在运抵业务现场海关或指定地点之后立即向海关申报。

报关单必须在业务现场海关办公日和办公时间内递交，如果运输的性质特殊或运量巨大，经海关事先同意，完整报关单可以在海关正常办公日和办公时间以外递交[⑥]。

2. 提前递交报关单

321 完整报关单可以在货物运抵业务现场海关之前递交。这项便利源自《实施细则》第201条2及3规定，海关当局有权准许在申报人可以呈验货物之前递交报关单，各国海关当局可根据情况规定一个递交报关单的期限。如果该期限没有得到遵守，报关单便被撤销。这些规定留给成员国家很大的决定权，在法国便又重新出现《法国海关法典》中第85条3和第99条bis这两项规定及其实施的部长令[⑦]，理由是它们不违背欧盟法律规定。

322 提前递交报关单这项通关程序，允许申报人（特别是在口岸）提前准备他们的报关单，海关可以提前开始对单证进行审核，从而使通关作业更为灵活。货物运抵之后便可以立即开始查验，因此放行得以加速。但是，法规规定，提前递交的报关单只有从货物的运抵得到证明之日才能被海关接受并产生法律效力，以及与报关单海关登记挂钩的所有后

---

① 欧盟委员会与所有成员国家商定了一份简要的“合法正当理由”的清单。该清单的设计原则，主要是在某个不可预见的情况下，如果执行一般规定会使出口人付出经济上不合理的努力（例如修改贸易合同），此类理由就会存在。

② 运抵预报告制度的实施必须修改该条规定（参见本书281及其注释）。

③ 这个期限相当于对适用于等待通关的货物的临时存放监管方式的法规规定的存放期限，参见本书284。参见 Arrêté du 24 déc. 1992, *JORF*, 17 févr. 1993，该项部长令废除了规定3天宽限期的1978年6月30日的部长令。

④ 关于可以将申请人按特殊情况处理的情况的概念，请参见 CJCE, 11 nov. 1999, *Söhl et Söhlke*, aff. C-48/98, Rec. p. I-7877。

⑤ Arrêté du 24 déc. 1992, *JORF*, 17 févr. 1993 废除了曾规定3天宽限期的1978年6月30日的部长令。

⑥ 《实施细则》第201条2规定及1992年12月24日部长令第1条2规定。

⑦ 参见：Arrêté du 19 juillet 1974, *JORF*, 23 juillet 1974。

果（《法国海关法典》第 99 条 bis 规定）。该条规定的目的在于避免某些纳税人的投机行为，例如在进口环节对仍未发运的货物规避将要实行的关税或其他税的税率提高或某项禁限措施的实施，或者在出口环节，防止某些货物的出口金融优惠可能会减少。

四、报关单的填制方式

323 出于简化和统一各成员国家的做法的考虑，欧盟当局逐步对申报方面的适用规定进行了合理化改革，改革既涉及申报的形式，也涉及申报内容及所需的随附单证①。

（一）报关单的适用范围及格式

324 1988 年 1 月 1 日建立了“单一海关单证②”制度，旨在使用同一种格式填制进口、出口和欧盟转运③报关单。单一海关单证可以用于欧盟内部贸易往来，以及欧盟与第三国（包括欧洲自由贸易联盟国家）之间的贸易。单一市场生效，以及欧盟内部关系中海关手续基本取消后，单一海关单证的适用范围被大大缩小。单一海关单证作为报关单仅用于在与第三国关系中或某条欧盟法律特别规定要使用此类单证的情况（例如国内税制不同的各欧盟关境地区之间的货物往来）。

325 单一海关单证一式八联，每联都印有一个与其用途相对应的缩写和编码。使用的联数根据货物先后按几项监管方式监管的数量和性质各有不同。每式单证至少三联用于按某一项监管方式监管的申报，其中第一联由业务现场海关使用，第二联用于统计，第三联交由申报人保存，作为对与其业务相关的管理机关或组织的证明文件，证明其进口或出口，以及在税收或海关方面的合规状况④。

（二）报关单申报内容

326 我们不打算长篇大论地讨论报关单中所有需要详细申报的内容。为了能对管理相对人在此方面所承担的义务的复杂程度有个量化的概念，我们在这里仅列举必须申报应遵守的各种法规所需要的各种信息：

—海关及税务法规要求的为征收关税及其他税的信息（主要是货物的类别、原产地及价格）；

—与在进口环节应征收的共同农业政策项下的税收或在出口环节享受的退税、补偿或类似优惠相关的规定信息；

—涉及关于金融管制的法规（发票金额、外汇金额兑换成法郎的金额、贸易合同的性质，等等）；

---

① 所以，2004 年 12 月 30 日的法律承认采用电子方式进行的申报不需要签名（《法国海关法典》第 95 条规定）。

② 欧盟从自 1998 年 1 月 1 日起，出口、转口和进口的海关申报统一使用“统一海关单证”（the Single Administrative Document，SAD），SAD 代替了以前由不同成员国家签发的用于确认出口、进口和转口商品的大量单证。文中包含了按欧盟有关法规规定统一标准的所有信息。

③ 参见：Règlement（CE）n° 2286/2003 de la Commission du 18 décembre 2003（*JOUE* n° L 343 du 31 déc. 2003）et la DA n° 05-013 au BOD n° 6617 du 16 février 2005。这些法规将来会涉及某些对现行规定的修改。

④ 参见《实施细则》第 208 条及附件 33 和 34。应当注意，为了减轻出口人的手续负担，对价值低于采集统计的最低值的货物，除了某些应办理特殊手续或监管的产品外，出口人被准许只提交商业发票来替代正常情况下的报关单。参见 arrêté du 16 mai 1994，*JORF*，11 juin 1994。

—用于统计的信息；

—最后，根据适用于某些货物（应进行卫生检疫和动植物检验检疫监管的货物、战争材料、应受对外贸易管制的货物，等等）的特殊法规要求提供的各种信息。

327 这些必要的信息非常多而且很繁杂，经常需要纳税人进行长时间艰难的寻找才能够正确地申报所要通关的货物。

我们后面会讨论的自动化通关程序[①]，它的建立使海关开始在此方面对申报人所需的且间接地惠及所有管理相对人的信息渠道进行整理和规范，无论他们是否使用自动化通关程序。实际上，自动化通关程序建立在对从申报人提供的经过编码的申报要素进行的监管之上。除其他要求外，货物应按一种能直接全面理解所有适用法规的编码来列名。为了满足这一要求，海关编制了一部名为《统一税则》的书，该书于1991年被欧共体委员会编制的新版《统一税则》所替换，新版《统一税则》包含有涉及欧盟及成员国家适用于进口货物的法规的所有信息要素[②]。

（三）应提供的报关单支持单证

328 完整报关单应随附的单证，除了原则上并且主要用于海关估价和金融信息的监管的外，还需要提供所有海关对于各种应遵守的法规的监管状态的证明文件（原产地证书、自由流动证书、卫生及动植物检疫证书、质量证书、许可证，等等）。在此，我们会发现海关法中一个非常特殊的性质，即海关监管的“逐票”原则。在普通税法中，纳税人也要遵守要求拥有证明材料的特别法规的规定。但这些证明材料并不要求普遍地一一向税务机关提供。通常情况下，管理相对人只是在遇到要求时才有义务提供。

（四）概要整报关单

329 海关当局有权接受不包括部分法规规定的申报内容和部分单证的报关单，但申报人必须承诺在一个月期限内补充提供缺少的申报内容及单证。申报人可以用不完整报关单进行补充或者用另一份报关单替换。可能应征收的关税和应适用的法规规定的有效日期为递交不完整报关单的日期。由于各项监管方式的特殊性，不完整报关单的相关法规对每项监管方式都制定了专门的特殊规定[③]。

（五）报关单的修改及删除

330 上面所提到的报关单的不可撤销原则[④]很自然地会引起人们对会弱化传统法规的严厉性质的措施提出质疑。这些措施提供了可以在海关对报关单登记之后对报关单进行修改和删除的可能性。如今，这些措施都分别成为《欧盟海关法典》第65条及第66条规定，以及《实施细则》第204条规定。

1. 改单

331 海关登记报关单之后，申报人可以经批准修改报关单中一项或几项申报内容，

---

① 参见本书370等。

② 关于《统一税则》的详细情况，请参见本书166。

③ 参见《欧盟海关法典》第76条1规定及《实施细则》第254条至第259条规定（涉及准入放行监管方式）、第268条规定（涉及保税仓储监管方式）、第275条规定（涉及进境加工、海关监管加工及暂时进境监管方式）、第227条规定（涉及出境加工监管方式）、第280条和第281条规定（涉及一般贸易出口监管方式）。参见：Règlement (CE) de la Commission n° 2286/2003 du 18 déc. 2003 (*JOUE* n° L 343 du 31 déc. 2003)。

④ 参见本书305。

但报关单的修改不得产生使报关单所涉及的货物不是原先申报的货物的法律效力。

改单申请必须在海关放行货物之前向海关提出，否则海关不予受理①。一旦海关通知申报人其将对货物进行查验或者已经发现所申请修改的一项或几项申报内容不准确，改单申请也不予受理。

改单或者采用直接在报关单上修改的方式，或者采用将原先的报关单撤换成另外一份报关单，在后一种情况下，确定海关及其他税的有效日期应为原报关单海关登记的日期。

2. 删单

332 如果货物被错误地申报按某项监管方式监管，或者由于特殊原因货物不再符合所申报的监管方式的条件，申报人也可以通过提交所有证明文件申请删除他们的报关单②。

在进口环节，删单申请必须在海关放行货物之前向海关提出，否则海关不予受理。作为该条规定的例外，在某些条件下仍可以删单，但必须有证据证明货物是被错误地申报按某项有缴纳进口关税义务的监管方式监管，但却应申报按另一项监管方式监管。删单申请必须在报关单被海关登记之日起 3 个月的期限内提出。此外，如果应按某些特别措施监管的货物已申报出口，该报关单可以在海关放行货物之前删除，但必须举证证明货物没有离开欧盟关境③。

删单的方式为单纯地删除原报关单，或者用一份将货物按另外一项不同的监管方式监管的报关单来撤换原报关单，但法律适用的有效日期仍为原报关单海关登记之日。

第二节　简便通关程序

333 很多年以来，为了适应当代经济的需要，大多数成员国家特别是法国，自 1961 年以来一直致力于简化传统的通关机制并使其现代化，以降低海关手续的成本并加速货物的通关。早在 1979 年和 1981 年，欧共体的两项指令便奠定了协调成员国家习惯做法的基础，但直到单一市场的建立及其对国际贸易流的变化的影响才使人们真正认为有必要以条例的形式制订一套欧盟的机制来实际地体现并统一成员国家在此方面的法规。

对这一必要性的认识表现为在《欧盟海关法典》第 76 条规定和《实施细则》第 253 条至第 288 条规定中写入了涉及创立新的通关程序的法规，但仅列出了原则和基本规定，实施方法方面的决定权仍留在各成员国家的海关当局手中④。在法国，该项决定权表现为建立了好几种简便模式，其中主要有简化申报程序和所在地集中通关程序，我们在研究这

---

① CJCE, 5 déc. 2002, *Overland Footwear Ltd*, aff. C-370/00, Rec. p. I-11133。

② 参见《法国海关法典》第 100 条 2 规定。直到如今，法国海关的做法只允许用修改按另一项监管方式监管的报关单替换按一般贸易进口监管的报关单，只要货物仍在海关监管之下而且关税未缴纳。

③ 关于删单的情况和条件的细节，请参见按 1997 年 7 月 23 日第 1427/97 号条例修改的《实施细则》第 251 条规定。

④ 因此，这个方面长期都由简单的行政决定来规范。如今，2002 年 4 月 5 日的一项法令（*JORF*, 12 avril 2002）使其更固化，该项法令的标题（“关于建立简便通关程序的法令”）会让人认为过去没有这种简便通关程序，这显然不符合实际。为实施该项法律，已颁布了几项部长令来规定有关的特别的监管方式。

几项简便通关程序之后，还将研究快件通关程序和某些特别的通关程序[1]。

一、简化申报程序

334 自过时的在业务现场海关通关的程序消失[2]以来，一套新的制度，历经定期改革后被正式推出，名为“简化申报程序”[3]，我们在这里只介绍它的基本内容。在分析它的主要实施方法之前，我们要简单描述一下它的普遍经济作用。

（一）简化申报程序的普遍经济作用

1. 简化申报程序的基本目标及原则

335 简化申报程序的基本目标在于向经济从业人提供履行申报手续时的便利，借此加速物流，减少货物和运输工具停留在海关通关现场的时间。这项便利并没有割断与过去提供的申报模式的关系，但致力于增加灵活性并让使用人能利用在信息领域所取得的进步。

简化申报程序基本上建立在对普通通关程序的规定的例外之上。简化申报程序用阶段性模式来要求纳税人向海关申报各种要素以替代申报必须一次性完成的原则。实际上，申报人可以先通过人工递交或电子传输一份简化的报关单，然后再递交一份补充报关单使简化报关单实现合规。经济从业人于是有可能不用等到所有海关手续都办妥后才能处置他们的货物。

2. 简化申报程序的适用范围

（1）简化申报程序的受惠人

336 任何有资格向海关申报并享受信用放行的自然人或法人[4]，在提供所有金融担保并遵守海关及税收规定的前提下，均可享受简化申报程序的优惠。专业关务代理只有在他们自己能享受信用放行时才能作为简化申报程序的受惠人来办理申报手续。如果他们作为自己能享受信用放行的企业的直接代理，他们只能仅作为享受简化申报程序的企业的被委托人来办理申报手续。

（2）可以按简化申报程序通关的货物

337 原则上所有货物都可以按简化申报程序通关，过去的一些例外（矿物油、人工放射性元素、文化财产、战略货物、享受退税的农产品）现在已经减少到只有欧盟理事会在1992年12月31日的条例中规定的化学前体品。但是，对某些应检验检疫的货物，如果实行在企业所在地集中通关程序，仍有规定限制。对于敏感货物和受特殊监管的货物，必须事先进行审计并要求受惠人做出专门的承诺以确保海关能有效监管才能批准。

（3）所在地集中通关

338 如果货物正常情况下应当呈验的地点是属地管辖的业务现场海关，希望能在他们

---

① 在整个后面的讨论过程中，我们会注意到，简化通关程序的建立在理论层面上应与我们在前面所定义的海关经济法（参见本书119等）相关联。实际上，我们从此类程序中会找到这一现代概念的特征：审批决定不决定一切，行政决定基于对涉及企业的要素的评判、收回的可能性等。但是为了不分散对通关程序的研究，最好应当保留它的传统位置。

② 1992年12月22日部长令。

③ 2002年12月24日部长令。参见 *JORF*, 3 janv. 2003。

④ 参见本书307等。

经营地点办理通关手续的企业可以申请享受所在地通关程序。为此海关必须确保用来接受货物的地点应当能满足海关查验货物的条件。海关会要求对这些地点采取安防措施，防止任何非法进入，而海关可以方便进入实施监管。

最后，我们会看到，某些经济从业人可以享受“集中通关”的优惠。这是一项向在海关信息系统中建立了集中通关程序的人提供的新便利措施。集中通关程序可以在某个业务现场向国际运输处理计算机系统[①]传送报关单的数据，而报关单所涉及的货物却可以向另外一个业务现场海关呈验。

（4）简便通关程序适用的监管方式

339 简便通关程序适用于所有与第三国贸易，以及与海关省和宗主国之间的贸易往来所适用的监管方式，但不包括船（机）供监管方式（有专门的规定），也不适用于不加工的预支付的农产品的监管方式、供免税商店柜台销售的或者出口保税仓储的货物出库内销时所适用的监管方式。至于矿物油，只能有限地适用简便通关程序。

3. 简便通关程序的审批条件

340 享受简便通关程序的申请应当向货物通关地点所在辖区的业务现场海关递交。简便通关程序的批准决定由业务现场海关的税收主官签发。签发批准决定之前，税收主官要与申请企业签订一项个人之间的协议，此类协议现在渐渐地被事先签署的“承诺书”取代，它对受惠企业的权利和义务特别是对于用来保证海关债的担保有详细的规定。协议要在“审计验收”的基础上签订，此类“审计验收”，按批准决定本身的适用范围，适用于“在简便通关程序的受惠人与海关之间建立伙伴关系”。

如果批准决定的发放条件不再具备或者受惠人没有遵守其承诺或滥用简便通关程序，海关可以收回或中止适用简便通关程序。在特殊情况下，海关总署有权决定在任何时间中止部分或全部与简便通关程序相关的便利措施。如果简便通关程序在一年中没有使用过，其批准决定应予作废。

（二）简便通关程序的实施方法

341 简便通关程序的实施方法建立在对普通的报关单所要求的信息要素进行分解的原则之上。这种模式将申报分为两个部分，一部分是填制一份简化报关单在货物运抵通关的现场业务海关递交（必要时在从业人的企业所在地），另一部分是事后以“完整报关单”的形式使原先递交的简化报关单合规。

1. 简化报关单

（1）简化报关单的格式及内容

在手工作业条件下，受惠人可以在“概要报关单”[②]、欧盟转运报关单、运输单证、商业发票或任何其他海关认可的单证中选择任何一种来作为简化报关单。在信息化作业条件下，简化报关单的形式为一种由申报人向国际运输处理计算机系统传送的报文格式，其数据于货物运抵并在申报人计算机系统中被编辑时产生法律效力。

简化报关单原则上仅包括海关辨认货物和监管货物必需的申报要素，如货物的工业名称、货物的净重或体积、货物编号、货物的性质及件数。但还要加上所申请的监管方式的信息，如货物的价格、原产地和来源地信息，以及当货物可能按其他法规管理时可能会要

① 参见《实施细则》第 262 条规定。

② 参见本书 329。

求提供的补充信息。

简化报关单应当随附法规要求的单证，但不包括事后要求提供的单证。从法律上讲，简化报关单具有完整报关单相同的特征，它是使用人表达其想出口该货物或想使该货物按某项进口的监管方式监管的愿望的行为，而且在简便通关程序的初始阶段，它是海关干预的法律依据。

（2）某些要素的临时提供

342 如果简化报关单要求提供的某些信息具有永久性质，海关可以允许使用手工简化申报程序或信息化简化申报程序的企业，按照各自协议规定的方式，临时性一次性提供所有具有永久性质的此类信息。这项便利措施的优势主要涉及应按要求提供补充信息的特别法规管理的货物。于是，企业可以向属地的业务现场海关提交一份企业所进口或出口的货物长期的固定目录，包括每项货物需要补充提供的信息，以加快通关手续的办理。

（3）简化报关单信息的提前提供

343 为了加快通关手续的办理，海关允许从业人在货物向业务现场海关呈验之前提前提供简化报关单的信息及（必要时）货物的随附单证。海关因此有可能在货物呈验之前提前准备好监管并允许申报人在货物向海关呈验或者运抵申报人的所在地（如果海关认可）之后立即处置一部分货物。在这种情况下，海关仅对未放行的货物进行实际监管。

提前递交的简化报关单应当自货物运抵业务现场海关或海关认可的地点之后立即由海关认证并登记。没有被特别通知需要监管的货物可以在报关单被认证后立即提离①。

2. 完整报关单

344 完整报关单可以由受益人选择或者逐票递交或者按一个不超过一个月的时段对全部通关业务汇总递交②。完整报关单在两种情况下分别采用普通的完整报关单或汇总补充报关单两种不同的格式。完整报关单应载有简化报关单没有提供的及从每票报关单中摘要重报的要素。完整报关单应当随附除了已经提供了的单证外，其他所有支持完整报关单所必需的单证。补充的完整报关单因此构成可以使海关能够事后根据货物应遵守的税收、金融、统计或其他法规规定进行通关业务合规监管及对货物适用不同的监管措施的单证。

345 逐票模式的补充报关单，应在从简化报关单海关登记之时起不超过两个工作日的期限内向业务现场海关递交，汇总模式的补充报关单应在汇总期结束之后五天内递交。

根据《欧盟海关法典》第 76 条 3 规定，补充报关单被视为与简化报关单一同构成一种于简化报关单被受理之时产生法律效力的不可分割的单一行为。因此，一方面，补充报关单中的申报内容不得否定简化报关单的申报内容；另一方面，简化报关单的海关登记日期是考虑确定适用于货物的关税、其他税和其他海关措施的唯一日期。如果补充报关单中的申报内容与简化报关单上的申报内容有抵触或者两者不相符，海关只考虑简化报关单上的申报内容。

二、定点集中通关程序

法国自 1966 年起开始试行新的定点集中通关程序（欧盟使用“集中通关程序”一

---

① 参见本书 321，在普通通关程序中提前递交报关单，其规定也适用于按简便通关程序办理的通关监管。

② 出于通关监管的统计考虑规定了最长时段。

词)[1]，其精神接近简化申报程序，现在已经进行了改革，我们有必要对它的普遍经济作用和它的实施方式做简述[2]。

（一）定点集中通关程序的普遍经济作用

346 定点集中通关程序从整体适应了简化申报程序的目标：压缩货物和运输工具的原地停留时间，方便并加速通关监管以适应工商企业面临的经济需要。但是，为了达到这个目标，政府已经设法最大限度地利用与单一市场运行相联系的设立内地业务现场海关所带来的便利并在通关监管中引入了更多的灵活性。

347 上述法律规定中提供给企业的便利，主要包含三项革命性的便捷措施。第一项是在简便通关程序的受益人的所在地点集中办理通关手续，货物原则上不经过通关业务现场海关。第二项是在货物运抵海关之时递交提前的简化报关单的要求被只在企业账册中记录该笔通关业务的操作取代，事后采用完整报关单合规化。第三项是货物在进口环节卸货或提货，以及在出口环节的发运无须经过海关专门批准，但需要在通关业务现场海关建立一套合适的信息系统，而且必须在不违反通常适用于通关的法规规定条件下。此外，这些灵活措施也可以满足简便申报程序的另一条用契约关系的人格化来体现的基本原则，一条建立在海关与从业人之间的伙伴关系的新概念之上的基本原则。

1. 定点集中通关程序及其适用范围

（1）定点集中通关程序

348 通关业务可以集中到单一业务现场，一个原则上在货物发运或到达地点所在辖区的业务现场海关办理。作为特例，企业可以获准将其业务集中在邻近经营地点或者储运货物的地点所在辖区的某个海港或空港的业务现场海关。享受用账册记录代替申报便利措施（参见以下）的所在地集中通关程序的受益企业，如果在不同业务现场海关辖区都有它们的机构，作为特例，可获准在单一业务现场海关办理通关手续，所有可对其海关业务进行总体监管的全部单证或账册可集中存放在该业务现场海关。

（2）定点集中通关程序的受益人

349 所有有资格向海关办理货物的完整申报手续的人，只要在法国设有机构，提供所有的金融担保和海关及税收信用，并且开设一个提货信用账户，均可申请享受定点集中通关程序。

（3）定点集中通关程序适用的货物

350 除某些货物（例如1992年3月31日理事会条例所指的化学前体）外，定点集中通关程序的适用范围已经扩大到很多迄今为止一直不适用的货物（废料、文化财产、矿物油，等等）。

（4）定点集中通关程序适用的监管方式

351 涉及定点集中通关程序可以适用的监管方式与简化报关单程序可以适用的监管方式（参见以上）完全一样，但不包括不加工农产品预支付监管方式，不加工农产品预支付监管方式必须填制常规的完整报关单。

2. 定点集中通关程序的审批条件

352 定点集中通关程序提出应当向货物通关地点所在辖区的业务现场海关的税收主

---

① 参见《实施细则》第283条至第287条规定。

② 参见：Arrêté du 24 décembre 2002, *JORF*, 3 janv. 2003。

官申请。定点集中通关程序的适用必须要经过“审计验收”，审计验收旨在能使海关对企业的情况有深入的了解并且使定点集中通关程序尽可能地适应企业的业务、需要及内部组织。

从业人还必须在其经营地点划出一片区域作为进口货物的海关监管仓库或场所或临时存放地点[①]。最后，定点集中通关程序仅适用于享受旨在保证缴纳关税及其他税的提货信用优惠的从业人。

如同简化报关单程序（参见上述）一样，定点集中通关程序需要签署一项协议，协议包含适用所有企业的义务和对每个企业专门的特别义务，以及受益人遵守义务的承诺。

353 因此，定点集中通关程序具有契约性质，特别是海关据此可以在任何时候在企业不再符合所要求的条件或经查实企业有滥用定点集中通关程序的行为甚至不遵守受惠人承诺履行的某项义务时收回或中止优惠。当然，这些行政处罚不影响可以追究刑事责任，特别是根据《法国海关法典》第 141 条规定。

（二）定点集中通关程序的实施方式

354 定点集中通关程序包括按进口或出口分别规定的某些特别便利措施，我们将先后研究这两种情况。

1. 按进口规定的特别便利措施

（1）卸货和提货

355 在进口环节，货物一旦运抵，企业往往需要迅速遣返运输工具或使货物迅速投入生产或销售渠道。

遇到没有加封的货件，收货人可以在货物运抵后立即将其从运输工具上卸下而且无须事先通知海关。但对于加封的货件，收货人必须以“到货通知”的方式通知海关，并留出在批准协定中规定的期限以便海关进行监管。到期后受益人可以自行拆开加封开始卸货[②]。

356 到货通知必须载有所有有关货件的有用信息，以使海关实施监管。到货通知可以是一份电话传真、一份电传或一份电子报文，甚至运输单证的复印件。

在某些条件下，经营人可获准在运输工具运抵目的地之前传送到货通知（到货预通知）。

（2）通关手续

357 定点集中通关程序的受益人的每票进口业务可以记录在经海关认证的账册中，或者以递交一份常规的完整报关单的形式来办理进口通关手续。

①在账册中记录

358 将每票进口业务记录在受益人的账册中，这项操作必须根据情况在到货通知发出之后或者在卸货之后来完成。它可以代替简化报关单，因此应载有海关可能进行监管时所需要的所有申报要素。

在账册中记录必须以补充报关单的方式合规化进行，称为“合规申报”，账册记录的日期应作为关税、其他税及专门法规的适用日期。对于补充报关单的格式、内容、递交期限和与账册中记录内容的法律关系的性质，已制定的规定体现了应适应受益企业的经营管

---

① 参见本书 285 等。

② 卸货的同时可以进行某些旨在结束核验货物所使用的转关监管方式的实质性作业（如拆开加封、盘点货件）。这些作业由收货人负责与运输人当面核对完成，除非海关派人到场自行操作。

理的愿望。

②递交常规的完整报关单

359 如果需要递交常规的完整报关单，只需记住一点，定点集中通关程序的受益人原则上只能在递交报关单及随附单证并获得“可以提货”的通知后才能提取货物。然而，这条规定在“国际运输处理计算机系统”或者在按从业人是受益人的协议规定条件下可以灵活执行。

2. 按出口规定的特别便利措施

（1）通关手续

360 如同在进口环节，从业人可以将进口业务记录在经海关认证的账册中，或者以递交一份普通的完整报关单的方式来办理出口通关手续。无论采用哪种方式，通关手续均必须在货物启动之前办结。至于出口通关的其他方面，应适用对进口程序制定的并按出口调整的规定。

（2）发货

361 在出口环节，有些企业有时只是很晚甚至在最后一刻才了解应申报的要素（例如重量），因此只能在装货时填制它们的报关单。如果对这种情况适用一般的规定，货物的海关放行会大大滞后，这与为了使货物在生产地点装货后尽可能加速物流的定点集中通关程序的初衷背道而驰。

362 定点集中通关程序根据从业人的选择并且根据所发运的货物的性质不同在实施方法上有很大的区别。实际上，一方面，即使所发运的货物没有运入出口海关监管仓库或场所①，但只要货物被记入账册中或者它的普通的完整报关单已经填制，便立即可以发运，除非货物应适用某些特别措施监管（如某些农产品）。在此种情况下，一旦装货开始，出口人应立即采用“装货预通知”的方式通知定点集中通关所在辖区的业务现场海关。海关如果需要监管，使可以前往发运和装货地点。

另一方面，运入出口监管仓库或场所的货物原则上可以在任何时间装货和发货，只要在账册中记录即可，除非涉及某些应事先通知负责办理通关手续的海关的装货和发货，此类装货和发货应办理装货预通知手续。

三、快件通关程序

363 快件通关程序与所在地集中通关程序在基本规定方面相近，快件通关程序逐渐废除了② 1992 年实施的过去被称之为“速递”的通关程序。它的特别之处在于信息数据的交换（EDI）。快件通关程序的创立主要受到世界海关组织的影响，世界海关组织关心的是适应一种正在迅猛发展的贸易业态，简便和加速是代表们的愿望。

快件监管程序基于几条与简便通关程序共同的原则之上：一是利益相关人要与海关签订一项协议；二是将原来的报关单一分为二，分为概要内容的报关单和事后补充的完整报关单；三是立即放行货物，除需要特别监管的以外，等等。快件监管程序的独特性主要在于有资格享用这项程序的企业的资质，以及在其运作中对现代数据信息化传输技术的重

① 参见本书 285 等。

② 参见：DA n° 98-207 du 9 novembre 1998, BOD n° 6304, 23 nov. 1998, abrogeant la DA n° 91-1611 du 30 décembre 1991, BOD n° 5621, 30 déc. 1991. Arrêté du 24 déc. 2002, *JORF*, 3 janv. 2003。

视。

(一) 快件通关程序的优惠

364 手工模式的快件通关程序，其优惠专门针对从事提供在短期内对发件人和收件人之间实行门到门收交件服务的快件运输企业。相反，信息化的快件通关程序则向任何有资格向海关申报的人开放，当然条件是必须与主管业务现场海关的税收主官签订协议，并同时签订一项电子数据传输协定（互换协定）对向海关提供信息的技术条件做出规定。

即便所有货物原则上都可以按快件通关程序通关，但事实上仍有很多限制，这些限制其中有针对我们在简便通关程序方面通常情况下遇到的限制，例如支付手段、贵金属、宝石和珠宝。在这点上，还要考虑法规期望能划定的可以使用手工模式的快件通关程序的从业人与可以适用信息化快件通关程序的从业人之间的区别。由于后一类从业人在可以按信息化快件通关程序通关的货物方面唯一限制就是他们与海关之间在事先审计之后签订的协议，所以他们享受比其他人较为宽松的待遇。

(二) 现代信息技术的影响

365 虽然向海关提供书面单证的手工程序仍保留着，但信息化程序将在不远的将来最终取而代之。信息化程序主要是准许从业人运用信息化的数据交换技术，按标准报文格式向海关传输通关所需要的信息。因此，这一程序，尤其是通过提前传输进口或出口的相关数据，应当可以使货物更快地被海关放行。

四、特别通关程序

366 为了填满可使用的简便通关程序的清单并且更好地体现海关根据从业人的需要使其多样化的用心良苦，我们将在下面简要地介绍其中一些主要的特殊通关程序。

(一) 涉及邮包和邮递物品的特别通关程序

367 在按前面提到的 2002 年 4 月 5 日的法令规定启动的对简便通关程序的全面改革中，海关建立了一套主要针对通过邮购销售货物的外国企业的邮递业务的到户集中通关制度。这套通关制度取代了过去的通关程序，特别是 1996 年的一项法律规定的预约通关程序①。

(二) 大型工业成套设备出口通关程序

368 大型工业成套设备出口通关程序，顾名思义，指专门为生产物质产品或提供服务的大型工业企业（“交钥匙工厂”）的可以分别归入多个不同税目的仪器、机器、引擎的成套出口设计的通关程序。

享受大型工业成套设备出口通关程序，必须事先向海关总署提交一份包含所有出口器材的相关信息的“成套档案”。

(三) 紧急人道主义援助物品的通关程序

369 对以人道主义援助名义发运货物的紧急物流，海关努力最大限度地简化这些货物正常情况下应办理的海关手续。因此有必要区分由官方组织的发货和由非政府组织的发货，对于由非政府组织的发货，只要求相关人递交一份应办理人道主义援助的证明签证的货物清单或者一份货物及社团或个人的详细清单即可。

---

① 参见：Arrêté du 24 décembre 2002, *JORF*, 3 janv. 2003。

（四）单一所在地集中通关程序

369-1 单一所在地集中通关程序在实践中是专门为在几个现场业务海关的辖区内从事出口业务但希望在一个所在地集中办理海关手续的企业设计的。该程序的运行应符合适用于定点集中程序的一般原则。它涉及两个以上业务现场海关，从纯粹的通关手续的角度及会计手续的角度讲（授信、缴税和担保等业务），企业归属单一定点的业务现场海关；而在出口或进口业务的实际作业方面，企业归属其经营地点所在辖区的现场业务海关[①]。

（五）外贸公司的出口销售

369-2 2004年12月24日，法国通过第6611号《海关公报》发布了海关第04-079号决定，规定对享受共同农业政策规定的预支付优惠的农产品实行一项新通关程序。新通关程序涉及所谓的外贸专业公司，此类公司在法国购买这些产品后向第三国销售，但公司本身不负责物流，海关手续都是供货人负责办理。

该程序的主要目的首先在于使外贸公司保守供货人的商业秘密，因此将出口环节的相关手续与出口的金融结算分开处理。这样，出口报关单本身由供货人按一种不完整的单证格式填制，然后由外贸公司以载有发票全部金额、发票货币和交付条件等申报内容的“常规更正报关单”的单证格式进行补充。

第三节　信息技术的作用

370 贸易往来的飞速增长使企业和海关都很难再用繁重的传统通关程序甚至简便通关程序去适应它，因为这些通关程序原则上仍然建立在纸质单证和邮递传送的基础之上。因此，人们必须在信息技术方面去寻找新的手段来重组使用人与海关之间的关系。然而，即使在某些方面取得了令人瞩目的成果，但信息技术的进步之快，特别是在重要方面，致使人们经常置疑已经建立的模式，这种通关模式使直到在本书完稿之际所付出的以准确界定它的法律范围为目的的所有努力无功而返。

此外，我们很坦然地承认，信息技术在海关监管方式中的大量应用在法律层面上并没有带来大的冲击：纸质报关单与信息化报关单之间的相等原则实际上已经在《欧盟海关法典》第61条b规定中被专门确认，据此产生了《实施细则》及海关当局对信息使用方式的规定[②]。

371 尽管如此，而且即使在中期就被淘汰了，但有必要提到法国于1974年投入运行的专门为航空运输设计的第一代信息化报关单系统，它后来被“国际运输处理计算机系统”所取代，用来处理各种运输方式的货物的报关单。该系统主要建立一个中央处理器的基础之上，该中央处理器根据欧盟委员会的指导，存储并更新所有其负责处理的业务所需要的海关税则和海关法规的相关信息。

“国际运输处理计算机系统”的用户们（特别是专业关务代理及系统的参加用户）因此能够向该计算机递交一份初始报关单，随后再递交补充报关单，补充报关单载有报关单

---

① 参见：DA du 1er juin 2001, BOD n° 6515 du 11 juin 2001。

② 主要参见：《实施细则》第4条bis、第199条、第205条2、第222条至第224条、第253条bis、第444条10及第494条规定。

海关登记所必需提供的所有信息并且传输到业务现场海关以使海关能按常规的方式进行可能的监管。

372 尽管信息系统带来巨大便利，以及使用人对接受新程序一直持观望态度，但信息技术提供的简便和加速通关手续的所有可能性却不容否认。一些成员国家在此方面仍处于落后阶段。有些国家已经拥有一套信息系统，但没有引入欧盟法律提供的某些便利（例如，用电子签名取代报关单的手工签名，电子制作并传送按某项监管方式监管所需的单证，等等）。所以，再也不能设想每个国家在这方面仍有主导权。

373 这就是为什么在信息技术的海关应用问题上，目前的宏伟规划大大超过了现有的系统能力。欧盟当局实现海关技术适应“电子商务”要求的具有根本性的现代化的愿望加快了这个雄伟规划的推进①。世界贸易组织和世界海关组织也致力于制定海关信息方面的普遍适用的标准②。

在这方面，应强调“制定监管方式和海关信息交换的信息程序，以及一项以在海关业务领域建立并使用信息网络为目标的可信战略”③。

显然，无论如何，从长远看，根据欧盟委员会所表达的强烈愿望，“电子报关单和报文将是通行规则，而纸质报关单仅是例外”。法国海关正是在这些原则的指导下才使用互联网提供的技术启动了其通关信息系统的全面创新。特别是，法国制定了一项宏伟的计划，其名称的缩写为 DELTA（自动传输在线通关），这个计划由若干个模块构成，每个模块对应一类通关程序，可以使企业直接获得许多旨在便利其国际贸易业务经营管理的服务。

然而，不论报关单会采用什么形式，海关仍然要对它们进行审核。

第四节　报关单递交之后

374~380　（原书无）

381 报关单向业务现场海关递交之后，会被采取通常分步进行的某些监管措施，这些措施的性质和方式④往往由海关自行确定并在规定的范围内事后采用对纳税人的账册进行事后核查的方式进行⑤。我们在这里只研究真正意义上的通关程序过程中的监管⑥，即两方面的监管：一方面是对报关单的可受理性审查，它是报关单海关登记的前提条件；另一方面是报关单的单证监管和可能对货物进行的查验，以及处理查验过程中发现

---

① 如有兴趣，可参考欧盟委员会关于海关同盟的战略的通报，COM（2001）51 final du 8 févr. 2001，la Communication intitulée：《 Simplifier et améliorer l’environnement réglementaire 》du 5 déc. 2001，COM（2001）726 final，ainsi que la résolution du Conseil du 30 mai 2001，qui y est liée（*JOCE* C 171，15 juin 2001）。

② 参见修改后的京都公约（*JOUE* L 86，2 avril 2003）。

③ 参见：Résolution du 30 mai 2001，préc。

④ 不言而喻，这些方式考虑了报关单的填制方法。所以，在国际运输处理计算机系统程序中，其合规性的正式审查的某些方面是由计算机完成的。

⑤ 参见本书 942 等。

⑥ 参见本书 450，关于涉及货物通关后出现的税则归类、原产地或海关估价的争议。

的问题[1]。

一、报关单的可受理性审查和海关登记

382 报关单递交业务现场海关之后，应进行初审，称为“可受理性审查”，即对所提交的报关单纯格式方面进行审查，并且在审查结束后将不可受理的报关单退回申报人重新申报。

根据《法国海关法典》的规定（第 99 条 2），“在格式上不合规或者未随附必须提供的单证的报关单应被视为不可受理”。这条原则的实施有时并不容易。实际上，在有些情况下很难区别哪些属于严格意义上的可受理性审查，哪些是构成对报关单的部分数据进行深入核查的开始。然而，必须进行这种区分，否则我们会遇到对申报人故意做出的并且有理由进行可能的法律诉讼的不合规，海关只能要求纳税人删单重报进行修改的情况，因为它们被错误地视为仅仅是个属于可受理性问题中的格式差错。为了使海关能正确地进行此类审查，海关必须下达往往非常棘手的指示来明确地具体界定什么是报关单的初审。

383 被视为可受理的完整报关单应立即由海关进行登记[2]（《法国海关法典》第 99 条 1 规定）。海关登记后的报关单上会有一个编号、登记日期、业务现场海关的印章和受理报关单的海关执法人员的签名。海关登记的手续是一种严格的法律行为。它的作用之一在于使报关单从此时成为一种具有法律效力的文书，凝结着纳税人不可收回的责任[3]，并且对海关而言构成其干预的法律支持。报关单的海关登记日期要作为确定应征收的关税[4]和确定任何可能适用于货物的其他法规措施的有效日期。

二、报关单海关登记之后进行的监管

（一）单证监管

384 海关受理报关单之后，应对报关单及其随附单证进行审核，主要是为了确保报关单中申报的内容与这些单证中载有的信息相一致。海关当局有权要求申报人提供其他单证来核实报关单申报内容的准确性（《欧盟海关法典》第 69 条 1 规定）。海关也有权只进行这些“纸面”监管，不对货物查验便认定报关单的内容是准确的。在此情况下，报关单被称为“被认可相符”。

（二）货物查验

1. 查验的选择性

385 查验的选择性源自《欧盟海关法典》第 68 条规定，该规定将查验货物视为仅仅

---

① 涉及报关单监管的法规归入《欧盟海关法典》第 68 条至第 71 条规定和《实施细则》第 239 条至第 250 条规定，以及《法国海关法典》第 99 条、第 102 条、第 103 条、第 107 条和第 441 条至第 450 条规定。

② 法国法律中使用的“登记”的概念相当于欧盟法规中所使用的“受理”的概念。

③ 参见本书 305 关于报关单不可撤销性的概念的微妙之处。

④ 参见本书 404。

是由海关自行决定的一项权力。海关只有在认为必要时才对货物进行查验[①]。在此方面只有海关才有权决定。因此，申报人不能强制海关对他的货物进行查验，也不能（无论出于什么动机）利用对其货物没有进行过实际查验和报关单被认可相符的事实进行投机。

2. 查验地点及时间

386 长期以来，查验全部在业务现场海关进行，因为这是货物的必经之地而且在通关期间货物必须在此由海关看管。自从设立了地区通关中心以后[②]，货物查验可以在海关监管仓库以外的任何海关为查验指定的地点进行（《法国海关法典》第102条1规定），也就是说往往可以在申报人本人的家门口进行，只要他的家门口处于地区通关中心的辖区范围内或者该申报人可以享受所在地集中通关程序的优惠[③]。至于货物查验的时间，应在业务现场海关的法定办公时间内或在经海关准许的其他时间内。

3. 申报人应承担的义务

387 申报人有权在海关查验货物时而且必要时在海关提取货样时到场[④]。如果申报人放弃行使这项权利，海关当局如果认为有必要，有权要求申报人本人在查验或取样时到场或者派人到场。如果申报人拒绝在货物查验时到场或拒绝指定某个能协助海关当局的人，除非海关认为它有权放弃查验，应对申报人规定一个到场或提供协助的期限。如果申报人在该期限期满后没有服从海关的要求，海关有权依法对货物进行查验，如果认为有必要，还可以求助专家或任何其他按成员国家自行决定的方式指定的人来协助，查验的风险及费用由申报人承担（《欧盟海关法典》第69条2和《实施细则》第241条规定）。在前述条件下进行的货物查验中，海关发现的问题应与有申报人在场进行的查验时具有相同的法律效力。

将货物移位至查验地点、拆开包装，以及所有与查验有关的其他必要的处置，均应由申报人负责并承担费用，但未经海关准许申报人不得移动货物（《欧盟海关法典》第69条1规定）。所以，海关只负责监控查验所必要的实质性作业。货物的任何损坏海关概不负责，除非查验人员本人在查验时损坏了被查验的物品[⑤]。

4. 查验范围

388 货物查验可以针对全部货物也可以只查验一部分货物。如果只查验一部分货物，查验结果应对全部货物有效而且申报人如果认为部分查验的结果不能代表已申报货物的全部，可以要求对全部货物进行查验（《欧盟海关法典》第70条1规定）。如果申报人没有

---

① 其实，海关关务监督传统上拥有的神圣的自由裁量权趋向于弱化成一种执行在海关总署层面上做出的查验决定的具体执行权，以应对国际贸易持续增长所带来的挑战。现在不再是每个海关执法人员如果想就能对每票通关都进行实际查验，查验变得更有选择性。此外，报关单越来越朝着事后监管的模式发展，作为通关环节比较便利的补充。关于货物按准入放行监管的报关单未履行查验手续的问题，请参见 CJCE，1er févr. 2001，*D. Wandel GmbH*，aff. C-66/99，Rec. p. I-873。

② 参见本书65关于通关中心。

③ 关于到户集中通关程序，请参见本书345。

④ 但要注意，在涉及查验时申报人应到场的规定方面，法国的规定与欧盟的规定互不相同。尽管《法国海关法典》规定查验必须有申报人在场（第103条1规定），但《欧盟海关法典》则规定只有在海关认为有必要时才要求申报人到场（《欧盟海关法典》第69条2规定）。

⑤ 参见：Cons. d'état 19 juin 1925，*NRJD* n° 2068。

置疑部分查验的结果，没有全部查验便不能作为法律上的借口①。

在查验过程中，海关有权中断查验作业，对报关单的某些申报内容进行更深入的审查（如提取货样由海关化验室进行分析）。在此情况下，应要求申报人在报关单上书面同意中止查验作业。如果申报人不同意中止查验（这是法律赋予他的权利）②，他将承担对其报关单的申报内容进行调查的风险。

至于查验期限，法规没有明确的规定，因为查验的方法是因情况不同而异的，只有海关才有权决定。特别是在第一次查验之后，只要货物未放行，海关一直有权再次查验货物③。在这个问题上，只能建议海关查验人员不要无理地拖延查验时间和避免海关查验人员将查验演变成一种过度的货物扣留。就连最高法院也曾驳回过纳税人提出的在海关为监管需要扣留货物时的损害赔偿的上诉，其判决仅仅提出此类建议④。

5. 查验记录

389 查验之后，海关关务监督会在报关单上或者报关单随附的某个单证上填写查验记录，查验记录包含一份关于简明但忠实并且完整的报告，内容是所进行的查验和查验的结果。查验记录承载着签名人的责任并且构成一种认证性的法律文书，在对海关执法人员调查或完成的要件事实提出反证之前始终具有法律效力⑤。

6. 放行货物

389-1 《欧盟海关法典》规定（第 4 条 20）将放行定义为“海关当局将货物用于该货物所申报的监管方式规定的目的”。

海关如果没有查发任何违法，应在审核或者不审核报关单的申报内容之后立即放行货物。如果报关单的审核在“合理期限内”没有结束但不需要再呈验货物，货物也可以放行。如果报关单的受理导致产生一笔海关债，便只能在缴纳或担保了海关债的金额之后才能放行货物（《欧盟海关法典》第 74 条规定）。

货物不能放行的原因很多，有的是由于申报人的原因无法进行查验或者继续进行查验，或者是某些单证没有在海关规定的期限内提供，或者是应缴纳的关税没有在规定期限内缴纳。此时，海关要采取一些其严厉程度因所考虑的情况不同而异的措施，如对所涉及的通关监管规定一个合规期限，撤销报关单或变卖货物等（《实施细则》第 250 条规定）。

三、货物查验过程中发现的争议的处理

（一）一般规定

390 海关在其货物监管过程中，会遇到对报关单的某些申报内容的正确性提出质疑的情况。因此会要求申报人接受海关的质疑及其可能提出的诉讼。如果申报人接受，不会有什么问题。海关根据不合规的严重性和情况的特殊性来决定如何处理。除严重违法需要追究向法院起诉外，最经常的是做出行政处罚。

---

① 参见：Cass. crim. 14 mai 1959，Doc. cont. n° 1527. Cf. CJCE，4 mars 2004，aff. C-290/ 01，*Derudder*，Rec. p. I-2041. -Cass. com. 28 sept. 2004，Bull. civ. IV，n° 165。

② 参见：Cass. civ. 1er août 1894，DP 1894，1，537。

③ 参见：Cass. req. 11 novembre 1845，Doc. jur. n° 411。

④ 参见：Cass. civ. 18 octobre 1886. *Bull. civ.* n° 212。但是，对于欧盟司法法院对某些监管措施违背欧盟禁止相当于数量限制的措施的原则立场，请参见本书 154。

⑤ 参见：Cass. crim. 11 décembre 1969，Doc. cont. n° 1498。

如果纳税人拒绝接受海关的处理决定，会考虑两种情况。一是如果争议涉及容易核实的要件，如重量、数量或收货人的资质，或者如果争议涉及某个法律问题（对某个法律或法规条文的解释），裁决的方法是起草一份扣押笔录并按海关刑事诉讼的一般规定起诉。二是如果争议涉及货物的税则归类、原产地或价格，立法者们认为，由于对纳税人不利的裁决的复杂性，只考虑海关的解释会导致武断，因此应将争议诉诸另一个独立的行政当局来裁决。

（二）涉及货物的税则归类、原产地或价格的争议的特殊情况

1. 主管当局

391 货物查验过程中产生的涉及货物的税则归类、原产地或价格的争议，应诉诸一个特别的组织——海关调解及鉴定委员会来裁决，除非对此类争议规定有一个特别的程序（《法国海关法典》第 104 条规定）。近期设立的海关调解及鉴定委员会[①]，是长期历史演变的产物，因为自 19 世纪以来，各种专业签定制度从来没有完全令人满意过[②]。

392 海关调解及鉴定委员会由一名法院的行政官员任主任委员，该官员拥有最大的调查权并由两名根据其技术能力选定的助手协助，海关调解及鉴定委员会的成员应确保尽可能全面代表各种专业活动。海关调解及鉴定委员会分为人数对等的两个部分，从而突出程序的对抗性。

2. 鉴定程序的运行

393 在鉴定程序运行的第一个阶段，海关调解及鉴定委员会在由它本身来对所提交的争议作出裁决之前，会努力在双方之间达成共识并找到一个解决方案。它因此扮演着一种调解人的角色，旨在寻求尽快解决争议。

如果海关调解及鉴定委员会的调解任务无法完成，便会不得已亲自做出裁决，对该争议做出裁决之前，它应当就它案头的问题、所进行的技术鉴定及所做出的裁决的理由做一个简述。这样，随后可能会受理该争议的法官才有可能判定从争议的相关事实点和海关调解及鉴定委员会所进行的技术鉴定中得出的法律推断与它应做出的判决是否相符。

394 如果争议双方中有一方不服海关调解及鉴定委员会的裁决，该争议便应按本书后面将研究的海关诉讼的方式提交法院判决[③]，海关诉讼是按一般的法院诉讼程序审判的。其中我们在此应当强调的唯一的特殊性在于负责审理的法官与海关调解及鉴定委员会之间的关系。

高级税则委员会运行过程中获得的经验及该委员会的决定所引起的法律诉讼已经证明，在法官行使其作为代表法律代言人的神圣特权和负责研究法官做出其判决所依据的

---

① 参见 1968 年 12 月 31 日第 68-1247 号法律第 2 条及第 20 条规定，该法律中有些规定经过数次修改，现在已成为《法国海关法典》第 441 条至第 445 条规定及数项实施法令。更深入的研究请参见 B. de Mordant de Massiac et C. Soulard, *Code des Douanes*, Litec, 4e éd. , 2006, sous art. 444。某些涉及该委员会人员组成及运作的改革加速了对其受理的争议的裁决。

② 我们会注意到，海关调解及鉴定委员会的权限根据 1997 年 12 月 29 日的法律（经 1979 年 6 月 14 日第 79-470 号法令修改）规定被扩大到货物通关之后在事后监管或调查时产生的争议的裁决（《法国海关法典》第 450 条规定和 1971 年 3 月 18 日第 71-209 号法令第 18 条至第 27 条规定）。海关调解及鉴定委员会在此方面的权限与本章讨论的内容所处的情况（通关监管）无关，因此我们不进行分析。

③ 参见本书 971。

事实点的委员会之间，必须保持有机的合作，否则会使前置的海关鉴定根本没有必要。这种有机的合作在新的司法制度中得到了保证。该委员会做出的要件鉴定，按《法国海关法典》第447条规定，是法院可以采纳的唯一的鉴定。如果负责审理的法官认为委员会是在不合规的条件下做出裁决，或者他认为所提供的事实不完整或他不采纳委员会的事实鉴定或技术鉴定，他会退回所提交的案件做补充审查。但委员会便享有法律鉴定的垄断权。

委员会拥有的垄断权根据《法国海关法典》第450条规定还被扩大到所有负责受理涉及税则归类、原产地或海关估格的海关诉讼的法院规定要进行法律鉴定，无论事先是否咨询过委员会。

第三章 海关债

395 报关单审核作业结束之后，通关程序进入会计阶段，启动关税及其他税的征收机制及可能的退税机制。欧盟对过去实施的税收规定进行了一次全面修改并且建立了具有独特性的海关债监管方式。实际上，自关税收入上缴欧盟财政以来，各成员国家的海关当局被赋予一项复杂的职能，因为长期以来它对国际贸易收缴的税款，部分用于退税，部分留在本国财政。因此，有必要以欧盟法规的形式严格界定哪些是真正意义上的海关债，同时为成员国家海关保留一定灵活性。

在《欧盟海关法典》[①] 中，海关债被定义为“某人缴纳按欧盟现行规定确定的对货物征收的进口关税或出口关税的义务”。其中“进口关税或出口关税”一词，指真正意义上的关税和相当于关税的其他税，以及属于共同农业政策项下的税收。因此，在任何情况下，国内立法规定的国内税（首先是增值税和消费税）不属于海关债范畴，即使这些税是与海关债同时收缴而且按海关债的征缴方式征管。

我们将先后介绍海关债的发生及消失、海关债的征缴或退还的相关规定。

第一节 海关债的发生及消失

396 在欧盟法律语境中，海关债一词被用来定义传统的海关债权，它指一种强加于某人的缴纳对进口或出口征收的关税的义务。法国海关立法在此问题上一直保持沉默。它从来没有试图把任何一笔海关债的发生情况及其消失的原因限定在一个严格的法律机制中。这些问题的答案直接来自我们能够对《法国海关法典》中寥寥无几的规定的解释，而那几条规定很不完整、很不具体。至于其他成员国家，它们也都执行过去沿袭下来的而且在各国之间互不相同的规定。

所以，为了保证海关规定的统一实施，欧盟当局认为有必要协调各成员国家之间在海关债方面的法律法规或行政规章，特别是对海关债的发生和消失的规定。协调措施最初出

① 《欧盟海关法典》第4条、第9条等规定。

现在1987年，所采取的形式为欧盟理事会的一项条例，其规定已经写入《欧盟海关法典》（第189条至242条规定），而且《实施细则》的第857条等规定也对其进行了补充。《欧盟海关法典》的修改致力于提高经济从业人在海关债方面的确定性，最终会消除各种不确定性，这些不确定性正在引发一场关于海关的某些基本问题（海关债的发生和消失都涉及）的大争论。

一、海关债的发生

（一）发生事实

1. 进口

397 《法国海关法典》第201条规定中将货物按准入放行方式监管或按免征部分进口关税的暂时进境方式监管作为一笔海关债发生的第一种情况。对于按准入放行方式监管的情况，我们有必要再加上货物按一般贸易进口方式进口到成员国家的情况，它包含着无论从欧盟法还是从成员国法上讲对进口人的所有要求——按准入放行监管的要求和源自成员国家各种法规的要求。

海关债发生的第二种情况比较特别。比如，旨在使纳税人规避其义务的瞒骗无疑也是海关债的发生事实，最典型的是将应征关税的货物非法输入欧盟关境（走私事实或以伪瞒报方式通过业务现场海关进口[①]）。同样，某项应受海关监管的监管方式项下的货物逃避海关监管[②]，以及按自由区或自由区型保税仓库监控的货物的不合规消费或使用，也会发生海关债。

398 导致发生海关债的第三种情况涉及按某项监管方式监管的货物，海关债发生事实是纳税人没有履行与其相关的规定义务。此类情况均会导致海关债的发生，除非不履行义务的原因在于货物因为某个不取决于货物本身的性质或者由于某个不可预见或不可抗力的情况完全灭失外[③]，或者货物经海关批准被销毁。此外，货物因特殊的使用去向而按免征全部或部分关税的准入放行（或一般贸易进口）方式监管后没有履行应履行的义务，如不遵守减免税的条件，也会构成海关债的发生事实，除非该货物经海关批准被复运出境或被

---

① 关于非法输入的概念，请参见：CJCE，3 mars 2005，aff. C-195/03，*Ministerie van Financie* 8 [illegible] *Merabi Papismedov*，Rec. p. I-1667。

② 参见《欧盟海关法典》第202条及第203条规定。该货物的报关单或任何其他具有相同法律效力的单证，只要产生使货物虚假地获得欧盟的海关监管状态，便应被视为使货物逃避海关监管（《实施细则》第865条规定，按1998年7月29日第1677/98号条例规定修改的）。参见：CJCE，12 févr. 2004，aff. C-337/01，*Hamann International GmbH Spedition + Logistik et Hauptzollamt Hamburg Stadt*，Rec. I-12077. -CJCE，29 avril 2004，aff. C-222/01，*British American Tobacco Manufacturing BV et Hauptzol-lamt Krefeld*，Rec. p. I-4683。

③ 《实施细则》第206条1规定。对于按保税仓库监管的货物被盗的案件，欧盟司法法院曾判定，盗窃属于不可预见或不可抗力的概念范围，而且“第三者将应征收关税的货物擅自提离，即使债务人没有过错，也不会使相关义务消失”。参见：CJCE，5 octobre 1983，aff. 186 et 187/82，*Magazzini Generali*，Rec. p. 2951。

销毁，或者被发现的不合规对该监管方式的正确执行没有影响[1]。还有，在自由区或自由区型保税仓库内的货物按法规规定之外的条件消费或使用而应征收进口关税，也属于会导致海关债发生的情况。最后一种情况是非法进口属于禁止或限制进口的货物，这种事实上进入欧盟经济的情况导致海关债的发生[2]。

2. 出口

399 在出口环节，问题分析起来比进口要简单得多，因为导致海关债发生的出口情况很少见。第一种情况占绝大多数，海关债的发生事实是出口应征关税的货物，无论出口货物已填制了报关单还是非法出口。出口环节发生海关债的第二种情况法律有明文规定，即不遵守货物从欧盟关境出口免征全部或部分出口关税所规定的条件。第三种情况涉及禁止或限制出口的货物，此类情况比照非法进口禁止或限制性货物导致海关债发生的规定办理[3]。

（二）海关债发生时间

400 在进口环节，海关债发生的时间根据情况分别被定义为按准入放行方式（或一般贸易进口方式）或按暂时进境方式监管的报关单的海关登记时间，或者是货物不合法输入关境或货物逃避海关监管的时间。对按某项监管方式监管的货物，这个时间应当是停止履行如果不履行会发生海关债的义务的时间或者是货物按此监管方式监管后被发现不符合按此方式监管的条件或者不符合由于货物的特殊去向而享受免征全部或部分关税的条件的时间。

401 至于出口环节，海关债发生的时间，应当是出口报关单的海关登记日期或者（如果不申报走私出口）是货物离开欧盟关境的日期。如果出口货物因其特别使用去向而享受免征全部或部分关税，会是货物用于原申报的使用去向之外的用途的日期或者（如果该日期无法确定）是应提供证据证明货物具备免征全部或部分关税的条件的规定期限期满之日。

（三）计算海关债金额的时间

402 《欧盟海关法典》中有一些关于计算海关债金额的时间的规定。这条法律的关键不在于它们所阐述的原则，即除了在海关或特定的农业法规框架中制定的特殊规定外，适用于货物的关税税额应根据海关债发生之时专门适用于该货物的计税要素来计征。该条规定不过解释了一个从构建欧盟的逻辑本身产生的人尽皆知的事实而已。

相反，欧盟法律对该原则的修正及所涉及的无法准确地确定海关债发生时间的情况（特别是偷越边界的情况）应更值得注意。直至此前，海关诉讼案件的判例始终决定着这方面的规则。而最常见的情况是各成员国家海关只考虑对国家财政利益最有利的日期……现在的规定是，在这些情况下，所依据的计税要素应当是海关发现货物处于发生

① 因《实施细则》第 859 条规定列明的若干不合规情况（超过规定期限、未经事先批准处置货物，等等）可被视为对监管方式的正确运行没有实际影响。但是，一方面，这些不合规必须不构成一种使货物逃避海关监管的主观故意，或者不是利益相关人明显的疏忽大意；另一方面，事后已经补办使情况合规化的所有必须的手续。

② 除涉及假币及“不属于主管当局管控用于医学或科学的经济圈中”的麻醉品和精神物质（详见《欧盟海关法典》第 212 条规定）的特殊规定外。关于走私乙醇，请参见 CJCE, 29 juin 2000, *Tullibalitus*, aff. 455-98, Rec. p. I-4993。

③ 参见本书 398。

海关债的情况之时的计税要素。如果通过信息要素能确认海关债发生的时间早于海关发现的时间，应采用最早一个能够认定海关债已经发生的时间（《欧盟海关法典》第214条规定）。

（四）海关债的发生地点

403 根据《欧盟海关法典》第215条规定，发生海关债的事实的发生地点就是海关债的发生地点。但是，如果无法确定该地点，海关债应视为在海关当局发现货物处于发生海关债的状况的地点发生的。如果海关债是因为某项监管方式未核销而发生的，发生地点应是在货物按该监管方式监管的地点，或者是在按该监管方式监管输入欧盟的地点。如果海关当局掌握的信息要素够能使其认定应税货物此前处在另外一个地点时海关债就已经发生了，海关债发生地点应视为在可以认定海关债已经发生的各个时间节点中最早一个时间节点货物所处的地点。最后，该条款规定，某个国家的海关当局发现海关债在另外一个成员国家已经发生时，如果涉及税额不超过5000欧元，则该成员国家应被视为海关债的发生地点①。

（五）应缴付海关债的人

404 对于海关债的每种发生情况，《欧盟海关法典》均精准地定义了应缴付海关债的人的资质。该资质在绝大多数情况下是进口或出口都相同，但某些情况由于其特殊性应适用特殊规定。

405 如果某些进出口业务需要递交按准入放行方式监管的报关单，按暂免全部或部分进口税的暂时进境方式监管的报关单，或者应递交应征出口关税的货物的出口报关单，那么申报人就是债务人②。如果报关单是由某个以其本人名义替他人申报的代理填制，他所代理的人也是债务人。如果按准入放行方式监管的报关单或按暂免全部或部分进口关税的暂时进境方式监管的报关单是根据错误的数据填制的，影响了应征关税的税额计算，提供这些数据的人，根据所涉及的成员国家的本国规定，也应被视为债务人。

406 如果货物被不合法输入欧盟关境或者如果货物不申报出境，办理此类货物入境或出境手续的人，以及参与此类瞒骗活动的人都是债务人。对于货物的不合法输入，获得或持有相关货物的人，即使不知道货物是不合法输入的，也应是债务人③。

407 应征进口关税的货物如果逃避海关监管，使货物逃避海关监管的人就是债务人，参与逃避活动或者获得或持有此类不合法的货物的人也是债务人④。

对于在进口环节出现的不遵守按某项监管方式监管规定的要求的情况，或者对于不符合这些货物按该监管方式监管规定的条件或某项优惠关税监管方式的审批条件的情况，有责任遵守所涉及的监管方式正确运作所规定的要求或条件的人就是债务人⑤。

---

① 《欧盟海关法典》第215条规定，参见 Cass. crim. 27 févr. 2002, Bull. crim. , n° 51。

② 申报人是本人或以其名义委托他人填制报关单的人（《欧盟海关法典》第4条18规定）。

③ 关于公路运输司机及其副驾驶承担的责任，请参见：CJCE, 4 mars 2004, aff. C-238/02 et C-246/02, *Hauptzollamt Hamburg Stadt c/ Kazimieras Vilukas* e. a. , Rec. I-2141. -celle d'un employeur, cf. CJCE, 23 sept. 2004, aff. C-414/02, *Spedition Ulustrans*, *Uluslararasi Naliyat ve. Tic A. S. Istanbul c/ Finanzlandesdirektion für Oberösterreich*, Rec. I-8633。

④ 关于没有提交转运单证的运输人的责任，请参见：CJCE, 29 avril 2004, préc. , note 2。

⑤ 如果在自由区或自由区型保税仓库内以法规规定以外的条件消费或使用货物，消费或使用该货物的人，以及参与消费或使用的人就是债务人。

至于不遵守允许免征全部或部分出口关税从欧盟出口的规定条件的情况，申报人或者代理申报人向海关申报的人，明知或按理知道应当递交报关单而没有递交而参与出口的人，都是债务人。

如果同一笔海关债有数个债务人，这些债务人均对缴付该笔海关债负有连带责任（《欧盟海关法典》第 213 条规定）。

二、海关债的消失

408 我们会注意到，出于法律严厉性的考虑，《欧盟海关法典》第 233 条规定涉及了某些不属于海关债严格意义上的消失的概念的情况。因为此类情况只会导致海关债事实的消失。这些情况一方面涉及按法院追缴令征缴的海关债金额的诉讼被终止，另一方面涉及在通过法律途径证明债务人无清偿能力情况下对海关债金额不予征缴。至于海关债真正意义上的消失，首先应考虑的情况是我们最经常遇到的，即缴纳或不缴纳关税①。除此之外，还有报关单失效也会造成海关债消失②。

409 已申报按某项应缴纳关税的监管方式监管的货物，如果在被放行之前被扣押并被没收，或者按海关指示被销毁，或者上交国家财政，或者由于货物本身的性质或某个不可预见的情况或不可抗力被毁坏或不可挽回的灭失，也会使海关债消失。同样，如果货物被不合法输入欧盟关境后被扣押并没收，海关债也会消失。

在扣押并没收情况下，如果某个成员国家的适用于海关违法案件的刑法规定将关税作为判定处罚的依据或将海关债的存在作为追究刑事责任的依据，海关债应被视为没有消失（《欧盟海关法典》第 233 条 d 规定）。

第二节　海关债的征缴

410 对于应征收关税的货物而言，海关债的征缴构成其通关程序的最后一个阶段③。这牵涉到若干套有时间先后顺序的作业机制，我们现在来分析它的特征。

一、海关债权的确立

411 海关在报关单监管和可能的货物查验之后，便启动对应征关税的计税作业，计算纳税人应缴纳的税额（《欧盟海关法典》第 217 条规定）④。

（一）征税依据

412 对报关单审核的结果应作为适用关税的依据。如果没有进行审核，征税依据应

① 关于海关债的这两种消失机制的实施方法，请参见本书 419 和 437 等。

② 关于报关单失效情况，请参见本书 332。

③ 我们曾提到过，关于海关债的规定也适用于进口环节国内税的征收（参见本书 395）。为了明确起见，后面我们将会指出，在进口环节这是一种最常见的情况。在出口环节，如果小额货物应征收出口关税，也应适用相同的规定。

④ 根据 1994 年 5 月 16 日一项关于完整报关单的格式及内容的署长令的规定，除偶尔的申报人之外，纳税人本人有义务在报关单上计算关税及其他税税额。但这仅是一种临时计算，主要是为了减轻海关的工作。

按报关单的申报内容来确定（《欧盟海关法典》第 71 条规定）。根据成员国家海关法的规定，如果有诉讼提交法院判决时，应考虑海关调解及鉴定委员会[①]的裁定或者司法决定（《法国海关法典》第 107 条规定）。

（二）适用关税的确定

413 从货物进入关境直至通关手续完成，通常需要几天时间。通关的各个阶段（简化报关单和完整报关单的递交、货物查验、关税计征）就在这几天时间中先后进行，而适用于货物的关税税率有时会在此期间发生变化。于是，必须在赋予货物不同的海关监管状态的各项作业中，有一项可以决定适用关税的作业。

1. 基本原则

414 在很长时间内，由于没有法律层面上的规定，税率适用的基本原则是由行政法规来规定的。必须承认，除了在一个很短的时段中将缴纳关税的时间作为税率适用的时间外，适用税率从一开始都是按一般贸易进口的完整报关单海关登记日期作为所依据的日期，因为这个时间最接近货物发运和所签订的贸易合同的日期，因此最大限度地降低了扰乱进口人的经济计算的风险。这项基本原则最终于 1979 年被引入对准入放行监管方式的首个欧盟指令中，后来被写入《欧盟海关法典》（第 67 条规定）。

2. 例外

415 从报关单递交之后到申报人开始提取货物并将其投入进口国家的经济循环期间，关税税率有时会下调。我们认为，之所以关税能够下调，是因为降低后的税率足以保护本国生产人，因此在欧盟层面上，只要货物投入国家经济循环的时间不是进口人为此专门推迟的安排，纳税人完全有理由享受这一优惠。

此项对基本原则的例外最初于 1962 年 5 月 25 日由欧共体委员会提出建议，后来被逐步引入某些成员国家的本国立法中。目前已经正式写入《欧盟海关法典》（第 80 条规定），它规定在按准入放行监管的报关单被海关受理之后至货物被放行之前这段时间内出现税率下调的情况下，申报人有权申请对未放行的货物适用下调后的税率。但如果海关对货物的放行指令是因为申报人的原因没有下达，则不适用该条规定。

416 适用《法国海关法典》第 99 条 bis 关于提前递交报关单的规定时[②]，该报关单的海关登记应于货物运抵之日生效，因此适用税率的确定只能考虑该日期。

二、税额的记账与通知债务人

417 海关债项下的任何税额均必须记账，即记入海关财务登记册[③]或记在任何其他取而代之的载体上。如果海关债从货物按除免征部分关税的暂时进境之外的监管方式监管的报关单的受理开始发生，记账日期应最迟不超过海关下达货物放行指令之日的次日。

适用于海关已放行的货物的关税税额，除已提供担保保证缴纳外，对同一个债务人在缴付期限不超过 30 天的同一时段内的所有税额，可以在某个时段结束之时进行汇总记账（《欧盟海关法典》第 218 条规定）。

特殊情况下可以延长记账期限。除不可预见的情况或不可抗力外，按此延长的期限不

---

① 关于海关调解及鉴定委员会，请参见本书 390 等。

② 参见本书 321。

③ 在法国，这些账册被称为“清缴登记册”。

得超过14天（《欧盟海关法典》第219条规定）。

418 关税税额应在记账之后立即通知债务人[1]。

海关债发生之时起3年期限到期之前，海关都可以向债务人发送缴付通知，除非发生刑事诉讼致使海关当局无法确定法定应征收的确切的关税税额。

三、关税的缴纳方式

419 关税及其他进口环节税的缴纳方式有两条基本规则：一是现付，二是必须在货物放行之前缴纳。但在某些情况下，这两条基本规则可以从宽掌握，采用一些例外机制。

（一）现付规则

420 长期以来，在绝大多数成员国家而且欧盟法律规定中也明确承认，货物就是关税的抵押并构成对海关的实际担保。根据这条原则及《欧盟海关法典》（第74条规定）和《法国海关法典》（第101条1及第113条规定），关税的缴纳应采用现付方式，关税未缴纳或被担保之前货物不得放行[2]。

纳税人只有放弃货物上交国家财政才能免予缴纳关税。而且该项变通措施并不是法定的，必须经过海关同意（《法国海关法典》第111条规定）[3]。在此类情况下，海关有权扣留并保管货物直至关税全部得以缴纳，如果4个月后货物的海关监管状态仍未合规化，货物将会被公开拍卖上交国家财政。

除可以展期外，关税使用货币或者其他任何具有解除债务效力的类似手段缴纳，或者经征收关税的成员国家同意可以使用冲抵债权的方式缴纳。

（二）现付规则的例外

421 关税的必须现付而且先缴税后提货的规则并不是绝对的。在某些条件下，纳税人可以享受一些缴税便利措施。一般有两套程序，一种是《欧盟海关法典》所定义并规定的，被称为“关税税额延期缴纳”的程序；另一种是法国法律规定的，被定义为“用经担保的债券缴税”的程序。

1. 关税税额延期缴纳

422 先缴税后提货的规定在法国于1791年首次制定后，随着国际贸易业务的发展，很快成为严重的障碍。特别是在港口，由于运输量大，货物需在码头停留很久等待缴税。另外，关税逐票缴纳的方式也成为延误的原因，也是对贸易界和海关都没有益处的手续。因此，大多数欧洲国家先后引入了一套特别程序（在法国称为“提货授信”）。这套程序授予海关在货物查验的同时并在缴纳关税及其他进口环节税之前准许提取货物的权力。这项便利措施，经过对各成员国家所实行的规定进行协调和统一之后，现如今已经写入《欧盟海关法典》（第224条至第228条规定）和《法国海关法典》（第114条规定）。

与我们后面要讨论的以担保义务的方式缴纳关税的情况相反，延期缴纳并不是为了给纳税人提供缴税便利，而是想使其能立即处置海关手中的货物。这项措施不构成一种缴税

---

① 《欧盟海关法典》第221条规定。参见：CJCE，23 février 2006，aff. C-201/04，*Belgische Staat c/ Molen-bergnatie*，NV。

② 此外，法国的现付缴税的原则源自法院的判决（参见：Cass. crim. 8 juin 1963 et 29 juillet 1963. Doc. cont. n° 1402）。

③ 这一限制条件旨在避免需要承担巨额费用、保存状态很差或者毫无价值的货物交由海关处理。

方式，纳税人只要与一个或几个担保人共同并连带地承诺在规定期限内缴纳税款即可[①]。该期限为 30 天，从海关将关税税额记账之日的次日起开始计时。

也可以按某个时段中所有记账的税额汇总缴税，在此情况下，缴税期限是汇总的时段到期之日的次日开始并减去汇总时段总天数的一半。

2. 经担保的债券缴税方式

423 这套程序产生于《欧盟海关法典》（第 229 条规定）授予成员国家海关的一项权力，授权它们允许债务人采用延期缴纳以外的缴税便利方式（交存保证金并征收信贷利息）。这项便利使法国得以保留了它的一项符合《欧盟海关法典》规定条件的缴税程序，该程序创立于 1875 年 1 月 15 日并写入了《法国海关法典》（第 112 条规定）。法国关于该程序的法律规定，“授权海关准许纳税人使用有合法担保的 3 个月远期债券支付由海关征收的关税及其他税”。只要海关接受了债券，即使实际缴税是远期的，纳税人就会立即收到缴税凭证。因此，从《法国海关法典》关于提取货物的规定的角度看，这就是一种真正的缴税方式，尽管其实是一种缓期缴税的机制。这也是这项便利措施传统上被称为缴税信贷的原因。

由于认购有担保的债券应被视为缴税而不仅仅是缴税承诺，因此，除其他外，收存此类债券意味着海关应解除对其手中的货物的留置权。如果这些货物被变卖或被抵押，海关也不能再针对债券认购人或做担保的债权人进行扣押[②]。此外，遇有要求退还多征税款的诉讼时，诉讼时效应从有担保的债券认购之日而不是债券到期之日起开始计时。

424 纳税人认购的有担保的债券会产生信贷利息，利息金额由财政部长发布部长令规定（《法国海关法典》第 112 条 4 规定）。利息按官方法定利率计收。

所以，法国的海关法规并没有受到欧盟层面上的协调措施的影响，《欧盟海关法典》第 229 条规定，如果某个成员国家提供符合本国缴税信贷的做法的缴税便利，应按税额计收利息。计算利息的方法应使计算得出的利息额等于本国货币或金融市场上对相同金额给予相同便利优惠时计收的利息。该条法律还另外规定，如果此类利息由于债务人的经济状况具有严重的经济或社会困难，各成员国家的海关当局有权放弃要求缴付缴税信贷利息。

（三）未缴纳关税的情况

425 《欧盟海关法典》还对关税在规定期限内没有缴纳的情况做出了规定（第 232 条规定）。它规定，在可能情况下，海关当局有权采取能确保应缴税款足额缴纳的一切措施，包括强制执行[③]。还应征收一笔滞纳金，滞纳金的金额可以高于缴税信贷利息但绝对不能低于缴税信贷利息。如果征收滞纳金导致与缴税信贷利息同样性质的困难或者滞纳金金额不超过某个金额，海关当局有权放弃征缴。这项变通措施也适用于在规定期限到期之后 5 天宽限期内缴税的情况。

四、补征关税

426 通关手续办结之后，会出现应征关税没有记账或者记账金额低于应征税额的情

① 担保义务的变通措施从 2005 年开始扩大到进口环节的增值税（参见：Cf. BOD n° 6628 du 18 mai 2005）。

② 参见：Cass. civ. 3 avril 1889, cité par Allix, *op. cit.*, T. 1, p. 398。

③ 关于强制追缴的方法，请参见本书 770 等。

况。产生这种情况的主要原因是税款计算差错或者是对已认可合规的报关单的事后稽查发现有关税及其他进口环节税漏征或短征。过去，各成员国家海关在评估可由法院审理追缴应征关税及其他进口环节税的诉讼案件方面有很大的权力，现在均受到《欧盟海关法典》（第 220 条规定）及《实施细则》（第 868 条至第 876 条规定）的限制，这些法规对今后在此方面所适用的规定做了界定。

需补征的关税应于海关发现未缴纳之日起两天内记账。该期限可以延长，但不能超过债务人可以偿付其债务的时间。

427 欧盟法律规定了对事后补征未征收的关税的原则的例外，其实就是若干涉及海关或者债务豁免或者涉及直接放弃权力的情况。第一种情况是，关税税额低于 10 欧元的一般情况[①]，还有最初的决定是根据后来被司法决定判定失效的无溯及力的普遍规定做出的情况（《欧盟海关法典》第 220 条 2a 规定）。第二种情况是，如果短征是为了实施某项优惠关税制度而当时该项优惠已经到期但其失效没有正式对外公布或告知利益相关人（《实施细则》第 869 条规定）。第三种情况也是最棘手的情况，因为短征的原因应归咎于海关当局自身的差错，“在债务人无任何欺诈行为并遵守了现行立法关于申报的所有规定情况下，法定应征税款未入账原因是债务人按理无法发现的海关当局的工作失误。”（《欧盟海关法典》第 220 条 2b 规定）。纳税人无法发现海关当局的自身差错，这一概念引出一种通常不太有利于纳税人申辩的判例[②]。

即使法国的法官会考虑纳税人无专业经验的实际情况或者要求他承认差错是某个第三国的海关当局自身造成的，但要求进口人具有比海关官员更广的知识这一辩护理由也不成立，因为差错“一定都是由一名没有全面审查一种事实或权利的情况的主管官员造成的”[③]。同样，法院判定海关当局在发放 EUR1 证书时不必审定该证书的有效性，只有海关

① 《实施细则》第 868 条规定。

② 参见：CJCE, 12 juillet 1989, aff. C-61/88, *F. Binder*, Rec. p. 2405; JCP 1990, éd. E, Ⅱ, 15876, n° 13. -26 juin 1990, aff. C-64/89, *Deutsche Fernsprecher*, Rec. p. I-2535 ; JCP 1991, éd. E, I, 77, n° 10. -1er avril 1993, aff. C-250/91, *Hewlett Packard France*, Rec. p. I-1819 ; JCP 1993, éd. E, I, 273, n° 17. -4 mai 1993, aff. C-292/91, *Gebr. Weis c/ Hauptzol-lamt Würzburg*, Rec. p. I-2219 ; JCP 1993, éd. E, I, 273, n° 18. -14 mai 1996, aff. C-152/ 94 et C-204/94, *Faroe Seafood*, Rec. p. I-2465. -TPI, 5 juin 1996, aff. T-75/95, *Günzler Aluminium GmbH*, Rec. p. Ⅱ-500. -CJCE, 26 novembre 1998, aff. C-370/96, *Covita AVE c/ Grèce*, Rec. p. I-7711. Cf. cependant: TPI, 19 février 1998, aff. T-42/96, *Eyckeler 1 Malt AG*, Rec. p. Ⅱ-401. -17 septembre 1998, aff. T-50/96, *Primex Produkte Import-Export GmbH c/ Commission*, Rec. p. Ⅱ-3776. -CJCE, 7 septembre 1999, aff. C-61/98, *De Haan Beheer BV*, Rec. p. I-5003. -TPI, 18janvier 2000, aff. T-290/97, *Mehibas Dordtselaan BV c/ Commission*, *JOCE* C 79, 18 mars 2000 -17 septembre 2003, aff. jointes T-309/01 et T-239/02, *Peter Biegi Nahrungsmittel GmbH et Commonfood Handel-sgesellschaft für Agrar-Produkte mbH c/ Commission*. Cass. crim. 10 mars 2004, pourvoi n° 02-86590. -CJCE, 29 avril 2004, aff. C-222/01, *British A-merican Tobacco Manufactu-ring BV et Hauptzollamt Krefeld*, Rec. p. I-4623. -TPI, 7 déc. 2004 ; aff. T-240/02, *Konin-klijke Coöperatie c/ Commission*. -Cass. com. 5 avril 2005, pourvoi n° 02-21207. -CJCE, 3 mars 2005, aff. C-499/03, *Peter Biegi Nahrungsmittel GmbH et Commonfood Handelsgesellschaft für Agrar-Produkte mbH*, Rec. p. I-1751. -CJCE, 9 février 2006, aff. jointes C-23/04) C-25/04, *Sfakianakis AEVE c/ Elliniko Dimosio*。

③ 参见：Affaire *Faroe Seafood*, préc。

当局的主动行为导致的错误才能解释应征税款未征收的合理性[①]。根据一条有争议的说法，初审法院曾提到，对于进口人来说，这是“他应当会遇到的市场与生俱来的风险”，而且他“应当把此类风险作为归入贸易的正常不便之外一类予以承受”。

2000年11月16日第2700/2000号条例对《欧盟海关法典》第220条b规定的原则所具有严厉性的带来一些灵活性。实际上，为了回应公平这一要求，该条例为第220条规定增加了一款，根据该款规定，某些外国当局错发的可以获得关税优惠的证明原则上可被视为从业人不易发现的差错。不过，这项有利于进口人的规定附有一些限制条件：如果欧盟委员会在《官方公报》上发布了一项“对受惠国家正确实施优惠关税制度提出有依据的质疑”的公告，受益人的诚信不得作为辩护理由。在这种情况下，前面提到的判例仍具有重要意义。

428 在海关当局决定不追缴海关债的权限的认定方面，已经发生了重大的变化。事实上，由于涉及欧盟的预算收入，很难想象欧盟委员会不干预涉及欧盟财政利益的海关业务。但在某些情况下，成员国家仍有权自行决定是否退还海关债[②]。

由于存在这种双重的权限，于是便产生了一套复杂的规定，被写入《实施细则》第869条及其他几条规定中，授予成员国家当局自行决定是否对未征收关税免予补征，但仅限于以下几种情况：一是优惠关税措施的适用不当，二是可比照欧盟委员会已有规定免予补征的情况，三是经营人无法发现的海关当局的差错。而且在最后一种情况中，可免予补征的税额不得超过50000欧元，否则应报欧盟委员会审批。最应当讨论的规定无疑是准许成员国家在对是否应准许免予补税无法做出决定时可以请示欧盟委员会，由欧盟委员会在9个月的期限内做出审定。鉴于这种制度存在着不便之外，2003年7月25日的一项欧盟条例于是决定自2003年8月1日停止执行该项规定。为了减轻欧盟委员会的负担，并恢复各成员国家当局在管理自己的税收的方面的责任，《实施细则》实施了一项重大改革，用以下一整套规定取代了过去的制度：

各成员国家原则上有权经审查符合条件即可决定海关债的免予追缴[③]。补税金额超过500000欧元时，以及在某些比较特殊的情况下，如由欧洲反欺诈办公室协调的欧盟的调查结果才能决定的情况，或者申请人提到欧盟委员会的错误的情况，成员国家才需要上报欧盟委员会。此外，如果欧盟委员会已经对在某个情况做过一项决定，对于事实和法律上可以比照的类似情况也可以不上报。

五、用于保证补税的担保

429 海关掌握着若干旨在保证海关全权得以追缴税的机制，比如担保，《法国海关法典》中规定的特殊保全措施，以及欧盟行政互助的可能性。

---

① 参见：TPI, 9 juin 1998, aff. T-10/97 et T-11/97, *Unifrigo Gadus*, Rec. p. Ⅱ-2231. -Cf. CJCE, 19 octobre 2000, Aff. C-15/99, *Hans Sommer GmbH et Hauptzollamt Bremen*. TPI, 10 mai 2001, *Kaufring AH ea c/ Commission*, aff. T-186/97, Rec. p. Ⅱ-1337. CJCE, 9 mars 2006, aff. C-293/04, *Beemsterboer Coldstore Services BV c/ Inspecteur der Belastingdienst -Douanedistrict Arnhem*。

② 参见：CJCE, 24 septembre 1998, aff. C-413/96, *Skatteministeriet c/ Sportgoods A/S*, Rec. p. I-5308. Cf. égal. CJCE, 14 nov. 2002, *Illumitronica-Illuminaçao e Electronica Ld*, aff. C-251/00, Rec. p. I-10433。

③ 参见本书444。

（一）担保[①]

430 如果作为关税现付原则的例外，纳税人享受延期缴税的待遇，所采用的信贷模式会包含有一名替纳税人[②]做出承诺的担保人。现在我们来明确担保人的概念。

1. 海关担保的特殊性

431 正常情况下，担保是一项契约，某个第三人以担保人的名义向债权人承诺履行债务人的义务，“只要债务人本人不履行其债务”（《法国民法典》第 2011 条规定）。此外，“担保人仅在债务人不履行其债务时，行使对于债权人负履行债务的责任，债权人优先就债务人的财产进行追索，但担保人放弃此种抗辩的利益，或担保人与债务人负担连带债务时，不在此限”（《法国民法典》第 2021 条规定）。

在海关方面，纳税人的担保人并不是《法国民法典》所指的真正意义上的担保人，实际上，《欧盟海关法典》第 195 条规定“担保人应书面承诺与债务人连带地缴付应缴纳的海关债的担保金额”。海关担保人因此就是与申报人本人一样的纳税人。这条原则在明确地写入海关法之前，曾经是一项判例[③]，它具有以下一系列的法律效力。

432 担保人的财产可以与主债务人的财产一样被视为优先债务财产并且被抵押，为了追缴海关债的全部债务，海关有权无限地追究主债务人或连带担保人的债务责任，对于有担保的债券，有规定明确担保人只承担他所担保的金额，而且对在其认可缴付的金额被接受之后另外征收的其他税概不负责。但对于提货授信，担保人却不能也解除对由于缴付之后的变更所产生的额外关税与申报人的任何连带责任。此外，由于担保人与主债务人连带地负有责任，因此他不能享受《法国民法典》第 2021 条规定的抗辩利益，抗辩利益准许担保人就债权人追索债务人的财产义务对债权人提起诉讼。

相反，如果债务人已经缴付了债务，对主债务人享有全部的追诉权。此外，债权人对主债务人享有的所有权利均被视为代位清偿权。这些规定均源自《法国民法典》（第 2028 条及第 2029 条规定），在海关方面可以正常适用。法院判例也经常确认它的适用，特别指出，“申报人的关务担保人，一旦向海关缴纳了申报人所欠的关税，债务人在破产中应享有代位清偿的特权”[④]。

但是，“只要海关对于未缴的关税仍然是纳税人的债权人，担保人不得诉诸代位清偿利益对抗海关本身与国家财政竞争。因为担保人这种干预有悖于海关立法及其精神，海关立法将该担保人视为第二纳税人，而且目的就是通过一个独享的特权来保证税款的足够收缴”[⑤]。

---

① 以下的讨论主要涉及海关债“已经发生”的情况。对于涉及一笔“可能会发生的”海关债（某些经济监管方式的情况），参见本书 397 等。还要指出，只是在 1969 年关于海关债金额缴付担保的法规才以欧共体理事会的条例形式作为在共同体各成员国家之间的整体协调措施的对象。该项法规如今已写入《欧盟海关法典》第 189 条至第 200 条规定和《实施细则》第 857 条规定。

② 除非涉及免予提供担保的国家行政管理机关或者如果应担保的金额不超过某一限额的情况。

③ 参见：Cass. civ. 4 janvier 1888，*Bull. civ.* n° 3，D. 1888. 1. 55。

④ 参见：Trib. Com. Marseille，1er avril 1950，cité par Fouré，*La Comptabilité des ordonnateurs et des comptables des douanes*，p. 158。这是《法国海关法典》第 381 条 1 规定的解决方法，它在 1997 年 12 月 20 日法律之前将只给予专业关务代理的特权扩大适用于“任何人”。

⑤ 参见：Cass. civ. 4 janvier 1888，préc。

2. 担保人的认证及海关会计师的责任

433 担保人应当是欧盟居住民的自然人或法人并且应经某个成员国家的海关当局认证。担保人通常是银行。应当指出，在法国，无论是工商会（1907 年 3 月 29 日部长决定）还是被禁止从事商业活动的船舶经纪人，均不得出任担保人。个人担保可以由存款来替代，机构担保可以比照采用交存支票或交存其他任何海关认可具有解除债务能力的有价证券的方式。

《实施细则》第 857 条规定列举了若干除担保以外或者除存款以外的关税保全措施，由每个成员国家的海关当局自行决定是否采用。于是，法国只接受交存法兰西银行发行的国家公债，但不接受用抵押代替担保，因为抵押品比较难以兑现。

海关债一旦消失，对海关债的关税保全即刻解除。如果海关债部分消失，关税保全也部分解除，除非所涉及的金额不可能部分解除。

434 关税信贷及提货授信应由地区海关税收主官审批同意，他在个人和财务上对所欠税款向国家财政负责，因此对其所审批的信贷负责，但负责通关监管的下级税收主官有重大失误时，应自行负责（例如，他们放任其业务现场海关对一个纳税人擅自扩大授信额度）。

因此，地区税收主官有权对他可以发放的信贷的审批进行评估。他们有权拒绝任何其认为偿付能力不足的纳税人，如果认为第一个担保人所提供的担保不足以担保主债务人的债务，他们还可以要求有第二个担保人。

（二）保证金及诉讼时效

435 关于海关债权执行的规定会在后面研究[①]。所以，我们在这里简单回顾一下作为用于确保征收海关税的保全措施：首先，“在关税方面，海关对于欠税人的不动产及动产拥有优先于其他债权人的特权”（《法国海关法典》第 379 条 1 规定）[②]；其次，海关有权“对欠税人的不动产同样享有抵押担保权”（《法国海关法典》第 379 条 2 规定）；再次，为了收缴任何海关享有特权的债权，海关可向纳税人的任何财产保管人或债务人追缴债务人所欠的税款（《法国海关法典》第 387 条 bis 规定）；最后，对于国家债权人（如某个享受关税退还的受益人）对国家财政的欠税，海关有权进行合法冲抵[③]。《2002 年财政法（修订）》修改了《法国海关法典》第 354 条及第 355 条规定，为海关设立了一个“追缴权”，这是一种普通税法的概念，海关有权在海关债发生事实起 3 年期限内行使“追缴权”，但在特殊情况下，海关笔录的通知可以中止该期限。但是，在有司法申请、判决、承诺契约或涉及特殊且特别的物品的特殊且特别的义务的情况下，以及如果由于纳税人的瞒骗行为海关没有发现海关债的发生事实因此未能对债务人提起诉讼，该期限为 30 年[④]。

（三）欧盟互助

436 在某个成员国家发生的海关债权，有时会涉及是另一个成员国家居住民的纳税人，为了确保此类海关债权的收缴，1976 年 3 月 15 日，欧共体下发了一项经数次修改的指令，建立了一项互助程序。直到最近，收缴方面的互助仍基本上通过一个在成员国家之

---

① 参见本书 770 等。

② 除非涉及由于两个人互为债权人和债务人而发生的在欧盟互助框架内清偿的债权。

③ 我们曾经提到，如果两个人互为债权人和债务人，合法冲抵构成两笔债务的消失。

④ 由于在电子海关时代不可能保存单证 30 年，该条骨灰级的规定将来一定会废止。

间编织的双边税收条约网络来运作，该网络的适用范围在所涉及的债权性质方面互异。总体上讲，即使所有成员国家赞成互换情报和信息，至少其中某些国家仍不能痛快地提供真正意义上的收缴协助。2001 年 6 月 15 日，“为了回应损害欧盟和成员国家的财政利益及内部市场的瞒骗的蔓延所构成的威胁”，欧盟理事会通过了第 2001/44 号指令①。该项指令首先将 1976 年的那项指令的适用范围扩大到原来没有列入的关税及其他进口环节税。随后规定了一条原则，根据这条原则，对于可以执行债权的债券，被要求协助的当局应“直接认可并自动视为”本成员国家用来执行债权的债券。因此，被请求协助的当局除有限的特殊情况（如由于纳税人的状况收缴债权会产生重大的经济或社会困难）外，必须依照本国法律采用协助收缴措施。2002 年 12 月 9 日，欧盟委员会第 2002/94 号指令②进一步明确了遵守这些原则所必需的某些实际的方式。

在法国，《2002 年财政法（修订）》对《法国海关法典》第 381 条 bis 规定再次进行了修改。该条法律采用了欧盟的原则，特别是认可请求协助的成员国家签发的可兑换的债券的原则，并适用于“关税及其他税以及在进口或出口环节征收的各种性质的税收”③。相反，该条法律再次规定，这些债权不能享受《法国海关法典》第 379 条规定的特权。对于追缴诉讼的时效问题，特别是公共会计师造成的诉讼中断或暂停的时效问题，则应按请求协助的成员国家的法律规定办理。最后，对于提供信息，该条法律规定，如果信息涉及“商业、工业或专业秘密，其提供会损害法国公共安全或秩序”，则不应提供。对于这种实际上让海关来全权判定提供所要求提供的信息是否恰当的模式，没有规定任何但书。

第三节　关税的退税

437 纳税人可以申请退还其已经缴纳的关税及其他进口环节税，或者，如果这些税款还没有征收（已记账但没有缴纳、其记账失效等）可以申请不再征收，因为纳税人认为其状况属于有理由置疑对其采取的征税措施的情况。长期以来，大多数成员国家的海关立法在这方面留给海关很大的决定权，体现为建立了一些其适用范围很有限的措施，因为这些措施非常严格。一般只有纳税人能证明是海关的明显错误的情况下海关才能受理纳税人的申请。

1957 年，海关合作理事会提出一条建议并得到了欧共体委员会的采用，在该条建议的影响下，大多数成员国家将该建议中很宽松的规定写入了它们的本国法律中。1979 年，欧共体条例建立了一项新的退税制度，其规定已经写入《欧盟海关法典》（第 235 条至第 242 条规定）④。该条例确定了各种有理由退还关税或不征不退税的情况并且对可以受理这些情况的程序做出了规定⑤。

---

① 参见 *JOCE* L 75，28 juin 2001。

② 参见 *JOCE* L 307，13 déc. 2002。

③ 但是，该条法律不涉及用于欧盟农业指导基金项下的退税、干预和其他措施，对这些债权的收缴由不同干预部门所属的公共会计师负责。

④ 另参见《实施细则》第 877 条至第 909 条规定。

⑤ 海关已经把欧盟关于关税退税的法规扩大适用其他进口环节的国内税和准税收（特别是增值税），但不包括某些需要按特殊退税方式退税的税收（主要是适用于石油产品的税）。

一、关税退税的情况

《欧盟海关法典》分三种主要的退税情况，并附有一份特殊情况的清单。

（一）已经缴纳不应征收的关税的货物

438 《欧盟海关法典》（第 236 条规定）首先针对已经缴纳不应征收的关税的情况的退税作了规定①。这类情况最经常涉及由于申报人或海关在确定进口税征收方面的差错导致征收的关税税额高于真正应当征收的税额（计算差错、适用税率不当、采用了不准确或不完整的信息、对不应征税的货物征税，等等）。《欧盟海关法典》还列举了因为税款记账不符合第 220 条 2 规定而不应征收所涉及的关税的情况，该条法律规定某些情况可以免予记账。

如果导致缴纳或记账一笔不应征收的税款的原因在于利益相关人的操作，则不予退税②。

关税的退还应根据在关税缴纳通知书送达债务人之日起 3 年期限期满之前向所涉及的业务现场海关递交的申请批准③。在如果利益相关人提供证据证明其申请由于不可预见的情况或不可抗力未能在规定期限内递交退税申请时，该期限可以延长。海关当局如果在此期限内自己发现一笔关税不应征收或不应记账，有权退还或不征不退该笔关税。

（二）其报关单失效但已按照报关单缴纳了关税的货物

439 如果报关单失效但关税已经缴纳，应当退还所征收的关税。退税申请应当在对受理失效申请规定的期限内递交④。

（三）因为残损或不符合合同条款而被进口人拒收的货物

440 经常会发生这种情况，进口人不得不将其收到的货物退给供应商。尽管根据严格的规定，已征收的关税不应退还，但海关的实际做法在某些严格的条件下逐渐承认了纳税人获得退税的可能性。如今，根据海关合作理事会一项建议，这种做法已经合法化了，而且此后还有所放宽，主要归功于 1963 年 12 月 12 日的欧共体的一项建议，建议中的规定在某些方面更为灵活。

《欧盟海关法典》（第 238 条规定）⑤ 没有从根本上改变过去的做法。它规定残损或不符合合同条款的问题必须在提货之时就已存在，而且货物没有被进口人使用过，除非使用是发现其残损或不符合合同条款所必要的。如果货物在按准入放行监管方式申报之前已经暂时进境试用（除非试用也没有发现货物的残损或不符合合同条款）而且货物的残损在签

---

① 关于这个概念，请参见：cf. CJCE，20 oct. 2005，aff. C-247/04，*Transport Maatschap-pij Traffic BV c/ Staatssecretaris van Economische Zaken*，Rec. p. I-9089. Cf. égal. Cass. crim. 9 mars 2005，pourvoi n° 04-81535。

② 1986 年，立法者曾将第 352 条 bis 规定写入《法国海关法典》，规定"如果某人已合法地缴纳了的本国的关税及其他税……，除非已缴纳的关税及其他税已经转嫁给购货人，该人有权获得退税"。关于这点，请参见本书 136。

③ 参见本书 418，关于关税的"通知"概念。

④ 参见《欧盟海关法典》第 237 条规定。根据《欧盟海关法典》第 66 条规定，如果货物被错误地申报按某项监管方式监管而没有申报按另一项监管方式监管，或者如果由于特殊情况，货物不再符合按所申报的监管方式监管的条件，报关单应予失效。

⑤ 另见《实施细则》第 892 条至第 897 条规定。

订合同时已经得到了考虑，则不得批准退税。

441 退税时必须将货物复出口或经海关批准销毁，也可以将其存入保税仓库或自由区。如果复出口、销毁或者被确定任何其他准许的使用去向不涉及原进口材料的全部而是零部件或部分材料，应执行差额退税，即全部材料的关税税额与废料（如果废料未经加工，已按某项应征收对完整材料按此监管方式监管之时适用的税率征收关税的监管方式监管）所适用的关税税额之间的差额。

（四）货物处于一种特殊状况

442 《欧盟海关法典》规定中列举了一些也可以退税的特殊情况，这些情况产生的原因既不是纳税人的主观故意所为，也不是他的明显的疏忽大意。其中主要是不以从业人意志为转移的重大差错或事件[①]。

我们仅列举其中几个我们觉得是海关会最经常遇到的状况：货物被某个有资格的申报人申报按准入放行方式监管，但该申报人由于某个不能归咎于他的原因没有将货物交付给收货人；货物被发现无法适合收货人预定的使用去向，原因是订货上出现明显的重大差错，货物在合同规定的交货期限之外送至收货人，还有货物在按准入放行方式监管提货后被认定在提货时不符合关于其使用或销售的法规规定，而且因此无法适合收货人预定的使用去向。

443 还应指出，在这些状况中，某些状况只能在货物按海关指令销毁或者无偿用于慈善事业或在海关监管下复运出欧盟关境的条件下才能退税。在某些情况下，虽然货物的销毁或复出口没有在海关当局监管下完成，但其他所要求的条件符合也可以退税。

444 对法典中没有专门规定但确实是从业人的主观故意或明显的差错所造成的某个个案（“普遍公平条款”），如果海关无法对退税申请做出决定，应逐案评定。出于某些类似于导致变更关于补税的规定的原因，2003 年 5 月 26 日第 1335/2003 号条例制定的新机制规定，如果所涉及的税款低于 500000 欧元，可以不再报请欧盟委员会审批。超过这一金额才必须由欧盟委员会批准（《实施细则》第 871 条及第 905 条规定），所涉及的情况有成员国家认为欧盟委员会本身有可以构成一种“特殊状况”的差错或遗漏[②]，以及所要处理的情况基于欧洲反瞒骗局协调的欧盟调查的结果。此外，各成员国家当局必须证明，申请人（起诉人）没有任何主观故意或明显的差错而且欧盟委员会从未对相同的情况做过裁

① 关于这些状况的清单，请参见《实施细则》第 900 条等规定。

② 参见：CJCE，26 nov. 1998，*Covita AVE c/Grèce*，aff. C-370/96，Rec. p. I-7730. -7 sept. 1999，*De Haan Beheer BV*，aff. C 61/98，Rec. p. I-5003. Cf. CJCE，11 novembre 1999，aff. C-48/98，*Firma Söhl & Söhlke c/ Hauptzollamt Bremen*，Rec. p. I-7877. -25 février 1999，aff. C-86/97，*Reiner Woltmann et Hauptzollamt Potsdam*，*ibid.*，p. I-1065. -TPI 10 mai 2001，*Kaufring AG ea c/Commission*，Aff. jtes. T 186/97 et s.，Rec. p. Ⅱ-1337. -7 juin 2001，*Spedition Wilhelm Rotermund GmbH c/Commission*，Aff. T-330/99，Rec. p. Ⅱ-1619. -CJCE，27 sept. 2001，*Bacardi GmbH*，Aff. C-253-99，Rec. p. I-6493. -TPI，11 juill. 2002，*Hyper Srl c/Commission*，Aff. T-205/99，Rec. p. Ⅱ-3141. TPI，12 février 2004，aff. T-282/01，*Aslantrans AG c/ Commission*，Rec. p. Ⅱ-693. -TPI，21 sept. 2004，aff. T-104/02，*Société française de transports Gondrand Frères SA c/ Commission*. -TPI，14 déc. 2004，aff. T-332/02，*Nordspedizionieri du Danielis Livio & C. Snc*，*Livio Danielis*，*Domenico D'Alessandro*. -TPI，13 sept. 2005，aff. T-53/02，*Ricosmos c/ Commission*. -TPI，27 sept. 2005，aff. T-26/03，*Geologistics BV c/ Com-mission*. -TPI，27 sept. 2005，aff. jointes T-134/03 et T 135/03，*Common Market Fertili-zers SA c/ Commission*。

定或从未受理过相同的情况。作为例外，从此以后，欧盟委员会原则上必须按一套复杂的程序在 9 个月的期限内做出决定，否则成员国家的海关当局必须批准退税的申请。

二、退税的审批程序

445 退税必须事先向关税记账的业务现场海关提交申请①。该申请应随附申请人掌握能使主管当局做出决定的所有证据。申请必须在根据不同情况而异但不超过 3 年的有效期限内提出，有效期限从缴税通知送达债务人之日起计时（《欧盟海关法典》第 236 条 2、第 238 条 4 及第 239 条 2 规定）。欧盟的新规定对《法国海关法典》第 352 条规定未做任何修改，即纳税人可以有最长不超过 3 年的期限向海关提出申请退还多征的关税，期限从关税缴纳之后开始计时。

至于有资格提出申请的人，他必须是退税的受益人，即“缴纳关税或有义务缴税的人本人”或其代表人（《实施细则》第 878 条规定）。这条规定与长期以来法国国内法的规定相吻合，法国法律规定，只有关税的债务人才有资格申请退还他本人缴纳的关税②。

第四章　通关后手续

办结通关手续之后，纳税人应当遵守在海关法中应称之为“提货”的规定。此外，他还必须遵守某些特殊监管方式的要求，这些特殊监管方式是为了使货物按不同规定获得不提货或不得提货的状态而规定的。

第一节　提　货

446 货物无论申报按哪种监管方式监管，都必须按一条共同的规定办理，出口业务还要遵守某些专门的规定。

一、普遍适用的规定

447 从业人在办结通关手续之后，需要履行一种双重的义务。根据在所有成员国家都认可的原则，纳税人需经海关批准才能提取货物，而只有海关才有权决定管理相对人可以从涉及通关的法规意义上讲被视为处于解除义务状态的时间③。另外，还有一条针对申报人的规定，即必须经过批准才能从办理通关的业务现场海关提取货物，并遵守规定的提货

---

① 如果所申请的货物处在关税记账的成员国家以外的成员国家，退税监管应按一套两个成员国家之间的业务现场海关互换信息的系统来进行。

② 后面将会提到货物不合规运离欧盟关境的情况（货物不在出口报关单中）。出口人仍有通过事后递交一份出口报关单来使其状况合规化的可能性，但必须出示货物运抵欧盟的证明文件。此类合规化当然不影响对当事人可能进行处罚。

③ 在实践中，提货许可的依据是放行货物的批准决定。

期限。由于不遵守这些规定所造成的后果会受到货物被海关变卖的处罚，而且为了弱化各成员国家之间在涉及规定提货期限的实际做法上的差异的影响，此方面的法规也进行了协调。

448 在《欧盟海关法典》中，法规协调体现在两个方面。一方面，法律规定，只要报关单的申报内容经过审核或者未经审核但已被认可而且可能发生的海关债已经缴付或被担保，海关当局应立即批准放行货物，即将货物交由申报人自由处置（《欧盟海关法典》第73条及第74条规定）。另一方面，海关有义务采取一切必要的措施来使在“合理期限内”未提取的货物合规化。

在后一点上，我们会看到，欧盟法律的这种不确切的表述显然是为了将规定提货期限的权力留给各成员国家海关当局。对此，我们将注意到，在法国，作为《法国海关法典》规定（第113条2）的实施细则，目前规定已报关的货物必须在被放行之日起20天内提取①，该期限可以根据当地的情况适当缩短；如遇有海关监管仓库存货爆仓的情况，或者如果涉及不应被延长的特殊耽搁的情况，则可以适当延长。这条规定由于符合欧盟规定的宽严相济的精神所以得以保留。

在进口环节，除了已通关货物继续置于海关监管之下的情况（例如，按某项经济监管方式监管的货物或者其最终免税准入取决于稳定用途的正当理由的货物）外，提货对于货物而言，应体现为被置于申报人立即且完全的自由处置。但对于出口货物则不完全一样，出口货物在其实际离开欧盟之前仍需要处于海关监管之下，对其依据的法律规定的特殊性，我们有必要适当强调。

二、出口货物的情况

449 办结通关手续并且在海关签发提货准许之后，如果他所申报的货物应出口，纳税人的海关义务并没有完全解除。他必须将这些货物实际地运出欧盟关境，而且必须能够证明真正的出境。这项义务带来一个从业人如何可以证明其出口的真实性的问题。它还导致人们对出境地业务现场海关为了能使其确保货物实际运出欧盟所采取的措施提出质疑。

（一）货物从欧盟出境的证明

450 在此方面的规定源自涉及写入《实施细则》（第793条至第796条规定）的关于出口监管方式的法律条文。这些规定自1993年1月1日（建立统一的欧共体税境取代各个成员国家的税境的日期）实施以来，无论是其原则还是其实施细则，均截然不同于之前的规定。之前，从某个成员国家的国境出境的证明便可以作为涉及增值税免税规定意义上的出口的证明。

1. 货物从欧盟出境的证明方式

451 出口人必须向出境（欧盟关境）业务现场海关呈验其货物并递交一份出口报关单其中一联。出口报关单的该联经该海关签证证明货物实际出境之后，退给申报人作为其

---

① 超过该期限，所涉及的货物应法定地按名为“监管存放”的法国监管方式监管，以便结束其被放行的监管状态（参见本书462）。

出口的证明文件[①]。该项原则的实施细则因通关地海关是否能被视为欧盟的出境地海关而异。与刚刚提到的定义相反，出境地海关实际上不一定是货物物理地离开欧盟的地点。

如果通关地海关被视为出境地海关，经签证的出口报关单联应在通关手续完成后立即退给申报人（如果是这些手续适用于在某个港口或某个铁路车站按直接运输到某个第三国的运输合同规定实际发运的货物），或者在货物直接按某项转运监管方式（欧盟境外或境内转运）监管运至某个第三国或欧盟某个出境地点（主要是在某个内陆海关通关之后通过陆路发运货物的情况）之后退给申报人。

452 这种提前出口退还证明文件的可能性，由于将出口视为在看到货物从欧盟关境实际运出之前就已实现，是为了减轻出口手续的负担而规定的，它适用于某些能提供在运输合同中规定有货物定期运输到目的地的所有保证的运输方式。至于将这种便利措施适用于按欧盟境内或境外转运方式监管的货物，其法律依据来自一种传统的做法，这一做法通过采用这些监管方式的本身的监管模式来保证它的合理性。当然，如果出于某种原因，通关手续办结之后货物没有实际离开欧盟，出口便不得被视为已经实现。

453 至于通关地海关不能被视为出境地海关的情况（在某个内陆海关通关但没有签订运至某个第三国的铁路运输、海运或空运合同，或者货物没有按目的地为欧盟某个出境地点的转运监管），通关手续办结之后，一联报关单应退给申报人，但海关不对其签证。该联报关单应由申报人或其代理人与货物同时呈交出境地海关，由出境地海关在看到货物实际出境之后予以签证并退给申报人[②]。

2. 通关后没有实际出口的情况

454 如果货物办理了出口通关手续之后，没有从欧盟出境，申报人应立即通知通关地海关货物没有实际出境。已经退给申报人的经签证的报关单联应退还给该海关由其负责撤销相应的出口报关单。该条规定特别适用于经出境地海关同意，某个海运、空运或铁路运输公司如果修改运输合同使运输的目的地变为欧盟境内的情况。如果货物运输随附的转运单证没有以看到出口货物从欧盟出境的方式来核销，出口报关单也应予以撤销[③]。

（二）监管货物运离欧盟关境

455 《实施细则》第 793 条 3 规定，出境地海关在对出口证明文件进行签证之后，应“监控”货物从欧盟关境物理的出境。对于监控这一概念，我们不准备对其内容展开论述。《欧盟海关法典》仅仅做了一个一般的定义（第 4 条 13 规定），因此悄悄地把根据具体情况采取什么性质的措施的决定权留给了各成员国家海关当局。不言而喻，监控这个概念实际上只能理解为随着所涉及的货物的运输方式或特殊条件而变化的各种监管方法。

---

① 在中间人负责将出口证明从出境地海关取回转交给申报人的情况下，为了便利证明的取回，必须在文件上注明该中间人的姓名及地址。由于各种原因长期以来被视为唯一的出口证明手段的单一行政文件第三联，如果经营人无法提供时可以不要求出示。实际上，2004 年 5 月 24 日（*JORF*, 2 juin 2004）的一项适用于享受免征增值税出口的财政部长令，准许使用其他手续来证明这些财产的出境，如经其最终目的地国家海关认证的报关单、运输单证等。

② 如果按刚才提到的方式以外的方式发货，出境地海关应为货物离开欧盟的最后一个业务现场海关。

③ 我们在后面会提到货物不合法从欧盟出口的情况（没有出口申报）。出口人可以通过事后递交出口报关单来使其状况合规化，但必须出示货物离开欧盟的证明文件。这种合规化当然不影响可能对利益相关人进行处罚。

对此，我们只需注意一点，即法国的立法者在《法国海关法典》中保留了一套机制，该机制对从业人规定了若干义务，并且倾向于强化当地海关采取的随机措施来确保监管货物一直运到境外。无疑，这套机制最初肯定被设计用来更好地保证货物运离一个国家，但现今它在欧盟框架内仍具有存在的价值，特别在货物出境的边界同时既是本国边界也是欧盟边界这种经常发生的情况下。因此，简述一下这些规定并不是没有意义。

对于通过海运或空运出口的货物，《法国海关法典》规定货物必须“直接装上船舶或飞机”（第115条1规定）。船舶或飞机特别应持有由海关鉴证的载货清单（第117条及第119条规定）。《法国海关法典》还明确，“飞机只能在设有海关的机场起飞，而且必须沿规定的航线航行”（第119条规定）。对于通过陆运出口的货物，货物必须直接从按《法国海关法典》第75条规定指定直接的路线（即与进入关税的货物规定的进口时的同一路线——“合法路线”）直接运至境外（第115条2规定）。

第二节　货物仍在海关手中的情况

456 有两种情况被认为是涉及办结通关手续之后没有直接提取货物的状况。第一种情况仅涉及出口货物，根据申报人本人的申请，通过将货物按某项等待的监管方式监管来使该状况合规化，这种监管方式称为“出口监管仓库及堆场”。第二种情况是海关单方面采取措施来处理这种状况，使所涉及的货物自动按“监管存放”方式监管。

一、出口监管仓库及堆场

457 将要出口的货物不能离开其通关地点，在某些情况下其原因并不能归咎于申报人。特别是那些等候装上应将其运至境外的运输工具的货物，或者需要等待其他货件集拼运输的货物。长期以来，这些状况所带来的问题都是以海关的实际做法而不是法律规定的形式来解决的①，处于这些状况下的使用人可以将其货物按一项称为“出口监管仓库或堆场”的特殊监管方式监管，该监管方式是对《法国海关法典》要求货物在办结通关手续之后立即提取的规定的例外②。

（一）出口监管仓库及堆场的设立和经营条件

458 1985年12月29日的部长令规定的出口监管仓库及堆场的设立和经营条件与在进口环节对处于等待通关的状况下的货物所适用的“通关仓库及堆场”的规定完全相同③。这里仅需注意，为了降低出口的成本，海关已经决定对来自内部市场的货物免除出口监管仓库及堆场的从业人提供担保的责任。至于出口监管仓库及堆场的使用方式，我们将进行简要介绍并指出它的特殊性。

---

① 参见1965年7月3日第65-525号法律，其规定已经写入《法国海关法典》第115条3规定。别参见被1985年11月29日的部长令所废止并取代的1965年8月27日的部长令。此外，与适用于进口的通关仓库与堆场的监管方式（参见本书285）相反，涉及出口监管仓库及堆场的法规由于在《欧盟海关法典》中没有规定，继续只按成员国家法律规定办理。

② 该项监管方式也适用于从直接来自境外的运输工具上卸下的并且随后应直接运往境外的货物。

③ 参见本书286。

（二）出口监管仓库及堆场的运行方式

1. 货物入仓（场）

459 货物进入出口监管仓库或堆场时，必须出示一联出口报关单。该单证应于向仓库或堆场所在辖区的业务现场海关申报的货物的查验作业结束之后立即递交，或者（对于在另一个业务现场海关申报的货物）与货物同时呈验。

有必要强调指出，申报出口的货物按出口监管仓库或堆场方式监管并不法定地产生任何与出口挂钩的法律效力（减税、退税、奖励，等等）。只有货物的实际出口并且看到它运至境外才能享受这些优惠。出口监管仓库监管方式因此不应与出口保税仓库监管方式相混淆，一旦按出口保税仓库方式监管，即可享受这些优惠①。

2. 货物存放期限

460 在进口环节关于通关监管仓库及堆场的规定，除关于存放期限的规定外，可以经过调整适用于出口监管仓库及堆场。在 1985 年 12 月 29 日的部长令之前，存放期限被限制在 60 天（对于应按共同农业政策管理的农产品）② 和 15 天（对于其他货物）。该期限目前已改为对于来自内部市场的所有货物都是 60 天，15 天的期限仅对从直接来自境外的运输工具上卸下的然后直接继续运出境外的货物继续有效③。

（三）货物出库

461 只有直接出口至境外，货物才能从出口监管仓库或/及堆场中提出。如果，由于某个原则，货物从出口监管仓库提出后未能装上规定的运输工具，可以准许再次存入出口监管仓库，只要存放期限未满。如果存放期限已满，货物仍未出口，应自动按“监管存放”方式监管。

二、海关监管存放

462 已进口或准备出口的货物，申报之后如果仍在海关手中，应按一项特殊监管方式监管来使其状况合规化。这项措施的依据是《欧盟海关法典》第 75 条规定和《法国海关法典》第 182 条至第 188 条规定的组合。欧盟的法律只规定应采取“必要措施”（言下之意让成员国家海关当局自行决定采取措施）来使已申报但没有在规定期限内提走或者由于各种原因（如提货必须出示的单证没有出示，货物的进口或出口关税没有缴纳，等等）无法提离的货物的状况合规化。至于《法国海关法典》，它在一些传统的规定中具体地规定了《欧盟海关法典》所规定的义务，保留它们在欧盟法律环境中存在的理由，并规定除了已进口的货物在规定期限内未申报的原因之外仍在海关手中的货物自动按海关监管存放方式监管④。

货物按海关监管存放方式监管，应在 20 天的期限内办理，该期限从提货已经被批准

---

① 参见本书 532 等。

② 规定该期限是为了使对外贸易经营人最大限度地享受欧盟法规关于向按共同农业政策管理的农产品提供的与出口挂钩的金融优惠所规定的 60 天出口期限。

③ 还应注意，作为在出口监管仓库内准许的处置，出口监管仓库提供了与不在通关仓库内的货物进行集拼的可能性。

④ 这些规定适用于所有已进口的货物或者已出口的货物，无论其是否导致临时存入临时存放仓库或堆场或出口监管仓库或堆场。

但没有执行的提货日期开始计时[①]，或者从没有准许提取的货物的查验作业结束之时开始计时。对货物按临时存放方式监管的办理方式，以及终止该监管方式的作业的性质，应适用与管理进口后未在规定期限内申报并按海关监管存放方式监管的货物相同的规定[②]。

① 该期限可以视存放地点的情况（特别是存放地点拥挤时）予以缩短，如果涉及不能延长的特殊延误，可以予以延长。

② 参见本书292。

第三部分

海关经济法

CUSTOMS

LAW

序　篇
一般问题

462-1 在本书前面有一章中[1]，我们在论证了为什么海关法的某些规定能在现代经济法中占有一席之地之后，把这个现象解释为一种海关经济法的新概念，而且这一新概念在我们称之为经济监管方式的某些海关刺激经济的机制中具有独一无二的实用性。

本部分各篇将研究这些监管方式。但是，在对每种监管方式进行详细分析之前，有必要介绍它们的共同特点并讨论这些特点所引发的一般问题。同样，我们也希望单独讨论一下自由区及自由区型保税仓库，这两种监管方式并不真正地属于经济监管方式的概念，尽管有许多观点认为它们仍属于经济监管方式。

第一章　各种经济监管方式的共同特征

462-2 我们最好对各种经济监管方式依次做出定义，阐述这些监管方式的实施所基于的原则及机制，并且列出可以对这些监管方式进行分类的标准。

第一节　各种经济监管方式的定义

462-3 “经济监管方式”的概念比较新，沿袭自传统上使用的“保税监管方式”，后者已经无法涵盖所有与经济活动相关并挑战常规通关程序的基本机制的情况[2]。把这两个概念放在一起立即就能看出采用这个既能体现出这方面有细微差别的和渐进演变特征的专业术语的用心，而且也不会因此忘记这一术语变化所带来的所有问题。

一、保税监管方式的传统概念

462-4 在所有研究海关法规的专著中及在海关的官方用语中，例外于常规监管规则的监管方式均被使用保税监管方式的专业术语，并且被定义为准许旨在复出口或将来投入内部市场进口的外国货物在关境内存放、流动或加工的监管方式。起初，该定义主要包括保

① 参见本书119。

② 通关程序的基本机制仅涉及直接按某种最终的监管方式（准入放行、一般贸易进口或者一般贸易出口）办理进口或出口的货物。

税仓储、转运和暂时进境这 3 种监管方式，偶尔也任性地把暂时出境比照成一种保税监管方式，因为该种监管方式允许暂时发往外国原状使用或加工的货物暂免全部或部分进口税复运进境。

人为创造的暂时出境监管方式，暴露了一个完全以进口为中心的定义的缺陷。但是，即使涉及暂时出境以外的其他经济监管方式，情况也并不是始终很清楚，因为保税方式的概念有时要窄于海关日常用语所赋予它的概念。所以，如今《法国海关法典》第 120 条规定仍将按某种保税监管方式监管的货物与“海关监管下运输的”货物区别开来，这样可以将转运这一典型的保税监管方式不纳入这个定义的范围。

二、经济监管方式的现代概念

463 经过长期的变化之后，海关最终意识到所谓保税监管方式的真正使命，感到有必要为它们选择一个不单纯以税收技术为主的命名。这一变化主要体现在海关的日常用语中出现了经济监管方式的语汇。这种表达方法除了使经济监管方式能比保税监管方式的概念更好地体现相关监管方式的真正使命外，还可以给它们一种更灵活、更自由的定义，摆脱了过去对“保税”这个唯一的技术标准的依附，使它能清晰地涵盖所有旨在促进经济的监管方式。除了为了加工而暂时出境的监管方式（现在称为出境加工监管方式）及转运监管方式（尽管其经济使命也是不容置疑的）这两种监管方式我们在前面已经强调过归入经济监管方式有些勉强外，其他监管方式，如出口保税仓储或自由区均能顺理成章地在经济监管方式中找到它们的位置。

464 我们前面提到的经济监管方式这一概念，无论是在各成员国家还是欧盟当局制定法律时已经被渐渐认可并采用，但一直到某些条款被写入《欧盟海关法典》（第 4 条、第 15 条、第 16 条及第 84 条规定）后，通过制定一套新的监管方式分类制度才限定了这一概念的适用范围，而这套分类制度的复杂性却免不了带来一些解释问题。

确实，我们现在有一张各种经济监管方式的清单，其中有些经济监管方式被定义为同时具有保税和经济性质的监管方式（暂时进境、保税仓储、监管加工及“保税”型进境加工），有些却被定义为非经济性质的保税监管方式（境外转运）或非保税的经济监管方式（出境加工及“先征后退”型进境加工）。此外，还有一项监管方式，它被视为既不是保税监管方式也不是经济监管方式，仅被定性为一种“监管方式”（境内转运）。此外，自由区被排除在经济监管方式的范围之外并且被视为是单纯的“海关准许的使用去向”（《欧盟海关法典》第 4 条及第 15 条规定），而返货的监管方式虽然也被排除在经济监管方式的范围之外，但在《欧盟海关法典》中却以“特定业务”名称被列入监管方式的清单（《欧盟海关法典》第 185 条规定）。[①]

---

① 我们会发现，对于欧盟海关法规对“监管方式”做出的定义，必须参考海关合作理事会（现在称“世界海关组织”）的海关术语汇编才能找到这一问题的答案。该术语汇编将监管方式定义为“海关给予海关监管货物的待遇”。采用这一定义时，在一段时间内自由区被认定为不属于监管方式，因为海关无法对其进行任何监管。然而，《欧盟海关法典》现在在其第 168 条 4 规定中，授权对自由区实施海关监管，这应当顺理成章地赋予自由区监管方式的性质（参见：Giffoni，*Droit douanier de l'Union européenne et aspects économiques*，Office des publications officielles des Communautés européennes，1995）。至于经济监管方式，《欧盟海关法典》仅仅列出一张所有被定性为经济性监管方式的清单，没有对经济监管方式本身做出定义。

465 这种状态，由于不利于我们全面了解这一问题，而且自然会影响我们阐述的清晰度，因此，相对于对经济监管方式做出一个一般概念的必要性，我们只能维持上面所做出的结论。其实，无论《欧盟海关法典》如何定性每一项监管方式，其依据只有一个，即这些机制的经济使命并且依此用一个唯一的专业术语来统称全部这些监管方式。

于是，“经济监管方式”这个更宽泛并且能突出其真正的经济使命的名称被接受，从而被定义为一种专为促进某些经济活动（例如出口）的发展和提高企业在国际市场上的竞争力的监管方式，并根据活动的性质不同适用不同的监管机制（暂时不征关税及其他税、提前给予与出口挂钩的税收或金融优惠，等等）的监管方式，这类监管方式的特征是货物必须以履行有关监管方式规定的相应义务为条件才能最终享受优惠。

第二节　经济监管方式的基本规定

466 这些经济及保税监管方式，除了它们的目标和机制的多样性外，还具有一种只是在最近才显露出来的无可争议的一致性。这就是为什么欧盟当局已经着手对经济监管方式的法律框架进行改革，将所有这些监管方式共同的规定集中到这一法律框架内①。欧盟当局借此机会改革了其中部分监管方式的运作方式，在强化必要的严厉性的同时，充分满足其使用人的愿望。

然而，我们只能对这项改革的不足感到遗憾：一方面，所谓统一的规定往往配有适用于这种或那种监管方式的具体措施，而这只能误导对规定的解释，以至于欧盟委员会不得不制定一套其目的在于“提供一个能为各成员国家正确执行涉及经济监管方式的规定的工具”的指导意见②，这个指导意见虽然缺乏强制作用而只具有解释性质，但显然给经营人带来了重大利好；另一方面，自欧盟 2700/2000 号条例出台以来，新的法律③由于承认该条例含有“某些不足和不准确”，因此定期进行与法规的明确性和稳定性的本质要求不相适应的补充性修改④。

于是，我们将致力于首先介绍统一适用于经济监管方式的审批条件的相关规定，然后讨论涉及其实施方式的相关规定。

一、经济监管方式的审批条件

467 经济监管方式由于具有例外于常规通关程序的特征，因此在一般情况下必须由所涉及的成员国家海关当局批准才能使用（《欧盟海关法典》第 85 条规定）。成员国家在此方面的审批权明显受到以制定《欧盟海关法典》为最终阶段的欧盟协调进程发展的影响。当然，欧盟没有剥夺成员国家海关当局在这方面的任何权力，仅仅是通过具体的强制性规

① 参见：Règlement n° 2007/2000 du Conseil du 16 nov. 2000（*JOCE* L 311，12 déc. 2000）et règlement n° 993/2001 de la Commission du 4 mai 2001（*JOCE* L 141，28 mai 2001）。

② 参见：Lignes directrices 2001/C 269/01，*JOCE* n° C 269，24 sept. 2001）。另参见 D. A. n° 01-124 du 31 août 2001，BOD n° 6527。

③ 参见 Règlement n° 881/2003 de la Commission（*JOUE* L 134，29 mai 2003）。

④ 我们可以希望《欧盟海关法典》及《实施细则》的修订能结束这些遗憾。

定，限制了它们的自由裁量权，并将这些自由裁量权置于一个或多或少受到指责的欧盟机构的监督权之下。尽管如此，欧盟机构还是把发放经济监管方式许可的权力留给了各成员国家，但这是一项正式的权力，因此海关只需会同负责经济利益的部级部门协商之后，来保证它所评估的业务符合欧盟法律规定的条件。

在这些条件中，我们要特别提到被称之为“经济条件”的条件，它们是一种进境或出境加工及海关监管加工业务的许可申请的审批条件①。例如，《欧盟海关法典》第 117 条-c、第 133 条-e 和第 148 条就规定，许可的发放必须以其“不损害欧盟生产人的基本利益”为条件。因此，在这种情况下，海关都要评估所考虑的业务的经济恰当性。不过，欧盟 2700/2000 号条例启动的改革，为了避免冗长的手续，已规定应根据货物的“敏感性”来区别对待。

只有在欧盟层面上被视为需要特别审查的经济条件（参见《实施细则》附件 73）才需要进行事前审查。其他经济条件只需在许可发放之后进行事后审查。无论事前还是事后审查，许可申请人应当提供确切理由来证明他的经济需要，如在欧盟无法获得与进行加工的进口货物可比的货物，欧盟货物的价格大大高于第三国的可比货物，等等。但是，在某些情况下，即使所考虑的加工业务涉及敏感货物，但经济条件如果被视为是完全符合的，也可不对许可申请进行事前审查，特别是对某些修理业务或只有少量进口货物的加工业务时。最后，在这方面，除了很复杂外，我们还会注意到，在某些情况下，经济条件必须在欧盟层面上进行事前审查，这主要根据成员国家海关或欧盟委员会的提议进行。例如，涉及属于农业市场共同组织的货物或涉及应征收临时反倾销税的货物按监管加工方式监管的申请就属于这种情况。

468 加工许可必须由经营人事先申领，在发放的许可中会对开展加工业务所适用的法律规定做出描述（例如，确定货物按加工方式监管的期限）。加工许可只能发给能提供加工业务正常进行所需要的担保的人，而且海关无须投入与相关经济需要不相适应的行政资源，就能确保对该监管方式的监管和检查（《欧盟海关法典》第 86 条）。除了这些适用于所有监管方式的基本规定外，有时还有一些针对许可发布的补充条件（受惠人必须是欧盟的居住民，货物在使用或加工后能够辨认，享受此类监管方式的优惠在性质上不会严重损害欧盟生产人的利益，等等）。

468-1 在经济监管方式的各项改革中，我们应当首先提到此准许经营人在一份申请中申领涉及一项或几项监管方式且在多个成员国家有效的“单一许可”（《实施细则》第 500 条规定）。此类申请，如果涉及货物按暂时进境监管方式监管，应向进境的第一个口岸所在成员国家的海关当局递交；按其他监管方式监管的，则应向申请人持有的主账册并同时开展至少一部分货物存放、加工或暂时出境业务的地点所在成员国家的海关当局递交。许可申请向各有关成员国家的海关当局递交后，由它们在具体规定的期限内做出审批决定。

为了解决实践中经常遇到的某些问题，《实施细则》第 508 条规定授权海关当局发放一种“有溯及力的许可”，此类许可视情况可从申请递交之日起有效（指保税仓储监管方式），也可以从一个一直提前到递交申请之日之前一年的某个日期开始有效。但这项便利措施仅适用于没有故意瞒骗也没有疏忽大意问题的经营人。所以，那些对某些经济监管方

---

① 对于保税仓储监管方式或暂时进境监管方式，在某些情况下对经营人有类似的要求，例如，经营人必须证明实际存放是否有经济上的需要。

式不了解而且如果不允许他们事后享受这些优惠会形成对其不公正的惩罚的经营人，也可以享受这项优惠。

469 任何许可均可以吊销，只要能证明它是依据经营人无法忽略的不准确或不完整的申报情况审批的，而且假如提供了准确和完整的申报情况是肯定不会被审批的。许可吊销的生效之日为该许可的发放之日，该许可因此可被视为从来没有存在过（《欧盟海关法典》第 8 条规定）。

除会导致吊销的情况之外，在其他情况下，如果一项或数项发放条件曾经不符合或者后来不再符合了，也可以吊销或修改已发放的许可。如果许可的持有人不遵守该许可对他规定的义务，该许可也会被吊销。许可的吊销或修改于通知之日起生效。如果吊销会对许可的持有人构成严重后果，海关当局可作为例外推迟生效日期。吊销不适用于在许可生效之日根据被吊销的许可的规定已按某项监管方式监管的货物（《欧盟海关法典》第 9 条及《实施细则》第 4 条规定）。

二、经济监管方式的实施细则

470 大多数经济监管方式的实施机制都建立在这些监管方式共同适用的基本原则的基础之上。这是一些最古老而且最经常使用的实施机制，传统上称之为“保税”机制，它们在漫长的历史演变中，曾制定出很多由海关法做出规定并汇入海关法典的基本规定。现在不妨对它们进行简单的分析，暂时不考虑其中几个技术在某些方面不同于其他所有经济监管方式的特殊的监管方式①。

在海关税法的语境下，货物一旦完成通关手续并缴纳关税及其他税后便被海关放行。相反，在保税机制下，货物只有在办结按有关的经济监管方式监管的手续之后才能由企业自由地处置。这是经济监管方式的条件性特征所决定的，即使用人必须满足某些准予使用该监管方式的法律或决定规定的条件，才可以最终获得该监管方式提供的优惠。此外，经济监管方式只有一个暂时性特征，而货物必须在一个根据不同监管方式规定的或长或短的期限内转按一项最终的监管方式监管，货物在此期限内可以不在海关的不间断监管之下，税收及其他方面的优惠也只有在该期限到期之后才能最终获得。企业为此必须承担某些义务；而海关则拥有对货物的跟踪权，法规规定它可以采用一切必要的措施确保这些保税业务不会偏离其目的，并且所涉及的利益能得以保障。

（一）使用人应承担的义务

471 根据《法国海关法典》第 120 条 1 规定，“按转关运输或按暂时不征关税及其他税或者暂时不适用禁限规定的保税监管方式监管的货物，必须随附保税业务手册”。这一规定是对含有暂时不征关税及其他税的保税规定的经济监管方式的使用人所应承担的各项义务的概括②。实际上，从“保税业务手册”这一概念的分析中会引申出一系列规定，这些规定既构成使用人应承担的具体义务，也决定着货物的申报方式、利益关系人应当做出的承诺的形式及应提供的保证的性质。

---

① 指非保税的监管方式，如出口保税仓储监管方式或某些暂时出境监管方式，本书后面会对其特殊性进行详细讨论。

② 注意，国际条约项下的保税制经济监管方式（主要有国际公路转运监管方式和欧盟转运监管方式）在很多方面偏离了欧盟法的基本原则。这些特殊性我们会在讨论过程中重点强调。

1. 货物的“完整”申报原则

472 根据《法国海关法典》第 120 条 2 规定，保税业务手册的内容应当包括货物的完整申报内容。我们在这条规定中再次看到了海关传统原则的表述，所有应办理海关手续的货物应当进行完整申报。但在这里，正如我们在讨论通关程序时所强调的，这项原则有很多灵活性减损了它的严格性。

这些灵活性主要源于那些将简便通关程序的适用范围扩展到经济监管方式的法律条文①，简便通关程序允许采用递交简化的报关单的方法来逐笔办理通关业务，条件是事后再填制一份补充报关单。

2. 经济监管方式使用人应当做出的承诺

（1）承诺的性质

473 企业应签署一份保税业务手册或一份替代文件，并有义务遵守其所使用的经济监管方式的相关法律或决定的规定。这些规定写明了货物为了将来能解除所做出的承诺必须满足的条件，而且不同的监管方式有不同的规定，如运输或储存条件、可能准许的加工的性质、货物的最终使用去向，等等。

（2）承诺的形式

474 最初，所有业务都必须要求在海关与纳税义务人之间签订一项协议，协议内容主要具体列明使用人应承诺遵守的义务。但是，现在在成员国家层面上已经用一套更为宽松的机制取代了签订协议的烦琐手续，该机制能保证通过签署保税业务手册或替代文件使签署人承担遵守涉及有关业务的法律、法令、部长令及海关行政决定的规定（《法国海关法典》第 122 条规定）的义务。

（3）承诺的解除

475 已做出承诺的货物，如果转按另一项海关允许核销的经济监管方式监管，海关会在检查该项业务符合该监管方式的相关义务的合规性之后，签发一份承诺解除证明，看到此类证明，已做出的承诺便被撤销了②。这项原则在每项经济监管方式中的适用方式都不一样。我们将来对这些经济监管方式进行专门研究时会再明确这些适用方式。

3. 业务的金融保证

（1）担保原则

476 《欧盟海关法典》关于海关债的担保规定（第 189 条至第 200 条规定）授权各成员国家海关当局决定担保是可选的还是法定的，只要能保证即使债务人不清偿也能确保海关债得以清偿。至于保税（关税及其他税）制经济监管方式，《法国海关法典》第 120 条规定，保税业务手册必须含有“良好且可清偿”的担保。

此类担保一般是一笔保证金，也可以用交存非禁限货物业务的相关关税及其他税来替代③。担保人可以是自然人或法人，他们具有主债务人同样的身份，有义务支付他们所担保的债务人所欠的税款。

---

① 参见本书 339。

② 我们按传统用法使用了“撤销”一词，该词在《法国海关法典》和某些国际法律中都使用，原因显然是该词涵盖一种语言异端。其只有在严格的法律意义上才指撤销对原罪的处罚。正确的用词应当是义务的消失。

③ 参见《法国海关法典》第 38 条规定关于禁限货物的定义。

除了这些源自法国法规的一般规定之外，还有欧盟法规或者国际公约管理的转运监管方式（本书将专门一一讨论这些监管方式）的相关特殊担保方式[①]。

（2）担保规定的放宽

477 签署每份保税业务手册时就交存关税、其他税及罚款之和金额的保证金这项原则，会根据某些业务的特殊性、瞒骗风险的大小或者主债务人的偿付水平，适用许多放宽措施。

①总担保

478 在某些情况下，企业可以签署一份总的经过担保的承诺书，作为在某个特定时段内进行的所有业务的担保，以替代每笔业务都交存的保证金。这一便利措施源自《欧盟海关法典》第 191 条规定，允许从总体上具保，主要适用于在同一个业务现场海关集中办理通关业务的使用人。

②保证金金额

479 尽管保证金金额应当涵盖关税、其他税及可能造成的罚款的总金额，但该项规定也渐渐地被放宽了，依据是一项可以在《欧盟海关法典》中（第 190 条至第 192 条规定）找到出处的业务程序。在法国，作为普遍适用的规定，担保必须达到办理按所涉及的监管方式监管的手续之时暂时没有征缴的海关债金额和代征税税额的某个百分比。不同的监管方式，这一百分比不一样（甚至会达到税额的百分之百，如对于暂时进境监管方式，海关有权根据货物的敏感程度特别是对经营人可偿付能力的估计，在不确定的情况下，要求提供所涉关税的全额担保）。

③保证金的普遍性免交

480 在某些情况下，海关的税务主官有权通过做出决定对某些偿付能力经过公证的使用人普遍性地免交保证金。除了为国家办理关务的部级机构外，某些国有企业如法国铁路公司的某些关务，如果国际公约（如《联合国教科文组织佛罗伦萨协定》[②]）有规定或有建议条款，也同样免交保证金[③]。

此外，对其货物在海关不间断监管之下按经济监管方式（主要是某些存放型保税仓储监管方式）监管的所有业务，不论使用人是谁，也普遍地免予担保。

（3）担保人承诺的担保的撤销

481 如果货物以转按另外一项经济监管方式监管来核销前一项经济监管方式，而且主债务人承诺的保证也同时撤销，此时应也撤销担保人承诺的担保。海关以发送解除证书的方式告知担保人其担保责任已解除（《法国海关法典》第 123 条规定）[④]。如果核销涉及好几票业务分期进行，担保人的担保承诺可以分期解除。

---

① 除了各项经济监管方式所对应的业务自身的某些特殊性外，在此方面的担保与正常通关程序中的担保具有相同的特征。为了更详细地讨论该问题，我们将其放在本书关于通关程序的章节。参见本书 430 等。

② 该协定含有关于文化财产在国际上自由流通的条款。——译者注

③ 根据《欧盟海关法典》第 189 条规定，对于公共管理部门不得要求任何担保。由于没有欧盟当局关于“公共管理部门”的定义，仅仅在法国，该定义最好指所有财政不独立或与私营部门没有竞争关系的公共部门的组织。

④ 除非涉及欧盟转运监管方式，某些条件（我们将在该监管方式的相关章节中分析）一旦满足，便解除担保。参见本书 705。

4. 货物按经济监管方式监管的时限

482 按某项经济监管方式监管的货物应当在该监管方式的许可规定的时限到期之前，接受一项海关认可作为核销的使用去向。监管方式的时限有时很短，但通常与在关于所涉及的监管方式的法规规定的时限内完成所计划的业务所必需的时限相适应。如果情况需要更长的时段来完成业务，海关可以同意延长时限。

5. 杂项规定

482-1 在数项经济监管方式共同适用的规定中，还有适用于在监管方式不核销条件下转让货物的规定（《实施细则》第511条规定等）、利益关系人必须制作并保存“账册”（《实施细则》第515条及第516条规定）的规定、补偿利息的规定（《实施细则》第519条规定）、监管方式核销的规定（《实施细则》第520条及第521条规定），以及成员国家海关与欧盟委员会之间合作的规定（《实施细则》第522条及第523条规定）。

（二）海关的干预手段

为确保经济监管方式的正确使用，海关拥有一系列干预手段，而且有权在承诺未被履行时起诉纳税义务人及其担保人。

1. 监管措施

483 货物终止按经济监管方式监管的海关手续办结时，海关必须确保向其呈交的货物正是按所涉及的监管方式监管的同一货物或者正是对其进行加工后所得的货物。在后一种情况下，海关还要核实返销货物是否是按规定的生产方式生产的。当适用串换返销时[①]，海关必须确保给予这种便利的许可所规定的技术标准得到了遵守。

为了能进行监管，海关拥有各种手段，而且对不同的监管方式和不同的瞒骗风险，海关的干预手段也不同。例如，按像暂时进境这样的监管方式监管时，由于货物是由企业自由处置的，肯定要求比使用海关自己管理的保税仓库需要保持更高的警惕。在这些干预手段中，我们可以列出的有：对需要再次原状呈交海关的货物施加铅封或印记，对转运的运输工具加封，对要进行工业加工的货物提取货样送交海关实验室进行化验分析，或者在运输或生产过程中进行监管。

2. 起诉纳税义务人的手段

484 如果纳税人没有履行其义务，就必须缴纳可能应对货物征收的关税及其他税，而且有被追究其不履行所做出的承诺的法律责任（《法国海关法典》第411条2规定）。计征税款和确定罚款的日期为保税手册或替代单证登记之日。如果货物由于合法证实的不可抗力原因被损坏，纳税义务人可免予缴纳关税及其他税（《法国海关法典》第124条规定）[②]。

485 根据《法国海关法典》第405条规定的担保人连带责任原则，海关有权不加区别地追究主债务人或者其担保人对全部债务的责任。必要时，海关还有权就所涉及的税款发出一份追缴通知（《法国海关法典》第345条规定）。但是，有必要指出，这条规定只有在被通知的人及其担保人有偿还能力的情况下才有意义，因为它仅准许对财物执行追缴而

① 参见本书617等。

② 这是一条适用于所有按保税手册管理的货物的规定。但不同的监管方式，其执行的灵活度有大有小。还会看到，某些经济监管方式的相关法律有时会规定除不可抗力以外的其他免责理由。

不能对人进行追缴[①]。此外，对于滥用经济监管方式，《法国海关法典》第433条1规定的行政处罚（撤销其使用暂时进境、保税仓储或转运监管方式的权利）必须通过司法判决才能执行。因此，在某些情况下，诉诸法律手段进行追究对海关有利。

第三节　经济监管方式的分类

486 在下一章中，我们会对经济监管方式的概念所涉及的内容进行更深一步的研究。但是，由于这些内容很丰富，必须先对它们进行分类，才能摆脱进行这项研究时通常采用的分开分别的方法。其实，经济监管方式过去一般根据完全属于历史、法律或技术领域的考虑的区别标准来分类。这种研究方法，只适合于如果这些监管方式仅仅是为从税收和管理上为保护主义打开一个缺口而设计的。如今，如果我们承认为保护主义打开一个缺口解释为刺激经济的机制，那么我们就应当根据这一使命来研究新的分类标准。

但是，本着这一精神，我们又如何划分那些乍一看似乎都是服务于同一经济使命的监管方式呢？实际上，除极为稀有的特殊情况外，所有可以按某项经济监管方式监管的货物，其跨境流动所涉及的货物，哪一个不是在其使用过程中的至少一个阶段都不同程度地已进入过或将进入商业流通领域呢？于是，我们可以试着将这些监管方式视为均服务于同一个经济使命的，只是各自在贸易方面的出发点不同。

487 但这样会忽视经济现实的多样性和复杂性。货物的跨境流动应当解构为一系列具有自身目标的经济行为，因此其中有些行为会要求海关根据业务的最终商业目标提出专门并且中性的解决方案。于是，在可以按经济监管方式监管的情况中，我们可以区分以直接满足贸易需要的直接目标的经济监管方式和其他经济监管方式。就后者而言，似乎有可能将这些经济监管方式归纳为两类活动，每一类活动都为了适用经济生活中工业活动和运输活动这两个基本组成部分中的一个的需要，而不是真正意义上的贸易需要。

从这个分析中，我们很自然地得出一个分类，把所有经济监管方式分为三大类，分别对应我们刚才分析的情况。当然，由于它们其中某些监管方式具有模棱两可性，这一划分标准很可能偶尔会导致被人们认为是主观的分类。然而，当我们为了方便研究某个问题，试图将其组成成分的多样性概括成几个共同点时，难道也会导致武断的分类吗？可能有几个边缘的情况本应当在本书中进行更精准的分类，但我们认为，整体框架是清晰分明的。

第二章　自由区及自由区型保税仓库

488 即使《欧盟海关法典》不认为自由区和自由区型保税仓库应当列入保税制经济监管方式的序列中（《欧盟海关法典》第84条规定），海关对进入自由区或自由区型保税仓库的货物给予的待遇仍很大程度取决于它在诸如存放型保税仓库或进境加工一类真正意义上的经济监管制度框架下所受到的待遇。此外，《欧盟海关法典》的修改方案还考虑将货

---

① 参见本书774。

物进入自由区视为货物按某项监管方式监管。实际上，从其所服务的目标来看，自由区或自由区型保税仓库的设立主要是为了满足国家想繁荣外向型经济的愿望。其实，进入自由区或自由区型保税仓库的货物，它们的海关监管状态从某种意义上可以说非常极端，因为至少从表面上看，"在进口关税及进口环节的贸易政策措施的适用上，不在欧盟关境境内"（《欧盟海关法典》第 166 条 a 规定）。所以，从严密的逻辑上讲，欧盟法律没有理由关注它，因为没有任何一条法规规定普遍地适用于位于欧盟境外的第三国货物。但是，我们不能忘记，把自由区或自由区型保税仓库中的货物类比成第三国货物，仅仅是它的虚拟特征。从现实的角度看，自由区或自由区型保税仓库的实体本身依然是欧盟领土的组成部分，而且其所在国家的法律（商法、刑法、税法、社会法，等等）均适用于它，唯一的例外只有海关法。《欧盟海关法典》将自由区和自由区型保税仓库定义为"其他海关准许的使用去向"，这本身就反映出某种困境，但并不妨碍这种海关准许的使用去向是货物所能适用的监管方式中的一种真正的经济监管方式。

489 对自由区的迷恋的蔓延，无疑要归功于其中某些自由区在当代取得的成功[1]，但人们始终无法客观地衡量这些成功应当归功于哪些其他因素［有工业传统和能力（如在汉堡自由港），劳动力廉价，甚至在某些"异国风情"的自由区内不用缴纳社会保险，有国家补贴，等等］。而法国，经过可以一直追溯到旧制度[2]时期的数次实践之后，对发展自由区的恰当性已经持一种保留态度。欧盟不反对某些成员国家特别热门于传统的自由区，但极力避免自由区的蔓延会导致竞争扭曲。欧盟理事会第 2700/2000 号条例及欧盟委员会第 993/2001 号条例在不影响这一领域的整体经济的前提下，对自由区监管方式进行了重大改革，修改了关于自由区和自由区型保税仓库到当时为止的地理独立性的规定，并对在区（库）开展的业务的监管方式做出了具体的规定。

第一节　自由区和自由区型保税仓库的地理独立性

490 《欧盟海关法典》第 166 条规定将自由区及自由区型保税仓库定义为"位于欧盟关境境内但与关境相分离的部分"。虽然自由区型保税仓库的地理独立性不存在重大困难，因为从定义上讲它甚至会是一个有限定四周的封闭的场所，只要海关当局同意即可，而自由区的地理独立性则更为棘手。成员国家实际上有权将欧盟关境（当然同时也是它们自己的关境）的某些地区设为其地理四至自己决定的自由区[3]。这些主权决定既不需要其他成员国家的同意，也不需要欧盟当局的批准。然而，关于这些自由区的物理隔离方式，最好区别两种类型的自由区。这两种类型是新的法律规定明确的，分别冠以一个提示性较差的名称，"按第一类监管模式监管的自由区或按第二类监管模式监管的自由区"，因为只有按第一类监管模式监管的自由区才涉及对自由区进行围网封闭并划出一个对外隔离区的

---

① 自由区的名称有很多种，有的名称还带有其背后所提供的优惠的办法，如工业发展区、技术开发区，等等。

② 指法国 1789 年前的王朝。

③ 参见《欧盟海关法典》第 167 条 1 规定。

要求[①]。

一、自由区的围网

491 按第一类监管模式监管的自由区，成员国家必须用围网物理地圈定其四至，此类围网，根据《实施细则》第 805 条规定，必须“便于海关当局在自由区之外进行监控，而且能排除将货物不合规运出自由区的任何可能性”。毫无疑问，自由区型保税仓库也应比照这一规定办理。

虽然该条法律没有细化到对围网规定一些技术标准，但却对各成员国家规定了一种实实在在的带结果性的义务（排除将货物不合规运出自由区的任何可能性），这可能意味着，在发现违法行为（不合规运出）的情况下，某个成员国家本身可能会因未能无条件地履行欧盟规定的义务而受到处罚。

二、外围隔离区

492 除了对自由区或自由区型保税仓库进行围网封闭的要求外，欧盟还要求必须划出一个外围隔离区，这是一种“缓冲区”，在法律上属于关境的一部分，但由于它与真正意义上的围网是紧挨着的，因此会受到特殊的监控。《实施细则》第 805 条第 3 段的规定只要求外围隔离区应当以能使海关当局实行恰当的监控方式来划定。该条规定还具体规定，进入外围隔离区必须经海关当局的同意。因此，无论是为了进入某个自由区或自由区型保税仓库，还是为了从该区（库）出来，都有必要规定先后进行两道检查。此外，根据这个规定，在外围隔离区内所有不合规的货物流动（即使没有任何货物被扣留）都会按试图走私处理。

从根本上讲，上述规定的严厉性只是对自由区或自由区型保税仓库的自由待遇的一种补救。

第二节　对在自由区或自由区型保税仓库内开展的业务的监管模式

493 应当承认，在自由区或自由区型保税仓库内可以开展任何业务，但同样也应当肯定的是，欧盟海关法已经发生的变革（特别是随着简化程序和经济监管方式的发展）产生了使自由区或自由区型保税仓库的特别优惠不如过去显著的效应。尤其是随着欧盟立法者有意通过制定（或强化）一套双保险的制度来限制对自由区的冲动，使这种效应更为明显。这套双保险制度，一是制定对经营人本身的限制措施（参见本节一），二是表示出一种对自由区或自由区型保税仓库内开展的业务予以特殊监控的愿望（参见本节二）。

一、对经营人的限制措施

494 任何企业如果想在第一类自由区或自由区型保税仓库内从事活动，应当事先通知海关当局，告知海关这项活动是工业性、商业性还是服务性的（《欧盟海关法典》第 172 条 1 规定）。必须指出，海关有权“考虑上述活动所涉及的货物的性质和海关监管的需

---

① 这项区别在修改后的《欧盟海关法典》中已经取消。

要”，对拟进行的活动规定某些禁止或限制措施（《欧盟海关法典》第172条2规定）。海关还有权禁止未能提供遵守海关规定所必需的金融保证的人从事某项活动（《欧盟海关法典》第172条3规定）[①]。

开展业务必须事先向海关报批，事先报告的形式一般是向海关报批开展业务的财务账目，因为审查批准财务账目是企业在区（库）内开始进行活动的必要条件（《实施细则》第803条规定等）。申请应当特别具体列明准备开展的活动，该业务所涉及的货物的性质及其海关监管状态，以及所有其他能使海关当局确保正确实施现有的规定的必要信息。相反，对于按第二类监管模式监管的自由区或自由区型保税仓库，此类许可是根据海关保税仓库的规定条件来发放的。

无论对于哪一类自由区或自由区型保税仓库，对入区（库）的一整套监管措施，不论是实际的还是法律上的，其强制力丝毫不逊于所有经济监管方式本身所适用的规定，而且肯定有它的必要性。我们会看到，在自由区或自由区型保税仓库开展的业务，远没有实行放任自由，而是也在海关的有效监管之下。

二、对业务的监管

495 在自由区或自由区型的保税仓库中开展的业务，其监管模式是多项要求妥协的结果：一方面，经营人在区（库）内能享受的条件必须比货物在区（库）外按保税仓储或进境加工监管方式监管所受到的常规监管更为合理，但是，此类关切现在已经成为一种假设，特别是当代经济监管方式已经向企业提供了“点菜”式的便利，普遍地满足了它们的合理要求；另一方面，必须强调，对于在自由区内设立的企业或者对于开办自由区型保税仓库的企业，它们在区（库）外开展的业务，并不能享受区（库）内的经济优惠。

在上面这两方面因素的作用下，对在自由区内或在自由区型保税仓库内开展的业务的监管模式，随着时间的推移，已经失去了其特征的绝大部分。因此，欧盟的法律虽然规定了一些表面上很自由的原则，但其实却附加着一些限制，使使用人可以享受到的自由程度本身存在着一些不确定性。无论是可以开展的业务，还是海关的监管模式，都有这些限制。

实际上，根据法律规定，在自由区或自由区型保税仓库内进行的业务与企业选择按相应的经济监管方式监管所需要遵守的条件没有不同之处。我们只需举下面这个例子就能说明这个问题，运入自由区或自由区型保税仓库的货物除可以接受按保税仓储方式监管时准许接受的处置外，未经海关许可不得接受其他处置[②]。同样，这些货物也只能按该保税仓储监管方式规定的条件按进境加工方式监管[③]。在自由区或自由区型保税仓库内，也应遵守对暂时进境或海关监管加工这两项监管方式的规定[④]。

至于海关应实施的监管，我们只能对《欧盟海关法典》规定的监管模式持保留态度。实际上，《欧盟海关法典》第170条1规定以一般原则的方式明确，“进入保税区或自由仓库的货物，不需向海关当局呈验，也不需递交报关单”。但该款规定还配有两个但书。第

---

① 新创立的企业似乎很难满足该项条件。

② 参见本书518。

③ 参见本书585等。

④ 参见《欧盟海关法典》第173条规定。

一个是《欧盟海关法典》第 170 条 2 规定的但书，作为某些监管方式的核销进入自由区或自由区型保税仓库的货物可以不履行向海关呈验或申报的义务，但条件是按该监管方式监管时规定可以免除这项义务，或者是在某些特殊情况下才可以免除义务。第二个但书的适用范围也具有同样的普遍性，按《欧盟海关法典》第 168 条 4 规定，海关当局可以查验进出或继续存放在保税区或自由区型保税仓库的货物。然而，根据规定，为了海关能够查验，货物进出自由区或自由区型保税仓库时必须随附一张运输单证并向海关当局递交或保存随时供海关检查；并且，“货物必须交由海关当局处置”。因此，我们会看到，这条由《欧盟海关法典》第 170 条 1 规定的免予报关或向海关呈验货物的例外并没有什么实质性优惠。此外，必须指出，自从创立了按第二类监管方式监管的自由区或自由区型保税仓库以来，根据《欧盟海关法典》第 168 条 bis 规定，《欧盟海关法典》的第 170 条规定从整体上对其不适用，把棘手的问题都留给了对法律的解释。确实，如果仅从第 170 条规定的字面上来解释，我们一定会认为，在这些自由区或自由区型保税仓库中，向海关呈验和申报的义务根本没有免除。尽管这样认为很荒诞，但它却更加反映出这方面的法规难以被人们接受的特征。

最重要的是，运入某个经营人的地点的货物从运入之时应当计入其账册，该账册，按《欧盟海关法典》第 176 条规定，“应当使海关当局能够辨认货物并体现货物的移位情况”。毫无疑问，这条规定不涉及按第二类监管方式监管的自由区或自由区型保税仓库，因为《欧盟海关法典》的第 168 条规定特意将它们排除出第 176 条规定的适用范围。

所以，没有什么比自由区或自由区型保税仓库能享受一种海关特别待遇这一理想的实现更为遥远了。

第一篇
经济监管方式与贸易活动

496 经济监管方式使用“经济”这一词汇，原因在于对应它的深层的使命，但却给各项监管方式的分类带来上面所讨论过的困难。我们已经看到，要是把那些主要以促进贸易为使命的监管方式单独挑出来，困难似乎更大。不过这些困难，我们也已注意到，如果我们接受只考虑有关监管方式的直接使命，并非是不可逾越的。这样我们就可以把保税仓储、暂时进境和暂时出境这三项监管方式从经济监管方式所具有的众多的形式中分离出来，因为这三项监管方式不可置疑地更特别、更直接地服务于贸易方面的目标。

第一章　保税仓储监管方式

497 保税仓储监管方式在很长时间内仅适用于进入关境的外国货物。这项监管方式是在海关政策只考虑保护国内生产的时期设计的，往日的目的只有一个，暂缓实施保护机制以方便由于经济或技术上的需要在保税仓库内暂时存放等待最终进入商业或生产环节的货物的流动。只是在一个比较近的时期，当出口问题列入经济政策的优先目标之后，我们才意识到国家经济能从不仅允许外国货物而且包括从国内市场采购后准备出口的货物在海关监管下的保税仓储这种监管方式中获得好处。

所以，我们如今有两类保税仓库，一种适用于进口，一种适用于出口，其目标和作用截然不同，尽管它们的监管机制很相近。

第一节　进口保税仓储监管方式

498 进口保税仓储监管方式是在海关历史进程中逐步建立起来的最古老的经济监管方式。在法国，该项监管方式创立于1664年，后来，欧洲共同体的成员国家也以各种不同的名称创立了进口保税仓储监管方式。很明显，经过漫长的历史演变后，在共同市场实现后的数年间，成员国家之间实行这些监管方式的做法仍各不相同，极易导致贸易转移。

为了弥补这些缺陷，1969年，欧共体以指令形式制定了第一部旨在协调保税仓储监管方式相关规定的法律文件。但该指令给各成员国家海关当局留出了一个很大的酌处权，使保税仓储监管方式统一实施的条件未能得以具备，因此在1988年被另一项直接在各成员国家适用的共同体条例所取代。该条例通过对过去有效的某些规定进行修改和补充，对保税仓储监管方式的一般经济作用及其实施方式做了重大修改，这些修改现在都已经汇入《欧盟海关法典》之中①。

一、进口保税仓储监管方式的一般经济作用

（一）进口保税仓储监管方式的定义及法律效力

499 进口保税仓储监管方式允许非欧盟货物在保税仓库（由海关批准并置于其监管之下的某个地点或其他任何地点构成的场所）中存放。货物存入保税仓库，具有暂时不征收并且暂时不适用如果它们被投入欧盟内部市场应征收的海关关税和应适用的欧盟贸易政策的法律效力。这些货物在法律上被视为处在关境之外。货物提离保税仓库时，会按直接从其进口的国家运抵欧盟对待。

对这类特别的法律情境，我们有时会提到一种法律上的虚构，假定存入保税仓库的货物从来没有进入关境并被视为仍处在关境外。然而，这种治外法权的虚构不应当被理解为是绝对的。它并不能使货物不适用某些涉及主要属于公共秩序或公共健康范畴的保护措施的一般法律规定②。此外，货物自运抵保税仓库便应由海关监管。这使进口保税仓储监管方式区别于货物可以自由进入的自由区或自由区型保税仓库监管方式③。

在法国法律中，根据《国内税总法典》第 291 条规定，非欧盟货物按进口保税仓储方式监管时也可以暂时不征增值税及其他类似税，以及其他由海关在进口环节会对这些货物代征的国内税。对于不征收关税并且不受任何贸易政策管制的第三国货物，此类情况属于一种称之为“国内税进口保税仓储”的监管方式，包括暂时不征国内税并且暂时不适用可能适用的对外贸易管制的本国措施④。

（二）进口保税仓储监管方式的经济使命

500 保税仓储的经济使命，随着历史的发展，正在从其传统的保税和税收观念中摆脱出来。人们在很长一段时间内对该监管方式唯一的“保税”特征的专注，已经让位于把保税仓储变成一种刺激经济的机制这一更有活力的概念。

进口保税仓储监管方式的这个新使命，如今已经汇入了欧盟整个经济活动的大框架内，使其具有为促进欧盟经济发展做出贡献的历史担当。实际上，进口保税仓储监管方式通过允许贸易在欧盟境内处置可以进行“关外”交易的外国货物，方便了国际交易的谈判和经纪业务，为在欧盟境内建立进口货物批发市场和配送地点提供了可能性。除了从贸易活动中获得的明显优势外，它还给参与到保税仓储相关领域经济圈之中的各种服务提供企业（运输、银行、保险等）带来了商机。

准备投入欧盟内部市场的货物，通过保税仓储，最大限度地降低了使用外国货物的生产企业和贸易企业的供货成本，因为这些企业可以凭借保税仓储的优势在最佳时间以最低的价格大量采购外国货物。此外，保税仓储监管方式可以使这些企业储存其生产或贸易活

---

① 参见《欧盟海关法典》第 98 条至第 113 条规定和《实施细则》第 503 条至第 548 条规定。

② 参见本书 504。

③ 我们会注意到，保税仓储监管方式还允许保税存放欧盟条例具体规定的欧盟货物，这些货物由于存入保税仓库可以享受在货物出口环节的优惠措施（《欧盟海关法典》第 98 条 b 规定）。这项便利主要适用于享受我们将在后面讨论的退税提前支付制度（参见本书 541 等）。

④ 本国保税仓储监管方式的实施细则与欧盟保税仓储监管方式的实施细则基本相同，但有一些特殊，其中最重要的特殊之处将在介绍过程中强调。

动必需的原材料或货物，而这些原材料和货物可以按它们的随时需要分批分时办理通关手续。于是企业占压的资金量会降低，可以推迟到货物提离保税仓库之日才缴纳关税及其他税。

（三）保税仓储的各种形式

501 关于保税仓储可以具有的各种形式，欧盟最初的法律让各成员国家自行决定它们准备用来按保税仓储监管方式存放货物的保税仓库的数量及名称[①]。自《欧盟海关法典》问世以来，规定今后只能开设两类保税仓库（公共保税仓库与自用保税仓库），每一类保税仓库下面又各自分成三种[②]。

1. 公共保税仓库

502 公共保税仓库是为了适应保税仓储的普遍需要。任何人都可以使用此类保税仓库。在这类保税仓库下又分三种保税仓库：A 型保税仓库用于由仓库经营人承担责任的货物保税仓储；B 型保税仓库用于由保税仓库使用人承担责任的货物保税仓储[③]；F 型保税仓库由海关自己设立并管理[④]。

2. 自用保税仓库

503 自用保税仓库专供特定的经营人独家使用。仓库经营人和仓库存货人的概念在此被混为一个人而且是同一个人。自用保税仓库下面也有三种（C 型、D 型和 E 型）：

C 型保税仓库由仓库经营人来存放货物，经营人作为存货人不一定必须是货物的货主，而且经营人存放不属于他的货物也不会置疑自用保税仓库的特性。但是，在后一种情况下，经营人应当按保税仓储监管方式申报货物，他因此成为存储业务的唯一责任人。

D 型保税仓库在欧盟法律中采用了与 C 型保税仓库相同的词语定义（仓库经营人就是仓库存货人），这两种保税仓库之间的区别在于使用 D 型保税仓库按准入放行方式监管或按一般贸易进口方式监管，申报时可以不需要向业务现场海关呈验货物，也不用递交与其有关的报关单。

E 型保税仓库可以对存放在使用人的存货地点的货物按保税仓储监管方式监管，这些

---

① 对此，我们会强调作为海关批准的“地点”的保税仓库与作为“监管方式”的保税仓储两者之间的明显区别。前者涉及各类仓储地点的法律地位，后者则对应仓储货物的法律状态。

② 参见《实施细则》第 525 条规定。法国立法过去规定的保税仓库可以没有很大困难地改变成与《欧盟海关法典》规定的分类相对应的保税仓库，除了涉及专门用于石油产品的称之为“特别”的保税仓库，设立这类保税仓库的原因在于石油产品的性质及其所需要的进口、储存和投入市场的特殊条件。在因单一市场生效而导致的欧盟涉及增值税和间接税的新税收措施的制定并由 1992 年 7 月 11 日第 92-677 号法律付诸实施之时，取消了特别保税仓储监管方式，由一项称为“存储性国内税保税仓储”的监管方式取代，允许以暂时不征间接税（国内税及类似税收）和增值税甚至关税的条件存储石油产品（《法国海关法典》第 158 条 A 至第 158 条 C 规定）。我们还会提到一项“生产性国内税保税仓储”监管方式，称为“保税工厂”，目的在于允许某些石油产品在生产时对所使用的原材料暂时不征本应征收的国内税及其他税（关税除外）。参见《法国海关法典》第 163 条至第 167 条规定。

③ B 型保税仓库的特别之处在于它没有规定制存账册的义务（参见本书 512），以及不适用简化的所在地集中通关程序（参见本书 510）。

④ 在法国还没有考虑设立这种保税仓库。

存货地点无须经海关批准并赋予它们保税仓库的法律地位[①]。

（四）准许保税仓储的货物

504 所有应征收进口税或应按欧盟农业政策管理的非欧盟货物，均可按保税仓储监管方式监管，无论货物的性质、数量、原产地、来源地或目的地，而且无论这些货物之前处于哪种海关监管状态——直接从外国进口的货物或者转关运输至某个内地业务现场海关的货物，来自海关监管仓库或临时堆场的货物，或者是暂时进口核销后的货物等。

无疑，这项所有货物自动准入保税仓储监管方式的原则并不妨碍适用《欧盟条约》第30条（前第36条）规定，该条法律规定主要涉及出于公共道德、公共秩序、公共安全及保护人类和动物的健康和生命原因所必须采取的禁止或限制的措施。

最后，我们还要提到危险品、会损坏其他货物的货物或者因为其他原因需要使用特殊的设施进行存放的货物（武器、农产品，等等），这些货物可以存入装备有适合存放它们的特殊设备的地点[②]。

（五）进口保税仓储监管方式的准入条件

1. 监管方式的审批标准

505 经营保税仓库或使用保税仓储监管程序的审批必须符合某些经济或管理方面的标准。

申请人应当通过说明设立保税仓库对其利益的合理性来表明有“保税仓储的经济需要”。评判这一条件时可以有数项标准：货运量、附近是否有其他保税仓库、暂时不征收的税额，等等。我们陈述这项原则时，还要加上一条，即保税仓库的监管措施和对适用该监管方式的监管不应当造成出现一个与其经济需要不合比例的行政管理机制。在评估可以发生的行政成本与经济需要之间的比例时，应主要考虑所使用的保税仓库的类型和所采用的监管程序会造成的限制。

506 保税仓库应当主要用于货物的存储，因为保税仓储监管方式不包括工业加工程序。但货物存储也可以对保税仓储的货物进行简单的处置[③]或者对按进境加工或海关监管加工方式监管的货物进行加工[④]，但这些处置或加工与货物的存储相比不得喧宾夺主。

至于可能被批准经营保税仓库或使用保税仓库监管方式的人，法律规定只有是欧盟居住民或者能提供保税仓储业务正确运营所必需的保证的人才能享受这项便利措施[⑤]。

2. 保税仓储监管方式的审批程序

507 除非涉及由海关开办的保税仓库（F型保税仓库），使用保税仓储监管方式必须

---

① 自1984年以来，海关设立了一种特殊类型的进口保税仓库，称为“自由区型保税仓库”，用于接受等待复出口的外国货物。这类保税仓库大多设在海港港区并由企业自用港口或工商会经营，其目的在于鼓励国际转运和分拨业务。为此，对其监管比对常规的自用保税仓库更为宽松：如准许存入保税仓库的货物清单范围更大、保证金费用较低、货物凭简化的报关单出入仓库及货物存放期限更长等。需要注意的是，“自由区型保税仓库”监管方式不能比照欧盟的自由区监管方式。它只是一个试验性的措施，用来适应地缘性的经济需要和满足自由区没有作为一项工具被采用而出现（关于此类保税仓库，请参见本书535及其注释）。

② 关于石油产品，参见本书501及相关脚注。

③ 关于保税仓库内的货物的简单处置，参见本书518。

④ 关于对按进境加工或海关监管加工方式监管的货物的保税仓库的使用条件，参见本书513。

⑤ 关于要求提供金融保证，参见本书509。

申领一份经营许可（A、B、C 和 D 型保税仓库），此类许可相当于批准货物按保税仓储方式监管；或者申请批准使用 E 型保税仓储监管方式，E 型保税仓库不需要对存储地点获得批准并因此不必申领经营许可。经营许可会具体规定保税仓库的经营条件或保税仓储监管方式的使用条件。经营许可没有时间限制。如果货物应按 C、D 或 E 型保税仓库的监管方式在数个成员国家存储，应向仓库经营人所持的主账册所在的成员国家提出申请。各成员国家要规定能够在所涉及的不同业务现场海关之间开展合作的程序，以确保能控制监管方式的正确使用。

经营许可可以按普遍适用于所有经济监管方式的规定予以吊销或收回[①]。此外，如果海关当局认为已经没有或者不再有继续运营保税仓库的理由，也可能会收回经营许可。

二、进口保税仓储监管方式的实施方式

508 我们在上面已经研究了进口保税仓储监管方式的概念的一般原则，现在让我们来讨论进口保税仓储监管方式的使用方法的相关规定。在本书中，我们选择根据保税仓储的货物先后处于的不同时空所对应不同的实际或法律状态，来分析进口保税仓储监管方式的使用。

（一）货物按保税仓储方式监管

1. 货物按保税仓储方式监管的前置手续

509 货物在按保税仓储方式监管之前，在保税仓储监管方式的运行和是否应建立一个用来覆盖这些责任的担保制度方面，会存在一个仓库经营人与仓库存货人各自责任的问题。仓库经营人的责任在于确保货物在保税仓储期间不会脱离海关监管，他应当履行保税仓储产生的所有义务；而存货人的责任则在于履行由于货物按保税仓储方式监管而产生的义务。对于公共保税仓库，经营许可可以作为例外规定仓库经营人的责任全部转嫁给存货人。

《欧盟海关法典》（第 88 条及第 104 条规定）授权成员国家海关当局负责决定这些责任是否需要提供担保。法国海关利用这样的权力，并根据《欧盟海关法典》第 189 条等规定的为确保缴纳海关债所提供担保的相关条件进行了调整，维持了过去在法国适用的保证金原则[②]。

保证金制度在过去就已经建立了，只是仅涵盖所涉及的关税及其他税的某个百分比，但如果对经营人的偿付能力有怀疑，可以要求对税额提供全额保证金。在 A 型保税仓库及在自用保税仓库中，担保由经营人提供。B 型保税仓库的担保全部由存货人提供，由地方政府、自用港和商会经营的 A 型和 B 型公共保税仓库可免予担保，条件是海关能进行有效监管和不时的或不间断的监控[③]。

2. 办理按保税仓储方式监管的手续

510 办理按保税仓储方式监管的手续包括向海关呈验货物并递交一份按“单一行政文件”格式填制的报关单[④]，报关单中应包括申请按保税仓储方式监管所需的所有说明，

---

① 参见本书 469。
② 关于适用于经济监管方式的保证金的一般规定，参见本书 476 等。
③ 海关运营的 F 型保税仓库无须提供担保。
④ 参见本书 324。

其中包括用于可以对提离保税仓库的货物征税的所有信息（特别指货物在存入保税仓库之前所适用的监管方式，主要涉及对从第三国进口的按进境加工监管方式进行加工的货物）。

报关单应当递交给负责监管该保税仓库的业务现场海关。除存入 B 型保税仓库外，如果经营人希望向负责监管该保税仓库的业务现场海关以外的业务现场海关递交报关单，可以逐案例外于这条规定。

除了涉及监管的可能性和业务频次的某些条件外，保税仓储监管方式可以申请享受适用于进口和出口环节的简便通关程序，但与保税仓储监管方式有关的特别细节则不能省略。所以，特别是当简便程序适用于 B 型保税仓库时，用商业单证来代替简要报关单的做法便无法适用。至于所在地集中通关程序，它可经过必要的调整适用于保税仓储的货物，除非涉及 B 型和 F 型保税仓库及各类欧盟农产品保税仓库①。

对于有资格申报使用保税仓储监管方式的人，应适用的规定属于在常规通关程序方面的有关规定，再加上一些与保税仓储监管方式特殊性有关的规定。

保税仓储监管方式的报关单应由保税仓库存货人签名，报关单可以由存货人本人填制，也可以由某个根据授权的雇员或某个有合法资格的关务代表以存货人的名义为他填制。关务代理只在两种情况下才能以自己的名义填制报关单。一种情况是，如果他们为存货人代理关务，便可以以自己的名义填制报关单，但对货物金额有限制；另一种情况是，如果所涉及的货物是由他们来承担存货人的责任（例如属于外国居住民的货物），他们也有资格填制报关手续。在后一种情况下，关务代理应作为主责任人提供担保。

（二）货物保税仓储的期限

511 货物在保税仓库存放期间，应遵守对保税仓储货物存储的一般条件的规定。根据这些规定，经营人可以对这些货物进行某些简单处理，使该监管方式能最大限度地体现其经济使命。至于海关，它的责任在于监管以确保存放的货物能遵守随时向其呈验的规定。

1. 关于货物存放的一般规定

（1）制存账册

512 所有按保税仓储方式监管的货物，保税仓库经营人应制作并保存一份账册，但对于 B 型保税仓库，则应由业务现场海关来保存按保税仓储方式监管的报关单用以代替经营人的账册。此外，对于 F 型保税仓库（海关开办的），海关的业务登记簿也可代替账册。

账册应记录正确实施保税仓储监管方式所必需的所有要素。账册应接受负责监管的业务现场海关任何其认为是有用的核查。用于贸易或税务的账册，如果含有海关监管所需的要素，也可被海关认可可以替代《欧盟海关法典》规定的账册。

（2）不按保税仓储监管方式办理手续的保税仓储

①欧盟货物

513 如果经济上有需要而且海关监管也能得到保证，欧盟货物可以不按保税仓储监管

① 对保税仓储监管方式项下可适用的简便程序的更详细的规定，请参见《实施细则》第 268 条到第 274 条以及第 278 条规定。

方式办理手续进行保税仓储。但享受提前退税且无须加工的出口农产品不适用该优惠措施①。

②非欧盟货物

514 在某些条件下，按进境加工方式或海关监管加工方式监管的第三国货物也可以享受该项便利，以便在保税仓储设施进行这两项监管方式规定的加工业务。这些加工不属于保税仓储监管方式的法规的适用范围，而应适用进境加工或海关监管加工监管方式的法规②。

③不同海关监管状态的货物的共同存放

515 在不影响业务的合规性条件下，负责监管保税仓库的业务现场海关有权准许按保税仓储方式监管的非欧盟货物和欧盟货物共同存放在同一个保税仓库中。但是，共同存放的货物必须是相同货物③，种类不同的并且共同存放很难分辨的货物则不准许共同存放。如果不是相同货物，海关有权对这些货物规定特殊的分辨方法，比如按它们的海关监管状态分别分开存放。

共同存放因此可以经济地使用存储设施并且便于用总账管理取代逐笔货物管理来对保税仓储监管方式进行核销，因为扣减核销数量时欧盟货物可以与非欧盟货物互相串换。

（3）进口保税仓储监管方式的使用期限

516 在过去情况下，按保税仓储方式监管有时间限制，而且欧盟法律准许成员国家自行按不同类型保税仓库规定不同的期限，现在的情况恰恰相反，《欧盟海关法典》第 108 条规定，按保税仓储方式监管的货物今后没有时间限制，无论对于哪种保税仓库。但是，该条法律也允许成员国家海关当局在特殊情况下及如果情况有必要时确定一个时限，存货人应在该时限期满前给货物（如易腐烂货物）指定一个海关准许的使用去向。

2. 保税仓储条件下可准许进行的业务活动

517 保税仓储的货物可以接受简单处置，变更货物的所有人，从一个保税仓库转移至另一个保税仓库，或者临时提离保税仓库。

（1）简单处置

518 一般情况下，在外国市场采购然后存入保税仓库的货物都是散装的或者没有真正的包装。所以这些货物在批发配送之前需要改善它们的外观或它们的商业质量。过去很长一段时期，这方面的法律规定在制定时受到一种限制理念的影响，列出一份保税仓储的货物可以接受的简单处置的清单对这类业务进行限制。直至 1989 年，欧共体制定了一项后来被写入《欧盟海关法典》的条例，根据其被确定的使用去向对其简单处置做了一个更一般的定义，从而扩大了简单处置的适用范围。

简单处置被定义为对货物进行任何手工或非手工的处理，目的在于“保存货物，改善其外观或其商业质量，或者改成配送或转售的包装”。《实施细则》后面附有一个附件，

---

① 这些农产品实际上可以在称之为“不加工出口提前退税”的特殊监管方式框架下实际按保税仓储方式监管后存入保税仓库（参见本书 541），而经过加工后出口的农产品可以按一项监管方式监管并以此名义存入保税仓库，但无须办理按该监管方式监管的手续。适用于这种情况的是加工预退税监管方式（参见本书 690）。

② 由于在按进境加工或海关监管加工方式监管的货物存入保税仓库的情况下所适用的海关机制特别复杂，我们只能将有关讨论放在研究《实施条例》第 538 条到第 547 条规定中。

③ 相同货物指归入税则商品分类目录同一子目的，具有相同的商业质量和技术特性的货物。

明确规定，货物的组装或装配，只有涉及将在货物生产中不起主要作用的附件装上一台完整的机器上才属于简单处置的适用范围①。简单处置应当事先逐案向负责监管保税仓库的业务现场海关申请批准，也可以从总体上申请批准。

（2）货物转让

519 《欧盟海关法典》将保税仓库存货人定义为按保税仓储方式监管的报关单所关联的人，而且所有权的概念不直接影响在保税仓库内的责任认定。鉴于此，存货人在保税仓库内可以将其货物转让给某个第三人。长期以来，在海关法意义上，这项便利措施的目的在于满足保税仓储监管方式的其中一项经济使命，即通过允许在“关外”销售来方便保税仓储货物的商业买卖。

转让是否伴随与保税仓储监管方式相关联的权利和义务的转移，决定了转让是否需要海关批准。转让如果伴随权利和义务的转移，应随附一份由存货人担保的报关单，据此存货人的资格连同与此身份相挂钩的所有义务都转移给新的存货人。如果不涉及权利和义务的转移，存货人仍然是按保税仓储方式监管的报关单所关联的人。

（3）货物转库

520 除按保税仓储方式监管存入 B 型保税仓库的货物只能在结束原先的监管方式后才得转移至另一个保税仓库外，保税仓储的货物均可以在不结束原先的监管方式的条件下转移至另外一个保税仓库。通常情况下，货物转库应持有一份“单一海关单证”一式数联，其中一联应由负责监管转入地保税仓库的业务现场海关签证后退回转出地的业务现场海关。按此类程序转库的货物可以无须向海关呈验。货物转库也可以适用简便程序，可以不用业务现场海关的签证，但转出地业务现场海关和转入地业务现场海关之间必须建立一个旨在可以对货物转库进行监管的互通信息的手段②。一旦转库货物记入新的保税仓库的账册，随附在转库货物之上的责任立即由抵运地保税仓库的存货人承担。

（4）临时提离

521 如果情况需要，按保税仓储方式监管的货物可以在不结束监管方式条件下临时提离保税仓库。过去，对于这项便利措施，法律没有做规定，直至《欧盟海关法典》颁布后才有规定（第 110 条规定），而且这条规定还把保税仓储监管方式的法律效力拓展到整个提离期间，重在允许在保税仓库外对货物进行简单处置。

3. 货物无法向海关呈验的情况

（1）短缺

522 海关在对保税仓储的货物进行盘库时或者在对保税仓储监管方式期满核销进行合规监管时，如果发现按保税仓储方式监管的货物数量短少，应对短少的数量予以补税，必要时会追究法律责任。适用于短少数量的关税及其他税应当是海关债发生之日（发现瞒骗性短少）实行的关税及其他税。如果这个日期无法准确地确定，应适用《欧盟海关法典》第 214 条 2 规定③。

---

① 例如将无线电收音机或雨刮器装在汽车上。欧盟法规扩大了通常简单处置的适用范围，在清单中增列了用于改善进口货物外观或者改成配送或转售的包装，但条件是这些简单处置不改变原货物的性质，也不会改善货物的性能（参见 Règl. n° 883/2005 du 10 juin 2005, *JOUE*, 11 juin 2005）。

② 关于该程序的使用条件及方法的详细情况，请参见《实施细则》第 511 条规定。

③ 参见本书 400。

（2）灭失

523 如果货物在保税仓储期间由于其性质或者由于某个偶然或不可抗力的情况导致发生不可挽回的损毁或灭失，存货人可以免予缴纳应征收的税[①]。在此方面需要注意一点，与过去规定在公共保税仓库中发生货物被偷盗可以免予补税的法国立法相反，欧盟司法法院判定，货物被偷盗不属于偶然或不可抗力的情况，因此不会导致海关债的偿清[②]。

（3）变质

524 保税仓储货物如果变质，应当提离保税仓库，用于任何法规准许的使用去向（特别是销毁）。如果投入内部市场，应对货物按其向海关所呈验的状况征税。

（三）保税仓储监管方式的核销

525 保税仓储监管方式的核销可以采取将保税仓储货物转按从第三国直接进口的监管方式，确定一个使用去向来进行。我们一方面会逐一研究那些按保税仓储方式监管货物最经常被确定的符合其最基本的经济目标的使用去向（准入放行或复出境），另一方面会介绍那些相对不常见的情况，包括将货物按准入放行或复出境以外的某项监管方式监管（保税仓储的货物转库也可视为属于这种情况），另外，我们还要分析销毁或放弃货物的情况。

1. 准入放行和复出境

（1）准入放行

①一般规定

526 准入放行监管方式可以单独使用，也可以与其他监管方式同时使用，即同时按一般贸易进口方式监管，或者与另一项监管方式同时监管。转按这些监管方式监管时，应遵守适用于所有类型的保税仓库的常规通关程序的规定，包括向海关呈验货物并递交按单一海关单证格式填制的报关单。还可以按相关的规定享受不同的简便通关程序。但是，F 型保税仓库不能享受简便通关程序；B 型保税仓库如果遵守一些特殊的规定，也可以享受免予向海关呈验货物的简便通关程序；而 D 类保税仓库可以自动适用简便通关程序，无须向海关呈验货物，货物从保税仓库提离转按准入放行方式监管时经营人也无须向负责监管的业务现场海关提供任何信息（《实施细则》第 278 条规定）。

作为普遍适用的规定，从保税仓库提离转按准入放行方式（或按一般贸易进口方式）监管的货物应按其出库时的税则归类和数量计税，海关完税价格应为货物转按准入放行监管方式报关的报关单登记之日的货物的价格。至于应征收的关税及其他税（主要是增值税），应当是同一日实行的关税及其他税，但对于报关单受理之日之后关税税率降低的情况，可以按《法国海关法典》第 80 条的规定办理[③]。

对于 D 型保税仓库，应于补充汇总报关单递交之时按货物当时的或者以货物按保税仓储方式监管当时的价格和数量计税。报关人如果想适用比存入保税仓库之时更为优惠的计

---

① 在后一种情况下，如果货物有保险，存货人必须能证明保险只包括货物的价值。

② 对于欧盟司法法院的这项判定（参见本书 398 的注释），我们会注意到，国家判例法并不预先拒绝将被偷盗视为一种可以免责的原因。法国法律只要求被偷盗具有不可抗力的特征（不可预见并且不可抑制的），否则本身自动不能免责。参见：Cass. crim. 13 juillet 1951，Doc. cont. n 971. – 19 mars 1957，Doc. cont. n 1216。另参见本书 823。

③ 参见本书 415。

税要素，他应当使用准入放行监管方式的另一种程序（常规或简便的），但要向海关呈验货物。

②货物接受过简单处置的情况

527 经过简单处置后再转按准入放行方式监管的货物，原则上应当按提离保税仓库之时的计税要素（商品类别、价格、数量）计税。但是，如果按这些要素计税与按这些货物如果没有经过简单处置的状况计税相比反而不利于纳税人，在申报人提出申请的情况下，可按存入保税仓库之时的计税要素计征应征的关税税额①。如果采取将货物转按另外一项监管方式监管的形式来办理保税仓储监管方式的核销手续，负责监管保税仓库出库的业务现场海关有权根据申报人的申请出具证明，证明中应包含货物在负责监管保税仓库的业务现场海关之外的另一个业务现场海关用于确定可能应考虑的计税要素所需要的所有信息。

（2）复出境

528 适用按准入放行监管方式的通关程序必须经过适当调整才能适用于复出境手续，但不适用于按简便程序办理的B型保税仓库的提离手续，这类保税仓库的提离手续不能免除向负责监管的业务现场海关呈验货物的责任，而且只能享受用商业单证或行政文件替代报关单的便利。

2. 其他使用去向

（1）转按另一项监管方式监管

529 从保税仓库提离转用于除准入放行以外的其他使用去向（将货物按暂时进口、进境加工、海关监管加工等方式监管），不需要做特别的说明，这些货物只是完全适用货物申报的新的监管方式的相关欧盟法规规定。我们只说明一点，转按某些监管方式监管会随后导致产生海关债，而且因此必须遵守对来自在库内已简单处置过的保税仓储货物转按准入放行方式监管所规定的信息沟通程序②。

（2）转库

530 保税仓储货物，如果采取货物转库至另外一个保税仓库来核销，初次使用的保税仓储监管方式便可以结束，改按转入地的保税仓储方式监管。最初使用的保税仓储监管方式的核销单证，根据转库是在同一成员国家同一个业务现场海关进行，不同的两个现场业务海关之间进行，或者在不同成员国家的海关之间进行，决定在第二个保税仓库经营人递交的报关单，在转库所携带的境内转运单证回执联，或者在包括所涉及的成员国家之间运输的欧盟转运单证上的签字。

如果转库货物在第一个保税仓库中进行过简单处理并带来征税问题，应适用对这些货物按除保税仓储以外某项监管方式监管情况下的相同规定③。

3. 放弃或销毁货物

531 保税仓储监管方式可以采用销毁或放弃货物上交国家财政的方式来核销。保税

---

① 如果通常的简单处理需要支付费用，这些费用或可能出现的增值，只要申报人能提供令人满意的证据，在计征进口关税时可以不予考虑。相反，简单处置中所使用的非欧盟货物的海关估价、性质和原产地，在计征进口关税时则应予考虑（参见 DA du 26 sept. 2005，BOD du 4 oct. 2005）。在成员国家保税仓储的货物转按一般贸易进口方式监管时（参见本书 499），增值税的计税基础始终由货物在申报按一般贸易进口方式监管之时的价格，所适用的税率也应为该日期施行的税率。

② 参见本书 527。

③ 参见本书 529。

仓库经营人的销毁动议必须在有效时间内报告海关，以使海关能对销毁进行监管（《实施细则》第842条规定）。至于放弃货物，《欧盟海关法典》规定按各成员国家的法律规定办理。在法国，《法国海关法典》第111条规定，货物放弃必须经海关同意而且所放弃的货物必须能与交易中被放弃的货物同样的条件变卖[①]。

第二节　出口保税仓储监管方式

532 在法国，1965年7月3日法律带来的最重要的改革之一是对《法国海关法典》若干规定的修改，创立了出口保税仓库，使在国内市场采购的货物在等待出口期间存入出口保税仓库，这些货物在出口保税仓库内处于一种预出口的状态并可提前享受与出口挂钩的税收及金融优惠（退还营业税和提前支付某些农产品所享受的退税）。海关法的这一改革被写入《法国海关法典》，并规定设立保税仓库，使按这一新的监管方式监管的货物能全部或部分具有“与出口挂钩的法律效力”。

这项监管方式在一段时期内都按法国立法中的规定来实施，一直到在欧盟层面上制定了一项条例，推出了一项基于保税仓储监管方式的农产品提前支付出口补贴制度的特别监管方式。所以，自欧盟条例颁布以来，按出口保税仓储方式监管的货物需要区别哪些是只享受国内税退税优惠的货物，哪些是享受农产品提前支付出口补贴的货物。

一、适用于只享受国内税退税的货物的监管方式

533 法国的出口退税保税仓储监管方式按《法国海关法典》第140条3及第142条2规定，以及两项以部长令形式下发的实施细则[②]的规定来实施。在出口退税保税仓储监管方式的普遍经济作用和详细介绍其运作模式之前，我们必须强调，出口退税保税仓储监管方式属于我们在前面已经提到[③]的运用海关特殊监管机制的非海关性质的法规的范畴（国内税法规的特殊情况）。

（一）出口保税仓储监管方式的普遍经济作用

1. 法律定义及效力

534 用于出口供应船舶或航空器的本国货物或已按一般贸易进口的货物，如果它们在出口环节可以免征营业税或其他在国内市场上征收的国内税，便可以按“国内税出口退税保税仓储方式”监管。这些货物存入出口退税保税仓库后便可以提前具有实际出口的法律效力，从国内税的角度看，它们被视为已经出口了。出口保税仓储监管方式可以使海关监管的货物向境外销售时开具不含国内税的发票，立即退还或抵扣上一销售环节征收的国内税并将所涉及的交易记入有关出口人的出口营业额。

共同农业政策下的农产品，如果其出口能享受农产品退税，则不应按出口退税保税仓

---

① 对于致使海关同意放弃货物的理由，参见本书420及其注释。

② 指 Arrêtés des 18 février 1966, *JORF*, 24 fév. 1966, 3 avril 1968, *JORF*, 13 avril 1968 et du 18 févr. 1988, *JORF*, 26 févr. 1988。

③ 参见本书260。

储方式监管，而应适用农产品提前支付出口补贴监管方式[①]。如果情况合理，按进境加工方式监管的返销货物或按海关监管加工方式监管的加工货物，其所使用的本国料件也可享受出口退税保税仓储监管方式的退税优惠。

对于可以享受出口退税保税仓储监管方式的优惠的人，法律规定仅限于“实际的出口人”、出口货物船（机）供或柜台销售的货物的供货人，对于本国货物的外国购货人，如果该外国购货人想通过某个税务代理自己销售这些货物，也可以享受出口退税保税仓储监管方式的优惠。

2. 出口保税仓储监管方式的经济目标

535 对于法国而言，出口保税仓储监管方式的设计目标主要在于允许部分准备出口的本国货物，通过按一项不征任何税的监管方式监管，保持它们的市场竞争力。因此，特别是已经销售给外国购买人的货物，如果外国购货人希望将货物在海关监管之下继续存放在法国，以便将来分批交付，或者使其能从该国直接销售而无须供货人了解其最终抵运地，便可以存入出口保税仓库。出口保税仓储监管方式也适用于设在海运和空运口岸的向欧盟离境旅客提供物品的柜台销售的船（机）供给品[②]。此外，出口保税仓储监管方式还可允许在本国境内开展与物流相关的工程或服务（存储、简单处置、运输、经纪，等等）。

3. 出口保税仓储监管方式的准入条件

536 开设出口保税仓库，必须向海关申领开设许可，在实践中，海关会要求开设的出口保税仓库必须具有明显的经济作用（如组织国产货物柜台销售、在大港口或大机场开设分拨保税仓库）。

保税仓库的存储设施应经过事先批准，以保证它们便于海关监管和存放货物。至于货物保税仓储地点的法律地位，在公共保税仓库与自用保税仓库之间没有区别，只要该自用保税仓库属于欧盟进口保税仓库相关法规规定的任何一种类型的保税仓库[③]。这些类型的保税仓库的法律地位对法国的出口保税仓储监管方式没有任何影响，无论哪种类型均应按统一程序办理。

（二）出口保税仓储监管方式的运行模式

1. 货物存入出口保税仓库

537 货物存入出口保税仓库必须递交一份报关单，报关单应按适用于其出口的一般规定填制。可能情况下，也可以享受简便通关程序。货物按出口保税仓储方式监管不需要交付保证金，除非有真正的必要时才需要交付金额根据其对国家财政的实际风险的大小来确定的保证金。

2. 出口保税仓库货物存放期限

538 货物保税仓储期间，可以按进口保税仓储监管方式相同的规定进行简单处置[④]。

---

① 参见本书 541。

② 除了进口的外国货物外，“自由区型保税仓库”（参见本书 503 及其注释）还可以接受从国内市场采购的准备以后出口的货物。这些保税仓库因此也被视为出口保税仓库。法国的货物可以按保税仓储监管方式普遍适用的条件及手续存入出口保税仓库，但不能享受自由区型保税仓库专门的优惠待遇。尤其是，货物可以甚至在没有实盘销售的情况下存入此类保税仓库，这样可以使出口人在不含税的状态下以国际市场的条件向外国顾客展示，与在法国保税仓储的相似的外国货物具有相同的竞争力。

③ 参见本书 501。

④ 参见本书 518。

除有特殊的情况需要外，存入出口保税仓库的货物不得转让所有权。存储期限不得超过两年。如果有充分的合理理由，海关可以批准不超过 6 个月的延期。

3. 出口保税仓储监管方式的核销

（1）常规核销方法

539 存入出口保税仓库的货物只有用于出口保税仓储监管方式下正常的预定使用去向时才能核销提离保税仓库，也就是说，用于一般贸易出口、船舶或航空器的供给，改按暂时进口方式监管再出口（如为了在某个博览会上展示），或者改按成员国家的进境加工方式监管（例如为了对货物进行旨在使其符合客户要求的加工）。关于后两种核销方式，我们仅说明一点，即转按暂时进口方式监管或转按成员国家进境加工方式监管的货物应当强制地并且全部地以未加工的原状或以返销货物的形式再出口，不得转按一般贸易进口，即使转按一般贸易进口可以作为核销这两项监管方式的使用去向。

（2）特殊核销方法——盘库合规监管

540 某些情况下，可以采用保税仓库盘库合规监管的特殊方法。属于这种情况的主要是保税仓库存货人没有遵守应当能随时向海关呈验同一数量和质量的保税仓储货物的这一原则。这可能会是一些各种原因所导致数量短缺而应补税的情况。同样，保税仓储货物如果发现残损变质，应清出保税仓库，但必须在退回其按出口保税仓储方式监管时已经享受的税收优惠之后才能进入本国国内。只有由于经批准的简单处置产生或者因自然原因造成的短缺或无法使用的废料才可以不采取盘库合规监管的特殊核销方法。

存货人可能会由于一些重要的原因，无法满足出口保税仓储货物的要求，此时他可以申请将货物退回本国国内。货物退回本国国内，在海关方面，可以不征收国内税，但必须由存货人所属的税务机关办理税务合规监管手续。

二、适用于享受提前支付出口补贴的农产品的监管方式

541 欧盟对农产品出口财政优惠的适用法规致力于方便经营人获得这些优惠。为此，欧盟制定了一项条例[①]，创立了一项称之为“预支付”的监管方式。预支付监管方式最初仅适用于“不加工的”出口农产品，后来扩大适用到某些准备“经过在海关监管下加工后的”农产品。这项监管方式的初衷在于建立一套共同农业政策或海关特殊规定共用的机制[②]。这种共同性决定了预支付监管方式的某些特殊性，无论是对它的普遍经济作用还是它的实施方式。

（一）预支付监管方式的普遍经济作用

1. 法律定义及效力

542 预支付监管方式准许对某些农产品提前支付其与出口挂钩的出口补贴[③]，这些农产品必须事先按保税仓库方式监管（如果涉及“不加工的”农产品出口）或按海关监管

① 指 Règlement du Conseil du 4 mars 1969 abrogé et remplacé par le règlement n° 565/80 du 4 mars 1980, *JOCE* L 62, 7 mars 1980, complété par le règlement de la Commission n° 3665/87 du 27 novembre 1987, *JOCE* L 351, 10 décembre 1987, et divers textes ultérieurs。

② 属于适用于享受退税的农产品的涉及保税仓储的海关法规范围的规定，已经编入《欧盟海关法典》（第 98 条、109 条及第 113 条规定）及其实施细则（第 524 条至第 535 条规定）。

③ 主要是属于共同农业政策或某个相当于共同农业政策的法规框架内共同市场组织的农产品。

加工方式监管（如果涉及“经加工的”农产品出口）。这些出口农产品一旦按这两项监管方式监管，便被视为已经出口，经营人可立即领取出口补贴。补贴率除有事先规定外，应按这两项监管方式监管之日施行的补贴率支付补贴。

2. 预支付监管方式的经济目标

543 在预支付监管方式未创立之前，“不加工的”农产品的出口人不得不经常在市场不利的情况下出口农产品，让它尽快到外国存放和销售，其目的仅仅在于更快地领取出口补贴，却使在外国的售货人成为欧盟给予出口人的金融优惠的真正享受者。因此出现了本国的激励流失，不仅在销售方面刺激了外国中间商，也涉及与物流相关的所有活动（货物存储机构、运输人、保险人，等等）。预支付监管方式的创立就是为了尽可能限制这些有悖于欧盟经济利益的做法。预支付监管方式可以在欧盟的价格与世界市场价格之间建立一个对等性，从而避免经营人将其农产品存放在欧盟境外然后销售。它还通过对在内部市场采购农产品给予特别优惠的措施促进欧盟农产品的销售。

对于“经加工的”出口的农产品，预支付监管方式将贸易方面的理念移植到产业方面。实际上，在预支付监管方式建立之前，对享受出口补贴的农产品，如果其生产人使用从欧盟市场采购的原材料，他的采购价格一般情况下会高于世界市场价格，而且还必须等到加工的农产品实际出口后才能有资格领取出口补贴。如果反过来，生产人使用从欧盟境外以世界市场价格采购的原材料并按进境加工监管方式保税进口，他实际上便自对该货物进行加工开始就获得了欧盟的财政优惠，这样足以刺激他选择这种不有悖于共同农业政策目标的受惠模式。预支付监管方式的创立，其目的正是鼓励企业在其加工向第三国出口的农产品时使用欧盟的基础农产品而不是从第三国进口相似的基础农产品，因为借助提前领取出口补贴他们可以以世界市场价格购买基础农产品。

3. 预支付监管制度的审批条件

544 预支付监管方式的使用被严格限制在保税存储的监管方式内[①]。预支付监管方式的使用条件最重要的是需要负责监管的业务现场海关的税务主官签发一份《预支付合约》，为此需要先向海关申领经营保税仓库的许可（如果涉及“不加工的”农产品出口）或者向海关申请批准进行农产品加工的地点（如果涉及“经加工的”农产品预支付）。负责监管的业务现场海关会对申请进行审计。《预支付合约》会具体规定按预支付方式监管的使用方式，农产品的存放期限、核销、辨认措施，是否准许使用串换的返销农产品。合约还会明确地规定所有禁止性措施，如禁止将不同的海关监管状态的农产品存放在一起。

专门有规定要求制作并保存账册，以及提供担保来保证预支付监管方式的良好运作。

（二）预支付监管方式的实施方法

1. 办理按预支付方式监管的手续

545 预支付监管方式是比照保税仓储监管方式来实施的，但应强调某些特殊之处。农产品按预支付方式监管均必须向负责监管的业务现场海关呈验货物并递交完整报关单（单一海关单证格式报关单）。由于完整报关单必须载有确定退税金额所需的所有信息[②]，因此不能使用简要报关单的程序。

---

① 参见本书508等。

② 报关单受理的日期决定着退税的税率，该用于退税的报关单称为“支付报关单”。

申报按预支付方式监管的报关单，必须在提供担保（逐笔交付保证金或总体担保）后，海关才能接受。担保金额必须保证能追缴在经营人违约情况下收到的提前支付的出口补贴及可能会处以的按法定补贴金额计算的罚金①。

2. 农产品保税仓储的期限

546 作为预支付监管方式的特殊之处，应当提出，与进口保税仓储监管方式的便利措施相反，按预支付方式监管的农产品不得与其他农产品混放在一起，不论是否是欧盟货物，除非海关可以在任何时间都能辨认每票农产品并确定其海关监管状态。对于需要进行加工的农产品，法律规定它们可以经过海关批准，全部或部分地使用串换农产品来核销，条件是可以进行有效的监管，欧盟委员会1999年4月15日第800/1999号条例对该条件作出了缜密的规定。

对于其他农产品，保税仓储的期限应比照一般保税仓储监管方式（不加工出口方式）或进境加工监管方式（经加工的出口方式）的规定办理，尤其关于是否可以进行简单处置的规定，主要是根据保税仓储农产品的特点（例如冻品）来规定的②。农产品保税仓储期限原则上不超过6个月，但该期限在加工后预支付制度中可以按一些复杂的规定进行调整。

3. 预支付监管方式的核销

547 实际出口应构成预支付监管方式的常规核销方法。以下几种情况也可比照视为出口：在欧盟境内作为船（机）供品交付给远洋航行的船舶或执飞国际航线，交付给设在欧盟境内的国际组织及驻扎在某个成员国家境内的武装力量，或者交付给位于大陆架特定区域内的海上开采平台。欧盟第3665187号条例③对此类特定区域做出了定义。此外，货物应办理出口申报手续并向海关呈验。

对于属于经加工的出口方式的农产品，核销应比照进境加工监管方式方面的规定办理。原则上，加工产率应在许可发放之时海关根据对加工条件做了深入研究的结果来确定，该产率应能反映加工业务进行的实际条件。自2004年1月1日以来，在进境加工监管方式中由于不能再采用标准产率后，该项规定更加严格了。

最后，作为例外，已经领取预支付的农产品，必须退还已经领取的出口补贴并缴纳罚款才能重新回到国内市场。

第二章 暂时进境监管方式

548 随着国际贸易的持续发展，大多数国家，包括欧盟的未来成员国家，越来越多地遇到货物暂时进境用于各种目的然后复出境的情况。这些国家于是不得不建立一项称为

① 不要将这里对存货人在货物按预支付方式监管时要求提供的担保的特别制度与经营人使用该监管方式应提供的担保混为一谈。

② 参见本书518关于可准许的简单处置性质的详细介绍。

③ 指 Règlement d'application du texte de base du régime de préfinancement des restitutions（参见本书541及其注释）。

“暂时进境”的监管方式。货物在境内使用期间暂时不征收关税和国内税，但管理办法因成员国家不同而异。直到 1982 年，欧共体才对各成员国的暂时进境监管方式的法规进行协调，并于 1986 年开始实施一项其规定后来都写入了《欧盟海关法典》的条例①。我们将先后介绍暂时进境监管方式的普遍经济作用和实施方法，然后适当讨论一下对运输工具暂时进境的特殊规定。

第一节　暂时进境监管方式的普遍经济作用

在分析暂时进境监管方式的适用范围和审批条件之前，应当明确这项监管方式的保税法律效力。

一、法律定义及法律效力

549 暂时进境监管方式准许计划原状复出境（使用后在既定的时限内）的非欧盟货物，在某些条件下暂免全部或部分进口关税及其他税②暂时进入欧盟关境。“进口关税”一词，指关税、相当于关税的其他税，以及在共同农业政策框架内在进口环节征收的农产品调节税。按暂时进境监管方式监管还可以暂不适用贸易政策措施。至于增值税和类似的国内税，这些税只有在按暂时进境监管方式监管时可以暂免关税的情况下才能享受保税的优惠措施③。

二、暂时进境监管方式的适用范围

（一）可以按暂时进境方式监管的货物

550 所有海关应征收关税及其他税或者应适用贸易政策措施的货物，均可以按暂时进境方式监管，只要海关能对这些货物进行辨认而且能监管这些货物的使用④。按暂免部分税的暂时进境方式监管的货物，其货主必须是欧盟境内的居住民。按暂免全部税的暂时进境方式监管的货物，其货主只有在《欧盟海关法典》对此有明确规定的情况下（如对于专业器材、教育和科研器材，等等）才必须符合是欧盟居住民的条件。

（二）不同类型的暂时进境

551 在某些条件下，暂免全部税会导致按暂时进境方式监管的货物的使用人与从欧盟市场采购的货物的使用人之间的竞争条件出现扭曲。为此，法律规定，在某些情况下，需要征收部分税。

1. 暂免全部关税及其他税的暂时进境

552 暂免全部关税及其他税的暂时进境监管方式适用于属于《实施细则》第 555 条至第 578 条规定的各类货物中任何一类货物。由于这些规定所列情况很多而且多样，我们

---

① 《欧盟海关法典》第 137 条至第 144 条规定，以及《实施细则》第 553 条至第 584 条规定。

② 欧盟法律规定中使用的“免征”一词在这里应理解为偶尔也使用的“保税”一词的意思。

③ 根据法国国内税立法的某些规定（《国内税总法典》第 291 条及第 293 条规定），暂时进境监管方式也适用于来自成员国某个不属于欧盟税境的地区的货物。

④ 关于运输工具暂时进境，请参见本书 569-1 等。

必须参照规定原文才能深入研究该问题。这里仅作为举例，介绍专业器材、用于在展览上展示或使用的货物、包装[①]，以及暂时进境用于测试的货物等最为常见的情况。还要介绍在法规中规定的不得按暂时进境方式监管的货物及其暂时进境进口不涉及经济问题的货物。

553 第三国货物，正常情况下应当可以按暂免部分关税及其他税的暂时进境方式监管，偶尔也可以按暂免全部税的暂时进境方式监管，但不得超过 3 个月的期限[②]。某些业务，如果经认定会影响欧盟的竞争条件或会损害经济从业人的利益，则不予暂免全部税。

2. 暂免部分关税及其他税的暂时进境

（1）适用范围

554 不能按暂免全部税的暂时进境方式监管的第三国货物，可以按暂免部分关税的暂时进境方式监管[③]。暂时进境监管方式适用于从经济上讲既不应暂免全部的关税及其他税，也不能征收全税而最适宜按其在欧盟境内使用时间的比率征税的货物。一般地讲，主要指暂时进境用于生产部分出口货物的外国生产设备或某个法国或外国公司的工程临时使用的工程器材，但不适用消耗材料及使用寿命短而会对欧盟经济造成损害的器材。

（2）征税方式

555 至于关税，进口器材应将该器材直接按准入放行方式监管时应征收的关税税额，按使用暂时进境监管方式以月为单位征收，每月（不足一个月按一个月计算）征收该税额的 3%。征税时间为该器材按暂时进境方式监管结束之时，应征收的税额不得超过该器材直接按准入放行方式监管时应征收的关税税额。

增值税及类似国内税在办理货物按暂时进境方式监管的手续之时就应征收。这些税应按暂时进境报关单递交之日的价格和当日实行的税率计征。货物按暂时进境方式监管期间，暂不征收其他国内税及准国内税。

三、暂时进境监管方式的审批条件

（一）许可

556 按暂时进境方式监管必须向每个成员国家的海关当局申领许可，许可中会具体规定暂时进境监管方式的使用条件。要在数个成员国按暂时进境方式监管的货物可以只申领一份许可，无须逐一获得相关成员国家指定的海关当局的批准。

557 在可以批准的暂时进境业务中，某些业务不能按货物或按具体的使用去向来规定审批条件，只能采用一般的评价标准（比如不涉及经济的或者偶尔进境的货物）。与过去的情况不同，成员国家海关当局在审批时可以不再请示欧盟委员会，而且无论所涉及的税额有多大[④]。

558 对海关无法辨认而且对其使用的监管也无法实施的货物，海关会拒绝批准按暂时

① 关于对包装的监管方式的详细讨论，参见本书 562 及其注释。

② 这些货物的确定的权力属于成员国家的海关当局，但成员国家海关当局必须将其批准的全部而不是部分不征税的货物的清单报送欧盟委员会备查。

③ 该监管方式不包括暂免部分增值税，增值税必须全部征收（参见本书 555）。

④ 也可以以特案并且不超过三个月的形式批准免税（《实施细则》第 578 条规定）。

进境方式监管[①]。对于过去曾不合规地使用过暂时进境监管方式的人，如果无法提供必要的保证，也可以拒绝批准。根据所有经济监管方式均适用的法律规定，许可可以被吊销或被收回[②]。

（二）被许可的人

559 暂时进境监管方式仅限于本人或由其承担责任让他人使用进口货物的自然人或法人使用。所谓由其承担责任让他人使用进口货物的人，应指将这些货物由另一人使用的人，但后者对前者拥有领导、监管或监控权。如果发命令的人与使用人之间没有任何从属关系，按暂时进境方式监管的器材不得被借用或租用。

（三）许可的形式

560 按暂时进境方式监管必须事先递交载有准备进行的业务的所有相关信息的申请，并且由海关发放许可，许可会具体列明可以使用该监管方式的条件。实践中，最经常的是采用按暂时进境监管方式监管的报关单代替申请。在此情况下，该报关单一经海关接受便视为已经批准[③]。

第二节　暂时进境监管方式的实施办法

561 如同所有经济监管方式的性质一样，暂时进境货物在时间和空间上依次处于不同的法律状态，并应按不同的专门规定办理。因此，我们自然要按这一顺序来研究暂时进境监管方式的实施办法，然后依次研究适用于暂时进境货物的规定、该监管方式的使用期限，以及暂时进境监管方式的核销应遵守的特殊规定。

一、办理按暂时进境方式监管的手续

562 货物办理按暂时进境方式监管的手续时，暂时进境监管方式的使用人应履行的手续和海关采取的保全措施都按所有经济监管方式统一适用的规定办理[④]。这时只需提到，货物按暂时进境方式监管必须签署一份原则上总是包括所涉及货物的完整申报内容的海关登记手册[⑤]，并以交付保证金的形式来承诺履行义务。如果所有业务都在一个业务现场海关办理，可以采用总担保形式。这条传统的实施办法还没有受到暂时进境监管方式新的规定的影响，新规定提供了一个在应征关税时不需要提供担保的情况的清单[⑥]。此外，某些货物办理按暂时进境方式监管的手续可以采用口头申报代替书面申报[⑦]，而且因此进口人无须提供担保（称为“诚信”暂时进境监管方式）。可以享受这一便利的货物均在法律条文中有具体列名（《实施细则》第229条规定），或者是授权每个成员国家指定的任何其

① 但如果没有货物辨认措施并不会产生风险，仍可以予以批准。

② 参见本书469。

③ 关于口头申报的情况，参见本书562。

④ 参见本书476等。

⑤ 暂时进境的通关作业也可以按简便通关程序的机制进行（参见本书333等）。

⑥ 参见《实施细则》第581号规定及附件77。

⑦ 口头申报构成申领许可的行为，但必须同时出示货物清单，海关在货物清单上签证视为批准。

他货物[①]。

最后应明确的是，除了根据某些暂时进境业务的性质或货物的价格规定可以由关务代理的名义填制外，暂时进境报关单必须由使用暂时进境货物的人的名义填制[②]。

二、暂时进境监管方式的使用期限

563 货物在暂时进境期间，可由纳税义务人自由处置，但必须遵守某些限制规定，如货物不得接受所发放的监管方式许可规定以外的其他使用。暂时进境的期限不得超出2年[③]，但海关可以作为特例批准延期。最后必须强调，除经批准外，暂时进境监管方式的使用期限不得延长。

经海关批准，暂时进境监管方式的享用可以转让给另外一个欧盟境内居住民。如果货物的转让是按含有持有人的权利和义务的暂时进境监管方式转让许可进行的，对前一个享用人的暂时进境监管方式便可以结束。如果转让是在同一份许可框架内进行，对货物的责任仍由许可的持有人承担。

转让必须随附一份欧盟境外转运单证或者一份相当于境外转运的单证。但是，如果转让不终止监管方式而且是在同一份许可框架内进行的，海关当局有权同意在办理转让手续的业务现场海关与负责监管方式核销的业务现场海关之间的货物转让可以不办理海关手续。无论采用哪一种方法转让，被转让的货物都应当随附一份信息表，载有对抵运地海关有用的所有信息（主要是对被转让的货物可能应征收的关税税额）。

三、暂时进境监管方式的核销

564 最晚不迟于暂时进境的期限到期之日，暂时进境货物应当通过确定另外一项使用去向的方式来核销暂时进境监管方式。这样，便可以解除责任人所承担的义务，或者，如果他不履行义务，追究他的责任。

（一）货物转按另一项监管方式监管

565 暂时进境货物复出欧盟关境之时，该货物的暂时进境监管方式便被核销。暂时进境货物也可以运入自由区或自由区型保税仓库，或者改按另一项保税监管方式（保税仓库、进境加工）监管。这些进口货物如果已经按暂免部分税的暂时进境监管方式监管，改按另一项监管方式监管时应补征已经暂免的部分税。

566 暂时进境货物改按准入放行方式监管时，该货物的暂时进境监管方式也可以予以核销。这种核销方式如果涉及补税，应按暂时进境进口报关单海关登记之日对该货物实行

---

① 装有进境货物的货物包装，如果重箱或空箱复出境，可以暂免全部关税及其他税；空箱的货物包装，如果重箱复出境，也可以暂免全部税。但这些包装不得用于国内运输，除非为了货物的出口（《实施细则》第571条规定）。如果货物包装上标有某个在欧盟关境外居住民的不可涂掉和移除的标志，可以口头办理报关手续（《实施细则》第229条a规定）。

② 关务代理在某些特殊情况下（如用于测试、展示、博览会及其他类似展览中展示的货物）可以用自己的名字并自行承担责任签署办理暂时进境海关登记手册，而且如果货物的海关估价不超过某个金额，可以办理一份总的海关登记手册。

③ 某些货物的使用期限应按《实施细则》第562条及第573条规定办理。例如对于货物包装和在试用销售合同项下进口的货物，这些包装和货物的暂时进境监管方式的使用期限为6个月。

的税率并按货物在该日的价格计征[①]。如果涉及按暂免部分税的暂时进境货物，已经缴纳的税款在补税时应予扣除。

567 海关负责征收的国内税和准国内税应于货物按暂免全部税的暂时进境方式监管之时征收，增值税及类似税收按货物的一般贸易进口报关之日的价格计征。除了这些税之外，还要按在一般贸易进口之时征收的进口关税的总税额征收补偿利息[②]。

568 货物被损毁或变质，经海关批准，可以作为海关登记手册的核销，但这些货物必须是因为某个无法预见或不可抗力的情况造成的损毁而无法再使用的。如果这些货物可以作为废料回收，则应按货物损毁或变质后的价值征收关税及其他税。

（二）解除已承诺的义务

569 按保税仓储方式监管时，在保税仓库所属的业务现场海关办理核销手续之前，货物不得移动，而暂时进境监管方式则相反，它允许使用人自行选择任何一个业务现场海关呈验暂时进境货物来办理出口手续或转按另一项监管方式监管。但是，该使用人必须向海关登记手册发证地海关交回其履行承诺的义务的证据。该证据就是暂时进境单证中的一份，上面载有负责证明货物已确定一个新的使用去向的业务现场海关的核销证明。因为，解除所承诺的义务和在可能发生问题时追究承诺人和（必要时）担保人的责任，这些业务均由发证的业务现场海关来完成[③]。

第三节　适用于运输工具的规定

569-1 在努力便利货物流动的同时，消除海关对运输工具的限制便立即变得很有必要了，否则会减损对货物的便利措施的效应。于是，在该领域，我们见证了法规的逐步宽

---

① 这些规定不适用于《实施细则》第 576 条及第 582 条规定列名的货物（用于展览、拍卖的货物，等等）。对于这些货物，认定海关债的日期应为海关接受按准入放行监管报关单的日期。

② 参见本书 632 关于该项税收的性质及税制的详细讨论。

③ 本章主要分析了适用于真正意义上的暂时进境监管方式中的规定，有必要提到一项特别的保税监管方式，虽然该监管方式的机制不同于暂时进境监管方式的机制，但可以并入该监管方式的法律框架内。实际上，某些非欧盟货物如果随附称之为“ATA 手册”的海关过境手册流动，也可以被视为按暂时进境方式监管。该手续的创立来自 1961 年在布鲁塞尔签署的一项国际公约。该公约涉及暂时进境的海关方面的内容在《实施细则》中有具体规定（第 451 条等规定）。

ATA 手册的有效期为一年，它应由公约的签字国家发放并由某个国际担保协会担保。ATA 手册只适用于从第三国进口的专业器材，货样，用于展览会、博览会、大会或某个类似展示的货物，各种用于测试、试验或展示的货物，等等。向某个业务现场海关出示 ATA 手册相当于提交按暂时进境监管方式的许可的申请，海关登记 ATA 手册相当于发放许可。

ATA 手册一式数联，每联有不同的用途，除了可以用于办理货物按暂时进境方式监管的手续外，还可以办理所呈验的货物的暂时进境监管方式的核销手续（复出境、转按保税仓储方式监管、转按一般贸易进口，等等）。ATA 手册还可以用来代替暂时出境或转运监管方式的常规报关单（参见本书 583 及 723）。

最后应注意，ATA 公约已经被废止，取而代之的是 1990 年在伊斯坦布尔拟定的欧盟根据 1993 年 5 月 15 日欧盟理事会的决定（*JOCE*，L130，27 mai1993）签署的关于暂时进境的公约的附件。对此的进一步了解，可以参见 DA n° 05-068 du 7 déc. 2005，BOD n° 6652 du 16 déc. 2005。

松，特别是体现在《法国海关法典》的实施细则中那些特殊的规定①。我们将依次先后研究适用于所有运输工具的共同原则及适用于其中某些运输工具的特殊规定。

一、适用于所有运输工具的共同原则

569-2 非欧盟的运输工具，如果临时在欧盟关境内停留后复驶出欧盟关境，应当按暂免全部进口时应征收的关税及其他税的进境监管方式办理。按暂时进境方式监管无须办理任何批准手续，除特殊情况外，只要运输工具进入欧盟境内即可。按运输工具暂时进境方式监管的海关手续也很简单，只要运输工具进入了欧盟的关境就视为已完成申报并享受按准入放行方式监管的待遇②。

但是，这项便利措施丝毫不免除享受该监管方式的人遵守暂时进境监管方式项下的其他规定的责任，特别关于在规定期限内复出境的责任。因此，欧盟规定，如果存在很大的不复出境的风险，应要求填制并递交报关单③。如果可能产生的海关债不能以某种方式得到保证缴付，还应提供担保④。

暂时进境监管方式的核销体现为运输工具离开欧盟关境，但无须办理任何海关手续，因为运输工具一旦越过欧盟边界即被视为已复出境。暂时进境监管方式的核销也可以是确定其他的使用去向（如进入自由区或保税仓库，或者按进境加工监管方式监管），但随后仍必须复出境。最后，海关有权作为特例批准运输工具按一般贸易进口来核销。

二、对某些运输工具的特殊规定

（一）铁道运输工具

569-3 铁道运输工具（牵引器材、动车组、各种性质的车皮）可以根据某个程序按暂时进境监管方式监管，但此类铁道运输工具的业主不得是欧盟关境内的居住民而且业主必须在境外某个铁路网注册。铁道运输工具可获准在欧盟关境停留 12 个月，但不能用于欧盟关境内运输，只有两个例外，一是这些铁道运输工具是由某个欧盟关境内的居住民根据某项协定使用的，但该协定必须规定各个铁路网均可像自己的铁路网一样使用其他铁路网的铁道运输工具；二是在紧急情况下使用它们。

（二）其他运输工具

569-4 铁道以外（公路、航空、水路及海上）运输工具，除了起点或终点在关境境外及紧急情况下的运输外，自运输方面的特别是涉及这些运输工具的准入及实施条件的法

---

① 适用于运输工具的海关法规的放宽起源于诸如关于商业公路车辆进口的日内瓦公约（1956 年）、关于铁道运输的伯尔尼公约（1924 年）、关于运输工具国际流动的芝加哥公约（1944 年）、关于某些国内航道航行的曼海姆公约（1868 年签订，1922 年修正）、关于国际运输使用的托盘的监管方式的日内瓦公约（1960 年），以及关于集装箱的日内瓦公约（1956 年，该公约几经修改和完善，并于 1994 年签订了一项新的公约）中的某些规定。根据这些公约及成员国家最初建立的海关监管机制，欧盟对铁道运输工具的相关法规进行了协调并将该法规并入《欧盟海关法典》的《实施细则》（第 555 条至第 562 条及第 579 条至第 584 条规定）。

② 欧盟的运输工具如果为了在某个第三国临时使用而出现，跨越欧盟边界时无论是出境还是进境也应免予办理任何手续。

③ 参见《实施细则》第 579 条规定。

④ 参见《实施细则》第 581 条规定。

律规定生效以来，均可按暂时进境监管方式从事境内运输。对各种实际的情况都有一系列的详细规定[①]，例如，关于所有权属于关境外居住民的运输工具，由关境境内居住民（自然人）用于私人或商业目的（其使用合同应规定为自用）。最后，根据不同的情况，法规还对运输工具确定最终使用去向的期限做出了规定。

（三）集装箱和托盘

569-5 运输工具最显著的变革之一当属集装箱的出现，此类运输工具被设计成专门用于方便货物的搬运和转装，并可以使运输无卸货直至最终抵运地。出于这一运输工具快速发展和保障其经济优势的需要，海关必须找出一个能使集装箱在用于国际运输时便于流动的恰当的解决方案。借鉴前面提到的国际协定[②]的理念，欧盟在此方面的现行规定很好地适应了这些目标[③]。

托盘在 1994 年的日内瓦公约中被定义为“借助机械器械集装若干货物以组成一个用于运输、搬运或堆放的单元负荷的平台装置”。对托盘的情况也一样，按一种很自由的监管方式监管，《实施细则》第 556 条规定准予它们暂免全部进口关税，条件是托盘必须“以同样的类型和明显相等的价值”出境或复出境。

对于集装箱，按其监管方式监管时，必须能清楚地辨认可以知晓其所有权人及其所属的国家的“永久”的标志（用于航空运输的除外），具备这些条件的集装箱，在某个运输联盟中用于国际运输时，可以在其复出境并解除监管之前在某些条件下用于境内运输，解除监管的条件是集装箱以同样的类型和明显相等的价值复出境。

第三章　暂时出境监管方式

570 在传统做法中，所有货物，不论本国的还是征收关税之后成为本国的，在出口之后，因为某个原因被复运入本国境内，均被视为外国货物，应照章征税。尽管这条惯例不合情理，但它毕竟存在了很长一段时间，直到一些更灵活的处理方式出现，使人们逐渐允许此类货物免税复进口。这一变化带来了好几类涉及暂时出境货物的监管方式的创立。其中最主要的一类称为“返货监管方式”，现在已经上升为欧盟法律，成为一种普遍适用于所有欧盟货物的监管方式。其他一些监管方式的适用范围相对有限，仅适用于某些特殊情况的需要。

第一节　返货监管方式

571 《欧盟海关法典》规定，从欧盟关境出口的欧盟货物，可以免征进口关税进

---

① 参见《实施细则》第 560 条及第 562 条规定。

② 参见本书 569-1 及相关脚注。

③ 参见《实施细则》第 557 条规定。

口[①]。这些规定已经写入《欧盟海关法典》，旨在避免对欧盟的货物征税或在过去被海关放行的货物重复征税，称为“特别业务”，放在“返回货物”[②] 项下。欧盟的这条法律只是一种对已经作为成员国法的并且因为其法律地位常常受到批评的法规的简单重复。

572 实际上，我们会注意到，欧盟的法律文本本身没有把这项特别业务正式定义为一项“监管方式”，而且只对适用于复进口货物的关税措施进行了简单的描述，借此掩饰一个基本事实，即货物返回的行为仅构成一个由于先出口而产生的过程的最终阶段，而这种先出口，其目的往往是满足某个经济上的需要，而不是出于各种原因的最终出口[③]。所以，所制定的法规忽略了出口行为在事实上和法律上的核心地位，与货物在其复出口之时的税收待遇相比，出口行为无论从时间还是从经济上讲都重要得多。

于是，我们可以合法地从这些考虑中得出结论，涉及货物返回的机制不能被视为税收规定的简单实施工具，而应被看做是某项海关“监管方式”的一个分项，使其能在暂时出境监管方式中合理地找到其适当的位置[④]。因此，下面的讨论将集中在分别适用于可按返货方式监管的货物的出口或复进口的法规上。

一、涉及货物出境的规定

573 出境货物应具有欧盟货物的监管状态或者是在欧盟关境内按进境加工方式监管的返销货物。但是，某些货物会不能享受关税的优惠，例如原先是按出境加工方式监管的暂时进境的货物，除非这些货物仍保持着其出境时的原状。属于向第三国出口的欧盟措施所管理的货物也不能享受免税优惠。

574 作为最后这条规定的例外，其出口可享受共同农业政策项下的退税和其他金融优惠的货物也可以免税，但已支付的退税和其他金额应予交回或者已给予的其他金融优惠已经被取消。此外，还应证明这些货物未能按一般贸易进口到目的地国家或者被退回的原因仅在于残损或不符合合同条款，或者它们复进口是因为特殊情况使其无法用于预定的使用去向（腐烂、在博览会或其他类似展销中未能售出）[⑤]。

575 返回欧盟关境的货物可以是暂时出境或者一般贸易出口货物。在前一种情况下，货物的复进口在正常情况下是预先安排的（例如出境执行工程的器材，或用于测试或展示的样品），有可能返回的货物（发运用于商业推销的货物、试销器材等）也可按此办理。对于一般贸易出口的货物，因为都是一些特殊情况（例如残次品退货），所以其返回不会有事先安排。

576 针对这种情况的两面性，法国制定了两类出口程序，分别被定义为“保留返回的出口”和“不保留返回的出口”。后一类程序按适用一般贸易出口监管方式的一般规定办

---

① 该免税不仅适用于关税，还适用于欧盟税收法规管理的增值税及类似增值税的其他税和准税收性质的税。

② 涉及这些货物的法规写在《实施细则》第 185 条至第 187 条规定，以及《实施细则》第 844 条至第 856 条规定中。

③ 关于返回的原因，参见本书 575。

④ 在这个问题上，我们会注意到，返货“监管方式”及“暂时出境”一词，偶然地出现在“立法宗旨”及欧盟法律过去或现行的关于返货的某些规定中。我们还应强调一个事实，即这些词语有时用在某些出版物中，用来描绘有关机制的性质。

⑤ 关于这些情况的详尽清单，参见《实施细则》第 844 条规定。

理。出口人如果想保留出口货物返回的可能性，他应在办理出口的通关手续时明确表达这一意愿。海关会将报关单的其中一联退给他保存用来证明他已申请免税复进口货物，而且海关如果认为报关单上注明的情况不足以辨认，可采取任何旨在能辨认复进口货物的措施（加封、取样，等等）。

如果出口人在办理出口通关手续时申报称出口的货物很可能会通过出口地以外的某个业务现场海关（位于出口地成员国家的业务现场海关或另一个成员国家的业务现场海关）返回欧盟，他可以申领出口地业务现场海关一份由其制发的简报。此类简报载有辨认货物所需的所有要素。出口人应保存该简报用来向复进口的业务现场海关出示。

二、适用货物复进口的规定

（一）对货物的规定

577 复进口的货物应当保持与其出口之时的原状。但是，货物如果出口之后被发现残损或不适合预定的使用，可以接受特别是保存、保鲜、修理或修复所必需的处理。

除非有可能例外，返回的货物应当由出口它的人本人或代表该人的人将其复进口到欧盟关境。

复进口的货物结关（或按一般贸易进口）的时间，如果自出口之日起计时仍未满 3 年，则可不征关税及其他税①，但涉及享受特别优惠（退税）的农产品，复进口的期限只有 12 个月。

（二）关于免税的规定

578 复进口免税无须海关事先发放批件，但必须能证实申报结关的货物就是原先从欧盟境内出口的货物，而且该货物在其出口之时应具备可以作为返回货物的所需条件。符合这些条件的证明可以通过海关拥有的证据来证实，或者（指如果没有）向复进口的业务现场海关出示一份由出口地海关退给出口人的出口报关单联或发给出口人的简报②。如果出口货物随附 ATA 手册，其复进口之时便可以依据此手册来办理结关手续，无须提供报关单③。

579 复进口货物可以免征海关税，但如果涉及作为进境加工核销的返销货物，而且先前没有办理结关手续，这类货物应缴纳对进境加工的加工生产中所使用的来自第三国的料件应征的海关税。如果涉及从第三国进口的货物原先由于其特殊使用去向享受过减税或免税，而且在复进口时不再用于可以减免税的特殊使用去向了，应对其征收如果直接进口应征的进口关税，但可以扣减原先享受免征部分关税时已缴纳的关税④。

---

① 如果货物是保留返回的出口，便可以适用法国称之为“长期限”的暂时出境程序，该程序在特殊情况下，可以将海关放行的期限按可预见的业务进展情况规定（特别是出境器材用于实施“石油勘探、大工程施工”等长期的工业活动）。

② 参见本书 576。

③ 关于 ATA 单证，请参见本书 569 及其脚注。还应指出，可以向经常携带可携式专业器材出境的人发放一种海关制发的“暂时出境手册”，可使这些器材自由跨境。

④ 关于 ATA 单证，复进口只有在由原出口人并且是在出口的成员国家办理的情况下才能免税。

第二节　特殊暂时出境监管方式

580 常规的暂时出境监管方式（返货监管方式），由于其适用范围太宽泛，无法完全满足某些特殊情况的需要，从而应制定更精准而且更适应这些情况的特殊性的监管方式。为此，创立了若干项方便某些属于贸易惯例而且不对重大税收利益造成损害的新型暂时出境监管方式。

一、“标准互换”监管方式

581 为了压缩企业生产过程由于必须修理生产所使用的器材而产生的停顿时间，欧盟于 1978 年创立了一项称之为“标准互换”的监管方式①，“标准互换”监管方式的实施细则，经过几次修改，已被写入《欧盟海关法典》之中。“标准互换”监管方式允许准备在欧盟关境外修理的货物按一般贸易出口方式监管出口，并用进口货物来替换出口准备修理的货物。在紧急情况下，这些货物可以先于替换的货物进口（先进后出），但必须提供对进口关税的担保。作为标准替换的出口货物原则上应当进行预定的修理，尽管它们本身不再复进口。在先出后进的替换情况下，先出口的货物，经过修理后也可以作为替换货物复进口。

582 替换的货物应与出口的货物（如果接受了预定的修理）属于同一个税则分类，并且具有相同的商业质量和技术特性。如果出口货物在出口之前曾被使用过，替换货物也应当是被使用过的而不得是新货物，除非该替换货物是因为保修合同或货物缺陷而免费提供的。根据修理是否免费，替换货物的进口可予以免税或者按修理费金额计征税②。

二、“ATA 手册”监管方式

583 ATA 手册除了在暂时进境监管方式框架内使用外③，还可以用于暂时出境监管方式。在关于 ATA 手册运作的规定中，一部分在某些方面类似于对暂时进境监管方式的规定，另一部分具体为《实施细则》第 797 条及第 798 条规定，体现了 ATA 手册使用条件在暂时出境情况下的特殊性。

对于这种特性，我们应当强调，在暂时进境情况下使用的 ATA 手册必须由成员国家发放，而担保规定对于各成员国家都是相同的。在法国，ATA 手册由作为国家商会的代表的工商会发放。此外，还应注意，ATA 手册不适用于在出口环节享受退税或其他金融优惠的欧盟农产品，而且手册在出口环节必须用于与其在暂时进境监管方式中相同的业务。最

---

① 参见《实施细则》第 154 条至第 159 条规定。

② 应当指出，标准替换的机制在《欧盟海关法典》中是作为一项与出境加工监管方式相关的“制度”来规定的，由于其发展并且为了尊重本书过去版本中所使用的术语，我们把它定义为一项“监管方式”。此外，我们已经感到，由于《欧盟海关法典》在界定替换货物所考虑的标准特别是技术，这些机制可以纳入暂时出境监管方式的框架中，而且可以间接地突出已修理但不复进口的货物与替换货物的串换性。标准替换监管方式因此可视为构成可以“串换”的暂时出境监管方式。

③ 参见本书 578 及其脚注，一方面关于 ATA 手册的使用环境及条件，另一方面关于适用于暂时进境监管方式的规定。

后，法律规定货物必须在海关规定的期限内复进口并且不得超过手册的有效期。如果在特殊情况下无法复进口，货物必须办理一般贸易出口报关手续，向出口地业务现场海关递交报关单[①]。

① 参见：DA n° 05-068 du 7 déc. 2005，BOD n° 6652 du 16 déc. 2005。

第二篇
经济监管方式与工业活动

584 国际贸易货物在其用于最终的商业用途之前，经常会被投入加工的工业循环中，这要求海关监管技术要从其最终商业目标来考虑制定专门并且中性的解决方案。为了适应这些情况，出现了若干项经济监管方式，这些监管方式更具体地面向工业活动，根据一些例外于常规的机制，准许暂时不实施常规的保护机制对复出口的货物进行加工制造（进境加工监管方式），或者准许委托某个外国企业对欧盟货物进行进一步加工（出境加工监管方式），最后还可以在海关监管下对出口的欧盟货物进行处理（经加工的预退税监管方式）。下面我们分章依次研究这些监管方式。

第一章　进境加工监管方式

585 因为传统原因，欧共体的最初成员国家的本国立法，都规定有允许对从第三国进口经过工业加工后复出口的货物暂缓实施各项保护措施的特殊监管方式，尽管各自的名称不相同。当各成员国的做法的协调问题出现时，谈判代表们首先考虑的是寻找一个能概括所涉及的成员国家的监管方式多样性的共同术语，当时大家同意采用一个某些成员国家已经很熟悉的术语，即“进境加工监管方式”，欧盟理事会在 1969 年的一项指令中也正式使用了这一术语。随后又有好几项欧盟的条例致力于对涉及进境加工监管方式的法规的协调，最后在《欧盟海关法典》（第 114 条至第 129 条规定）和《实施条例》（第 549 条至第 648 条规定）写入了现行的规定。在这些推动者的改革意愿的推动下，进境加工监管方式的法规一体化还伴随着法律的若干重大修改，从而引发了进境加工监管方式的普遍经济作用及其实施方式的根本性颠覆[①]。

第一节　进境加工监管方式的普遍经济作用

586 欧盟法律引入了很多创新，其中最重要的创新之一涉及进境加工监管方式的定义本身，所以，在确定它的适用范围之前，有必要对它的定义进行分析。

---

① 参见：Un exposé exhaustif de la question figure dans la DA n° 04-067 du 12 août 2004，BOD n° 6609 du 4 novembre 2004。

一、进境加工监管方式的定义

587 当我们触及对经济监管方式的研究并致力于提炼出基本原则时，我们会很自然地用相关监管方式的经济使命与明确其使用条件的法律机制进行一番对照。这种研究方法对进境加工监管方式来说非常重要，因为与其他监管方式相比，进境加工监管方式的经济因素非常重要，决定着其实施机制的方向。所以，在确定进境加工监管方式所具有的形式及每种形式所具有的法律效力之后，我们将努力提炼出进境加工监管方式的经济目标。

（一）进境加工监管方式的形式及法律效力

588 按进境加工方式监管的货物可以按两种被欧盟法律称为“机制”的模式监管：一种是“保税制”，它对应的法律机制是进境加工监管方式传统上所体现的；另一种是“退税制”，它是一种全新的机制。在这两种机制都可以采用的情况下，经营人可以自行选择其中一种。但是，在未来，退税制显然会因《欧盟海关法典》的改革而被废除。

1. 保税制

589 在保税制框架内，进境加工监管方式允许在欧盟关境境内使用非欧盟料件加工后以返销货物形式复出口[①]，这些非欧盟货物在进口时无须缴税。必要时，它还允许不将欧盟对加工料件进口实施的贸易政策措施适用于基本产品的进口[②]。返销货物也享受不适用在出口环节可能适用的关税和欧盟贸易政策措施的优惠。

590 当然，欧盟法律只针对关税（海关税及相当于关税的其他税，以及在共同农业政策框架内对出口或进口规定征收的税）。在贸易政策方面，也只涉及欧盟的措施。但这不妨碍各成员国家把进境加工监管方式的保税措施扩展到属于它的国内法的领域（国内税及非欧盟贸易政策措施）。我们已经看到了在成员国家层面上做出过这样的决定。对于不征关税而且不适用任何欧盟贸易政策措施的货物，其进口可以按一项成员国家的进境加工方式监管，可以暂时不征收成员国家的国内税和不适用成员国家本国贸易政策措施[③]。

2. 退税制

591 实行退税制时，进境加工监管方式允许在欧盟关境内使用按准入放行方式监管的货物加工后以返销货物的形式复出口到境外时，退回在进口时对按准入放行方式监管的料件征收的关税[④]。在这一定义之下，我们会重新认识在某些成员国家所使用的“退税”监管方式的定义，在法国也曾在某些时期使用过这个定义，但由于遭到非议，现在已经正式放弃了。

592 我们发现，在这两项机制（保税和退税）中，按进境加工方式监管的法律效力是相同的，只是时间节点有先后：一种情况下，只要货物按进境加工监管即可暂缓征税，另一种情况下，从用按进境加工方式监管的料件进行加工后所得的返销货物出口才退还已征的税款。

---

① 关于返销货物概念，请参见本书 616 等。

② 不征收关税的货物也可以按此监管方式监管，目的在于只暂时不适用贸易政策措施。

③ 成员国的进境加工监管方式的实施方法，除了我们在后面会指出的几个特殊之处外，与欧盟法项下的进境加工监管方式的保税制度很相似。所以，返销货物可以复出口到所有第三国或者复运至成员国的非欧盟税境的地区。

④ 参见本书 437 等。

这种时差解释了两种制度之间的一个基本特征。通常情况下，保税制以返销货物的复出口为前提，但在退税制下，经营人可不承担出口这些货物的义务。实际上，按退税制监管的货物处于准入放行的监管状态。加工人因此可以自由地处置它们甚至可以在欧盟内部市场上销售。不复出口仅仅会产生放弃退税权利的后果。

（二）进境加工监管方式的经济目标

593 进境加工监管方式中的海关监管模式，曾被设计成海关保护长堤上的一处缺口，让准备在成员国家境内进行工业加工之后复出口的外国料件按进境加工方式监管时，可以不征内销通常应征收的关税，从而使欧盟的出口可以以有利的竞争条件进入世界市场。

进境加工监管方式的经济利益因此很明显。但我们不能低估一个事实，如果按进境加工方式监管进口的料件可以在国内市场上找到，或者如果复出口的货物与某个或数个成员国家生产的相同或相似货物的出口形成竞争，批准这些货物按进境加工方式监管会对欧盟的生产者造成损害。于是，这里有一个应在欧盟层面上解决的利益冲突问题。而且如果我们了解各成员国家维护本国利益的情感仍然非常强烈，我们会懂得欧盟当局为避免进境加工监管方式在其执行中不会偏离其目标所采取的预防措施的严厉性。

二、进境加工监管方式的适用范围

594 进境加工监管方式对各类非欧盟货物开放，不论其原产地，条件是它们能够在返销货物中被辨认出来或者可以核查欧盟的串换货物是否符合条件，串换货物是指在某些情况下允许在加工过程中与进口料件串换相同的欧盟货物[①]。共同市场组织管理的农产品不得按进境加工监管方式监管[②]。

595 除这些普遍适用的规定外，还有一些专门针对退税制度的限制措施。只有其进口不受数量限制或不征收共同农业政策框架内的税收而且不可能享受配额内优惠税率的农产品，才能按退税制进境加工方式监管。如果返销货物可以享受出口退税，用于生产这些返销货物的进口料件不得按进境加工方式监管。

（一）可按进境加工监管的加工业务

596 《欧盟海关法典》采用限定性的列举方法列出了进口料件按进境加工监管方式监管时可以接受的加工业务。其中大多数加工都是海关法通常准许的生产、加工或修理，因此无须专门做任何说明。但其中一项需要特别提出来，就是对诸如化学反应的催化剂、加速剂或延缓剂一类货物在进境加工监管方式中的使用，这些辅助剂是用来获得或便于获得某个货物的，但它们在使用过程中会完全或部分地消失。在此情况下，这些辅助剂的消失可按返销货物的出口来对待，但使用这些辅助剂进行加工获得的货物本身必须出口。还应强调，这项便利措施仅适用于在货物生产过程中必须实际地使用的辅助剂，不包括能源、润滑剂，以及器材和工具。

（二）可以使用进境加工监管方式的人

597 只有是欧盟居住民才有资格使用进口加工监管方式，而且他必须也是使用进口料件的本人。但是，这些人可以通过任何一个第三者来执行进境加工业务，如果他能在料件

① 关于称为“串换返销”的模式，请参见本书617。

② 数项法律（因为其规定的关联性，似乎没有必要列举）在某些时期特别禁止用于某些生产的货物按进境加工方式监管，目的在于促进消化欧盟的过剩产能。

进口时提供一份委托加工合同或贸易协议证明他与委托他执行加工业务的人之间的关联关系。在有好几个人先后参与进境加工业务的情况下，进口料件可以转让[①]。

第二节 进境加工监管方式的审批条件

598 由于进境加工监管方式所承担的目标十分重要而且有必要密切监控其对欧盟经济活动的影响，关于进境加工监管方式的各项法规都对审批条件有很明确的规定。我们会重点分析该监管方式的审批标准，其详细程度会超过我们对《欧盟海关法典》其他领域的分析。对关于进境加工监管方式的审批程序的法规也要进行详细研究。

一、进境加工监管方式的审批标准

（一）经济标准

599 在欧盟的进境加工监管方式创立之前，各成员国家之间的进境加工监管方式的审批条件差异很大。有的成员国家规定要事先审查该监管方式的过于自由使用可能对本国生产者的利益的影响，才能考虑批准使用该监管方式，有的国家则仅仅从海关技术层面上一般地审查所计划的进境加工是否能有效监管。这种概念上的分歧蕴藏着扭曲竞争的风险，而这种分歧本质上又会损害欧盟生产人的利益。新的法规对审批的经济标准做出了专门的规定，从而结束了这种不统一的状况，并且在各成员国家和欧盟之间建立了一套信息互换机制，以评判各成员国家所批准的加工业务在欧盟层面上产生的经济影响。

1. 经济标准的性质

600 《欧盟海关法典》（第 117 条规定）作为原则规定，凡是有助于为出口创造有利的条件而不损害欧盟生产人的基本利益的进境加工均可按进境加工方式监管。《实施细则》新订的第 539 条与过去的规定做了了断，规定除非申请涉及某些“敏感”货物（附件 73 所列名的）外，均应视为符合经济标准。即使是列名的货物，如果没有任何商业价值，而且只需对其进行常规的简单处理或者其年（自然年）进口总价值不超过某个限额（实际应为 150000 欧元），也可以认为符合经济标准。对于其他情况，则需要对所涉及的进境加工进行实际的审查，申请人应当证明利用欧盟的采购资源在经济上是不可行的，因为在市场上找不到，或是因为价格过高，甚至因为他必须履行合同义务等（《实施细则》第 502 条之规定）。

2. 衡量进境加工监管方式的经济影响

601 在强调进境加工监管方式审批时应考虑的经济标准的至上性之后，欧盟当局并没有因此暗示它对各成员国家如何使用该监管方式漠不关心。即使经济条件的审查原则上归属于各成员国家当局的权限，但欧盟委员会仍拥有一定的批准权，它有权自行地或者根据成员国家当局的申请行使这一批准权，甚至有权对另一个成员国家海关对所涉及的批准提出的异议进行裁定（《实施细则》第 503 条规定）。在发生争议的情况下，裁定是由海关法典委员会以决定形式做出的，该决定“应受到所涉及的海关当局的考虑”并且可以通过《欧盟公报》对外公布（《实施细则》第 504 条规定）。

---

① 参见本书 611。

（二）管理标准

602 在某些情况下，无论是否符合我们刚才讨论的经济标准，但拥有决定权的海关当局可以拒绝按进境加工方式监管，这些情况主要是申请人不是欧盟居住民或者不能提供被认为是有用的担保。同样，如果从技术上讲无法辨认返销货物中的进口料件或者无法确保根据我们后面将讨论的串换返销的原则对所实现的加工进行监管，也不得批准按进境加工方式监管。

在这些传统的理由之外，还有一种情况也会使对进境加工监管方式的申请遭到拒绝，此类情况在法规中被规定为计划使用保税制进境加工监管方式的申请人如果在递交申请之时没有明显表示出将返销货物复出境或出口的意向①。该项要求，起初是针对保税制度的使用人的，现在开始扩大到用于退税制进境加工监管方式，这似乎很特别，因为按退税制度的进境加工监管的进口料件不考虑返销货物是否复出口或留在关境内，而且无须办理任何手续，因为从定义上讲它们已经按准入放行方式监管了。

二、进境加工监管方式的审批程序

603 进境加工监管方式的审批权限属于各成员国家的海关当局，它们有权发放载有对进境加工监管方式的使用条件的具体规定的许可，而且许可视情况不同可以只适用一笔加工业务或者适用多笔加工业务。许可必须由本人亲自或者指使执行加工业务的人申领。如果预定的加工会在一个以上成员国家进行，可以由所涉及的成员国家共同协商只发一份许可。

如果根据《实施细则》第 539 条规定符合经济条件，递交按进境加工方式监管的报关单即视为等同于申领许可，该报关单一旦被海关受理便被视为申请被批准。

604 成员国家有权在《欧盟海关法典》第 8 条及第 9 条规定的条件做出决定吊销或收回已发放的进境加工监管方式的许可。被吊销的许可应被视为从来没有存在过。按保税制进境加工方式监管的货物应改按一般贸易进口方式监管并予以补税。按退税制发放的许可的持有人会丧失申请退税的资格。依法征收的税款予以解库。对于许可的收回，它的法律效力仅从该许可被吊销之时产生，但海关认为情况合理时有权决定将收回的生效时间推迟到通知下达之后②。

第三节　进境加工方式的监管模式

605 我们在前面已经强调过保税制和退税制所基于的基本原则之间的差别。这些差别很自然地反映到两种机制各自的进境加工方式监管的模式的特点之中。

一、保税制进境加工方式的监管模式

606 对保税制进境加工监管方式运行的每个阶段的监管模式都有一些具体的规定。这

① 参见《实施细则》第 537 条，关于该条规定的影响，请参见本书 625。该项要求随着《欧盟海关法典》修订会被取消。

② 许可的收回和吊销情况的详细介绍请参见本书 469。

些规定一方面涉及办理货物按进境加工方式监管的海关手续的条件和期限，另一方面涉及进境加工的监管模式或核销。

（一）办理货物按进境加工方式监管的海关手续

1. 货物申报

607 准备享受保税制的进口料件必须填制报关单，报关单应载有辨认进口料件和可能应征税所必需的所有要素。成员国家的海关当局可以要求递交按保税制办理的报关单必须提供担保，以确保对这些进口料件可能会产生的海关债的缴付（《欧盟海关法典》第88条规定）。法国海关法也是如此，它将报关单定性为一种“登记手册”，载有主责任人经担保的对遵守关于进境加工监管方式的法规的义务的承诺①。对每笔加工业务都提供担保的做法可以用覆盖多笔加工业务的总担保来代替②。进境加工监管方式的通关手续可以采用简便通关程序来办理③。

2. 监管措施

608 除非经批准采用串换返销模式④，进口料件本身或对其进行加工后产生的货物必须复出口。因此，在办理进境加工监管方式的核销手续时，海关应当掌握辨认所呈验的返销货物的必要要素和手段。此外，海关还应能够核实返销货物是否与批准的生产工序相符，监管措施的选用由进境地业务现场海关根据货物的性质和准备进行的加工业务来决定，主要是进行加封、加印（钢印或各种印章）或者取样。必要时，可以采用在加工工厂对生产过程实施实地监管的措施。

（二）货物按进境加工方式监管的期限

609 按进境加工方式监管的货物，如果按保税制办理，可交由进境加工监管方式使用人自由处置，他本人应对他所做的承诺负责。然而，这一规则是可以改变的，此类责任可以转移给另外一个加工人，但不得超过货物按进境加工监管的期限，而且不得放宽在海关提出要求时将货物向海关呈验的要求。

1. 期限

610 成员国家的海关当局有权确定一个期限，返销货物必须在此期限内被确定一项可以作为进境加工监管方式核销的使用去向，此类期限应根据完成加工业务和销售返销货物所需要的时间来规定。但是，在某些情况下，例如在该期限是欧盟法律所规定的情况下，对这条原则可以灵活执行。一方面，《实施细则》第507条规定，许可的有效期限从其生效之日起不得超过3年，但如果有合理的理由可以例外。另一方面，对采用先出后进机制（后面将讨论）的加工业务⑤，按不同料件规定了专门的期限。同样，应按共同农业政策管理的农产品按进境加工方式监管的期限，以及这些农产品所接受的加工业务的性质不同，分别不得超过6个月或4个月。如果由于无法控制的情况使该监管方式的使用人无法遵守规定的时限，则可以延期，但要续签过去已经做出的承诺⑥。

---

① 申报人应签署的承诺请参见本书473。

② 关于进境加工的金融担保的方式的详细讨论请参见本书476。

③ 参见本书333等。

④ 参见本书617。

⑤ 参见本书619。

⑥ 作为简化措施，还规定货物被用于一项可以作为进境加工监管方式核销的使用去向的期限到期之日可以按日或按季总体计时。

2. 货物转让

（1）转让给是欧盟居住民的加工人

611 返销货物或者未经加工的料件，在按退税制进境加工方式监管期间，可以被转让给另一位是欧盟关境境内居住民的加工人，由他来继续完成加工业务。根据转让是以使用第一位加工人的许可的形式进行还是以发给第二位加工人新的许可的形式进行，转让程序有所区别。在第一种情况下（单一许可），转让无须办理任何海关手续，进境加工监管方式不终结，只需将料件登记入第二位加工人的加工手册中即可。被转让的料件所涉及的责任仍由按进境加工方式监管的许可的持有人承担。在第二种情况下（不同许可），转让必须填制一张表格，表格应特别包括与担保和接管权利以及可能会适用于被转让料件的贸易政策措施相关的所有必要的信息，并让转让情况登记在第一份许可的持有人的账册上。与被转让的料件有关的责任会被转移到第二个加工人身上。自转让情况登记在第二个加工人的账册之日起，在账册上登记，对于第二份许可而言相当于将料件首次按进境加工方式监管。

如果转让给是法国居住民的经营人，只要料件没有卖断给新的经营人，转让无须重新申领许可。如果料件被卖断，转让便应重新申领许可，受让人签署另一份“登记手册”后承接出让人的义务。“登记手册”中会涉及被转让的返销货物，还要考虑可以作为第一个“登记手册”核销的料件的数量（与所转让的返销货物相对应）。但是，如果返销货物被转让给某个第三人由其随后出口，可以用第三人填制的出口报关单来直接核销进口人签署的“登记手册”。

（2）暂进出境到第三国进一步加工

612 进口料件按进境加工方式监管后，用于复出口的返销货物的获得有时需要将进口料件或半成品甚至未经加工的进口料件暂时出境到某个第三国，以便在国外进行进一步加工。《欧盟法典》（第 123 条规定）规定准许可以在不终止进境加工监管方式的情况下满足这种需要，但必须由成员国家的海关当局按出境加工监管方式的规定发放许可，只是并不对这些货物真正地按出境加工方式监管，因为它们是非欧盟货物，而非欧盟货物不属于出境加工监管方式的适用范围。加工后的货物复进境时要在原“登记手册”后面随附一份报关单，报关单要特别载有已加工的货物的海关估价（暂时出境的货物的价值加上在国外的增加价值）。报关单其中一联交给签发原“登记手册”的业务现场海关用来在返销货物可能内销时确定征税要素。进口关税根据对出境加工监管方式的规定计征[①]。

3. 向海关呈验货物的义务

613 按进境加工方式监管的货物，遇有海关提出要求时，必须能分别以进口料件、半成品或返销货物的形态向海关呈验。无法向海关呈验这些货物时，进口人除应被处以罚款外，还要补交应征的关税及其他税。但是，对由于货物性质或者由于不可预见的情况或不可抗力造成的货物短少，可以免予补税。因为被偷盗而发生的短少，即使有合法的证明，也不会导致海关债的消失[②]。

---

① 请注意，如果加工涉及免征关税但应征国内税的货物，在欧盟的另一成员国家进行加工也视同暂时出境在外国进行加工并按成员国家的进境加工监管方式监管（参见本书 590）。

② 参见本书 398 及其注释关于按某项监管方式监管的货物被偷盗的情况。

(三) 程序的解除

614 和所有经济监管方式一样，保税制进境加工监管方式要求使用人在规定的期限到期之时，必须给货物确定一项进境加工监管方式所允许的使用去向，如果业务进行得正常，海关则对所做的承诺办理解除手续①。不过，在研究这些常规的核销机制之前，我们不妨讨论一下某些对进境加工监管方式专门的要求，例如对可认定作为进境加工监管方式核销的返销货物的要求②。

1. 可以用来核销的货物

615 这是指可以用来抵消原先进口的料件的货物，所以称之为返销货物。如果适用仅涉及原状使用的海关经济性监管方式，可以用来核销的货物就不存在任何认定问题。办理合规手续时应向海关呈验的货物显然就是进口货物本身。但是，在进境加工监管方式下，由于从定义上讲按进境加工方式监管的货物需要进行有时会完全改变其外观的工业加工，所以所呈验的货物会与进口的货物不同。于是带来一个问题，即认定进口料件和返销货物之间存在的关系。此外，还应具体规定一些方法来确定它们之间的数量关系。

(1) 返销货物

①原货返销原则

616 《欧盟法典》(第 114 条规定) 规定，返销货物应当是对之前按进境加工方式监管进口的料件加工后所得的货物③。该项原则称为原货返销原则，自写入海关法规后，从一开始就没有保持它原来的纯粹性。实际上，某些成员国家甚至会在他们执行该原则会导致不合理的经济障碍或技术复杂时放弃这项原则。欧盟法规目前正在考虑此类必要的灵活性。

②串换返销

617 作为原货返销原则的例外，《欧盟海关法》第 115 条规定，准许加工手册的核销按串换返销的模式来核销。作为一般规定，采取这种核销模式必须在进境加工监管方式的基本机制内进行。特殊情况下，可以先出口返销货物，然后进口加工料件。

A. 一般规定

618 如果所要求的便利具有经济上的合理性，核销时向海关呈验的货物可以不是对进口料件进行加工后的货物，而是对另外一种货物，这种货物可以是欧盟货物也可以是海关已放行的非欧盟货物，但它们必须同属同一个税则目录编码并且具有相同的商业品质和相同的技术特性。采用串换返销这种核销模式特别可以使经营人避免对同一批货物（一个是从国内市场采购的料件，另一个是海关监管的料件）分别采用两套不同的存储和生产管理制度④。

---

① 核销手续可以在为货物办理按进境加工方式监管的海关手续的业务现场海关以外的业务现场海关办理（这里涉及“三角贸易”）。

② 除返销货物之外，没有经过任何加工的进口料件（“原状”料件）也可以作为核销的货物。由于这种方法的特殊性和为了本书的简明性，我们将不对返销货物作专门详细论述（参见本书 644 关于未经加工的料件）。

③ 如果进境加工监管方式的某些规定的特殊性有此要求，欧盟法律偶尔也会区别“主”返销货物（监管方式准许其获得的货物）与“副”返销货物（加工中必然产生的并且与主返销货物同时获得的）（《实施细则》第 496 条规定）。

④ 对某些料件会规定不得进行串换返销（参见《实施细则》第 115 条 4 规定）。

B. 先出后进

619 进境加工监管方式的串换返销模式，这一灵活做法并不能完全解决进境加工监管方式的使用人会遇到的所有困难。按这种返销模式实现的出口实际上必须事先进口加工料件。这一限制，特别是由此导致面对紧急订单的出口企业不得不使其外国客户接受较长的交货期，与开拓新的外国市场所必需的迅速的要求并不完全适宜。

为了解决这一不便，而且自1995年以来法国的法规已经有此规定，《欧盟海关法典》（第115条1规定）准许获得用串换料件进行加工获得的返销货物在从第三国进口料件之前先出口。进口料件必须进口的期限应考虑料件向欧盟进口所需的采购和运输周期①。如果在规定期限内没有进口料件，可要求提供担保，以保证对出口返销货物可能应征收的关税的缴纳。

620 在某个成员国家获得的返销货物，如果提前出口时持有该成员国家主管当局发放的进境加工许可，可以通过在另一成员国进口的加工料件来核销（三角核销或异地核销）。为了保证对加工业务过程的监管，成员国之间建立了一套信息互换的制度，有关成员国家可以了解与其有关的应进口的加工料件的性质和数量，以及实际进口的数量②。

一笔三角核销业务在该成员国境内结束时，从国内税的角度看就是一笔常规业务进口，因此应对进口的加工料件征收国内税和准税收性质的税。

（2）加工手册的数量记账方法

621 每笔加工业务都必须采用给加工所得货物确定一项可以作为进境加工监管方式核销的使用去向③，为此，需要确定原先进口的料件的数量，以便在签署的“登记手册”中扣减这部分④。此类计算是根据产率来进行的，产率用来确定每笔进口加工业务中使用一定数量的进口料件时所能获得的返销货物的数量。

《欧盟海关法典》（第119条2）作为原则规定，产率应根据“加工进行时的实际条件”来确定，因此，每笔申请按进境加工方式监管时的产率均由成员国家的海关当局来确定。这是一个非常沉重的机制，因为只有在海关面对无法参照过去相同情况的业务时才有必要这样做。因此，法律规定对长期以来在很确定的技术条件下进行的对其特性非常稳定而且获得质量稳定的返销货物的加工业务，可以规定一个包干（统一的）产率（《欧盟海关法典》第119条2规定）。适用于此类情况的加工业务及其包干产率列在《实施细则》的附件中。

622 如果加工只获得一种返销货物，或者进口料件全部含在各个返销货物中，核销数量的确定相对比较容易。它们之间的数量关系可以采用一种依据产率来设计的并可以满足每个具体情况需要的方法来计算。但是，在某些情况下，例如返销货物只含有部分进口料件，而且在进口料件与返销货物之间又无法确定一个直接的数量关系，这时的情况就不一

① 该期限由成员国家海关当局来规定。法国规定该期限对某些农产品不超过3个月，其他料件为6个月。遇有合理的请求，可以延期，但总的期限不得超过12个月。对于某些进境加工的业务可以规定特殊的期限（参见《实施细则》543条规定）。

② 参见《实施细则》第523条规定。如果加工料件进口和返销货物出口所在的业务现场海关是同一成员国家的，应适用的程序由这些国家自行决定。

③ 参见本书623。

④ 该项业务主要目的在于当返销货物被用于一项应征收进口关税的使用去向（特别是按一般贸易进口的情况）时计征应征收的关税。

样了。于是必须采用相当复杂的规则（我们没有必要展开讨论）[①] 来确定每种返销货物的价值分摊。

2. 可以作为核销的使用去向

623 在可以作为保税制进境加工监管方式的手册核销的各项海关使用去向之中，有些应被视为正常的使用去向。因为这些使用去向能满足在进境加工监管方式中作为原则确定的目标，即返销货物复出口。而其他使用去向则是这一原则的例外，只有在特殊情况下有必要时才能批准。

（1）正常的使用去向

624 进境加工监管方式由于主要以促进欧盟的出口活动为目标，允许对它们暂时不采取海关保护措施来使用第三国货物，因此，进境加工监管方式的基本法律规定必须把复出口作为完成加工的正常核销方式。复出口可以有两种形态，一种是直接复出口，另一种是货物先转按另一项经济监管方式监管然后再出口。

①复出口

625 《欧盟海关法典》的某些规定可以解释为有意软化甚至抹掉过去的法规中写明的强制性的返销货物复出口的原则。《实施条例》第537条规定，监管方式的审批仅需要加工人在申领许可的报关单递交之时表明有复出口全部返销货物或者主返销货物的意向即可。

但我们会注意到，这些规定没有从根本上损害《欧盟海关法典》赋予该监管方式的目标，《欧盟海关法典》将复出口明确地定义为进境加工监管方式的正常核销方式（第114条1规定），并且规定它的优惠只能在该监管方式“有利于创造最有利的出口条件”的情况下才能享受（第117条c规定）。

626 返销货物必须复出口到欧盟关境外。这项义务产生自进境加工监管方式的欧盟使命[②]。返销货物交付给享受外交免税或在某个成员国家的驻军，民用航空器交付给设在欧盟的航空公司，或者在进境加工框架内进行的航空器修理、改造或建造均可比照为复出口到欧盟关境外。

除了在向某些国家（与欧盟签约的国家或新欧盟成员国家）出口时适用的特别规定或者适用于应按共同农业政策管理的农产品的特殊规定外，复出口均应按出口环节的常规通关手续办理[③]。但是，对复出口的通关会进行更深入的审核，以便确保对作为核销向海关呈验的返销货物的监管，以及对应扣减数量的监管。

②结转按另一项经济监管方式监管

A. 结转按保税仓储方式监管

627 在法国的立法中，按进境加工方式监管获得的返销货物可以结转按保税仓储方式监管然后再复出口。其实，单从贸易的角度看，继续接受将货物按保税仓储方式监管作为核销方式，是符合逻辑的，但也一定要防止有人通过保税仓储达到将按进境加工方式监管的加工料件直接投入欧盟市场。

---

① 更详细的情况参见《实施细则》第518条规定。

② 请注意，如果进口料件按成员国家的进境加工方式监管（货物只应征国内税并且可能受本国贸易政策管制），返销货物可以复运出成员国家的不属于欧盟税境的那个地区即可。

③ 复出口的通关作业尤其可以按就地简便通关机制办理（参见本书345）。

B. 结转按暂时进境方式监管

628 返销货物改按暂时进境方式监管然后出口，这种核销方式过去没有规定过。对该项法律的起草人让进境加工监管方式使用人享受通过暂时进境监管方式提供的方便的用心良苦（例如返销货物可以在博览会、展销会或其他类似展览上展示），我们非常理解。当然，返销货物必须符合暂时进境监管方式的条件。

C. 按深加工结转进境加工方式监管

629 返销货物可以通过申领新的许可，再次按保税进境加工方式监管。该许可可以准许原手册的签署人对返销货物进行深加工，也可以发给是法国或其他成员国家居住民的新的加工人。在后一种情况下，应适用前面我们在讨论关于向进境加工监管方式的使用人提供转让货物的可能性时提及的规定①。返销货物如果存入保税仓库或改按暂时进境方式监管，也可以再次按深加工结转进境加工方式监管②。

（2）特殊使用去向

630 作为保税制进境加工监管项下的返销货物应当复出口这一原则的例外，进境加工监管方式可以作为特殊处理，直接或转按海关监管加工方式监管之后缴纳关税及其他税来办理核销手续，还可以经批准后将未经加工的进口料件销毁或使其变质，也可以复出口，结转按准入放行方式监管，或结转按另一项经济监管方式监管。

①转为一般贸易进口③

A. 适用的情况

631 有时候，某个使用人无法将返销货物全部或部分复出口。这时，经过批准，他可以将这些返销货物投入国内市场。《实施细则》第 546 条的规定放弃了对加工人证明其不可能履行复出口义务的要求，只规定批准按进境加工方式监管的许可应当明确返销货物④或者未经加工的料件是否可以不申报直接结转按准入放行方式监管。同样，如果这些货物或料件在核销期限期满时被确定了某项使用去向，也应视为结转按准入放行方式监管。

632 上面这条规定如果被滥用，会导致刺激某些加工人仅仅为了享受延迟缴纳关税而有系统地将按进境加工方式监管的货物申请结转按准入放行方式监管，引发准入放行监管方式的泛化从而减损进境加工监管方式促进出口的作用。于是，为了杜绝因延迟缴付海关债而带来的金融优惠从而减弱加工人使用法规提供的这种可能性的冲动，法律规定要在结转按准入放行方式监管之时应征收的进口关税税额上另加征一项“补税利息”，无论货物是直接按准入放行方式监管，还是结转按一项可以作为进境加工方式核销的监管方式监管之后，均应按此办理。

我们会注意到，补税利息也可以不征，但条件是加工人递交申请办理按进境加工方式监管的手续时提供了所有能证明其实际出口意向的文件并提供证据支持原计划的出口由于特殊情况从经济上或技术上变成不可能实现⑤。

633 在一般情况下，结转按准入放行方式监管的申请应在批准加工业务的成员国家递

---

① 参见本书 611。

② 进境加工监管方式可以用返销货物运入自由区来核销。

③ 我们曾介绍过，货物按一般贸易进口监管也被视为按准入放行方式监管。

④ 主核销货物的概念请参见本书 619 及其脚注。

⑤ 《实施细则》第 519 条规定。

交，从某个成员国家转让到申请许可的成员国家的返销货物也可以申请结转按准入放行方式监管。发放许可的成员国家于是可以通过货物转让情况下规定的信息互换程序获得应征收的关税的性质和税额的信息[①]。

634 至于在办理一般贸易进口时同时办理准入放行手续的情况，只需在进境加工监管方式期限到期之时递交一份办理一般贸易进口手续的报关单即可。因此，不需要递交总的核销报关单，但应出示仅载有加工手册的核销所需要的信息的特别单证。

635 副返销货物（废碎料、边角料等）可以自动结转按准入放行方式监管。

B. 计税方法

a. 一般规定

636 在海关税方面，应当适用《欧盟海关法典》（第121条1规定）确定的原则，“发生海关债时，该笔海关债的金额应依据进口货物按进境加工方式监管的报关单接受之日适合于该货物的计税要素确定”。根据这条规定，应征收的关税应为在缴款书登记之日实行的关税。征税仅针对结转按一般贸易进口的返销货物所使用的一定数量的进口料件，而完税价格则采用缴款书登记之日这些返销货物的价格。至于补税利息，其利率由欧盟委员会根据每个成员国家货币市场的短期利息的平均数定期确定，计息基数为应征收的关税税额[②]。

对于增值税，自欧盟对关于增值税的税基的规定进行了协调以来，计税要素会随着计征关税时所考虑的要素变化而变化。计征基础为返销货物结转按一般贸易进口办理报关手续之日的价格，税率为同一日实行的税率。这些规定也适用于除增值税以外的其他国内税及准税收性质的税。

b. 特殊规定

637 如果按准入放行监管的返销货物是使用在进口时可以享受某种关税优惠待遇的进口料件进行加工后获得的，这些进口料件应当可以按此优惠待遇来征税。这种优惠待遇可能是关税配额或关税限额，只要在按准入放行监管的报关单登记之时仍然可以适用即可。也会有一种更优惠的关税待遇，是按进口料件的特殊使用去向来适用的，条件是返销货物被确定可以适用这种关税待遇的规定使用去向。

638 在某些情况下，作为一般规定的例外，关税的征税要素和税率不按进口料件而按转为内销的返销货物来确定。因其特别使用去向享受某种关税优惠的返销货物在转按准入放行方式监管时，如果对所进口的相同货物适用此类关税优惠，就应按结转为内销的返销货物确定关税的征收要素和税率。关税税率应为与返销货物的特殊使用去向相对应的税目所适用的税率。同样，如果结转按准入放行方式监管的进口料件可以按海关监管加工方式监管以获得来自进境加工监管方式下的返销货物，计算应征收的关税时应适用的税率应当是适用于返销货物的税率。此外，副返销货物申报按准入放行方式监管时可由加工人选择适用的税率，他可以选择按准入放行方式监管的返销货物在一般条件下所适用的税率，但如果该返销货物在《实施细则》附件的附表中列有专门的税率，他便也可以选择该专门税率[③]。关税按返销货物结转按准入放行方式监管之日的价格计征，税率为同一日实行的税

---

① 参见本书611。

② 补税利息比照关税也应计入增值税的计税价格。

③ 海关有权准许未在该附表上列明的副返销货物按专门税率征税，但必须定期向欧盟委员会通报。

率。

639 返销货物如果在直接从第三国进口的情况下可以享受不征关税的优惠，在相同条件下也可以享受此类优惠。

640 以结转按某项经济监管方式监管作为进境加工监管方式核销的返销货物，如果结转按准入放行方式监管，其加工人在缴纳进口税时可以选择适用进境加工监管方式后常规征管规定，也可以选择适用其所属于的经济监管方式的专门征管规定。但在后一种情况下，应征收的税额不得低于如果在进境加工监管方式结束时直接征收的税额。

641 曾按暂时出境方式监管在第三国经过补充加工的返销货物，如果结转按准入放行方式监管，一方面要征收对原出口的返销货物应征收的关税，另一方面要对在外国加工后复进口的返销货物征收关税，税款按出境加工监管方式的相关规定计征①。

②结转按海关监管加工方式监管

642 返销货物结转按海关监管加工方式监管可以作为进境加工监管方式的直接核销，也可以作为从保税仓库提离或者在结转按暂时进境方式监管之后的进境加工监管方式的间接核销。后一种监管方式原则上不要求加工后的货物复出口。

③销毁货物或使货物变质

643 进境加工监管方式可以采用将按进境加工方式监管的进口料件、返销货物或半成品销毁或变质的方法来核销。该项便利措施必须事先经海关批准才能适用，例如海关可以在这些料件由于不可抗力造成损坏后无法使用或者某些副产品无法复出口的情况下批准销毁货物或使货物变质。在销毁后，如果这些料件可以作为废料回收，无法按其他监管方式监管时，仍应按专门的规定征税。

④进口料件没有经过任何加工的情况

644 某些技术上或经济上的原因会导致进境加工监管方式的使用人放弃使用进口料件来生产规定的返销货物。在这种情况下，加工手册的核销可以通过进口料件原状复出口、转按另一项经济监管方式监管或结转按准入放行方式监管来核销。

3. 解除所做的承诺

645 每当进口料件被确定一项可以作为进境加工监管方式核销的使用去向时，所使用的进口料件的数量应从加工手册中核减。当所有进口料件在规定的期限期满之前都已经被用于一项或数项可以作为核销的海关使用去向时，海关在审核扣减完进口料件的数量之后，办理最终的加工手册核销和承诺解除的手续。发现不合规或者全部或部分未履行义务时，会启动对承诺人或其担保人的法律责任追究程序。

二、退税制进境加工监管方式的使用条件

646 退税制进境加工监管方式与保税制进境加工监管方式相比，两者的使用条件有时截然不同。首先，我们会注意到，根据《欧盟海关法典》第124条1规定，退税制进境加工监管方式原则上仅适用于某些货物（例如在进口环节有数量限制的货物、在配额内享受某种关税措施的货物、应按共同农业政策管理的某些货物）。其次，退税制进境加工监管方式的使用期限的相关规定也具有特殊性，尽管差别并不很大。最后，不言而喻，退税制进境加工监管方式特有的退税机制，与保税制进境加工监管方式完全没有可比性。

---

① 参见本书683等。

（一）货物按退税制进境加工方式监管

647 根据欧盟法律规定，可以通过递交按准入放行方式监管的报关单来办理进口料件按退税式进境加工方式监管的手续[①]。在实践中，该项原则有时肯定会遇到成员国家在国内税及本国贸易政策措施方面的限制。

因此，法国在该制度的实施细则中做出规定，加工人可以将进口料件同时按欧盟的进境加工监管方式和法国的进境加工监管方式监管，在他觉得按法国的进境加工监管方式监管便于暂时不征收国内税和准税收性质的税，而且可以暂时不适用法国的对外贸易管制措施的情况下。办理这样的手续，仅需递交一份由法国进境加工手册构成的报关单，并在加工手册上标明按准入放行方式监管所需要的各项信息。关税按加工手册使用人签署该手册时间节点计征。

（二）退税制进境加工监管方式的使用期限

1. 使用条件及期限

648 对于进口料件以准入放行监管方式按退税制进境加工监管方式监管的期限，法律没有任何限制，海关也不对货物采取任何监管措施。如果进口料件被同时按准入放行方式和法国的进境加工方式监管，应适用进境加工监管方式的规定，并且按欧盟的保税制进境加工监管方式的相关规定办理。至于货物按法国进境加工方式监管的期限，其相关规定与保税制进境加工监管方式的规定相同。

2. 转让给另一个是欧盟居住民的加工人

649 按退税制进境加工方式监管的进口料件，可以转让给另外一个是法国或其他成员国家居住民的人，由他重新将货物按退税制进境加工方式监管以便进行新的加工业务或出口（直接出口或者结转按另一项经济型监管方式监管之后出口）。进口料件的转让基本上按保税制进境加工监管方式的规定办理，但有些特别情况不在此列，对此我们不展开讨论。例如，进口料件在两个都是法国居住民的加工人之间转让时，可以使用同一份许可，也可以重新发放许可，而且加工人可以选择进口料件以两种不同的监管方式（准入放行并同时按法国进境加工方式监管，或者按一般贸易进口）按准入放行方式监管。此外，如果进口料件在不是同一个成员国家居住民的两个加工人之间转让，转让规定也会因被转让的进口料件办理按准入放行方式监管的手续所在的转出成员国家或转入成员国家不同，以及可以申请退税的成员国家不同而不同。有关业务现场海关之间建立了一套信息互换系统，可以使每个业务现场获得在其辖区办理转让手续所必需的信息。

3. 暂时出境到第三国进行补充加工

650 按退税制进境加工方式监管的进口料件、半成品或返销货物均可暂时出境到第三国在那里进行补充加工。这些货物无论其是否此前已按准入放行方式监管并同时按法国进境加工方式监管，或者按一般贸易进口办理，均可依照对出境加工的法规所规定的条件开展出境加工业务。出境加工项下的返销货物的复进口应按出境加工监管方式规定的“差额征税”的方法征收关税[②]。

至于增值税，出境加工项下的返销货物如果在复进口时按一般贸易进口办理，则应按

① 按退税制进境加工方式监管的货物如果原先是采用按准入放行监管来核销保税制进境加工方式监管的货物，按准入放行方式监管时除了应缴纳关税外，还应支付补税利息（参见本书632）。

② 参见本书684。

外国提供人提供的财物及服务的价格征税。但是，原先暂时出境的货物如果在出口之前在本国进境加工监管方式项下暂时没有征收增值税，则应按进口返销货物的全价征收增值税。如果暂时出境的货物已经按法国进境加工方式监管而且在境外补充加工后继续按进境加工方式监管，增值税则可以不征收。

（三）退税制进境加工监管方式的核销

651 退税制进境加工监管方式的核销可以通过退税制进境加工监管方式的使用人在使用期限到期之前向海关提交返销货物并确定一个海关准许的使用去向的方式来办理。如果返销货物转为内销，也可以办理退税制进境加工监管方式的核销手续，但已征收的关税不予退还。

1. 可以作为核销的货物

652 返销货物可以是按退税制进境加工方式监管的进口料件进口加工后的货物（原货核销），也可以是从本国市场采购的货物（串换核销）。退税制进境加工监管方式的核销应适用保税制进境加工监管方式中的核销相关规定①。但退税制进境加工监管方式不得采用先出后进的程序来办理核销手续。我们还要指出，退税制进境加工监管方式不能适用保税制进境加工监管方式中某些便利措施，如进境加工监管方式可以采用未经任何加工的进口料件“原状”复出口的特殊方式来核销②。

2. 可作为核销的使用去向

653 如果在规定期限期满之前，返销货物从欧盟复出口或者结转按另一项经济监管方式监管后再复出口，便可以核销退税制进境加工监管方式。

（1）复出口

654 返销货物在出口环节应适用进口料件按准入放行方式监管（货物按准入放行监管并同时按法国进境加工方式监管或按一般贸易进口）时应适用的相同规定。核销必须采取保税制进境加工监管方式规定的监管措施③。返销货物还可以申领新的许可再次按保税制或退税制进境加工方式监管，新的许可发给原加工手册的签署人，或者发给新的加工人。如果涉及某个是另外一个成员国家居住民的人，应启用成员国家之间货物转让情况下规定的信息互换机制④。

（2）其他关税制度下的经济投资

655 如果补偿性产品符合这两种制度中的要求，则可将其置于关于仓库或临时进口的制度之下。无论是原始承保人还是新的经营人，他们也可以根据新的许可证，在暂停或偿还制度中接受积极的相关制度的约束。如果是居住在另一成员国的人，则适用成员国之间货物转让情况下的相互报告机制。

3. 货物内销的情况

656 退税制进境加工监管方式项下的返销货物如果在规定期限期满时没有被确定任何一项可以作为核销的使用去向，便可以直接转为内销。此类返销货物转为内销时不用办

---

① 参见本书615等。

② 该项限制措施显然只影响关税的退税权利，加工人仍可以按常规条件出口有关货物。

③ 参见本书608。

④ 我们会注意到，如果货物作为保税制进境加工监管方式的核销来结转按退税制进境加工方式监管，除补征关税外，还应征收补税利息。

理任何海关手续，但是，如果进口料件已经按本国进境加工方式监管时，同时按准入放行方式监管，则需要办理成员国家进境加工监管方式的核销手续。

退税制进境加工监管方式项下的返销货物当然不再享有退还在进口环节征收的关税的权利了。如果此类返销货物转按我们上面提到的某一项经济型监管方式监管，则仍可以享受退税的权利，但该返销货物此后如果转为内销，内销时应征收的关税税额应等于过去该货物结转按该经济监管方式监管之时已经退还的税额。

（四）退税制进境加工监管方式项下的退税

657 按退税制进境加工监管所获得的返销货物，如果被复出口或者被确定一项可以作为核销的使用去向，可以获得在进口料件按准入放行监管时已征收的或已记账的关税，以及可能征缴的补税利息的退税。如果货物在按出境加工监管时已征收了关税，该关税也可以予以退还。

658 申请关税退税，应当在返销货物被用于一项准许的海关使用去向之日起 6 个月内提出。退税申请应向办理准入放行监管手续的业务现场海关提出。如果涉及数个成员国家，退税或不征不退申请可以会商欧盟委员会同意，向办理准入放行监管手续的业务现场海关以外的其他业务现场海关提出。

至于退税的会计程序，其方法由各成员国家自行规定，因此，成员国家都是从考虑更为灵活地使用退税制进境加工监管方式的角度来设计该会计程序。会计程序让申报人在两种模式之间自行选择，我们应当强调，这是一种在会计方面不常见的独特性。实际上，这种方法不是通常采用的向申报人逐笔退还已征收的税款的做法，而是交给加工人一份“免税证书”，等同于应向其退还的关税税额，供此后如果有其他进口货物时冲抵应征收的关税。

第二章 海关监管加工监管方式

659 海关监管加工监管方式是为了满足进境加工监管方式无法满足的需要而创立的。该项监管方式由欧盟理事会的一项条例于 1983 年设立①，后来被写入《欧盟海关法典》的规定中②，这些规定既体现了它的目标的独特性，也确定了它的实施条件和方法。

第一节 海关监管加工监管方式的定义和目标

660 海关监管加工监管方式是为了解决某些税率倒挂问题而设计的。有时会发生这种情况，如果根据货物的税则分类或在进口之时的形态来征收关税，税负会高于其经济上合理的税负。特别是某些货物的税负竟然高于其所来自的初级产品的税负（比如进口用于回

---

① 指 Règlement du Conseil n° 2763/83 du 26 septembre 1983, *JOCE*, L 272, 5 octobre 1983。

② 《欧盟海关法典》第 139 条至第 136 条规定及《实施细则》第 551 条和第 552 条规定。目前正在考虑将此监管方式并入进境加工监管方式。

收零部件的机动车辆的税负应当低于车辆本身）。这种情况有利于税率较低的最终产品的生产人，但会导致相关产业向第三国转移而损害欧盟的产业。

海关监管加工监管方式准许暂时不征进口关税并暂时不适用贸易政策措施在欧盟关境对非欧盟货物进行改变其税则分类或形态的加工，加工所得的货物按适用于它们的税率再办理按准入放行方式监管（或一般贸易进口）的手续。自从欧盟 2700/2000 号条例带来了改革以来，任何类别的货物，只要对它进行的加工是为了获得应征收的关税税额低于对进口货物的税额的货物，以及是为了确保这些货物能符合其按准入放行监管所规定的技术的货物，均可以申请按海关监管加工方式监管（《实施细则》第 551 条规定）。

第二节 海关监管加工监管方式的审批条件

661 海关监管加工监管方式的批准仅限于加工人为欧盟的居住民，进口货物在加工后的货物中必须能被辨认出，进口货物经过加工后按海关监管加工方式监管之时其税则分类和状态在经济上不可能复原，等等。此外还要符合对经济监管方式的一般规定，审批时应审查是否符合欧盟利益的经济条件。根据《实施细则》第 502 条规定，对经济条件的审查必须认定从第三国采购货物是否能促进创建或维持欧盟境内某个加工产业[①]。

662 使用海关监管加工监管方式许可应向进行加工的地点所在辖区的业务现场海关申领。如果加工需要在不同成员国家进行，所进行的加工可以仅向第一道加工地点所在辖区的业务现场海关递交一份报关单。在此情况下，使用海关监管加工监管方式的许可需要经过所有成员国家的批准才能发放。许可的期限可考虑许可申领人的特殊需要逐案规定，原则上不越过 3 年。

第三节 海关监管加工监管方式的使用方法

一、办理货物按海关监管加工方式监管的手续

663 货物按海关监管加工方式监管主要会带来三个问题。第一个问题涉及确定所采用的货物申报形式和通关程序，第二个问题是明确可能旨在确保海关债的缴付的担保性质，第三个问题要确定加工后货物应被确定一项海关准许的使用去向的期限。对于这些问题，我们应当回到对进境加工监管方式的规定上来，那些规定与对海关监管加工监管方式的规定相类似，加以适当修改即可适用[②]。

二、海关监管加工监管方式的核销

664 货物经过加工后再转按准入放行方式（一般贸易进口）监管，是海关监管加工监

---

① 根据进境加工监管方式方面的规定（参见本书 559），只要该项加工列入《实施细则》附件 76A 上就应被视为符合经济条件。

② 参见本书 607 等。

管方式的常规核销模式[①]。核销按加工后的货物对应的进口货物（运用产率），依照进境加工监管方式的适用规则来进行[②]。对加工后的货物应征收的关税按其办理准入放行的报关单登记之日实行的税率和该货物在同一日的价格来计征[③]。如果进口货物在按准入放行方式监管时符合享受某种关税优惠待遇而且该待遇也适用于与按准入放行方式监管的加工货物相同的货物，该货物应征收的进口关税可按优惠待遇适用的关税税率计征。

在海关接受按准入放行方式监管的报关单之时，对进口货物适用贸易政策措施的，此类措施只适用于与加工后的货物相同的货物。这些措施应按加工后的货物生产中实际投入的进口货物的数量来适用。

第三章　出境加工监管方式

665 本国企业出于多种原因需要求助外国的产业对本国货物补充进行处理和加工，这是一项在过去一直存在而且在当代越来越流行的做法。针对这种情况，有些国家发明了一种对复进口的货物征收关税时只针对这些货物的在国外加工的增值的计征方法。至于欧盟成员国家，它们曾各自制定过适用于这种加工业务的监管方式，但互相差别很大。欧盟对这些监管方式进行了协调，先后颁布了一些指令和条例，最终建立了统一的“出境加工”监管方式，最近修订的相关规定已纳入《欧盟海关法典》[④]。如果复进口的货物不征关税，而只征收国内税，加工业务可以按成员国家本国制定的本国出境加工方式监管。

本著不会专门讨论后面这个纯粹国内税性质的监管方式，因为它的相关规定与欧盟的出境加工监管方式的相关规定基本相同，但也有一些特殊规定，我们将在研究欧盟出境加工监管方式的过程中稍作介绍。至于欧盟的出境加工监管方式，我们将在简单介绍其普遍的经济意义并且详细讨论使用人应遵守的使用方法之后，对涉及加工后复进口货物的征管规定进行分析，正是这些规定使出境加工监管方式十分独特。

第一节　出境加工方式的普遍经济意义

在详细介绍出境加工监管方式的适用范围及审批条件之前，应当首先介绍欧盟法规对出境加工监管方式的定义。

一、出境加工监管方式的定义

666 欧盟货物按出境加工方式监管时，可以暂时离开欧盟关境去进行加工并且在从这

① 但没有任何规定禁止许可持有人选择其他可以作为核销的海关使用去向。

② 参见本书 614 等。

③ 完税价格的确定可以有几种方法，纳税人有权自行选择一种方法（《实施细则》第 551 条 3 规定）。

④ 《欧盟海关法典》第 145 条至第 160 条规定，《实施细则》第 584 条至第 592 条规定。

些加工获得的返销货物复运进境时，暂免全部或部分进口关税。货物暂时出境时应当适用贸易政策措施并办理对其他欧盟货物离境所规定的手续①。

出境加工监管方式所准许的加工，可以是“对货物进行处理，包括对货物进行装配或组装，或将其装配在其他货物上”，或者是“对料件进行加工”，还有是“对货物进行修理，包括恢复原状或修复”②。所以，欧盟法律中准许按出境加工方式监管的加工的清单非常大，几乎包括了所有对货物在出口时的原状改变的加工，不论是什么性质的改变。

二、出境加工监管方式的适用范围

667 出境加工监管方式适用于所有欧盟货物③。

但是，其出口可以享受进口关税先征后退或不征不退或者可以享受共同农业政策项下退税或其他金融优惠的货物，则不得按出境加工方式监管。除欧盟委员会采取特殊措施外，出境加工监管方式也不适用于出境之前已经由于其特殊使用去向而免税按准入放行方式监管的货物④。

668 对于欧盟出境加工监管方式的领土适用范围，需要强调两个特殊性。一是这涉及欧盟的出境加工监管方式并且体现它的从欧盟暂时出境的性质，即货物可以从欧盟关境的任何一个地点复进口。这种特殊性致使必须建立一套称之为“三角贸易”的程序，根据这套程序，返销货物可以在办理出境手续的成员国家以外的任何一个成员国家复进口。二是这一便利要求在所涉及的成员国家之间建立一套信息互换系统，共享在申请使用暂免全部或部分税的出境加工监管方式的合规性的监管，以及在复进口的返销货物正确计征关税方面所有有用的信息⑤。

669 至于成员国家的出境加工监管方式，我们会注意到，它的适用范围并不限于与其领土接壤的国家。实际上，成员国家向加工人提供了一项能避免双重征税的便利，准许他们在与其领土和其他从国内税角度被视为是境外的地区之间往来中使用出境加工监管方式。

三、出境加工监管方式的审批条件

（一）审批标准

670 出境加工监管方式的审批必须满足两个条件⑥。首先是经济方面的标准。实际

---

① 参见《欧盟海关法典》第 145 条 2 规定。

② 除了这些加工外，还应当加上可以使用（进境加工监管方式中也有此规定）在返销货物找不到的货物（化学反应的氧化剂、加速剂，等等）。

③ 欧盟货物的概念，请参见《欧盟海关法典》第 4 条及第 7 条规定。

④ 我们过去曾提到，按进境加工方式监管的货物，可以根据出境加工监管方式的规定在国外进行补充加工，但不必须终止进境加工监管方式（参见本书 612）。

⑤ 参见《实施细则》第 523 条规定。

⑥ 在此方面我们会注意到，为了有利于采取促进措施确保对欧盟纺织品产业的保护和提高该产业的竞争力，建立了一项名为“纺织品出境加工”的特别经济监管方式。该监管方式确定了在某些第三国经过加工之后复进口到欧盟的纺织品和服装享受适用于这些货物的贸易政策措施放宽应符合的条件（1994 年 12 月 8 日欧盟理事会第 3036/94 号条例及欧盟委员会 1995 年 12 月 20 日第 3017/95 号条例）。在同样情况下，是由工业部部长来审查该监管方式的特殊条件，然后发放许可。

上,《欧盟海关法典》第 148 条规定,出境加工监管方式只能在其使用“从本质上不会损害欧盟加工人的基本利益”的情况下才能批准。根据在经济条件方面确立的新概念[①],《实施细则》第 585 条 1 用了一种与前述明显有抵触的措辞规定,“除非存在相反的迹象,欧盟加工人的基本利益应视为没有受到严重损害”,致使申请人举证证明其使用出境加工监管方式的合理性的责任原则上被免除了。

除这些经济标准之外,出境加工监管方式的审批还必须符合若干项条件。许可只能发给本人是欧盟居住民而且出口货物的加工是以他的名义进行的加工人[②]。这些人必须提供所有海关认为有用的担保。如果出口货物在返销货物复进口时无法辨认,可以拒绝发放出境加工许可。

(二)出境加工监管方式的审批程序

671 《欧盟海关法典》授权各成员国家当局通过发放许可的形式审批出境加工业务,此类许可中对出境加工监管方式的使用条件有明确的规定,并且可以同时适用多批出境加工业务。如果货物需要从数个成员国家出口,可以经所涉及的国家的海关当局同意只发一份许可。许可的有效期按经济条件并考虑许可申领人的特殊需要来规定。如果加工的业务是对货物进行修理,递交按出境加工方式监管的报关单应相当于申领许可,而且此类报关单一经海关受理便代表获得许可。同样,如果某人在其办理准入放行报关手续时申请按出境加工监管方式监管,该报关单的递交也构成申领出境加工监管方式的许可,但所涉及的货物必须经过具有个人使用性质而不具有任何商业性质的修理后才能复进口。如果有理由证明出境加工监管方式的使用人没有履行承诺的义务,许可会被吊销或收回[③]。

第二节 出境加工监管方式的使用方法

我们可以把出境加工监管方式的实际使用方法分为两个阶段,第一个阶段为出境加工业务本身,第二个阶段与核销机制有关。

一、出境加工监管方式的运行程序

672 出境加工需要按常规办理出口手续,但要另外采取一些监管措施,其中包括规定涉及应提供的信息的性质或查验程度,还有旨在能够辨认返销货物的及对在国外进行的加

---

① 参见本书 467。

② 作为该条规定的例外,如果加工业务涉及《欧盟海关法典》第 22 条至第 26 条规定定义上的欧盟原产的用于装配在欧盟境外获得的货物的料件,出境加工监管方式可以审批给仅履行出口手续但本人不实际使用出境加工监管方式、返销货物由许可持有人以外的人按出境加工监管方式复进口的人。这项便利旨在鼓励有意以更低的成本向欧盟出口其货物的外国加工人使用欧盟的料件。但这项便利的享用必须有利于促进欧盟货物的外销而不损害与进口的返销货物相同或相似的货物的欧盟生产人的基本利益。享用该便利的申请书应由本国海关审查,由其决定是否并且在什么条件下发放许可(《欧盟海关法典》第 147 条 2 规定及《实施细则》第 585 条至第 587 条规定)。

③ 出境加工许可的吊销或收回的情况,以及由此产生的后果与进境加工监管方式的规定相同(参见本书 604)。

工实施技术监控的措施①。

出境加工监管方式的报关单应以出口人本人的名义填报，关务代理只有在某些情况下而且在货物价格不超过某一限额时才能以自己的名义申报。除非根据出口的对外贸易管制法规或公共秩序方面的禁限措施产生的要求外，对出口人不规定任何复进口的要求。

出口货物在国外只能被确定为许可中规定的使用去向。出口货物可以进行贸易交易，特别是在“三角贸易”制度框架内进行的加工的情况下②。返销货物的复进口期限按加工业务的完成所需要的时间来规定。必要时可延长复进口期限。

二、出境加工监管方式的核销

673 任何按出境加工方式监管暂时出境的业务必须在对出境加工监管方式使用人规定的期限期满之前办理核销手续。核销形式是在国外接受加工的货物复进口，或者是将暂时出境转为一般贸易出口。

（一）复进口核销

674 按一般规定，出境加工应当用出口货物在国外加工后复运进境来核销。核销的通关手续应当由出口货物的原出口人或者有资格代表他的人来办理，但在某些情况下可以例外于这条出口人与复进口人必须是同一人的原则③。但这种核销方法会带来三个问题：一是可以作为核销的返销货物的性质问题，二是返销货物的数量确定方法问题，三是返销货物的海关准许的使用去向问题。

1. 可以作为核销的返销货物

675 与按进境加工监管的返销货物相似，作为出口货物返销向海关呈验的货物也可以称为返销货物。但这个概念在两种监管方式中具有不同的灵活性。实际上，在出境加工监管方式中，返销货物是由出口的货物本身构成，如果它在国外接受的处理加工没有改变它的结构；或者正相反，是对出口的货物进行加工后获得的货物，而且只有该货物。于是，这样的核销称为“原货核销”。

676 只有在特殊情况下，出境加工监管方式可以按一种比照进境加工监管方式项下的串换核销程序的核销程序，使用从第三方获得的货物复进口来核销。因此，“原货”核销的原则没有像涉及进境加工监管方式的相关法律那样严格的规定，而是向加工人提供了更大的可能性，允许他们只要经过本国海关的批准即可采用串换核销的方法。实际上，对于出境加工监管方式，法律规定④核销方法应当在许可中明确规定，而许可的发放条件则是串换返销应通过充足的技术说明来合法地证明其合理性，申请人应保证，用来串换的外国货物与暂时出境的货物归入同一税则分类，具有相同的商业质量并且具有相同的技术特性。

677 对复进口的返销货物是否是原货的监管比在进境加工方面显然更为棘手，因为工业加工是在国外进行的，因此挡住了海关进行任何实际监管的可能性。然而，此类监管可以借助一份称为“ET 卡”的特殊单证来实现，ET 卡是海关合作理事会在 1963 年 12 月 3

---

① 对出口规定的简便通关程序也适用于按出境加工监管方式通关的货物。

② 参见本书 668。

③ 主要指在三角交易程序项下复出口的情况。

④ 《实施细则》第 586 条 2 规定。

目的一项建议中推荐使用的，ET 卡中会列明对计划进行加工的性质的所有必要详细信息，与出口货物同行，交由加工所在国家的海关用于自己的监管需要。单证会载有关于进行加工所处于的条件的所有有用信息，经由对加工进行监管的国家的海关加注后，于返销货物复进口时出示。

678 在三角贸易程序项下，使用暂时出境货物加工获得的返销货物如果在某个不是出口国家的国家复进口，复进口的该国家的海关当局应当能掌握所有必要的详细情况来确保返销货物能享受税收优惠并按优惠待遇征税。对此，实践中使用了一种由出境加工监管方式许可持有人填制后经出口业务现场海关认证的信息单[①]。

2. 账册的数量核减

679 返销货物的每批复进口都要在出口时开设的账册中核减为获得复进口的核销货物所实际使用的出口货物的数量。这项作业要求先确定向海关呈验进行核销的返销货物中实际含有出口货物的数量，然后按许可中规定的产率计征税款。

返销货物分批按准入放行监管复进口时，账册核销需要计算返销货物中应扣减的关税税额[②]，需要按加工的复杂程度来分别适用不同的核销机制，比如用一种或数种暂时出境的货物加工获得一种返销货物，用一种或数种暂时出境的货物加工获得数种返销货物而且数种暂时出境的货物在每种返销货物中都存在，或者无法确定出口货物与返销货物之间的直接数量关系，等等。对于上面每一种情况，需要按出境加工监管方式中规定的方法进行返销货物与所使用的暂时出境的货物之间分摊[③]。

3. 确定货物的海关准许的使用去向

680 出境加工之后的复进口货物正常情况下应办理准入放行（或一般贸易进口）监管手续。除了按特殊的方式（我们后面将详细讨论[④]）征收关税之外，还要对返销货物实施欧盟的贸易政策措施。按准入放行监管的货物应当由出境加工监管方式许可的持有人本人或以他的名义申报，或者由其他任何是欧盟居住民并得到许可持有人同意的人申报。

返销货物也可以运往自由区或自由区型保税仓库，或者改按保税仓储方式、进境加工方式或欧盟境外转运方式监管。

（二）以结转按一般贸易出口的方式核销

681 加工人除了承诺保证将应受成员国家特有的与对外贸易管制要求或者出口环节的公共秩序的禁止性规定管理的返销货物复进口之外，没有任何义务必须将返销货物复进口。货物在按出境加工监管的期限期满时，继续留在国外就被视为结转按一般贸易出口方式监管。一般贸易出口的证明不用把按出境加工方式监管的报关单实际转化为出口报关单。如果已经做出过复进口承诺而且加工人没有履行该承诺项下的义务，加工人必须根据相关法规办理合规手续。

---

① 如果暂时出境和复进口业务在同一个成员国家两个不同的业务现场海关办理，该信息单也可以用于内部交易。

② 关于适用于复进口的返销货物的关税税额的确定，请参见本书 684。

③ 参见本书 621，更详细的情况见《实施细则》第 517 条及第 518 条规定。

④ 参见本书 683 等。

第三节 复进口货物的关税及进口环节税待遇

682 暂时出境的货物复进口时如果按准入放行方式监管，会带来一个应适用的计税方法问题。实际上，我们面对的已经不是原先暂时出境的原产地为欧盟的货物，而且已经决定让它们享受一种单纯的免税待遇。然而，这些货物也不是应按常规的规定征税的外国原产货物。于是，需要安排一种特殊的计税方法，在按一些一般的征收规定来计税的同时辅之以特别的规定以适用某些情况的特殊需要。

一、一般的计税规定

683 1962 年，按照欧共体委员会的一项建议，对长期以来具有多机制特征的出境加工复进口的返销货物的计税规定进行了统一，其成果已经反映在《欧盟海关法典》及《实施细则》的规定中[①]，这些规定明显已按欧盟第 2700/2000 号及第 993/2001 号条例的规定进行了修改并有了很多的改善，目的在于鼓励使用出境加工监管方式。

所以，目前同时存在着两种计税方法，一种被称为“差价计税法”，另一种被称为“增值计税法”[②]。

（一）差价计税法

684 在欧盟层面上进行的协调，主要考虑在各种可使用的计税方法中，优先使用能最大限度地体现保护欧盟经济，同时既能考虑在国外的增值又能考虑暂时出境货物与复进口的返销货物之间可能产生的关税差额的计税方法。为此制定了一种名为“差价计税法”的计税方法。

在暂时出境加工的返销货物复进口之时，海关应对其征收关税，计税方法是按复进口报关单登记之日实行的税率计算出应征收的税款后，减去对出境加工的货物如果从加工所在国家进口应征收的税款[③]。应扣除的税款应按复进口报关之时实行的税率并按暂时出境的货物在该日的价格计算[④]。

除了属于修理性质的出境加工业务外，对经常开展出境加工业务的企业，如果它们要求海关对其出境加工的业务能快速放行返销货物，可以采用一种平均税率的方法，平均税率用应缴纳的税款的近似税额以 12 个月为一个时段来确定。在该时段结束之时按采用这种征税方法来办理出境加工的总体核销手续并计算应征收的准确税款。

685 为了防止刺激因严格执行上述原则所引发的投机，海关对适用复进口的关税计征方法规定了一些例外。首先，如果出境加工的货物在按出境加工方式监管之前、按准入放行方式监管之时由于其特殊使用去向已经享受过低税率而且只要适用低税率的条件没有改

---

① 参见《欧盟海关法典》第 151 条和《实施细则》第 590 条至第 582 条规定。

② 《欧盟海关法典》的修改正在考虑干脆取消差价计征法。

③ 某些税收，如反倾销税及补偿税，不能作为应扣减的税款。同样，《实施细则》第 590 条规定所列的费用也不能扣减。

④ 参见：CJCE，17 juillet 1997，aff. C 142/96，*Hauptzollamt München et Wacker Werke GmbH*，Rec. p. I-4649。

变，应扣除的税额应等于该货物于按准入放行监管之时实际征收的税额。其次，如果复进口的返销货物可以享受对进行加工的国家适用的优惠待遇而且该优惠待遇也适用于与出境加工的货物归入同一税则分类目录的返销货物，用来计算应扣除的税额时应适用于出境加工的货物的税率应当是如果该出境加工的货物符合该项优惠待遇的享用条件时应适用的税率。最后，如果出境加工的货物在复进口时因为某个特殊使用去向可以归入一个减税税率或零税率的税目，只要该货物在进行加工的国家被用于该海关准许的使用去向，应扣除的税额也按减税税率或零税率来计算。所以，在上述三种情况下，税负要比按正常税率计征的税负重，但它更准确地对应了有必要实行的保护的程度。

（二）增值计税法

686 为了简化经济从业人的业务负担，欧盟当局决定推广一种过去仅在某些特殊的情况下使用的计税方法[①]。这就是《欧盟海关法典》第 153 条第 2 段规定的“按加工费计税”的计税方法。

《实施细则》第 591 条规定对这一简明的规定进行了补充，根据《实施细则》规定，进口人可以申请使用增值计税法，不论是什么加工，只要出境加工的货物是非欧盟货物而且没有按零税率被海关按准入放行方式监管[②]。但必须指出，该项限制不适用于没有任何商业价值的货物。如果已经发放了许可，计税基础应当为国外提供的材料费用加上按常规的规定估价的加工费。

二、特殊情况

687 从我们刚才讨论的一般性的征税规定的角度看，某些加工需要予以特殊对待。特别是出境加工的货物是由外国供货人根据保修条款或由于生产缺陷而免费进行修理的情况。在此类情况下，不应该再惩罚在进口之时已经按货物的完好状态缴纳过关税的使用人。但是，如果之前在进口时，对该货物征税时并没有考虑其残缺的状况，在外国经过修理的货物复进口便可以免除全部关税、增值税及其他税。至于收费修理的货物，对它们征税时，作为差价计税法规定的例外，可以仅对修理费征税。

688 标准更换监管方式原则上也准许用进口货物（替换货物）来替代返销货物[③]。

海关当局尤其应当确保此类替换货物与要接受修理的出境加工的货物属于相同的税则归类，具有相同的商业质量和技术特性。

根据其规定的条件，海关当局有权准许此类替换货物在出境加工的货物暂时出境之前进口，但提前进口要提供能涵盖进口环节的关税的担保，而且随后的出口原则上必须在两个月的期限内完成。

689 如果复进口的货物是在外国对原先按进境加工方式监管的货物进行的补充处理后复进口的货物，而且作为例外被准许按一般贸易进口方式监管，便会遇到一个问题。这种情况会导致重复征税。于是，海关第一步对该货物进行事后的“本国化”分析，并确定对

---

① 参见本书 688 等。

② 该条规定已于 2005 年 6 月 1 日按欧盟委员会第 883/2005 号条例进行了修改（*JOUE* L 148 du 11 juin 2005）。该条法律规定，“只有在出口仅仅出于享受根据本规定给予的减税优惠的才能拒绝在进口环节减税”。

③ 参见《实施细则》第 154 条规定。

在暂时出境之时按进境加工方式监管的第三国货物应征收的税款。第二步，将所有货物视为在出境加工之前已经按一般贸易进口方式监管，再按差价征税法计算按出境加工方式监管情况下应征收的税款。

690~693 （原书已删除，参见本书 541 等。）

第三篇
经济监管方式与运输活动

694 在海关监管之下的任何货物的运输活动，一定要区分适用于被运输的货物的监管方式和适用于运输工具的监管方式，我们把海关法规对运输活动所提供的便利全部集中在本篇第一章来介绍，在第一章中，我们要研究转运监管方式。而在本书过去几版中，适用于运输工具的监管方式是在第二章中介绍的，参见本书 569-1 等。

第一章 转运监管方式

695 长期以来，转运监管方式主要用于准许货物在暂免所有关税，暂不适用所有禁限规定，以及其他经济的、国内税的或海关管制措施的条件下，在海关监管下借经第三国流动时，视同在欧盟各成员国家各自的领土上流动。过去，此类运输在进出各个所涉及的关境时需要办理海关手续，单一市场的运行彻底改变了这一状况，特别是它为欧盟的转运监管方式的相关法规带来一条原则，其中最重要的是欧盟关境应当被视为是一个单一的关境。

相对于过去的状况，现行转运监管方式更加适应了国际贸易的发展、运输工具的现代化及海关技术的进步。面对欧盟当局对风险增多和损害欧盟及其成员国家财政利益的担忧[①]，也面对从业人的新期待，转运监管方式按照以下目标进行了重大改革：通过明确转运监管方式使用人的权利和义务来改善适用立法的质量，达到了制定更有效、更统一的法规的目标，特别是更大限度地实现了信息化以更好地实施转运方式的监管。虽然这些目标无可争议地具有合理性，但遗憾的是，所进行的改革必须会使一系列法律规定发生变化，而变化的速度之快使从业人几乎没有时间去适应。

同样令人感到惊异的是，《欧盟海关法典》没有把转运监管方式作为一个整体来规范。《欧盟海关法典》第 91 条至第 97 条，一方面对符合第 84 条的“保税监管模式”规定的“欧盟境外转运模式”做出了规定，另一方面，也更特别地规定了“欧盟境内转运模式”。相反，“境内转运模式”是由第 163 条至第 165 条规定来规范的，被设计为一项被特意排除在保税和经济监管方式类别之外的自成一体的监管方式。这样的法律规定不合时宜地将

---

① 参见：*Un plan d'action pour le transit en Europe*, Communication de la Commission au Parlement européen et au Conseil, 30 avril 1997, COM (97) 188 final。另参见：*Protection des intérêts financiers des Communautés -Lutte contre la fraude*, Rapport annuel de la Commission 1998, p. 37 et s. , OPOCE, 2000。

转运监管方式一分为二，致使我们不得不从总体上来解释这些规定的合理性。

在以下的讨论中，我们将尽力向读者介绍适用于欧盟转运监管方式的一般规定，然后研究其中最重要的规定的运作方式。

第一节 适用于欧盟转运监管方式的一般规定

696 转运监管方式的审批条件相对宽松，比较适合我们作为第一项的研究。考虑到它对欧盟和成员国家的财政利益带来的损害风险，只有完善具有约束力的保障机制，它们才能得以发展。

一、转运监管方式的优惠

697 如果说起初在成员国家范围内，本国货物与外国货物之间的区别非常明显，那么欧盟的建立特别是单一市场的实现使这个问题变得极为复杂。不仅如此，欧盟对外签订的协定之多，也使第三国与成员国家之间的对抗不再像过去那样激烈。

然而，转运监管方式首先基于欧盟货物与非欧盟货物的区别，这一区别决定着享受哪种模式的转运监管方式的优惠。除了第一个涉及货物按转运方式监管的资格条件问题之外，还要考虑货物的国际物流流向的相关条件，这样才能分别对境外转运模式和境内转运模式做出定义。

（一）符合条件的货物

698 首先应当指出，根据《欧盟海关法典》第 58-2 条规定的原则，有损公共秩序的货物不得按转运方式监管，特别是侵权货物及成员国家法律规定可以作为《欧盟境外转运条例》第 30 条规定的例外的货物①。

其次，自 1993 年 1 月 1 日取消对欧盟内部贸易往来的海关监管和海关手续的做法以来，只有对解除任何海关监管的货物才具有合理性，因为这些货物可以真正地不受任何限制跨越欧盟内部边界。相反，只要没有解除其肩负的责任，这些货物只能借助转运监管方式来流动。但是，不可能用同一种模式来同时对待欧盟的货物和不是欧盟的货物。

1. 欧盟货物与非欧盟货物的属性区分

699 自《实施细则》第 313 条做出新规定以来，货物的欧盟属性便由一个简单的事实来判定，即它是否“身处”欧盟关境境内。但是，这条基本规定附有几项例外，主要是针对临时存放的货物或者涉及按保税方式监管的货物。还必须指出，在某些条件下，可以使用各种格式单证，特别是 TL2（《实施细则》第 315 条规定）来提出反证。举证责任由经批准的发运人承担（《实施细则》第 398 条至第 404 条规定）。海运或空运货物的欧盟与

---

① 参见：CJCE, 6 avril 2000, *The Polo/Lauren Company LP et PT. Dwidua Langgeng Pratama International Freight Forwarders*, aff. C-383/98, Rec. p. I-2519。但是，法国法特有的海关扣留程序，在其针对在某个成员国家合法制造并且借经法国领土转运投入另一成员国家或某个第三国市场的货物进口方面被两次判为违反《欧盟境外转运条例》第 28 条规定。参见：CJCE, 26sept. 2000, *Commission c/France*, aff. C-23/99, Rec. p. I-7653, 23 octobre 2003, *Administration des douanes et droits indirects et Rioglass SA*, *Transremar SL*。

非欧盟的属性区分由一些详细的规定按其可能停靠的地点来认定[①]。

2. 属性区分的法律效力

700 属性区分的法律效力是：《欧盟海关法典》将这两套转运监管模式规定为境外转运模式和境内转运模式。还要注意这样一个事实：与我们想象的相反，两套运行机制的划分不完全基于欧盟货物与非欧盟货物之间的属性区别。即使境内转运模式只适用于欧盟货物，当然，境外转运模式基本上只适用于非欧盟货物，但在某些情况下也涉及欧盟货物。实际上，必须考虑所涉及的货物的流向。

(二) 涉及流向的条件

701 在共同市场创立之前，转运监管方式涉及的是进入本国境内后原状复运出境或者在本国某个业务现场海关办理通关手续的外国货物。它还涉及在本国市场上采购后运至边界出口的货物。但在海关同盟中，这个问题就复杂了：海关同盟要求货物在成员国家之间的流动的条件应当比对来自第三国的货物规定的条件更为宽松，但要考虑某些货物运输线路需要借经外国领土，如瑞士或奥地利。欧洲自由贸易区[②]成员国家与欧盟成员国家之间已经建立的关系本身就要求按货物的运输线路不同分别适用不同的转运监管模式。单一市场的实现又使状况更为复杂。一方面，欧盟关境与成员国家的税境不完全吻合[③]，这要求在欧盟货物进入实行特殊税收制度的地区时采取特别的措施。另一方面，可以预见的欧盟东扩已经导致需要对借经它们的领土的货物流动制定专门的规定。

(三) 境外转运模式和境内转运模式两个不同的适用范围

702 由于转运监管方式需要既考虑货物性质的相关要素也要考虑货物运输线路的相关要素，于是导致在《欧盟海关法典》对这类要素的监管规定完全不同。

根据《欧盟海关法典》第 91 条规定，境外转运模式适用于非欧盟货物，准许这些货物在流动时不征收进口关税及其他税，也适用贸易政策措施；境外转运模式也适用于应受出口措施管理或享受出口优惠措施的欧盟货物，准许这些货物在欧盟关境内两地之间流动，这些情况都必须由欧盟委员会的条例做出规定。至于《欧盟海关法典》第 163 条规定所指的境内转运模式，它仅适用于欧盟货物，准许这些货物借经某个第三国领土在欧盟关境内两地之间流动时不改变其欧盟货物的监管状态。

这一区别带来了适用于两种情况的转运监管方式的运行模式，我们本书后面要对其进行研究[④]。

二、保障会受到损害的财政利益

703 转运监管方式长期以来被认为会对本国经济带来很大的风险，因此只有在完善能保障会受到损害的财政利益的专门监管技术前提下才能予以发展。应当承认，转运业务具

---

① 《实施细则》(第 325 条至第 337 条规定) 用了很长的篇幅来规定捕捞产品和其他由船舶从海中获得的产品的欧盟属性的证明机制。

② 欧洲自由贸易联盟也称“小自由贸易区”，是由英国、丹麦、挪威、葡萄牙、瑞士、瑞典、奥地利七国根据 1960 年 1 月签订的《建立欧洲自由贸易联盟公约》(《斯德哥尔摩公约》) 组成的工业品自由贸易集团。1960 年 5 月正式成立，总部设在日内瓦。1961 年 3 月，芬兰成为联系国。1970 年 3 月，冰岛正式加入。从 1973 年开始，英国、丹麦和葡萄牙因加入欧共体而退出。——译者注

③ 参见本书 69 等

④ 参见本书 709 等。

有特别高的风险，比如应征收的关税特别是应征收特别高的进口环节税（例如，我们会想到酒和烟草）的货物如果在途中消失或非法进口。由于如今就像20世纪的情况一样，已经不再有海关执法人员随运输工具进行押运监管了，虽然采取了若干保全措施，但远不能完全消灭主管当局指出的那些瞒骗风险。然而，借助信息技术给我们带来了改变现状的希望。

（一）保全措施

704 保险措施主要是采取金融担保并规定各种监控措施。

1. 金融担保

705 无论使用境外转运方式还是使用境内转关方式，按转运方式监管的所有业务均应提供担保，这是一条普遍适用的原则，目的在于应对“主责任人”的可能不履责。我们会通过研究欧盟转运监管方式的相关规定与国际公路转运监管方式的相关规定之间的区别来说明这一要求的必要性。

（1）在欧盟的转运监管方式框架内，《欧盟海关法典》第94条经过欧盟委员会第955/1999号条例①修改后，规定担保只需涵盖关税及进口环节税，而无须再包括可能会处以的罚款；担保可以是逐笔的，也可以是涵盖若干笔业务的批量担保，长期开展转运业务的人可以提供此类担保。作为更严厉地应对实践中发现的风险的信号，逐笔担保的金额应按货物在启运的成员国家运输时适用的最高关税税率计算（《实施细则》第345条1规定）。所以，没有专门考虑可能适用的优惠税率。此外，如果货物被认为是瞒骗易发并且被列入《实施细则》附件44quater的清单中，作为计算依据的税率不得低于该附件规定的税率。对于批量担保（《实施细则》第372条规定），担保金额定在能涵盖至少一个星期的关税及其他税的最高税率，被称为“基准担保金额”，提供的担保金额原则上不能低于这个金额。相反，海关当局在某些条件下，特别是针对企业，有权大大降低担保水平，甚至同意免予担保。但是，法律规定欧盟委员会有权“作为例外并在特殊情况下”暂时禁止采用总担保方式，这一禁令对于“被发现大量瞒骗的货物”（《欧盟海关法典》第94条规定）也同样适用。此外，我们要指出，过去曾经实行的所谓定额担保，现在被完全取消了。根据《欧盟海关法典》第95条规定，一般情况下，只要符合欧盟委员会规定的条件，航空货物运输、莱茵河及其沿岸的货物运输、河道货物运输，以及由成员国家铁路公司负责的货物运输，可以免予提供担保。

自转运报关单登记之日起12个月的期限期满时，如果货物出发地的业务现场海关没有通知报关单尚未核销，担保人的义务即被解除。如果海关通知转运单证尚未核销，货物出发地的业务现场海关会通知担保人有义务缴纳与所涉及的欧盟转运业务相对应的税款。此类通知应在自转运报关单海关登记之日起3年期限期满之内送达给担保人。如果没有送达，担保人的义务在该期限期满之时自动被解除（《实施细则》第450条quater规定）。

（2）在国际公路转运（国际公路运输公约）② 监管方式框架内中，在每个加入该公约的国家，担保是由被指定的协会来提供，这些协会与其他国家对应的协会共同并连带地承诺，如果因为在某个所过境的关境内发生违规或者由于TIR手册全部或部分没有核销应缴纳关税及其他税时，协会负责在一定的限额内缴纳所有税款。这些协会自己组建了一个国

---

① 1999年4月13日，参见13 avril 1999，*JOCE* L 119，7 mai 1999。

② 参见本书723。

际性的保证金池。但是，由于执行这些原则会带来许多困难，欧盟已经彻底地修改了这方面的规定，以便更有效地维护欧盟的财政利益[①]。

2. 监控措施

（1）一般原则

706 为了避免不太自律的运输人的冲动，法律规定了一些实际的监控措施。所以，《实施细则》规定，按欧盟转运方式监管的货物必须在规定的期限运到抵运地的业务现场海关（《实施细则》第356条规定），而且必须沿着“经济上合理的”的路线运到，出发地的业务现场海关应当将其中某些路线确定为“规定路线”（《实施细则》第355条规定），除非主责任人采取能使海关当局在任何时间都能确定货物所在地点的措施（《实施细则》第387条规定）。同样，对运输工具或货物进行加封的措施也作为一项原则要求（《实施细则》第357条1规定）。此外，如果其他辨认措施能够“很容易地辨认出货物的数量和性质”，可以免予采取加封措施（《实施细则》第337条4规定）。

国际公路运输监管方式的相关规定更严格。首先，公路运输车辆必须经海关当局认可以保证在运输途中不会发生任何货物被转移走或被调包的问题。其次，如果因为不可抗力的原因运输需要绕开规定路线时，必须“立即”向货物当时所处的成员国家的最近一处海关呈验货物（《实施细则》第457条ter2规定）。最后，对封条破损、交通事故及因此可能发生的必要的转换运输工具等情况都有不同的法律做出了规定（《实施细则》第360条规定）。但是，欧盟内部取消边界监管后，使按国际公路运输方式监管的货物仅仅在跨越欧盟关境的外部边界时才出示“经过通知”（《实施细则》第359条规定）。

（2）应受某些限制的货物

707 根据《实施细则》第912条bis至第912条octies规定，对其海关准许的使用去向或其使用应受海关监管的货物，必须加强监控。此类货物接受规定的使用去向或海关准许的使用去向的状态应当通过出示一份称之为“T5监管联”的单证来证明，该单证由利益关系人负责填制（可能会被要求提供担保）并由货物出发地的业务现场海关签证。该单证会随这些货物流动。法律为此规定了各种监管措施，如在货物被运抵抵运地的现场海关时，抵运地海关会对此类单证进行审查后寄回出发地的业务现场海关，相当于该笔转运业务的合规证明。这些单证经由出发地海关签证后，伴随货物流动直到抵运地海关并且寄回作为转运业务的合规证明。

（二）信息化的转运监管方式的新系统

708 在不违背转运监管方式所基于的原则的基础上，欧盟正在逐步建立一套信息自动处理的程序，以更有效地管理转运监管方式的运作。这套自动处理程序被命名为“信息化转运监管新系统”，它与迄今为止建立在多份纸质单证的填制和流转基础之上的程序相比，具有很多创新。因此，电子手段的新的沟通方式得以应用，改革的推动者认为，“通过风险分析自动化来达到减轻程序管理的负担，管理回路的合理化，以及改善海关监管的目的。[②]”主管改革的当局把转运监管方式的申报核销的提速和可靠性、担保水平的降低，以及因此而来的欧盟企业的竞争力的提高作为首要目标，将其作为改革的预期优越性。同

---

① 参见：Règlement n° 881/2003 de la Commission du 21 mai 2003。该条例修改了《实施细则》第451条至第457条ter规定。

② 参见：DA, n° 03-045 du 1er juill. 2003, BOD n° 6580 du 13 août 2003, p. 6。

样，不间断地实时访问涉及货物情况的信息，对于欧盟的财政利益而言，应当有利于提高转运监管方式的法律和财政的确定性。

这套信息系统的基本特征概括起来有三个方面：首先，这套系统是建立在传统程序中所使用的大部分手续无纸化基础上的，因此，报关单本身，加上货物随附的单证，以及“经过通知”，都实现了无纸化；其次就是随之而来的有关管理部门之间的纸质单证的传递被一套电子报文所取代；最后，依靠自动控制程序，这套系统还可以确保货物如期到达抵运地海关而且使核销手续更加快捷。

在法律方面，有必要对《实施细则》在标题“适用于海关当局之间使用信息技术及信息网络交换转运相关信息的补充规定”之下所列的各项措施带来的革新中的某些部分做出界定①。

第二节　转运监管方式的主要运行模式

709 我们可以根据规范转运监管方式的法律规定将转运监管方式分为两大类，一类是属于欧盟法律范畴的转运监管方式，另一类是由国际协定产生的转运监管方式。

一、属于欧盟法律范畴的转运监管方式

710 从严格意义上讲，属于欧盟法律范畴的转运监管方式仅有一项，我们称之为“欧盟转运监管方式”。该项监管方式创立于 1969 年的一项条例，时值欧共体首批成员国家之间的关税联盟刚刚建立，它最初通过建立一套旨在消除成员国家之间的边界并在各业务现场海关之间建立直接关系的制度，以最大限度地放宽共同体内部贸易往来中直至当时所受到的海关限制。自单一市场生效以来，欧盟转运监管方式的相关法规经过多次旨在满足欧盟当局最初设定的目标的修改，已经发生了根本的变化，一劳永逸地取消了内部边界的海关监管，使欧盟转运监管方式承担起新的使命。

711 与传统的转运监管方式相反，欧盟转运监管方式架构具有灵活性，不同的使用人和不同的运输方式可以适用不同的规定。确实，欧盟转运监管方式除了最初规定的统一的一般机制外，现在逐步增加了一些简便程序，这些简便程序在许多方面与欧盟转运监管方式的基本原则背道而驰。所以，为了更详尽地阐述并且为了更突出欧盟转运监管方式的机制独特性，我们必须区分“普通欧盟转运监管方式”和“简便程序的欧盟转运监管方式”这两类监管方式的运作机制。

（一）普通欧盟转运监管方式

712 2005 年 5 月 23 日，欧盟理事会第 837/2005 号条例②确定了强制性应用信息手段的原则，并据此修改了相关规定。然而，此项条例还规定，如果海关当局或从业人的信息系统无法运行，以及如果旅客携带的货物无法直接进入海关信息系统，海关当局应接受纸质报关单。

一般情况下，经济从业人一旦在本国的数据库中备案，就必须通过电子报文报送他的

---

① 《实施细则》第 367 条至第 371 条规定。

② 参见：*JOUE* L 139，2 juin 2005。

按转运方式监管的报关单，此类报关单所申报的货物被海关选择进行查验或者可直接放行[①]。途经地海关[②]和抵运地海关都会收到一份与制发货物纸质随行单证同时发送的电子报文，这一做法构成了对转运运输监管方式的传统运作机制的唯一的放宽。从此，运输人便可以免予递交“途经通知”[③]。抵运地海关接到“运抵通知”后，根据自动处理的报关单，决定查验货物或放行货物并且将处理结果通知出发地海关，出发地海关一旦收到抵运地海关的信息即对该笔转运业务予以核销。

713 货物在运输过程中的装卸或者转换运输工具，必须在装卸或转换作业地点所在的成员国家的海关监管下进行。如果加封被毁坏，海关应制作调查笔录。

如果有必要，成员国家的海关当局可互相通报按欧盟转运监管方式监管的运输及其可能的不合规和违法有关的监管记录、单证、报告、笔录和情报[④]。

（二）简便程序的欧盟转运监管方式

1. 适用于某些使用人的简便手续

714 为了在不因此否认对货物流动的有效监管的必要性的同时向企业提供更多的便利，《实施细则》（第 398 条至第 404 条规定）规定准许转运监管方式的某些使用人（称为“经认证的发运人”）可以不向出发地海关呈验按欧盟转运方式监管的货物，也无须递交报关单[⑤]。此类便利是专门为长期发运货物并提供总担保的企业提供的，海关可以通过对企业账册的监管来监管它们的转运业务，该项便利和一套包含有出发地海关在货物发运之日发来的情况的信息化程序配套起来运作，从而为海关提供了在货物启动之前就进行监管的可能性。发货人可以自己采用海关当局专门认可的封模对货物进行加封。海关准许他们使用事先已加盖了启动地海关印章和该海关主管执法人员的签名的欧盟转运单证。他们也可以使用自己加盖专用章的转运单证或者使用载有事先印刷的专用章的转运单证[⑥]。

对于“经认证的收货人”也有一些精神相同的规定，但根据收货人的情况进行了调整[⑦]。实际上，收货人可以不向抵运地海关呈验他们的货物，抵运地海关只需在规定期限内被告知货物已经运抵收货人处即可，海关必要时才进行核查。经海关批准，经认证的收货人可以在没有海关干预的情况下处置货物，只需在发生超量、短少、调包或诸如加封被

---

① 出发地海关有权对货物的运输规定路线。运输人只有遇到不可抗情况才能驶离该规定路线。原则上，货物按转运方式监管时，必须对经认证的运输工具空间加封，而且在其他情况下要对货件加封。但法律规定出发地海关在某些情况下有权不要求加封。

② 一方面，我们把货件从某个成员国家与某个第三国的边境离开欧盟关境时的海关称为出境海关，另一方面，我们把货物在欧盟转运业务中借经某个第三国关境进入欧盟关境的海关称为进境海关。

③ 方便途经地海关用于在该笔转运没有核销情况下确定货物失联所在的关境。

④ 对货件没有向抵运地海关呈验的处理规定非常复杂。有的是用来确定发生违法的地点所在的成员国家的，有的是对不合规进行取证的（参见《实施细则》第 365 条及第 366 条规定）。可以认为，欧盟当局可能会告知在境外转运监管方式中有可能会发生违法，但欧盟法规定欧盟当局有通知因为此项瞒骗可能会成为关税纳税人的主责任人的义务，即使利益相关人的行为没有主观故意（参见 CJCE, 7 sept. 1999, De *Haan Beheer BV*, aff. C-61/98, Rec. p. I-5003）。

⑤ 关于海关拒绝给予这种身份的情况，请参见：CJCE, 15 janvier 1998, aff. C-292/96, *Göritz Intransco International GmbH*, Rec. p. I-165; Douanes 2000, 1998, n° 14, p. 6, obs. Berr。

⑥ 海关信息化规定的生效自然会要求更改这些方法。

⑦ 参见《实施细则》第 406 条至第 408 条 bis 规定。

毁坏等其他不合规情况下才需要立即向海关报告，而且他们必须立即将与货物随行的欧盟转运单证的有关联寄送到海关，并注明运抵日期和加封的状况。

2. 简化程序的铁道运输转运监管方式

715 欧盟的简化某些运输方式的海关手续的首批工作集中在铁道运输这个长期以来在转运的海关监管方面受到特殊照顾的领域，原因主要在于铁道运输人的资质或国际运输合同的性质所具有的特殊保险性。在铁道运输转运监管方式项下，可以直接使用铁道运输单证（CIM 及速递运单）作为欧盟转运单证。海关对铁道运输转运的监管规定，比一般的规定宽松许多，基本上以铁道运输企业的账册为依据。

我们还要提到类似的关于集装箱铁道运输的监管规定（《实施细则》第 426 条规定）。

3. 对某些运输方式的特殊规定

（1）航空运输

716 在欧盟机场进行的货物装机、转机或卸机，必须按欧盟转运监管方式监管（《实施细则》第 444 条规定等）。尽管在此方面的惯例可以自然地适用，但航空公司仍可享受基于使用空运舱单作为转运单证及免予担保的简化程序。有的航空运输企业建立了可以在各停靠机场之间互换信息的能保证货运管理及追踪的信息系统，此类企业便可以向海关申请享受转运监管方式的简化程序，只要海关能确保电子传输的信息是准确的。

（2）远洋运输

717 考虑到远洋运输的特殊性，欧盟委员会在《实施细则》中引入的一些建立在经批准的固定航线与非固定航线之间的区别的特别规定（《实施细则》第 31 条 bis 规定等）。按照与空运转运监管方式相近的精神，海运企业可以使用舱单作为运输单证，享受一套宽松的、简便的程序（《实施细则》第 447 条及第 448 条规定）。

（3）水路运输

718 经由河道水系运输的货物，一旦进入欧盟关境或者一旦进入河道水系（指已经在欧盟关境境内的货物），就属于按欧盟转运方式监管的货物，无须另办理任何海关手续。转运运输监管方式的主责任人应当是启动地点所在成员国家的某个居住民。海关对水路运输的监管主要通过核查所涉及的运输企业的账册来实现。

4. 各种简便程序

719 根据《欧盟海关法典》第 97 条 2 规定，成员国家有权在它们之间通过双边或多边安排对某些运输业务或指定企业适用的简便程序，但这些程序必须符合必要性的标准。但是，目前的法规规定，在某些情况下，如果这些简化程序与欧盟转运监管方式的运作及公平对待经济从业人的要求相抵触（如 1999 年 4 月 13 日第 955/1999 号条例所引用的立法动机），应报欧盟委员会审查。

这种可能性主要涉及只与两个成员国家有关系而且其特殊性可以证明建立灵活的转运监管方式的运作机制的合理性（例如同属于一家企业但位于两个不同成员国家的工厂之间的货物运输，以及按批量监管措施监管的货物运输）的货物流动。

720 同样，每个成员国家都有权对仅在其境内流动的货物采用简便监管程序。在法国，此类简便程序根据情况不同分别适用“简便的欧盟转运”监管方式或“所在地集中简便欧盟转运”监管方式，“定点集中简便欧盟转运”监管方式是由海关的行政决定规定的，主要目的在于把所有海关手续集中在离货物抵运地最近的业务现场海关办理。

二、国际协定产生的转运监管方式

721 许多国际协定都致力于方便按保税方式监管的货物的流动。其中有签订于 1924 年 10 月 23 日的《伯尔尼公约》，该公约创立了国际铁路转运监管方式（TIF），但自 1994 年以来已经与欧盟没有干系了；还有的国际协定仅涉及某些贸易或适用某些特殊需要。我们将此类国际协定归入《暂时进境手册》（ATA）[①] 监管方式，《暂时进境手册》的基本使命是准许暂时进境和指定材料或货物的复进口，手册使用作为一项配套措施。

我们要很简要地提到北大西洋公约缔约国家之间的条约，在这个条约框架下有一种“北大西洋公约单证”或“302 单证”，该条约于 1951 年 6 月 19 日在英国伦敦签署[②]，用于北大西洋条约的军队货物可以使用这两种单证在欧盟境内运输。

至于莱茵河航行中央委员会 1963 年 11 月 22 日通过的“莱茵河载货清单”名下的单证，是根据 1968 年 10 月 17 日曼海姆公约规定启用的，目的在于方便在莱茵河或签约国家境内类似水道上航行的装载货物的船舶穿越这些水路时无须装卸货物一次[③]。

应当更深入地研究“共同转运监管方式”，因为该监管方式比较重要，也因为它是一种国际公路转运监管方式。

（一）共同转运监管方式

722 由于需要把欧盟转运监管方式的便利扩大到欧盟与欧自贸国家[④]，以及后来与维谢格拉德集团[⑤]国家（匈牙利、波兰、捷克斯洛伐克共和国）之间的货物往来[⑥]，于是制定了一套称之为“共同转运”的监管方式，共同转运监管方式吸收了欧盟转运监管方式中的很多原则和机制。

共同转运监管方式虽然设计目标在于方便欧盟伙伴国家之间的货物流动，但它并不是一个法定的监管方式，经济从业人可能更偏向选择国际公路运输手册[⑦]。

相对于欧盟转运监管方式，共同转运监管方式更为严格。一是共同转运监管方式项下使用人不能享受免予担保的便利措施。二是共同转运监管方式不适用远洋固定航线转运[⑧]。三是缔约国家之间仍需要办理“途经通知”的手续。

---

① 参见本书 569 及其脚注。

② 参见《欧盟海关法典》第 91 条 2e 规定和《实施细则》第 462 条规定。

③ 参见《欧盟海关法典》第 81 条 2d 规定。

④ 参见：Convention du 20 mai 1987, approuvée par une décision du Conseil du 15 juin 1987, *JOCE* L 226, 13 août 1987。

⑤ 维谢格拉德集团，又称维谢格拉德集团四国，是由中欧的四国组成的一个跨国组织。匈牙利、波兰和捷克斯洛伐克三国为加强彼此间合作，于 1991 年 2 月 15 日在匈牙利的维谢格拉德城堡举行会议，三国总统和总理商讨了三国面临的形势，决定在取消华约和经互会组织方面密切合作，在建立多党议会制和向市场经济过渡方面相互交流经验，在加入欧共体方面协调行动，加强彼此间合作，商定成立区域合作组织，并发表声明。1992 年 12 月捷克和斯洛伐克分别独立后，该集团成员国由三个变为四个。——译者注

⑥ 与集团的协定之间的转运监管方式于 1996 年 7 月 1 日生效。自这些国家加入欧盟以来，维谢格拉德集团国家的概念已失去意义。但我们会注意到，罗马尼亚自 2006 年 1 月 1 日起加入了共同转运制度中。

⑦ 参见本书 723。

⑧ 参见本书 717。

共同转运监管方式被它的推动者们认为已经“被国际性犯罪组织违法利用于公路运输的敏感货物特别是重税货物（香烟、酒、肉、奶粉、糖，等等）①”，因此，欧盟—欧自贸混合委员会②做出一项决定，使现行的共同转运监管方式符合信息化和更有效的监管的要求是该决定的除其他内容以外的主要内容。

（二）国际公路转运监管方式

723 国际公路转运监管方式源自1959年1月15日在日内瓦签署并于1975年11月14日修订的一项国际公约，涉及包括欧盟成员国家在内的60多个国家。该公约专门适用于借经数个签约国家的领土而且不中止监管方式的国际公路运输。按国际公路转运方式监管的运输持有一种名为“国际公路运输手册”的专用单证，该手册由国际公路运输人联盟（IRU）印制，向各国有关管理部门授权的本国协会发放。国际公路运输手册一式多联，包括货物的运抵报告并注明有运输人应做出的承诺，以及罚则③。

公路运输货物穿越签约国家的边界时，只需把手册的一联交给出境海关，另一联交给入境海关，便可以解除在出境国家相应的承诺并使该承诺在入境国家生效。根据《实施细则》第451条规定，欧盟在此方面被视为是一个国家，除借道第三国转运的情况外，欧盟内部边界的所有监管和手续均予以取消。

724 按国际铁路运输方式监管的运输，首先，应使用符合某些能保证在途中不发生飞货或调包的技术标准和能够整车加封的铁路运输列车。其次，任何申领国际铁路运输手册的企业及列车应经海关当局认证。最后，这些列车必须配有专门的标牌。

尽管采取了这些防范措施，但国际铁路运输监管方式仍无法完全防范不同的漏洞：不断出现的走私新流向（特别是与前东欧国家之间的），前东欧国家的部分海关当局的宽容和疏忽，某些管理机关趋向于把本国协会看做是真正的保险，以及追究主纳税人纳税责任的措施不力，等等。欧盟当局并没有置疑维持国际铁路运输监管方式的需要，但对该监管方式的运行缺陷感到担忧，因此正在努力寻找有效措施，提倡借助信息传输技术的发展在各国海关之间实现更紧密的合作④。

第二章　运输工具监管方式

725~735 （原书已删除，参见本书569-1等。）

---

① 引自：Résolution de la Commission mixte CE-AELE《transit commun》du 2 décembre 1999, *JOCE* C 42, 15 février 2000。

② 参见：Décision n° 1/2001 du 7 juin 2001, *JOCE* n° L 165, 21 juin 2001。

③ 欧盟关于TIR的规定见《实施细则》第451条等规定。

④ 但是，从此可以向守法的“经认证的收货人”提供便利（参见Règl. n° 883/2005 de la Commission du 10 juin 2005, *JOUE* L 148, 11 juin 2005）。另外，也放松了某些涉及按该监管方式监管的手续（参见DA n° 06-014, BOD n° 6666, 8 févr. 2006），对于违法地点或不合规的发生地点问题，请参见CJCE, 23 sept. 2003, aff. C-78/01, *Bundesverband Güterkraftverkehr und Logistik eV (BGL) et Hauptzollamt Friedrichshafen*）。

第四部分

海关诉讼法

CUSTOMS

CUSTOMS

LAW

第一章　海关诉讼制度概述

736 我们可以从一些重要的立法变化中看到海关诉讼制度的演变过程。[①] 这些立法改革对海关诉讼制度产生的影响，就是动摇了它传统的特殊性地位。事实上，这些立法改革并不是专门针对海关争议而做，它主要是针对公共财税法领域诉讼制度的一些普遍性规则，并且也只是对一些非主要内容所进行的小修订；另外，刑法和刑事诉讼法进行修订后，通过一些司法判例也可能对海关诉讼制度产生影响；最后，还必须考虑的因素是，如果海关诉讼制度偏离欧盟确定的制度框架[②]，欧盟法律自然会对法国司法判例施以压力。

立法演进对海关法所产生的最切实的影响，就是让海关诉讼制度中的特殊内容逐渐消失，最明显的内容就是长期以来海关对司法机关持不信任态度。一系列“法官不得”等具有对抗性的条款，是特定时代明显体现海关法特点的内容。最早时期（1977 年）的法律关于法官“对处罚决定予以修改”和“予以减轻情形下达成诉辩交易”的权力，在 1987 年《法国海关法典》第 369 条中予以取消。根据早期法律规定，法官们无权对主观上有过错的违法行为人减轻处罚，但对这些应受到裁判的人来说，他们却可能在海关法领域寻求获得减轻处罚的方式，即通过适用海关法领域中以“改善公民与海关关系”政策，引导所出台的规则[③]。

737 海关诉讼和普通财税诉讼间的正式关联，也不能减少两者间的差异。在这个领域，即使两者具有相似点，但因受自身属性的限制，即基于一般行政和特别行政这两种形式所带来的本身属性的限制，自然地阻止了两者间的融合。

从犯罪学角度来比较，海关瞒骗与财税瞒骗有以下几点不同[④]：首先，也是最基本的区别，是两者涉及商品流向的环节不同，前者针对正在通关的商品，后者针对已经跨越边境的商品；其次，关键区别点在于对价值的看待，它是被看做财政收入还是价值的增值[⑤]。最后，海关瞒骗通常都需要借助一些具体方式（例如利用汽车、船舶、航空器），这让海关瞒骗行为与一些普通违法行为（比如运输麻醉品）的特征相近，但这类行为往往是通过

---

① 1977 年 12 月 29 日第 77-1453 号法律（JORF1977 年 12 月 30 日，第 6279 页）；（1987 年 7 月 8 日 n°87-502 号法律《JORF1987 年 7 月 9 日，第 7470 页）。基于这次改革的整体，cf C. -J. Berr 和 G. Vignal，与海关诉讼相关的改革 Rev. fr. fin. publ. 1987（1986 -1987），JCP 版，E. 1988，15126。-J. Molinier，海关与财税程序法的改革（第一和第二部分），第 147 和 197 页。财政部长。1987 年，第 147 和 197 页。如果 1977 年的法律（1977），从其名称来看，主要目的是“赋予海关与财税领域程序上的保障，1987 年的文本载有各项实质性条款，主要是对违法行为进行了分类，以及一一对应的处罚，以及赋予法官就轻罪犯人的主观上无恶意进行裁量的权力作出规定。

② P. Ravillard, La répression des infractions douanières dans le cadre du grand marché intérieur, Joly, 1992。（内部市场视角下违反海关法行为的惩罚制度）

③ 在这一标题下，1986 年设立的一个委员会提出了一份报告，该报告直接引发了形成 1987 年 7 月 8 日法律的法律草案的产生。

④ 参见：Cf. W. Jeandidier, Droit pénal des affaires, Précis Dalloz, 6e éd. 2005, n° 163 et s。

⑤ 这就是为什么，虽然票据欺诈（与国际贸易活动相关）行为，从多方面来看与海关瞒骗具有相似性，但本质的区别，还是来自惩罚制度的效力，这个保存着其制度的起源。

伪装或者采用财税瞒骗中最具特征的伪造文件的方式来完成。在这种情形下，必须承认，追查海关走私瞒骗行为，有时很难跟财税领域实施的行为进行区分，不过前者往往需要有对走私者进行直接干预的具体方式和阻止违法行为的技术手段，但在财税领域，往往没有采取直接干预的空间。

这也可以解释，针对“应当给予面对行政机关的公民一个相对应的保障”的想法，它所获得的回应更多可能是基于政治考虑而非司法要求使然。

在财税法领域，这种保障的存在总是与公民被征税的事实相连，确保他们被赋予了相对应的权利保障条款。但在海关法领域，这类概念并没有必然空间，关税和一些禁止性条款的确定，并不以国际贸易经营者的诉求为考虑对象，它们的渊源往往是来自国会规定的直接通过①。

实际上，如果违反海关法的行为人或者嫌疑人，跟其他法律主体一样，应当享有基本的和程序上的保障，那就不应只是参考而是应当受到税法规则的约束，同时还必须考虑关涉公众自由的共同法、刑法和刑事诉讼法确定的原则。此外，如果说直到今天，海关诉讼制度总会有一些超出共同法的特性，是因为它们一直受到自大革命时期以来的共同法演进的庇护，从源头上讲，它们反映了这种现象。在大革命前夕，海关法领域的惩罚制度并不严厉或者也不比一般意义上的刑法表现更为过度。这个差距是逐渐产生的，如果海关法典中一些条款表现出来的严厉性在近期依旧显得过于突出，那就远不是用时代原因所能解释的了。

无论是新的《刑法典》② 还是《刑事诉讼法》的修改③，都没有直接触及海关诉讼制度，除极个别的少数情形④。但是，我们必须注意的是，由于缺乏具体影响的条款，海关刑法法律中的惯例仍然不可避免地存在。如果这是一项特别的法律，它可以要求独立于普通法规则（比如说对个人采取海关扣留措施与拘留就有所不同），它不能规避针对惩罚性条款的基本原则适用进行立法修订所带来的影响。然而，人们有时不得不承认，这种法律冲突的解决方式有时显得微妙，集中体现在刑事法庭对法理政策的运用上。考虑到某些改革的新奇性（例如废除减轻或承认法人刑事责任的情况⑤），针对许多问题的讨论仍在继续或某些不确定性已有了替代的解决方案，毫无疑问它们可能受到批评，但却是经过考验的⑥。出于回应企业的需求，2004 年海关在其网站上公布了一本有关救济和和解途径的指南，用他自己的术语来表达就是“对海关追究违法行为不服的情况下，让人们获得最完整

---

① 参见本书 129。

② 参见本书 736。

③ 参见本书 736。

④ 《法国海关法典》第 58、251 和 432 条 bis。

⑤ 参见本书 960。

⑥ 参见：F. Urbino-Soulier, L'évolution de la jurisprudence de la Chambre criminelle de la Cour de cassation sur l'application des dispositions répressives du Code des douanes, Gaz. Pal. 1987, 1, doctr. 450. A（海关法典惩罚性条款适用在终审法院刑事判决中的法理发展）。目前，我们只能注意到判例法对维持传统解决办法的普遍依赖，海关法依旧被认为不可避免地与一般刑法相违背。这也因此就是刑事法庭确认 1992 年 12 月 16 日法律的第 322 条（该条取消了刑法领域对罚金提出要求加刑的上诉）不能适用于财税罚款和没收，按照瞒骗商品价值的适当比例予以处罚，它具有民事赔偿和刑事处罚的双重属性。以上法律的第 323 条没有对海关法典第 369 条第 1 段做任何修改（Cass. crim. 24 oct. 1996, Bull. crim., n° 373, p. 1092）. Cf. égal. 29 mai 1997, Bull. crim., n° 213, p. 697）。

的外部权利救济的专业信息”。然而，这个文件所包含着对相对人损益性的内容，它也隐含着一种指示性价值，反映出海关态度上的某些转变，特别是得益于财政部的司法特派员的调解作用，为解决海关争端寻求到一种新的可能性开辟了道路。在此，对经营者通过其他法定途径提起诉讼，并且该诉求已证实，针对提起诉讼的人所提到的情形已得到公平的对待，那么海关行政机关没有义务去履行该建议。

738 《欧盟海关法典》文本中并没有关于处理海关诉讼的内容。但是，值得注意的是，共同体法对国内诉讼制度产生决定性的影响。[①] 当今很多最新概念都是从共同体法规则中派生出来的，在这种背景下，诉讼中就经常出现一些仅靠适用本国法无法正确处理的问题。对此，我们可以确定的是，从纯技术的视角来看，《欧盟海关法典》没有对争端解决和对违法行为进行追诉的规则做任何规定。确实，在这方面，欧盟法律让成员国自己直接适用本国海关法，由海关当局和司法机关来处理和惩治违反特别规定的行为。但是，我们也不能忽视欧盟法律制度对各国刑事法律制度的影响[②]。罪刑法定原则越来越要求各成员国法官参照共同体法来解释和适用被告所触犯的法律的条文含义和适用范围。如果不研究共同体法中有关海关估价的定义，用什么来判断伪报价格行为的构成呢？这样的问题今天已经被法国的法官们很好地解决，当国内诉讼纠纷解决需要对共同体法条款内容做出解释才能得以裁决时，他们会毫不犹豫地运用《欧盟海关法典》第 234 条（先前条款是第 177 条）规定的程序，向欧洲法院提出对该条款做出先例解释。在很多情况下，正是这种解释成为解决国内海关诉讼争议的方式。当然，进行司法解释并非是海关法所独有的，因此在这里也不做过多的研究。[③] 但是，我们会经常提到它。

739 从最广义的角度理解，海关诉讼包含了所有由海关作为一方当事人的诉讼。但是显然这种定义可以说明海关在诉讼程序中的角色，但却不能把海关诉讼的特点清晰地表述出来。因此，从狭义的概念上，我们将讲到的海关诉讼，就是与所有行政争议的发生、诉讼和裁决相关的，以海关法的适用和解释为目的的活动。

反过来说，我们将考察的诉讼争议不包括海关仅仅是作为一个普通的私法上的主体而介入的诉讼（如不动产诉讼、履约诉讼等），和他们仅仅是作为普通公权力主体而参加的诉讼（如公共设施的赔偿之诉，官员对与他们身份相关的行政决定不服提起的申诉等）。同样，如果是由于海关任务的多样性，海关介入到某些普通税的诉讼程序（如增值税诉讼）或在海事法领域（具有法国籍船舶的诉讼案件），我们也不会在海关诉讼案件前，讨论从外国立法到海关法的规则适用问题。不过，我们也不能无视真正的海关诉讼和其他海关可能卷入的诉讼之间划出一条明确界限的困难。某些诉讼同时涉及海关法的专门规定和非海关法的条款内容和原则。这就得由审理案件的法官来考虑案件的各个方面，由他来选择适用海关法的规定还是该事项本身应适用的其他规定。但是这里提出一个对该事务的整体定性的问题，以确定司法管辖。还有在海关诉讼领域的管辖原则体现出比较严格的特征，所以除了要看清海关诉讼特殊性的构成要素，我们最终还要考察追究行政机关民事责

---

① 参见：C. -J. Berr, Les litiges douaniers et des changes：solutions nationales ou communautaires，《关税和外汇争端：共同体或成员国解决路径》Rev. fr. fin. pub. 1983，3，p. 237。在此，人们考虑在确认海关领域适用的一些基本原则范畴内，确立欧洲人权法院扮演的重要角色。

② 参见：Encycl. Dalloz communautaire，V° Droit pénal。

③ 参见：Encycl. Dalloz communautaire，V° Interprétation。

任的特别条款。

第一节　海关诉讼的管辖

一、管辖权能的分配

（一）行政与司法管辖权限的分配原则[①]

740 对海关事务以合理事由来确定司法管辖问题，海关法有三个条款分别规定了违警罪法庭、轻罪初审法庭和初审法庭的管辖权。如果前两者主要是受理违反海关法行为的案件，初审法庭则主要是受理“涉及支付税款、保证金和经海关及其他不列入司法裁决的海关事务重新计算所涉及的各类退税事由引起的争议”。后面这个条款内容通常就意味着海关行政诉讼总体不归属于行政法院管辖。这与间接税争议归属司法法院的立法偏好是一致的，这个只能说是基于历史原因形成的：征税总是不受到欢迎，因此当时做出变革的法官们就考虑采取一种具有安抚性质的救济模式，把相关争议交给司法法院管辖（在那个年代法官是经选举产生）。现在，海关争端的微妙分布是一个令人担忧的问题，它并不总是容易证明的，而且确实更是助长了应受裁决的人对税收问题的模糊认识。

不管怎样，为了确认海关争议到底应适用哪种司法程序之下，有必要进一步明确它的法律属性和宗旨进一步明确。

1. 争议的性质

741 根据《法国海关法典》第 357 条 bis 内容，只有与海关行使其特定职能相关的事务，才构成海关事务。这种限定，就引起有时候在一些海关事务诉讼中，有一些海关为辅助其他行政机关而采取的一些行为应当如何定性的问题。根据立法者所表达的意愿，其性质还是应当视为海关事务。在这种情形下采取吸收原则，例如，涉及的与外国人有关的金融立法问题。这些相近的性质涉及的就是权能规则。

这就是，如果相关争议涉及税款支付、保证金或者与《法国海关法典》第 357 条 bis 规定事项相关的事由，例如由海关作出征收税款所引起的退费问题，这些都毫无疑问，属于海关事务。因此，一般意义上海关事务的概念，并不是仅限于海关征税本身，还包含了与各种税费征收相关的海关行为。

742 以该定义作为判断标准，因外汇交易中的行为[②]、对拒绝退还海关领域相关税款的决定[③]、对相对人认为的违法征收行为[④]，以及对海关调解及鉴定委员会作出决定

---

① C. -J. Berr, Dualité de juridictions et unité du droit douanier, Rev. fr. dr. adm. 1990, n° 5, p. 156。(司法的双轨制和海关法的统一)

② 参见最高行政法院判例：Cons. d'état 28 mars 1952 (3 espèces), Doc. cont. , n° 1000 – 11 juillet 1952, Société des Ateliers de la Guerche, D. 1953, Somm. 3。

③ 参见最高行政法院判例：Cons. d'état 3 décembre 1952, Doc. cont. , n° 1022. –Comp. 12 novembre 1958, Doc. cont. , n° 1250。

④ 参见最高行政法院判例：Cons. d'état 28 juillet 1952, Doc. cont. , n° 1014. –Cf. 14 décembre 1945, Société coopérative agricole de Rouen, Lebon, p. 192 et concl. du Commissaire du gou-vernement Lefas。

等不服而提起复议[①]，这些事项的法律救济属于司法裁决权的权能。同样，因海关拍卖而引起对某个特定售卖行为不合规定提出的申诉，而此产生争议的商品往往是司法鉴定程序的目标[②]，以及因对海关扣押物品所做笔录的合法性提出质疑的，都按该标准来进行判断。[③]

同样，该判断标准，也同样适用于基于对监管动物活体而提出的申请，因海关诉讼中的扣押行为所引起的监管费用的支付[④]，以及从更宽泛意义上，因海关扣押物品的灭失或毁损而引起的诉讼，这些都属于司法管辖范畴。[⑤]

743 相反，有关行政裁判权的管辖范围就限定以下类型的事务中，例如因海关对商品采取“海关技术”类监控，导致放行缓慢，进口商希望通过一个行政司法裁决对其处于海关监管下的商品先解除监管的情形[⑥]；该解决方法也常被推荐适用于以下情形，对于新汽车临时进口，当事人须向海关申请汽车特许证的情形下，当相关文本发生变化需要解释时，可以申请行政裁判，当然，这种情形下，往往不涉及任何应向海关缴纳税款的问题。[⑦]

2. 诉讼宗旨

744 原则上，属于司法管辖职能范围的相关诉讼，首先要考虑的是划分诉讼管辖的一般性规则[⑧]，但这些规则与《法国海关法典》第357条bis的内容可能会有相互影响。[⑨]

（1）对行政行为合法性审查的诉讼

745 对解决行政行为合法性问题提起诉讼[⑩]，一般是认为司法裁判所对个别行为合法性[⑪]

---

① 参见最高行政法院判例：Cons. d'état 6 mai 1977, Doc. cont., n° 1635。

② 参见行政法庭判例：Trib. adm. Paris 10 juillet 1975, Doc. cont., n° 1612。

③ 参见一审裁判：Trib. inst. Bordeaux 9 octobre 1984, D. 1985, 67, note Lamarque。

④ 参见终审法院判例：Cass. com. 21 février 1995, D. 1995, IR, 82。

⑤ 参见最高行政法院判例：Cons. d'état 5 octobre 1955, Doc. cont., n° 1136. –Trib. confl. 27 février 1995, D. 1995, IR, 102。

⑥ 参见权限争议法庭裁决：Trib. confl. 24 avril 1978, D. 1979. 106, note C. –J. Berr. – Comp. 28 mai 1979, D. 1979. 620, note B. Castagnède。

⑦ Trib. confl. 15 janvier 1990, D. 1991, Somm. 138, obs. F. LLorens et P. Soler – Couteaux, et 174, obs. J. Pannier。(权限争议法庭判例)

⑧ 说真的，来自历史原因在很大程度上已确定了司法法院就海关领域案件的管辖原则，到今天可以重新作为问题提出来。然而，人们不能忽略的是，从共同体法的角度来看，行政法院的态度长期以来就一直比司法法院的态度要保守得多。在这个问题上的结果是，在一些更为开放或者封闭的领域，初审法院的选择有时候已决定了一些争议的解决途径，在这种争议涉及国家法律和共同法条款间冲突的情形。这就不难理解，为什么一个问题，无法激发任何热情去推动，而继续引发的是相关利益考虑。在行政法院层级体系下，也许可以将这种过于复杂的管辖规则加以厘清。–Cf. C. –J. Berr, *Dualité de juridictions et unité du droit douanier*, préc.。

⑨ 参见：*La dualité de juridiction en France et à l'étranger* (Ouvrage collectif), Rev. fr. dr. adm. 1990, n° 5。(外国和法国双重法院体系)

⑩ 对行政行为的合法性审查不能仅局限于严格意义上的合法性审查，还应当考虑它的合宪性问题。(Circ. d'applica-tion du NC pénal, 14 mai 1993, chap. I, D)。

⑪ 最高行政法院判例：Cons. d'état 26 février 1964, *Fédér. des importateurs de la métallurgie et de la mécanique*, Doc. cont., n° 1458。

及其合乎规定做出裁决没有管辖权[①]。一些重要的分歧主要体现在司法判例中[②]，它也适时地出现在对该种情形加以明晰的国家《刑法典》的编纂中[③]。该法第 111-5 条规定，刑事司法裁判权拥有对行政行为、合规性行为或个别性的行为做出解释的权能，它也有权在刑事程序中，对行政行为的合法性展开审查。这就引致了“刑事诉讼解决”的特别方式，但这种刑事裁判权只有在严格意义上的刑事诉讼裁决中才有地位。如果在刑事领域之外，尤其是在刑事司法需要对纯属财税性质的惩罚问题做裁决的情形下[④]，往往是共同法规则对该问题的解释收回支配权。在海关法领域，行政法院对类似情形做过明确规定，它规定，司法裁判所在对涉及与关税适用相关的个体性的诉讼案件进行受理时，如果是对已生效的行政决定进行执行的案件，它同时可以对该执行案件不存在个体性特征的合法性做出决定。它显示，行政裁判权仅仅是对以上决定持有异议的相关利益方提出滥用职权的行为做出决定。[⑤] 同样，根据滥用权力申诉程序的一般规则，行政法院有权审定这类诉讼的可受理性。因此，除了对海关内部文件的特殊性问题及由海关总署对其官员做出的特定通告，根据行政法院的解释，这类文件中有一部分具有法规的性质。[⑥]

（2）涉及行政机关法律责任的诉讼

746 在涉及海关官员法律责任的诉讼案件中，需要对行政法院与普通法院的管辖权进行划分时，情形变得更为复杂。我们首先必须将海关官员因与公务不相关的过错而导致触犯法律的情况置于一边，假如行政机关的某职员，因源于私人纠纷而与他人发生争吵后犯了杀人罪，该犯罪就不是在履行公务过程中也不是在与公务相关的情形下发生，国家对此不须承担任何责任。[⑦] 对此，行政法院绝对无管辖权。但是，一旦这种过错与公务相关联，那就不能这么快下结论了。依据当前已有的司法判例和主要学说，所有与海关履行税收职能的正常执法行为相关的诉讼案件均由普通法院管辖。[⑧] 因此，当基于会计计算错误，海关要求对该税款涉及的交易加以执行，虽然对当事人来说，该交易项下的货物已完成清关，尽管如此，海关可以向普通法院提出追究后者的法律责任，判决返回因违反海关程序而获取的不当利益。实际上，终审法院也确认过“基于海官关员的原因，所造成的违反海

① 参见权限争议法庭判例：Trib. confl. 5 juillet 1951，*Avranches*，D. 1952. 271，note Blaevoet；S. 1952，3，1，note Auby. - *Adde*：16 novembre 1964，*Clément*，D. 1965，668，note Demichel；JCP 1965，II，14286，note Langavant. Cf. Trib. confl. 22 sept. 2003，n° 3374，inédit。

② 参见：par ex. Crim. 21 décembre 1961，D. 1962，102，rapp. Costa；JCP 1982，II，12680，note Lamarque。

③ J. Pradel，*Droit pénal général*（刑法总论），15e éd.，2004，Cujas. - F. Desportes et F. Le Gunehec，*Droit pénal général*（刑法总论），12e éd. 2005，Economica。

④ 参见本书 893. Comp.，en ce qui concerne la perte de points du permis de conduire，Crim. 6 juillet 1993，Dr. pén. 1993，Comm. n° 259。（跟驾驶执照扣分相关的判例）

⑤ 参见最高行政法院判例 Cons. d'état 28 février 1964，préc。

⑥ 参见最高行政法院判例 Cons. d'état 18 octobre 1967，Doc. cont.，n° 1453. -以外交部函件替代对国际公约的解释的行政判例：Trib. adm. Paris 20 avril 1977，Doc. cont.，n° 1634。（行政法院判例）

⑦ 参见最高行政法院判例：Cons. d'état 23 juin 1954，Doc. cont.，n° 1093。

⑧ 参见：Allix，*op. cit.*，T. 2，p. 236. Trib. Confl. 1er juill. 2002，*Sté Pinault Bretagne et Cie*，Sem. Jur.，éd. E，2002，p. 1273。

关法责任的行为，只要是与税的征收相关的事项，均属普通法院管辖范畴”。[①] 如果是基于非涉税因素的过错而引起的行政机关的责任，则应当适用普通法管辖的规则，也就是说，根据归错因素的属性，来确定是属于普通法院管辖还是行政法院管辖。例如因海关关员在交通事故中引起的行政机关相应法律责任的承担，根据1957年12月31日的法律规定，该事由属普通法院管辖。相反，基于一些跟关税征收不相关的因素引起行政机关法律责任的案件，则应呈交到行政法院，例如海关遗失其监管的一个包裹，官员因业务不熟练而造成马匹受伤或死亡，或者检验员操作不当损坏古老的水晶杯皿等事由引起的诉讼。[②]

747 显然，在有些情形下，在确定诉讼性质时，的确会难以区别到底是税收争议还是非税收争议。因此，比如说，《法国海关法典》第402条规定，海关对扣押财物依据不足的，当事人有权要求赔偿，按每月被扣货值的1%计算损失赔偿。很清楚，对行政机关拒绝赔偿的，当事人可以向普通法院提起诉讼。但是，如果针对该无依据的扣押行为，当事人对海关迟延归还被扣货物提起诉讼，在这种迟延下，已形成了海关以对该有疑问的商品进行处置的事实，申请归还被扣货物已不可能，这种申请就不再构成一个海关诉讼案件，也不构成与税款征收相关的案件。这时候，就至少要来考量一下终审法院的双轨制。[③]对终审法院来说，这应当是行政法院的职能，它应当作出决定，就像所有其他无须运用海关法本身来认定的过错，这些均应由行政法院来进行管辖。[④]

（二）普通法院间的管辖权限之分

748 在普通法院之间，其管辖权能的划分主要依据《法国海关法典》第356条及其后条款，现行规定事实上是历经了一个长期演变过程的结果，在此，我们仅对几个重要阶段予以归纳。

在旧制之前，许多行政法院和普通法院均有对海关诉讼案件进行管辖的权力，与海关领域权能相关的第一个法律条文就出现在1790年9月6日~11日所颁布的法律中。从普遍性意义上，该条款规定“与间接税征收相关的所有民事诉讼，其初审和终审均由地区法院作为简易案件受理，不收取诉讼费用”。1791年8月6日~22日颁布的《法国海关法典》明确地区法院的管辖权限，所有与关税有关的走私和违规案件，和与各类税的征收相关的

---

① 参见以下判例：Cass. civ. 10 juillet 1956, Bull. civ. II, n° 208; Doc. cont., n° 1175（终审法院民事判例）; Cons. d'état 5 octobre 1955, Doc. cont., n° 1136（变卖扣押财物中的过错，最高行政法院判例）; Trib. adm. Toulouse 16 décembre 1955, Doc. cont., n° 1147（图卢兹行政法院判例-有关海关官员过错征用储备金应作出赔偿的判例）; Cons. d'état 13 juillet 1956, Doc. cont., n° 1178（最高行政法院判例 à propos d'une requête ten-dant à la condamnation de l'état à payer la valeur de pièces d'or, qui, après avoir été l'objet d'une saisie pratiquée par l'Administration des douanes, et reconnue par la suite mal fondée, avaient été appréhendées par les autorités allemandes）。

② 参见经Allix引用的裁决：*op. cit.*, T. 2, p. 236. -*Adde* : Tr. confl., 15 janvier 1990, *S. A. Gamma Cadjee c/ état franç.*, D. 1990, som. 138, obs. Llorens et Soler-Cou-teaux et 174, obs. Pannier; JCP 1990, Ed. E, I. 19580; Doc. cont., n° 1850。（由行政机关就规则条文加以解释带来一些变化的先例）

③ 参见以下判例：Cass. civ. 23 mars 1953, Bull. civ. II, n° 112; Doc. cont., n° 1045. -Cf. également 19 février 1918, S. 1920, I, 97, note A. Mestre. V. égal. Cass. ass. plén. 26 mars 1999, Bull. civ. III, n° 3, p. 3. -Cass. com. 30 nov. 1999, Bull. civ. IV, n° 215。

④ 相比之下，权限争议法庭裁决认为，诉讼中的当事人，除了应支付海关要求支付的款项外，还应当支付经司法法院裁决按相应比例支付利息（26 octobre 1987, *S. A. Onno*, D. 1988, Som. comm. 279, Doc. cont. n° 1792）。Dans le même sens: 18 mars 1991, *Barcelo Balmana*, JCP 1991, Ed. E., I. 77, n° 13。

所有民事案件，均由其管辖①。这种规定看上去似乎专门在于加速对海关诉讼案件的审理，赋予更靠近边界和更多数量的地方法院享有管辖权，根据1794年7月6日颁布的法律规定，以及1795年9月14日规定，它授权治安法官审理“拒付税款的违规行为、未交免税转运单的行为及其他海关事务”相关案件，这些表述是现行《法国海关法典》第357条bis内容的法律渊源。在拿破仑帝国时期后，海关刑事诉讼案件在轻罪法庭和治安法庭之间分离出来，后者仅受理违规案件（根据1818年4月21日法律第37条和第38条规定）。这项民事法庭在刑事诉讼方面的例外管辖权一直延续了很长时期，1960年12月23日财政法颁布才得以退出，该法第96条规定，将海关违规案件的审理退还给违警罪法庭审理。

因此，到如今，普通法院对海关领域的案件均有作出决定的管辖权，在刑事诉讼案件中，或者是在非刑事案件，往往我们倾向的表述是民事诉讼，有时属雇佣关系的诉讼案件。

1. 管辖权划分的一般原则

749 在刑事诉讼方面，违警罪法庭主要管辖海关法违规案件，包括了海关法典规定的第五级违规（《法国海关法典》第356条），轻罪法庭受理的海关轻罪案件，以及与海关有关联的、附属的，或者跟共同法或海关轻罪相关的各类违规行为②（《法国海关法典》第357条）。

重罪法庭在上诉类案件中可以受理海关违法类案件。但由于此类案件一般不构成犯罪案件，所以只能是在海关违法类行为附着于普通法犯罪案件时一并审理。③ 因此，海关违法类情节必须与该犯罪情节有不可分割的关联性，换句话说，就是在追诉的不同事实之间，必须显示出相互渗透的关系，即对一个存在事实的理解必须依赖于另一个事实的存在，否则就无法理解事件全貌。④

最后我们再来看看未成年人法庭，根据该法庭的管辖规则，它可以对海关轻罪和第5级海关违规案件予以受理，因此，当未成年人构成与海关轻罪或普通法有关联的海关违规案件，该案由未成年人法庭管辖。

750 在非刑事案件领域，首先必须指出，通过一些例外途径引起的海关问题，有时会再引出刑事法庭对扣押诉讼进行管辖。⑤

从原则上来判断，所有基于海关征收性质的行为所引起的债权支付、保障或返还，以及不属于治安法庭管辖的其他海关事务所引起的争议，均由初审法院管辖（《法国海关法典》第357条bis）。

同样，海关也可以向初审法院提出一些简易诉请，要求对无主物进行没收，或者对因

① 参见：Sur l'histoire de la compétence avant 1789, cf. Pallain, *op. cit.*, T. 3, p. 356。

② 参见以下判例：Cass. com. 9 avril 1991, Bull. civ. IV., n° 125, p. 89; Doc. cont., n° 1869. -值得一提的是，在刑事诉讼法新条款第704条规定，在上诉程序中，一个或数个二审法院根据第十三章规定的追诉条件和要求，如果是涉及轻罪行为，在这些事物中涉及海关处罚的裁决就会或者显得会非常复杂。

③ 这种情况可能出现在，例如以伪造证书构成走私轻罪的案件，往往跟一些反叛或者贪腐案件联系在一起。参见：Cass. crim. 17 décembre 1831, Bull. crim., n° 319, p. 545; S. 1832, I, 272; D. P. 1832, I, 92。

④ 参见：Cass. crim. 17 novembre 1938, *NRJD*, n° 2081. -18 mars 1937, *ibid*, n° 2245。

⑤ 参见以下判例：与保全措施和住宅搜查相关的权能-res, cf. Cass. com. 18 avril 1989, Doc. cont., n° 1835. -有关走私违法所得的计算或拘留的问题，参考：海关法典第377条bis，2。

走私情节轻微而免予起诉的个人提起诉讼（《法国海关法典》第 375 条 1）。即使是起诉可能涉及几个独立的扣押事实，对法院来说，它也可以在一个判决书中对这些诉请一并判决。

根据一些特别条款规定，也会涉及初审法院的管辖权，如指明代理人代表缺席的报关人员并辅助对商品进行确认（《法国海关法典》第 103 条）；根据《法国海关法典》第 341 条 bis 规定为保障海关执法而采取保全措施的程序；对海关违法行为责任人一系列的遗产予以没收的决定（《法国海关法典》第 344 条）；根据《法国海关法典》第 389 条规定所明确的条件下，对某些财产予以拍卖的许可（与预审法官权限竞合）。根据 1990 年 12 月 29 日法律对《法国海关法典》第 387 条所做的相应修改，大审法庭的主审可以在紧急情况下终止行政机关作出的采取保全措施的决定。

751 关于上诉的规定，海关法没有任何特别条款专门作出规定，因此，上诉法院受理所有海关诉讼案件的二审。

《法国海关法典》第 361 条明确，所有海关诉讼类型案件，经初审法官作出的一审判决，根据其诉讼的重要性，依据《法院组织法》的规定来确定二审法院。[①]

2. 管辖的特点

752 对法院管辖权相关条款进行考察，我们发现大审法院对海关诉讼案件没有管辖权。这跟 1958 年司法改革之前的情况不一样，那时候，一审民事法庭受理治安法庭管辖案件的上诉。在此之后，这个管辖权归属于上诉法院，但它们对海关事务案件没有管辖权。初审法院的管辖权被视为一种“排他性管辖权限”，意味着大审法院不能受理附带诉讼请求或反诉请求的海关事务案件。《法院组织法》第 92 条相关内容可能由相关办公室提出，它们也明确了这种绝对无权限，包括排除了所有延期、协议或者反诉的可能情形。

753 我们知道，在实务中，不可否认的是，这个管辖权分配原则有时候可能给原告带来障碍，对“海关事务”予以界定属于初审法庭职责，从来没有做过明确规定，这的确是事实。[②] 因此，经常会出现一些难以界定的情形，尤其是原告向法院提出诉讼时，在他对海关提起的诉讼请求中，没有任何内容和条款是指向海关法的。这种情况可能出现在，比如，某人竞拍到一辆海关没收车辆，但该没收车辆的看护人作为第三人以其支付的车辆保管费和维修费用未得到清偿，拒绝交付车辆。这个案件诉至大审法院时，被裁定大审法院对该案没有管辖权，因为当事人对海关提起诉讼的理由是，海关适用《法国海关法典》第 376 条作为其抗辩理由。对此，根据上诉法院的意见，这是一个海关事务纠纷，应当属于初审法庭的专属管辖权。[③]因此，海关事务的判定并不取决于当事人不服海关行政机关行为内容的性质，这一点显然是很明确了。而另外一种情形，则可能是，特别当事人在他提起诉讼的理由中引用了普通法条款。在这种情形之下提起的诉讼，它是否是一个海关事务诉讼，则取决于必须考虑这个案件的最后裁决是否关乎对海关法进行解读的问题。[④]但是，我

---

① Pour le pourvoi en cassation，参见：《法国海关法典》第 366 条。

② 参见商事终审裁决：Cass. com. 24 mars 1952，Bull. civ. II，n° 139，p. 106. -3 février 1953，*ibid.* III，n° 59，p. 41。

③ 参见商事终审裁决：Cass. com. 26 mai 1971，D. S. 1971，701，note C. - J. Berr；Rev. trim. dr. civ. 1972，178，note Hébraud。

④ 参见：Allix，*op. cit.*，T. 2，p. 237。

们并不清楚这些根本性的原因，为什么大审法庭就必须远离这一类的诉讼而没有管辖权。[①]我们完全可以想象，司法法院和行政法院分离的原则致使立法者明确行政法院对海关事务诉讼没有管辖权。但是，如果我们假设，这类诉讼不应该脱离司法法院管辖，那么，通过救济途径，它们就可以诉至最高法院，那么初审法庭的专属管辖权就丧失了其存在的理由。因此，最关键的因素还是应由处于该法庭管辖事务的本质属性来决定，它是不是最终涉及需要适用这些法庭常适用的法律条款。这就是人们认为，大审法庭，即使它不是受理海关事务诉讼的"自然法官"，但这也并不会妨碍它可以作为一个公正的司法机关，对反诉或附带请求诉讼中提出海关法问题。

754 商事法院，原则上对海关事务诉讼无任何相关职责，然而它也能够受理一些提出了海关法上的关键问题的诉讼案件。这种情形可能出现在，比如说，某个商业经营者跟海关之间，因要求返还已入库的关税[②]或者要求返还其为债务人提供的担保而产生的争议。[③]

二、地域管辖

755 在海关法领域所适用的案件管辖规则，有几个不同于普通法规则的例外，这个总体的原因主要是历史传统所致。[④] 首先，这几个例外涉及民事诉讼非惩戒类的案件类型。事实上，海关法中的规定跟普通法是一样的，即被告所在地的法院有管辖权（《民事诉讼法》第 42 条规定）。因此，如果海关是原告，这个案件就应该由被告所在地，更严格地说，是被告居所地的民事法院管辖[⑤]；如果海关是被告，则应当由海关征税部门或者是地区海关部门所在地的民事法院管辖。[⑥] 过去，曾有过几次提出，如果是对海关做出的强制性行为不服的，不应当有与普通法不同的例外，根据法理，对这类行为不服的，应当是诉至海关住所地或者是做出强制行为的所在地的法院管辖。所以针对要求重新做出税收强制行为的案件，也没有任何改变，目前对这类案件的管辖原则明确规定在《法国海关法典》第 358 条 2。

756 在惩戒类的案件中，首先必须区分由海关采取了扣押措施的违反海关法案件和其他案件之间的基础性的差异。由于有海关采取扣押措施的行为，所以应当由违法行为发生地最近的海关所在地的法院对该案进行管辖（《法国海关法典》第 358 条 1）[⑦]。但如果违反海关法行为是基于违反普通法行为这个主行为相关联或者附带产生的，则该规则不适用，该违反海关法的行为当然应当与主违法行为一起被审查，也应当是在同一法院审理。相反，如果该违法行为不涉及海关扣留或没收行为，那还是地域管辖中的普通法规则占主导地位，应当适用一般性规则（《法国海关法典》第 358 条 3），这个在《刑事诉讼法》第 382 条和第 522 条中也有相同的规定。还有一些情形，有管辖权的法院通常应当是违法行为或轻罪行为发生地法院，或者是当事人居所地，也可能是逮捕行为发生地，即使逮捕是

---

① 参见本书 740。

② 参见：Cass. com. 13 février 1961, Bull. civ. III, n° 80, p. 73。

③ 参见：Cass. com. 2 octobre 1985, Bull. civ. IV., n° 228, p. 190。

④ 参见：Pabon, *op. cit.*, n° 885。

⑤ 同时，在 1981 年 5 月 12 日法令编纂中，根据第 42. 2 条规定，如果被告既无家庭住址又固定居住地的，原告可以以被告经常居住地或者以其国外居住地为地点向法院起诉。

⑥ 参见：Pabon, *loc. cit*。

⑦ Cass. crim. 18 février 1969, Bull. crim., n° 84. Doc. cont., n° 1512。

基于其他原因而采取的措施。最后，如果涉及多个违法行为地，终审法院曾裁定，如果在移送司法的案件陈述中已经注明被指控事实是发生在国内好几处地点的，那么这些违法行为发生地所在的法院均有管辖权。[①]

757 不得不说，违法行为发生地在海关法上是一个很复杂的概念。确定违法行为所在地必须依赖于对违法行为的实施过程及对违法行为结果产生的时间的判断。[②] 而且，还有很多违法行为是在国外实施的，因此，至少从部分的角度来分析，它还涉及一些非常棘手的问题，也就是涉及国际刑法中的一些关键问题。[③]

第二节　海关诉讼的特点

758 传统上，海关诉讼区分为纯民事特征的诉讼和带有惩罚性质类的诉讼。[④] 前者主要是处理与征税权相关的争议，后者主要涉及对违法行为予以处罚的行为。从司法管辖权的角度来看，这个区分意义重大，[⑤] 但其真实的意义所在还有待进一步考证。事实上，有相当一部分的诉讼程序规则既适用于民事诉讼领域也适用于行政诉讼领域。这个既有历史上的原因也有技术上的原因。在相当长的时期内，管辖权界定不清，将海关诉讼划归治安法庭（现在的初审法庭）来管辖，就说明了这两个诉讼体系之间存在一定程度的交叉，总之，这些规则在古代法中就没有被清晰地界定过。更有甚者，海关法中的一些自有规则很容易把多数发生于海关债务人与海关间的争议，归入到具有刑事案件的特征范畴，[⑥] 至此，纯民事的诉讼案件最终也就只占据了一个残留的地带。

这就导致了对适用于这两种诉讼类型的一般规则，看上去无法做完全分开的考虑。但涉及海关税款征收的行为，应该都属于民事诉讼类型，这个应该是确定的规则。

一、海关诉讼适用的一般规则

759 从各种观点来看，海关诉讼都属于普通法的范畴，《法国海关法典》本身也多处规定了既有民事诉讼法也有刑事诉讼法的规则。因此，《法国海关法典》第 361 条规定，对初审法院做出的海关诉讼类案件的判决，均可提出不服，根据案件性质轻重，上诉到相应的上诉法院；第 365 条明确，就地域范围有效的程序性规则同样适用于做出传讯、判决、异议和上诉的情形；第 366 条主要是对民事或刑事诉讼案件向终审法院提出上诉的途径做出规定；第 382 条规定了对所有有关海关领域的判决或裁定的执行，可采用一切法律手段保障执行；最后，还是归结到一条传统规则上，第 342 条规定的，所有海关法律明确

① Cass. crim. 19 novembre 1969, Doc. cont., n° 1495。

② Cass. crim. 23 février 1987, Bull. crim., n° 86, p. 234。

③ En matière d'infractions au transit communautaire，就共同体范围内转运中的违法行为，RAC 第 365 条和第 366 条规定，明确了相关规则，允许将违法行为发生国所在地视为行为结果地，如果不能明确一个固定地点的情况下。参见：Cf. Cass. crim. 16 mai 1983, Bull. crim., n° 139, p. 338；*CJCE* 27 novembre 1984, Aff. 99/83, *Fioravanti*, Rec. p. 3939。

④ 参见：Pallain, *op. cit.*, n° 2598 *bis*. - Allix, *op. cit.*, T. 2, p. 231。

⑤ 参见本书 748 及其后。

⑥ 参见本书 835。

规定的违反海关法行为或轻罪行为，可以通过一切法律手段予以追诉和查实。[①]

有一些区别于普通法的例外规则在此必须提及，这些规则要么是基于令行政机关的法律行为便于得到执行的考虑，要么就是考虑到海关权力体系中具有特殊性的领域。

（一）海关初审程序适用的特别规则

1. 委托代理人的相关规则

760 《法国海关法典》第 367 条规定，在初审或上诉阶段，预审环节根据诉状进行口头陈述和答辩即可，诉讼双方都不需承担诉讼费用。这个规定从传统上理解，就是当事人无须聘请律师，在司法改革以前，是无须聘请诉讼代理人。因此，作为海关行政机关，可以自行选择一名官员作为代理人参加诉讼即可，[②] 但如果案件在终审法院，则必须依照一般的诉讼代理人规则，聘请律师代理。当然，这种免除并没有任何强制性色彩，双方当事人随时都可以向法律协助人员请求法律帮助，这种情形下，他们就要承担相关的费用。[③]

作为对此的回应，曾有判决裁定《法国海关法典》第 367 条并没有跟《民事诉讼法》第 700 条的规定有任何抵触，因为海关跟它的对抗对手一样，都有可能以该条款为依据而被判决支付相应费用。[④]

《法国海关法典》第 367 条的规定也意味着，形式上，诉讼双方只需提交书面诉状和进行口头答辩，最后裁决的做出也无需正式的辩护词相佐，因为只有在有律师参与的情形下才会有辩护，这是很容易理解的。[⑤]

2. 送达等法律行为的相关规则

761 《法国海关法典》第 368 条规定了海关官员可以就文书进行送达和进行一些其他法律行为。作为一个常用规则，该规则限制使用在严格意义上的海关事务范畴。它就是一个行政机关的传话者，而免予其必须求助于司法送达人，但形式上不能不同于法律上要求后者所必须遵守的来自司法部的规定。这就是海关官员必须遵守普通法所规定的要式的原因，同时，这些司法行为和文书送达的形式和内容，也考虑到该行为可能影响到的相关利益方。

应该说就这些司法代理行为，行政机关总是可以向司法送达人请求协助，第 368 条就对此进行了规定，明确尤其是在对被扣押、没收或无主物进行拍卖的情形下可以请求司法送达人的帮助。

（二）对海关权力的保障

762 在"对司法的防卫"这样一个总的说辞下，《法国海关法典》几个条款，形成于大革命时期，一直延续到 1977 年，是有关该内容的。这些条款不允许法官就某些程序上

---

① 参见：967. *Adde*：Cass. crim. 25 janvier 1996, Bull. crim. n° 48, p. 115. –2 avril 1998, *ibid.*, n° 129, p. 348。

② 参见：Colmar 26 juin 1968, Doc. cont., n° 1488。

③ 参见：Cass. civ. 20 juillet 1932, D. H. 1932, 506. –*Adde*：Cass. com. 4 janvier 1964, Bull. civ. III, n° 7, p. 7; 27 mai 1964, *ibid.* n° 278, p. 239; 12 novembre 1986, Bull. civ. IV, n° 206, p. 178; 23 février 1988, *ibid.*, n° 79, p. 54, Gaz. pal. 1988. 2. 514, note Hatoux; 29 mars 1989, Bull. civ. IV, n° 99, p. 65; Crim. 16 mai 1988, Bull. crim., n° 211, p. 511。

④ 参见：Cass. civ. 1, 11 décembre 1985, Bull. civ., n° 342, p. 312；Cass. com. 23 février 1988, préc。

⑤ 参见：Cass. civ. 10 décembre 1821, S. 1822, 1, 267; *contra* Chambéry 20 novembre 1901, D. P. 1904, 2, 235。

的步骤予以变更，例如不允许法官可以对海关债的迟延支付或者减免采取一定的变更措施，不能在做出最终裁决前允许当事人提取被扣押的商品，以及不得以当事人无主观过错而免除违法人员责任。

这些规定，曾经受到过激烈的批评，主要原因是它们在形式上所造成的一些无意义的隔阂，后来分两步取消了这些内容。首先是 1977 年改革中，删除了《法国海关法典》第 371 条和第 372 条的规定，这些条款当时没有给予相对人任何进行抗辩或申请减缓的权利，以及当事人对保证金或者其他相类似款项的付款通知书有异议的，当事人不能请求司法救济。作为对此的回应，法官也不能在诉讼终结前对被扣货物解除强制措施。最后，如果法官可以对犯罪嫌疑人进行开解的权力对它们是明确的（该权力可以让嫌疑人获得减刑），海关也可以用简单和纯粹的方式继续对此予以拒绝。

763 一直等到 1987 年 7 月 8 日《法国海关法典》修订，其目的在于消除这些残余。从此，得益于废除了第 369 条 2 的结果，法官可以“就是否有主观故意予以开解”，在商品被海关扣押的情形下，如果不是海关法法规明确的禁止类物品，法庭可以在判决最终做出之前，以当事人提供相应的保证金或者价值相当的担保为条件，准许放行货物。当时，反过来，法官不可以对以下情形予以开解，包括对实施瞒骗所欠税款的欠税者或者是不当得利的欠税者，以及基于对公共安全、文化或健康考虑对一些危险物品的没收，还包括那些受数量限制管理所涉及的商品。这些都跟 1987 年 7 月 8 日法律修订上进行的变更相关，当前规定在《法国海关法典》第 369 条 4 中。

该条款内容需要指出好几个要点。

764 首先，是谈到法官可以对哪些被扣留的货物，在最终裁决作出之前做出先予放行的决定，这就必须对“不属于海关法规所规定的禁限物品”的含义进行界定，这个关涉到那些没有明确列明的被禁物品，以及不能获得法律上明确界定的物品分类。第 369 条第 3 款的适用就必须形成一个判定标准，即根据《法国海关法典》第 38 条，对禁止类商品和非禁止类商品的一般区分标准做出解释。

765 很遗憾，立法者仅仅是在《法国海关法典》第 215 条中部分提到，即使是在违法者不受追诉的情况下，对走私货物仍应做出没收的处理决定（第 369 条 4）。实际上，我们在两个条款中发现了相同的关于“危害健康、公共道德和安全的货物，知识产权侵权货物”列举，这就留下了一定的空间，即法官必须依据行政部门对第 215 条在具体适用中作出的行政解释，来确定第 369 条 4 的含义。另外，该条款最后提到了“受数量限制管理的货物”，这一类别在第 215 条中并未提及。这类“禁止类”货物主要指“为履行国际承诺或阻止国际贸易瞒骗为目标，防止对正常贸易中的合法利益或对国家财政造成损害”而作出的相应禁限的规定。如果这些概念需进一步地明确界定，就要通过部门行政解释的方式对该条款在具体适用中的相关概念进行明确，这里就会有进行过度解释的风险。就其本身而言，有关“数量限制”的概念，可以以狭义的方式界定为“禁止、配额措施”，也可能只要在逻辑上是说得过去的，更广义地解释为“与数量限制相同效果的其他措施”，所以，这种特征就显示出他们可能以最为多变的方式呈现。[①] 这也就是为什么为保障法律的确定性，当文字上的界定缺失时，人们通常倾向于对“基于数量限制的商品”做出的解释应当

---

① 关于与数量限制起相同作用的其他措施的概念，参见本书 154。对侵权行为予以没收，参见：cf. Cass. crim. 7 mai 2002，Pourvoi n° 01-85885。

以第 215 条为参考依据。

766 《法国海关法典》第 369 条 4 规定法官不得免除责任人补缴因瞒骗或非法获得税款的义务，这个禁止规定与第 377 条 bis 规定的法官在判决处罚时，应判决支付偷逃或非法所得税款，是一种接近的相对称的义务。在同样的情况下，除了后者之外，他们还必须做出要求当事人缴纳与偷逃或不当得利相同数额款项的裁决。有些轻罪法院曾指出，自己缺乏对免予处罚的当事人做出缴纳税款的裁决的管辖权，这类诉讼应当由初审法院来进行管辖，立法者针对有关涉税条款进行修订,[①] 在 1991 年，在《法国海关法典》第 377 条 bis 2 中规定，即使是不予处罚的情形，轻罪法院依旧有权依照《法国海关法典》第 369 条 4 做出裁决。

767 一些重要性不等和多样化的条款被确定在“为海关保留一定的特别权力”的目标下，因此，有一些不同于普通法的条款让海关游离于普通法程序之外。对此，第 383 条有关条款就规定，海关有权不支付因提出申诉、上诉或者终审请求而进入诉讼的费用，除非所做判决胜诉方事先已向海关支付了足够保证金的情形之外。同样，在对被扣物品解除扣押的判决中，海关在当事人提供了相当于货物价值的足够保证金的条件下可以对被扣物品先予放行（第 384 条）。第 385 条规定禁止对税务员已征收税款或者是债务人应向海关缴纳税款的商品进行扣押，但是，如果货物已经扣押，所欠税款仍由纳税义务人缴纳。[②]

768 在海关最为重要的特殊权力中，有必要对赋予海关对财产采取保全措施及诉讼保全措施做特别说明。1990 年 7 月 12 日和 1990 年 12 月 29 日通过的法律对该领域进行了改革，这里首先必须区分两种情形。《法国海关法典》第 386 条 bis 所规定的情形是，海关可以向初审法庭的庭长提出申请，对“被指控”（被监视）可能违反《法国海关法典》第 415 条规定罪名（涉及洗钱）的主要违法人员所有的财产采取保全措施，直至监视居住。法官应当接受检察官的意见。但这种情形不能适用于新的第 387 条所规定的情形，该条款专门对违法行为的法律责任作出规定，包括《法国海关法典》第 412 条 1-5 走私违法行为和伪报行为，第 414 条走私违禁品行为和不申报的行为，以及第 459 条违反外汇结汇规定的违法行为。只能说很遗憾，这条规定取代了以前第 387 条的规定，以前该规定不允许只是因为“预见”就采取临时性的措施，这就要求至少该主体已经开始实施了一定的违法行为。

在这种情况下，海关做出的请求必须符合两个条件，除了“必须提供担保”之外，还要满足采取保全措施的紧急性和这已构成熟知这种影响的海关官员所确认的某种违法行为的事实。根据旧的《法国海关法典》第 387 条规定，它规定只在预见的情况下不能够采取保全措施，也就是说，至少要有证据证明这些个人已经参与到了违法行为过程中。

根据新的条款，该违法行为如果是被“经常性地注意到”的操作方式并且构成法律上可界定的不正确就已足够，海关官员（跟其他公务员一样）不需要去证实该违法行为构成的实质要件，违法行为性质认定仍然属于司法机关作出裁断的专门事项，尤其是在如今，司法机关对行为的主观构成要件非常关注。

从这个观点来看，询问笔录可以作为提出采取临时性措施申请的基础，但对违法行为

① 参见：Cass. crim. 14 mai 1990, Bull. crim. , n° 186 ; Doc. cont. , n° 1858。

② 参见：Cass. crim. 28 mars 1994, JCP éd. E, 1994, pan. 887. Cf. Cass. crim. 22 sept. 2004, Bull. crim. , n° 220。

的“陈述”（可以认为是一种承认），在海关法上，只能作为做出扣押笔录的事实依据。[①] 新的《法国海关法典》第 387 条跟第二个要点很接近，在对违法行为责任人的财产采取保全措施的情形下（不同于可预见的情形），它又带来了一种新的模糊和不确定性。

事实上，我们知道，有一些主体的责任可能形成于他们实质性参与到违法行为之外，但是这种责任的认定，对初审法庭的庭长来说，在紧急条件下的，就可能存在一种进行彻底和完整考察的困难。[②] 其他剩下的情形，从可以采取临时性措施的法律制度来看，就只有第 386 条 bis 和第 387 条所规定的共同情形了。尤其是，做出判决或者是对处罚的接受（在此忽略为什么第 386 条 bis 没有提及第二种情形）有利于保全扣押及为保障安全所采取的措施的生效。另外，如果出现不到位、不追究责任或者当事人承认（这是一个新的也带有缺陷的法律术语，这里的承认只适用于民事法庭），以及公共行为缺乏的情形下，这些采取的措施将终止当事人所有的权利。

769 最后，从 1981 年 12 月 30 日起，海关可以向法官提出申请作出判决，要求被处以罚金的可能会导致其无力清偿的当事人对所欠税款一并支付。在主管机关对该处罚决定将导致当事人无力清偿的情况进行说明后，该请求可以被接受。

二、纳税争议案件适用的特别规定

770 我们知道，海关债是一种必须保障其安全的债权[③]，同时它有三年的执行时效[④]。在这里需要研究的问题是，对海关债的强制执行问题。[⑤] 直到 2002 年有关经修订的财政法适用前，海关当局一般采用强制程序，收回其应征款项，使其免予诉诸司法程序。为了坚持其基本特征，人们将回顾它是一个从古代法制中继承而来的机构，尽管它也曾饱受一些批评，在这些当中还不乏一些过度的批评，包括了在认定海关债务人方面的过度僵化，而行政机关当局也显示出该特征。但最紧要的是，在《欧盟海关法典》中没有明确海关的强制执行权，也没有对保障欧盟的财政利益相适应的措施做出明确规定。因此，它是规定在财税法的执行程序之下，也就是对税款的强制执行，跟以前的强制措施有几方面的不同，这些主要体现在其适用的一般经济原则上（《法国海关法典》第 345 条及相关条款）。

（一）税收强制执行的一般原则

1. 税收强制执行的概念

771 从强制性行为的另一面看，该强制执行行为的性质仍然模棱两可，对税款的强制执行即 AMR，在 1991 年 7 月 9 日对海关法修订第 3 条明确的民事强制执行改革框架下，成为真实的可强制执行的一个概念。它授权行政机关为保障结果的履行，可以对债务人的财产进行强制征缴，并且可以在四年内催促债务人，并允许就其不动产向行政机关申请抵押房产来抵缴税款。

税款强制执行可以定义为正式行为，经过该行为的确认，海关债权的索赔须在法定期限内进行。它的告知必须在债权产生之日起三年内（追诉时效），根据《民法典》第 221

---

① 参见本书 984。

② 参见本书 841。

③ 参见本书 429 等。

④ 参见《法国海关法典》第 354 条。

⑤ *JORF*, 31 déc. 2002。

条规定的截止期内，应告知债务人其所欠债款。

税收强制执行可以针对海关行政机关在行政管理或救济途径中任何性质的债权（《财税法》第 345 条），其目的，并非仅仅为了关税、附加税，同样可以适用于国家其他税收，例如烟草税，不仅是关税和类似税收，还有国家税收如消费税、轴轮税、年度导航费等。《法国海关法典》第 345 条 bis 的适用，引入海关事务中“复核”的概念，其来自原则上当需要对债权进行强制执行时，限制行政机关的权力。[①]

这个条款，尤其是作为对有局限性的条款的修正，在事实上，拒绝了两种实施强制执行措施的可能情形：第一种情形是，纳税人适用的税务条款及其条款解释，行政机关已通过其指示，或者是已发布通告及对一般构成该事实的执行日期向当事人告知；第二种情形涉及行政机关，行政机关基于财税条款对某一事实情形进行评估已经采取了正式的行政行为。在这种情况下，行政机关不能强制征收关税及其他解释方式下所支持的税款。在行政机关违反相关规定的情形下，有关个人可根据行政解释的原意，或者是根据该领域已有条款对抗税款强制执行。[②]

另外，在债权强制执行领域涉及成员国之间进行行政协助的相关条款，第 381 条 bis 条款，在 2002 年税法条款进行修订的过程中，明确“由成员国做出的征收税款决定应直接认定为可执行的税款，应当告知纳税义务人”。

与旧的制度相比较，税款强制执行的引入，实现了在税款征收领域行政权力显著的扩张。事实上，司法判例在此之前，认为如果该债权是在能够确定或是在无可争议的情形下，例如，经调解委员会复议，或者因海关专业知识原因无法明确，以及更为常见的情形是，在事后审查期间，充分保障使用者可以表达其对海关规则解释的异议，在这些情形下，强制执行即不得采用。

实际上，这个程序主要是为债务人正式确认其债务的情形所保留的，尤其是在后者已经签署了行政诉讼调解协议或者是经判决对其货物作出予以没收的行政处罚的情形。[③] 这个重要的限制随着新的文本的出现而消失，该条款主要涉及经海关确认的“应收税款”。在这里，无论如何，主要是赋予行政机关在新的制度操作过程中，[④] 由海关对此进行分析，而涉及法理上对所有问题的解释。

2. 税收强制执行的撤销

772 与之前所盛行的规则相比，AMR 受益于两项令人感到欣喜的创新。一方面，在以前的文本下，只有主官和税收征管人被赋予采取强制措施的权力，但新的条款规定，税收强制执行可以由地区海关主官或者是获得至少是海关监管员级别的官员授权的海关会计师来决定。

另一方面，就是摒弃了按附加条件就强制执行债权予以确定和进行索赔的条款。现在是税款强制执行要将引起税款缴纳的事实及其性质、金额和清算的要素讲清楚。应当注意的是，送达给债务人的文书，必须与海关法中有关税款强制执行的条款相一致，在复议阶

① 参见本书 106。

② 参见本书 773。

③ 参见本书 1044。

④ 参见：Circulaire N 31, Bureaux B/1-D/1：《 La procédure douanière de mise en recouvrement 》, non datée。

段，要考虑到支付方式及对有争议债务的保障。这些实际上涉及实施的基本方面。

（二）税收强制执行的实施

1. 对税收强制执行的不服

773 在制度起草阶段，根据《法国海关法典》第357条bis条款内容，对具体行政行为不服的，由于没有事先的行政救济途径，债务人应当向初审法院的法官提起诉讼。从这一点看，很明显我们的法律与《欧盟海关法典》第243条的规定不符，该条款赋予了行政救济权，在对海关行政机关做出的决定不服的，第一阶段通过成员国对海关行政机关施压而产生一定的效果，第二阶段应保持在一个独立的行政机构之前，该机构可以是司法机关，也可以同样是专家组织。

现在，根据新的《法国海关法典》第346条和第347条，对征收税款不服的争议，应当是向签发税收强制措施的机关表达异议，原则上该机构对该债务进行追索有三年期限。通常是由地区海关主官在六个月的期限内对这一争议作出裁决，这规则也有一些例外情形，主要在海关专家调解委员会或者欧洲委员会做出扣押的一些判例中。

在不满经该程序做出的回答或者是没有做出回复的情形下，债务人可以向有管辖权的初审法庭提起诉讼。[①]

2. 暂停付款

774 委员会对该强制程序提出的批评是，债务人对强制执行提出暂缓支付的申请，应受到严格的规范限制，必须考虑到最大限度地保障共同体财政利益的实现。

事实上，暂停支付缴纳税款的申请，只有在为该债务的履行提供充分担保的前提下，海关当局才会批准（《法国海关法典》第348条）。这些担保方式包括银行保函、与该债务等值的债券，也可以是证券、质押及动产抵押，以及其他方式的担保。如果海关认为这些担保不充分，海关当局可不需经过司法当局，采取临时保全措施保障相关债务履行。应该指出的是，有些保证并不需要达到“由于债务人的原因，可能会对社会或经济秩序带来严重的困扰”这样的程度。

最后，能够明确的是，如果做出暂停执行或者采取临时措施，债务的追偿期限和恢复执行措施都将延迟到处罚的最终决定做出之日。同样，如果税收强制措施最终裁决是撤销的，那么提供担保所引起的费用也应当返还债务人。

对海关会计师做出与债务人提供担保的相关决定不服的，应该在15天内向初审法官提出异议，初审法官在1个月内做出决定，该期限届满后的15天内，当事人可以提起上诉。

第三节　有关行政机关民事责任的特别规定

774-1 追溯到法国革命时期的传统做法，在海关法典中就已包含了一些特殊规定，是用来规范海关行政机关的责任条款，这些条款的适用至今没有做过修改和变化。

774-2 在这些规定中，第一条考虑的是，在特别情形下进入私人住宅进行搜查，事实证明没有发现可扣押物品的，这里不关注采取扣押措施的动机，但事实结果显示没有查到

① 参见本书755。

切实的利益。在这种情形下，要对当事人进行赔偿，根据《法国海关法典》第 403 条规定，这还是来自 1791 年 8 月 6 日～22 日颁布的法律文本的第 13 章第 40 条的规定，除了对该搜查行为给当事人造成的最大的利益损害进行赔偿外，还应当向住宅居住人支付 0.76 欧元。在此，也只能说现代海关法典里还保留着这样一项规定，也是让人够惊讶的了。

774-3 其他所有情形就都规定在《法国海关法典》第 401 条和第 402 条中了。根据这些条款的第一项，海关对其工作人员执行职务和因公务而实施的行为承担民事责任，但不排除它对其工作人员或担保人予以责任追究。显然，这个跟国家政府部门应对其公职人员做出的行为负责的一般原理是相符的①，该文本也显示出对 1791 年 8 月 6 日～22 日颁布的法律条文进行了创新。

在此，应该提及《法国海关法典》第 402 条，这是在 1799 年 5 月 9 日颁布的法律所签署的，它规定按照《法国海关法典》第 323 条 2 进行财物扣押时，如果理由不充分，货主有权要求赔偿损失。损失自财物扣押之日起计算至归还之日或者向其宣布归还之日，按月赔偿被扣货值的 1%。这两个条款的区别是，《法国海关法典》第 402 条规定不需要证明行政机关主观上有过错或者是过失，只要证明对货物的扣押没有根据，该行为是不符合相关规定的②就足够。

这个问题从 19 世纪中叶以来，就不再是司法判例的对象，而被提交到最高上诉法院全体委员会前进行裁判。③ 它包括必须弄清楚进口商以他的船舶如果遭受非法扣押，根据《法国海关法典》第 402 条，它可以根据被扣押货物的价值要求获得一种全额的赔偿，包括其货值的损耗，以及对其商品进行保管的费用。跟行政机关所支持的内容相反，行政机关只支持其所有损失，按照每月 1%的比例进行赔偿，全体委员会可以决定货主获得修复财产的有关价值的赔偿。

第二章 违反海关法的行为

775 在《法国海关法典》中使用“海关罪行”这一术语，尤其是在第一章第 12 节，专门对海关诉讼作出规定，表明所有违反海关法的行为都包含着应受法律制裁的行为表现。④

这种相似性可从历史角度来进行解释，也可以追溯到古代法制中，在那个时期，还没有像今天这样清晰地对惩罚功能与对公民权益的补救功能作出区分。

从当代发展进程来看，我们观察到适用于海关领域“违反海关法行为”这一术语已经失去了一些犯罪内涵。当然，最轻微的违规行为，主要体现在办理海关手续过程中所构成

---

① 参见本书 746。

② 参考判例：Cass. com. 9 avril 1991, Bull. civ. n° 125, p. 89. Cf. *supra*, n° 747。

③ 终审法院判例：Cass. ass. plén. 26 mars 1999, Bull. civ. III, n° 3, p. 3。

④ La notion d'infraction, dans son sens technique, est en effet exclusivement liée au droit pénal. 有关违法的概念，从技术角度来看，事实上只是与刑法相连的一个概念。参考：Desportes et Le Gunehec, *Droit pénal général*, (刑法总论) *op. cit.*, n° 22。

的违法行为（《法国海关法典》第410条），因此很容易跟刑法调整对象相混淆。同样，也关涉到它是否由刑事法院、违警罪法庭来进行裁决的问题（《法国海关法典》第356条）。

但是，对这种行为认定的原则，应注意的事实是，在相同情形下所导致的处罚结果不能完全地与刑事处罚割裂。事实上，人们承认，违反海关法的行为可能受到海关法上的惩罚，也有可能受到财税法上的处罚。这就必须提到《法国海关法典》第343条规定，根据可能给予处罚的性质，来决定是由海关还是检察院负责起诉。

776 因此，违反海关法行为基本上总是显得模棱两可，对这种行为的追诉往往游走于两个法律体系间，一方面是刑法和刑事诉讼程序，另一方面是税法。

但依旧需要注意到，在法院的判例中是一贯地坚持认为这些惩罚措施（罚款和没收），跟对财政部利益进行救济的功能相去甚远，而更多地起到一种惩戒性功能，这也就解释了海关诉讼惩戒功能在它们原有的法律制度和职业范畴内，[①] 事实上是来自一个完全的刑法概念的子系统。

因此，必须承认对认定“海关罪”的概念有它神秘的一部分，对最近就刑法所进行的改革，从它的视角观察具有持迟疑的态度。

事实上，我们确实能很清晰地看到，海关当局本身，还有一些地方法官及某些学说代表，对这种变革是予以反对的，反对刑事立法者致力于加强对个人利益的保障及强化抗辩权。

比如说，声称取消了一般刑法中一些轻微的情形，并不涉及海关违法行为或者说第五类的违法行为仍然存在可判处监禁，似乎我们不惜一切代价来保留海关法中的时代印记，并总是触及它所具有的财政属性[②]。

但是，与得出这一观察的所有后果相去甚远的是，支持者维护传统解决方案，并不意味着逃避适用刑法中一些纯粹的海关规则，并将其置于普通法的税务诉讼中。

从违反海关法行为的特殊性方面看，接下来的发展主要加强因刑法方面领域已经展开的改革而带来的一些创新，在还没有完善的判例法的情况下，某些解决方案可能还存在不确定性。

第一节　违反海关法行为的性质

777 与普通法不同的是，海关法只涵盖两种类型的违法行为，违规行为和走私行为。在陪审团对走私违法行为人做出从宽处理的趋向，立法者最后决定取消海关法领域类的犯罪。[③] 在这里有必要从海关法角度，对违规和走私行为这两个概念进行考察，它们并不与刑法的一般原则一一对应，这些在刑法典的相关条款中指出过。

这就是先介绍违反海关法行为定性的原则，之后再考察对违法行为的追诉问题的原

① 参见本书893等。

② 参见：par ex. J. Pradel, *Droit pénal général*（刑法总论）, *op. cit.* , n° 290. -Desportes et Le Gunehec, *op. cit.* , n° 143. Pour une approche plus nuancée, cf. W. Jeandidier, *op. cit.* , n° 188 et s。

③ 1814年12月17日法律。

因。

一、违法行为的定性原则

778 在海关法中，跟普通法一样，任何一项违法行为按其适用法规的性质，具有几个特征。每种带有某种特征的违法行为所适用的法律制度最终形成了这多种特征的总和。但是，必须看到，与适用的处罚规定的最本质的区别，与其他辨识标准相反，显示出前述的处罚，并不是这种定性的结果，而是它的分类标准。换句话说，并不是因为违反海关法行为具备一定的轻罪特征，才对该行为判处拘役的处罚。而是因为有了拘役刑，才定性这种行为具有轻罪性质。所以，实际上，这是一条不考虑违法行为实施与构成等特定情节的抽象的定性原则。相反，其他定性原则则考虑了与违法行为相关的一些要件。

（一）违规和走私行为（轻罪）的区别

779 与普通法相比，海关法划分走私行为和违规行为的形式比较简单。对构成走私（轻罪）的行为判处拘役，而对违规行为主要是适用罚款的处罚。

实际上，根据 1964 年 8 月 25 日的法令，对五级违规行为分类，在把握处罚尺度原则上有了一个突破，其处罚幅度可以最高限适用刑事诉讼法做出处罚，即可以判处 10 天到 1 个月的拘役。但是该法的第 132-12 条已经明确在违规领域排除适用自由刑的处罚，海关第五级违规行为与其他违规行为一样，不应该成为对这种规定的一个例外，但是，的确必须承认，这个看上去是与过去传统有关联，然而也无法证实这是不是对传统解决方式的一种坚持。①

780 如果我们能够想到，在很长时期内，对海关违规行为和走私行为的区分，主要是从主观和意图上是否具备基本事实，表现在是否走私货物属性被定为禁止类的货物，或者是违法行为人实施了某种带有瞒骗主观意识的行为时，就会构成走私行为。因此，我们需要考虑到 1987 年 7 月 8 日经修订的法律所带来的变化，它带来的改进是，该领域行为性质的判断予以简化。

立法者的意图通过其准备工作就明显表现出来，其实际上所考虑的并不是简单地取消海关法典中一些陈旧的条款，而是为了能够就违规和走私行为做出更为明显的区分，让这些特征比以前更稳定。该做法的目的是能够更清晰地界定这些违法和不合规行为之间的差异，而不是依赖于必须具备瞒骗的主观要件，在实际操作中必须证实真实瞒骗的意图。人们知道，这一思维方式在新的法典中得以传导，这次修订主要是针对一些旧的条款。因此，对违规和走私予以区分的实质性特征，除主观意图有明显表现或无表现之外，还跟货物的性质相关。比如说，走私类的违法行为，当其进出口货物既非禁止类货物也不是应课以重税的货物时，在新修订的《法国海关法典》第 414 条中，也可能构成走私轻罪。再加上第 369 条第 2 款被废止，这个条款过去不允许法官对主观意图上的预备给予从宽解释，②这是判决罪与非罪（违规）的要点③。同时，人们认为对“小额诉讼”概念予以废止也感到庆幸，这是基于 2002 年金融法修订所带来的改变，这个概念当时规定在《金融法》第

---

① 参见：*Contra*, J. Pradel, *loc. cit.* - Desportes et Le Gunehec, *loc. cit*。

② 参见本书 736。

③ 终审法院判例：Cass. crim. 13 novembre 1989, Bull. crim. n° 409, p. 989。

414 条第 2 款中，跟总体制度相比有一种不协调。①

在对违规和走私轻罪行为进行分类之前，先考察一下它们之间的每一种分类，都根据其处罚结果的轻重程度界定在最高幅度和最低幅度范围之间。走私行为（轻罪）因刑法典的修订而在刑法中废止的内容都在海关法典中予以明确。尽管 1992 年 12 月 16 日经修订的海关法对第 322 条做出的总括性的规定，明确了与作出罚款的处罚或做出走私轻罪认定后的自由罚的相关内容，在海关法典中处以有期刑罚内容的所有条款均被废止，这时候就可以探讨处以罚款的问题。②

事实上，我们可以想到，看看刑法制度在司法上所呈现出来的特征，海关法上的惩罚制度从一般概念上理解更偏向于税法制度而不是刑法制度。与此对应，这个观点在一些判决中并没有非常确定，上诉法院在很长的时间内曾一直认为，在海关领域做出的罚款和没收，如果属对民事权益予以救济的特征，就不应该有刑法上的特征③，或者至少海关罚款是具有一种混合性的特征④，同时具有刑事和财政两种特征，这就至少支持了这样一种学说，就处罚结果必须相对明确和稳定所做出的变革，在海关处罚领域难以对此作出回应。也正因如此，在接下来的阐述中，更方便我们根据对处罚予以分类的特征，来讨论一下可能处以的最高处罚的问题。⑤

1. 海关法中的违规行为

781 违规行为根据对其处以惩罚结果的严重程度其本身包含了四级。第一级违规行为（第 410 条）是处以罚款，其数额，在不同时期进行过修改，主要是从处罚的总数额上，在最高额和最低额之间进行变动。该罚款数额应该是关税和对处以第二级处罚情形下（第 411 条）所涉及的税款的 1~2 倍之间。⑥ 第三级的处罚结果（第 412 条）包括了对涉案货物的没收以及在最高和最低限之间处以一个固定数额的罚款。

1987 年 7 月 8 日修订的法律废止了第 413 条，所以第 413 条所规定的第四级处罚就不再存在。

另外，我们知道，在第四级之下还分出了一个第五级违规行为的分类，在这个级别中，不能再判处处以拘役的处罚，从我们的观点来看，只有在最高和最低幅度范围内做出一个固定数额的罚款存在。

对第四级违规行为处罚的正式废止，不应认为是要免除根据原第 413 条应处以严格惩罚造成罪罚后果行为人的法律责任，事实上，立法者并没有删减第 413 条，原因就是，海关轻罪这一新的概念，已经包含了以往条款中对第四类违规行为的描述，两者融合在了一起。

2. 海关法中的走私行为（轻罪）

有关海关法中的走私轻罪行为，海关法典最初是规定了三种分类。从 1987 年法律修

---

① 参见本书 782。

② 参见终审法院刑事判决：Cass. crim. , 20 mars 1996, Bull. crim. n° 121, p. 354. -24 octobre 1996, *ibid.* , n° 373, p. 1092. -29 mai 1997, *ibid.* , n° 213, p. 697。

③ 参见：Cass. crim. 23 décembre 1959, Bull crim. , n° 574, p. 1097。

④ Cass. crim. 26 février 1990, Bull. crim. n° 93, p. 244. -Comp. 16 juillet 1997, *ibid.* n° 274, p. 934。

⑤ 同样参考：对那些涉及可酌情减刑情节的问题，参考本书 907；人们只能对此表示遗憾，从实践到找到解决方案，都有一种整体上的联络，呈现出海关法过度性的特征。

⑥ 1987 年 7 月 8 日的法律之前，最大限度的惩罚可以是现在数额的三倍。

订后，现在只剩两类。

782 有关走私行为第一级处罚，事实上是将走私行为最早先的三种分级予以合并的结果，并加入了原先海关违规行为的第四级的内容。第414条规定，违反该条的责任人可能被处以最长三年的刑期，对走私货物、运输工具以及用于掩盖走私的财产进行没收，处以相当于走私货物价值1~2倍的罚款。必须再次提到，所有构成走私轻罪行为，所涉及的货物，都必须是与《法国海关法典》第414条第1款中规定的禁止类货物或应税货物相关的事实。2003年3月8日增加了第414条第2款，走私、进出口对公共健康、道德和安全有害的货物，以及由主管海关的部门发布的命令所列明的货物，或者是经有组织的犯罪构成的行为，可以被处以最高10年的有期徒刑，并且可以处以最高相当于走私货物价值5倍的罚款。这个并没有排斥，与刑罚一般原则相符合的相关条款保持一致性。事实上，人们可能会质疑，认为这应该由一个部门以发布决定的方式，就轻罪行为构成要件作出简约明确的规定。

783 第415条，将海关法走私轻罪行为第二级分类明确下来，对与洗钱相关的违法行为可以处以从2年到10年的有期徒刑，并就违法所涉货币（或与违法数额相当的钱款）予以没收，并可以处以相当于其违法行为或意图违法金额1~5倍的罚款。

（二）其他区分标准

1. 即时犯和连续犯

784 即时犯与连续违法行为之间的划分标准可以帮助我们解决若干法律难题，[①] 特别是涉及对公共行为提起诉讼的时效问题及有关地域管辖方面的难题。这种划分标准在海关方面也同样适用，[②] 尽管该领域绝大部分违法行为都是即决性的，例如走私、未申报、违反相关要求等违法行为都是发生在瞬刻时间。

然而，我们也能找出一些属于连续犯的情形，这些实质性的行为持续发生在一个时间段内。比如，在海关监管区违规存放货物而构成违法的。对这种连续性的违法行为，其诉讼时效从违法行为终止之日起算，即从走私货物不再停放在相关空间之日起算。

2. 简单行为犯与复合行为犯

785 大部分违反海关法行为都是简单行为犯，即只实施一个实质性违法行为（例如跨越边境的走私、运输走私货物）。但我们也看到，有一些违法行为是由几个独立的违法行为合在一起而构成的。例如《法国海关法典》第417条3，规定把“当货物经过海关时，未经申报的进口或出口，货物被掩藏在专门设计的掩盖体下或隐藏在一般并不用来装载货物的隐蔽空间，以逃避海关监管”，按走私行为论处。因此，这类违法行为肯定有两个客观要件，一是逃避海关检查，二是不向海关申报。同样，《法国海关法典》第417条2b规定的在海岸沿线港区外从事非法交货行为，包括从海船上将货物卸至陆地，以及从某一吨位较大的轮船转卸至另一艘较小的船舶，也属于走私。

这类违法行为应当视为复合性的违法行为，它主要会产生以下结果：

有关提起公诉的时效期限，应从最后一次实质性行为结束之日起算。管辖法院可以是整个违法行为中任何一个行为发生地所在区域的法院。[③]

---

① 参见：Encycl. Dalloz，Répert. pénal，V° Infractions。

② 比较共谋与共同犯罪的概念，参见本书787。

③ 参见：J. Pradel，*Procédure pénale*，刑事诉讼法，12e éd.，Cujas，n° 85。

786 有关复合性的违法行为的概念，在海关法中极为有用。原因是此类违法行为中某些非关键违法行为很可能是在境外进行的，而按这种定义则可以视为是在法国实施的违法行为，这一概念可以使法国司法当局能对整个违法行为而不仅仅限于在法国境内发生的部分行为有管辖权。所以，如果一艘外国船舶在公海上将一批香烟非法卸至另外一艘舶舶，而该艘船显然要越过法国沿海才能将货物非法运进法国境内，则该船舶可以没收。①

787 在复合性的违法行为中，有必要区别两类情况：一类是连续违法行为，另一类是为同一目的而实施的组合违法行为。

只有实际行为超过一次以上的违法行为才能定性为连续犯。在海关法方面，这类违法行为是比较少的，最典型的例子是参加一个走私集团，这种参与行为一旦确立，其违法行为则不仅为单独一次，而往往是重复发生的。划分连续犯的意义在于可以把诉讼时效的起始日期推至最后一项行为完成之时。

为同一目的而实施的重复违法行为，与连续违法行为相反，它每一个行为都是独立存在的，可以单独给予处罚，但人们更愿意将这一系列行为看成构成某一重大违法行为的各个组成部分。人们必然会提到这样一个问题，这个案犯犯有的违法行为到底是数罪还是一罪，如果是一罪，定什么罪名？对此，终审法院曾做过判决，同一案犯在同一时间内，为了同一目的所犯下的各项违法行为应视为一项独立的违法行为，该行为必须是每一项行为都没有例外，跟第一次违法行为的性质相同。据此，比如当事人驾驶房车驶入法国境内，办理海关手续时将禁止类货物隐匿不报，然后利用同一运输工具，在无保税登记手册情况下，将私货运入海关监管区内，这样的违法行为不构成《法国海关法典》第 418 条规定的违反保税监管规定的走私行为，而应按《法国海关法典》第 423 条规定的未申报进口予以定性。②

3. 即决犯与非即决犯的划分标准

788 大家知道，即决犯与非即决犯的划分标准不在于案件的性质，而主要是查明或确认该违法行为的方式。在海关法范畴中，这种区分是非常需要予以考量的，因为海关在查缉走私行为过程中的权力，多数是为满足这种情形的需要而进行的授权。③

至于即决犯概念本身，和普通法一样，应依照《刑事诉讼法》第 53 条来解释，但与此相反，在海关法中，即决犯概念更多用于违规行为，而不是走私轻罪行为。④

4. 违警行为和违反海关监管规定的行为

789 这项划分标准是海关特有的，只适用于涉及走私货物的行为。因此，它跟那些不遵守法定义务的行为不同。推出这种划分标准的目的，主要是区别两类不同的违法行为，一类是违法行为人实施了侵犯性或诈骗类的实际行为，另一类则只有瞒骗和伪造单证的行为。

这项划分标准的意义只在于适用不同的罚金标准，现在已不再有实际意义。

---

① 1954 年 11 月 23 日艾克斯－普罗旺斯诉讼裁决第 1107 号。参见：Cass. crim. 27 févr. 2002, Bull. crim. n° 51。

② 1970 年 10 月 29 日终审法院刑事判决。

③ 参见本书 940 等。

④ 1982 年终审法院刑事裁决 D. 1982, 642, note C. -J. Berr。

二、数罪问题

在现实中，有关罪的竞合问题，主要区分的是两种基本情形。

（一）实质数罪

790 实质数罪，常常指的是这种情况：有一个人实施的几个应处罚的违法行为，同时可能触犯了好几个条款。基于不同的刑罚理论，法国法律与一些其他法有所不同，它在数罪并罚的问题上，从来没有给予适当减轻，尤其是当这种处罚涉及可能限制人身自由的问题上。①

在海关法领域，例如在几个违反海关法的行为中或者是违反海关法行为与违反普通法行为混杂在一起（比如盗窃了一幅画作之后再偷运出口，这是走私禁止出口物的行为），这些情形下出现数罪，这些数罪处以刑期所适用的原则，主要体现在《刑法典》第 132-1 及其后条款的内容中。②接下来，对违反海关法行为处以罚款和没收，主要依据的是《法国海关法典》第 439 条第 2 款，它规定："同时违反数项海关法规定的，按每项违反分别处以罚款。"所以，我们看到，这就需根据其分别违反海关申报的几个条款而构成不同违法的本身属性，来对这些违法行为进行区分。比如，一艘船驶入境，在申报的时候说是法国船籍，但实际上是外国船籍，这就违反了《法国海关法典》第 426 条 1 规定（在进口申报时就财产归属进行了虚假申报）③ 及《法国海关法典》第 427 条 3 规定（外国籍船舶使用伪造国籍证书进入法国领水），对此作出的处罚应当予以相加。④

在此还要再次提及，之前讲到的对基于同一目的而完成的数个违法行为的理论，它不属于法条竞合下的数罪并罚问题，当这种行为被认定后，往往第二个违法行为被第一个违法行为所吸收，因此只按一罪予以处罚。⑤

（二）想象竞合

791 违法行为想象上的竞合，主要指以下情形：一个独立的行为同时违反了几条法律规定。⑥ 应该说，这个行为从每一个单独意义上来说，都符合构成一个违法行为的实质要件，但对其作出的处罚，最后是择其重加以处罚。如果在普通刑法体系中，在该领域，已有相关司法解释，在海关法领域，就是《法国海关法典》第 439 条 1，该条规定："根据本法所做出的各项处罚规定中，当违法行为可以适用几种处罚条款时，应当选择最重处罚条款予以适用。"⑦ 这项规定跟刑法的基本原则相一致，当一些相同的违法行为既违反了

---

① 参见：G. Stéfani，G. Levasseur，B. Bouloc，*Droit pénal général*，刑法总论 19e éd.，2005，Dalloz，2000，n° 689。

② 根据这些条款，对构成多种违法行为，但是在一个案件中予以追诉的，这种情形只会做出法定刑期内最高刑的一次处罚；但如果是对几个罪行分开进行追诉的情形，则被宣告的刑期是在法定刑期内经累计计算适用最高刑，除经上一次判决已部分或全部没收财产的情形除外。

③ 参见以下判例：Cass. crim. 2 octobre 1975，Bull crim.，n° 201；D. 1975，IR，220；Doc. cont.，n° 1614；16 juin 1980，Bull. crim.，n° 190；6 mars 1989，*ibid.*，n° 104；26 février 1990，*ibid.*，n° 93。

④ 参见以下判例：Trib. corr. Nantes，31 juillet 1952，Doc. cont.，n° 1028. －Cf. égal. Cass. crim.，11 avril 1994，Dr. pénal，1994，Comm. n° 184。

⑤ 参见本书 787。

⑥ 参见：G. Stéfani，G. Levasseur，B. Bouloc，*op. cit.*，n° 686。

⑦ 参见以下判例：Cass. crim. 30 octobre 1997，Bull. crim. n° 364，p. 1222。

海关法规定，同时又违反了其他法律规定（税务、票据或普通法），这些规定了不同处罚结果的条款都可能被适用。① 这种情形，在《法国海关法典》第 440 条中做出规定："对使用侮辱、暴力、对抗、行贿或诈骗，以及以团伙、武装等方式进行走私的，除按本法规定予以处罚外，还应按照其他法律追究相应责任。" 同样在司法判例中也予以确认，当一个违法事实既构成对海关法的违法又违反外汇或者是公共健康法典时，进行数罪并罚。②

第二节　违反海关法行为的构成要件

792 通常说，一个违法行为在法律上的构成要件，包括实际实施了违法行为这一条件，还包括其触犯了法律条文中所保护的法益。③ 违反海关法行为的构成要件包括两方面：客观要件和主观要件。

一、违反海关法行为的客观要件

793 在现行刑法中，原则上，毫无疑问，如果主观上没有实施犯罪的意图，该行为不应当被处罚。同样，如果只是一般的威胁（《刑法典》第 222 条 17 和第 222 条 18 中有规定）或阴谋（《刑法典》第 412 条 2），亦不构成犯罪。这样的规定，只是表明立法机关是从实际着手实施犯罪计划那刻起，对违法行为予以追究的意愿。当然，尽管当今普通刑法已接受"危险思想"这个概念，但海关法还是强调客观归罪的概念。很少关注犯罪意图问题，主要关注是否将其犯意通过具体行为方式表现出来。

因此，违反海关法行为只有在某个客观要件存在的基础上才形成，也就是必须要有实际行为。接下来就是，是否还有必要强调对违法行为的认定，必须具备某种积极主动实施的行为（例如走私、在海关监管区内无货物通行证进行运输、违反法定义务等），相对此，

---

① 参见以下判例：Cass. crim. 22 décembre 1893, DP 1897, I, 302. -22 avril 1898, DP 1898, I, 495. -23 mars 1944, DA. 1944, 61. -12 décembre 1946, D. 1947, 95. -15 décembre 1949, D. 1950, 94. -29 février 1956, D. 1956, Somm. 103. -Cf. cependant, Cass. crim. 26 juin 1996, Bull. crim. n° 274, p. 934。

② 参见以下判例：Cass. crim. 10 janvier 1973, Bull. crim., n° 15 ; D. 1973, Somm. 23. -Rappr. 20 avril 1972, Bull. crim., n° 135 ; JCP 1973, II, 17585. -*Adde* : 16 juin 1980, Bull. crim., n° 311 ; D. 1981, IR, 275. -19 novembre 1984, JCP éd. E, 1985, I, 14775, n° 32. -Rappr. Lyon, 9 octobre 1986, Gaz. Pal. 1986, 1, 203, note C. Cadiot。

③ 关于违法行为法定构成要件，需要考虑到各种法益，尤其在不同时期可适用条款可能产生冲突的情形下，如在违法行为的事实构成要件时期，可适用的条款和后来以违法事实灭失或减轻处罚后果为内容的条款，可能产生的冲突。根据法理，除了一些相反情形外，从轻的新条款应当可以适用于在其生效前已构成但尚未裁决的违法行为。(Cons. const. 19 et 20 janvier 1981, D. 1982. 441, note Dekeuwer ; JCP 1982. II, 19701, note Franck)。但是，在经济、财税和海关事务领域，根据立法条款，但是，在经济、税收和海关方面，"当立法条款、对定罪的法律支持仍然有效时，废除为适用该条款而采用的条例就没有溯及力"(Cass. crim. 7 juin 1990, Bull. crim. n° 232 ; D. 1990, 584, note J. Pannier)。对某些以西班牙为目的地的出口行为的违法性是否具备犯罪属性的事后审查条款取消了。参见以下判例：Cass. crim. 8 mars 1993, Bull. crim., n° 102 ; JCP 1994. 11. 22223, note J. Pannier ; Dt. pénal 1993, comm. n° 163, obs. J. -H. Robert. - 26 mars 1998, Bull. crim. n° 116, p. 306. -A propos de l'adhésion de la RDA à la RFA, cf. Cass crim. 2 juin 1993, *ibid.* n° 198, p. 495. -6 février 1997, *ibid.* n° 51, p. 166。

还有一类因疏忽大意所造成的违法行为，例如未经申报的进出口行为，以及未交验货物等行为。

794 但是，在此方面领域有难点的原则主要在于海关刑法和普通刑法都不需要有实际的犯罪后果才给予处罚。在违法行为后果出现前，对带有明显违法意图的客观行为就可以给予处罚。因此，它至少是属于犯罪预备的行为。这是一个不容置疑的原则，但在它的具体适用中，无论是过去还是现在，在法理上一直有着激烈争论。预备行为与已经开始实施行为间的界线，必须承认，的确是互有交叉，在法学上的研究趋向于认为，这个界线可能随时代刑事政策的需求而有变化。持自由刑法的传统观点就认为，预备行为的概念本身就是必须有一个客观的具体行为。如今，有时仍然很困难去辨清这非常多样化的法理上的解释，但人们似乎已经大大地把一种主观标准引入了对预备行为和违法行为的开始阶段的区别中。事实上，对终审法院来说，已经开始实施违法行为，当今通过对其意愿进行定义，指“实施了意在构成轻罪直接相关的行为，并且带有一种明显有意识的行为”。[①] 换句话说，行为实施真正开始的认定条件是，必须有一个完成犯罪行为的主观意图。

795 从研究的角度看，这种结构在很大程度上是人为的。实际上，从主观上怎么来解释虽已开始实施但尚未达到预期效果的犯罪行为呢？犯罪行为的中止往往是基于外部海关官员的干预，才中止的；如果是行为人主动中止犯罪，他可能还没有构成违法行为应具有的真正有决定性的、不可动摇的犯罪意图。所以，我们可以说，从结果来看，如果是在完全符合逻辑的条件下，犯罪意愿没有完成（或自动中止）是一种信号，会使人产生这样的错觉，误以为行为人仍处于预备阶段，且本人还未开始犯罪，已经发生的犯罪行为是自动产生的，只能靠外部力量去制止它。然而，刑罚理论认为，实际行为中客观性的概念无论多么重要，都必须区分预备行为和行为开始施行这两个概念，还要区别实施行为开始的主动中止和被动中止。很明显，这种理论达到的结果与我们所持的观点正好一样，但它却竟无意义地把问题搞得相当复杂。真正的行为开始施行表示着一项欲达到一定目的的行为，因为与即遂行为的唯一区别在于其目的是由于被动中止没有达到。这样一个概念有必要明确地做出如下区分：

——某具体行为，但该行为与行为者完整实施违法行为之间并没有必然因果关系，通常此类行为不负法律责任；

——当事人实施了必然引起违法结果的行为，但可能与预期的结果状态不一致，在这种情形下，有可能还是要给予处罚（不用说在这些情形也是应予处罚的）。

796 据此，有关违法行为构成的客观要件在此引出如下疑问：

（1）在什么条件下，该实质性的行为可以被认为促使行为人的行为产生了必然的犯罪结果？这是犯罪意图的问题。

（2）在什么条件下当没有实现犯罪目的事实，是否对处罚结果有影响？这是属于未遂的问题。

（一）犯罪中止

797 《法国海关法典》第 409 条规定“一切违反海关法的犯罪中止均视为犯罪本身”。此条规定先后引出犯罪中止的概念和对犯罪中止的处罚问题。

---

① 参见以下判例：Cass. crim. 25 octobre 1962，*D.* 1963，221. –Cf. G. Stéfani，G. Levasseur，B. Bouloc，*op. cit.*，n° 235 et s。

1. 犯罪中止的概念

798 实际行为的行为人无论将其违法行为实施到什么程度，我们都必须承认，如果行为因主动放弃而中止，便不受任何处罚。普通法的这条规则同样适用于海关法中，尽管我们在海关司法判例中找不到直接的例子。事实上，海关对故意违法行为展开取证时，海关干预的本身，一般都会使案犯运用主动中止来做挡箭牌。

此外，还应注意，被动中止这个概念在海关法中有很广泛的解释。对此，包括行为人自己决定中止犯罪，倘若能认定这种决定是由于行为人恐被查获而作出的，而且这种恐惧是由于一些外部情况（比如响声、令其停止的命令）而造成的，对此类违法行为当然必须予以处罚。因为我们认为，这种中止行为，尽管表面上是自愿的，但不是主动的。[①]

799 犯罪中止，除了中止应具有非自愿的特征之外，还必须包括其客观表现已经超越简单的预备行为阶段，这是普通法中广为人知的原则。然而，在海关法中，这条原则有其独到之处。可以从两方面来理解它的独到之处：一方面，某些行为在普通法中被视为预备行为，而在海关法中却认定为违法行为，因而属于自动违法行为；[②] 另一方面，法律倾向于限制预备行为的期间，而将此视为实施行为开始的时间。这样做很可能是为了强调这样一种事实，即违反海关法行为的特殊性，在海关法中某些行为已着手实施，一般不具备与普通法中预备行为相符的特征，因此，法院通常认为，只要有表明行为人可以顺利完成犯罪的行为，就构成已着手实施的行为。[③] 在大多数情况下，这种行为的构成在多数情况下，是由行为人被查获时所处的客观环境而带来的必然结果。比如，携带禁止入境物品的旅客，只要在车站乘上将穿过边境的火车车厢，对这种违法行为的认定就不需要等到他抵达目的地了；同样，边境地区的居民，将牲畜领出边境，又将它们赶回道上，但是，由于这些牲畜没有经由合法路线跨越边境，从结果上看，无论行为人承认与否，都不可能再去认定他曾想把牲畜领到某一海关去办理手续。[④]

800 有时情况并不像上面那么简单，事实上，如果指控案犯的行为不能使人认定其犯意实际存在，问题就会复杂化。从普通法角度看，在适当考虑案犯供词方面，是有所迟疑的，[⑤] 但在海关法中，做出相应处罚的必要性，就决定了必须对供词的特殊性作用采取一定的措施，在一定程度上供词在事实定性中起着决定性的作用[⑥]。比如，某人因在山区小

---

① 参见以下判例：Trib. corr. Nice 5 octobre 1970, Doc. cont. , n° 1508（机场行李在海关通关前被宪兵检查）；Cass. crim. 2 février 1966, Doc. cont. , n° 1428（司机在路上看到海关官员巡逻时转弯掉头）；Pau 16 février 1965, Doc. cont. , n° 1433（运送猪的过程被海关官员检查打断）；Aix-en-Provence 29 mars 1954, Doc. cont. , n° 1099（在通往边境的山路上运输，被脚步声、掉落的石头以及要求停止的警告声打断，暗示着执法人员的到来）；Trib. corr. Seine 19 décembre 1956, Doc. cont. , n° 1304（被英国当局查获一个拟进口到法国的包裹）；Cass. crim. 23 avril 1953, Doc. cont. , n° 1047。（因为船主领航船附近出面，船长拒绝向被告交付一批香烟）

② 参见：例如，《法国海关法典》第418条，根据这些条款规定，对某些禁止出境的货物持有和运输，在一定条件下，构成了企图通过陆路走私的行为。

③ 参见：Encycl. Dalloz, Répert. pénal, V° Tentative。

④ 参见：Pau, 16 février 1965, Doc. cont. , n° 1433. -同样参见：Cass. crim. 23 avril 1953, Doc. cont. , n° 1047。

⑤ 参见：Encycl. Dalloz, Répert. pénal, V° Aveu。

⑥ Berreville, *Le particularisme de la preuve en droit pénal douanier*, thèse, Lille, 1966。（博士论文：海关刑法中证据的特殊性）

道上携带一批银器被截获后供认有逃避海关监管的意图，该口供便能消除其行为的一切模棱两可性，因而他再也没有可能申辩说他仍处在简单的预备阶段。[①] 某些法院在认定已着手实施的主观方面更进一步，裁定供认有将禁止或限制进口的货物输入法国的意图就构成开始实施犯罪。[②] 这样一个司法判决，将违法意图的概念极端抽象化，我们在采用它时应当格外小心。我们不能忘记，行为实施初期必须具有最小的客观特征，以避免对犯罪的系统研究导致出偶然的投机。

无论如何，被指控有违法行为的人的行为具有模棱两可性，且不能据理认定其有义无反顾的犯罪意图，法律只能因证据不足而免予起诉。[③] 为此，如果在一条船上被发现有一定数量的鲜鱼，我们赞成初审法官拒绝将船东包括在有罪推定范围内的态度，因为我们显然没有理由认定所载的鲜鱼一定会被非法地卸在法国沿岸，而不会卸到某个外国港口。[④]

2. 对犯罪中止的处罚

801 从《法国海关法典》第 409 条的字面上讲，只有走私行为构成轻罪的情况下犯罪中止才应予处罚，也就是说，与普通法规定一致，违规行为的中止免予处罚。这样，可能会出现令人遗憾的情形，即对犯罪中止给予处罚，对真正实施走私的主体来说可能威慑力不大，因为多数情形下，这些违法主体可能仅只是走私行为的实施者。确实，有关走私关系人的理论，有一定的弹性，它令违法行为的真实犯意主体可能逃脱，他们可以不需冒风险而坐享其成。同样确实，对主观上有走私意图进行处罚，可能会遭遇到根本性的障碍，即法律规定必须有实施行为作为处罚条件。我们同样会注意到《法国海关法典》第 100 条，该条款通过 1983 年 2 月 2 日的法令进行了修改，主要是要跟共同体海关法相一致，该条款给予相对人更多的自由空间。[⑤] 根据这条法律，报关人在法定条件下，可以修改正式报关单中的某些项目，也可以在海关官员对货物进行查验之前申请撤销报关单。

802 如果已着手实施的行为发生在法国境内，对犯罪中止的处罚不会产生特别的问题，但是，如果有意图实施某行为发生在境外，这种情形就变得更为复杂。为了准确地理解这个问题，最好先确定一下其在普通法中的位置。

首先，《刑事诉讼法》第 113-2 条，取代了先前文本第 693 条规定的内容，“一切其中有一个要件特征的行为系在法国进行的违法行为，均视为在法国既遂”。

据此，在境外所进行的具备全部客观要件的违法行为，不受法国法院管辖。不过，倘若一项全部在国外完成的违法行为，附属于在法国国内发生的一起犯罪案件，司法判例有时也避开了刑事法律制度中地域管辖原则的这一逻辑结果。[⑥] 倘若一起在外国发生的违反海关法行为，与在法国领土上发生的犯罪行为相关联，自然也采取同样的解决方法，而且最高法院已裁决，法国司法当局对由外国人从事的非法出口行为有司法管辖权，即使行为

---

① 参见：Aix-en-Provence, 29 mars 1954, Doc. cont. , n° 1099。

② 参见：Trib. corr. Nice, 5 octobre 1970, Doc. cont. , n° 1508。

③ 参见：Cass. crim. 22 juin 1987, Bull. crim. n° 257, p. 697 ; Doc. cont. , n° 1783。

④ 参见：Pau confirmant Trib. corr. Bayonne, 8 octobre 1958, Doc. cont. , n° 1279. -Comp. Cass. crim. 23 octobre 1969, Doc. cont. , n° 1489。

⑤ 参见本书 331 和《海关法典》第 377 条。

⑥ 参见：Cass. crim. 2 juillet 1932, Gaz. Pal. 1932, 2, 532. -9 décembre 1933, Journ. dr. intern. 1934, 898 (recel de choses commis à l'étranger après un vol perpétré en France)。

人在外国居住，而且最后行为结果也是发生在外国。[①] 更为有理由的是，其中一部分要件在境外形成，另一部分要件在法国境内完成的复合违法行为中，完全可以根据违法行为的整体定性追究行为人的法律责任，[②] 依据是违法行为不可分割的理论。

803 《刑事诉讼法》第 113-2 条，之前已经提到过，它只适用于即遂的违规行为。本可以说，与走私违法轻罪中的中止的相似性比较而言，这只是一个纯理论问题。但如果说鉴于在国外进行的犯罪行为只有法国和外国法律都对此规定应予处罚情况下才可以在法国追究刑事责任，那么，犯罪意图也只有在外国法律本身对其也比照即遂犯罪行为进行处罚的情况下才可以在法国追究法律责任，要是这样，我们便错误地理解了这个问题了，因为后一种情况还不具有普遍性。[③]

无可非议，如果具有已着手实施特征的行为有一部分是在法国境内进行的，追究犯罪中止的法律责任便不存任何困难，《刑事诉讼法》第 113-2 条规定的原则，并不影响在这种情况下，把犯罪中止视为完全在法国境内形成，理由是构成违法行为要件之一是在法国境内完成的。

还有一种情况也无可非议。就是具有已着手实施特征的行为发生在国外，但导致犯罪中止的主观因素之外的原因，发生在法国。这就足够确认，犯罪中止的行为人的主动中止也是犯罪意图的一部分，这样即使真正的行为实施发生在外国，犯意仍可以视为在法国形成。

仅仅在海关方面，犯罪意图的中止一般与犯罪事实泄露相吻合，而且犯罪事实都是在法国或是在出入边境时被查获的，因此，这种中止行为本身就是法国法院对它的管辖权的理由，余下的是确定犯罪中止的两个要件，即已着手实施行为和因主观意愿之外的因素中止，如果这两个要素都发生在外国时，由于中止与法国境内之间缺少关联性，这些就不能在法国起诉，甚至即使是对一个法国人来说，《刑法典》第 695 条确定了以上规定，后来被 1992 年 12 月 16 日法律修订中所吸收（第 64 条）。

804 海关法法理在此方面仿佛与普通法截然不同。它以一种完全大法官的姿态，趋向于原则上可对在外国领土形成的犯意进行处罚，而且不受已着手实施行为中止地点的限制。

人们这样可以推出数种假定，假定在边境环节的货物是被外国海关查扣的，[④] 而且某些上诉法院毫不犹豫地确定在进口环节犯罪行为的存在不一定要以穿越边境为前提，也不需以货物进口的客观事实为条件，只要发现行为人有卸货的意图即可。[⑤] 比如，假定某人曾在伦敦接受别人交给的装有钻石的包囊，不久便在伦敦被捕，并在英国因犯有走私出口罪被判刑，这种情况下，法国法院可因此以有向法国走私意图为由对其予以处罚。法国司法当局认为这些只能从表面现象来判断的行为，对案犯来说构成向法国进口禁止或限制商

---

① 参见：Cass. crim. 17 novembre 1965, Bull. crim., n° 236, p. 533 ; Rev. sc. crim. 1967, 171, obs. Légal。

② 参见：例如 Cass. crim. 20 octobre 1959, D 1960, 300, note P. Lagarde. - 28 janvier 1960, Rev. sc. crim. 1961, obs. Légal。

③ 参见：A. Huet et R. Koering-Joulin, *Droit pénal international*, 国际刑法 PUF, 3e éd., 2005。

④ 参见：Cass. crim. 8 juillet 1948, Doc. cont., n° 835。

⑤ 参见：Aix-en-Provence, 29 mars 1954, Doc. cont. n° 1099. -Comp. Cass. crim. 29 jan-vier 1975, Bull. crim., n° 34, p. 90 ; Doc. cont., n° 1605。

品意图的行为实施，这种犯罪行为有别于案犯在英国受到处罚的犯罪行为。[①] 最后，最高法院曾在一起特别有代表性的案件中已经确认这种立场，这起案件的案情是这样的：案犯在西班牙邻近法国边境的地方被截获，当时他准备携带走私物品进入法国，案犯因此被西班牙法院判刑，后来他在法国法院的传讯中，承认其有将违禁品携带进入法国的意图，于是上诉法院免予起诉判决被撤销，原因是上诉法院没有考虑调查笔录中的供词，该供词证明案犯有将其携带的物品带入法国的意图，所以，不一定需要案犯的已着手实施发生在他已经看到某一法国海关边境检查站，因为在海关设关地点以外进口或企图进口就构成走私行为。

805 法律对在外国形成的犯罪意图采取的这种基本态度，可以使我们看到海关法在此方面制定的规定是多么独具一格，这套制度几乎处在普通法边缘，最终达到了对“危险状态”给予真正的而不是表面的处罚的目的。[②]

（二）犯罪未遂

806 与犯罪中止相比，虽然这两种情况下结果都没有达到，未遂犯的特点在于，未遂是行为人不间断地一直进行的实际行为未能进行到底，近似于意外失败。对于犯罪未遂，应当区分两类情况，一类是未得逞，另一类是不能犯。

1. 未得逞

807 我们把未得逞定义为，已具有所有要件，由于意志以外的客观障碍使犯罪未遂。不难想象，海关法中也存在着类似情况，例如，一走私犯在穿越边境时其携带的包裹不幸掉入河中；一批私货的发货人因运输车辆发生事故，包裹没有到达目的地，等等。

未得逞犯比照犯罪中止适用的法律处罚，实际上，根据《刑法典》第 2 条规定，犯罪中止不仅仅取决于行为实施的中止，它还应具有行为实施由于行为人意志以外的原因，未达到其效果的特征。这是为什么法学上将某人携带钞票登上一外国轮船欲购香烟，但因船长拒绝出售而未遂的行为，视为有非法出口货币的犯罪意图。[③]

2. 不能犯

808 不能犯与上一种未得逞犯的区别在于行为没有进行到底的原因不同。我们可以依据普通法的法律原则，将当今法学中行为不能与法律不能的区别移植到海关法中。[④]

行为不能实际意味着，尽管犯罪意识很明确，而且法律规定应予处罚，犯罪行为却因为一种意志以外的客观障碍而未达到目的。我们可以想象出这样几种情况，某人因超量携带自称为酒的物品被海关扣留，但海关检查时，发现不是酒而是水，尽管如此，行为人也要负法律责任。据此，法律上将误认为是真钞的假钞非法携带入境的行为按非法进口外汇判刑。[⑤] 海关法中对此唯一的困难在罚金的计算，因为罚金是按私货的实际价值计算的。而且法律也没有明确规定假钞应如何计算实际价值，原则上讲，由初审法官运用《刑法典》第 438 条赋予他们的权力自主地确定私货的价值。[⑥]

---

① 参见：Trib. corr. Seine, 19 décembre 1956, Doc. cont. , n° 1304。

② 参见：Cass. crim. 27 mars 1968, Bull. crim. , n° 107 ; Doc. cont. , n° 1469。

③ 参见：Cass. crim. 23 avril 1953, Doc. cont. , n° 1047。

④ 参见：Encycl. Dalloz, Répert. pénal, V° Tentative。

⑤ 参见：Dijon, 18 octobre 1948, Doc. cont. , n° 844. – Chambéry, 4 novembre 1948, *ibid*, n° 850. – Caen, 5 décembre 1957, *ibid*, n° 1245。

⑥ 参见：les trois arrêts précités。

809 至于法律不能，它与前种不能大不一样，原因是其法律要件不存在于行为人的思维之中。换句话说，犯罪意识的确存在，而且作为犯意客观表现的实际行为在各方面都与行为人犯意相符，只缺少法律上对此行为的有罪性，该违法行为就完整了。例如，某人走私进口禁止或限制进口但在法国却可以自由买卖的药品，就属于我们讲的这种情况；同样，某旅客为发泄他的坏脾气，而去辱骂他以为是海关官员的人员，也属于这种情况。

尽管在海关法领域，我们提供不出相同的实例，但逻辑上讲，它应当遵循普通法的原则，即对这种违法行为免予处罚。

二、违反海关法行为的主观要件

810 就海关违法行为的主观要件，在连续几年间都经历着一些根本性的改革，因此我们可以想见，它得益于1992年《刑法典》的改革同时，也还有几个方面存在争议。

从最早的规定来看，人们都一致同意，将违反海关法行为归入到无需主观要件的违法行为中（它是一种事实违法）[①]。换言之，只要法律规定的事实行为已实施，它的行为人就可以被定罪，除非一些特别情形。作为一项一般规则，并考虑到《法国海关法典》第369条第2款规定，法官不得以无犯罪意图对违法行为免予处罚。由此可见，对违法意图予以推定，在此看来是无可辩驳的。

当然，后来1977年12月29日对该法的修订中取消了这一“禁令”，而引入了适用减轻情节的机制，到1987年7月8日进行法律修订时，只需简单地删除第369条2的文本内容，就将缺乏犯罪意图的事实违法行为的行为人获得得以开脱的可能性，又赋权给了法官。从这次法律修订后，对在此之前发生的对违反海关法行为的追诉，都可以用主观上无过错来追诉。[②]

但是，判例和理论均没有明确，行为人在承担海关刑事责任问题上，是否存在犯罪意图应当由公共部门来确定。[③] 的确，尽管确实有某些特殊性存在，并且一般刑法规则本身也接受，对一些违法行为主观上的过错可以采取推定（例如违规行为）[④]。

811 《刑法典》改革对这一系列的规定产生了波动：《刑法典》第121-3条明确规定，没有犯罪意图，则不构成任何犯罪或轻罪行为。然而，它又补充说，基于法律规定，因为不慎、疏忽大意或者基于行为人置于危险的行为，这些情形可以构成轻罪。如果该条款仍可能使人们质疑其是否适用于海关犯罪，那么1992年12月16日该法的适用性条款，其第339条中都规定了该内容，即“即使法律没有做明确表达，但是根据本法生效前的法律条款所规定的，因行为人不慎、疏忽大意或故意置危险不顾的行为，该轻罪行为均成立”。至此，没有什么与以下内容相对立的内容，即如果不需要公权力部门来证明主观过错的，除了明显的瞒骗意图，至少行为人要有不慎或疏忽的过失存在。从实践的角度来

① 参见：Allix, *op. cit.*, T 2, p. 310; *Pallain*, *op. cit.*, T 3, n° 2701。

② 参见：Cass. crim. 16 mars 1989, D 1989. 515, note C. -J. Berr. -5 septembre 1989, Dr. pénal, 1989, n° 67. -1er octobre 1990, JCP 1990, II, 21650, note C. -J. Berr。

③ 参见：Ph. de Guardia, *L'élément intentionnel dans les infractions douanières*,（违反海关法行为的主观要件）Rev. sc. crim. 1990, 487。

④ 参见：Pradel, Droit pénal général, préc., n° 525。

看，这种改变的范围可能主要是象征性的[①]，因为这种举证责任的倒置，让一些“专业性”非常强的违法行为，不至于给公共行政部门带来太大的困难，将海关罪行同化为普通法罪行，将让程序得以合理简化并且符合当代情感。

812 然而，《刑法典》第121-3条，从其文字表述上看，至少留下这样一个重要问题：即事实上，人们将注意到，该条只是涉及犯罪和轻罪行为，不包括违规行为。对此，从同一条的表述中来看，其第3款规定了除“不可抗力”之外的事实违法行为。换言之，就主观意图的争论并不仅限于违规问题上。

在一般刑法规则中，就轻罪和违规行为加以差别对待无疑是有道理的，因为违规行为人给社会造成混乱，理应得到惩罚（不可抗力的情形除外），除非后者能证明自己不存在主观上的恶意。但在海关事务领域，众所周知，构成违规或轻罪行为的区别，往往并不是基于其严重性程度，而是与跟该案相关的货物属性有关。例如，走私行为的构成要件，在《法国海关法典》第417条中有定义，应当符合该条第三类违规行为要件，这是在该违法行为下涉及是非禁止类或非重税类货物的情形（《法国海关法典》第412条第1款），但当该违法行为下所涉货物属禁止类或重税类货物（《法国海关法典》第414条），则它会上升为第一类轻罪。因此，可以指出的是，这种定性上的区别，完全是基于案涉货物性质上的差异，走私违禁或重税货物显然比走私普通货物要严重得多。甚至应该补充的是，这种区分似乎符合《刑法典》第111-1条，该条规定，刑事犯罪是“根据其罪行的严重性做出犯罪、轻罪和违法行为”分类的。然而，与罪行严重性相关联的特征，在此必须有一些细微的改观：海关法对违禁或重税货物的概念做了人为制度上的设计[②]，不能无保留地决然断论，不定期地携带一瓶威士忌（构成轻罪）入境就会比走私几包衣服（一般违规，除非后者属限制类货物）违法性来得更为严重。

813 正是基于这些基本的考虑，法院判例首先将废除《法国海关法典》第369条2的好处，扩大适用到了海关法上的违规行为，同时考虑到，由于不允许法官对违规行为人主观上无过错免予处罚条款的取消，在此并没有对行为性质做明确界定（是轻罪还是违规），也可以对它们适用特别条款[③]。

面对《刑法典》新的修订，人们就提到过保持当前法律文本趋同的可能性，这次比较积极，它明确区分了轻罪和违规的情形。从机会上来看，对海关轻罪行为规定一个内在的主观要素的判断（主观上是基于不慎还是疏忽大意），给违规行为人留下的可能，只能是以不可抗力作为对抗的理由。根据一般认同的概念，显然轻罪应该比违规更为严重，然而，在此显然形成了一个悖论。在这种情况下，在一些相同案件中，人们为了规避对一些不明显但也已构成违法的行为加以追诉的风险，并最终避免就行为人主观上有不慎或者是疏忽大意的过失加以举证，就形成了，只要没有不可抗力的情形（这是非常例外的情形）

---

① 例如，1993年5月14日公布的法的适用的解释（第28点）指出：“然而，相应的处罚看上去并不会大大减少，因为这些罪行大多数均由于不遵守规定的专业人员产生不慎或疏忽大意而形成。”然而，必须指出，判例法尚未在这一点上有任何发展，也没有朝着我们所倡导的方向发展。参见：例如Cass. crim. 11 déc. 2002, Bull. crim. n° 225。同时参见：Cass. crim. 9mars 2005, D. 2005, p. 1529, note C. -J. Berr. -11déc. 2003, D. 2003, Inf. rap., p. 666。

② 有关禁止类货物或重税商品的概念，参见本书第216。

③ 参见：Cass. crim. 13 novembre 1989, Bull. crim. n° 409, p. 989. -20 février 1997, *ibid.*, n° 73, p. 241。

存在，就都可以予以处罚。

根据文本表述，似乎仍有必要重申，将《刑法典》第121-3条款对海关法上的违规行为所适用的解决办法，扩展适用到构成轻罪的情形。这同样有利于推动就《法国海关法典》所明列的形式下，对海关法上的违规行为主观要素所处的地位予以考察，并就与此要素相关的免责理由加以考虑。

（一）违反海关法行为主观要件的地位

814 在相当多的情形下，《法国海关法典》都明确强调了违法行为主观要件必须存在。例如《法国海关法典》第399条2，针对那些明知故犯掩护走私或试图让他们逍遥法外的人、第413条2规定的提供主动协助的行为人。在此还必须就相关利益特别强调，在后一种情况下，其主观要件存在的必要性，是从构成违规行为的角度所要求的，而不是轻罪行为。在非正式表达的情况下，有时对违反海关法的行为定性也会有同样要求。《法国海关法典》第415条规定了与洗钱犯罪相关的金融交易者，“如果他们知道”这些资金直接或间接来自非法贩运。[①] 同样，该法第413条2规定了对违反第53条1的行为进行惩罚，它要求应该有违法意图存在。很难想见，海关官员在履行职责时，除了通过一个对其在做什么有充分知晓的人之外，很可能遭到侮辱、虐待或干扰。

最后，我们将考察，《法国海关法典》第398条对海关轻罪中的共谋，将适用《刑法典》第121-6条和第121-7条条款，这后两条条款规定，有主观意图是构成共谋的基本要素[②]。

以上所有的情形，都一直要求公共部门能主动积极地确立主观要件。

815 与这第一类相对比较特殊的违法行为相比，还有一类一般的违反海关法行为，典型的例子就是走私或伪报。我们学习一下，第369条2立法原意就是针对这两种情况规定的，它有两个效应：一是它免除了由公共部门来确立欺诈意图的义务；二是被告无权以非故意来推卸责任，也不许他从客观上证实这种善意来逃脱应受的惩罚。那么，能说违反海关法行为不需要主观要件吗？答案显然是否定的，因为我们在刑法方面应当区分真正的犯罪意图和行动意识。我们多次强调的海关法的特殊性在此则应当服从刑法的根本原则，即如果完全没有犯罪意图，便不可能有犯罪行为。因此，一般的违反海关法行为和其他违法行为一样都要求行为人是有意识地完成其具有违法特征的实际行为。

这方面的连续改革，虽然恢复了法官过去更好地考量被告犯罪意图的权力，但并没有真正改变构成违反海关法行为的结构。如果现在缺乏一些无可辩驳的特征，那么对瞒骗的主观意图进行推定仍然是追诉的依据。

816 《刑法典》的改革对第三类的违法行为没有构成任何影响，对此，立法者有时只着眼于纯粹的事实违法的情形，这种时候，只要能证明有违法行为存在，就意味着违法行为成立。例如，《法国海关法典》就包含了这样的条款，走私货物的占有人就可被视为走私行为人（《法国海关法典》第392条1，第400条）；同样，船舶的船长或飞机的机长对其船上或机上发生的违法行为负有法律责任（第393条）。在此，对后者而言还必须指出，作为经授权的海关主管（第396条），海关法典已规定，有关剥夺自由的监禁刑，只能适用于存在“个人过错”的情形。

---

① 同样参考《法国海关法典》第419条3和第428条2。

② 参考本书847。

海关法领域有关违法意图的争论一直没有在法庭上对抗过，也应引起了对其的关注。一旦需要对这一领域进行考察，就应针对与主观要件相关的免责理由好好考察一番。[①]

（二）涉及主观要件的免责理由

817 海关惩罚法律制度，长期以来就以独立发展的方式，逐步形成了一系列免责规则，考虑到《刑法典》所带来的一些重要改革，当今很难想象它能否继续保存其现有状态。因此，在被告予以抗辩的理由中，如果出现法律上不可逾越的错误，则必须将这种让走私者利益得到实现的借口予以终结。[②] 从更广泛的方式来看，借助普通刑法的最新发展，这两个争论可发生在对违反海关法行为的追诉中，分别涉及有罪性和可归罪性两个问题。[③]

1. 有罪性

818 被告可以在无须表明其行为动机的情况下，尝试对此加以证实，用来开脱其具有违法性的一面。[④] 在他可采用的通常做法中，要么是证明紧急避险，要么是证明有无法预见的过失存在。

819 “紧急避险”的情形是一直到《刑法典》进行改革时，才被写入条款中。行为人明知违法但为了自己或帮助别人避免较大的损害而不得不实施的违法行为，[⑤] 这种情况，我们可以把它定义为“紧急避险”。一经成立，它可以作为违法行为得以开脱的一个事实，因为它保护的是社会秩序的利益。我们承认，行为人被迫造成的损害对社会不形成危害，而且在一定程度上，其行为是一种主观上应尽的义务，如果行为人存在着选择的可能性，并且是否违法取决于行为人本人，在这种情况下他不能运用“紧急避险”。

在海关法范畴中，“紧急避险”已由立法机关规定在《法国海关法典》第 399 条 3 中，适用对象为走私行为关系人，紧急避险情况下参与走私活动的行为人不视为走私行为关系人。尽管在我们看来这项规定主要涉及有罪性而不涉及可归罪性（因为行为人的行为还是有罪的），但奇怪的是，“紧急避险”的适用范围，只限于走私行为关系人，而我们很难想象这些人会遇到这种情况。同样的想法是第 81 条 2 的古老规定，该条文允许飞机的机长沿途投掷其装载的货物，这种投弃主要是为保证飞机安全。所以法律上，据我们所知，始终未能提供一个海关方面运用“紧急避险”条款的实例。

相反，自从《刑法典》第 122-7 条将这条内容引入，似乎没有理由反对将此条款扩展适用到海关法领域，该条款规定：对其本人、他人或财产正在发生或迫在眉睫的危险，不得不采取一定的行动来保全人员或财产的行为，不负有刑事责任，除非所采用的手段与该财产的严重程度不成比例。不难想象，随着《刑法典》用语的现代化发展，这种“不承担法律责任的理由”，当然也可以在海关法适用中占有一席之地。如某人进口一批禁止进口的药品，理由是他认为或他相信这是唯一能够医治濒临死亡的病人的选择，从而采取了这种主观意图显然存在而要被处罚的风险。行为动机在道德上不受谴责的性质，并不会

---

① 有关主观意图的争论不仅仅出现在普通法庭做出的判例中，在预审法庭做出的判例中也存在：Cass. crim. 30 septembre 1991, Doc. cont. , n° 1872. -4 novembre 1991, JCP éd. E. , 1992, 170, n° 17, obs. C. -J. Berr。

② 参见本书 820。

③ 为了不让读者感到混淆，这些问题一直都保留在有关违反海关法行为的章节中，尽管可能在下一章处理这些问题可能更为合理。

④ 不用说，假设瞒骗意图的举证责任由公共机关承担，很少会有被告对在对抗中保持积极的状态。

⑤ 参见：J. -Y. Chevallier, L'état de nécessité, Mélanges Bouzat, 1980, p. 117。

使他的行为丧失违法性质。因此，使用紧急避险理论，是为了消除行为的违法性一面，从而免除其应承担的法律责任。

820 《法国海关法典》第 399 条 3 对无法预见的过失做出了规定，其可以成为对走私行为予以免责的理由。该条款的适用要求行为人本身没有任何疏忽大意，换句话说，不论是谁，只要处在他的位置，都不可避免会出现这样的过失。

而判例法，一般来说，对这种豁免理由只有在非常保守条件下才使用，首先是要排除任何法律理解上的错误，其次，需要证明在当时的情境下，当事人绝对不可能对走私嫌疑货物的来源进行询问。①

1987 年海关法的改革，给该理论留出了一定的空间，它允许当事人对一般违法行为，均可提供证据证明其主观上无恶意。人们可能会误以为，那些参与走私的当事人，在这里好像比其他人得到更好的对待，其糟糕的处境有机会适用一项可能令他重获自由的法律。任何被指控犯有违反海关法行为的人，都必须对他自己的过错，即使是不可预见的过失进行辩解，只要这种过错涉及一个即存事实（例如，转运途中将本应是跨境出口到国外的商品运到法国领土内的情况）。

另外，只有《刑法典》第 122-3 条规定，才考虑了法律上认知错误的情形。该条款规定，如果行为人能够证明的确是基于法律本身的问题，令其没有采用措施去避免或者去合法地做出某种行为，他可以不承担法律上的责任。在普通刑法进行制度创新的过程中，就不可预见的过失只能在一些特别例外的情形下适用，主要是在违法行为中，能够证明他是基于行政当局提供的错误信息或者是规范性文件发布错误而做出某种行为。②

2. 可归罪性

821 普通刑法关于可归罪性的原则在海关方面同样适用。行为人只有在行为自由并且是在主观意图促使下实施的违法行为才能予以处罚。

因此，从《刑法典》在该领域所作出的适用情形来看，根据法律条文所做的明确区分，精神能力受胁迫的被告，其法律责任可能完全被免除，或适用减刑或其他处置（第 122-1 条）。

海关也考虑过多种具有胁迫特征的情形，包括受到威胁、人力不可抗拒或者是行动自由受到限制。

822 在胁迫方面，《刑法典》的修订并没有显著地改变之前的法律。如果说《刑法典》第 122-2 条规定："处于无法抗拒的武力或胁迫之下行为人，可以免除刑事责任"，将胁迫更明确地区分了客观胁迫（武力）和主观胁迫（精神）的双重胁迫，但这些概念在海关法中是已熟知的概念。这两者均需要有一个作用于行为人并限制其自由的外部力量，迫使行为人做出了违反法律的行为，而这种行为并非基于其自己的意愿做出的。另外，这种外部力量应当是不可抵抗的，而不应当仅仅是一种可以逾越的压力。最后，我们还必须强调，通常这种胁迫应当是无法预见的。主观被迫不消说，是一种促使行为人身不由己地实行犯罪的被迫，推动该主体"如同他自己"去实施了某种犯罪，等如某些信念或

① 参见：Cass. crim. 27 juillet 1937, Doc. cont., n° 522. -8 août 1949, *ibid*, n° 899. -Colmar, 9 novembre 1951, *ibid*, n° 985. -Douai, 17 novembre 1955, *ibid*, n° 1242。

② Pradel, *Droit pénal général*, 刑法总论 *préc.*, n° 499。参见：Cass crim. 7 novembre 1996, Bull. crim. n° 398, p. 1158。

某些其没有力量去抵抗的动力，遗憾的是法院对主观被迫性不给予任何怜悯和仁慈，因为问题仍然在于对此类行为人是给予法律制裁，还是从医学上给以治疗。

海关法中有相当多的运用胁迫理论的实例，比如，一艘轮船的船长，因受到暴力对待失去指挥权，作为俘虏被押在船上，轮船被暴徒驶至某法国港，这名船长便可以不受因不编制或递交船舶载货清单而应受的处罚。[①] 同样，一名搬运工按暴徒的命令非法卸下一批货物，也可不负法律责任[②]。反之，某一旅客被其厨师在其行李中装入禁止或限制进出口物品未向海关申报[③]，他就不能以被胁迫为由来免除被告的法律责任。

823 至于真正的人力不可抗拒情况，它确实与被胁迫不同，因为它的起因是大自然的作用，而不是人为的。

比如，存在保税仓库的货物遭受火灾（当然条件是火灾是由外部原因造成的，且具有不可抵御和不可预见的特征），货物所有人可以免受因不向海关交验货物而应受的处罚。同样，海难甚至是内河泛水都可以视为人力不可抗拒。[④]

大家还将注意到，《法国海关法典》规定，船舶的船长可以在第 394 条 b 规定的情况下不负法律责任。对于第 424 条 3 所规定的不申报进口的违法行为人，如果他能证明严重的海损必须使其船舶改道行驶也可以不受处罚。因此，在此情况下，导致人力不可抗拒情形的各主要事件，必须在海关查验以前已记入船舶日志。

824 通过以上对主观要件在违反海关法行为中所占位置的研究，可以得出如下结论，如果主观要件并不是完全缺失的，在当今大多数的情形下，都是对它给予了相当的考虑的，违反海关法行为都需要有一个特定的主观上的要件，尽管在根深蒂固的传统中，普通法的所有豁免条款并不是时时都可以运用。当然很遗憾，立法者并没有就此问题做出明确的解释，即使是在一些适用性的条款中也是如此。但是，没有任何可以阻止判例法进行大胆的推进，将海关法在这方面的特殊性逐渐融入到普通刑法的总体演变中。

第三节　违反海关法行为的原则性规定

825 在本书中，不可能详尽地介绍每个违反海关法行为的特征，因为这些特征是那么多、那么复杂。然而，似乎有必要阐述一下它们的一般特征，突出它们之间的特有的区别。这涉及海关诉讼法中长期以来公认的四个事实要件：客观行为或不作为，行为发生的时机，行为发生的地点和行为指向的客体。它们的组成便构成违反海关法各类行为的一般特征。违法行为的分类有时还可根据其他要件来进行，如犯罪工具或犯罪目的等，但我们列举这些特征的目的却主要在于强调海关法对客观要件的重视，因为犯罪行为的分类或判刑经常取决于这个要件。对此，最好坚持使用海关法的特有概念，如禁限货物、重税货物

---

① 参见：Pau, 8 octobre 1950, Doc. cont., n° 1279。

② Cass. crim. 18 janvier 1902, Doc. cont., n° 411。参见：Cass. crim. 29 décembre 1948, *ibid*, n° 896（如在德国占领时期，某德国士兵曾任法国某运输公司总经理，在此期间，他根据上级的命令被迫走私出口）。同样参见：Lille, 18 juin 1902, *ibid*, n° 448（未成年人因妈妈要求到比利时取咖啡）。

③ 参见：Cass. crim. 19 mai 1926, Doc. cont., n° 576。

④ Cass. crim. 29 mars 1853, DP. 1853, I, 88. -19 mars 1957, Doc. cont., n° 1216。同时可参考，à propos du vol en entrepôt, 本书 523。

或国内消费税应税货物。

826 根据《法国海关法典》第 38 条 1 规定，进口或出口或置于某些限制性条款，或者置于质量、包装或特殊手续的规定下的货物，均视为禁限货物。因此，从此条规定中可以看出，海关法中“禁止”一词大大超过了人们习惯对禁止一词的理解范围。[①]

但是，所有禁止类货物的相似性在于，它们都置于某些限制性条款，或者置于质量、包装或特殊手续的规定之下，当这些涉案货物不能取得相应的合法手续（例如获得授权、许可或相关证书）时或者该货物本身明确被禁止的（第 38 条 2）。

至于重税货物，其名单由财政部长以政令形式指定，即其关税、农产品差价税及其他进口环节的捐税总税负超过货值 20%以上的货物（参见《海关法典》第 7 条）。

最后，国内消费税应税货物仅指共同体法规中指定的货物（参见《海关法典》第 265 条）。

在统一市场正式完成之前（1993 年 1 月 1 日），人们可能会质疑这种规定是否符合《欧共体条约》第 28 条及相关条款（《欧洲经济共同体条约》第 30 条及其后条款）所规定的货物自由流通的原则。因此，对禁止类货物予以定性，必须符合一定的条件，对相关货物，要么是《欧共体条约》（CE）已经明确相关条件（基于共同体商业政策要求必须获得许可证的情况）或者必须符合《欧共体条约》第 30 条（以前是《欧洲经济共同体条约》第 36 条：公共秩序）或第 134 条（以前是《欧洲经济共同体条约》第 115 条：保障措施）所规定的条件。但人们可能会感到遗憾，这些证明上的要求有时也丧失了[②]，比如《法国海关法典》第 369 条 3 就规定了准许提前放行的条款，（1987 年 7 月 8 日海关法的修订），该条款出现了“不属于特别定义的违禁品”的概念。[③]

827 成员国边境间取消海关监管使得国家的禁止性规定的实施变得更困难，以前的规定，包括 1939 年 4 月 18 日颁布的法令和 1970 年 7 月 3 日颁布的法律，对那些涉及到以军事为目的的战争武器或材料，固体或粉末爆炸物进出口做出了规定，这些内容后来在 CDF 第 2 条 ter 里明确保留下来，这部法是 1992 年 12 月 31 日通过的，它规定，这方面有关进口和出口的内容将继续适用于现行法典的相关条款。对其他“敏感类”货物，它们运入或输出一国领土必须遵守某些手续上的要求（例如需签发相关授权或证书），并有义务“向海关申报”，从而使各国监管得到尊重。然而，不用说，本来这一类货物，是不需要进行海关申报的。在 CDF 第 38-4 条中，也补充了数种情形下[④]应当在跨境时予以监管，比如，伪造某品牌的货物过境时，会涉及《公共卫生法》和《环境法》的不同条款。同样以下情形也会被禁止进出境，“任何包含儿童色情的图像或描绘类的物品”。

以下情形，也视为做出了实质性保留的事项，该内容在 2001 年 1 月 4 日所进行的 CDF 法律修订期间，引入了第 38-5 条款，该条款对禁止性定性做出规定，即所有经法律规定限制流通的货物，这些法律可以是共同体法的实施规则，也可以是本国现行有效的法律或法规，或者对在共同体市场加以流通的货物所适用的欧共体其他成员国家的法律。该条款接下来规定，事实上“相关货物的清单已由海关主管部门和其他相关部门联合发文予

① 参见：如 Cass. crim. 30 janvier 1989, Doc. cont., n° 1827。

② 参见：如 Cass. crim. 7 octobre 1985, JCP éd. E, 1986, ADG, 15644, n° 48. 78. Cf. *supra*, n° 764。

③ 参见本书 764。

④ 参见 2004 年 8 月 6 日对该法第 12 条 C，1°1 的修订。

以明确”。很难理解发布这种限制令的必要性，如果这些内容就是从条款中得出的结果，这些禁限令就应该通过执行该命令的上级主管部门发布。

最后需要补充的是，CDF 第 39 条和第 40 条规定了两类特别禁止类货物。第一类是所有外国产品，但显示其所包含的成分被认为是在法国生产或者原产于法国的，第二类涉及的是原产地标志不符合有关法律法规规定义务的外国产品。

828 简言之，虽然《欧共体条约》第 30 条（原第 36 条）明确规定适用的情形，其本身无须辩驳，只是应当提醒的是，该条规定一国就货物自由流通设置禁限措施时必须符合双重条件，即不构成对欧盟内部贸易的变相限制并且不违反相称性原则。①从另一方面来说，任何被禁止携带《法国海关法典》第 38 条 4 所明确列举的货物进入法国境内的个人，都可以向欧洲法院，就其被指控的所违反的具体措施提起诉讼，这样，欧洲司法系统能发挥其保障法律秩序的职能。

至于重税货物，其名单由财政部长以政令形式指定，即其关税、农产品差价税及其他进口环节的捐税总税负超过货值 20%以上的货物。②

最后，国内消费税应税货物由法律相关条文确定。③

综上所述，违反海关法行为的一般分类，主要分为：一是与货物相关的违规行为，二是与办理海关手续相关的违规行为，以及其他不属于前两种类型的违规行为。

一、与进出口货物相关的违规行为

829 人们一定会说，在实践中，与货物相关的违规行为只有一种，那就是走私，即进口环节走私和出口环节走私两种形式。实际上，在这方面，正是由于查禁走私才对某些其形式多种多样的行为予以处罚。从理论上讲，有许多法律条款对这样或那样的行为定性为走私，形成了这些本身明确为走私的行为和按走私论处的行为（这有点像偷盗、诈骗和背信行为，它们都属于违法对象为财产的违法行为，但不是同一性质的行为），或者与之相反，是一些法律上指明的只能作走私推定的行为。即使在这些行为中无法找出真正有独特

---

① 参见：Encycl. Dalloz communautaire，V° Union douanière。

② 《法国海关法典》第 7 条。参见：Arrêté du 26 février 1969，*JORF* 1er mars 1969，p. 2180。重税货物的概念，从逻辑上说，应该只能进口货物相关，即跟进入一国边境的货物相关。但从另一方面说，进口是与消费直接相关的（主要涉及增值税和各种间接税及其他消费税），本不应计算在内，因为它并不区分到底是进口货物还是本国产品。但是，海关总署并没有采用这一建议，它通过将关税、不同税种的征收，以及国家财税，加在一起来计算法定的起征点。因此，鉴于增值税的税率，很少有货物可以逃脱“高度禁限”的特征。对此，就形成了法律上规定的违法行为，因为只要是对进口税税率进行简单的修改，就造成了违法事实，构成了违法行为。然而，人们也知道，轻罪的产生也是特别法律规定的产物，它必须对相关要素做明确规定（新《刑法典》第 111-3 条）应该补充的是，1969 年 2 月 26 日颁布的法令，跟《法国海关法典》第 7 条立法者所表达的意愿想去甚远，远远不符合议会在裁谈会第七条中表达的意愿。根据该条款的相关内容，财政部曾经将这些货物设定在“所有税（及其他）的综合应占货物价值 20%以上”。但是，如果该法令确实详尽地列明了这些货物的清单，它就确立了一项通用的规则，即它确实规定了一项一般规则，即所有货物，无论它们是什么，只要其总税额超过其价值的 25%，都被视为重税。在这样做时，在这样做时，并不能完全肯定他没有滥用权力。但最高上诉法院刑庭至少没有确认，进口环节的关税、各种税种的征收可以用来定义重税商品。参见：Cass. crim. 23févr. 2005，Bull. crim. n° 71。

③ 《法国海关法典》第 265 条。

性的违法行为，法律也没有因此不表示把它们归属到同一法律制度中去的意向。因此，我们可以做出如下区分，一部分是走私行为和视为走私的行为，另一部分为按走私论处的行为。

（一）走私行为和视为走私的行为

830 走私[1]，在法律上被定义为在设关地点以外从事进口或出口的行为以及一切违反关于在关境内货物占有和运输的法律、法规规定的行为。因此，这是一个广义的概念，它的范围已经超出了非法越境行为。据此，走私概念延展到《法国海关法典》第 417 条所列明的一系列行为，它包括了以下列举的几种情形：如通过非合法路线或通过不对国际运输开放的路线非法穿越关境边界（第 75 条 1 和第 76 条），不履行将货物运至设关地点的义务（第 75 条 1），未经海关许可放置货物（第 75 条 2），在沿岸和港区内非法装卸货物（第 417 条 2，b），保税货物运输途中非法转移或调换（第 372 条 2，c），等等。

此外，视为走私的行为包括，将货物掩藏在经过特别安排的掩藏物中或正常情况下不用于盛装货物的洞穴或空间中，而不向海关申报进口或出口行为（第 417 条 3）；最后，根据作为违法对象的货物的性质，走私分为走私轻罪和违规两种。

应当指出的是，自从取消了欧盟成员国之间的边境监管后，以上行为在欧盟境内不应再受到惩罚。但是，《海关法典》第 2 条 ter，1992 年 12 月 31 日法律修订时增加的条款规定，所有用于军事目的的战争物资和有关材料，以及粉末或固体类的爆炸物的进出口，都必须根据现行法律规定，进行海关监管。在这种情况下，武器走私往往是针对“无许可证”通过海关办事处的情形。根据该条文所设定的相类似的情形下，欧盟境内的海关监管也并没有完全消失。[2]

（二）按走私论处的行为

831 由于穿越边界这种行为具有瞬时即逝的特点，所以有许多违法行为，虽然没有在穿越边界这一时刻被查获，也可能会受到处罚。为此，海关法的立法机关着意规定了若干可以推定为走私的情况，根据这类推定，只要有某类货物存在，并确认这是不可以进入一个境内的货物，就可以认定这类货物是通过走私方式进口的。余下来只要弄清是谁将它们走私进来的。

构成走私推定的第一个要件，一般是货物被查获的地点。同样，货物的性质和货物海关手续相应状态也是走私推定的要件。这样，走私推定可适用的人员，可以是违法货物的运输人，也可以是违法货物的占有人。

例如，《法国海关法典》第 2 条 ter、第 215 条和第 215 条 bis 所列明的货物（《法国海关法典》第 215 条）在境内流动时，不能出示证明其来源的单证，或不能出示这些条款所要求的证明，或者这些证明是假的、不一致的或者是无效的（《法国海关法典》第 419 条 1），将被视为走私进口货物。这种推定下，货物被查获的地点则无关紧要了。[3]

还有，对禁限进口货物、重税货物、应纳国内消费税货物，在保税监管区被发现，未

---

① 82. P. Béquet, *La contrebande*, Libr. tech., Paris, 1959。

② 参见本书 66，参见 Cass. crim. 14 novembre 1996, Bull. crim. n° 410, p. 1189。

③ 参见：Cass. crim. 30 septembre 1991, Doc. cont., n° 1871. –*Comp.* 4 février 1991, JCP éd. E, I, 77, n° 16, Doc. cont., n° 1865. –25 février 1991, *ibid.*, n° 1866. –22 janvier 1990, *ibid.*, n° 1851. –23 mars 2005, Bull. crim. n° 101。

履行相关证件义务的，在一定的条件下也可能构成走私行为（《法国海关法典》第418条）。

二、违反海关监管手续的违规行为

832 大家知道，海关法十分重视货物正式申报的内容。[①] 所以，未完成这项基本手续的进口或出口行为，都是立法机关进行严格控制的目标。

在此，我们不能忽略，首先，海关申报的适用范围，准确地说，当今只涵盖与第三国之间进行的交易，在欧盟境内的货物流动，即使是涉及财税法，也只能是之前已明确提及的一些例外情形。[②]

从严格的海关法角度来看，在走私方面，由于同样的原因，应当将未申报和按未申报论处区别开来。[③]

（一）确实未申报

833 凡应向海关作正式申报的货物而未申报，转移或者串换海关监管货物，在简化程序中不向海关递交补充报关单，均定性为未申报进口或出口行为（《法国海关法典》第423条）。

（二）进口或出口中按未申报论处的行为

834 首先，某些申报办理暂时出口的货物，若未复运进口或复进口货物与原申报出口货物性质或种类不符，要按未申报进口论处（《法国海关法典》第424条1），在停泊在港区及锚地内的船舶上发现的某些货物也会按未申报进口论处（《法国海关法典》第424条2及3）。

其次，对某些旨在逃避禁限措施管理或获取进出口环节退税、免税、减税或其他任何优惠的，[④] 或旨在偷逃反倾销法规规定征收的反补贴税的申报不实行为，海关法将按未申报进出口行为论处（参见《法国海关法典》第426条2、4、6）。在此方面还必须加上伪报货物税则分类、海关估价或原产国，伪报实际收发货人行为，只要提供虚假的、不准确、不完全或无效的单证，也按未申报进出口论处。[⑤]

应当指出，1992年12月31日法律修订时，将第38条4和5所规定的货物[⑥]，未经海关申报进口或出口的，都视为违反了禁止进出口条款规定的走私行为（第426条7，1992年12月31日法律修订时增加的条款）。

未申报进出口的范围还可以延伸到某些实际上与未申报相去甚远的行为。如事先未办理海关手续非法获取船舶法国籍行为，非法骗取机动车摩托车牌照登记行为，甚至还有将享受特定税收优惠的石油产品移作他用的行为（《法国海关法典》第427条3、4和6）。

---

① 参见本书296及其后内容。

② 参见本书66。

③ 参见：M. Delmas-Marty et G. Giudicelli-Delage, *Droit pénal des affaires*, Thémis, PUF, 4e éd., 2000, p. 443。

④ 参见：Cass. crim. 19 juin 1997, Bull. crim. n° 249, p. 822. -24 sept. 2003, Bull. crim., n° 170. -6 avril 2005, Bull. crim. n° 119。

⑤ 参见：Cass. crim. 30 octobre 1995, Bull. crim. n° 329, p. 954. -31 mars 1999, *ibid.*, n° 67, p. 170。

⑥ 参见本书74至76。

三、其他违规行为

835 海关法本身内容之一就是，所有违反了由海关负责执行的法律、法规规定的行为，均被视为违反海关法的行为。实际上，《法国海关法典》第 410 条，将所有违反海关法，除本法另有更为严厉的处罚措施外的行为，统统归入第一级违规行为。

在这些条件下，这种情形下的海关违规行为跟被主动违反的规则一样多，显然它们中有一些可能会适用更为严厉的处罚，既然某些行为将适用于更为严厉的刑罚，那么，适用于该条款项下的海关法违规行为跟这些相关的法律规定都是各种各样，以至于我们无法去一一列清。

在此，我们就针对那些具有相当独特性的情形，列举妨碍海关官员执行公务的违法行为，这类违法行为主要有拒绝服从命令或妨碍公务行为。

（一）拒绝服从海关官员命令

836 这种违法行为只涉及运输工具驾驶人，根据《法国海关法典》第 61 条 1 规定，他们有义务服从海关官员的命令。因此必须明确，这项义务不只是适用于纯粹的车辆的驾驶行为，而拒绝一项与驾驶车辆有关的命令（如打开发动机盖或打开后备箱的命令），也构成这种违法行为。①

（二）妨碍公务

837 《法国海关法典》第 53 条 1 规定，严禁任何辱骂、破坏或妨碍海关官员执行公务的行为。违反该条法律的行为将定性为第五级违规行为（《法国海关法典》第 413 条 bis）。②

这个条款对阻碍海关官员有效执行公务行为的多种表现行为给予处罚，包括船舶船长未交出原舱单、日志或提单和海关监管货物。最后，它还规定，拒绝提交相关文件、隐瞒妨碍行政当局根据《海关法典》第 65 条和第 92 条赋予的权力采取的行动或获取文件的行为，均可定为刑事犯罪。③

第三章　违反海关法行为的法律责任

838 尽管海关法中有关刑事责任和民事责任的有关条款，只是做了一些小的修改，但是有关司法判例和 1992 年《刑法典》改革带来的进展，均显示有必要做一些新改变的发展趋势。海关法典的变化也显示出这样的事实，即以往赋予海关法的过度性特征在消失（而且毫无疑问会丧失越来越多），对此，也有遗憾的一面，我们看到，这种变化并不是通

---

① 参见：Cass. crim. 28 mai 1984, Bull. crim. n° 192, p. 498。但是，在不滥用程序的情况下，他们不能应警察的要求搜查车辆，以发现交通违章行为（这种情况有识别雷达探测器）。Cf. Cass. crim. 18 décembre 1989, Bull. crim. n° 485, p. 1181。

② 参见：Cass. crim., 28 mars 1994, JCP éd. E, 1994, I, 390, n° 10, obs. C. -J. Berr。

③ Cf. Cass. crim. 15 octobre 1984, JCP 1985, II, 20410, note C. -J. Berr. -26 février 1990, Doc. cont., n° 1853。

过海关法文本体现出来，而是透过刑事法律责任、民事法律责任及一些连带责任条款体现出来的。

第一节 刑事责任

839 过去，我们往往过于强调海关刑事责任的特殊性，强调这些规则本身的原意。确实，海关法要赋予海关一定的执法便利性，便于其寻找和抓捕主要责任人，这类主要责任人往往隐藏得很深，这种责任人与责任条款的距离，如果按照普通法的逻辑，往往很难追究这些责任人法律责任。一方面，在对走私违规的认定上，就当事人的参与程度的概念，海关法比普通法要宽泛得多；另一方面，一般来讲，海关法对违法行为主要案犯的认定，首先基于有罪参与这个前提，好在它并不拘泥于这项条件，出于防范的用心，它对违法行为人并不采用一般的给予一定理解同情的空间，而是将那些无主观倾向从违法行为中牟利，是由于疏忽大意或者出于过失，对从事现行违法行为活动的人提供了帮助，他们也被推定为违法行为责任人。这就是为什么，有些人虽然与违法行为的关系甚疏，却由于其主观意识上的疏忽形成过失，从而要承担法律责任。[①]

针对这些较普通法而言，属于例外的相关规定，它们给《刑法典》改革所带来的成效，在进行评估时就有所保留了，并且，这些例外规定也让一些法庭对海关法典相较于一般法是一部特殊法的观点非常敏感，例如，对确定走私利益关联方的理论。因此，在下面的讨论中，我们首先讨论几个主观上的要素，这些似乎朝着，对这些解决方案进行一些深层次的修正的方向发展。

一、参与走私的刑事责任

840 根据对违法行为的参与度，以此为基础进行刑事责任的认定，这一直是追究法律责任原则中，传统延续下来的一面。实际上，它所针对的对象，是那些已经或者希望从违法行为中获利的行为人。据此，参与走私这个现象本身，就是违法行为人与犯罪事实之间已存在必然关系的铁证，也是确定违法行为主犯或其共犯的最确凿的迹象。因此，普通法的规定可以毫无困难地适用于认定违法行为的主犯和共犯，在此无须赘述。

在此，应当提及向法院请求在某些条件下法人应承担刑事法律责任（这是《刑法典》最重要的创新之一）的内容。《刑法典》121-2 条款第 1 项规定，也是在 2004 年 3 月 9 日对该法的起草文本中规定，“法人，不包括国家，根据从第 121-4 到第 121-7 条款作出的明确规定，应当承担刑法责任。”（该条明确了行为人、预谋肇事者和共犯都可能成为责任人。）同一条款第 3 项补充“法人承担刑事责任不能免除同一犯罪事实的其他自然人或同谋的法律责任”。

这项改革也带来了刑庭在海关法领域判例上的创新，多年来，该判例毫不迟疑地确认，“在海关事务中，由于是基于同样的理由和同一对象，所以民事责任和刑事责任常相

---

① 《法国海关法典》第 59 条 2 规定，嫌疑人揭发海关官员的受贿行为，不加刑、不另罚款和不没收。参见：Cass. crim. 29 octobre 1998, Bull. crim. n° 283, p. 814。

互交织在一起。”①

2006 年 2 月 13 日司法部发布司法解释明确规定，对故意犯罪情节予以追诉，犯罪事实如果是由某个机构或机构代表同时犯下的，“原则上”应当以与犯罪事实相关的自然人及其共犯和法人为共同被告提出起诉。但是，如果是过失犯罪的情形，通常“因为认知上的原因违反了某一特别规则，在这种情况下一般对法人提起诉讼，对自然人的追诉，只有在证实了其个人过错足以达到承担刑事责任的程度才适用”。②

841 然而，参与走私这一概念有时走得很远，即针对有些虽没有直接参与到违法行为中，却以程度不同的方式，协助违法行为的实现，这些人也需承担刑事责任。就普通法中，与共犯认定相关规则的改革历经了长时间的讨论，它显示出法国法律根据其参与方式，来施加刑事责任，给予了比较严格的限制。而且，这个理论可适用的范围很明确，它所指的情况是经过严格的定义，而且法律又密切注意不让它扩大的领域。③ 但很长时期以来，海关法不得不越过这条被认为与对违反海关法行为进行处罚的特殊需要不相适应的界线。就这样，随着时间的推移，一点一点地形成了一项理论，这项海关诉讼法中特有的理论，就是被大家称为“走私利益关联方”的理论，这个理论曾使普通法中的共犯理论屈居二线。事实上，后者在海关法领域几乎是无关紧要的。

842 这两种理论如此相像，作用大小也难分上下，我们来看看近期理论上的一些发展。

新《刑法典》第 121-7 条规定，有关共犯的认定，已经在处罚条款中规定了，首先这个共犯必须有通过资助、协助、威胁、命令、滥用权力或地位，而导致某违法行为发生或者是对违法行为形成过程发号施令（新《刑法典》第 610-2 条），或者是通过协助或帮助构成共犯的情形，但这些仅仅规定在是否犯罪认定的相关规则中。当涉及必须做出处罚的情形时，它就必须适用新《刑法典》第 121-6 条，据此，就会根据共犯作为违法行为参与者，做出相应的处罚决定。考虑到违反海关法行为主观过错概念的特殊性，作出这种区分的适用无疑是困难的。④

（一）对参与者进行认定的一般问题

843 从旧王朝制度以来，海关法一直不仅对违法行为的直接责任人追究刑事责任，而且也不放过策划、资助或指使他人完成这项违法行为的策划人、资助人或指使人，当然他们所受的处罚要轻于直接责任人。但是法国资产阶级革命时期，形成了一个迄今仍有一定影响的观点，就是共犯，更一般地说，所有从违法行为中获利的人都要受到比一般行为人更为严厉的处罚。后来，特别是法兰西第一帝国时期，共犯与关系人⑤之间的区别开始萌芽，而在整个 19 世纪的进程中，关系人这个概念逐渐趋向于单独存在，最后终于出现了一套与走私行为利害关联方相对应的理论，只是概念过于含糊，即使它在刑法中的作用已无可非议，但依然需要重新下个准确的定义。1948 年《法国海关法典》全面修订时，为了

---

① 参见：Cass. crim. 28 mai 1980, Bull. crim. n° 160, p. 384; JCP, éd. CI 1981, ADG, 10001, n° 14, obs. C.-J. Berr. Dans le même sens, 14 juin 1982, JCP 1982. I. 10963 et JCP éd. C. I., 1983, ADG, 11254, n° 37, obs. C.-J. Berr. -5 févr. 2003, Bull. crim., n° 24。

② 参见本书 810 及其后。

③ 参见：Pradel, *Droit pénal général*, n° 407 et s。

④ Desportes et Le Gunehec, JCP 1992. I. 3615, n° 27。

⑤ 参见：B. Néel, *L'intérêt à la fraude*, JCP 1990. 3448。

防止无限地扩大对走私利益关联方这一概念，在法律上对它作了限定，并且在十年之后，即1958年2月17日颁布一项法令，明确了它的作用和位置。从那以后，走私利害关联方和共犯一样，都是参与违法行为的一种形式，也同样地带来两个问题，一个是什么是关联关系，另一个是对各参与人的法律责任如何落实。

1. 参与实施的关联

844 参与走私，泛泛地讲，是一种复杂的行为，原因是参与的形式实在花样太多了。然而，我们同意，在关联这个概念中，某个人或某些人对一项违法行为的完成所作出的贡献有大有小。那么关联关系是什么性质的参与？海关法上又如何认定它呢？

（1）参与走私性质

845 长时期以来，围绕关联关系提出的主要问题，一直涉及对其客观性质的认识。19世纪初叶，法律上明确区分共犯和利益关系人问题，但关联利益的特点是，在金钱上或主观上都具备违法行为要件，但却没有实际参加违法活动的人。这个只会在对共犯进行追诉的情况下发生。后来有个案件，为此还发生过激烈的争论，但法律倾向开始逆转，该原则改为，走私利益关联方既可以是在金钱上或主观上具备违法行为要件的人，也可以是实际参与违法行为的人，例如参与制定违法计划的人。① 所以，在这点上，两种参与形式之间没任何区别了。

对参与走私主体主观故意性质的认定更难处理，其主观故意的认定往往能确定其参与走私行为的真实意图。《法国海关法典》第398条，提到了《刑法典》与共犯相关的条款，要求公共部门对违反海关法行为共犯的主观过错负举证责任，但终审法院对此问题作出的最终裁决却与此不同，它裁定，除了法律规定了其他处置方式的，以主观上无恶意进行辩解无效。②

法院判例曾试图，当出现某些可以从轻处罚的事实时，可以对一些无可辩驳的过严的推定放宽一些认定标准，因此，这种推定的正当性越来越难以证实。③

一些基层法院做出的裁判，未经上诉到终审法院，裁定参与走私行为是对行为人予以处罚的条件。④同样，行为人对其参与完成行为的性质有所认识也逐渐作为条件之一被接受。问题出在被盗货物的购买人身上，如果无法认定他已经知道他所窝藏的货物在海关法上是违法货物，却因此处罚他，有何法律依据呢？⑤ 因此从更普通意义上来说，司法上要求，就走私行为中参与走私的认定应当有主观故意要件。⑥

---

① 参见：Cass. crim. 27 janvier 1905, Bull. crim., n° 40, p. 62. -Comp. Cass. crim. 6 décembre 1945, Doc. cont., n° 755。

② 参见：9. Colmar 9 novembre 1951, Doc. cont., n° 985. -Cass. crim. 17 novembre 1965, *ibid.*, n° 1417。

③ 参见：chron. C.-J. Berr et G. Vignal, JCP éd. CI 1980, ADG, 9209, n° 26. -1981, ADG 10001, n° 17 et s. -1984, ADG, 13487, n° 29. -1985, ADG, 14675, n° 34。

④ 参见：Cass. crim. 13 mars 1978, D. 1979. 200, note C.-J. Berr. -9 mai 1983, Bull. crim. n° 133, p. 317。

⑤ 参见：Cass. crim. 13 mars 1978, préc。

⑥ 参见：Cass. crim. 12 novembre 1985, Bull. crim., n° 350, p. 896. -Cf. F. Urbino Soulier, *L'évolution de la jurisprudence de la Chambre criminelle de la Cour de cassation sur l'application des dispositions répressives du Code des douanes*, Gaz. Pal. 1987, Doctr. 1, 450。

846 得益于新《刑法典》① 颁布废除了事实犯罪的规定，对走私利益关联方主观故意的推定本应也终结。人们不能总是强调海关法典是一部特别法，所以需要从纯粹司法原意上加以推定。1987 年 7 月 8 日该法的立法者，已经就走私相关方有关的所有改革应当有所平衡的问题受到指责，该缺陷同时确认了，这无疑是痛苦的，终审法院提出“必须呈交确认其走私意图或者是犯罪意图的证据”的要求②，目前，从该结果来说，还没有必要修订现行有效的法律。但显然已没有理由让这种推定依旧存在。

所以有必要指出，新《刑法典》确定的原则跟《法国海关法典》第 399 条 3 现有规定相冲突，因某个无法逾越过失或处于某种必要的状态而作出某种行为的人，当他有相关利益，就可视为走私利益关联方。另外，主观故意这个要件重新出现在《法国海关法典》第 399 条 2c 中，因为根据这条法律，因违法行为的事后行为而产生的走私行为关联方，只能适用于有故意行为的人。

（2）共同关系认定

847 对于共犯的认定，根据普通法规定，由检察院负举证的责任（资助、协助、威胁、命令等）。但是，走私利益关联方的特点在于，根据海关法适用中的惯例，它可以将推定极普遍地施加于某些人，或是因为他们的身份（承包商、承保人、出资人），或因他们的行为（以某种形式配合违法行为计划的实施）。《法国海关法典》第 399 条 2 规定，对这些违法行为关联方，可以免除检察官对他们直接参与违法活动的事实承担举证责任。从这些推定的视角来看，就违法主观故意的推定也存在同样的批评，即就《法国海关法典》第 399 条规定情形，本应该明确行为人主观故意要件存在的情形下，才能被处罚。③

2. 参与走私法律责任的承担

关联方的法律责任只能在某些与主要违法行为相关联的条件下才能认定，一旦认定，其后的法律责任会按特定的法律制度进行处罚。

（1）与主要违法行为相关联的条件

848 无论是从共犯概念，还是从走私行为利益关联方理论中产生的参与，这些条件都是相同的，关键在于要有一个应受到处罚的主要违法行为。

走私行为利益关联方只有在主要违法行为定性为走私罪或未申报进出口罪的条件下才负法律责任。④

和普通法一样，主要违法事实在刑罚上规定应予处罚这个条件必不可少，换句话说，就是该条规则不适用于对主要违法事实不予起诉的违法行为。这条原则不包括因时效而被解除或被消灭的违法行为的诉讼案件，但却不排除对主要行为人的起诉由于主犯死亡、精神错乱、逃逸、无法查明等原因而未实际进行的诉讼案件。⑤

---

① 参见本书 811。

② 参见：Rapport à l'Assemblée nationale de M. R. -A. Vivien, Doc. AN, n° 703, p. 169。

③ 刑事法庭判决认为，《欧洲人权公约》第 6-2 条并不妨碍就刑事事项中所确立的事实推定或法律推定，因为这些推定（在本案中《法国海关法典》第 399 条的推定）考虑到问题的严重性，并且完整保留了当事人的辩护权（Crim. 10 février 1992, Bull. crim. n° 62, p. 150）。Rappr. Cour eur. dr. de l'Homme, 7 octobre 1988, *Salabiaku*, Série A, n° 141, A. -Cass. crim. 30 janvier 1989, Bull. crim. , n° 33。

④ 参见：Mais non en matière de contraventions：Cass. crim. 1er octobre 1998, Bull. crim. n° 245, p. 709。

⑤ 参见：Cass. crim. 2 octobre 1975, Doc. cont. n° 1613。

恰恰相反，主要违法行为是否已经完成并不重要。只要已有实际行为即可。同样，主要违法行为发生地点在境外还是境内也无关紧要。[①]

（2）对参与走私人的处罚

849 新《刑法典》对先前条款第59条规定的内容做了轻微的变动，并在其后内容中明确共犯按与主犯同样刑罚进行处罚（第121-6条），《法国海关法典》第399条规定，参与人跟主犯一样要承担法律责任，但这并不表示着对所有参与人都处以同一刑罚。此外，对走私行为利益关联方，还要处以《法国海关法典》第432条规定的剥夺私人权利的附加刑。[②]

1987年由于立法者的疏忽导致了一个法律问题，幸运的是，在实践中其能带来的影响非常有限，如走私利益关联方，买卖或持有经走私进口或未申报进口的货物数量超出了其家庭消费需求。《法国海关法典》第400条规定，如果走私行为利益关联方参与了购买或占有走私进口或未申报进口货物的违法行为，即使超过家庭消费的合理数量，但只要无法认定有主观故意，仍有可能免予和主犯一样被处以拘役和罚金，他们只会被处以第四级违规行为所对应适用的处罚。1987年7月8日海关法修订彻底取消了这类违反海关法的行为，其本质是给《海关法》第400条规定的违法事项予以追诉带来了司法上的困难。当然，这种情形看上去，在实践中是相当例外的。但从惩罚措施上看，人们不知道该如何对这类处罚寻求相应的替代措施，我们也无法看到，基于什么理由，法庭可以确定对这种情形可适用的处罚措施。对此，我们只能为有这样一个缺陷感到遗憾。

（二）共同走私特殊问题

850 走私行为利益关联方这个概念，源自为数众多的法律文件和司法判例的漫长演变过程，不用说一定相当复杂。如果研究《法国海关法典》第399条，它显示在走私行为直接关系人和其他人之间有明显的区别。

1. 走私行为直接关系人

有时需要认定走私行为直接关系人，但在绝大多数的情况只能推定。

（1）直接关系人的认定

851 第399条所适用的范围，包括“一般情况下与走私行为有直接利益的关系人”，据此，任何有直接利益关系的人都始终有可能被证明为此类直接关系人。

直接关系在法律上概念很广，其形式亦多种多样，诸如：在走私卡车所经道路上探风，推销走私货物，收取贩卖私货所得，囤积私货等，都在此范围内。被指控为走私行为利益关联方的还包括走私活动的唆使人或受益人、国外水客头目、中间交货人及其他提供过有助于走私行为实施的人。以此类推，某个走私行为主犯的配偶如果不仅仅是靠其丈夫的非法所得生活，而且协助过他的走私活动，也会受到法律追究。

我们碰到的唯一限制是对直接关系的限定，这是一个纯事实概念。这种关系到底是金钱上的还是纯精神层面的，这些都不是太重要。

（2）推定的直接关系人

852 《法国海关法典》第399条2a就直接利害关系人规定有四种类型：走私集团头

---

① 参见：Cass. crim. 14 mars 1983, Bull. crim. n° 77, p. 168, doc. cont. n° 1722; 12 mars 1990, Bull. crim., n° 113。

② 参见本书931。

目及成员、走私承保人和投保人、走私行为资助人、走私货物取得者。

①走私集团头目及成员

853 走私集团这个词含义模糊，它在海关法中所涵盖的内容要大大超过人们对词面的理解。走私集团相当于走私组织中最完备的形式，它是一种有等级层次的组织，头目与执行者之间有明确分工，往往相互之间对对方的工作不知晓。一般情况下很难理清这类组织的所有细节和分支机构，而且法律上对这种组织的组织形式并没有严格的界定。大多数情况下，只要在一个组织中，多次由不同个人以按预定计划的长期行动，并服从同一头目指挥完成同样一个行为，法律上就可以把这类组织叫做集团。[①] 有时这种集团会是一个有正式法律地位的组织，而违法活动则在这种合法组织的掩盖下进行。因此，如果企业中有部分职员参与了走私活动，企业负责人必然会被施加一个事实推定，推定他们领导了一个走私集团。[②]

然而，一般地讲，走私集团必须具有“重复同样的犯罪事实”“同样参与人”“以同样的行为方式完成”这三个条件。与之相反，孤立的一项违法行为，即使行为人是某个贸易公司，自然也不能对这个公司指控为走私集团。

认定走私行为利益关联方的益处主要在于，一方面，走私集团的成员可以在阻击过程中被指控，即使他们所实施的行为并非独立地构成走私，[③] 另一方面，走私集团的头目和成员因其身份本身就要负法律责任，并无须证明他们是否亲自参与了每件违法事实。[④] 参与关系实际上就是根据走私集团这个事实而不是根据违法行为来认定的。

②走私货物的承保人及投保人

854 走私行为相关利益还可以从保险合同的存在形式来认定，这个保险被用来担保走私行为。必须承认，这种情况是一种非常偶然的情况，例如海运保险合同，另加一笔保险费，保“特别险”[⑤]。此外，我们还将注意到，如果将保险合同作为一项条件（该合同可以是任何形式的，而且那样一个合同在多数情况下都是口头的），那么保险单所保的走私活动必须至少已经进入实施阶段。人们也许会问，法律上如何处理保险对象只是在国外进行的走私行为的保险合同？一般情况下，应当承认，这类合同不能作为走私活动关系的一项要件。[⑥] 特别是，倘若保险只涉及在国外走私出口的风险，而不承担在法国境内走私进口的风险，尤其要遵守这条原则，否则会出现双重诉讼。这种从宽解释在我们看来仿佛很奇怪，它有悖于法国海关法在维护国家财政利益时一般不考虑违法行为发生地点这一大趋

---

① 参见：Douai, 11 décembre 1945, Doc. cont., n° 782. -3 et 9 décembre 1953, *ibid*, n° 1078。

② 参见：pour les dirigeants d'une filiale, Cass. crim. 10 novembre 1970, Doc. cont., n° 1511。同时参见：9 mai 1983, Bull. crim., n° 133, p. 317。

③ 参见：Cass. crim. 12 août 1869, Doc. jur., n° 457。

④ 参见：Chambéry, 4 novembre 1948, Doc. cont., n° 850. Cette solution paraît toutefois remise en question depuis un arrêt qui semble exiger que la preuve soit apportée d'une participation matérielle d'un dirigeant social aux faits frauduleux。然而，这一解决办法似乎受到质疑，因为有一项裁决似乎要求提供公司领导人实质性参与走私事实的证据。Cass. crim. 13 mars 1978, D. 1979, 200, note C. -J. Berr; rappr. obs. Vitu, Rev. sc. crim. 1979, 326。

⑤ 参见：Cass. Req. 28 mai 1928, S. 1928, note Niboyet。同样，只能想到可能是对国际公路过境业务进行担保的承保人会参与。（参见本书 723）

⑥ Cass. Req. 28 mai 1928, préc。

势。[①] 我们认为，无论保险合同所保地点在地理上处于何位置，没有理由反对把走私活动的承保人和投保人视为走私行为利益关联方。

尽管如此，这条法律也不能扩大适用于专门列名以外的人，即承保人和投保人以外的任何人。特别是，《法国海关法典》第 399 条的现行条文中由于已经不再提及“替他人投保”的人，因而不再适用于保险行业中的经纪人、推销员、普通中间人（代表他们公司的一般经纪人），当然除非能够直接确立他们与走私活动的关系。[②]

③资助人

855 资助人一词系指向走私行为人指供走私活动金融手段的人，它也是共犯这个概念中一个很典型的例证，至少在原则上是这样。然而，对走私行为利益关联方的认定，其处罚范围要更宽于普通法的共犯，因为，共犯只有在主要违法行为完成以前提供金融手段的情况下，才能成立。与此相反，从走私行为利益关联方理论来讲，资助走私活动的事实则可以出现在事后，即使此后再也没有其他新的走私活动，我们也不能因此不认为资助人是已完成的走私行为的关联方。[③]

此外，无论在哪种情况下，都必须确定提供的资金确实用于主要走私行为，这又将围绕犯罪意图的争论再次不可避免地引入此处。[④]

④走私货物取得者

856 走私货物所得者的身份本身就是追究他法律责任的起因，特别是法律不考虑他是否知晓他所占有的货物是否是走私货物。从他与货物的法律关系中就可以将他推定为不可推卸的直接利益关系人。[⑤]

但是这类推定必须是狭义的，所以它不能运用于被用来进行走私的运输工具的所有人，对他只能以另外的名义，追究他作为走私行为关联方的法律责任。[⑥] 此外，对关联方的推定只对所有权本身的推定产生效力，以至于被告有权证明在主要违法行为进行以前，他已经转让了所有权，实际上，在犯罪行为实行以后仍具有的所有人身份才能被法官确认。不过，我们不反对这样认为，转让所有权的人往往会因实施了犯罪手段而被指控为共犯，或者在直接关系可以认定的情况下，作为直接关系人而受到法律追究。最后我们会注意到，对于主要违法行为完成以后取得的所有权，常常有可能针对购买人的身份，对这位新的所有人追究法律责任。[⑦]

2. 走私行为间接关系人

857 走私行为间接关系人的情况在《法国海关法典》第 399 条 b 和 c 中作了规定。一种情况是参与走私活动计划的执行，另一种是发生在走私行为以后的若干行为。

（1）参与走私活动计划的执行

858 根据《法国海关法典》第 399 条 b 规定，“以任何一种方式帮助过由若干个人依

---

① 参见本书 802。

② 参见本书 851。

③ 参见：Cass. crim. 27 juillet 1944, Doc. cont. , n° 73

④ 参见：Cass. crim. 9 novembre 1944, Doc. cont. , n° 736。

⑤ 参见：Cass. crim. 18 décembre 1952, Doc. cont. , n° 1026。同样参见：9 décembre 1949, *ibid.* , n° 908. -2 mai 1952, *ibid.* n° 1004。

⑥ 参见：Cass. crim. 20 mars 1952, Doc. cont. , n° 992。

⑦ 参见本书 864。

照一项具有共同追求的目标计划统一完成的行为的人”，应被视为利益关系人。

这条法律如今对此概念的界定是经历了长期演变的结果，但是它的解释却很模糊，所以应当仔细研究对这一法律的解释。在这方面已制定过许多政令（其中有些竟相互抵触），从中我们可以看出，法院一方面把走私活动计划这个概念尽量缩小适用范围，但另一方面又把协助走私活动计划实施进行非常广泛地运用。

①谋划走私的行为

859 根据传统理论，预先策划（或按普通法中的术语即预谋）的违法活动，应包含两项要件：一个是要有一系列目的在于蓄谋违法的预备行为；另一个是要有一系列以追求共同目标为特征的实施行为。第二项要件才可以称为真正的违法活动预谋。过去，无论是预备行为的计划还是真正的违法活动的计划都在法律考虑范围之列。从 1949 年开始，由于现行法律中不再提及参与违法活动计划的制订，那么主要问题将集中在准确地确定违法计划的开始时间和结束时间。

尽管如此，违法活动计划的开始，显然与直接获得违法行为人所期待结果行为的开始相吻合，换句话说，就是有走私的意图。[①] 而违法活动计划结束这个问题则更为棘手，它标志着《法国海关法典》第 399 条 b 提出的推定的终止。我们原则上同意，假定违法活动计划于共同追求的结果能有保证达到后即予结束，也就是说在货物落入其最终收货人手中即告结束。[②] 但是，交给最终收货人这个行为是否构成违法活动计划本身的一部分呢？换句话说，最终收货是否属于关系人法律推定的范围？有一条略有不一致但很有说服力的法律认为，一般地讲，货物的最终收货人远不是违法活动的局外人，反而应承担有关责任，只是必须有证据认定他是直接关系人[③]、违法货物占有人[④]、走私集团的成员[⑤]，或者是走私货物的购买人。这样，我们可以肯定，《法国海关法典》第 399 条 b 规定中所指的违法计划的完成已将最终收货人置于关系人的推定范围之外。

与走私计划概念的这种狭义解释相对立，法律对协助走私计划实行的行为却作了广义解释。

②协助走私计划实施的合作的概念

860 任何协助行为原则上都属于《法国海关法典》第 399 条 b 规定的范围，只要它直接或间接地有助于走私计划的成功。[⑥] 在法律实践中，我们最经常见到的此类行为是，如果有辆汽车在运输私货的车辆前很短一段距离与该车同时行进，拖曳一辆载有私货的抛锚

---

① 参见本书 801。

② 参见：Chambéry，27 avril 1950，Doc. cont.，n° 930。同样参见：Cass. crim. 8 août 1949，*ibid.*，n° 899. -18 mars 1985，JCP 1985，éd. CI，ADG 14775，n° 34，obs. C. -J. Berr。

③ 参见 Cass. crim. 22 novembre 1918，Bull. crim. n° 216，p. 396。

④ 参见 Cass. crim. 19 février 1948，S. 1949，I，11；Doc. cont.，n° 819。

⑤ 参见 Cass. crim. 12 août 1859，Bull. crim.，n° 201，p. 335。

⑥ 根据传统判例，利害相关人不必本人已经对走私计划有了解（Cass. crim. 13 février 1963，Bull. crim. n° 74，p. 156. -13 novembre 1974，Bull. crim. n° 331，p. 842，Doc. cont. n° 1597）。新《刑法典》确定的原则下，认为这种情形已不再属违法。另外，判例法也决定利害关系人必须获取个人利益也不再是必须（Cass. crim. 13 février 1964，Bull. crim. n° 53，p. 116；7 janvier 1986，Bull. crim. n° 8，p. 21，Doc. cont. n° 1762；6 août 1996，Bull. crim. n° 304，p. 917）。就走私策划行为同时对直接利害关系人和参与人进行追诉的可能性。参见：Cass. crim. 23 mars 1992，Dr. pénal 1992，comm. 234。

卡车[①]，陪伴载有走私货物的司机[②]，向犯罪分子提供住所[③]，把走私货物掩藏在车库中[④]等行为。这种合作中还有一种方式就是针对驾驶人[⑤]，只要有足够证据能证明他的掩饰行为，不论他是否承认，均可以推定为协助走私。[⑥] 说到底，唯一有效的标准似乎是被指控的行为与其违法活动结果之间存在客观的因果关系。

依据走私利害关系人理论的一般原则，没有必要认定案犯的犯罪意图，但也不能认为这种意图根本无须考虑，相反，正是这种犯罪动机才是协助这个概念的内涵。也许是暂时忘记了这一点，最高法院一条过于严厉的法律规定，只有立法机构才有权允许基于协助走私计划的走私行为关系人运用不可逾越过失条款来为自己开脱。[⑦] 如今，这条规定带来一个后果，完全因意外原因协助了走私计划的行为，只要该过失是属于“真正不可逾越”的特征能够证实，就可以不负法律责任。所以凡因正常执行其工作任务而必须去接触他们正常情况下无法判断的私货的工作人员（搬运工、码头工人等），无须担心蒙受不白之冤。[⑧] 同样，根据既定的法律原则，通过参与走私计划的利害关联人的地位，不能针对未执行任何实质性合作行为的人。[⑨]

861 最后，必须注意，以上所述的各项行为，只是在走私计划必须集体完成的情况下才能作为走私行为关系人的要件。因此，有必要明确，此类行为，如果目的在于保证由某一现行犯罪行为人单独进行的违法活动的成功，并不在《法国海关法典》第 399 条 b 适用之列。比如，某一个案犯在运输私货的机动车内被抓获，如果仅有这一事实，只要汽车所有人或驾驶人本人都自认他是独立的犯罪行为人，则该行为不能视为参与走私活动行为。[⑩] 但这并不是说，单独的个人不受任何法律制裁，只是以其他名义的协助或直接关系共犯追究法律责任。

（2）走私后续行为

862 《法国海关法典》第 399 条 c 规定“走私行为关系人，包括所有有意识地掩护走私行为人的行动或为他们逃脱罪责，购买或占有，甚至是在海关监管区外，走私犯罪案件中涉及的货物或未申报进口货物的行为人。”与此相对应，《法国海关法典》第 400 条规定走私货物的购买人或占有人，如购买或占有数量超过家庭消费合理数量的，应按第四级违

---

① 参见：Cass. crim. 13 février 1952, Doc. cont., n° 990. -Angers, 27 novembre 1952, Doc. cont., n° 1021。

② 参见：Cass. crim. 18 décembre 1969, Doc. cont., n° 1504。

③ 参见：Cass. crim. 8 janvier 1953, Doc. cont., n° 1032。

④ 参见：Cass. crim. 4 juillet 1952, Doc. cont., n° 1035。

⑤ 参见：Cass. crim. 14 novembre 1956, Doc. cont., n° 1189. -25 juin 1957, *ibid.*, n° 1230。

⑥ 参见：Aix-en-Provence, 18 juin 1971, Doc. cont., n° 1522。

⑦ 参见：作为一个特别典型的例子，该裁决引起立法者采取行动的必要。参见：例如 Cass. crim. 6 décembre 1945, Doc. cont., n° 755。

⑧ 参见：Sarrebrück, 27 juin 1950, Doc. cont., n° 960。

⑨ 参见：Cass. crim. 13 mars 1978, préc. -Rappr. 30 octobre 1978, D. 1979. 200, note C. -J. Berr; JCP 1978, IV, 160, obs. Vitu. -14 mars 1983, JCP 1983, IV 173. -9 mai 1983, Bull. crim. n° 129; JCP éd. E, 1984, ADG, 13487, obs. C. -J. Berr et G. Vignal. -2 avril 1984, Gaz. Pal. 1984, 1, 391, note J. Cosson. -18 mars 1985, JCP éd. E, 1985, ADG, 14775, n° 34, obs. C. -J. Berr et G. Vignal. -16 novembre 1987, *ibid.*, 1989, II, 15552, obs. C. -J. Berr。

⑩ 参见：Cass. crim. 8 octobre 1958, Doc. cont. n° 1278。

规行为处理。[1]

据此，在走私后行为中，我们可区分事后提供帮助和获取走私货物这两类行为。

①事后提供帮助

863 海关法对在事后为完成主要违法行为而提供帮助的行为，追究刑事责任，这一事实一般被人们认为是海关法特征之一，但是我们不能忘记，尽管在普通法中，原则上只根据违法行为前提供帮助的事实追究，但这条原则无论在法律上还是在立法上都存有例外。[2] 在这点上，有时海关的立法机关自己也将这种形式的走私行为关系人视为特殊情况。实际上，与一般原则相反，事后参与只有在有足够证据证明有犯罪动机时才能成立。因此主观故意在此作为关系人的一个要件，而且法院要求，主观故意必须在为走私行为人逃脱罪责行为完成后仍然存在。申报人由于不知道作为调查对象的活动的违法性质而作出申报不实的行为本身并不足以使当事人承担法律责任。同样，司法职业人员，由于职业需要替主犯进行辩护，为他们开脱罪责，对他们不能列入《法国海关法典》第 399 条 c规定的范围。

在以上浏览过的各情况中，对于何种行为会被视为法律认定走私活动关系人的要件，只要这项行为的目标经查实是转移法院的怀疑目标，如窝藏被追捕的走私犯[3]，妨碍扣押货物[4]，消灭证据等[5]。依照普通法的理论，事后提供帮助，原则上是一种主观故意的表示。仅仅一个不作为行为，只有在法律规定构成违反作为义务时，才应受到处罚，比如，法律规定，商船的大副发现所载货物有违法情事时，有义务报告船长，如果没有报告，该不作为行为就要负法律责任。[6] 但是，一个目击者不告发违反海关法行为这个事实本身，并不按海关法而应按普通法进行处罚。

②占有走私货物

864 为了打击购买走私货物的行为，并为了堵死走私犯的贩卖渠道，《法国海关法典》将私货购买人和占有人按走私行为关联方论处。尽管司法制度对于这两种违法行为人在认定方面并没有任何不同，但我们应当注意到，当代立法机构在这点上，又一次有意在明知货物来源而获取私货的人与其他人之间划上一道人为的界线。不过，为了忠于它的原则，避免它做出的容忍让渡被人们误认为是一种软弱，海关立法在一定程度上接受了他人的经验，这种审慎的态度也许就是《法国海关法典》第 399 条 c 和第 400 条规定合并以后，使有关法律制度变得相当复杂的原因。

实际上，一方面，对于走私犯罪行为或未申报进口而取得的货物，只有明知货物来源

---

① 鉴于第四级处罚种类已经取消（见本书 781），目前无法对相对应的违法行为给予适当打击，人们可能会认为《法国海关法典》第 400 条，该条自然被默示为废除，因此，在此也就不再对它进行考察。然而，考虑到这种情况可能只是暂时的，立法者基于疏忽删除了其应相应给予的处罚，而并不是说其本身是无罪的，作者认为，这可能还是会有风险，如果忽略也许以后的法条可以“重新激活”第 400 条。因此，对第 400 条加以研究似乎仍有其地位，即使目前该条款是“被阉割的”。

② 参见：Encycl. Dalloz, Répert. Pénal, V° Complicité。

③ 参见：Chambéry, 16 février 1950, Doc. cont., n° 918。

④ 参见：Cass. crim. 16 juillet 1958, Doc. cont., n° 1273。

⑤ 参见：Cass. crim. 26 avril 1963, Bull. crim., n° 152, p. 307. –22 avril 1970, Bull. crim., n° 142。

⑥ 参见：Douai, 3 et 9 décembre 1953, préc。

的购买人或占有人才负法律责任[①]（但不包括紧急避险情况，如为救一生命垂危病人而购买或占有违禁药品）；另一方面，如果货物仅仅是源自违规行为而不是走私犯罪行为，在这种情况下，案犯是否知道货物是否合法无关紧要，只是货物的数量起决定性作用，如果没有超过家庭消费的合理数量，不会受到任何法律制裁。相反，其占有超过正常数量的，法律就有理由推定占有人有主观故意，但适用的处罚可能会轻于《法国海关法典》第 399 条所适用的走私行为。购买方只承担排除了所有其他可能的违规责任。在此还需提及，自从 1987 年 7 月 8 日海关法修订后，因为《法国海关法典》第 413 条废止，事实上因为没有新的取代条款，所以也没有任何违规惩罚再适用。

③就参与程度追究法律责任的结论

865 海关法中有罪参与理论精细程度令人惊讶，大概仅是出于比较难追缉一些责任人的简单出发点考虑，有一些走私活动中，有些人无须冒实质风险而坐等渔利，立法机关认为按传统的共犯理论不足以解决问题，故将参与的形式划分得很细。这项法律由于不断地被添加补充，明显缺乏严密性和一致性，其中许多概念针对一些无意义的情形区分。在这些法院裁决面前，谁能肯定走私集团、直接利益关系人、走私策划人这些概念之间的明显区别是什么的？此外，毫无疑问，很遗憾的是在 1987 年的改革中，立法者并没有抓住这次机会来简化该领域，将这方面的法律适当简化，并使之与普通法的规定相协调。

二、疏忽大意的刑事责任

866 这涉及海关法领域对追究法律责任制度加以补足的另一个方面。实际上，立法机关扩大刑事责任的范围，是为了寻求从利益上隔离走私犯，防止他们获得从过去的适用情况来看一些无意识的善良保护或者被当做无辜的人的情形。为此，这些无主观恶意的人应该被拣出来，甚至还要求他们提高警惕，对因为他们主观上的疏忽大意或不谨慎而导致违法行为发生，他们也要承担一定的法律后果。

与此同时，这些条款从一定的角度可能也显示出一些无意义的担忧。再严厉的法律，特别是关于对某些人推定不可推卸的法律，如《法国海关法典》认为那些深知其职业风险的专业人员，往往指其工作与国际贸易业务紧密相连，并且是海关事务的真正关联人员，必须有提高警惕的义务。与之相反，对于某些因意外占有走私货物而承担法律责任的行为，对这种情形，人们有权采取保留的态度。以上这两种情况，有必要在结果上做区分。

（一）与职业行为相关的法律责任

867 某些人员，由于职业所需，注定要以一种紧密程度不同的方式与海关发生联系，他们有时也会承担一种特别的刑事责任，有可能属于其个人本人行为，也有可能属于与其雇员或其他与其有业务上关系的他人的行为。一般地讲，海关法对有些人员相当宽容，允许他们籍由若干理由而免予承担相关责任。[②]

《法国海关法典》第 393 条列举了四种人员，对这四种人员进行区分，我们仍可以分

---

① 但是，如果买方从普通法规定来看，已经知道违法货物的来源，但是从海关角度并不清楚自己情况的违法行，那就不属于此情形。参见：Cass. crim. 30 octobre 1978, Bull. crim., n° 291. D. 1979. 200, note C.-J. Berr; Rev. sc. crim, 1979. 326, obs. A. Vitu。

② 基于同样逻辑考虑，我们将再考察《法国海关法典》第 370 条，其中规定对重犯从重处罚，但该处罚不适用于代理他人办理海关手续的报关代理人，除非是其个人的违法行为。

为两类，一类是可称为具有长期职业行为的人，另一类则是临时性的专业人员。

1. 长期专业人员相关的责任

（1）船舶的船长及飞机机长

868 《法国海关法典》第 393 条规定："各类船舶的船长、飞机机长对载货舱单和运单的遗漏和不准确，以及在一般情况下，对船上或机上发生的违法行为负有法律责任。"

但是，本法规定的拘役刑只在商船船长或军用舰艇舰长，军用或民用航空器机长本人有违法行为时才予适用。

该条法律经常与《法国海关法典》第 424 条结合在一起运用，该条规定，在船舶上发现的货物的情形按未申报进口论处。船上的首席长官、船长当首推为该行为的责任人，是否能证明他本人没有参与导致船上出现私货的违法行为并无多大意义。不过，根据《法国海关法典》第 394 条规定，船长如果能举证证明，他已履行了所规定的所有监督职责，或者案犯被现场抓获①，或能证明严重海损迫使船舶必须改变航线的，可以不负任何法律责任。

因此，除船长由于本人过错导致本人有罪的情况外②，我们可以肯定，上段所述的法律犹如一种刑事责任的推定，为扩大其适用人员的范围，以期在普通法领域有所发展。

（2）报关代理人

869 《法国海关法典》第 396 条规定："报关代理人对自营的报关业务负有法律责任，但本法规定的拘役刑，只有在报关代理人本人犯有过错时才予适用。"这是一种极为严厉的法律责任，其理论依据似乎在任何情况下都近似于纯风险，但它好像与一种根深蒂固且无可非议的传统相关联，由于它具有很特殊的特征，我们在此介绍其最为常见的一些特征。

《法国海关法典》要求报关代理人负有合理审慎的义务，向海关申报的报关单出现的不符合规定情事均可归咎于报关代理人，而且对其经何人要求申报不加任何考虑。20 世纪时就提出一条原则，报关代理人的任务"不仅是根据委托人委托满足所有申报条件，而且需经过必要的审查作出合乎规定的申报"③。

即使这条原则本身不会导致指责，但对它的解释则显得过分的严厉，因此，必须使用真正客观的刑事责任这个概念来证实，对报关代理人做出处罚，是基于某个报关代理人申报内容，经过法律鉴定证明系属伪报，④ 或是在收货人进行监管时，事后发现不符规定才给予法律制裁。⑤。

在实践中，必须承认，这条原则的指导思想主要是为了保护国家财政利益，故而通过一个真正的处罚措施来制约。确实《法国海关法典》已规定，只有在报关代理人本人犯有过错情况下才能对其处以拘役刑罚，也是新《刑法典》第 121-3 条规定的内容。在此，

---

① 参见：Cass. crim. 23 novembre 1955, Doc. cont. , n° 1140。

② 参见：Cass. crim. 23 avril 1953, Doc. cont. , n° 1047。

③ 参见：Cass. crim. 8 avril 1897, Doc. cont. , n° 345. – 2 février 1969, ibid. , n° 915. – 23 janvier 1997, ibid. , n° 33, p. 96. – 26 janv. 2005, Pourvoi n° 03-87621。

④ 参见：Cass. crim. 11 avril 1940, NRJD, n° 2159。

⑤ 参见：Cass. civ. 20 octobre 1947, Doc. cont. , n° 805。

金钱义务的处罚性质就显得有点模糊[①]，所以严格意义上的财税特征并没有被明确，这就使得当今要保持严厉性的特征就变得困难了。

2. 与短期职业行为相关的法律责任

（1）海关报关人

870 《法国海关法典》第 395-1 条规定，报关单签字人对申报中出现的遗漏、不准确及其他不符合规定情况，凡非属委托人应负的法律责任应由他来承担。这是一条传统的原则，其主导思想认为，报关人就是违法行为的主犯，因此必须由他而不是由其委托人承担法律责任，哪怕是报关人只是完全被动地执行其委托人的指令[②]。但显然，报关人承担的法律责任并不妨碍追究委托人的责任（第 395-1 条）。

另外，我们还注意到，根据一条历史悠久且根深蒂固的法律，刑事责任原则上不得延伸适用于负责替邮电局运送邮包的运输企业。因为根据工作细则规定，这些企业只有接受封口的邮包的义务，而法律上又不允许它们打开邮包检查其中所装物品[③]。但是，反过来，对于普通信件的运送情况不是这样。有判例认为，铁路运输公司的报关代理人必须和汽车司机等一样遵守法律，交寄的货物必须在他们手中留有足够进行事先查验的时间，邮递服务的迅速性也必须服从于报关合法性的要求。这条法律尽管从未遭人们非议，但我们怀疑它是否适应运输速度的需要[④]。

考虑到 1987 年 7 月 8 日法的修订中加入了对主观无恶意的考量，再加上新《刑法典》规定的一些原则，这也就是一个停留在过去才会关心的问题了。

另外，应当注意到《法国海关法典》第 35 条 bis 规定所带来的灵活措施，根据这条法律，正式申报的报关单应随附进口人的一项关于确定海关估价各成分的申报。然而，如果申报价格低于海关估价，而该申报中在申报事实方面又不存在任何不准确或遗漏，报关人或其委托人只负补交关税和其他税费的责任，但必须本人没有过错[⑤]。

（2）优惠监管措施的适用主体

871 优惠监管措施适用人的法律责任问题，与前者不是没有联系，因为经常会发生这种情况，报关人代理其委托人承诺优惠监管制度项下保税登记手册中规定的义务，倘若规定的义务未被履行，海关则只追究登记手册认领人的法律责任。根据《法国海关法典》第 397 条规定，优惠监管措施使用人，除运输人及其他代理人负有责任外，是唯一的责任人。只有在能证明因某个无法预见或避免的重大事件使他处于不可能履行义务情况时，他才能逃脱有罪推定，但必须有一项条件，必须提供关于盗窃行为人受到处罚的证明或人力不可抗拒情况的证明[⑥]。

---

① 参见本书 893。在此我们很难理解，例如对海关法上规定的违法行为给予处罚到底是以什么理由，对那些不属于大意或疏忽的“个人过错”的情形，但申报行为让它的客户得益而给予相应罚款的处罚，该客户的行为是完成在国外的，即使有可能这类客户在国外经过一个短暂停留后会再回到法国。（Cass. crim. 2 février 1959，préc.）

② 参见：Cass. Req. 6 novembre 1922，Doc. cont.，n° 545。

③ 参见：Cass. crim. 23 janvier 1885，DP 1885，I，178。

④ 参见：Cass. crim. 8 avril 1897，préc。

⑤ 参见本书 300。

⑥ 参见：Cass. crim. 14 juillet 1951，Doc. cont.，n° 971. -19 mars 1957，*ibid.*，n° 1216. -Comp. CJCE，25 février 1999，aff. C-86/87，*Reiner Woltmann et Hauptzollamt Pots-dam*，Rec. p. I-1065。

为了保护国家财政利益，《法国海关法典》第 397 条 2 规定，货物运抵地海关只对在规定期限内已履行所承诺义务的数量，解除相应的义务，违法行为由发证地海关追究适用主体及其担保人的法律责任。

（二）意外占有私货产生的法律责任

872 《法国海关法典》第 392 条 1 规定，“走私货物的占有人应视为走私行为责任人”，该条法律体现了一条传统的法理，代表一条根本原则。该条款将货物的违法状态移加于占有该货物的占有人，它表达了一种双重推定，即客观有罪推定和主观有罪推定。客观有罪推定，是因为占有这个事实本身就可以让人们无须再去认定，当事人是否参与了使货物具有违法性质（如走私进口）的违法行为；主观有罪推定，是当事人取得占有的方法肯定可以说明占有人犯有主观过错。在此，经常会有一些批评，反对对这样的一个概念“予以惩罚”[①]，有时它被谴责为违反了《欧洲人权公约》，这些批评本来也可以引致 1987 年立法对此减轻惩罚。但是，其法律审慎性受到司法判例质疑的同时，我们也看到，终审法院并没有确认第 392 条 2 所规定的推定具有无可辩驳的性质，所以当前也没有必要对该法律条文进行改革[②]。它主要方面暴露出来的问题就是，要达到何种程度才会考虑取消该条款。

1. 占有概念

873 第 392 条所指的占有应当做最广义的解释。任何一个主观要件或意图，其特殊动机都不能通过判例确定。占有被视为占有人与货物之间一种纯粹的客观联系[③]，甚至没有必要确定占有人是否是有意占有。所以，占有人是不是货物的所有人[④]，是不是善意占有人[⑤]，他本人是否知道其占有人的身份[⑥]，都不是太重要。

第 392 条规定的独到之处在于不仅仅停留在这个水平上。更有甚者，海关不能对当事人是随身携带或手持私货情况予以直接证明的情形下，它可以对这种占有情形免予举证。通常，占有本身是从货物的状态进行推定的，而这种推定基本上又是不可辩驳的。对此，应当区别占有推定的两种情况，一种是货物的存放，另一种是货物的流动。

（1）货物的存放

874 判例认为，在某些地点发现货物，从这些货物存放在该地点起，占有推定就可成立。只要发现和存放这两个条件一旦具备，某些人自动被推定为占有人。

①存放地点

875 第 392 条的推定只适用于私人地宅，因为这个概念本身需要几点澄清。显然，地宅一词实际上在此处并不是取它的法律上的含义，而是表示一切私人使用的场地，无论这

---

① 参见：Cass. crim. 21 février 1983, JCP éd. E, 1984, ADG 13487, n° 30. -19 novem-bre 1984, *ibid.*, 1985, 14775, n° 35, obs. C. -J. Berr et G. Vignal。

② 参见：Rapport R. -A. Vivien, précité, p. 166 et s。

③ 在此还需要确认，持有人的概念不仅仅指实际占有货物的人，而且还包括对货物详细申报的负责人。参见：Cass. crim. 29 mai 1997, Bull. crim. n° 214, p. 699. -3 octobre 1997, *ibid.*, n° 330, p. 1093。

④ 参见：Cass. crim. 19 février 1948, S. 1949, I, 115; Doc. cont., n° 819. -9 novembre 1997, Bull. crim. n° 330, p. 1093。

⑤ 参见：Cass. crim. 19 décembre 1946, Doc. cont., n° 787。

⑥ 参见：Cass. crim. 29 janvier 1948, Doc. cont., n° 864. V. égal. Cass. crim., 4 sept. 2002, Bull. crim. n° 157, p. 578。

种使用权以什么法律形式来体现。这样，我们可以将供大家使用的场地（如属于国家所有的场所）从第 392 条推定的适用范围中剔除出去。举例可以说明，有一个向所有人开放，连接一条公共道路和一条林间小道之间的通道①，在该通道上发现一所房屋门口有一包走私烟草。这种情况可以将该地方考虑为是某人住宅或者某人居所的私人地宅，② 不论是农庄建筑物，还是工业建筑物③，或一个庭院④，甚至一块田地⑤，都有可能视为私人住宅。以场地无法封锁或未围圈为由逃脱推定就没有太大意义了。同样，如果这些场所尽管属私人所有，但对公众开放而且无法施行监控，这就不是太重要了。所以法律责任是建立在场地属私人使用的特征之上，而不考虑看护的实际情况⑥。

②存放的货物

876 和私人地宅相反，存放的概念与法理上的含义相比更狭窄，在此处只指完全实际的存放，因为，只有走私货物堆放在地上或建筑物内，存放事实才能成立⑦。如果货物在私人地宅中，但由一个外来人放在他的口袋里，这并不构成存放⑧。

③推定占有人

877 判例将占有人的身份施加于对地点有使用权的一个人或几个人，因此，原则上没有必要区别这种使用权的形式：所有、租用、暂时占据、看护等。占据这个事实只要能认定，不考虑任何占据的理由⑨，但是，如果使用地宅的人无法查明，占有的推定将施加于地宅所有人，即使在存放货物时他不在现场或者他不知道⑩。不过，这个推定比对地宅使用人的推定要缓和得多。地宅所有人对他已经将地宅租出负有举证责任，承租人如转租地宅也应按此办理⑪。但与之相反，仅仅准许，不论是默许还是特许，占据地宅这个事实，都不足以逃脱占有的推定⑫。

将数人视为共同所有者⑬来进行推定，这种情形也不存在什么异议。判例法也考虑到，户主将成为承担相应法律责任的责任人，如果生活在其屋檐下的其他人均与此无关联⑭。

（2）货物移动

878 走私货物的移动对其移动人可以产生占有推定，在判例法确定的传统原则中⑮，

---

① 参见：Cass. crim. 15 janvier 1948, Doc. cont., n° 815。

② 参见：Cass. crim. 27 février 1943, Doc. cont., n° 708. -30 octobre 1947, *ibid.*, n° 807。

③ 参见：Cass. crim. 28 juin 1944, Doc. cont., n° 729 (laboratoire). -20 janvier 1949, *ibid.*, n° 864 (garage). -23 juin 1949, *ibid.*, n° 890 (magasin). -Douai, 22 décembre 1932, *ibid.*, n° 635 (grange)。

④ 参见：Nancy, 19 août 1873, S. 1874, 2, 148。

⑤ 参见：Amiens, 31 janvier 1950, préc。

⑥ 参见：Cass. crim. 18 novembre 1975, Bull. crim. n° 249, p. 658; Doc. cont., n° 1620。

⑦ 参见：Amiens, 31 janvier 1950, préc。

⑧ 参见：Comp. Cass. crim. 17 novembre 1911, DP 1913, 1, 507。

⑨ 参见：Cass. crim. 8 août 1949, Doc. cont., n° 899. -3 juin 1950, *ibid.*, n° 934. -24 juillet 1952, *ibid.*, n° 1011。

⑩ 参见：Cass. crim. 5 avril 1954, Doc. cont., n° 1089. -Douai 17 novembre 1955, *ibid.*, n° 1242。

⑪ 参见：Cass. crim. 28 juillet 1827, Doc. jur., n° 253. -28 juillet 1892, DP 1893, 1, 400。

⑫ 参见：Cass. crim. 28 juin 1944, Doc. cont., n° 72

⑬ 参见：Cass. crim. 28 avril 1820, Doc. jur. n° 203。

⑭ 参见：Douai, 1er mai 1895, Doc. cont., n° 323。

⑮ 参见：Cass. Ch. réunies 21 janvier 1885, Doc. cont., n° 276。

这种处理方法原则上既适用于个体运输人，也适用于国营运输人。它主要针对运输工具的驾驶人、火车列车长，以及所有由他们指挥从事卸货和交货的人。如果有好几个人先后或者同时参与货物的移动，占有推定会遇上一些困难①。同样，有时移动人无法查明或已逃逸。和存放情况相同，运输工具的所有人要作为第二占有人②，个人承担法律责任，除非他能提供反证③，反证主要是他的车辆在被查获时不在本应在的运输路线上④。

2. 占有推定的法律效力

879 假定占有推定的各项条件均具备，那么它的法律效力有多大呢？对这个问题，只有通过研究当事人提供反证的手段来回答它。

即使某些初级法院的裁定与此相抵触，但我们始终可以认为，直到 1987 年 7 月 8 日海关法进行修改前，终审法院从来都没有做出过以无知或善意的证据为由推翻违法推定的案例。刑事法庭出于平衡的考虑，做出过对这种推定下的被告给予同情宽大处理的决定⑤。

在终审法院的眼中，唯有不可抗力情况才能免予法律追究，即该事件完全违背当事人意愿，且当事人既无法预见也无法阻止⑥。据此，如果某个所有人采取了所有必要的措施，防止其地宅成为走私分子的集散地，而私货是以破坏方式被存放在其谷仓内，住宅所有人完全不知道这个发生在夜间他熟睡时的走私行为，对这个案件，法院允许对住宅所有人不作存放人或占有人推定⑦。出于同原则，对某人虽然接受私货的存放，但他绝对无法了解货物的来源，也不作违法推定⑧。这里，我们又一次看到不可逾越过失理论在走私行为关系人正常适用范围以外的具体运用。

同样，运输人欲推翻对第 392 条规定的有罪推定时，终审法院的法律显得极为严厉⑨。但是，《法国海关法典》确实对国家运输人的法律推定规定了较宽泛的例外情形。实际上，根据第 392 条 2 规定，公共运输人本人或其雇员，如果按其委托人明确的、符合规定的指令进行运输，并且他们可以使海关能在以后追究真正的走私犯，不被视为违法行为人⑩。因此，公共运输人的善意可以承认，条件是必须有足够证据且罪犯能够被认定，而且海关提起的诉讼既不会受到诉讼时效的限制，也不会是事实无效的诉讼。

鉴于海关犯罪领域刑事法律责任的总体演变，我们很难看出该如何辨识这些承运人种类之间的区分。

---

① 参见：Pau, 3 juillet 1919, Doc. cont., n° 529。

② 参见：Cass. crim. 20 décembre 1951, Doc. cont., n° 979. -20 mars 1952, *ibid.*, n° 992. -2 avril 1979, *ibid.*, n° 1658。

③ 参见：Cass. crim. 22 février 1945, Doc. cont., n° 740. -20 mars 1952, préc。

④ 参见：Cass. crim. 24 novembre 1953, Doc. cont., n° 1073。

⑤ 参见：Cass. crim. 25 janvier 1982, JCP 1982, I, 10552; JCP éd. CI, ADG 11254, n° 42, obs. C.-J. Berr et G. Vignal. -21 février 1983 et 19 novembre 1984, préc. -29 nov. 2000, Pourvoi n° 00-80305. -5 oct. 2005, Bull. crim., n° 252。

⑥ 参见：Cass. crim. 28 avril 1951, Doc. cont., n° 965。

⑦ 参见：Besançon, 21 mars 1853, Doc. jur., n° 437。

⑧ 参见：Cour supr. franco-sarroise, 20 juin 1955, Doc. cont., n° 1125. -Cass. crim. 19 mai 1926, Doc. cont., n° 576. -5 mars 1947, *ibid.*, n° 793. -30 décembre 1953, *ibid.*, n° 1079。

⑨ 参见本书 870。

⑩ 参见：Cass. crim. 25 juillet 1885, DP 1886, I, 275. -26 mai 1900, DP 1901, 1, 206。

第二节　民事责任

为了保证国家财政收入，法律规定某些人应承担民事法律责任。这是符合逻辑的，人们将民事责任转移到那些对走私行为人负有管理责任的个人身上，在于惩罚他们有管教不严的过错，以及转移到其他基于各种原因与走私行为人有共同利益的个人身上。

一、基于隶属关系的民事责任

880 违反海关法行为的性质决定了主导关系很少是父子之间①、师生之间或师徒之间。在实践中，领导与被领导关系建立在一项指派命令以上，也就是《民法典》第 1384 条 5c 所指的普通法概念，没有理由反对把普通法中关于民事责任的一般规则运用于海关法。不过，这些规则有些被视为是与海关法特殊要求不相适应的限制，《法国海关法典》不得不实施一套例外制度，与普通法的制度并行运用。

（一）普通法民事责任的运用

881 《民法典》第 1384 条规定的普遍性可以使这个概念毫无困难地运用于海关法。但是，该法律规定的条件必须具备，也就是说，可以认定有一个指派关系，而且犯罪行为是在下级执行其职责时完成的。

指派关系的认定一般没有困难。普遍可以从劳动合同中产生，劳动合同本身就可以说明雇主有委托人身份②。但指派关系也可以产生于依照普通法判例原则确定的任何形式的领导关系中③。例如判例所确认的第 1384 条规定的领导关系，雇员适用于报关行④，驾驶员或职员适用于铁路公司或运输公司⑤，船员适用于船东⑥。

相反，普通法概念的运用要求雇员必须在执行其职责时所为，或者至少是趁其执行公务之际。这项规定从两个角度上讲是十分严厉的。首先，犯罪行为本身与其公务是否有关并不重要⑦，关键是公务的执行为犯罪行为的实行创造了条件。这样，即使其雇员的犯罪行为是背着他的指示或者是违背他的指示进行的⑧，他也不能借此免予法律责任，因为我

---

① 参见：Nancy, 13 mars 1969, Doc. cont., n° 1500。

② 参见：Cass. crim. 18 juin 1979, D. 1980. IR. 36, obs. Larroumet. –24 janvier 1983, Doc. cont., n° 1717。

③ 参见：Encycl. Dalloz, Droit civil, V° Responsabilité du fait d'autrui。

④ 参见：Trib. paix Le Havre, 18 décembre 1956, Doc. cont., n° 1195. –Cass. com. 19 octobre 1971, D. 1972, Somm. 28; JCP 1973. II. 17516。

⑤ 参见：Cass. crim. 22 mars 1907, DP 1909. I. 406; Doc. cont., n° 455。

⑥ 参见：Cass. crim. 5 mai 1953, Doc. cont., n° 1050。

⑦ 参见：Cass. crim. 15 mars 1956, Doc. cont., n° 1161. –Colmar, 13 juillet 1962, *ibid.*, n° 1390. –Cass. crim. 2 mai 1984, Bull. crim., n° 152; D. 1984, IR, 434; JCP éd. E., 1985, *ADG.* 14775, n° 36, obs. C. –J. Berr。

⑧ 参见：Cass. crim. 5 août 1948, Doc. cont., n° 842. –29 mars 1962, *ibid.*, n° 1374. 17 juin 1970, *ibid.*, n° 1510. –24 novembre 1980, Bull. crim., n° 312, p. 798; Doc. cont., n° 1780. –19 févr. 2003, Bull. crim. n° 43。

们指责委托人的正是其看管不严的过错。其次，不论是雇员的纯个人行为过错[①]，还是雇员负责填制的报关单中的不确切事实[②]，都会招致委托人的民事责任。不过，《民法典》第1384条5规定的这层含义后来竟限制了推定的适用范围，如果犯罪行为属其雇员在执行公务以外所为，委托人不负任何法律责任。例如，某个报关代理人的雇员在其工作时间之外将货物非法转移，判例认为“该破坏行为与委托人交给其雇员的工作毫无联系”[③]，因此报关代理人不负法律责任。我们很容易想得出，这是一个事实问题。

然而，假定违法行为和执行公务之间的联系无法认定，委托人有时会承担因海关法特有的并且例外于普通法的法律原则而被追究法律责任的风险。

（二）例外于普通法的法律责任

882 《法国海关法典》第404条规定，“货物所有人在关税、没收、罚金及费用方面对其雇用人员负有民事责任”[④]。

该条规定，乍看起来，似乎和普通法制度一道有两重用途，主要作用在于避开雇员的犯罪行为与执行其公务之间必须有联系的要求。对货物所有人实施的法律责任，无须认定雇员是在执行公务之中还是趁执行公务之际从事犯罪活动，即可成立。与之相反，这种法律责任只能施加于同时既是货物所有人又是委托人的货主。如果这个条件不具备，谈不上追究任何法律责任。

对船舶的所有人和船东，如果其船员非法从船上卸下被称为船用物料的货物[⑤]，或者运输走私物品[⑥]，相关判例判决追究了他们的法律责任。

二、共同利益所致法律责任

883 某些法律状态会使违法行为主犯与其他人之间产生共同利益，特别是在代理和担保情形下，海关法有时认为这种共同利益足以成为民事责任承担的基础。

（一）代理关系中的共同利益

884 代理本身并不是说赋予被代理人对代理人享有领导权，只是代理人应当对被代理人负责并就其代理事项履行过程中的不当行为负个人责任（《民法典》第1992条），但他没有履行被代理人的强制性的义务。因此，被代理人的法律责任不能按《民法典》第1384条予以认定。这条原则主要适用于有限公司的经理，因为他在经营管理中享有很大的自主权[⑦]。

《民法典》第1998条规定，被代理人通过代理合同实现他与其代理人约定的承诺，并

① 参见：Cass. crim. 22 mars 1907, préc。

② 参见：Cass. crim. 8 avril 1897, Doc. cont., n° 345。

③ 参见：Cass. crim. 20 novembre 1952, Doc. cont., n° 1020. -2 mai 1984, préc。同样，考虑让一个匿名公司对其法定代表人的行为承担法律责任，也是不可能的，该法定代表人不具备《民法典》第1384条5c所要求的推定的条件：Cass. crim. 14 juin 1982, JCP 1982, I, 10963; JCP éd. E., 1983, ADG, 11254, n° 37, obs. C.-J. Berr et G. Vignal; Gaz. Pal. 1982, 2, 635. note J. Cosson. V. égal. Cass. crim. 19 févr. 2003, Bull. crim. n° 42, p. 158。

④ 参见：Cass. crim. 19 novembre 1998, Bull. crim. n° 310, p. 888。

⑤ 参见：Rouen, 13 novembre 1947, Doc. cont., n° 809。

⑥ 参见：Cass. crim. 5 mai 1953, préc。

⑦ 参见：Douai, 5 décembre 1951, Doc. cont., n° 986。同样参见：Cass. crim. 2 mai 1984, préc。

在其授权事项范围内承担相应的法律责任。因此，只要代理人没有越权行事，就应该追究被代理人的法律责任[①]。同样，如果代理人在被代理人默许或特许下越权行事，则仍追究被代理人的法律责任（《民法典》第 1998 条第 2 款）。

最后，提醒读者注意，刑事责任规则在许多情况下可以将刑事处罚实施于被代理人，而并不仅仅是民事处罚，这主要是在此可以运用走私行为利益关联方的理论[②]。

（二）担保关系中的共同利益

885 《法国海关法典》第 405 条规定，“担保人与主债务人一样有义务交纳关税及其他捐税、罚款，以及所担保的纳税人所欠其他款项”。

第 405 条规定的适用范围在刑事诉讼程序中相对较窄，担保人的责任只有在主要违法行为是不履行诸如优惠制度中规定的义务所致的情况下才能追究。

普通法关于担保的规定在海关方面有许多例外，据此，如果第 405 条的规定要求担保人与主债务人同样有义务，那么对担保人来说，就谈不上义务分割的好处了，也没什么好讨论的了。

第三节　连带责任

886 海关处罚制度中的连带责任，专门用于保证国家可以向若干债务人中任何一个追缴所欠全部税款，替其他人垫付的债务人则可以向其他人追偿其所垫付的份额。即使这套机制乍看起来，似乎只是对债权人的一种民事意义的保证，但也必须承认，无偿还能力的风险就转移到其中一名罪犯身上，这种情况在某种意义上讲，就构成一种附加在主债之上的个人责任。从这个角度讲，在普通法中，问题已经有所变化，恰恰是为了避免这种间接加刑的现象。因此，《刑法典》原第 55 条规定，同一犯罪（重罪或轻罪）或同一第五级违规行为的违法者，在缴纳罚款、归还非法所得，承担损害赔偿费用方面负有连带责任。后来 1975 年 7 月 11 日法律对其进行了修改，使这种连带责任的适用范围仅限于归还非法所得和承担损害赔偿方面[③]。这个规则在《刑法典》进行改革的过程中被保留下来，后来在《刑事诉讼法》第 375-2 条和第 480-1 条[④]也对此做了规定，也就是说，在罚款和诉讼费用方面不再有连带责任，除特别动机或特别决定外，每个罪犯仅负本身的债务。但是，《法国海关法典》第 406 条的规定却没有改变。《法国海关法典》第 406 条 2 规定，除了在拒不服从海关官员的命令和对抗公务情况下，对每个案犯单独处以罚金外，对同一走私案件的主犯和以各种身份参与走私的案犯（《法国海关法典》第 406 条 1）和基于不同名义参与到走私行为的案犯（《法国海关法典》第 407 条）之间判有连带责任。普通法中的连带责任与海关法中连带责任的根本区别，很可能，再一次，出于保护国家财政利益的指导

---

① 参见：Pallain, *op. cit.*, T. 3, n° 2736。

② 参见本书 853。

③ 参见：Encycl. Dalloz, Répert. Pénal, V° Solidarité pénale。

④ 除特别动机或特别决定外，1994 年 2 月 1 日进行了法的修订。

思想①，使刑罚的个人化屈居第二。

尤其要懂得，在正常情况下，只有对两个以上案犯处以同一罚金时，才出现连带责任这个问题，刑罚（拘役、附加刑）则是按每个关系人分别判处的。这个特征传统上与海关罚金和没收的刑罚中含有部分赔偿性质有关联②，它和普通法中的损害赔偿一样，是连带责任的理论依据。然而，我们应该承认，1977 年的法律修改，在明确区分缴纳所欠税款（这个显然属于纯粹的补偿）的义务和纯税收罚金这两个不同的概念的同时，使这个理论依据失去了它原来的分量。

887 人们就海关法领域可减轻罪刑情节做出有所保留的规定③，在此，我们也不可避免地要谈及海关法中连带责任条款所带来的影响。

根据《海关法典》第 369 条 1e 规定，法院若认定有可减刑情节，对代替没收货物的价值和税收罚款金额，“有权限定或撤销对部分案犯的连带责任”。如果可减刑情节只适用于同一走私案件中部分同案犯，同一条款规定，法院可以首先对不适用可减刑情节但应负有连带责任的案犯判以金钱义务的罚款，然后就可适用减刑情节的案犯在没收和税收罚款方面的连带责任予以限定或撤销。

就这一复杂机制所做的解释，至今都还是含糊其辞，该法律的直接效力是诉讼费用仍有连带责任，可减刑情节在此方面不发生效力。对于其他债务，最好从实践中三个连续的阶段上来进行系统的研究：

第一阶段　判决阶段

888 倘若把判决法院拒绝所有案犯享受减轻罪行情节宽大的情况搁置一边不谈，但是，对于不适用减刑情节的案犯仍要施加于全部的连带责任，判决书对此要有明确说明。

另外，如果只是所有案犯中的部分人可以适用可减轻情节，法官就必须确定税收罚金和代替没收的款项的金额，对各个案犯根据各自的可减刑情节来计算罚款。因此，对不同案犯，罚金有大有小，有的被判罚不高于某一金额的罚金，而有的则被判罚不低于某一下限的罚金。判决应当明确每个案犯在违法行为中应负多少法律责任，最后还必须写明，单独就因受益于可减刑情节的处罚结果，可减刑情节是适用于所有的连带责任，还是仅就判决中明确的数额承担连带责任，抑或是判决取消了连带责任，包括对每个人所做出的数额上的判决。

第二阶段　追偿阶段

889 国家作为债权人，有权向任何一个不享受减刑情节宽大的案犯追缴全部罚金。如果这个案犯要向其他人追偿，或者对于享受减刑情节宽大的案犯，国家的追偿权只能限制在判决书中对每个关系人罚金的上限范围以内。

---

① 虽然这个想法不再有任何令人信服的力量，至少在海关问题上还是严格的，自从关税最终去向是欧盟的财政征税。然而，立法者在 1982 年将金融法的考虑增加进来，《法国海关法典》第 382 条中增加了 6 款，其中规定：“如果本法典规定有罚款，行政当局有证据证明，罪犯已经申请了破产的情形，他可以要求法官对参与了组织犯罪的人承担连带责任。”在普通法中基于同样想法内容的条款也被适用过。《刑事诉讼法》第 375-2 和第 480-1 条这两个条款（分别针对的是犯罪和轻罪的情形）规定，法院或仲裁庭可根据合理裁决命令被告或共犯或就所处罚款承担连带责任。

② 参见本书 893。

③ 参见本书 907。

第三阶段　分摊阶段

890 这个阶段对已经免除连带责任的处罚就不再适用。根据连带责任方面最传统的原则，任何一个案犯，如果已交付超过其被罚金额的罚金，有权向其他案犯追偿。考虑到这方面的特殊情况，这条原则意味着，在其他债务人之间，有必要运用判决书中规定的份额规则。在实践中，已经交付代替没收的税收罚金的案犯对他已交付的超出其应罚份额的罚金，对其他案犯享有债权。

从法理上讲，这项制度中依然有某些不协调之处①。因为，我们不难注意到，某个无关紧要但却可以享受减刑情节的案犯，由于其份额原因，有时竟会追偿回绝大多数罚金，而且，倘若他是唯一的案犯，心肠软的法官可能也会对他判以某一下限的罚款份额②。这一点，不论是否涉及司法问题，都不应该使人们感到案犯的追偿权有很大部分的侥幸，无清偿能力的风险始终都会打击第一个向国家交付全部罚金的案犯。与之相反，似乎有可能看到，如果判决只涉及两个案犯，其中只有一个案犯适用可减刑情节，那么连带责任至少是单方面，原因是另外一个案犯不适用可减刑情节而因连带责任可能要交付全部罚金，但他原则上却不能向另一个案犯追偿多付的罚金，实际上，他很可能要交付相当于在作为唯一的案犯情况下应付的罚金，他承担了全部法律责任。所以连带责任只是朝着单向发生作用。

我们从整个制度得出的结论就是，没有经过认真考虑的制度自然也就不能从中提取积极的作用。

一、连带责任条件

891 连带责任成立的根本条件是走私事实的同一性，我们不可能对几个完全不同的违法行为中单独行动的案犯判有连带责任③。首先，判例从不同违法行为人之间存在的联系中引导出一个相当广的概念，因此即使原则上所有案犯都参与了同一犯罪事实④，也只有部分人负有连带责任，这些人必须长期地按某一有组织的计划，在同一个首领指挥下，使用某种狡猾的互相配合方式，完成同一个很长系列的犯罪行为⑤；其次，在数个案犯之间，存在一个真正的走私集团而形成违法行为的共同性情况下，连带责任也会存在⑥；最后，在有罪参与情况下⑦，以行为人、共犯或关系人身份参与走私行为的案犯，对判决代替没收的罚金负有连带责任⑧。

---

① 参见：Y. Famchon, *La réforme du contentieux des législations des douanes et des changes*, Encycl. douanière, 1978, p. 71。

② 参见本书 907 和 926。

③ 参见：Cass. crim. 12 août 1859, DP 1859, I, 478。

④ 参见：Cass. crim. 24 janvier 1946, DP 1946, 185. -4 janvier 1956, Bull. crim., n° 8 p. 12。

⑤ 参见：Cass. crim. 12 août 1859, préc。

⑥ 参见：Cass. crim. 30 octobre 1947, Doc. cont., n° 807。

⑦ 参见本书 844。

⑧ 参见：Cass. crim. 30 octobre 1947, préc。

二、连带责任法律制度

892 似乎不可能让法官负有义务去裁判连带责任①。在普通法中它发挥充分的法治作用。既然如此，任何一个案犯都不能以，对他的判决中没有规定就罚金负连带责任而向终审法院上诉②。

至于连带责任的共同债务人之间的互相代偿问题，应当承认，如果判有连带责任的原因是纯个人的抗辩和辩护的事实，法律便不允许这种代偿。在这种情况下，某些案犯的上诉仅对于没有实际参与走私活动的案犯无效③。

第四章　对违反海关法行为的处罚

893 违反海关法行为责任人应承担的法律责任的性质难以界定。一般观点认为，应该区分刑事处罚（根据《法国海关法典》第 432 条和第 432 条 bis 做出的监禁和剥夺权利处罚）和税收处罚（罚款和没收）④。这种简化的分类展示，可以说是基于《法国海关法典》第 343 条的规定，公共部门检察官负责刑事案件的起诉，而海关对税收处罚案件负责起诉，同时允许检察院协助海关提起公诉。但是，如果对于完全适用刑法典规范做出的监禁罚和剥夺权利罚的刑事性质，不存在任何质疑，但到今天也很难说，所谓的税收罚款就与后者完全无干系。从这个角度来看，1977 年 12 月 29 日法律实施所进行的改革，构成了与过去的彻底决裂。以保护个人权利和回归司法机关自大革命时期以来被拒绝享有的管辖和一般权能为目的，立法者就该领域的传统原则进行了修改。众所周知的《法国海关法典》第 369 条 1 被取消，根据该条规定，法官不能“以自己的名义”对税收处罚进行适度的调整，如今赋予法官根据可减刑情节酌情“调整”税收罚款的权力，标记着立法者对税收制裁应与刑事制裁保持协调一致而进行了相应调和的意愿。此外，在这次改革之前，可能要提起注意的就是，税收罚款和没收的相关法律制度在某些方面跟刑法典中相似的制裁有一定的相似度。例如，《法国海关法典》第 382 条 5，规定“海关罚款和没收，适用普通法对刑事处罚法律时效的规定”⑤。从更广泛意义上说，在此强调当今的海关法典，以“处罚责任”为名独立设立的章节中，规定了处罚种类，但也没有就处罚的性质，即监禁刑跟罚款没收的区别做出规定，并不是没有意义。

894 对税收惩罚的性质进行关注的必要性并不是来自一种教条式关注。对此进行考虑，与刑法典的深刻改革有关，在此需要拷问一下，这些定性是否触及除监禁之外的其他

---

① 参见：Cass. crim. 5 juillet 1976, Doc. cont., n° 1630. -14 novembre 1996, Bull. crim. n° 410, p. 1189。

② 参见：Cass. crim. 18 décembre 1952, Doc. cont., n° 1026. -3 janvier 1984, JCP éd. E, 1985, ADG, 14775, n° 39, obs. C. -J. Berr。

③ 参见：Cass. crim. 30 avril 1949, Doc. cont., n° 880。

④ 参见：F. Urbino-Soulier, *L'entreprise et la Douane face au grand marché européen*, 面对欧盟大市场的企业和海关 PUF, 1992, n° 576。

⑤ 参见本书 914，关于罚款的司法制度。

海关处罚类型，这些显然都置于新的规定之下。不言而喻，如果海关罚款与没收处罚可以完全排除定性为惩戒性功能，那就没有理由对它们适用满足刑事政策普遍性需求的原则。在此，仅举一例，有必要考虑到，尽管在刑法中予以减刑的概念已经消失，但法官审理违反海关法行为，仍应继续考虑是否具有与此概念相匹配的减轻处罚的辩护。同样，刑事法律制度的立法者，不再只是确定最高罚款限额，还必须维持，在海关事务上，法官（除了有可减刑情节和对其有强制性限制的情形之外）不能做出低于海关法规定幅度的裁决。

该内容并不当然地能得到完全支持，但似乎又很有效地得到维护。在我们看来，这只是允许海关法保持它在法律的一般演变之外的一种令人注目的表现。的确如此，直到今天，它还经常寻求在确保其本源性及严厉性的性质。针对海关刑事法律制度中的一些独特的制度，立法者从未认为，将海关处罚看作是一种修正、重新教育或重新融入社会的手段是有用的。对他来说，只是做出相应惩罚真的很可能对走私瞒骗者一个深刻教训，在他们的金钱利益中实现对他们的贪婪给予最有效的打击，而这种贪欲往往被认为是引致违法的动机①。

既然如此，考虑到海关税务处罚方面概念的含糊不清，最合适的做法，毫无疑问应当是尽可能对《刑法典》所适用的新原则和海关处罚制度的必要性之间的协调可采取的所有的措施进行全面考察。

895 在海关法领域，惩戒性的政策看上去是完全独立于法国国际承诺的部分。《欧盟条约》本身看上去也是将海关诉讼的内容，特别是做出惩罚的权力，置于其适用范围之外。为此，这个花费了很多年，也是一个持续的努力，来保持欧盟和各成员国司法判例一致性，据此，处罚法律制度属于各成员国执行权能范围，但在该领域，各成员国应当与其他成员国一样恪守共同体法所确认的一般原则②。欧盟法院推出一项新指令应遵守的基本要求，认为各国有权根据比例性原则③，对违法行为人做出与其违法过错严重性相当的制裁措施，必须承认，目前它也仅仅是对法国海关法中边缘性地带产生一些影响④。

在这方面应该指出，1987 年 7 月 8 日法律改革的推动者，曾多次强调他们的意愿，考虑作为欧盟的成员国，法国应当在一定程度上削减海关制裁的严厉程度。因此，做出的惩罚已经减少，至少在一些案件中，作出惩罚的最低限度比以前更低了，而且那个关于法官享有调整处罚幅度的可能性的新规则，都显示出同样的发展趋势。事实是，跟海关法其他

---

① 参见：P. Ravillard, *op. cit*。同时参见：M. -C. Bergerès, *Le Code des douanes face au droit communautaire* 面对欧盟海关法的法国海关法，note sous CJCE, 2 août 1993, D. 1994, 105。

② 参见：-J. Berr. *L'influence de la construction européenne sur l'évolution contemporaine du droit privé franc¸ais*. 欧盟的建立对法国私法当代演进产生的影响 Mélanges Teitgen, Pedone, 1984, p. 12. -*Les litiges douaniers et des changes: solutions nationales ou communautaires* 海关贸易纠纷：欧盟与成员国的解决方式，préc。

③ 参见：C. -J. Berr, *Les sanctions douanières sont-elles disproportionnées ?* 法国，D. 1987, chr. p. 119. -J. Pradel et G. Corstens, *Droit pénal européen*, Précis Dalloz, 2e éd. , 2002, n° 413。

④ 参见：Cass. crim. 7 novembre 1996, Bull. crim. n° 398, p. 1158. -5 février 1998, *ibid.* , n° 48, p. 121。应当指出，1995 年 7 月 26 日《保护欧洲共同体财政利益公约》（JOCE C 316, 1995 年 11 月 27 日）规定成员国有义务，采取必要措施确保对构成走私的严重违规行为给予刑事处罚。另外，1995 年 12 月 18 日第 2988/95 号条例（JOCE L 312, 1995 年 12 月 23 日），也涉及保护共同体的财政利益，它只侧重于侵犯这些利益的“违规行为”，因此，应当给予行政处罚。

部分相反，体现惩罚性的政策，从根本上说是属于国家本性，那些增加欧盟控制力的努力，在这个领域遇到了不少阻碍。

896 因此，传统的力量体现在这样的观念上，海关税收处罚至少除了补偿性功能外还具有一定的惩戒功能。违反海关法规则的行为，肯定违反公共秩序，并且会对财政利益造成特别的损害。由此可以解释，海关法的一整套特别规则，特别证实了其处罚制度本质所体现出来的基本原则存在着多样性。

目前尚无法确定此分析是否始终与新规定要求完全符合。的确，在某种程度上，在明确区分它到底是对财政利益的保护还是它就是一种处罚，人们很少去质疑海关处罚纯惩戒性的性质，如今已经很大程度扩展到其赔偿性功能了。遗憾的是，立法者不知道该如何一路走下去，发展的进程似乎已不可避免，改革处罚法律制度以消除一些不合理的混淆还显得不是那么清楚。

必须承认，即使在改革之后也是如此，大多数海关处罚仍然与相关违法所造成损坏的严重性密切相关，与做出违法行为的人的关联度，而根据罪犯本人情况做出处罚最多只是起补充作用。

第一节　财产罚

本节将对罚款和没收的处罚制度做全面探讨。

一、罚款

897 罚款一直是海关法中最常运用的刑罚，这一点与普通税法相像[①]，我们应该从确定罚款的方式及相关司法制度来对它进行研究。

（一）罚款的确定方法

898 罚款可适用于海关事务领域中，包括海关轻罪行为及违规行为[②]。这并不意味着，要对它们根据情形予以定性，即到底是补偿性的处罚还是代表《刑法典》所表达出来的意义，即对违规行为予以惩罚的性质，虽然占主导地位的观点是，它构成税收处罚而并不完全具备惩戒性的特征。因此，海关法文本中规定的罚款处罚，一直被看作海关法没有受到刑法改革影响的例证[③]。

899 因此，首先，在侵权行为中，《法国海关法典》第 414 条规定，对违反海关法轻罪的行为，第一类的可以并处“相当于货值 1 倍及 2 倍罚款”，《法国海关法典》第 415 条规定与第二类违法行为有关，处以违法或试图违法行为金额的 1~5 倍的罚款。但是，《刑法典》的适用条款，在它的第 322 条中规定，如果违法行为可以处以罚款，有关最低罚款的要求被取消。1993 年 5 月 14 日的适用公告规定，第 322 条适用于“所有法律除了刑法”所提到的最低刑罚。因此，如果拒绝将海关罚款相对应地定性为“惩罚”，人们就有理由维持《海关法典》所规定的最低限额，即使从合理的角度来看，并没有相应的解决方式。

---

① 参见：B. Néel, *Les pénalités fiscales et douanières*, Économica, 1989。

② 参见本书 781 及其后。

③ 参见：Desportes et Le Gunehec, *op. cit.*, n° 143。

900 就违规行为并存两种处罚情形：一种是对那些属于第1级、第3级和第5级的违规行为（《法国海关法典》第410条、412条和413条bis）的处罚，明确界定在最低和最高罚款限额之间，这个与《刑法典》对违反普通法行为予以处罚的数字毫无对应关系；另一种是对属于第2级对违规行为（《法国海关法典》第411条），对其参照偷逃关税或其他税额（通常是该数额的1至2倍）来确定。在此，它跟《刑法典》适用法规中第382条确定的规则也没有直接关系，该条款意在将有争议的违规行为归入第5级违规行为，该条规定，只要其数额与以现金处罚的罪前判决、赔偿或违规客体的价值是相适应的。而对第2级海关违法行为的认定，正是考虑到了海关惩罚制度的特殊性。

1. 罚款的计算基础

根据不同情况，罚款是以走私货物的货值、偷逃税额或其他成分为基础来计算。

（1）走私货物货值

901 立法机关没有明确规定争议货物价值的概念是什么。那么，我们是否能运用征税方面使用的估价概念[①]，换句话说，海关估价可不可以在此作为计算罚款的参考？如果在过去很长一段时间内我们是这样实践的，那么如今就不能再是这种情况了，原因只有一个，申报价格的定义与国内市场上购买价格概念已经完全失去联系[②]。然而，以法理为依据的司法判例仍然坚持按走私行为发生时国内市场价格来作为计算罚款的基础[③]，而并不考虑计征税额时所使用的估价的定义。最高法院多次强调，初审法官不应当使用国际市场价格作为确定商品价值的参考依据[④]。这条原则首先解决不了所有问题，最重要的是要考虑到货物的特殊性并赋予初审法官在确定货值方面有一定权力。

902 实际上，对于货物，首先经常会出现无法确定它国内市场价格的情况，主要指一些禁止买卖的非法货物，如毒品和假钞票。《法国海关法典》认为此类货物实际上是一笔真正的“黑市价格”的对象，因而在第438条中，授权法院如果确信涉及该走私的报价、出价或售价及任何形式的交易中，其价格高于走私行为发生时的国内市场价格，有权按此价格计算罚款[⑤]。

比如，根据这条规定，5公斤的纯海洛因可以估价1.5万法郎[⑥]，假钞票按其票面标价计算[⑦]。

不过，不言而喻，此类黑市价格不仅不能约束法官，而且有时根本无法确定，这样，后来的补救办法是将新的第437条1修改成规定一个总体罚款。这样规定比1977年以前的规定有所宽松，过去一般按每件、每吨或每某一重量规定最低罚款[⑧]。但是，过去的制

---

① 参见本书204及其后。

② 参见本书207。

③ 参见：Cass. crim. 20 janv. 1971, Bull. crim., n° 100; Doc. cont., n° 1515。

④ 参见：Cass. crim. 11 mars 1970, Doc. cont., n° 1526。

⑤ 参见：Cass. crim. 7 décembre 1954, Doc. cont., n° 1111. –3 novembre 1992, Dr. pénal, 1993, comm. n° 68。

⑥ 参见：Cass. crim. 20 janv. 1971, préc。

⑦ 参见：TGI Bayonne, 9 févr. 1956, Doc. cont., n° 1425。

⑧ 该条款内容曾做过一次有意义的适用，在一起虚报货物价值出口的情况下，其出口画的赝品，申报价值为290000法郎，并为此购买了120000法郎的保险，但其内在值几乎为零。这六幅非法画作被分成两个包裹，法院判处的罚款达2000法郎：Paris 30 octobre 1962, Doc. cont., n° 1426。

度也被第 437 条 2 保留下来了，规定对某些违法行为，罚款以邮包为参考依据固定一个数额，如果是散货，则按每吨或每公斤处罚。

903 对于在扣押以前就损坏的走私货物，法律认为，应以货物原来的良好状态确定它的价值，以防止犯罪分子的投机，为了降低对其可能科处的罚款数额而故意损坏货物①。另外，烟叶、卷烟、雪茄和火柴则按国家的专卖零售价格确定货值。在第 436 条规定的某些情况下，特别是货物被非法转移或调包，而我们只掌握货物的性质和数量情况，这时罚款则按同一性质货物最近一个月海关统计的平均价格计算。

尽管所有这些规定对海关和法官仅起指导作用，但有必要强调，法官在确定走私货物货值方面的权力在实践中相当大，因此最好是要说清楚它的方法。

904 首先，预审法官在确定走私货货值方面的权力实际上相当宽。根据一贯的判例，最高法院确认法院有权根据来自信息和辩论产生的结果，全权确定货值，并用它来计算海关罚款。并且规定，法院没有义务公布这样估价的理由，特殊情况亦无例外②。这条原则的影响在各方面都十分引人注目。其次，法官视情况需要，有权按海关案件笔录中案犯接受的陈述进行估价③，或者采纳海关案件笔录的结论中建议的货值④，再或者按信息要素和辩论中产生的情况确定货值⑤。但无论如何估价，法官都没有义务公布他们估价所选择的依据⑥，也没有必要经过专家审核⑦。不过，如果海关提出要求，而且一位有资格的专家已经对违法对象的货物进行过估价，此时法院在未对货物进行复核鉴定的情况下，不得以新估价来取代专家的估价⑧。最后，最高法院曾决定，法官没有义务明确计算货物价值所使用的市场价格，也无须明确该市场价格的时间⑨。

（2）偷逃的税款

905 所谓偷逃的税款系指按章应征的关税和其他捐税税额与海关查获违法行为以前实际征收的税额之间的差额。

据此，罚款计算依据直接取决于有关税款的计算方式，这种计算方式多种多样，原因是《法国海关法典》第 411 条规定的情况各不相同，在此我们仅提及一点，即初审法官在这方面享有的权力与以上表明的情况完全不同，他们必须遵守关税和其他捐税计征的一般

---

① 参见：Grenoble 27 octobre 1950, Doc. cont., n° 980。

② 参见：Cass. crim. 20 janvier 1971, préc. –Cf. 6 juillet 1954, Doc. cont., n° 1096. –2 févr. 1966, *ibid.*, n° 1450. –18 décembre 1969, *ibid.*, n° 1504. –12 juin 1989, Dr. pénal, 1990, comm., n° 22。

③ 参见：Cass. civ. 20 juillet 1952, Doc. cont., n° 1015. –Cass. crim. 7 janvier 1965, Doc. cont., n° 1444。

④ 参见：Cass. crim. 9 févr. 1954, Doc. cont., n° 1082 –28 mars 1955, *ibid.*, n° 1119. –3 mai 1956, *ibid.*, n° 1163. –14 novembre 1956, *ibid.*, n° 1189. –18 novembre 1959, *ibid.*, n° 1313. –7 janvier 1965, Bull. crim., n° 6, p. 11; D. 1965, 114. Doc. cont., n° 1444. –14 janvier 1991, Bull. crim. n° 22, p. 60。

⑤ 参见：Cass. crim. 28 mars 1955, préc. –23 novembre 1955. Doc. cont., n° 1142. –3 mai 1956, préc. –14 novembre 1967, préc. –20 janvier 1971, préc。

⑥ 参见：Cass. crim. 6 juillet 1954, préc. –28 mars 1955, préc. –23 novembre 1955, préc. –3 mai 1956, préc. –14 novembre 1956, préc. –26 novembre 1958, Doc. cont., n° 1356. –29 mars 1962, *ibid.*, n° 1383. –2 février 1966, préc. –20 janvier 1970, préc。

⑦ 参见：Cass. crim. 20 janvier 1971, préc。

⑧ 参见：Chambéry 30 juin 1960, préc。

⑨ 参见：Cass. crim. 10 octobre 1956, Doc. cont., n° 1181。

规定，因而不拥有任何对个人处罚的手段。

但是，我们注意到，为了保证刑事处罚的有效，立法机关在《法国海关法典》第 437 条 1 中规定，绝大多数情况下，税款罚款按邮包个数或重量来计算[①]。当然，某些按件数或重量计算的罚款仍维持原来的规定，按每件、每吨或每公斤计算。

2. 罚款幅度

906 罚款计算依据确定后，尺度问题在 1977 年法律修改以前一直很简单，按照违法行为的级别，分别判处作为罚款计算价格的 2 倍、3 倍或 4 倍的罚款[②]。此外，对第二级违规行为，罚款外还要追补所偷逃关税和其他捐税。因此，这仅仅是个算术问题，因为法官当时无权改变这个数字[③]。现行的处罚体制与传统解决方案在好几个基本方面都有所不同。

(1) 处罚幅度的自由裁量

907 这是 1977 年法律修改的主要变化，对海关事务领域可适用减轻刑的违法行为，赋予法官可减少罚款数额，直至其最低罚款金额的三分之一（第 369 条 1 d）。该条是对刑法规则适用的保留，《刑法典》删除了惩戒性的法律手段中这项可减刑规则。从官方观点来看，海关法典没有明确提及《刑法典》旧条款第 463 条，该法的适用规则第 322 条，宣布废除“所有条款以刑法第 463 条为参考”的规定，所以似乎在该领域没有形成任何结果。这也是扣押司法判例做出前，法院第一次对此做过普遍分析[④]。但是，很难说，是否遵守《刑法典》所确定的普遍性原则，可以仅依靠一项法律条款的单纯措辞来判断。这让我们明显感到，1977 年法律修改的立法者，第一次就海关事务领域可减刑情节运行机制做出规定时，非常含蓄但必然参考了《刑法典》，这一机制在其他地方找不到。

同样我们应观察到，如果海关立法同意对犯有违反海关法行为的人给予一些宽大处理，即即使仅涉及罚款，但这也是基于后者至少具有部分惩戒性的性质。在此我们就很难理解为什么这种宽大（即处以罚款数额的三分之一）就不能作为一种“缓冲”普遍性惩罚的影响，直到《刑法典》改革之前，该机制还禁止法官在法定最低刑之下做裁决。

从最终的一般观点来看，我们看不出到底是什么原因导致刑事立法者取消了可减刑情节，其适用规则表达出来的原因，对海关诉讼框架都不合适。人们可能会声称，这个过程事实上确认了消除可减刑的情况，“是为了让法律跟现实一致，避免对实际结果造成不必要的冲突”。

908 有时确实很难调和这一点，当海关罚款允许最低罚款，却与在普通法中这类减刑条款已被取消的情况相反，这就会让法院，可能在以后不需要援引可减刑情节，就可以根据他们的意愿将罚款设定到最低限度。但在海关事务中，因为一些事情的力量，情况有可能变得更加复杂：只要它被认为是海关做出罚款决定范围中的最小值，唯一可以想象的解决方案，可能包括，一方面，如果他们愿意找出可宽大处理的证据，法院坚持有可减刑情节存在；而另一方面，他们就可以对此案适用低于法定最低标准的处罚。

---

① 参见本书 902。

② 参见：《法国海关法典》第 411、413、414、416 条。

③ 参见本书 736。

④ 参见：Douai，17 juin 1994，D. 1995，127，note C. -J. Berr. Cass. crim. 29 mai 1997，Bull. crim. n° 213，p. 697. -31 mars 1999，*ibid.*，n° 67，p. 170。

无论如何，目前建议的解决方式，就是将海关法的自治权，附属于此的就是具有修复性质的海关罚款以及那些为引入的可减刑情节，把它们都看作具有刑罚的特征[1]。但必须承认，到目前为止，对此判例法没有任何创新趋势。

（2）重犯加倍罚款原则

909 《法国海关法典》第 370 条规定，违反前三种第一级违规行为或第一级轻罪行为的行为人，受到行政处罚或司法判决正式执行五年内，重犯违反以上诸条规定的违法行为，罚款按上限加倍。但该条规定不适用于本人没有过错行为的报关代理人。

从该条款可以清楚地看出，累犯不触及第二级轻罪的违法行为人（洗钱）。同样，它还出于同样目的，对第五级的违规行为（《法国海关法典》第 413 条乙）也从一般的重犯中排除出去，对这类重犯，罚金不加倍，只在特别重犯情况下才加重拘役刑。

与新《刑法典》（第 132-8 条至第 132-11 条）规定的一般规则相比，海关法事项上认定的重犯，与之有真正的差异，因为新《刑法典》第 132-1 条，只有在“除非其他法律例外规定”的情况下才适用累犯规则。而海关法跟普通法分离的要点在于对违规行为的累犯规定上，新《刑法典》明确规定，已取消了四种第一级违规情形。

910 在此，对海关累犯的本质产生怀疑是正常的。事实上，这里显然是一种一般和非特别的累犯，因为法律文本明确涵盖的每一项罪行，在再出现新的性质不同的违法行为时，只要是在法定时限内实施，都可以构成一个累犯。例如说，某人因构成第一级违规行为而被定罪（或经和解），如果发现还有海关轻罪行为，可以构成累犯，他并将面临高达四倍的罚款。可以毫不夸张地认为，这可能不是 1977 年立法机构的意愿，在结合 1978 年 6 月 21 日第 78-712 号法令的规定来贯彻这条原则，这些在《法国海关法典》条款中也做出了规定，最后取消了立法者曾经规定的一般累犯和特殊累犯之间的区别。因此，以下情形可能不能被认为违规行为人构成累犯，如果重犯条款规定所犯的第一个违法行为必须是海关轻罪行为，相对应的，在事实犯罪中对重犯的认定，也要求这种行为被认定为属轻罪行为而不是违规行为。

后来得益于 2002 年《金融法》的修订，CDF 第 414 条第 2 款被取消，就该问题做出了一个终结，人们可以将相应提出的第 370 条款适用看作短暂的“小小的纠纷”来看待。

（3）未成年人承担的法律责任

911 虽然判例法能提供的例子很少[2]，但如果所涉及的监禁刑的问题以少数人作为借口，古典学说认为，其对罚款确定的参考也应该是例外的[3]。承认相反论点的认为，这相当于对十三岁以下的未成年人减少了税收罚款的一半，无论如何都将其限制在最高限度为 7500 欧元。这实际是由 1945 年 2 月 2 日颁布的第 20-3 条产生的规则，确实，该条款只适用于普通法罚款的情形。

（4）法人承担的法律责任

912 自法人的刑事责任不再局限于“法律或法规规定的案件”[4]，第 131-4 条规定的规则适用于违反海关法行为：仅限于对他们最大限度的罚款，可相当于自然人所发生的五

---

① 参见：F. Urbino-Soulier, *op. cit.*, n° 577。

② 参见：Montpellier, 4 avril 1968, Doc. cont., n° 1471。

③ 参见：Pallain, *op. cit.*, T. 3, n° 2702。

④ 参见本书 840。

倍。另外，鉴于第五类海关处罚非常特殊的性质，其存在不确定性，考虑到刑法第131-42条规定取代做出罚款的处罚，“禁止超过一年以上期限的支票，由支票的背书者或其他持有权证明的人来进行付款”。但是，这个处罚不能作为《法国海关法典》中所规定的补充性判决，并且不能在结果与《刑法典》第131-43条的规定相混淆。

（5）收缴走私或非法所得

913 在此还要提到，《法国海关法典》第377条bis规定，法院除判处税收罚金以外，还可判收缴走私财产或非法所得①。这种税收罚款和偿还国库税款的分离不再支持海关税收罚款具有双重功能，即补偿性功能和惩罚性功能。因为，如果补偿对国家财政造成的损失也必须诉诸司法来解决，那么无论刑事诉讼的结果如何，也根本不可能使这样的罚款具有补偿损失的作用②。但传统分析解释了海关罚款的法律制度，即使它可能不那么公平。

（二）罚款的法律制度

914 罚款的法律制度仍然受到罚款具有最初的两重性的影响。一部分人认为罚款只具有刑事处罚的一面性，另外一部分人则坚持它的损害赔偿性。不能排除这种可能性，将来罚款的法律制度与其性质之间这种不协调状态逐渐消失。而眼下，我们可以看到，判决本身中呈现了偏重刑事处罚的迹象，也看到了罚款追缴中损害赔偿的优先地位。

1. 罚款判决

915 对违规行为做出的罚款处罚原则上不能判决缓缴。然而，后来又规定对第五级违规行为（新《刑法典》第132-34条）可以给予缓缴，这就导致要放弃对一些过于强调罚款修复性功能的判例认识。③

考虑到海关罚款判决的个人属性的特征，与没收规定正相反（《法国海关法典》第344条），在最终处罚结果做出之前，罚款不能触及已死亡的案犯的遗产。④

判决结果应当写入在司法记录中⑤，依旧是在1977年《法国海关法典》第369条1，e做了修改，赋予法院可以决定，在采纳可减刑情节中不需说明依据第2号裁定。

有关处罚时效问题，《法国海关法典》第382条5规定各类法院判决海关案件的罚款（没收）适用普通法对刑事处罚法律时效的规定，也就是说，根据新《刑法典》第133-3条规定有五年的处罚时效。

罚款的惩戒性处罚目的正逐渐让位于其他考虑：第一是罚款尺度的变化，判例始终坚

---

① 参见本书766。参见：Cass. crim., 28 mars 1994, Dr. pénal, 1994, comm., n° 162. -28 novembre 1996, Bull. crim. n° 439, p. 1286. -6 novembre 1997, *ibid.* n° 378, p. 1271. -31 mars 1999, *ibid.* n° 67, p. 170。

② 同样清楚的是，麻醉品的进口不会导致对国库和欧盟预算有任何预先的影响，因为这种进口不会形成任何海关债。在这种情况下，对罪犯予以罚款，虽然被描述为财税性质的，但事实只能是惩戒性的。参见：Cass. crim. 3 janvier 1986, Bull. crim. n° 1, p. 1; Gaz. Pal. 1987. I. 349, note Bayet. -7 avril 1986, Bull. crim. n° 114, p 295; Doc. cont. n° 1767. -28 avril 1986, Bull. crim. n° 142, p. 359; Doc. cont. n° 1769. -9 mai 1988, Bull. crim. n° 196, p. 504; Doc. cont. n° 1801。

③ 参见：Cass. crim. 23 novembre 1987, Bull. crim., n° 422; Doc. cont., n° 1789。

④ 参见：Cass. crim. 4 octobre 1972, D. 1973, 278, note C.-J. Berr. -13 mars 1997, Bull. crim. n° 104, p. 342。

⑤ 1899年12月15日司法部公告，第6条。

持以违法行为查获之日施行的尺度进行量罚①；第二刑法中关于在海关案件中无论有多少名案犯只判一次和一笔罚款这条基本规则与罚款的惩戒性目的相悖，在此方面可以体会到罚款的损害赔偿性，还说明如果罚款不带任何损害赔偿作用（《法国海关法典》第 53 条 1 和第 61 条 1）时，为什么按阻碍公务、辱骂或违抗命令的违法人逐一判处罚款。

2. 罚款追缴

916 由于罚款的目的在于使税收机关获得一项债权，那么它的民事处罚性不可避免地要优于其刑事处罚性。除对人身施行强制措施外，所有关于罚款追缴都按税务债权的一般规定办理②。

关于罚款分期交付中时效中止的规定（《法国海关法典》第 382 条 5）可能导致罚款追缴③。同样，民法中关于他人事实责任的规定也适用罚款追缴④。最后，法官可运用《刑事诉讼法》第 464 条 3 来处理海关罚款，该条法律规定，对于损害赔偿，抗辩或上诉不影响判决的临时执行，海关罚款也按此条规定办理⑤。

二、没收

917 没收是普通刑法中一项比较不常见的刑罚⑥，在海关法中却占有相当重要的位置，因为传统的主要违法行为都涉及其价值构成犯罪行为动机的货物或者涉及在国内领土上不允许存在的货物，因此，它的目的是追回税收机关的税款，或是为了使其在物质上消失。在这方面，它常常优于罚款，所以，没收明显具有人们习惯赋予它的两重特征，它既是一种刑罚也是一项保全措施⑦。

没收一般作为主刑（《法国海关法典》第 412 条、第 414 条、第 416 条），也可以作为附加刑（《法国海关法典》第 430 条），无论作为哪种刑，它的适用范围和法律制度都不受任何影响。

（一）没收适用范围

918 特殊财物没收被视为一种保全措施，它的适用范围仅限于对公共秩序有危害的物品。但是，由于海关法所特有的强制性，我们不能仅满足于扣押私货本身，为了使没收真正有效，还必须将它延伸至所有可以用来实施违法行为的物品。

---

① 参见：Cass. crim. 3 juin 1948, Doc. cont., n° 828. -同时参见：Cass. crim. 20 novembre 1978, Bull. crim., n° 319. -Comp. 3 janvier 1983, *ibid.*, n° 1. -12 novembre 1986, *ibid.*, n° 334; Gaz. Pal. 1987, 1, 287, note J. Cosson。

② 在此还同样认为，海关不需要承担去清算被定罪人财产的责任，也不需要为了法律上的竞合而做出定罪。另外，关于对其逃税进行追偿的主张，须遵守一系列规则要求的手续：Cass. crim. 11 mai 1995, Dr. pénal, 1995, comm., n° 201。

③ 参见：Sur l'applicabilité de l'art. 2244 C. civ., cf. Besançon, 18 décembre 1969, Doc. cont., n° 1525。

④ Cass. crim. 9 août 1948, Doc. cont., n° 842. -Comp. Cass. Req. 6 novembre 1922, *ibid.*, n° 545。

⑤ 参见：Trib. corr. Sarreguemines, 24 mars 1961, Doc. cont., n° 1345。

⑥ 《刑法典》规定某些情况下必须适用没收（第 131-21 条），特别是在贩毒案件中（第 222-49 条）。同时，它还仿效海关法，提出了“对做出没收处罚的货物，未被扣押或不能呈交的”时，可就相当的价值予以没收。

⑦ 参见：M. Delmas-Marty et G. Giudicelli-Delage, *op. cit.*, p. 221。

1. 走私货物

919 所谓走私货物，系指有关走私行为的客体。货物这个概念，依照法律上解释，几乎没有限制，为限制这个概念的范围，曾做过许多努力，但都失败了。实际上，根据最高法院的解释，一方面，被用来出售的物品，无论其实际价值大小，均可以构成货物[①]；另一方面，从国外输入的产品，无论进口人准备用做什么用途，也构成货物[②]。

不过，在预审法院这一级上，对于个人正常使用的物品存在着不明确之处[③]，因为最高法院在这个问题上以尊重下级司法机构的决定权为借口始终不予明确。

1987 年 7 月 8 日海关法修改中，对可没收的货物作了新的区分，这一点规定得很不清晰。事实上，是让法院应注意到，不能免除偿还走私或不当获利款项的责任，并补充说，不得免除“对危害健康或道德或公共卫生的货物，假冒货物以及受数量管制约束的货物”做出没收的决定（《法国海关法典》第 369 条 4）。在此，我们对以前过于模棱两可的条款的评论在这里不再重复[④]。但可以指出，这一类“具有特殊性”的货物应置于一个严厉制度之下，从而建立一个真正切实的“法官不得”制度，这个并不符合 1987 年 7 月 8 日法律修订所显示的一般哲学。

2. 走私工具

920 对走私工具的没收首先涉及运输工具，然后没收用于掩藏走私的工具（《法国海关法典》第 414 条）。我们还将注意到，没收范围只有在最严重的走私行为中才扩大，并且要有若干条件限制，即第 434 条 1 规定，按第 424 条 2 规定处罚的走私行为（在船上查获某些货物）和按第 427 条 1 规定处罚的走私行为（非法将这些货物从船上卸下），只有在运输工具占有人本人是走私共犯时才可以没收运输工具。

运输工具的概念相当复杂。根据判例，没有必要考虑有关运输工具的性质本身（车辆、牲畜、行李箱），但却一定要求是用于运载走私货物的运输工具。同样，运输工具是否运转也无关紧要，从装上货物开始到卸完货后，都是没收的对象。不过，法律一直允许举证证明有关运输工具没有实际运输走私货物[⑤]。还必须指出，在先后使用数个运输工具时，所有的运输工具都可能被没收[⑥]。

公共运输工具也不能作为基本规定的例外。因此基于赞成没收这条原则，又携带走私货物的旅客所乘坐的火车车辆[⑦]、汽车[⑧]、轮船[⑨]都可能属于没收对象，而不考虑运输工具与走私货物相比价值巨大这个因素。

---

① 参见：Cass. crim. 24 juin 1948, Doc. cont., n° 834。

② 参见：Cass. crim. 30 mai 1842, Répert. alphab. Dalloz (1845-1870), V° Douanes, n° 266。

③ 参见：sur cette controverse Avesnes, 9 décembre 1924, DH 1925, 94. -Saint-Julien-en-Genevois, 29 janvier 1946, JCP 1947, II, 3541。同样参见：Cass. crim. 9 janvier 1829, S. 1830, 1, 110; Doc. cont., n° 272。

④ 参见本书 765。参见：Cass. crim. 22 mai 1997, Bull. crim. n° 199, p. 651。

⑤ 有关该问题的总体情况，参见：Cass. crim. 5 mai 1934, Doc. cont., n° 641. -5 juillet 1950, *ibid.*, n° 938. -11 février 1959, *ibid.*, n° 1335。

⑥ 参见：Cass. crim. 5 février 1937, *NRJD*, n° 2112. -Bastia, 14 juin 1950, Doc. cont., n° 953。

⑦ 参见：Cass. crim. 5 juillet 1950, préc。

⑧ 参见：Cass. crim. 28 juillet 1950, Doc. cont., n° 940。

⑨ 参见：Cass. crim. 11 mars 1920, Bull. crim., n° 129, p. 208。

对于隐藏在某个运输工具内的货物[1]，定性问题有时会遇上困难，原因是必须有一个临时的隐藏处，特别是当有关运输工具本来绝对不会运输这类货物时，就属于这种情况。此外，如果能认定它确实用于掩藏走私，也不一定必须具备以上条件才会被没收。

实际上，用于掩藏走私的物品与前者命运相同。必须指出，其装载位置以避开检查为目的的包装也属于用于掩藏走私的物品[2]，但是，必须证明当事人有使用这些物品来掩藏走私货物的意图[3]。

（二）没收的法律制度

921 没收的法律制度具有模糊性质，其法律规定方面出于就应该保障国家财政利益的担忧而制订的，另一方面则是要避免非法或危险的货物出现在市场中。很奇怪的，海关法的立法者，对实施犯罪的人给予很少关注，就在这个领域设计了一种干扰性的因素（保留了可适用减刑情节的空间），从而显示出，没收首先是一种补充性惩罚，基本上置于所有其他附加刑之前。虽然《刑法典》的改革对没收的宣判和效力没有影响，但没收中可减轻情节是否可以继续下去是值得怀疑的。

1. 没收的宣判

922 一般情况下，无论没收的性质如何，作为主刑还是附加刑，刑事法院有权判处没收。但是这条规则，由于以没收的刑事处罚性为依据，因而在《法国海关法典》第344条规定的情况下有一项重要的例外，根据《法国海关法典》的规定，违反海关法行为的主犯在最终判决或和解处罚以前死亡，海关有权对其继承人行使追及权。因此，完全基于国家财政民事债权以上的没收只能由审判法院来宣判[4]。

923 没收原则上只针对违法行为人，但这条以刑事处罚为主的规定远不是绝对的，实际上，海关没收原则上只针对物品而不针对违法行为人[5]。对此，必须说明，只要走私行为有具体事实[6]，即使走私犯无法查明，或因任何一种原因逃脱了法律追究，仍可以对其判处没收[7]。所以，某个可能完全局外的人甚至会受到判决，只要在他与走私物品之间存在着法律关系即可，比如，物品的所有人就是如此[8]，即使他在作为诉讼标的的事实发生以后才获得物品的所有权，或者仅仅是作为占有人[9]，也不论他是否是自然人，甚至是国家[10]。

2. 没收的效力

关于没收的效力，要视其按实物判处还是按价值判处，具有两重性。

---

① 参见：Cass. crim. 19 décembre 1946, JCP 1947, IV, 21。

② 参见：Cass. crim. 20 décembre 1957, Doc. cont., n° 979. -Cf. égal. 23 mars 1937, *ibid.*, n° 670。

③ 参见：Trib. corr. Sarreguemines, 7 décembre 1960, Doc. cont., n° 1395。

④ 参见：Trib. corr. Dunkerque, 20 février 1953, Douai, 3 et 9 décembre 1953, Doc. cont., n° 1078。

⑤ 参见：Cass. civ. 29 juillet 1952, Doc. cont., n° 1015. -Paris 21 juillet 1953, 21 juin 1956, *ibid.*, n° 1170. -Rennes, 29 septembre 1958, *ibid.*, n° 1275. -Pau, 8 octobre 1958, *ibid.*, n° 1279。

⑥ 参见：Cass. crim. 20 mars 1952, Doc. cont., n° 997。

⑦ 参见：Pau, 8 octobre 1958, préc。

⑧ 参见：Cass. crim. 20 mars 1952, préc。如果根据调查笔录结果确认该车辆跟走私行为无关，或者是因民事法律责任而被扣押的卡车，那么该车辆不该被没收。I：Cass. crim. 7 janvier 1985, cité par Pannier, *Douanes et changes*, Litec. 1990, p. 91。

⑨ 参见：Cass. com. 26 mai 1971, DS 1971, 701, note C.-J. Berr。

⑩ 参见：Cass. civ. 29 juillet 1952, préc。

924 实物没收或实际没收指没收走私货物本身。它的主要效力是将物品的所有权无偿地转交给国家，剥夺原所有人对货物的一切权利，因此，没收使被没收物品的抵押权作废[①]，并且一般地讲禁止对国家提出任何赔偿要求。这些原则主要体现在《法国海关法典》第 376 条 1 中，它规定，被扣押或被没收的物品，其所有人无权要求返还，对其相应价值也不能，无论是否已经标价，任何债权人，无论是否享有优先权，均不能追偿，除非他向其他走私人主张[②]。

这种处置下被扣押的物品，可以使海关能够在《法国海关法典》第 390 条规定的条件下将其转让。

925 价值没收，在实践中也叫做虚拟没收、估价没收、等值没收，甚至不恰当地称为逾期罚款。它与实物没收相比，具有明显更接近于罚款的特征（《法国海关法典》第 435 条）。

倘若应没收的物品未能扣押或虽已扣押，海关提出要求，便判处价值没收[③]。于是法院判处一笔与上述货物等值的罚款，用来代替没收。我们会注意到，货物价值的估算按罚款方面的规定办理[④]。

还有，在《法国海关法典》第 344 条规定的情况下如果对继承人提起没收诉讼，只有无法扣押实物时，才能判处价值没收，如果物品已实际扣押，海关无权按《法国海关法典》第 435 条规定进行选择。

法律授予海关用价值没收来取代实物没收的权力，主要是担心由于走私物品无法交易（如违禁品）或者会大幅度贬值，而给国家财政造成损失。通过主张实际权利来对个别权利进行修复，这还是有意义的。

3. 可减轻罪行的关键

926 由于法官有权根据案犯的个人情况减轻没收，我们必须承认，国家财政利益此时得屈居第二位。好在这点并无大惊小怪之处，因为国家财政利益已经受到保护，纳税人应承担交付受所偷逃税款的义务。但并不因此可以说，没收在某些方面与减轻某个人的罪行没有抵触，因为在任何情况下，只要是实物没收，是不会有真正的减轻的。如果是价值没收，问题明显简单得多，实物转换成货币以后，便可以根据可减轻罪行情节按比例减刑。

---

① 参见：Trib. d'inst. Neuilly-sur-Seine, 12 juin 1963, Doc. cont. , n° 1437。

② 参见：pour le conflit entre les droits de l'État et le droit de rétention d'un garagiste：Cass. com. 26 mai 1971, préc. -*Comp*. Cass. crim. 20 octobre 1971, Bull. crim. n° 274；JCP 1972. II. 17008；Doc. cont. , n° 997. -Cass. com. 18 décembre 1990, Bull. civ. IV, n° 329, p. 226. -L'art. 131-21, NC pénal, prévoit en revanche que la chose confisquée《 demeure grevée, à concurrence de sa valeur, des droits réels licitement constitués au profit de tiers 》

③ 鉴于货物具有危险属性，就不应当适用实物没收（参见：Cass. crim. 21 mars 1996, Bull. crim. n° 127, p. 369）或者是基于其他的违反行为的原因（参见：Cass. crim. 5 juin 1997, Bull. crim. n° 227, p. 759）。在实现扣押的情形下，参见：Cass. crim. 29 mai 1997, Bull. crim. n° 214, p. 699。没收价值与欧盟自由流动货物的不相容问题，参见：Cass. crim. 24 janv. 2001, D. 2001, J, 1976, note C. -J. Berr. -7 juill. 2005, Bull. crim. , n° 205。

④ 参见本书 901 及其后。参见：à propos de l'évaluation d'un bronze：Cass. crim. 14 janvier 1991, Doc. cont. , n° 1864. -d'un tableau exporté dont la valeur véritable n'avait été établie qu'après l'exportation：Cass. crim. 28 février 1994, JCP éd. E, 1994, I. 390, n° 9. -Comp. ：3 novembre 1992, Dr. pénal 1993, comm. n° 68。

从修改后的《法国海关法典》第369条1的规定中，允许对没收处罚也适用可减轻情节，它所建立的制度（鉴于普通刑法中减轻处罚情节的消失，该制度现已过时，这是自相矛盾的），法院获得以下几项权力：

（1）免予没收违法当事人的运输工具。但是，对利用正常情况下不用于装载货物的，经过特别布置的藏匿处、洞穴或空间进行掩藏的违法行为不能给予免除。这项限制有点出人意料，因为可以肯定，使用此类的手段进行违法活动的主犯，一般都是走私专业罪犯，我们无法想象他们会受到法院的宽大。假定，由于特殊原因法官对他们施以仁慈，从逻辑上讲坚持这种禁令似乎没有任何理由。（2）免予没收走私犯用于掩藏走私的物品。最后它还可以（3）减低代收的罚金。但最低不能到货值的三分之一以下。还要提醒一句，在连带判决的情况下，上述规定同样适用于罚款和取代没收的罚金[①]。

第二节　人身罚

927 无论海关法如何重视保护国家财政利益，刑事处罚也不能完全无视案犯的个人权利。有一整套处于普通法相似的条件下的刑罚制度，对个人进行追诉和处罚，在实践中实行着一项相当宽的个人化处罚政策。从以下介绍的剥夺自由刑、剥夺权利刑直到强制措施，我们会逐一看到这种情况。

一、剥夺自由刑

（一）拘役

928 《刑法典》的改革取消了监禁刑，对此从第5级违规行为处罚的取消可以看到[②]，仅有以下海关违法行为人将受到这种处罚：第1级轻罪违法行为最高处3年有期徒刑[③]，第2级轻罪判10年，《法国海关法典》第415条规定最低刑期是2年，以我们的观点看，这与新刑法不再兼容。我们将看到，该处罚仅适用于，在相同法律规范下被抓获的进口或出口麻醉品的违法行为人（新《刑法典》第222-36条）。

该处罚种类仅适用于船舶或飞机指挥官和经注册的海关代理人承担个人过错责任的案件（《法国海关法典》第393条2和396条2）。

自从1977年发生的改革以来，《法国海关法》第369条1，e允许法院对被告人适用可减刑情节，给予免予刑事处罚，宣布缓刑或者决定将判决不记入司法档案二号卷中。

这些个性化措施，在我们看来，应该是在所有的情形下都应当考虑而不是只在有可减刑情形下予以考量。新《刑法典》第132-59条规定，就以下情形可以给予免予或减轻刑事处罚，如果首犯已归罪、退赔案件损失以及危害后果被终止。在同一个法律条文，其第

---

① 参考本书866及其他。

② 对此，这是我们确信的。参见本书779。

③ 2003年3月18日关于国内安全的第2003-239号法律（OJ，2003年3月19日）补充了CDF第414条，在其第2款中规定“如果构成走私、进口或出口涉及危害公众健康、道德或公共安全的货物，对此，海关管辖相关部门发布命令列出这些货物清单，或是有组织的犯罪，最高刑期可到十年，罚款最高可达走私客体价值的五倍。人们只能对这一新的规定表示最深切的保留，该新规事实上就是让一道简单的法令，就可以确定一项可处以特别重罚的违法行为的要件。

2 款规定，即法院做出免予处罚决定时，可以同时宣布，该决定不会在犯罪记录中提及。

免予刑事处分要满足一些特殊条件，具体而言，法院不能以借口《法国海关法典》第 369 条 1 未经修订，在没有任何其他理由的情况下，做出免予刑事处分或免予记入司法档案的决定。同样，它只有满足新《刑法典》第 132-29 及其后条款所规定的条件，才能做出缓刑的决定。

929 海关法学有时把某些涉及货物性质或涉及违法行为实施条件的要件，归入其结果会使违法行为划入较其高一级的特别加重罪刑情节中，不过，海关比较愿意将这些要件与违法行为的定性相联系，而不愿将它们与刑罚等级相挂钩。

对于那些特别严重的情形，特别是针对累犯，需要将《法国海关法典》第 370 条和新《刑法典》第 132-10 条结合起来考察，对构成违反海关法第 414 条规定的第 1 级轻罪的行为人，如果在上一次违法行为做出裁决或执行起 5 年内（但如果是在达成诉辩交易或者明确宣判后的 5 年内则不是，这是根据《法国海关法典》第 370 条规定，在这点上确实受到《刑法典》改革的影响）再犯同样行为的，将按照累犯处理（但如果其中一个是违反《法国海关法典》第 370 条规定的违规行为的则不是）。在此也没有任何理由不适用普通法对第 2 级轻罪行为人做出的规则，如果行为符合新《刑法典》第 132-10 条规定的法定时限内，又再犯同一种违法行为的，而对其按最高刑罚双倍处罚。

（二）拘役

930 《法国海关法典》第 381 条 2 规定，对违反海关法行为予以处罚的判决和裁决，还可以对人身执行。令人遗憾的是，立法机构依旧保留了这个表述，该表述立法者称之为“司法羁押”这会让人以为海关法没有受到 2004 年 3 月 9 日所签发的法律改革的影响，这个显然是太荒谬了。

自 1977 年 12 月 29 日法律修改以来，因犯走私罪判刑的案犯，尽管已上诉或处于终审中，在税收罚金未缴清之前，法律允许对其拘役（《法国海关法典》第 388 条）[①]。过去适用的规定意在使任何一个犯走私罪的罪犯都必须被拘役。即使法律修改后法官重新享有自主决定权，我们仍然可以看到，修改后的规定比过去适用范围扩大了，它适用于所有构成海关轻罪的行为以及间接税领域的所有违法案件[②]。

在上述条件下进行的羁押，其羁押期自判决之日起一并记入法院判处的拘役的期限内，并且不能少于《刑事诉讼法》对同一金额罚金规定拘留的期限[③]。但是，对于走私毒品的情况[④]，处理便不同样了，主要表现在两个方面：一是羁押期限不同，羁押期不记入拘役期限内，因此罪犯必须服刑至整个期限期满；二是拘役期限相同的，其期限不一定为最低，而可以一直长到《刑事诉讼法》规定的最长期限[⑤]。

---

① 参见：Cass. crim. 4 juin 1998, Bull. crim. n° 185, p. 504。

② 参见：Cass. crim. 20 janvier 1998, Bull. crim. n° 23, p. 59。

③ 参见：Sur la durée de la contrainte judiciaire, cf. Cass. crim. 26 juin 1989, Doc. cont., n° 1843。

④ 可惜的是该表达属于一般刑法而不是严格的海关法范畴。

⑤ 参见：La contrainte judiciaire ne peut être exercée après expiration du délai de prescription de la peine chu: Cass. crim. 31 janvier 1983, Bull. crim., n° 39, p. 80. -Sur l'applica-bilité en général des dispositions du CP pénale, cf. Cass. crim., 26 octobre 1995, Bull. crim. n° 325, p. 944, Dr. pénal 1996, Comm. n° 39. -20 janvier 1998, Bull. crim. n° 23, p. 59。

二、行为能力罚

931　《法国海关法典》在第432条及其后数条中规定了若干对权利加以限制的刑罚，这些刑罚既是为了加重主刑，也为减少罪犯在经济上的法律后果。这些刑罚有的具有法律制裁性质，有的则属于行政处罚。

（一）行为罚

932 处罚判决中规定的行为能力罚，根据第432条规定，首先适用于被判因作为某种形式的关系人参与了一次走私行为或一项未申报进出口行为而违法的个人。

被限制的权利包括各个方面：如禁止进入交易所，禁止从事外汇经纪人工作，禁止参加商会、商事法院和劳资调解委员会选举或被选举。这种无资格在主刑未取消以前一直有效。

933 新修订的《法国海关法典》第432条bis，出于为了使某些海关规定与普通税法一般原则相互协调的考虑，还规定司法机关有权对判决犯有《法国海关法典》第414条、第416条及第459条违法行为（请注意，立法机关没有考虑第415条所列的违法行为，却没有说明任何原因）的案犯暂时禁止他们直接或者通过中间人，为本人或者为他人从事工业、商业或自由职业活动，同样情况下还可以判处吊销机动车驾驶执照。禁止或吊销执照的期限不得超过三年，但对重犯可以加倍。不过，法律还规定，法院有权允许已判案犯使用其驾驶执照，在《刑法典》第131-6条1规定的条件下从事职业活动。最后，上述违法行为还要处以拘役刑和（或）罚金。

（二）资格罚[①]

934 行政处罚权归属海关署署长，可以适用于滥用保税制度的个人和以其名义使上述个人受到有关处罚的个人。行政处罚包括取消享受暂时进口优惠制度，取消享受转关运输、保税仓库及所有关税信贷（《法国海关法典》第433条）的资格。同样，报关代理人还会有被财政部部长取消资格的危险（《法国海关法典》第87条）。

三、执行罚

935 海关方面的执行罚与民法中的同一术语有相当大的区别，海关法中的执行罚是种威吓性的，只是保证债务全部清偿的临时措施。

好在海关执行罚的目的很有限，只是强迫纳税人向负责调查的官员交出他们当时拒绝交出的账册和文件，因此它是一种针对违抗情形的强制措施。根据《法国海关法典》第431条规定，违法行为人每迟延一天需交纳不低于每日1.5欧元以上的逾期利息，这个在《法国海关法典》第413条bis做了规定。此笔执行罚加在对拒绝调阅《法国海关法典》第65条和第92条规定的文件所判处的罚款之上。只有海关，以其和解处罚权的名义才能减轻这类处罚，相反，法官对此无管辖权，他无权减低执行罚数额及按违抗天数而增加的罚款。[②]

---

① 参见本书895，第6点。

② 参见：Cass. com. 18 décembre 1990, Bull. civ., IV, n° 328, p. 226; Doc. cont. n° 1863。

第五章　违反海关法行为的调查

936 在普通法中，证明违法行为的责任落在司法警察当局的肩上，在诉讼法庭的监督下，搜集证据，进行预审①，为此，他们享有一整套既大又有严格限制的权力。主要由于历史原因，海关官员在证明违法行为方面享有相当大的例外的权力，因此，有必要先确定哪些官员享有这种权力，然后再研究与普通法有关当局的配合问题②。

一、赋予调查职责的海关部门

937 《法国海关法典》第 323 条 1 规定，"违反海关法律法规的行为可以由海关或其他行政执法部门的工作人员来调查"。我们乐意从广义上来理解这条法律的含义，获得调查资格的唯一条件是该官员需持有相关工作证件③，特别情况下海关官员是否身着制服④，或是否在属于海关管辖区域都无关紧要⑤。

然而，不是所有官员在涉及海关特别权力方面都处同等地位。比如，《法国海关法典》第 65 条规定，至少要达到关务监督，在符合一定的条件下，达到 C 级别的海关官员才被赋予对书面材料进行调查的权力。

同样，《法国海关法典》授权任何一个国家工作人员证明违法行为，但只有已宣誓的工作人员才可以免除案件笔录的确认手续。

937-1 特别值得注意的是，1999 年 6 月 23 日通过的法律在该领域的重要制度创新，它结束了多年来就赋予海关官员一些司法警察或官员职能的争论。为了追诉一些最严重罪行尤其是一些涉及国际性质的罪行进行最高效的调查，而赋予海关官员一些警察权力，但遭到警察队伍的反对，他们认为这并不便利还有危险。

集合各方的意见最后达成妥协结果，《刑事诉讼法》第 28-1 条规定，在 2005 年 12 月 12 日的法律起草中，A 类和 B 类的海关官员，经由部长法令（司法和财政）特别授权，"有权应共和国检察官的请求或调查法官的委托展开司法调查"（第 28-1 条 I）。海关官员总体情况就是这样，他们通常被视为"经特别法律授权司法警察权力的官员"（《刑事诉讼法》第 28 条），它必须"在这些法律明确的限制和条件下行使这些权力"。而这些被

---

① Dans le cadre de l'application des accords dits de Schengen, la loi du 31 décembre 1992 a créé, au titre consacré aux《 dispositions relatives à la complémentarité entre les services de police, de gendarmerie et de douane》, un régime complexe (art. 35 et 36 de cette loi) à l'examen duquel il n'a pas semblé opportun de se livrer dans l'état actuel de l'application des accords。

② M. Delmas-Marty et G. Giudicelli-Delage, *op. cit.*, T1, pp. 103 et 116。

③ 参见《法国海关法典》第 55 条。

④ 参见：Cass. crim. 29 janvier 1829, Doc. jur., n° 273。调查结果的有效性不以穿制服为条件，参见：Cass. crim. 17 octobre 1967, Bull. crim., n° 254, p. 600; Doc. cont. n° 1474。

⑤ 参见：Cass. crim. 11 février 1825, DP 1825, I, 213。

“授权”的海关官员，其权力及权力行使的条件均由《刑事诉讼法》第28-1条做出了规定①。

这些后者虽然拥有广泛的权力（在间接税、商标侵权等相关方面调查和发现海关法犯罪行为），但他们只能在限定的框架内，当需要对贩毒等相关犯罪予以调查和追诉时，他们相当于司法警察的“临时单位”行使相关职权（第28-1条2）。这些临时单位在共和国检察官或调查法官的指导下行动。他们与经授权的海关官员一样，在本国领土范围内有相关职能。无论如何，他们受总检察长的监督，并受其办公室所在地的检察院的监督（《刑事诉讼法》第28-1，V）。根据国务院法令所做的修改（第28-1条VII），他们被置于行政司法体系指导之下。作为一项主要创新，源于一项古老的主张，现体现于这些众所周知的规则中，被授予职权的海关官员可以进行调查，但必须遵守《刑事诉讼法》第151条所做的列举性规定，其选择范围限定在司法警察。

为了协调司法当局和海关当局之间的合作制度，2002年12月5日的一项部际法令宣布设立“国家海关司法署”，该部门隶属于海关总署和间接税署。该部门的主要任务是“根据《刑事诉讼法》第28-1条所规定的条件展开司法调查，它归属于国家中央层面，在司法领域就本条规定的犯罪行为人及其共犯予以打击，在执行任务过程中收集和调查相关信息”。在缺乏充分事后观察的情况下，目前就这一创新的未来进行预测还为时过早，目前它看上去只是获得一种好坏参半的评价。

二、海关部门和普通法部门之间的配合

938 《法国海关法典》第323条1授权海关行政机关官员查验违反海关法的行为。在实践中，这种权力毫无疑问主要涉及的是警察或宪兵机关，他们在查禁违反普通法行为同时，经常会发现违反海关法的行为。《法国海关法典》第342条规定，对违反海关法行为予以认定的特别形式，并不是只有在提起诉讼时才不可缺少的。这就导致非海关的主管部门必须根据他们的特殊形式予以举证；同样，海关法给外国当局还留有一席位置，他们提供的情报、证书、案件笔录和其他文件也可以作为证据（《法国海关法典》第342条2）；最后，根据《法国海关法典》第343条bis规定，司法机关，对无论民事初审还是商事初审，或某件诉讼案件，无论是否已结或未予起诉，都应当将其中它能够收集到的，有违反海关法行为嫌疑或任何目的或者后果在于违反海关法情事的所有情况移交海关。

939 有时会出现相反的情况，海关官员在查禁违反海关法行为的同时发现了违反普通法行为。理想的配合状态是，毫无疑问为海关进行的取证完全可以用来作普通法中诉讼的证据；但实际配合情况是，必须就与违反海关法行为同时发生的违法行为的性质有所区别。海关官员，不论在违反普通法行为情况下，还是在违反其他特别法（如间接税法、登记注册法、物价法等）情况下，都有权作案件笔录，条件是这些违法行为必须与违反海关法行为有相辅相成的关系。如果是相反的情形，海关官员的证明只具有证词和情报价值。因为，我们不能忘记，《刑事诉讼法》只赋予税务机关工作人员“司法警察的某些权力”，而并不是赋予他们司法警察的身份（《刑事诉讼法》第28条）②。

---

① 参见：Carli, *Service national de douane judiciaire: officier de police judiciaire douanière? Officier de douane judiciaire?*, D. 2003, p. 2701。

② 参见：Encycl. Dalloz, Répert. Pénal, V° Police judiciaire. -Cf. *supra*, n° 937-1。

无论在海关法中还是在普通法中，认定违法行为这项工作在实践中包括两个目的：第一，注意力必须集中在调查违法行为上，为此必须采取一定的实质手段，特别是授予负责调查的人员适当的权力；第二则是从另一方面看，它主要是法律问题，要确定在什么条件下，还必须考虑被告抗辩的正当权利，才能认定该违法行为。

第一节　违法行为的调查

940 证明违法行为工作，从整体上讲，与司法警察证明工作具有相同的特征。但首先，它必须与预审严格区别，预审只能在案件移送初审法官后才能进行。其次，我们还注意到，海关法中的预审十分特别，海关可以直接将违法行为人传唤至审判法院，这在很大程度上说明了，立法机关在海关法中着意制定了，证明违反海关法行为的独特程序，从而实践中无须诉诸普通法中的预审程序。此外，在海关法中，我们还可以体会到，虽然从历史角度看，诉讼前的调查和现行犯罪行为的调查程序之间并无太大的区别，但与普通法相比则带有根本性的区别。实际上，对违反海关行为的证明，时而通过调查程序来进行，时而借助扣押程序。下面我们对这两种程序逐一进行研究，以弄清楚它们与普通法程序的关系。

一、调查程序

941 调查程序在海关法中，至少在法律规定中，长期以来鲜为人知。非正式的调查，在一般的现行犯罪行为的调查中已经广泛地运用。自 1944 年以来，立法机关都已经承认了这种调查形式，而且这一制度并没有因为诉诸《刑事诉讼法》而明显受到影响。

和普通法中的预审调查一样，海关的调查程序在正常情况下，可以是对非现行违法行为适用的调查程序，甚至在证明现场查获的犯罪行为时，只要是为了搜集违法行为的补充证据并且是为了查明主犯、从犯和关系人，都可以使用这套调查程序，只是必须证明按现行违法行为的规定办理，即按《刑事诉讼法》第 53 条的规定办理。坦白地说，大家并不总是十分了解海关官员在调查程序中拥有多大的权力，因为《法国海关法典》对此没有明确规定。但无论如何，海关法没有规定的权力，我们肯定不能认为海关官员有权适用，《刑事诉讼法》的规定也不能用于海关官员。实际上，根据《刑事诉讼法》第 28 条规定，海关官员和其他特殊工作人员一样，只能在其所适用的特别法规定的条件和范围内行使司法警察的权力①。由于特别法没有规定，我们就必须认为，在任何情况下，他们都不享有大于《刑事诉讼法》第 20 条赋予司法警察的权力②。最后依照《刑事诉讼法》第 14 条的规定，一旦法律诉讼开始，海关官员必须立即停止自行调查，但如果受理该案件的预审法院委托海关进行调查，海关仍可以继续进行。在实践中，海关因此有权协助执行法官交给

---

① 但是，这些执法程序不能进行相互转换。因此，如果根据第 60 条和第 61 条，海关官员有权查验货物和运输工具，则警察不能去调查一项违反公路法的行为去对汽车进行查验。(Crim. 18 décembre 1989, Bull. crim. n° 485, p. 1181; Doc. cont. , n° 1849) . -*Adde* : 11 mai 1992, Dr. pénal, 1992, comm. n° 261。

② 被授权的官员有哪些权力，参见本书 937-1。

主管司法警察的司法工作[1]，当然这项工作范围应当有严格的限制。这样，只要司法机关不受理，海关仍可继续行使它的各项权力，特别是在案件交由海关调解鉴定委员会审理时，更是它分内的工作。

由于海关调查主要目的在于查明当场没有查获的违法行为，因此它一般先从调阅可能发现违法行为的书面文件着手，对此，海关官员被赋予相当大的权力。但是，如果是那些未被授权的个人行使这些权力，调查将是无效的。

（一）海关信息文件权

942 海关当局对文件查阅的权力几乎没有限制。的确，《法国海关法典》第 66 条 4 规定“海关检查在任何情况下不得侵犯通信秘密”[2]。

此外，根据刑法的一般原则，获取文件必须源于海关官员正常行使法律赋予的权力。最后，有些对此权力保留的规则赋予有资质的少数海关官员（《法国海关法典》第 65 条 1 和 2）。但是，在海关查阅和扣押相关文件时，就个人面对行政执法时的权利保障规则很少。

在此还应当指出，海关官员在履行职责中获取信息受商业保密的保护（《法国海关法典》第 59 条 bis）。然而，《金融法》在 1980 年修订中的规定，被列入《法国海关法典》第 59 条 ter，其目的是授权海关向在对外贸易中起着重要作用的部门交换相关信息。这也是授权海关，向与海关业务有关联的其他部级部门和法兰西银行提供它所掌握的有关对外贸易及对外金融往来方面的信息。这个形式上的要求显示，在该领域，希望限制这种信息交换权是徒劳的，尽管在海关法条文中明确规定（第 59 条 ter，2）“此类信息只通报到高级公务员或执行同等重要职责的公务员”。

2004 年 7 月 27 日，立法又轻松地拓展了海关官员获取职业信息的权力，海关总署官员可以应警官和司法警官请求，按法定形式就金融、财税或海关类资料和文件进行扣押。反过来的情形也一样。

1. 海关查阅文件权

943 大多数情况，查阅文件主要是由《法国海关法典》第 65 条列举的人员，履行交验相关文件资料的义务来实现。这类人员主要有内河、海洋、航空或公路运输货物的承运人、运输附属人员、报关代理人、保税仓库经营人、海关申报货物的实际收发货人，还包括一些电子通讯营运商。以上所有人员均有义务向级别在关务监督或在某些条件下 C 类海关官员，提供一切与海关监管业务有关的各种性质的文件。在此也要强调的是，与赋予海关权力相对应，企业可以“请求获得相关建议或者在必要程序下请求获得律师帮助”[3]（第 65 条 1）。但是，文件查阅权也明显得到扩张，通过条款规定，在“其他所有长期或不定期从事海关监管业务的法人或自然人的办公地点”该权力均可行使（第 65 条 1，

---

① 这种合作尤其以向海关当局设置某些司法警察为标志。自 2000 年 1 月 1 日起，经授权的海关官员可以接受法官的调查委托。参见本书 937-1。

② 除现行犯罪案外，打开装有麻醉品的信封被视为类似于非法搜查或者是非法的住宅登访权，可能导致随后程序无效，参见：Cass. crim., 4 mars 1991, Doc. cont. n° 1867; JCP éd. E, 1991, 1, 77, n° 17, obs. C.-J. Berr)。基于非法程序获取的文件，参见：Cass. crim., 28 octobre 1991, Dr. pénal, 1992, comm. n° 42。

③ 参考：Réponse ministérielle (*JO* du 6 sept. 2005, p. 8347)。

j)[①]。

此外，为执行国家在相关协议上的承诺，满足在欧盟其他成员国所进行的海关或农业贸易监管需要，海关官员被授予信息交换权。这项权力，是基于成员国行政当局之间互助协议的相关内容，可能出现在以下情形，海关行政机关基于执法需要，追查在其他成员国涉嫌走私行为；也可以是基于其他会员国主管当局的请求（《法国海关法典》第 65 条 7)[②]。

944 海关的查阅权有时会遭到诸如银行职员一类坚持职业秘密的人的反对，特别是根据《法国海关法典》第 455 条，对违反外汇管理法行为进行海关调查时最容易碰到这个问题。实际上，一方面，该条款授予了税收机关享有查阅文件资料的权力，可以用于监督执行对外金融关系法规方面；另一方面，享有这项权力的海关官员可以向所有国家机关咨询其执行公务所需的一切情况。

与此相近，我们还将注意到，《法国海关法典》第 64 条 A 规定，除海关或国营企业本身外“任何受海关监管的组织团体，不得以商业秘密为借口，阻碍财政部门工作人员，级别在监督以上或在一定条件下海关 C 类人员，为执行现行法律规定税种的征税任务，调阅他们所掌握的工作文件资料”[③] 在“工作文件资料”这个概念，有些银行职员认为，不应当包括工作笔记或纯企业内部的报告，如其机密的客户财务状况研究。最高法院曾借机在此方面确定了两条基本原则[④]：一条是必须区分情况，对真正的文件资料，考虑到海关权力的完整性，这类文件资料无论是什么性质的，海关均享有查阅权，而对口头情报，只限于向国家机关进行咨询，而不能向仅仅属于国家机关管理的机构（如银行）咨询；另一条原则是，在一定程度上限制了海关的查阅权，规定海关要求查阅的文件资料，必须涉及与海关工作范围有关的日常或不定期业务，而且必须有助于调查的完成。

945 在实践中，这两条原则便要求海关说明，为什么要查阅某个文件资料，除有正常理由外，无权自行诉诸调查权。我们很容易理解到，这样的一个体系，在学术上可能会遇到比在实践中更多的问题。因为，在每一种情况下，银行职员如果认为海关所索要的文件资料与海关调查需要关系不大，谁都敢于承担拒绝海关查阅文件资料的责任。但海关若坚持，则银行职员的态度就很有风险，因为他可能会受到税收处罚甚至刑事制裁，但在任何情况下，首要的是必须认定银行职员有不良动机才能适用。

实际上，拒绝查阅文件资料被定性为第五级违规行为[⑤]，对它可能会按《法国海关法

---

① 有关该条款是否符合欧洲人权公约，参考：Cass. crim. 5 février 1998, Bull. crim. , n° 47, p. 116。

② 参见：Cf. Cass. crim. 13 février 1997, Bull. crim. n° 62, p. 202。

③ 《海关法典》第 64 条 B，由 2000 年 12 月 30 日立法规定的，应海关官员的要求，与机动车辆交通有关的某些文件和资料应提交给海关官员。

④ 参见：Cass. crim. 30 janvier 1975, JCP 1975, II, 18137, note C. Gavalda; Rev. trim. dr. com. 1975, 347, obs. M. Cabrillac et J. L. Rives-Lange. -25 janvier 1977, D. 1977, 666, note M. Vasseur; JCP 1977, II, 18651, note C. Gavalda; Rev. trim. dr. com. 1977, 770, obs. M. Cabrillac et J. L. Rives-Lange -11 juin 1979, Bull. crim. , n° 199, p. 546; JCP éd. C. I. , 1980, 9209, n° 20, obs. C. -J. Berr et G. Vignal. Rev. sc. crim. 1980, 430, note A. Vitu; Doc. cont. , n° 1636. -24 février 1986, Doc. cont. n° 1765. -23 novembre 1987, Bull. crim. , n° 422, p. 1114. -11 avril 1988, *ibid.* , n° 143, p. 375。

⑤ 参见：Cass. crim. 21 novembre 1983, Bull. crim. n° 304, p 778; Doc. cont. n° 1733. -27 janvier 1986, Bull. crim. n° 32, p 73; Doc. cont. n° 1763

典》第 431 条规定处以罚款①。

946 在此，必须强调海关查阅文件权不包括其可以进入住宅进行搜查。根据《法国海关法典》旧条款第 64 条规定，海关官员行使住宅登访权，其目的只能是为了查找走私货物，而不是为了单纯地查找文件资料（《法国海关法典》第 64 条）。确实，我们也可以想象，以下情形也不是不可能的，海关官员在查找走私货物时在现场发现有证明违反海关法行为的文件资料，根据第 65 条 5 规定可对相关材料进行扣押②。

1986 年 12 月 30 日《金融法》第 86/1317 号，以“纳税人义务的完善”这一存有争议的标题对第 64 条进行了重大修正，该条允许经海关总署及间接税署署长授权的海关官员可以登临“任何地点访问，甚至是私人场所”，该权力是为搜查和证实《法国海关法典》第 414 条至第 429 条和第 459 条所规定的海关轻罪行为，只要这些货物和“文件”与这些轻罪行为涉嫌“很可能被拘留”③。

这意味着，只要按照第 64 条规定的法定形式行使（除现场搜查外，应事先由负责该程序的海关向所在地大审法院自由和羁押法官申请签发搜查令），对文件展开搜索的权力在此不再有限制④。另外，它不涉及采集货样进行分析。取样样本不能等同于行政当局当场看到的文件，它们可能在刑庭案件记录和随后程序中被撤销。⑤

947 还应指出，在此判例只产生了短暂的效果，因为议会很快通过了一项法案，明确赋予至少具有海关监督级别的海关官员享有可以进入职业场所或地点的权力，包括进入为专业使用用途的运输工具，其目的是“调查和证实违反海关法走私嫌疑而进行必要的调查”⑥。因此，《法国海关法典》第 63 条 ter 是直接针对判例做出的规定，该规定不仅体现了海关法对法官权力的传统抵御，而且，对自由的保护也比第 65 条本身要少得多。因为，特别是有关不需要司法当局授权的规定，海关进入职业场所进行调查只需事先向共和国检察官提交相关资料，并随后披露一份进行监控的现场笔录。当然，该条款的实质是赋予海关官员“根据国务院法令规定的条件”寻找证据。但是，《法国海关法典》第 63 条 bis 明确规定，该条不适用于私人住宅或地点。

最后，不言而喻，根据《法国海关法典》第 60 条规定的，海关对货物、运输工具和人身的检查权有广泛的检查权，如果在按规定进行的检查中发现了与违反海关法行为有关的文件资料，海关有权查阅这些文件资料⑦。而且它往往意味着海关接下来会对它们进行扣押。

---

① 参见第 935。

② 参见：Cass. crim. 12 janvier 1981, JCP éd. C. I. , ADG, 10001, n° 10, obs. C. -J. Berr et G. Vignal。

③ 有关住宅登临权的行使条件，参考本书第 958 及其后。

④ 参见：obs. C. -J. Berr et G. Vignal, JCP éd. E, 1986, ADG, 15644, n° 51 et la juris-prudence citée. -*Adde*: Cass. crim. 11 avril 1994, Dr. pénal, 1994, comm. n° 184。

⑤ 参见：Cass. crim. 19 juillet 1995, JCP éd. E, 1995, pan. 1257. -Rappr. 30 janvier 1997, Bull. crim. n° 43, p. 125。

⑥ 参见：1996 年 4 月 12 日 第 96-314 号法律（*JORF* du 13 avril 1996）。参见：décret n° 96-866 du 27 septembre 1996（*JORF* du 4 octobre 1996）。参见：Cass. crim. , 5 nov. 2003, pour-voi n° 02-88244。

⑦ 参见：TGI Paris, réf. 15 janvier 1982, JCP 1982, II, 19834, note C. -J. Berr。

2. 扣押文件资料权

948 《法国海关法典》第 65 条 5 规定："海关官员，在本条第 1 款中所指人员或公司所在地进行监管或调查过程中，有权扣押各种有助于完成调查任务的单证（账册、发票、信函复印件、支票簿、汇票、银行存款单，等等）。"

这条规定中使用了"等等"这个概括性的词语，挫败了一切欲对海关在这方面权力加以限制的企图。不过，我们会注意到，扣押的条件只有一个，即有关单证有助于官员完成调查任务。这条规定显然要从严解释，特别是，在我们看来，且有可能，文件资料的副本(甚至复印件）都可以扣押。但是，我们仍乐意承认，除极端情况外，这种扣押一般都符合法律，因为海关总可以认定有关扣押确有助于他们的调查工作。

但是，在此人们同意，扣押文件的权力在某种程度上构成信息披露权的延续，但就信息只能对利害关系方自愿告知的文件行使[①]。从那里取决于扣押的有效性。然而，应当指出，如果拒绝披露所要求的文件本身就构成了违法行为（《法国海关法典》第 413 条 bis)，而且态度顽固的可能受到处罚（《法国海关法典》第 431 条)，海关当局仍然特别具备获得调查所需资料的能力。

（二）对个人行使的海关权力

949 在海关调查程序中，海关有权一方面进行讯问，另一方面根据调查需要留置人员。就该情形，第一部分仍然是明确的，但第二部分，从 1987 年 7 月 8 日海关法修订后，明确留置应当与扣押程序连在一起，就不再使用了。鉴于它传统上对调查程序的依附，在此就不提及它了。

1. 讯问

950 《法国海关法典》第 334 条 1 规定，讯问结果应记入调查笔录，《法国海关法典》第 336 条 2 又肯定了该笔录所载供词及陈述的证明力，因此，人们一般情况下认为，调查程序已授权海关官员进行讯问[②]。然而，更仔细研究一下这个问题，我们会看到，不论法律使用什么文字，《法国海关法典》中规定的讯问似乎很难说是司法机关真正的审讯。因为，讯问是属于预审而不属于一般司法警察范畴中的一项程序，司法警察审理案件时，无论在普通法中还是在海关法中，只能从嫌疑人听证会中获得与调查有关的情况[③]。而且，在实践中，海关讯问基本上按听证会的规定办理[④]。

据此，不论任何人，不论其身份如何，证人、嫌疑犯、走私行为的局外人，都可能会被讯问。他们可以不宣誓，也没有会因为提供不实证词而被诉的风险。不言而喻，听证会必须按照最公正的原则进行，人们决不允许对证人施以物质或精神上的强迫。最好提醒一点，证人有拒绝合作的自由，他们也不需要被强制回答对其做出的传唤。

2. 人身扣留的问题

951 海关调查期间的人身扣留问题，很长时间以来在于，是基于何种法理授权海关

---

① 参见：Cass. crim., 11 avril 1994, préc. -5 mai 1997, Bull. crim. n° 164, p. 537。

② 参见：Cass. crim., 19 octobre 1995, Bull. crim. n° 316, p. 873。

③ 参见：Encycl. Dalloz, Répert. Pénal, V° Instruction préparatoire。

④ 曾经判决认为，口译员在初步调查中的协助不是一种法定形式，也不会完全无效，在海关事务中也是如此。Cass. crim. 3 février 1992, Bull. crim., n° 45, p. 107; Dt. pénal 1992, comm., n° 205, obs. J.-H. Robert; Doc. cont., n° 1874. -Comp. 23 mars 1992, Bull. crim., n° 124, p. 327。

这项权力，它的实效性没有争议，但其合法性值得怀疑。事实上，没有任何一个条款明确地授权海关限制他人人身自由，而且这个人还是没有嫌疑人身份，只是对参与调查有用的人。通常，为确认该制度的合法性，人们所使用的理由，就跟当初《刑事诉讼法》还没有对警察的监视权做出规定之前一样。即这项权力源自实际工作，理由是出于调查的需要，在海关的调查中，等待嫌疑犯或者是和走私行为有关联的人的主动合作似乎不现实。这就是为什么，从另一方面来说，它也承认，如果有法律所规定的其他强制措施的，人身扣留不能使用。这个是有例子的，比如说，在海关查阅文件资料权遭到拒绝时，则不能扣留有关人员，而只能对他进行逾期罚款。为此，海关行政机关还设法将拘留权的行使跟普通法中的监视权结合起来，原则上不能超过 24 小时，并且允许相关医疗干预，相关过程和事件均应写入结案笔录中。

海关内部情况经多年演进似乎发生了一些变化，它自己放弃了调查过程中对人员实行拘留，而是将其引入扣押程序。换言之，在没有任何条文对此授权的情况下，行政当局认为，扣留一个违反海关法或外汇犯罪的嫌疑人（因此是扣押程序的一部分），这是来自于对这一有效程序的实际需要。

1987 年的立法带来了从一种程序向另一种程序的转变，这的确令人赞同，但并没有考虑过正式将调查程序中的人身扣留排除。不难发现，事实上新的条款进一步完善了《法国海关法典》第 323 条，该条款没有被放置于海关调查章节，而是规定在扣押程序章节。考察该法的前期准备工作就可以清楚地看到①，这并不是形式上的疏忽，而是科学逻辑带来的结论，即当今在调查领域排除了对人的扣留权。因此，扣留权现在完全与扣押程序有关。

二、扣押程序

952 扣押是海关长期以来唯一得到法律承认的权力。过去，扣押结果可以决定是否起诉，因为法国的司法有一条基本规定，没有案件笔录，就没有诉讼。调查程序出现以后，扣押程序的重要性并没有因此减少，它的作用仍然很广，其适用法规也很具体。它有理由作为违法行为的证据，它是对走私货物本身实际和直接的扣押，而且正因为如此，只要有可能实际扣押私货，人们都很乐意诉诸这一手段。不过，它的范围很宽，因为对货物的实际扣押并不是扣押适用的一项条件，从多个角度看，扣押程序相当近乎于普通法中现场查获犯罪行为的调查程序②。

扣押程序主要包括法律授予海关在对付走私货物和走私嫌疑犯方面拥有的若干权力。

（一）海关对走私货物的权力

在扣押程序之下，法律授予海关对走私货物的搜查权和扣押权。

1. 搜查权

953 为了能够搜查走私货物，海关官员依照《法国海关法典》第 60 条的规定有对货

① 参见：notamment rapport R. -A. Vivien, préc., selon lequel《le présent article a pour objet de renforcer le contrôle judiciaire sur la procédure des flagrants délits douaniers》

② 参见：Pradel, *Procédure pénale*, *op. cit.*, n° 560 et s. -Stefani, Levasseur et Bouloc, *Procédure pénale*, Précis Dalloz, 20e éd., 2006, n° 410。然而，应该强调的是，与普通法相反，对现行犯适用的程序，不仅仅是针对海关轻罪行为，同样针对违规行为。但在后一种情况下，既不能行使捕获权也不能行使留置权。

物、交通工具及人身进行查验的权力[①]。这项权力的适用范围很广，还有一系列受到法规严格限制的例外与之相配套，譬如对运输工具驾驶人发号施令，抄查船舶的权力（《法国海关法典》第 62 条和第 63 条）[②]，进入国际邮局分拣厅的权力[③]。

至于搜查住宅权，它也一般与以上权力相配套，但它更应当属于海关对人员享有的特权范围，因此我们将在后面再研究它[④]。

2. 扣押权

954 《法国海关法典》第 323 条 2 规定，有权扣押证明违反海关法行为的人的所有可供没收的物品，扣留将要发出的货物和所有其他涉及货物的文件资料，以及对所有有可能影响处罚效力的物品进行预防性扣留[⑤]。

据此，我们得按其作用不同而区别扣押权和扣留权。

（1）扣押权

955 扣押权具有保护国家税收的基本特征。因此，它与货物的可没收性密切关联，它是没收的预备行为，所以，海关扣押在大多数情况下按普通法中关于扣押的基本规定办理。扣押以后，应由看管人或某一第三者看管被扣押物品，如果把它们非法转移，要受到《刑法典》第 401 条和第 406 条规定的普通法刑罚的判刑。无论对已实际查截的货物还是已逃脱海关监管的货物，都可以进行扣押。

根据《法国海关法典》第 323 条 2 规定，违反海关法行为一旦被查获，无论是否是现场查获，但只要在海关监管区内，都可以对其进行扣押。在海关监管区以外的地区，只有在《海关法典》第 532 条规定的情况下才能进行扣押，也就是说只有是证明现场查获的违法行为时或者是证明发生在海关现场内、保税仓库中和其他受海关监管的场所内的违法行为，或者是证明违反《法国海关法典》第 215 条的行为，或从货物占有人的申报或由其掌握的具有证明力的文件资料中意外发现货物来源明显不合法的情况下，才能扣押。

（2）扣留权

956 这类扣留权有两个完全不同的目标。第一类扣留权是《法国海关法典》第 323 条 2 规定的目标，与违法行为的认定直接相关，因而属于司法警察的范畴，它可以使海关搜集证据。我们很容易看出，这项权力和调查程序中的扣留权不能混用[⑥]，在后一种情况下，违法行为只有通过检查文件资料才能认定，而在扣押程序中，违法行为必须能够通过扣押直接认定，而且被扣押的文件资料必须用于证明海关的推定，或者用于对共犯或关系人的指控。

---

① 《法国海关法典》第 60 条赋予海关官员登临检查权，涵盖海关监管区域的整体而并不只是指在跨过边境的时候：Cass. crim. 23 mars 1992, Dr. pénal 1992, comm. , n° 206, obs. J. -H. Robert。它也可以适用于所有抓现行犯之外的情形：Cass. crim. , 26 février 1990, Dr. pénal, 1992, comm. n° 226。

② 检查一艘带私人住所空间的游艇，参见：Cass. crim. , 11 janv. 2006, pourvoi n° 05-85779。

③ 参见本书第 71。

④ 参见本书第 958。

⑤ 1992 年 12 月 31 日对海关法的修订，为海关创设了新的“暂时寄存权”，但动因却大相径庭，因为它只适用于《法国海关法典》第 38 条所涵盖的“敏感”商品。海关人员可以暂时保留这些货物，以及可能寄存运载这些货物的车辆，期限可延长 10 天，最多 21 天，这段时间就用于对样品进行分析、检查和收集（《法国海关法典》第 322 条 bis）。

⑥ 参见本书第 948。-*Adde* ：Cass. crim. 6 avril 1987, Bull. crim. n° 156, p. 422。

第二类扣留权通常被称为预防性扣留权。适用它的法律有时是《法国海关法典》第323条2，有时是《法国海关法典》第378条，它的目的既不是为将来没收做准备，也不是为证据提供补充材料，而是为了保证海关罚金的债权。因此，行使这种扣押权的决定归属海关[①]。海关在实践中对属于国家的、某一外国政府的、外交团体、国家铁路运输公司或在法国有公司或分公司的国家运输公司的运输工具都不扣留[②]。

（二）海关对走私嫌疑犯的权力

957 在扣押程序中，海关官员并不仅仅为了搜查和扣押走私货物，他们的主要目的仍然是认定违法行为和查获现行违法分子，因此他们有权进入私人宅地，必要时，还可扣押有严重走私嫌疑的案犯，不过，我们明白，法律对这项权力规定了严格的条件，以保障个人的权利。

1. 搜查住宅

958 从传统上讲，私人住宅在法国不受行政机关侵犯。新《刑法典》第432-8条规定，对任何行政机关或司法机关工作人员、任何司法警官、任何国家武装力量指挥官和士兵，在本法律规定的情况以外并未按法律规定手续，以其身份强行进入公民住宅的，可处以拘役或罚金。

在海关方面，法律明确规定，海关官员有权进入私人住宅，并规定了行使这项权力的若干条件，条件之中有些是从普通法中派生出来的，另外是些纯海关的规定，我们在此并不详细介绍普通法派生的原则，只需指出，在法律上，住宅这个概念是相当广的[③]（而且根据《刑事诉讼法》第59条规定，搜查住宅原则上不能在6：00以前和21：00以后进行）。从纯海关的角度看，应当特别注意，《法国海关法典》第64条规定的住宅搜查权与调查程序中海关享有的查阅文件资料权在行使方式上有根本的区别，实际上，这类住宅搜查并不需要征得住宅所有人的同意[④]。因此，和普通法中对现行犯罪调查程序一样可以强制进行。但它必须在《法国海关法典》第64条规定的非常具体的条件下才能进行。1987年《金融法》大大改变了这些条件，但我们并不能明确说改革的既定目标（如法律明确规定的那样，在于改善对纳税人的保障）就已经实现。事实上，虽然在某些方面，要求司法警官在场的规定就加强了对公民的保障，但另一方面，对住宅的检查权也得以延伸到整个国境内，并且可以对文件进行搜查，而不再是仅限于在改革期间出于立法者谨慎所要求

---

① 留置只能是在追查违法行为过程中进行，在此之前不能行使：Cass. crim. 16 octobre 1997, Bull. crim. n° 348, p. 1127。

② 参见：Paris 10 octobre 1984, D. 1985, 67, note J. Lamarque. –Cass. com. 22 juillet 1986, Bull. civ. IV, n° 165, p. 140. –Cass. crim. 18 janvier 1988, Bull. crim. n° 21, p. 54; Doc. cont. n° 1793. –16 octobre 1997, Bull. crim. n° 348, p. 1127。

③ 参见：Encycl. Dalloz, Répert. Pénal, V° Violation de domicile。就农场是否属于私人住宅登临权所涵盖的概念的延伸，参见：Cass. crim. 5 janvier 1966, Doc. cont. , n° 1424. –à la《fouille à corps》, cf. 21 juillet 1982, D. 1982, 642, note C. –J. Berr; Doc. cont. , n° 1711; JCP, éd. C. I. 1983, I. 11254, obs. C. –J. Berr。对钱包的搜查，参见：15 octobre 1984, Bull. crim. , n° 298, p. 793; JCP 1985, II. 20410, note C. –J. Berr。对手提包的搜查，参见：26 février 1990, Dr. pénal 1990, comm. n° 226。对邮轮船员舱室的搜查，参见：Cass. com. 1er févr. 2002, Bull. civ. IV, n° 31。

④ （Cass. crim. 13 juin 1988, Bull. crim. , n° 267, p. 709。从职业场所到私人住宅的相似判例：Cass. crim. 24 janvier 1994, Dr. pénal 1994, comm. n° 114, obs. J. –H. Robert。）

的，只能对货物进行搜查。

959 在经修正后的第64条所产生的新制度中，现在的原则是，对住宅进行检查必须得到自由法官或扣押法官的命令[①]，不仅是对私人住宅进行检查，而且包括海关监管区域的检查。因此，法官“应以非常明确的方式来确认，申请授权许可必须有充分理由”，同样，他可以监督住宅检查权行使是否合规，并可决定终止该程序。与以前法律规定的情况相反，现必须在司法警察的协助下开展住宅检查权，这一事实也加强了当事人的权利。以前，法律条文规定，在某些情况下海关官员可以单独行事。此外，司法警官可以由“市政警官”代替[②]。对第64条的解读，应该说显示出了对住宅检查权予以尊重的一种立法思维：《刑事诉讼法》第56条和第58条，明确规定适用于海关住宅检查权，司法警察基于“确保商业保密权和抗辩权”而介入。

然而，不容忽视的是，这个是以普通法中的搜查制度（《刑事诉讼法》第56条等）为模式而产生的新的制度，跟这次改革幅度相比，存在显著差距。事实上，《法国海关法典》第64条规定，如果是现行犯情形下（第64条2，a），它就可以排除适用所颁布的基本规定，并且，在这种情况下，就不再需要获得自由法官和拘留法官的授权，但是，必须有司法警官在场的要求仍然存在。因此，在发生现行轻罪的违法行为时，海关官员可以“进入藏有可能被扣留或进一步扣押的货物和文件的所有地点，包括对私人住宅进行检查”[③]。然而，该处的现行犯罪也明确为，应当是《刑事诉讼法》规定的由共和国检察官提起公诉的轻罪行为。

应该指出，在1987年立法机关做出法律修改规定之前，这项权利只能在海关监管区内，但人口超过2000人以上的住宅区除外，或在全关境内对属于《法国海关法典》第215条规定的货物，进行搜查非法占有的货物时才适用[④]。

此外，大家都知道，住宅检查权的行使不能以搜查文件为理由。它只能适用于对“走私占有”的货物进行搜查。

最后，从合乎逻辑的严格观点来看，人们可以设问，今后是否可能保持调查程序和扣押程序之间一直以来所存在的区别：很清楚，只能在后面这种程序中适用的住宅检查权，如今是不是可以在这两种情形下都同样适用？如果立法者没有对此明确，那么 应该如何解释“以海关现行轻罪行为”的适用条件[⑤]？

2. 抓获和扣留人犯

960 按照普通法的规定，海关官员有权扣留属于现场轻罪的现行违法者（《法国海关法典》第323条3），这条规定因此不包括，对只构成违规行为或不具有《刑事诉讼法》

---

① 参见：Cass. crim. 30 janvier 1997，Bull. crim. n° 43，p. 125，该命令并不构成可经检察机关撤销的信息行为，而是一种司法行为，对此只能提出撤销原判的上诉：Cass. crim. 11 octobre 1990，Doc. cont.，n° 1861。

② –Cass. crim. 2 juin 1986，Bull. crim.，n° 185，p. 473；JCP 1987. II. 20752，note J. Pannier；Gaz. Pal. 1987. I. 329，note D. Bayet. –11 décembre 1989，Bull. crim. n° 470，p. 1147。有关现行犯或其法定代表人进行抓捕的强制性手段，参见：Cass. crim. 5 mars 1998，Bull. crim. n° 89，p. 241。

③ 对现行犯的概念，参见：Cass. crim. 4 mars 1991，Doc. cont.，n° 1867；JCP éd. E，1991. 1. 77，n° 17，obs. C. –J. Berr）。

④ 参见本书73。Cass. crim. 27 avril 1987，Bull. crim.，n° 164，p. 442。

⑤ 参见本书951，针对人身扣留权我们做出的同样的评论。

第 53 条 1 所指的现行罪行特征的人犯进行扣留。与之相反，这类抓捕可以在一切地点进行，包括住宅内。但我们会注意到，海关法已经规定其官员，对后面这种情形，只有在特殊情况下才能采用抓捕手段，主要是考虑到在确定其是否具备被扣留人身份方面存在的困难；同样，报关代理行或运输公司职员除非本人参与走私行为，否则不受扣留。

最后，对不满十三岁的未成年现行人犯也不能扣留，因为他们免予拘役的刑罚，只能对他们判处经 1945 年 2 月 2 日法令所规定的监护、帮助或看管措施。

不管怎样，逮捕的现行人犯必须在扣押笔录完成后立即交由检察院处理。

961 在扣押程序框架中引入对人员实行拘留就引发了新问题。在同样情形下，旧条款只赋予行政当局权力可以采用一定方式拘留现行犯嫌疑人，之后将他们连同拘留笔录移交检察署。这也是《法国海关法典》第 333-1 条所保留的内容，该条规定，海关就轻罪行为所做的拘留笔录，应当移交给共和国检察官，而" 被扣的被告则应当送交给治安法官"。在此有一个合乎逻辑的结论：海关是基于“事实" 阻截违法嫌疑人，除了做扣留笔录所花时间需要外，确实没有理由" 持有它"。当然，法律条文中也就没有规定，对当事人实施扣留必须在海关所处地点进行。

但是，从法律文本解读中可以清楚看到，扣留的真实目的并不是仅为获得时间来完成执法笔录。在此难理解的是，为什么应当通知共和国检察官，还有，根据《法国海关法典》第 323 条 3 第 6 项，为什么扣减的期限限于在转押时拘留的期限。事实上，出于效率考虑，人身拘留被分为两个阶段，一个是海关阶段，另一个是司法阶段，但它们须遵守相同的规则。然而，刑事法庭判决认为，就人身拘留时限问题而对海关扣留提起质疑，只为了限制有关人员被剥夺自由的最高期限，但对建立在这些措施之上的惩戒性制度本身没有影响。其重要结果就是，《刑事诉讼法典》第 63-4 条 2 规定的时限内，允许当事人获得律师帮助，并且经司法警察通知后在警察或宪兵室才能行使相关拘留[①]。从中我们可以得出结论，海关自 1987 年的立法机关授权中，就对现行犯的拘留又增多了一项新权能。

的确，现行犯和非现行罪之间的对立反射，远没有一些人所认为的那么绝对，特别是在海关事务领域上，它只是以一种隐晦的方式反映了现实。对它的观察显示，对走私货物和走私嫌疑人的查辑，常常具有应当给予惩罚的收益，只有对它进行更深层次的追查，才有进一步的希望追查出一个犯罪组织团伙或者更严重的走私犯罪行为。因此不难想象，基于以前的条款规定的调查出发点只能针对现行犯，那么行政当局就被剥夺了展开其他调查的可能性。

然后，这将涉及到调查的展开，此处的调查，是警察意义上的术语，而不是海关法传统意义上。对此展开事后的研究显示，该调查将会传达出警察当局展开调查的所有特征。在此，人们很好理解，对人实施拘留比搜查文件资料要来得有效[②]。

962. 关于案情，《法国海关法典》第 ***323*** 条 ***3*** 新的第 ***6*** 项的内容，正好涉及在调查程序改革之前所出现的问题（拘留期限、真实陈述在拘留期间发生事件的义务、医生的任命）。法律创新本身，基本上包括有义务通知共和国检察官，获得延长扣留期限到 ***24*** 小时以外的授权，实际上只是对旧制度的重建。

---

① 参见：Cass. crim. 1er mars 1994, JCP éd. E. 1994, 390, n° 8, obs. C. -J. Berr；Cass. crim. 11 décembre 1997, Bull. crim. n° 424, p. 1397。

② 参见：Cass. crim. 4 décembre 1997, Bull. crim. n° 416, p. 1373。

（三）监视、渗透和监视交付权

963 从该条款本身来看，它所关心的是适应于立法会于2004年3月9日通过一项重要的法律，其中在海关法领域引入了许多创新制度[①]。从本质上说，这是对新形势下有组织的犯罪作出更有效的反应，特别是通过对某些获得授权主体实施行为予以合法化的起诉，当局意识到现有的做法相对缺乏法律依据。因此，在海关法领域，根据《法国海关法典》第67条bis新规定，现在有两种普遍适用的干预方法（监视及渗透）。

监察对象为有一个或多个合理的理由，怀疑他们作为海关犯罪的实施者或当事人参与或与欺诈有利害关系。然而，这些罪行必须是可判处两年以上有期徒刑，监视可以不受限制地针对这些罪行中获得或被用来犯下这些罪行的物品及其运输进行。在所有情况下，只有在共和国检察官得到通知而不反对的情况下，才能进行这种调查。

所谓的“渗透”在第67条bis有定义，它由一名专门的海关官员有权并在A类工作人员的责任下行事，去“监督涉嫌犯罪的人，发现他们的同谋，或与欺诈有利害的关系人”。它可能被认为是违反公平、公正的要求，因为根据我们在国际义务中做出的承诺，寻求证据应当遵从公平原则[②]，但去“调查证明”的这些罪行，涉及毒品交易，烟草、酒精和烈酒，假冒商标，资本流动方面，有一项规定则是海关有权使用掩饰者身份，并且可以采用以下各种详尽列出的行为（取得、拥有运输包括物质、货物、产品、文件，或从侵权行为中获得的信息等行为），而不需要承担相应等刑事责任。另外，这是追查罪犯的行为，这些行为不应有构成犯罪的动机。

964 一系列详细规定出台，旨在消除早先《法国海关法典》第67条bis规定的海关卧底特工条款所引起的疑虑[③]，最后，海关官员仅仅通知共和国检察官，但不需要正式申请授权，这就使得在逻辑上，它们可以对走私行为人或所有关联人进行起诉。关于授权的缺乏对正当程序的影响[④]，它们与2004年3月9日的法律规定非常接近（《刑事诉讼法》第706-81至707-87条）。它们的主要目的是：防止被揭露后处于两难境地。因此，在海关事务中碰到过这种情况，对特工身份进行披露，将被判入狱及罚款，罚款金额为根据这一披露是否导致了暴力，包括殴打工作人员及其配偶、子女等情形，甚至导致他们的死亡的情况来决定。

最后，一些外国海关官员，在法国海关官员的指导下，可以参加到根据国家海关程序展开的在法国领土内进行的渗透行动中。

第二节　违法行为证据

965 违法行为的证据问题在海关法中始终具有特殊的重要意义。由于违反海关法行为

---

① 参见：B. de Lamy, *La loi n° 2004-204 du 9 mars 2004 portant adaptation de la justice aux évolutions de la criminalité*, D. 2004, p. 1910 et 1982。

② 参见：司法部关于2000年5月29日欧盟成员国之间关于刑事事项司法协助的公约及其2001年10月16日议定书适用于法国的通告, BOMJ n° 101（1er janv. du 31 mars 2006）。

③ 参见：Cass. crim. 26 septembre 1995, Bull. crim. n° 283, p. 785, Dr. pénal, 1996, comm., n° 11。

④ 参见：Cass. crim. 1er avril 1998, Bull. crim. n° 124, p. 335, D. 1998, p. 430, note Pradel. -30 avril 1998, Dr. pénal 1998, Comm. n° 124, obs. Maron. -5 mai 1999, Bull. crim. n° 87, p. 235。

一般具有即逝性，不留痕迹，因此很难取证，这也是为什么对它的认定往往依靠可归罪性和有罪推定这个手段来完成①。通过上述两种推定，可以将某个违法行为的刑事责任施加在一个其行为和状况很容易定性的个人身上。然而，与通常人们认为的相反，似乎不可能将走私行为的违法推定也划入违规行为的证据范围中去，法律推定实际上是对有关违法行为举证责任的真正免除。法律推定主要可以使海关只提出若干必要事实作为指控的证据，而由法官根据这些事实，来推定出没有举证的事实要件。

966 由于对违法行为举证都是向负责审判的法院提供某些使其信服所必需的事实要件，因此，海关法在举证方面的特殊性便主要体现在处罚的基本规定中②。应当再次指出，在此方面，违反海关法行为的判决一般无须经过预审程序，所以，举证就和违法行为的证明融为一体了。此外，大多数违反海关法行为不是由法院来审判，因为海关只要有可能都乐意使用和解处罚的手段，然而，案犯若接受处罚，显然是因为他已经承认人们对他违法行为的指控，或者至少默认了违法行为的存在。总而言之，违法行为的证据问题只有在一系列假定情况中才能体会到它的独特性，这个假定条件是案犯因一项不被起诉的违法行为受到法律追究，实际上，只要诉讼一开始，无论是举证还是证据的有效性都要按普通法的规定办理，好在并不能因此忽略本章中下面这段至少是简要的叙述，不过我们着重介绍海关特有的举证技术规定。

967 从根本上讲，举证技巧取决于，海关在查证违法行为时所做的案件笔录的重要性。很久以前，案件笔录曾用作替税务所扣押私货时应履行的正式手续，而这份诉讼程序之外的文书则是税收方面产生法律诉讼的出发点，“没有案件笔录就没有诉讼”。这句格言正是出自这时期，它后来在违反海关法行为的处罚程序中流行了很长时间。然而，由于海关刑罚并不是纯损害补偿的，随着它让位于更为明显的刑事处罚这个特征，诉讼以前从逻辑上对案件笔录的需要正趋向于消失，演变到现在就形成了《法国海关法典》第 342 条规定，即海关法规定的所有走私和违规行为可以通过一切法律途径起诉，即使在海关监管区内或监管区外没有进行任何扣押及报关单中所列货物没有受到任何检查③。对此，外国当局提供的情报、证书、案件笔录及其他文件资料都可以作为证据④。

据此，原则上讲，海关刑法在举证和证据的效力方面与普通法没有什么区别，但是，具体到这些原则的运用，便出现了我们下面要提到的不同之处。

一、提举证据

968 现行《法国海关法典》第 342 条将普通刑事诉讼法中证据自由的原则引入了海关法，因此，检察院对证据方式就会存在一个选择问题。然而，在实践中，这种选择取决于证明的有效性⑤，而且根据需举证的违法行为是否已被查证，所使用的举证方式也互不相

① 参见本书 831。

② 参考 Berreville, thèse préc。

③ 参见：Cass. crim. 25 janvier 1996, Bull. crim. n° 48, p. 115。

④ 参见：Comp. art. 250, CDC。

⑤ 参见：搜查证据时的忠于法律原则参见：Cass. crim., 19 juin 1989, Bull. crim., n° 261 (écoutes téléphoniques). -28 octobre 1991, JCP éd. E, 1992. 1. 170, obs. C. -J. Berr; Dr. pénal 1992, comm., n° 42 (moyens de preuve obtenus par des moyens frauduleux en matière d'infractions de change). -Comp. Cass. crim. 3 avril 1991, Doc. cont., n° 1868。

同，如果违法行为未经查证，一般情况下必须诉诸好几种取证方式，各种取证方式都需按其独有的规定办理；倘若违法行为已经查证，则相反，具有特殊权本性的案件笔录本身就是一种证据。

（一）未经查证的违法行为

969 指控案犯的违法行为如果没有查证，为了提出证据，就必须运用普通法中各种取证方法，但是，对于有些违法行为，海关专有诉讼程序本身就有一套特殊的取证方法，那就是法律鉴定。

1. 普通法取证方法

970 违反海关法行为的证据在任何情况下都不能脱离普通法中的适用规定，因此，依照《刑事诉讼法》规定进行审讯所得或听证会上提供的口供才具有证明力①。同样，按照《刑事诉讼法》第 101 条规定形式进行的调查或证人听证会中所得证据才能具有证明力。最后，鉴定也是种经常使用的举证方法，只要涉及进口货物的估价问题，需要海关行政机关事后认定②，则必须诉诸法律鉴定③。

恰恰相反，书面证据很难运用，它一般能通过案件笔录而不使用普通法取证手段来证明违法行为。但是，必须排除按照《法国海关法典》第 342 条规定由外国当局提供书面资料的情况，这些书面资料可以直接交给法官，比如，海关有权公布从西班牙当局得到的牲畜登记手册的情况④。同样，物证的取得，特别是货物这个物证，几乎不按普通法的规定进行，因为扣押笔录可以直接证明违法行为。

2. 法律鉴定

971 关于海关调解鉴定委员会⑤的规定的作用在于将其进行的鉴定程序纳入违法行为的各举证方法中去，因为，该委员会作出的决定有时可以证明与海关申报有关的违法行为。对此，应区别好几种情况：

如果报关人接受委员会的结论而且委员会裁定申报内容无效，所证明的不一致问题便只涉及纯法律问题。根据《法国海关法典》第 35 条 bis 规定，若无法认定有违法行为，报关人只承担补交所漏关税及其他捐税责任。但是，倘若委员会所做的鉴定可以认定事实方面的不准确或遗留，违法行为便成立了，委员会的决定一旦被接受，就可以作为违法行为的证据，而且，海关建议其官员在提起诉讼之前应先行使用案件笔录这种程序，显然这种实践在严格法意义上是多出的一种方式。

如果报关人不接受委员会的结论，或者海关不服委员会的结论，由于立法机关在此没有表态，情况便有些难办。似乎由于担心导致人们对前一个鉴定制度的抨击，海关迟迟下不了决心推行扣押笔录程序，而这样做却是合情合理的，它可以将责任倒置，由报关人承

---

① 参见：Trib. corr. Nice, 9 février 1951, Aix-en-Provence, 10 décembre 1951, Doc. cont., n° 994. -Cass. crim. 8 avril 1999, Bull. crim. n° 73, p. 204。

② 参见：Trib. paix Maubeuge, 8 janvier 1958, Doc. cont., n° 1247。

③ 《法国海关法典》第 450 条，参考本书第 391 及其后。

④ 参见：Pau, 16 février 1965, Doc. cont., n° 1433. -Bayonne, 30 octobre 1968, *ibid.*, n° 1483。

⑤ 参考本书 391 及其后。Cass. crim. 3 avril 1997, Bull. crim. n° 133, p. 448. La régularité de la procédure devant la CCED peut faire l'objet d'un contrôle par le juge répressif (Cass. crim. 19 nov. 2003, pourvoi n° 02-80352)。

担不违法的举证责任[1]。尽管出于一些内部原因，海关最终只起草调查笔录，但并不能因此否认委员会决定本身就具有证明力[2]。

（二）经查证的违法行为

972 如果海关使用了调查程序或扣押程序，很自然举证就方便得多。案件笔录，在第一种情况下称为调查笔录，在第二种情况下称为扣押笔录，似乎是一件最理想的工具，它不仅可以陈述证明情况，还可以提供违法行为的证据。我们在此只能粗线条地介绍违反海关法行为这种特有的取证方法，并从内部来研究它。至于案件笔录内容的证明力问题，我们将在取证手段整个范围内进一步研究。

1. 案件笔录的一般规则

973 在过去很长一段时期内，案件笔录曾经都是口头形式的，笔录员向法官陈述笔录内容，并宣誓保证它的真实性。这种形式后来经 2003 年 12 月 18 日法令，从《海关法典》第 328 条规定中废止了。

海关案件笔录各种特点中，首推是其手续的复杂性，不论是笔录记录的时机还是笔录的内容都是这样。

974 就案件笔录起草的情况，会因为是属于扣押笔录还是询问笔录而有所不同，起草地点和起草时间都属于需要考虑的因素。

从起草地点规定来看，首先，《法国海关法典》第 324 条 3 规定，扣押笔录可以在“扣押物品存放地点或违法行为被查地点”，也可以在当地警察局、宪兵队队部[3]，在财政官员办公室或市政厅的地方，甚至在某一特定的房屋内，即扣押发生地起草。有关询问笔录的地点没有什么特别注明。但是，在实践中，起草工作一般应在海关办事处进行，除非因有扣押文件或进行讯问的情形，否则，应立即当场起草。

如果是对私人住宅搜查应当制作的笔录，则应按照《法国海关法典》第 330 条 2 的规定，司法警察官员必须参与起草制作笔录[4]。有点奇怪的是，该条款还补充了一点，遭拒绝的情况下（对司法警察官员似乎很难想象有这种情况），从操作的要求来看，在制作笔录时只要注明请求与拒绝情形，即可保证该扣押行为合法。

再接下来，是有关撰写案件笔录的期限，《法国海关法典》第 324 条 2 对此做了规定，即发现违反海关法行为的海关官员，在撰写记录时“应在采取其他任何其他行动之前，最迟在被扣押货物被运送并存放妥帖后制作扣押笔录”[5]。

这条规定不适用于询问笔录，主要考虑到，在这个时间点还没有展开调查，因此，对此只是简单规定撰写报告的日期，必须非常接近海关实施监管或调查的日期。根据海关内部操作规程，一旦违反海关法行为的各要素收集齐全，应按逻辑对它们进行分类编序，对违法行为定性后，就必须立即起草[6]。

975 至于案件笔录，会根据每种情况的特定要素而变化，但它也包括了一些常规要

---

① 参考本书第 347。

② 《法国海关法典》第 447 条 1。

③ 2003 年 3 月 18 日 n° 2003-239 关于内部安全的法律。

④ 参见：Cass. crim. 11 décembre 1989, Dr. pénal 1990, comm., n° 199, Bull. crim. n° 470, p. 1147。

⑤ 但是，只有在侵犯辩护权的情况下，才能宣布案件笔录无效：Cass. crim. 3 novembre 1982, Bull. crim. n° 237, p. 646。

⑥ 参见：Cass. crim. 5 mai 1997, Bull. crim. n° 164, p. 537。

素。

制作笔录，首先应向当事人告知被扣押事由和即将开始制作笔录。对制作笔录配合义务做出要求后此传票仅对已展开调查或监控的人员住所有强制效力[①]，在必要时，要对被扣押物品进行描述，这样可以使案件笔录具有对审性。一般地讲，形式上要求，必须保证所有涉及缩写、涂改、签名、使用的书写方法都是真实的。扣押笔录的制作必须对被扣物品做详细描述，包括辨认物品的所有必须的描述（名称、质量、式样、颜色、体积、重量等），以及罚款的计算（例如货物的估价）和禁限规定执行所需的条件（原产国别或来源地）。

此外，《法国海关法典》第 325 条至第 327 条以及第 334 条 2 详细规定了案件笔录应记载的内容，否则笔录无法律效力。不论是扣押笔录还是询问笔录都要遵守这些规定，要写明扣押笔录或询问笔录的制作时间、调查性质、扣押原因、笔录员姓名等。最后，应当提及笔录的完成手续，因为案件笔录做完以后，应向案犯和所有在场人员宣读笔录文本，要求当事人签字确认拒绝签字不影响笔录的最终效力：[②]，如果是扣押笔录，则要将一份扣押复印件交由当事人。如果当事人不在场，《法国海关法典》规定了让当事人知晓的送达方式，主要是将相关笔录张贴在海关办公地点的公告栏内。

976 我们将注意到，如果同时有好几项违法行为，必须做出区分。如果是多项违反海关法行为，属于多个法院管辖，就要对应做出多份案件笔录。这就会涉及到，有时候只是单一的海关轻罪或者违反海关法的违规行为，有时候是既有轻罪行为又有违规行为并存的情形。但是，根据《法国海关法典》第 357 条 2 规定，附属于轻罪案件的违规案件也归属轻罪法院管辖，因而，通常不会出现要做好几份案件笔录的情况。倘若海关发现，同时违反海关法和普通法的行为，例如想象竞合犯（如使用暴力妨碍公务的同时还持有毒品），则只需要做一份案件笔录。但对实际的数罪，按违法行为是否是附属行为，来决定制做一份或几份案件笔录。最后，对同时违反海关法和一项其他特别法（间接税法等）的行为，则必须分别做几份案件笔录。

977 《法国海关法典》从第 329 条到第 332 条，规定了某些扣押形式的特别手续，如赝品及残损品的扣押、住宅内扣押、船舶上的扣押及海关监管区外扣押等。第 375 条规定对物主不明物品以及因走私货值甚微而对其物主不予起诉的货物进行扣押，海关可以免做扣押笔录。海关可以向初审法庭申请对有关货物进行收缴。不明物主和价值甚微货物的收缴制度，对海关只是一项措施，但是，一旦予以收缴，就意味着海关将不再起诉，初审法官针对海关请求做出裁决，那么这项请求就不具有任何案件笔录的特征。

2. 海关案件笔录对外效力

978 如果我们专门研究一下，案件笔录所列各项内容的证明力这个根本问题，我们认为，从其外部讲，案件笔录必须具备两个条件才具有效力：一是它的合法性；二是它的真实性。这是对抗辩权的两项基本保障，该案件笔录，为其所涉及案犯的辩护人，提供了一块比较有吸引力的场地，因为它可以避免从头研究案件。若想否认案件笔录的合法性，则

---

① 参见：Cass. crim. 12 octobre 1992, Doc. cont., n° 1880。就只有公司一般负责人而不是法定代表人到场所做笔录的合法性，crim. 12 février 1998, Bull. crim. n° 59, p. 160。

② Cass. crim. 17 mai 1989, Bull. crim. n° 201, p. 509。

必须证明它无效，不承认它的真实性，就得证明笔录的内容属伪造[1]。不论哪种情况，双方争议焦点都是案件笔录存在这个事实。在这方面会有许多问题，对案件笔录提起诉讼，首先是诉讼是否成立的问题。

（1）案件笔录撤消

979 《法国海关法典》第 338 条 1 规定，“对未履行第 323 条 1、第 324 条至第 332 条和第 334 条规定手续而制做的案件笔录，法院不承认其有效”。

如果制做案件笔录的人员不具备资格，或即使具有资格，但未遵守上述法律规定的严格程序，所做案件笔录也无效。判例中曾多次使用过这条原则。同样，如果不遵守第 338 条 1 限制性规定，根据案件笔录一般应遵循的原则也可能使案件笔录无效。还必须注意到，几乎是出于猎奇，根据第 338 条 2 规定，对未挂“海关办事处”牌匾的海关现场的进出境货物（必须是非禁限货物或非重税货物），不论是否向海关申报，均不能对其实施扣押。但在实践中，这条规定极少适用。

980 一旦案件笔录无效，会带来什么后果又有何意义呢？这个问题的答案，从判例中看十分微妙。法院认为，引起无效的原因，可能是整个案件笔录也可能是案件笔录一些要素的缺失。如果是因为一些不重要的形式问题，如签字、日期或笔录员能力原因出现遗漏，就导致整个案件笔录无效，说句实话，这种可能性很小，而且一般情况下，法律极力挽救没有完全失效的案件笔录的内容，譬如，法律认为，按照法定程序搜集的信息，如果能够证明违法行为，仍应具有证明力[2]；如果案件笔录载有案犯无异议的口供或者仅因为未遵守船舶扣押的特殊手续而被撤销，但该案件笔录对在陆地上实施的扣押仍然有效[3]；同样，案件笔录有时会对某些案犯无效而对另一些案犯仍有效[4]，如因未遵守有关住宅搜查实质性手续而被撤销的案件笔录，也只能认为是涉及住宅搜查的那部分无效，而搜查前后的证明情况仍然有效[5]。

倘若再加上一条，法律未赋予上诉程序撤销一审案件笔录的权力[6]，在最高法院前更是如此[7]，我们就此可以得出这样一个结论，一般情况下，案件笔录很少被推翻。

与之相反，如果被推翻，其效果是彻头彻尾的。失效的案件笔录或被撤销的部分内容即失去任何权威性，而且海关逻辑上处于违法行为没有取证的地位上，它因此必须使用前面已经研究的另外几项举证方法。

（2）对外的约束力

981 即使《法国海关法典》赋予案犯有指控案件笔录系属伪造的权利，但也必须注意到，这与《刑事诉讼法》第 643 条等的规定必须区分。确实，根据传统的法律原则，对海关官员制作的案件笔录指控伪造的诉讼，不得混同于对本诉无效的诉讼。这两类诉讼的目的、形式各不相同，相互间毫不相干，指控海关案件笔录伪造的诉讼有助于违反海关法

---

① 参见：Cass. crim. 17 mars 1966, Bull. crim., n° 103, p. 226。

② 参见：Cass. crim. 22 mai 1957, Bull. crim., n° 438, p. 786. –5 janvier 1966, Doc. cont., n° 1502。

③ 参见：Cass. crim. 2 décembre 1824, S. 1824, I, 216。

④ 参见：Cass. crim. 1er février 1810, S. 1816, I, 230。

⑤ 参见：Cass. crim. 5 janvier 1966, Doc. cont., n° 1424。

⑥ 参见：Cass. crim. 18 décembre 1969, Bull. crim., n° 352, p. 844; Doc. cont., n° 1504. –17 juillet 1973, Bull. crim., n° 330; JCP 1973. IV. 58. –28 janvier 1975, Doc. cont., n° 1604。

⑦ 参见：Cass. crim. 10 novembre 1954, Doc. cont., n° 1105. –27 mars 1963, ibid., n° 1435。

违规行为的案犯提出正当理由，推翻指控他的案件笔录所证明的事实①。

实际上，《法国海关法典》第 339 条规定的目的，在于保证海关官员免受无理诉讼的侵扰，它对起诉人规定了极短的期限，极严格的形式，以及特别棘手的举证责任，因此，指控案件笔录系属伪造的起诉人，应当只限于对案件笔录所载事实的简单否定。他有义务详尽地列出伪造指控的理由，而且这些理由必须与诉讼直接有关并且可以接受。比如，证明案犯完全无罪的不在场证据，汽车在合法公路上而不是在绕过海关的小道上行驶的证明，或者甚至案犯称案件笔录没有在海关办公地点门外张贴，都可以作为伪造指控的证据。最后，我们还会注意到，败诉的原告要按《刑事诉讼法》第 647 条 1 规定处罚。

总而言之，海关案件笔录依然是违法行为举证的主要方法，但是，海关法对形式主义的偏爱，使法官对证据证明力的决定权这个根本问题一直悬而未决。

二、证据的证明力

982 证据的证明力问题在实践中常常与案件笔录的权威性相混淆。案件笔录是违法行为举证的常用方式，从这点出发，人们提出一条原则，案件笔录的内容具有特别的证明力，但必须有范围限制②。据此，由两名官员制作的案件笔录，在未出现伪造指控以前，案件笔录可以作为证据；仅由一名官员做的案件笔录，只能在未提出反证情况下才具有证明力。还应提到，法律对案件笔录的如此信任只能限于它所记录的实际证明内容。

进一步研究一下这个问题，我们会怀疑，这条原则是否完全反映了判例实际，而且，在证明力这个如此复杂的领域中，我们似乎应当从更广的角度来考虑这个问题。实际上，海关法的特殊性会使我们时刻都会想到，法官在审理海关案件时必须遵守的原则。

983 应当提出的根本原则，依然是法官的自由心证原则（《刑事诉讼法》第 427 条）。在普通法中，立法机关正常情况下只考虑确定证据应按什么方式向法官提供，而法官是否相信这些证据则不属法律规定的范围③。确实，以自由心证为由，法官有权不加任何解释而拒绝接受所提供的证据或解释，这样可能会导致原判被撤销。但是，最高法院曾多次有机会确定，初审法官有权自主地的决定法庭辩论中依照法律程序提供的证据的证明力，法官对证据享有自由心证的权力④。自由心证原则的唯一限制又恰恰在于对待某些案件笔录的证明力方面，如果我们撇开仅作参考用的笔录不谈，我们可以把案件笔录按其证明力分为两类：一类是必须有反证才能推翻的案件笔录，另一类是必须有伪造指控才能推翻的案件笔录。

984 海关刑法各种新奇之处之一，很可能是海关案件笔录的属性，它时而属于第一类，时而属于第二类。一方面，必须考虑案件笔录制作的条件，另一方面又要考虑案件笔录的种类，最后还要考虑它证明的内容。这样，摆在我们面前的则是一套非常复杂的制度，而这种复杂性又完全没有必要。《法国海关法典》第 336 条首先规定了一般原则，即

① 参见：Cass. crim. 19 février 1825, Doc. jur., n° 238. -La déclaration d'inscription de faux doit être présentée avant toute défense au fond：Cass. crim. 6 mars 1989 Bull. crim. n° 102, p. 273, Doc. cont., n° 1839。

② 参见：Encycl. Dalloz, Répert. Pénal, V° Preuve。

③ 参见：Stéfani, Levasseur et Bouloc, *Procédure pénale*, *op. cit.*, n° 131 et s. -J. Pradel, *Procédure pénale*, *op. cit.*, n° 849 et s。

④ 参见：par exemple Cass. crim. 3 mars 1959, Bull. crim., n° 142. -6 octobre 1960, *ibid.*, n° 434. -18 mars 1965, *ibid.*, n° 83. -21 octobre 1965, *ibid.*, n° 206。

由两名海关官员或任何其他部门工作人员制作的案件笔录，在没有伪造指控以前，其客观事实部分具有证明力，但其所载口供及陈述的准确性及真实性只能在没有反证以前有效[①]；第 337 条对此做了补充，规定仅由一名官员制作的案件笔录在反证提出以前具有证明力；第 2 款 2 规定，对通过检查文件资料，采用调查笔录取证的违法行为，确切日期前于笔录员进行调查日期的文件资料才能作为反证。

从这些规定中可以看到，海关案件笔录的证明力，首先取决于笔录所载内容（客观事实、陈述、文件资料），其次取决于其形式（扣押笔录或调查笔录，由一名官员或两名官员制作）。

985 《法国海关法典》第 373 条规定，在所有扣押诉讼中，不违法证据由被扣押方负责提供，然而，这条规定又带来一个额外的问题。从字面上看，这条法律大有推翻前面两条规定之嫌，原因是：一方面，它好像向被扣押人提供了对任何一类扣押笔录提出反证的权利；另一方面，对扣押笔录所载内容不加任何区别，似乎把案件笔录的各种成分置于同一地位。如果再补充一个情况，违反海关法行为的证据并不一定要以案件笔录的形式证明，我们就必须放弃对案件笔录本身的专门研究，再去依次研究各种证据形式，通过研究，我们会根据其是否载入案件笔录来确定它的证明力。从这个角度讲，必须把证据分为客观和主观两大类。

（一）客观事实部分

986 违反海关行为举证方式一般主要是认定某些客观事实[②]，以证明违法行为客观条件的存在，这类证据有时来源于某些文件资料。这些证据载入案件笔录后，在海关法中便具有高于直接提供的证据的证明力。

1. 客观证据

987 案件笔录中客观证据的证明力，依照《法国海关法典》第 336 条和第 337 条规定，只取决于案件笔录的笔录员人数。只有在一名官员单独制作案件笔录时才可能提供反证，只要有两名海关官员或两名其他任何部门的工作人员参加制作案件笔录，反证就无法律效力。这条对案犯来说残酷的原则，尽管受到法理的谴责，但却是海关的尚方宝剑，应当从两方面进行研究：一方面，客观证据的含义是什么？另一方面，客观证据本身与笔录员的证明各有何种程度的证明力？

大家普遍认为，具有特殊证明力的客观证据就是目击者的直观证明，如违法行为被查获的地点、货物的性质、拘留条件[③]，还有对逃犯的指认[④]。与之相反，只要官员被迫使

---

① 参见：Cass. crim. 9 novembre 1961, Bull. crim., n° 456; Doc. cont., n° 1381. -2 juillet 1975, Bull. crim., n° 172 -22 octobre1984, Bull. crim., n° 311; Doc. cont., n° 1743. -6 mars 1989, Bull. crim., n° 102。

② 参见本书 793 及其后。

③ 参见：Cass. crim. 26 juin 1952, Doc. cont., n° 1009. -8 janvier 1952, *ibid.*, n° 1033. -Cf. égal. 25 octobre 1945, *ibid.*, n° 753。

④ 参见：Pau 20 juin 1962, Doc. cont., n° 1435。

用推定的证据或只能陈述本人印象[①]，法律原则就会视情况有所变化，这样做出的决定有时缺乏严密性。所以，人们认为，法律时间是一种抽象概念，不属于客观证据的范围[②]，而案犯身份却只能通过直观认定[③]，在案件笔录中提到，在海岸附近进行的扣押，即使表明海上情形适合于航行，在此也只是一个意见的表达，并不妨碍证人来证明大洋阻止了他的船靠近海岸[④]。同样，普通人通常不具备的科学或技术能力也不属于一般客观证据的范围，这就是为什么在复杂情况下要诉诸法律鉴定程序[⑤]。

另外，只有海关官员亲自能够证明而不是由第三者提供的事实间接证明的证据才具有证明力。据此我们可以想象出，即使案件笔录由两名海关官员签字，也只有由两名海关官员同时提供的客观证据，才在伪造指控之前具有证明力。

988 如果是案件笔录以外的客观证据，应按证据法的一般原则，也就是自由心证原则办理，根据这条原则，法官可以根据案件的全部要件自由地认定证据有多大证明力。如果案件笔录中所载证明是海关以外的部门提供的，法官的这项自由要有所收敛[⑥]。

2. 书证

989 根据一般规定，海关可以免予提供作为诉讼基础的书证，原因是书证已载入调查笔录，并随调查笔录同时产生证明力，当然案件笔录本身的证明力还是取决于制作笔录关员的人数。据此，案犯只能对仅由一名海关官员制作的案件笔录提出反证，而且，在此情况下，还需注意，上述反证只能以日期前于笔录员进行调查的日期的书证形式提出（《法国海关法典》第 337 条 2），提供书证的直接举证方法因此属于特殊情况。

与之相反，违法行为有时取决于书证是否存在这项事实本身，这样的书证不仅是证据的一部分，而且是犯罪客体，比如伪造的原产地证书或非法获得的进口许可证，不消说，这类书证就是犯罪事实的写照。法律对此作了不同的规定：法律认为，由于被实际销毁无法出示非法物件时，海关尽管有案件笔录，其诉讼也会被驳回[⑦]；另外，法律拒绝承认法国国家铁路公司发运单的证明力[⑧]，因为它不能证明货物的性质，也不承认按当事人申报发放的移动证明的证明力[⑨]；最后，应当提到《法国海关法典》第 342 条，它规定，“外国当局提供或认定的情报、证书、案件笔录及其他文件资料”，也可以作为书证[⑩]。

---

① 参见：最高上诉法院对这一想法提出了一个有趣的适用（Cass. crim. 4 novembre 1975, Doc. cont., n° 1617）。在本案中，宣布释放被告时没有受到最高上诉法院的谴责，因为从比利时进口的货物与原产于西班牙的其他货物之间的查验记录显示，只是“海关官员已经做了扣减的结果”。法院补充说，这些会议记录，因为它们没有实际调查结果，也没有报告任何陈述或供词，只能看到的价值是，可以作为对包含“同等重要性推定”的原产证明否定有效。

② 参见：Trib. corr. Nice, 19 février et 3 avril 1951, Aix-en-Provence 10 décembre 1951, Doc. cont., n° 994。

③ Cass. crim. 9 janvier 1958, Doc. cont., n° 1248。

④ Cass. crim. 28 janvier 1851, DP 1851, I, 90。

⑤ 参见本书 391。

⑥ 参见：PV de gendarmerie：Cass. crim. 6 juillet 1954, Doc. cont., n° 1096. -PV de contravention aux lois concernant la police et la navigation maritime：Aix-en-Pro-vence, 23 décembre 1965, Doc. cont., n° 1404。

⑦ 参见：Cass. crim. 8 janvier 1959, Doc. cont., n° 1405。

⑧ 参见：Cass. crim. 5 janvier 1966, Doc. cont., n° 1406。

⑨ 参见：Cass. crim. 5 janvier 1967, Doc. cont., n° 1466。

⑩ 参见：Pau, 16 février 1965, Doc. cont., n° 1433. -Bayonne, 30 octobre 1968, Doc. cont., n° 1483。

（二）主观证据

990 主观证据的证明力问题十分棘手，特别是在我们这个领域中，无论是案犯的供词还是证人的证言都无法相信。毫无疑问，案件笔录的证明力从某些角度看，对诉讼至关重要，特别是载有供词证据的案件笔录更有利于诉讼。不过，保护辩护权利的必要原则在一定程度上削减了案件笔录的证明力，一直发展到极不公平的地步，当然，法律规定和人权要求始终难以平衡。另外，自由心证原则，在海关诉讼中尽管不起决定性作用，但在没有其他更确切的情况时，可以作为法官判决的证据。

1. 供词和证言

991 无论是两名海关官员还是一名海关官员制作的案件笔录，它所记载的供词和陈述均只能在无反证情况下才具有证明力。与之相反，供词与证言的真实性则按一般的规定办理，如果是两名海关官员制作的案件笔录，便只能通过伪造指控程序来推翻它们①。

根据这些原则，其口供已记入案件笔录的案犯不仅可以收回自己的供词，也可以否认供词的真实性和准确性，这种情况由他来负举证责任。尽管如此，根据法院在此方面的决定，似乎法律不会轻易接受这类证据，这并不奇怪，因为案件笔录的制作和海关的传统都有一套严密的规定。即使有许多案犯推翻自己的口供，一般情况下他们并不可能举出符合要求的证据②，而案件笔录中其他内容则一般都用来证实他的供词③。不过我们必须强调一个事实，与最高法院在一段时期内所裁定的相反，案件笔录中所载供词根本不需要用客观证据来证实它④，它们的准确性和真实性在对案件笔录中所载事实本身没有提出反证以前都会得到法律的承认。

992 以上对案件笔录中搜集的供词和证词作了全面的介绍。实际上，最高法院明智地承认，案件笔录中记录的陈述，法官只接受涉及陈述人的事实，而不接受对第三者的指控⑤，因此，由两名海关官员和一名证人组成的听证会，以及在案件笔录中记录的证词都不能使搜集的陈述具有高于一般证词的证明力，这类案件笔录只能使证人与其证词发生联系，而不能使证词具有一种法官必须接受的真实性，所以，证词所指控的个人无须对指控他的证言提出反证，他本人的否认与反证具有同等效力⑥。

除在案件笔录中记录口供以外，预审或者甚至在判决审中都可以提供口供和证词⑦，这些供词和证词不具有特别的证明力，其价值以及翻供的价值均由法官自主地评定⑧。

---

① 参见：Cass. crim. 17 janvier 1968, Bull. crim., n° 15。

② 参见：Grenoble 1er mars 1951, Doc. cont., n° 983. -Cass. crim. 17 juillet 1953, *ibid.*, n° 1059. -Aix-en-Provence, 29 mars 1954, *ibid.*, n° 1099. -Cass. crim. 22 mars 1955, *ibid.*, n° 1118. -Cour supr. Union franco-sarroise, 16 mars 1955 (3 arrêts), *ibid.*, n° 1122. -Cons. d'État 21 mai 1955, *ibid.*, n° 1123. -Cass. crim. 2 mars 1966, *ibid.*, n° 1502. -27 mars 1968, Bull. crim., n° 107; Doc. cont., n° 1469. -18 décembre 1969, Bull. crim., n° 352; Doc. cont., n° 1504. -6 juin 1977, Bull. crim., n° 202; Doc. cont., n° 1637. -5 novembre 1979, Bull. crim., n° 303; Doc. cont., n° 1664。

③ 参见：Aix-en-Provence, 29 mars 1954, préc. -Cass. crim. 23 novembre 1955, Doc. cont., n° 1141. -Cf. cependant Paris, 1er décembre 1982, D. 1982, 311, note C. -J. Berr。

④ 参见：Cass. crim. 28 octobre 1948, Bull. crim., n° 246。

⑤ 参见：Cass. crim. 22 décembre 1964, Bull. crim., n° 345。

⑥ 参见：Cass. crim. 22 décembre 1964, préc. -Caen, 30 janvier 1970, Doc. cont., n° 1501。

⑦ 参见：Trib. corr. Nice, 19 février et 3 avril 1951, préc。

⑧ 参见：Cass. crim. 28 mars 1955, Doc. cont., n° 1119. -24 janvier 1957, *ibid.*, n° 1208。

2. 自由心证

993 法官的自由心证不构成一种真正的特殊证据，但它在证据价值中的作用是决定性的，原因是无论案件笔录证明力会产生多么大的表面上的限制，最终还得由法官来裁定他所审理的事实是否属实。

对于案件笔录，以及可以引起反证的陈述，案件的指控是否可以接受或被拒绝，完全取决于法官的自由心证。法律多次正式承认法官自由心证的权力，最高法院还特别提到，初审法官对原因情况的认定享受神圣不可侵犯的权力，他们的裁决，只要是出自自由心证，具有法律效力并免受最高法院的审查①。同样，法官还可以根据一系列推定来证实他的心证，但作为推定基础的事实必须来自听证会②。

更进一步说，如果诉讼不基于案件笔录，或者没有案件笔录，法官可以根据诉讼内容来证实他的自由心证。比如，三位妇女，各携带装有走私物品的口袋，和一位好心的运输人处在同一地点，由于在运输人脚下发现了这些口袋，因此他被认定是利用职业从事非法买卖这些物品的案犯，法律把他视为走私连带责任人，因为这些事实都能构成相当严重的、准确的而且符合事实的推定，一定会取得法官的内心确信③。

第六章　海关处罚决定的执行

994 对违反海关法行为进行处罚的有效性，并不完全取决于《法国海关法典》规定刑罚的严厉和种类多，而是在于这些刑罚的运用。只有从刑罚的运用中，我们才能深谙这一套既严厉又适合海关特点的刑罚体系所体现出来的立法者的愿望。

粗略地看一下，人们都会想到，在刑罚运用方面，本章海关法特点，不如在违法行为的认定、处罚或者刑事责任的确定方面显得那么明显。实际上，刑罚的执行基本上没有超脱普通法的格局，对违法行为起诉及判决原则与《刑事诉讼法》的规定完全相同。由于没有专业司法机构④，违反海关法案件便不能不诉诸传统的司法机构、检察院、预审法庭或审判法院，至于上诉程序，也没有多少独到之处。

然而，如果说违反海关法行为处罚在技术上不具有特殊性，那不能因此不承认，运用这套技术则是出于便于海关完成其职责方面的考虑，使诉讼技术时而紧密结合诉讼程序的进行，使海关成为司法界一个真正的附属机构，时而使其又例外于普通法。

---

① 参见：Cass. crim. 4 janvier 1956, Doc. cont. , n° 1149. -5 octobre 1961, ibid. , n° 1379. -24 octobre 1962, ibid. , n° 1382. -23 octobre 1969, ibid. , n° 1489. -Montpel-lier, 9 avril 1970, ibid. , n° 1503. -Cass. crim. 23 octobre 1969, ibid. , n° 1489. -22 juin 1987, Bull. crim. , n° 257; Doc. cont. , n° 1783。

② 参见：Cass. crim. 1er février 1956, Doc. cont. , n° 1156. -14 mai 1956, *ibid.* n° 1165. -27 juin 1956, *ibid.* , n° 1171. -9 janvier 1958, *ibid.* , n° 1248. -29 janvier 1958, *ibid.* , n° 1255. -19 mai 1958, *ibid.* , n° 1265. -Pau, 8 octobre 1958, *ibid.* , n° 1279. -Paris, 23 avril 1955, *ibid.* , n° 1328。

③ 参见：Montpellier, 9 avril 1970, préc。

④ 根据 1994 年 2 月 1 日《刑事诉讼法》（第 704 条 7）的规定，每个上诉法院管辖范围内一个或多个受理一审的法院有权受理该起诉，对《海关法典》规定的轻罪行为，“在案件本身或显得非常复杂”时，进行审理和判决。

995 为此，1977 年 12 月 29 日颁布一项法律，标题为《保障国内税及关税纳税义务人程序权利的法律》，这项法律的标题比内容更为吸引人。从形式上看，该法律确实带来了一些重大改革，更为明确地确定了海关与法院的分工，修改了采取诉讼以后进行处罚的规则，取消了判决后的和解结案和国内税、关税及外汇诉讼委员会的干预，引入了税收罚金的刑罚。不过，只要仔细研究一下这些法律改革涉及的范围，得出的结论并不完全相同。事实上，大部分法律改革都以牺牲一些经过考验的习惯做法（特别是海关和司法当局的日常关系）为前提。即使说《法国海关法典》某些条文已经老化，也必须承认，它们却一直可以说是以大法官的方式紧跟现代司法的演变步伐，因此，新的法律没有触及它们之间的关系，最多只是促进并加快了在它以外的变革。

我们不能忘记，在海关法方面，仍然存在着一些非常特别的限制，它们禁止对普通法（不论是否是税法）原则简单移植适用。确实，发生在国际贸易往来中的违法行为具有一定的特点，不能完全运用刑事诉讼的一般原则来处理。我们观察到，海关争议类事务移送到法院的，跟其没有处理的违法案件数量相比，最高比例也就 1%，也就是说，即使违反海关法行为的社会现象很多，但诉诸司法的则是微乎其微。在这种情况下，海关在运用和解结案方面处于首选地位，说法院只起次要作用的观点并不使人惊奇，这种显而易见的现象可以在依次研究对违反海关法行为提起的诉讼案件，以及和解的规则和起诉等。

第一节　对违反海关法行为的追诉

996 即使违反海关法行为一般说是破坏公共秩序应作为违反普通法行为对待，但这种行为毕竟直接损害海关所代表的国家财政利益，此外，同其他任何经济犯罪行为一样，它有时会损害某个人或某些人的经济利益。在过去相当长一段时间中，大家认为海关基本上是法国旧时包税税务所的承袭人，是诉讼的主要参与人，并对其提起的诉讼享受垄断参与权[①]。结果，海关所参与的诉讼的性质却从未明确认定过，时而将海关卷入民事诉讼中，时而又将它卷入公诉中。如今却恰恰相反，诉讼的提起人不再是海关独家，检察院占据了相当重要的地位。

既然如此，就提出了两个问题要研究：一个是违反海关法行为会引起哪些诉讼？另一个是这些诉讼如何进行？

一、海关处罚的定性

997 在普通法中，犯罪行为引起公诉，公诉由检察院独家起诉，民事诉讼由被害人提起诉讼。因此，在诉讼的性质与法律规定有权提起诉讼的权力之间，原则上有着严格的平行性。海关法的情形更为复杂，它必须就这个问题的两个方面做出清晰的届分。

（一）诉讼性质

1. 民事诉讼

998 在刑法的一般原则中，没有任何一条反对犯罪行为的被害人有提起民事诉讼的

---

① 参见：Pallain, *op. cit.*, T. 3, n° 2746。同样参见：Roger. *Le rôle de l'administration dans le procès pénal*, Thèse, Grenoble, 1980, multig。

权利，因此，某个国家工作人员，遭到一歹徒辱骂，或遭到非礼，完全可以提起民事诉讼以使其遭受的侵害得到赔偿。同样，由于海关法特有的规定，某个人会对与其毫不相干的违法行为负有法律责任，这就是《法国海关法典》第 376 条规定的情况：被扣押或被没收物品的所有人，不论是否是享受优先权的债权人（除对走私犯提起诉讼外），均无权要求海关退还被扣押或被没收的物品或其价值①。

999 但是，最棘手的问题在于搞清楚某些为保护公共利益的经济或专业的社团或其他组织是否也能享有参加民事诉讼的权利，这是一个涉及面非常广的问题②，且非常复杂，在此我们不可能全部论及，只能从纯海关的角度出发，注意到当代法学看起来想限制这些社团参加民事诉讼。1927 年 6 月 16 日③最高法院刑事庭作出一项裁决，允许工业生产者全国工会对由于走私进口使它们得不到法律应给予的保护而受到侵害提起民事诉讼，但也是这个刑事庭，在 1967 年 4 月 27 日④又作出一项裁决，宣判不接受工业生产者全国工会参加民事诉讼，理由是专业工会能够向各级司法机构行使民事诉讼参与人的所有权利，必须有一个先决条件，就是向法官提起起诉的事实直接或间接地损害这些职业团体的集体利益。因此，违反海关法或税法行为不属于这种情况，《税法总则》第 1744 条规定允许工会及专业团体参与该法典第 1781 条至 1783 条范围内已经向税务部门提出的民事诉讼，是因为该条法律是普通法的一项例外，因而不能超越立法机构规定的范围，特别是不能扩展用于违反海关法行为的诉讼。

2. 公诉

1000 纯属带有惩罚性质的公诉，在海关方面，原则上只适用于构成违反海关法的轻罪案件，而对违规案件行为人进行处罚，人们在传统上就认为，其仅属于税收性质的案件⑤。

基于新的《刑法典》生效，使得这种情形产生了质疑⑥。就第五级违规行为可处以十天以上两个月以下的拘役刑，使得对这类案件的违法者也可以提起公诉⑦。

既然有可能，公诉就必须按普通法的规则进行⑧，特别是在与其相近的违反外汇管理法行为中没有任何限制，这种情况下，往往是财政部或其代表提出诉讼⑨。

这项法律制度严格定性为税务争议的公诉。因此，在对限制公众行动的上诉的情况

---

① 参见：Est irrecevable l'action du propriétaire d'un bateau saisi par l'Administration des douanes, le préjudice subi à raison de son immobilisation ne résultant pas directe－ment des infractions reprochées aux inculpés：Cass. crim. 6 mars 1989, Doc. cont. , n° 1838. －Sur l'impossibilité, pour un commissionnaire en douane, de se constituer partie civile, cf. Cass. crim. 27 mai 1997, Bull. crim. n° 126, p. 424。

② 参见：Encycl. Dalloz, Répert. Pénal, V° Action civile。

③ 参见：note Henry, DP 1928, I, 77。

④ 参见：Bull. crim. , n° 137, p. 319; Doc. cont. , n° 1455。

⑤ 参见：L'action publique ne peut donc être engagée contre l'auteur d'une contravention de 3e classe：Cass. crim. , 20 février 1997, Bull. crim. , n° 73, p. 241。

⑥ 参见本书 928。

⑦ 参见：Cass. crim. 20 février 1997, préc。

⑧ 参见：Encourt la cassation l'arrêt qui a prononcé une peine alors que le ministère public n'avait pas exercé l'action publique：Cass. crim. 10 mai 1989, Bull. crim. n° 187, p. 479。

⑨ 参见《法国海关法典》第 458 条。

下，刑事诉讼的无效并不涉及税收制裁①。

3. 税务诉讼

1001 税务诉讼的性质十分复杂②，海关长期以来习惯于在控告违反海关法行为人的诉讼中作为原告。从表面上看，确实海关只维护自己的利益，公共经济利益留待检察院去保护③，然而，它从未被看作是一个普通的提出损害赔偿的原告。

比如，是提出民事诉讼还是刑事诉讼，海关没有选择的余地而又不得不将违反海关法案件移送刑事司法机构。然而，倘若检察院决定不起诉，海关的诉讼将由刑事法院审判④。此外，《刑事诉讼法》第 4 条关于决定公诉时民事诉讼中止的规定不适用于税务诉讼⑤。最后，正如大家将看到的，检察院有权取代海关提起税务诉讼⑥，这对于某些实质上是民事诉讼的税务诉讼似乎不甚适宜。

不过，当代判例毫不犹豫地将海关的税务诉讼划为特殊性质的公诉一类⑦，或者认为海关诉讼既不能按民事诉讼论处，也不能与民事诉讼融为一体⑧，或者甚至宣布海关可以以主诉人身份参加税收行政处罚方面的公诉⑨。

于是，海关又戴上一个真正的专业检察院的面具⑩，在某些方面，恰似间接税总署和森林和水资源局，它们不仅仅是侵害行为的被害人，却首先代表刑事辅助机构。另外，必须看到，这样划分的根本利益在于，在上诉审中将海关和检察院放在同地位（据此，海关有权与检察院一样对违警法院或预审法官作出的裁决提出上诉，有权对可能损害其利益的

---

① 参见：Cass. crim. 16décembre 1991, Dr. pénal 1992, comm., n° 125. -Comp. 6 avril 1992, Doc. cont., n° 1883。

② 参见：M. Delmas-Marty et G. Giudicelli-Delage, *op. cit.*, p. 129。

③ 参见：Pallain, *op. cit.*, T. 3, n° 2761。

④ 参见：Cass. crim. 17 juillet 1953, Bull. crim., n° 246; Doc. cont., n° 1059. -Cf. égal. 29 octobre 1984, Bull. crim. n° 322, p. 852; D. 1985, IR, 129. -18 décembre 1986, Bull. crim., n° 379, p. 991. -2 février 1987, Bull. crim., n° 52, p. 124. -1er octobre 1987, Bull. crim., n° 324, p. 869; Doc. cont., n° 1785. -Sur l'impossibilité d'invoquer la règle《*non bis in idem*》, cf. Cass. crim. 2 mars 1987, Gaz. Pal. 1987, 2, 776, note de La Ser-vette。

⑤ 参见：Cass. crim. 8 décembre 1958, Doc. cont., n° 344。

⑥ 参考本书第 1003。

⑦ 参见：Cass. crim. 4 juillet 1973, Bull. crim., n° 316; Doc. cont., n° 1583. -16 mai 1988, Bull. crim. n° 211. -6 février 1997, *ibid.* n° 51, p. 166 et n° 52, p. 172。

⑧ 参见：Cass. crim. 5 janvier 1967, Bull. crim., n° 9; Doc. cont., n° 1440. -29 juin 1972, Doc. cont., n° 1566. -29 janvier 1975, Bull. crim., n° 34; Doc. cont., n° 1605. -20 avril 1977, Bull. crim., n° 121; Doc. cont., n° 1633. -8 janvier 1998, Bull. crim. n° 8, p. 19 et n° 9, p. 21。

⑨ 参见：Cass. crim. 6 novembre 1973, Bull. crim., n° 401; Doc. cont., n° 1584。

⑩ 参见：Cf. Encycl. Dalloz, Répert. Pénal, V° Douane。

上诉法院的判决向最高法院上诉[①]，而总检察长却不享受这项权力。但是，对预审法官作出的判决上诉期限为判决出下达之日二十四小时以内，而不是判决书生效或通知之日起三日内）。但这对它来说并不一定有什么特殊优惠，自 1977 年 12 月 29 日法律修改以来，海关税务诉讼的性质仍没有确定，考虑到真正的税务处罚主要是刑事方面，不仅是损害赔偿[②]，司法界似乎想承认海关任何时候都难似成为一个专业检察院。但是，我们不能忘记《法国海关法典》第 377 条 bis 作出的新规定，根据这条法律，法院有义务判决追缴偷逃税的税款和非法所得[③]。在这个前提下，但仅仅是在这个前提下，海关诉讼表面上看仍有民事诉讼的特点。

诉讼性质问题上这些困难，只能使承诉诉讼的起诉机关的规定复杂化。

（二）负责起诉机关

如果我们撇开由被害人本人起诉的纯民事诉讼暂且不论，诉讼只能由两个机关提出，海关和检察院，这里不妨划分一下它们各自的起诉范围。

1. 海关

1002 海关只能提起税务方面的诉讼[④]，因此，应当看到，它在这方面并不承担起诉的义务，但诉讼的机会由它把握。这种提法应从两方面去理解：首先，如果它已经对违法行为作了证明，它可以决定走得更远，使其不产生任何诉讼；其次，它还可不绕过司法程序，广泛地使用法律赋予他的和解结案手段以和善的方法来解决问题[⑤]，尽管这项权力在某些方面仍受到一些限制。罚款结案权，看起来是海关比较愿意运用的一项解决方法，结果竟然改变了违法行为所产生的诉讼的性质。和解处罚书一经生效，这类诉讼便丧失刑事特征，落入民事范畴，而且和解处罚的执行也不会惊动刑事法官[⑥]。

海关决定起诉无须任何特殊条件，依照对海关的特殊规定，向最高法院上诉必须由海关总署署长委托律师提出，向较低级法院起诉由地方海关关长（必要时报请海关总署批准）提出，后一类起诉通过律师或指定一名海关官员作为起诉人[⑦]。

---

① 因此，允许海关当局在与检察院相同的条件下对治安法院做出的裁决提出上诉（Cass. crim. 6 novembre 1973, préc.）或者是不服调查法官的命令（Cass. crim. 5 janvier 1967, préc.）。即使总检察长不抗诉，它也可以对检方可能损害其利益的判决提出上诉（Cass. crim. 20 avril 1977, préc.）。但是，它可就调查法官裁定 提出上诉的期限是自命令发出之日起二十四小时，而不是从命令签发或通知后三天。（Cass. crim. 4 juillet 1973, préc.）。同时参考：Cass. crim. 28 juin 1983, Bull. crim. n° 201, p. 514; Doc. cont., n° 1852. -19 février 1990, Bull. crim., n° 89, p. 234。相反，如果公共部门对一审法官的裁决提出上诉，而没有将这种救济途径局限于公共行动，上诉法院则认为自己既要处理普通法问题，又处理海关犯罪，因此，可维持或加重海关罚款。参见：Cass. crim., 16 décembre 1991, Dr. pénal, 1992, comm. n° 125. -14 mai 1992, *ibid.*, comm. n° 260. -20 août 1996, Bull. crim. n° 307, p. 927。

② 参见本书 896。

③ 参见本书 913。

④ 根据 1999 年 6 月 23 日通过立法加入《法国海关法典》第 343-3 条规定，该可能性在程序中就被否决，故而海关官员适用刑法第 28-1 条进行扣押（见上文第 937-1 条）。税收行为又回归给公共政府执行

⑤ 在前一说明中提到的案件中，贸易权也被排除在外。

⑥ 就总体的问题，参见本书 1045 及其后 。

⑦ 参见本书 1018。Cass. crim. 2 avril 1998. Bull. crim. n° 105, p. 348。

2. 检察院

1003 检察院负责依照普通法的规定提起公诉。它的行为完全独立于海关，唯一的限制是海关倘若已对案件和解处罚结案，便不存在公诉问题[①]，特别是，检察院可以根据起诉原则自由选择是否起诉，不论海关是否已经根据我们已经论述过的模棱两可的程序提出了诉讼。实际上，我们知道，这套模式在实际中只涉及税务诉讼而不是真正的公诉。

不过，检察院的作用并不仅仅在此，根据惯例，它有权在海关由于疏忽没有提起公诉时，以海关的名义提起税务公诉。这项惯例，在过去很长时期中曾一直在法学界激烈争论，自 1960 年 12 月 23 日制订了《法国海关法典》第 343 条以来，这个问题变普遍化了。第 343 条规定："适用税收罚款的诉讼由海关起诉，检察院协助海关提起公诉。"但检察院的这项权力在实际工作中很少有机会施展，因为在保护国家财政利益方面，确实没有多少理由说海关的警惕性比检察院差。不过，既然问题已被提出来，则税务公诉必须应由检察院正式提出，尽管它实际上是协助公诉人。这项要求意味着，如果违法行为只涉及税收处罚（一般是违规案件），不从公诉范围中排除出去，以便它只包括走私行为和第五级违规行为案件[②]。确实，人们也可以想象出一些假设情况，其中在已起诉的违规行为和走私行为，甚至违反普通法行为之间存在着一种不可分割的或相互关联的关系。有必要想到，在这类情况下，法律一般要求有这种联系存在[③]。

《法国海关法典》第 342 条规定可以采用一切法律手段起诉，不言而喻，过去关于诉讼要求有案件笔录的规定已失去效力，余下的是要确定采用什么法律手段来起诉。

二、起诉

对违法行为提起诉讼要求使用立法机关规定的各种诉讼方式，不过也会受到一些限制。

（一）各种诉讼方式

1004 对于公诉，诉讼方式和普通法一样，使用直接传讯或起诉状[④]。海关在提起税务公诉时可以使用两种普通诉讼方式和两种特别诉讼方式。

1. 普通诉讼方式

（1）直接传讯

1005 传票是《刑事诉讼法》第 551 条及其后条款规定的一种诉讼文书[⑤]，它在轻罪

---

① 参见：Cass. crim. 12 janvier 1981, Bull. crim., n° 12, p. 50; Doc. cont., n° 1683。

② 参见：Cass. crim. 20 février 1997, Bull. crim. n° 73, p. 241. 27 févr. 2002, Bull. crim. n° 50

③ 参见：Cass. crim. 8 décembre 1837, Bull. crim., n° 427; Doc. jur., n° 341. -*Adde*: 10 janvier 1840, Doc. cont., n° 359. -14 décembre 1950, *ibid.*, n° 982. -Cass. crim. 5 septembre 1989, Bull. crim., n° 316, p. 777. -3 juin 1991, Dr. pénal, 1991, comm. n° 260. -13 juin 1991, *eod. loc.*

④ 参见：Encycl. Dalloz, Répert. Pénal, V° Action publique。

⑤ 参见：Sur des cas où la citation n'a pas atteint le destinataire, cf. Cass. crim. 22 avril 1981, Doc. cont., n° 1691. -27 février 1984, Doc. cont., n° 1738. -Sur l'obligation de présenter les exceptions tirées de la nullité de la citation avant toute défense au fond, cf. Cass. crim. 7 mars 1962, Bull. crim., n° 119, p. 249. Sur la régularité de citations n'ayant pas précisé les articles d'un règlement communautaire et ayant visé à tort des textes du Code des douanes non appliqués en l'espèce, cf. Cass. crim. 14 janv. 2004, pourvoi n° 02-87935。

和违规案件均可使用，但条件是海关能够向法院提供违法行为的各项证据①。不过，预审一旦开始，便不能再使用传讯了，根据专门适用于海关官员权力的规定，海关官员执行传票的送达任务。

（2）诉状

1006 由于各种原因（主要是依照调查程序证明的特别复杂的案件，可能涉及某些其犯罪行为无法直接认定的案犯），海关如果要求开庭，可以使用一种近似于以原告身份递交诉讼状的法律途径，不过，这项权力仅适用于走私案件，违规案件没有提起税务公诉的必要。此外，作为普通的原告，海关无权将案件移送预审法官本人，实际上，诉状应送交检察院，检察院有权决定是否起诉，如决定起诉，便由它将诉状送交预审法官。

（3）被捕犯送交检察院

1007 依照《法国海关法典》第 325 条 3，逮捕的案犯（现行罪犯）应移送检察官，同时还应向他送交扣押笔录（《法国海关法典》第 333 条 1）。根据一般的规定，移送现行犯行为本身就可以具备提起公诉的条件（《法国海关法典》第 363 条），但检察官有权自由决定是否提起公诉。

2. 特别诉讼方式

（1）强制措施

1008 在起诉这个范畴中，我们可以把强制措施定义为一种行政行为，海关借以向某些违法行为人追缴国家财政的各项债权 .

这项措施具有特殊的性质，因为强制措施只能运用于刑事案件中，追缴未履行登记手册或责任书中规定义务而发生的关税、罚款及其他款项（《法国海关法典》第 345 条），它主要涉及的范围：一是《法国海关法典》第 411 条 2 和 413 条 2 所指全部或部分未履行手册和责任书中规定义务的情况；二是违法行为人已经承诺支付作为罚金的钱款的各类违法案件。

我们还将注意到，在实际工作中，强制措施只能运用于拥有作为强制措施执行对象的财产的案犯②，但在违法行为人无偿还能力的情况下，强制措施显然毫无意义，因为强制措施从来不与人身拘役同时运用。

（2）没收请求

1009 这是一项特别手段，与其说它是一种起诉手段，还不如说它是一种执行手段，因为，它只运用于案犯无法查明或者由于情节甚微，以至于海关仅需没收犯罪对象即可的违法行为。根据《法国海关法典》第 375 条规定，海关可向初审法院要求判决没收。

（二）诉讼终止

公诉和税务诉讼在执行条款方面一般是同样的，唯一的区别只是对税务诉讼有起诉中止条款，实行公诉优先规则。

1. 法律时效

1010 《法国海关法典》第 351 条规定，海关对违反海关法行为提起的诉讼，其时效和条件与违反普通法轻罪行为公诉的规定相同，根据这条规定，税务诉讼的期限不论是走私还是违规行为，均为三年。虽然在违规案件诉讼中正常情况下不会出现时效问题，但对

---

① 参见：Cass. crim. 23 octobre 1997，Bull. crim. n° 349，p. 1163。

② 参考本书 930。

于第五级违规行为，都会出现这个问题，由于第 351 条的规定只适用于海关提起的诉讼，因而它的诉讼时效则为一年，而不是三年。

普通法关于时效的规定运用于违反海关法行为诉讼并无多大困难，所以时效起算时间为违法行为完成之日起，对于连续的违法行为，从违法行为实际结束之日起算①。同样，任何调查或起诉行为，诸如一份案件笔录，其中并没有认定违法行为，只是收集申诉人的资料和陈述②，但只要为调查带来了新的内容③，都可能引起诉讼时效的中止。

我们还要提下 1977 年 12 月 29 日的法律，这条法律扩大了海关调解鉴定委员会的权力，具体到《海关法典》中，便是著名的第 450 条 1，c，它规定第 351 条和第 354 条规定的时效在该委员会作出调解鉴定意见期限内暂停计算④。

2. 案犯死亡

1011 违法行为主犯的死亡无论对公诉还是对税务诉讼都意味着终止，但是应当注意，对于共犯和同案犯则仍应继续⑤，而且（这是海关法的一条特别规定）对于已经死亡的主犯，税务诉讼可以不完全终止。实际上，根据《法国海关法典》第 340 条规定，违反海关法行为主犯如在法院最终判决或和解处罚以前死亡，海关有权对遗产继续提起诉讼，要求预审法院判决没收可予抵偿处罚的财物，或者（若财物没有扣押）判决追缴与上述财物等值的钱款⑥。

3. 赦免

1012 新的《刑法典》就规定了赦免带有普遍性的规定，这些规定并不质疑这一领域的大多数传统解决办法⑦。根据新《刑法典》第 133-9 条规定，赦免同时撤销公诉和税务诉讼，撤销了判决也撤销了所有的刑期，但它不适用于已经被判决追缴作为国家财政收入的罚金。

---

① 参见：Grenoble，27 octobre 1950，Doc. cont.，n° 980. -Cass. crim. 11 mars 1984，Bull. crim.，n° 85，p. 194. -Sur la prescription trentenaire，cf. Cass. com. 25 octobre 1971，Bull. civ. IV，n° 251，p. 232；Gaz. Pal. 1972. 1. 288，note Georges-Étienne. -7 novembre 1983，Doc. cont.，n° 1731. -Riom，29 novembre 1984，Doc. cont.，n° 1747。

② 参见：Cass. crim. 26 novembre 1958，Doc. cont.，n° 1287. -12 décembre 1977，Bull. crim.，n° 394；JCP éd. CI.，1978，6643. -Sur l'interruption par une citation à parquet，cf. Cass. crim. 22 avril 1981，Doc. cont.，n° 1691. -par un procès-verbal，21 mars 1988，Bull. crim.，n° 134，p. 346. -26 juillet 1988，Bull. crim.，n° 305，p. 828。

③ 参见：Cass. crim. 12 décembre 1977，Bull. crim.，n° 394，p. 1048；Gaz. Pal. 1978. 2. 484，note Vernerey；Doc. cont.，n°1640. -15octobre 1984，Doc. cont.，n°1742. -Comp. 29 novembre 1983，Bull. crim.，n° 323；Doc. cont.，n° 1735. -27 février 1984，Bull. crim. n° 74，p. 183. -Cass. crim. 22 octobre 1990，Bull. crim.，n° 350，p. 884；Doc. cont.，n° 1862。

④ 参考本书 390 及其后。*-Adde*：Cass. crim. 22 avril 1992，Bull. crim. n° 171，p. 448. Doc. cont.，n° 1877。

⑤ 参见：Cass. crim. 26 février 1948，Doc. cont.，n° 821。

⑥ 参见：Aix-en-Provence，5 novembre 1975，Doc. cont.，n° 1619. -Cette action n'est pas une action fiscale mais une action civile autonome qui peut être exercée nonobs-tant l'extinction de l'action publique et de l'action fiscale：Cass. crim. 8 octobre 1990，Bull. crim. n° 334，p. 842. Doc. cont.，n° 1860. Dr. pénal，1991，comm. n° 114. -13 mars 1997，Bull. crim. n° 104，p. 342。

⑦ Pau，14 janvier 1976，Doc. cont.，n° 1623。

4. 服判

1013 公诉和税务诉讼互为独立的原则，导致产生海关必须服从司法裁决的规则，如果税务诉讼被撤销，则应提起公诉。这条公诉优先规则与和解处罚有根本的区别，和解处罚可以继续公诉[①]。曾有过这样的决定，检察院若上诉，如海关已出庭而且未在法定期限内行使抗诉权，便可以继续公诉，但不能再提起税务诉讼了[②]。对于向最高法院上诉亦适用此原则。

5. 和解处罚

1014 和解处罚权是海关的一项特权，它可以阻挡最经常发生而且又是最严厉的诉讼。因为，一旦对某个违法行为进行和解处罚，公诉和税务诉讼均告彻底结束。

第二节 违反海关法行为的法律责任

1015 与前面所述各项规定的特点相比较，刑事方面的规定基本上是普通法的规定，但并不能因此而忽略对它的研究，因为《法国海关法典》中规定了一系列例外于《刑事诉讼法》原则的情况。

所以，对刑事方面的法律制度研究，应当先从司法裁决的拟定开始，然后再研究司法裁决的执行。

一、司法裁决的拟定

1016 一般地讲，海关方面司法裁决的拟定应遵守刑事诉讼程序的一般原则。《法国海关法典》第 363 条特别规定，现行犯罪案件的预审应按普通法的规定进行。同样，第 365 条规定，国内现行刑事诉讼程序规定适用于海关案件中的传讯、审判、抗诉和上诉，此外，第 366 条对最高法院上诉作了同样规定。

据此，除了可以直接传讯案犯的情况外[③]，诉讼首先在预审法院进行，在研究审判法院的判案过程之前，最好介绍一下海关诉讼的特点。

（一）预审法院

1017 移送预审法院的作用在于排除海关对诉讼案件的管辖权。依照普通法这方面的原则，预审法官在接到检察官的公诉状后，开庭审理案件，做出将案件移送审判法院或决定不予起诉的裁决，所有违反海关法案件的案犯，不论身份，都按此程序审理。预审法院至多考虑诉讼代理人在实际诉讼过程中所起的作用，至于释放案犯的问题，现在已按普通法的规定办理。

---

① 参见：Rouen, 9 février 1917, S. 1920, II, 23; Doc. cont., n° 510。

② 参见：Cass. crim. 20 mai 1938, Doc. cont., n° 684. -17 janvier 1952, *ibid.*, n° 996. -28 mai 1984, Bull. crim., n° 192, p. 498; Doc. cont., n° 1741. -Cf. égal. 18 mai 1978, Bull. crim., n° 153, p. 398; Doc. cont., n° 1645。

③ 参考本书 1005。

1. 诉讼代理人作用

1018 诉讼代理人的任务[①]是在整个开庭审理过程中与预审法官密切配合，他一方面应当向预审法官提供审理案件所必需的情况，另一方面他有义务追踪诉讼的进程，使海关能够在规定的较短期限内有效地行使它享有的上诉权。

2. 假释

1019 在1977年12月29日的法律实施以前，因犯有走私轻罪被拘捕，而其长期居住地在国外的案犯，其命运比较特别，根据《法国海关法典》第364条规定，法官不得释放这些案犯，除非已交押足以支付应判处的税收罚金的保证金。这项曾受到法理猛烈抨击的法律，经1977年12月29日颁布的法律第15条加以废除。

这样，在暂时扣留走私案犯方面，一律按普通法的规定办理。我们在此只简要地回顾一下，根据《刑事诉讼法》第143-1条规定，只有应判有期徒刑三年或三年以上刑罚的罪犯才能暂时拘留，在海关法中，就是指《法国海关法典》第414和415条所列的应判五年有期徒刑的走私行为和违反外汇管理法行为。

然而，我们注意到，预审法官根据《刑事诉讼法》第138条11的规定，有权要求可能被判处拘役刑的案犯交押保证金，保证金的金额及交付期限（一次或数次）视案犯的收入情况酌定。根据《刑事诉讼法》第142条的规定，这笔保证金主要用于担保案犯能在诉讼中随时出庭并支付费用和罚金。

1020 面对这种情况，大家肯定会问，海关在其中能起什么作用呢？即使在通常情况下海关会与法官共同确定保证金金额，但却并不因此影响法官自行作出决定的权力[②]。似乎很奇怪，海关正如以往已享有的权利一样，有权就预审法官的有关判决，特别是关于案犯假释的判决提出上诉[③]。有权就预审法官的有关判决，特别是关于案犯假释的判决提出上诉。实际上，《刑事诉讼法》第186条排斥原告享有的这项权力。大家肯定不赞成海关仰仗某条于法有据的法学原则把自己扮作一个不同于一般的原告。[④] 但这并不是说，在案犯假释方面，它享有检察院的权力或在这方面特权似乎非它莫属。有一点可以肯定，《刑事诉讼法》第364条的原规定确实是对第186条规定的例外，这条法律的例外性本身，就是它遭废除的根本原因。相反，没有理由反对海关有权在假释的判决未下达以前，充分阐明自己的意见，另外《刑事诉讼法》第148条规定，应当使用挂号信函通知原告，通知它可以陈述自己的意见，原告提出意见后四十八小时以内法院不得下达判决书[⑤]。

（二）审判法院

1021 无论是预审法院的移送裁决，还是诉讼委员会的决定或直接传讯，受理法院则是根据指控案犯的犯罪事实的客观性来审理案件，它不根据案件的刑事性质，也不根据诉

---

① 参考本书1002。参见：Cass. crim. 2 juillet 1997, Bull. crim. n° 263, p. 898. -2 avril 1998, *ibid.*, n° 129, p. 348。

② 参见：Cass. crim. 5 janvier 1967, préc。

③ 参见本书1001 和 Cass. crim. 5 janvier 1967, préc。

④ 参见本书1001 和 Cass. crim. 5 janvier 1967, préc。

⑤ 然而，他的干预将是非官方的，因为立法者已经取消《刑事诉讼法》第148条，有义务通知民事当事人并等待四十八小时才能作出判决。我们为此很遗憾1993年3月1日的总通告（第148条）认为，在这个问题上，在法律文本中，有太多通知民事当事方参与的要求规定模棱两可。

讼双方陈述的理由来判案[①]。因此，审理法院有责任（不论是否法定地）认定指控的犯罪事实，不要错误地适用了其他刑罚条款予以判刑。此外，有无可置辩的判例规定，审判法院不仅应受理诉讼状所列违法行为，还应受理作为诉讼状补充材料的案件笔录中提及的违法行为[②]。

在此，我们仅介绍一下在违反海关法案件审判方面是如何适用普通法有关规定的，先从内容方面，然后从形式方面进行介绍。

1. 关于内容的规定

1022 从内容上，违反海关法案件的判决全部依照普通法的相关规定。其规律性主要取决于它的理由，而且海关诸多的司法判例中，也反映了这项要求。

据此，被视为缺乏处罚理由的判决有：判决书中未引据刑法的有关该行为的禁止性条款[③]；判决没收一块手表并判处案犯罚金，但没有证实手表系从国外进口[④]；一条否决其诉讼理由的裁决却没有阐明为什么要否决[⑤]。论据不充足和论据相互矛盾的情况也会出现，如作出一条裁决，虽已证明案犯已参与了一项走私计划的实施，但裁决书中却以证据不足判其无罪释放；又如，裁决书中先后判决汽油应按保税制度办理，而税款已经交纳[⑥]；还如，裁决书对案犯免予起诉，理由仅是犯罪行为不明显，而其犯罪事实已在案件笔录中证明属实，提供的违法行为具备一切法律要件[⑦]。与之相反，对犯罪行为定性不当可以在判决书的内容中予以纠正[⑧]，如有两个案犯，一个非法出售私货，另一个非法购买私货[⑨]，上诉审判决对被售货人免予起诉，而不对非法购买私货的共犯也免予起诉。而且，根据以案件笔录、情报及辩论作为证据的判决也不会因理由不充分而失去效力[⑩]。

1023 无论是海关方面还是其他方面，最高法院也注意保障辩护权利。法官依法作出的判决，有义务对各项不容置疑的罪状回答一切置疑[⑪]，但如果判决书陈述案犯已到庭，由法庭庭长问过话并回答了所提问题，在其他案犯和原告的代理律师辩护后，案犯本人宣

---

① 参见：Chambéry, 9 avril 1952, Doc. cont., n° 1001 Cass. crim. -1er février 1956, *ibid.*, n° 1156. -19 avril 1956, *ibid.*, n° 1162. -4 juin 1947, *ibid.*, n° 1226. -25 mai 1981, Bull. crim., n° 169, p. 471; Doc. cont., n° 1693, 21 mars 1988, Bull. crim., n° 134, p. 346. -12 nov. 1996, *ibid.*, n° 334, p. 857. -Sur les limites de la saisine du juge, cf. Cass. crim. 16 mai 1988, Bull. crim., n° 211, p. 551。

② 参见：Chambéry, 9 avril 1952, préc. -Cass. crim. 11 mai 1954, Doc. cont., n° 1090. -19 avril 1956, préc. -9 mai 1956, Doc. cont., n° 1243. -5 novembre 1958, *ibid.*, n° 1282. -2 décembre 1975, *ibid.*, n° 1621。

③ 参见：Cass. crim. 22 juin 1922, Bull. crim., n° 222。

④ 参见：Cass. crim. 31 janvier 1956, Doc. cont., n° 1155。

⑤ 参见：Cass. crim. 4 juillet 1952, Doc. cont., n° 1035。

⑥ 参见：Cass. crim 14 décembre 1955, Doc. cont., n° 1143。

⑦ 参见：Cass. crim. 4 janvier 1956, Doc. cont., n° 1150。

⑧ 参见：Cass. crim. 26 novembre 1958, Doc. cont., n° 1357. -26 janvier 1965, Bull. crim., n° 27, p. 57; Doc. cont., n° 1400。

⑨ 参见：Cass. crim. 28 mars 1955, Doc. cont., n° 1119. -19 novembre 1969, Bull. crim., n° 306, p. 728。

⑩ 参见：Cass. crim. 10 octobre 1956, Doc. cont., n° 1181。

⑪ 参见：Cass. crim. 14 décembre 1967, Doc. cont., n° 1533. -26 octobre 1972, Bull. crim., n° 314。

布无任何再需申诉，这种情况下可视为辩护权已得到充分保障[①]。

2. 关于形式的规定

1024 对海关方面案件的审判形式没有特别规定。普通法关于案犯到庭[②]、自动出庭及其诉讼代理的规定，除《法国海关法典》第367条规定情况以外[③]，同样适用于海关案件。

至于法庭辩论公开，只要司法裁决中已注明上述庭讯已按此审理并公开判决，即可视为已公开[④]。

二、判决执行

1025 法院判决一旦下达，就必须执行（但对于追缴罚金的判决除外）[⑤]。应当提出，执行法院判决首先要求判决本身具有某种执行性，然后才能谈到执行。

（一）判决的执行性

1026 普通法中关于判决执行性的一般原则，基本适用于海关法，但是，不能不从判例中看法院判决是如何执行的，还应看看诉讼双方运用哪些法律手段来抗辩不具有执行力的法院判决。

1. 判决的约束力

1027 大家知道，预审法院判决的约束性在法律上根据其裁决的性质不同而地位不一[⑥]。比如，原则上，提交审查的裁决只对裁决对象有权威性，对判决的内容不产生任何影响。又如，在海关方面，一项提交轻罪法庭审理的裁决中，裁定对违规行为主犯不予起诉，理由是轻罪法院不管辖违规行为，这一裁决并不影响海关提出税务诉讼，但条件必须是海关在法院审理时已按法律程序提出这样的要求[⑦]。至于判决，和普通法一样，只有在诉讼标的、诉讼请求和诉讼双方三者完全一致的情况，才不准对同一案犯二次起诉[⑧]，所以，预审法院如果对一辆曾用于违反海关法行为的汽车判处没收，可是轻罪法院的一项最终判决已判处将汽车交还其所有人，但只认定该车运载过违禁的武器，在这点上，判决的即判力不受影响[⑨]；同样，轻罪法官对走私行为的判决也不影响后来因发生间接税方面的违法行为继续提起诉讼，因为后一个案件的定性要件与第一个案件的情节截然不同[⑩]。

2. 救济途径

1028 关于上诉，涉及海关案件的法院判决必须既通知检察院，也通知海关，这是海

---

① 参见：Cass. crim. 14 mai 1956, Doc. cont., n° 1165. -23 août 1993, Bull. crim. n° 258, p. 655。

② 参见：L'exigence d'un interprète n'est pas une formalité imposée par la loi. Cf. Cass. crim. 3 février 1992, Bull. crim., n° 45. -23 mars 1992, Bull. crim., n° 124. -Sur l'audition contradictoire des témoins à charge, cf. Cass. crim. 12 janvier 1989, Doc. cont., n° 1823。

③ 参考本书760。

④ 参见：Cass. crim. 8 janvier 1953, Doc. cont., n° 1032。

⑤ 须视有关罚款的刑罚而定，参考本书1050及其他。

⑥ 参见：Encycl. Dalloz, Répert. pénal, V° Chose jugée。

⑦ 参见：Cass. crim. 14 décembre 1950, Doc. cont., n° 982. -Comp. 6 décembre 1982, Bull. crim., n° 275, p. 739; Doc. cont., n° 1715。

⑧ 参见：Aix-en-Provence, 28 mai 1953, Doc. cont., n° 1070. -Cass. crim. 29 octobre 1984, Bull. crim., n° 322, p. 852; D. 1985. I. R. 129. -6 mai 1985, Bull. crim. n° 168, p. 430。

⑨ 参见：Cass. crim. 19 novembre 1952, Bull. civ., n° 356, p. 274; Doc. cont., n° 1019。

⑩ 参见：Cass. crim. 19 février 1958, Doc. cont., n° 1258。

关案件的双重性所决定的，但是海关无法更改税收罚金[①]，提出上诉的期限已由《刑事诉讼法》的第489条到493条作了规定[②]。

1029 不论是作为判决对象的案犯，还是检察院或者海关均可以上诉[③]，被判处违法行为中对民事赔偿负有连带责任的共犯，由于可以运用例外条款和本人辩护的手段，则应当各自使用法律赋予他的上诉途径[④]。如果由检察院上诉，必须有以下区别，倘若检察院代表预审中的海关一方，应连同公诉和税务诉讼一同上诉[⑤]，如果海关在初审中是诉讼的一方而自己没有提出上诉，那么检察院关于税收诉讼的上诉则无效[⑥]。法律上没有不允许海关提出上诉，即使在初审阶段是由检察院代替海关作为原告。但这类上诉只限于税收处罚，不能扩大到纯刑事判决[⑦]。最后，我们可以确认，检察院提出的上诉不影响海关行使它的和解处罚权，因为这时的法院判决还没有产生效力[⑧]。

不过，关于和解处罚的新规定遇到初审已经开始的情况会使问题十分棘手[⑨]，因为，决定和解处罚需经司法机关同意。实际上，《法国海关法典》第350条b规定，倘若对某一违法案件既可以罚款也可以刑事处罚，进行和解处罚应征得检察院原则同意，如果案件只能处以罚款，则需审理该案的法院院长同意即可。对审理案件的司法机关来说，确认和解处罚，原则上即意味着诉讼终止。

1030 海关法关于向最高法院上诉的规定也与普通法的规定基本一致，上诉的提出及其法律效力按普通法的规定办理。

（二）判决的执行

1031 司法法院判决的执行，依照普通法有关规定，拘役刑由检察院执行、罚款由海关负责执行。海关执行罚款时可以采取行政拘留手段向案犯追缴[⑩]。对财产，也可以施以普通法律手段，不过在这方面，海关有某些特权，即《法国海关法典》授予它拍卖已扣押的其保存的有变质危险的货物和要求具保但未被接受的运输工具的权力，而且这项权力甚至可以在最终判决下达以前行使。拍卖所得可暂时存入海关账户以待处理（第289条）。对于被没收或被所有人放弃的货物，一旦判决产生效力，由海关按财政部部长政令的规定进行拍卖。罚款及没收所得按照一套相当复杂的规定（391条），其中40%交国库，有关权益人得一部分，其余归海关。

---

① 参见：Amiens, 14 octobre 1948, Doc. cont., n° 843。

② 参见：Cass. crim. 22 janvier 1957, Bull. crim., n° 66。

③ 参见：Cass. crim. 6 novembre 1973, Bull. crim., n° 401; Doc. cont., n° 1584. Sur l'impossibilité pour l'administration des Douanes d'interjeter appel des ordonnances du juge d'instruction rendues en matière de détention provisoire et de contrôle judi-ciaire, cf. Cass. crim., 7 oct. 2003, pourvoi n° 03-84349。

④ 参见：Cass. crim. 6 novembre 1957, Bull. crim., n° 708。

⑤ 参见：Cass. crim. 4 mai 1954, Bull. crim., n° 156. -6 novembre 1957, préc. -21 janvier 1991, Bull. crim. n° 33。

⑥ 参见：Cass. crim. 5 octobre 1832, DP 1833, I, 84. -3 juin 1991, Dr. pénal 1991, comm. n° 260. -16 novembre 1992, Bull. crim. n° 374。

⑦ 参见：Cass. crim. 10 juillet 1963, Bull. crim., n° 251. -Cass. crim. 18 décembre 1986, *ibid.*, n° 379. -20 août 1993, *ibid.*, n° 307, p. 927. -Cass. crim., 13 mars 2002, pourvoi n° 01-81324。

⑧ 参见：Cass. crim. 5 octobre 1832, préc。

⑨ 参见本书1040。

⑩ 参见本书930。

1. 保全措施

1032 根据《法国海关法典》第378条规定，对现场查获的违法案件，海关有权对不构成没收条件的运输工具及有关货物予以扣留，直到交付保证金或罚款担保才可以放行①。

在关税、没收、罚款和退还方面，海关对债务人的动产享受优先债权，海关的债权可先于其他债权追偿，但这项优先权必须让位于诉讼费用及其他优先费用（仅指六个月的租金），在未拆包装的货物实际所有人正式提出要求时，海关的优先权也得让位于他（第379条2）②。这种优先权也同样适用于对当事人税款的征收（第379条3）。

海关的特权在某些情况下可以被某些人引为己用，主要是指参与石油产品应征关税、罚款及其他捐税代征工作的工作人员（第380条），但他们享有的优先权均不得先于国家行政机关。

2. 海关的特权

1033 第383条和第385条进一步规定，授予海关某些特权主要是为了保证国家财政利益，防止某些法院判决于海关不利；第386条规定了加封情况下财会人员的证件及个人财物如何处理；根据第387条规定，初审法官在紧急情况下，根据判决书的规定或者在判决下达以前，批准暂时扣押案犯的动产。

第三节　和解和减轻处罚

1034 对处罚的让渡，是海关历来就有的权力，一般地讲，其他税务部门也享有同样的权力③。然而，1977年12月29日的法律对它作了根本性的修改，改革这项制度的目的主要是为了将关于和解处罚的规定与重新授予法官增减刑权力的新规定相协调④。实际上，迄今为止，罚款结案权被普遍地认为是对法官权力限制的一种必要的平衡力量⑤。从旧制度开始，这项权力就一直被海关运用，不论在判决前后均有运用。在判决下达前，罚款结案可以终止公诉；判决下达后，它可以取代拘役刑，甚至可以完全不考虑法院判决的经济处罚。和解处罚权原则本身并没有被1977年的法律修改所触动，此外，由于海关查获的违法案件为数众多，取消这项权力肯定不现实，和解处罚是一种快捷有效的手段，可以彻底终止往往过于正规的诉讼。迫于长期以来舆论对海关所谓独断恣意和无视即判力的指责，立法机构更改了原来的法律，在此方面作出了重要的区分标准，恢复了司法机关对海关行政行为的一些监督权，由一个独立的机构主管。但是仔细研究一下，必须承认改革可能不如表面看起来那么彻底，即便最终判决后和解处罚不可再行使，但新的法律却在海关方面扩大了一种称之为普通税法的权力——减罚权，它比过去的规定有过之而无不及。另外，司法机关只能批准和解处罚的原则，对罚款数额无管辖权。这在实际工作中使司法机

---

① 参见本书956。Sur l'application de ce texte à des barres et lingots d'or régulièrement détenus，参见：Paris 10 octobre 1984，D. 1984，67，note Lamarque。

② 参见：Paris，11 janvier 1964，Doc. cont.，n° 1413. -Cass. com. 13 avril 1972，Bull. civ. IV，n° 102。

③ 参见：M. Delmas-Marty et G. Giudicelli-Delage，*op. cit.*，n° 152。

④ 参见本书893。

⑤ 参见本书762。

关的干预失去相当大的作用，因为对于海关案件的处罚原则，司法部门没有理由不同意。最后，诉诸海关外汇诉讼委员会的程序也比较特殊。

然而，这些批评，加上有关委员会[①]议事程序的批评，并没有说服 1987 年的海关法修订时，立法机关在这方面进行改革。

1035 但是，并不能因此说，在处理海关诉讼过程中，由海关进行和解处罚是种司法制度中所不允许的灵活性，和解处罚由于经过双方协商，对于当事人来说，它是个与海关对话的渠道。但是，和解不是讨价还价，处罚的目的毕竟是对违法行为的惩戒。

一、和解处罚的契约性

1036 法理上和法律上均承认，海关方面的和解处罚原则上应按《民法典》第 2044 条及其后条款的规定办理[②]。因此，有必要立即将海关“免予处罚”的行为区别开来，所谓免予处罚，就是海关不追究现场查获的违法行为，理由或者是意义不大，或者是确实不属行为人故意，这种处理办法主要涉及出入境旅客行为的小的违法案件，这样处理实际上是单方面的决定，具有行政特点，而不是经过契约规定的。

真正的和解处罚，其形式多种多样，它像一个契约，通过这项契约，海关和违法行为人依照《民法典》第 2044 条的定义，同意结束已经产生的诉讼或避免即将产生的诉讼，海关和解不论是处罚决定还是处罚执行，基本上遵循普通法的规定。

（一）和解处罚书签署

按照《民法典》第 2044 条及其后条款制定的总脉络，海关和解在和解双方、有关部门的介入、标的及形式上都有若干特殊性。

1. 和解双方

1037 在海关方面，享有行政处罚权的部门因违法行为的定性及严重性不同而会有不同[③]，在本篇中，有必要提及（尽管是简单地）这些不同的区别，一般地讲，和解处罚除案犯一方外，另一方一般由地方海关关长、关区海关关长、海关总署署长决定，特殊情况下，由财政部长代表。我们还将注意到，根据权力等级理论，行政处罚权始终归属上级机关，特别是要注意到，由于 1977 年 12 月 29 日法律制订了新的规定，海关内部的管辖权分配中海关对违法行为主犯的权力有直接的影响，因为属于财政部长和海关总署署长管辖的和解处罚，和由地区关长管辖的是以不同方式对待的[④]。

在被告一方，情况明显更复杂，因为能签署和解协议的代表人的确定要取决于法律因素和事实因素。

1038 实际上，从法律角度看，因为《法国海关法典》第 350 条授权海关和违反海关法或对外金融法规行为人双方和解，所以应当承认，法律如此表述既包括违法行为的主犯也包括共犯、关系人或者诸如担保人和应没收的私货或运输工具的所有人一类民事责任人。由于这条普遍的原则，因此必须逐案确定有关人员按普通法的规定是否有资格参加和

---

① Cf. rapport de la Commission Aicardi, préc. , p. 66。

② 参见：Cass. civ. 19 janvier 1959, Doc. cont. , n° 1294。

③ 此事受 1978 年 12 月 28 日法令（2001 年 2 月 2 日 2001-96 号法令多次修订）管辖，该法令涉及与海关犯罪或与国外金融关系相关的交易权的行使。参见本书 1002 的脚注。

④ 参见本书 1041。

解处罚程序。比如，未成年人、各种无行为能力的人（成年无行为能力），正处于清偿或清算的债务人等均按不同的法律制度对待。至于法人，公司法的新规定摒弃了过去一般要求贸易公司的法律代理人或代表必须具有特别授权，因为根据1966年7月24日法律第49条、第98条及第113条规定，公司负责人对第三人应拥有最广泛的权利以便能代表公司处理问题，对他的限制不能用来对抗第三人。

1039 但是，从某些实际情况考虑，有必要限制一下能签署和解协议人员的范围，因为海关也只能对某些现行犯行使处罚权，并且（虽然这条规定与其说属于法律范畴不如说是海关惯例）有必要明确哪些违法行为不能按和解处罚进行处理。据此，重犯、走私集团头目或者屡犯都不得宽大处理；同样，违法行为的严重性及违法行为的客观条件才可以作为定酌是否从轻的考虑因素。在此方面，海关的法理在各个时期都不一样，但是，基本惯例则“一成未变”，如对使用飞机或100吨以下船舶走私，利用专门安排的掩藏物未申报进口或出口，普通法犯罪或轻罪行为附带的违反海关法行为均对此严加惩处。

海关对同一案件的数名违法人采取区别对待的态度，遇有他们要求在最终判决前单独和解处罚时，必须根据他们各自犯罪情节的轻重来决定和解处罚的先后顺序，这样做主要是为了避免罪行最重的走私犯却最幸运地逃脱司法追究，而一般的共犯却不能从宽处理。

2. 有关部门的介入

（1）司法部门

1040 直到1977年12月29日法律修改以前，司法部门对违反海关法行为案犯的司法追诉一直没有触动海关的权力。无疑，案件一旦移送到司法机关，而且案犯提出要求和解处罚，海关必须征求检察院或预审法官的意见，但它毕竟一直可以自主地决定。事实上，立法机关为此在《法国海关法典》第350条b中规定，海关或检察院提起法律诉讼后，海关只能在司法机关同意其原则的情况下才能进行和解处罚。该条法律还规定，当违法行为既可以进行税收处罚也可进行法律制裁时，和解处罚需由检察院原则同意，违法行为只适用税收处罚时，可由审理该案的法庭庭长决定。

这项使司法机关也介入和解处罚的规定，在海关以直接传讯的方式追究案犯法律责任时遇到一个困难[1]：如果检察院认为不适宜进行法律惩罚，并因此未介入该案，恐怕它很难对一个只涉及税收利益的和解处罚的原则本身发表意见，如果不让它介入海关的工作，那不就是默认了它对此无管辖权吗？但无论怎样，人们很难看出它有什么理由事后拒绝同意。

另外还有一个更一般的问题。遇上司法机关不同意的情况，拒绝本身并不完全说明问题。由于对司法机关发表意见的形式规定得不具体，人们一般不会看到诸如上诉裁决书类的正规司法裁决。实际上，法律上没有规定过，司法裁决应按对一审辩论的形式办理，然而很难想象，检察院或审理案件的法庭庭长享有阻止和解处罚的绝对权力。说实话，这种情况很可能是理论上的，但也不能完全排除，但是，千万不要忘记，司法机关无权对和解处罚的罚款本身发表意见，他们只能对是否可以和解处罚作出决定。不过，在实践中，法官有时很可能很难对一个数据（即和解处罚的金额）根本不了解的问题发表意见，因此，由于担心被拒绝而导致海关私下将案件的所有情况都通告给司法机关，这肯定更符合立法者鼓吹作为其改革基础之一的合作精神。

---

① 参见本书1005。

（2）海关税收外汇诉讼委员会

1041 与前面遇到的情况相反，如果对违反海关法行为的案犯未向法院起诉，1977 年 12 月 29 日法律对过去的规定只做了很小的改动。在此，立法者又一次试图将经验的教诲与制度和程序上的某种形式化的需要相互妥协下，以便保障被告有更充分的辩护机会，这一愿望具体体现在海关税收外汇诉讼委员会（《法国海关法典》第 460 条）身上，该委员会由高级官员和高级法官组成，根据法律规定，负责审理超出地方海关权限的和解处罚案件、减刑案件。在此方面，海关、外汇管理及税收诉讼程序完全一样的愿望终于实现了。

从这项改革中，我们得出这样一个基本概念，即该委员会只管辖大案要案，对属于地方海关关长处理权限以内的案件实际上只进行事后调查，年终呈交一份总的报告（《法国海关法典》第 462 条）；但对属于海关总署署长或财政部长处理权限以内的案件则必须逐案交由该委员会审理。在过去的立法中，已经有过一套类似的咨询程序，主要是各式各样的委员会，但这些委员会几乎全由行政官员组成，对于新的委员会，仍然由海关独家决定是否向它移交案件。1978 年 6 月 12 日颁布的实施该法律的政令规定，委员会受理由有权和解处罚（或减刑）的机关移送的案件，由于该法令中没有关于与海关调解鉴定委员会相同的规定[①]，因此，便没有关于委员会审理期间诉讼时效暂停计算的规定，这样海关可以在委员会的决定做出之前向法院起诉，以避免时效已过。在此情况下，我们处于一种很独特的状态，因为既然已经向法院起诉，故未经司法机关批准不得作和解处罚处理。事实上，这并不影响委员会提出意见，与要求司法机关批准程序相反，委员会的决定与海关不发生关系。

3. 和解处罚

1042 和解处罚标的的问题曾引起法理上的争论，其争论的范围之广已无须我们去夸大。实际上，我们没有忘记提醒大家，从民法的传统原则来看，海关案件的和解处罚看上去并不完全符合在此领域中的习惯要求，特别是我们不相信，案犯一旦接受了海关的处罚方案，却真正地放弃了一项权利[②]，因为我们根本看不出案犯在此类违法案件中能享有什么权利。

所以，比较确切地说，在海关和解处罚的案件中，可以看到一种由处罚对象导致的免予公诉的特殊情况，但是，判例理直气壮地宣称，和解处罚首先是一项行政措施[③]，尽管它的法律制度是由《民法典》第 2044 条及其后条款确定的。

1043 从更为实际的观点看，和解处罚标的物是违法行为人向海关交付钱款的承诺，即一种往往配有若干特殊条款的承诺。

和解处罚的罚款额由海关全权决定，其罚款标准不宜进行客观分析，但为了避免遭到以此为借口的指责，海关给自己制定了一些很灵活的规定，而且还有许多例外，其动机在于保守海关在这方面的秘密。因此，必须尽可能考虑走私意图实际和程序、案犯身份及税收历史、遗产及家庭情况等。这方面可遵循的唯一的法律规定就是和解处罚的罚额决不能超过法院判决的罚金额，也不能低于所偷逃的税款额，因为税款是国家的财政，海关无权

① 参见本书 391 及其后。

② 参见：Allix, op. cit., T. 2, p. 347. -Cf. Paris 1er décembre 1983, D. 1983, 311, note C. -J. Berr。

③ 参见：Cass. civ. 10 juin 1952, Doc. cont., n° 1055。

放弃。此外，诉讼引起的费用（如案犯的押运费用、鉴定费用等）[1]，除律师费用外，必须由接受和解处罚的案犯承担。

对于罚金，还应补充几条特殊规定，如有条规定明确罚金在已采取保全措施条件下可以缓期交付，但不能超过三个月；另外，和解处罚通常与案犯撤销对某个判决中的处罚不服而上诉为交换条件[2]。

4. 和解处罚形式

1044 和解处罚根据情况分成认罚书、正式处罚和临时处罚三种形式。

倘若海关不能立即确定和解处罚的金额，便采取认罚书形式，案犯以认罚书的形式承认违法行为的各个成分，并保证一旦海关提出要求立即交付由海关确定的罚金。认罚书要具保，但对海关无约束力，海关有权随时将案件移送法院（如果违法行为人不接受和解处罚的罚金，认为量刑过重，情况则相反）。

正式和解处罚须由有正式管辖权的海关决定，而临时处罚则是为了适应在正式处罚下达以前确定和解处罚方式的需要，因此，临时处罚是一种和解处罚的形式契约，它可由级别较低的海关官员代表海关与案犯达成协议。有管辖权的海关批准此形式契约后才能使正式处罚的内容确定下来。所以临时处罚只起到中止诉讼的作用。如果临时处罚中规定的罚款额被有管辖权的海关增加了，被处罚人仍有权利不接受和解处罚。

5. 调解的形式

不论形式如何，和解处罚书必须遵守些共同的规定，如笔录正本数量为所有关系人每人一份，免办登记手续，某些项目（如违法行为证明，有关人员的姓名、住址、签字等）必不可少。

（二）和解处罚执行

1045 和解处罚一经确定，就必须按民法的一般原则及处罚的强制力执行，由于海关法在此方面的特殊重要性，有必要在此单独介绍一下执行和解处罚带来的影响。

1. 和解处罚的强制力

1046 通过和解处罚，债务人有义务交付处罚调解书规定的款额，而且必须是立即交付，除非另有相关的规定[3]；海关则相反，根据双方调解书的一般原则，负责和解处罚的执行，或者负责《民法典》第 1184 条规定的不执行行为的处理。不消说，和解处罚必要时可以通过强制手段执行[4]，甚至可以依照《法国海关法典》第 382 条 4 的规定对签字人的遗产执行和解处罚。

对海关来讲，和解处罚的执行包括两个义务：首先，应纳的关税及其他税费交清后海关必须放行被扣押货物；其次，在所处的罚款交清以后[5]，要与司法机关交涉中止诉讼，根据诉讼已达到的阶段，要求预审法庭下达免予起诉判决，或要求判决法院宣布公诉撤回，或请求最高法院下达不予立案的裁决。同时，海关应当要求释放违反海关法走私案件的在押案犯。

---

① 参见：Allix, *op. cit.*, T. 2, p. 347. –Cf. Paris 1er décembre 1983, D. 1983, 311, note C. –J. Berr。

② 参见：Cass. civ. 10 juin 1952, Doc. cont., n° 1055。

③ 参见本书 1043。

④ 参见：Cass. Req. 2 mai 1911, cité par Pallain, *op. cit.*, T. 3, n° 2623。

⑤ 参见：Cass. crim. 5 février 1998, Bull. crim. n° 47, p. 116。

2. 和解处罚执行产生的影响

1047 和解处罚有时由因违反海关法行为被起诉的案犯提出要求，和解处罚的这项例外在和解处罚在以下三个条件具备情况下可以产生免予法律起诉的结果，这三个条件：一是作为诉讼标的的事实适用和解处罚①；二是主管司法机关已原则批准诉诸和解处罚②；三是和解处罚完全由案犯执行③。

最经常发生的争议大多与和解处罚存在本身有关，对此，应当指出，根据《民法典》第 2052 条规定，和解处罚对于参加和解的各方具有最后终审即判力的权威性，不能以法律错误或单方面损害为由对其有效性提出异议，上述原则同样适用于海关法。对于声称没有触犯法律但承认有过错的案犯，若申请和解处罚，应当予以驳回。同样，对于坚持认为和解处罚的金额高于正常法律程序判决的金额的案犯也要驳回其和解处罚的申请。至于计算错误，《民法典》规定应当予以纠正，但不能因此提出和解处罚无效。

与之相反，《民法典》第 2052 条规定，如果和解处罚人或和解标的物发生错误，以及发现其中有欺诈或暴力，和解处罚会有无法律效力的可能。此条规定海关有时要援引，比如海关认为案犯使用假贫困证明，向海关隐瞒其清偿能力④。相反，我们必须承认，和解处罚书的签字人若能证明他受到了海关官员的威胁（称将案件移交司法机关不属于此类威胁），有权以使用暴力为由要求取消已签字的和解处罚⑤。

一旦宣布和解处罚无效，就等于和解处罚全部失效，但也可以只有某些部分失效，因此，签字人对犯罪事实具体的承认可以作为将来负责有关联的刑事诉讼案的法官的自由心证。实际上，我们不能忘记，处罚除了它的契约性以外，仍然是解决违反海关法诉讼的根本方法。

二、和解处罚刑事性质

1048 从和解处罚的法律效力讲，它是一个法律判决而不是一个契约，在 1977 年 12 月 29 日法律以前的制度下，人们无法推翻在最终判决前后作出的和解处罚。对于在最终判决以前作出的和解处罚，只有税收处罚部分才有可能无效，对拘役刑不产生效力。这条原则如今已失效了，因为《法国海关法典》第 350 条特别规定，在最终判决下达以后，判决的税收罚金不能再进行和解。所以，从那以后，人们的注意力只能集中在最终判决下达以前正式作出的和解处罚上。

1049 和解处罚最出众的效力在于对公诉的终止，但是这种终止效力无论在人员对象

---

① 参见：Cass. crim. 3 février 1949, Doc. cont., n° 867. -26 février 1948, *ibid.*, n° 821。

② 参见：Cass. crim. 6 août 1945, Doc. cont., n° 747. -23 décembre 1948, *ibid.*, n° 859 -Cf. égal. 7 août 1934, *NRJD*, n° 2333。

③ 参见：Cass. crim. 6 août 1945 et 23 décembre 1948, préc。

④ 参见：Cass. Req. 20 décembre 1881, Bull. civ. n° 388; Doc. cont., n° 252. -Cass. crim. 3 janvier 1979, Doc. cont., n° 1652。

⑤ 参见：Cass. Req. 15 mai 1923, *NRJD*, n° 2332; Doc. cont., n° 558。

还是在行为上都有限制①。因为有判例认为，和解处罚只限于被批准和解处罚的对象，因此会产生这样的后果，即对共犯和关系人来说，诉讼仍然没有终止；而对担保人或民事责任人来说，则又不同，因为他们的责任直接产自于主犯，而且他们的命运自始至终都与主犯的命运紧密相连②。而对担保人或民事责任人来说，则又不同，因为他们的责任直接产自于主犯，而且他们的命运自始至终都与主犯的命运紧密相连③。至于和解处罚在违法行为方面的限制，要研究的问题比较复杂，原因是，对和解处罚书中确定的违法行为肯定会免予起诉，但如果海关又发现被处罚人在和解处罚的违法行为以外的违法行为，仍可以提起诉讼。判例曾做出过相反的裁决，即使在和解处罚生效以后，海关如发现走私行为的范围大于原来处罚的范围，仍不能再予起诉④；同样，即使该项违法行为本应当处以更严厉的处罚，仍可以免予起诉。但是，违反海关法行为和违反普通法行为想象的数罪，和解处罚不能撤销检察院对违反普通法行为提起的诉讼。比如伴随有武力和受害者的武装走私就是这样。就此，我们注意到，在实践中，和解处罚这项宽大政策，其好处是可以对违法行为人放弃适用混杂的刑罚责任。

三、税收处罚缓交

1050 即便海关在最终判决以后不能再和解处罚，立法机关也没有完全剥夺违反海关法或外汇管理法的当事人争取缓交罚款的权利，缓交罚款一般运用在普通税收案件中，但没有因此而不执行纯税收管理制度，因为纯税收管理制度中没有关于司法机关干预的规定。与之相反，在海关方面，缓交罚款只能在作出最终判决的法官许可情况下才能批准。

（一）缓交条件

1051 缓交罚款从形式上看，是海关单方面的行为，而不是处罚和解的替代，缓交罚金的审批权限属海关，但海关必须征得司法当局的同意。

立法机关对可以批准缓交罚金的条件作了专门的规定（《法国海关法典》第 390 条 bis）：一部分是根据罪犯的财产状况规定的条件（债务人的收支），另一部分是考虑了从事国际贸易附带职业原因制定的条件。实际上，似乎有必要考虑这样一个事实，从事替他人办理海关手续职业的人员，如果被判刑，其原因一般只是他们执行了委托人的命令，对于这些专业人员，财产状况这个标准显然毫无意义。

---

① 参见：Cass. crim. 10 octobre 1962, Bull. crim. n° 270, p. 564. –La transaction éteint également l'action fiscale：12 février 1990, Bull. crim. n° 72, p. 190. –Les mêmes faits ne pourraient plus être poursuivis sous une autre qualification juridique par application de la règle *non bis in idem*：7 mars 1984, Bull. crim., n° 96, p. 237；Rev. sc. crim. 1985, 590。

② Cass. crim. 8 mars 1951, Doc. cont., n° 963. –26 novembre 1964, Bull. crim., n° 314. –26 novembre 1964, *ibid.*, n° 314, p. 661. –2 mars 1966, Doc. cont., n° 1502. –8 décembre 1971, Bull. crim., n° 343, p. 861；Doc. cont., n° 1554. –15 juillet 1981, *ibid.*, n° 1697。

③ 参见：Cass. crim. 11 mars 1959, Bull. crim., n° 167, p. 335. –11 février 1980, *ibid.*, n° 54, p. 130；Gaz. Pal. 1980, 2, Somm. 589；Doc. cont., n° 1669. –En revanche, la transaction éteint l'action publique et l'action fiscale tant à l'égard de la personne morale qu'à celui de son représentant légal poursuivi en cette seule qualité pour le même fait de fraude：Cass. crim. 20 janvier 1992, Doc. cont., n° 1873. Dr. pénal 1992, comm. n° 126, obs. J.-H. Robert。

④ 参见 Cass. crim. 3 mars 1951, Doc. cont., n° 961。

司法部门的干预若需要时，应由作出判决的法院院长以通知形式下达（第 390 条 bis，2 和 3）。我们会注意到，与诉讼开始以后的和解处罚情况相反[①]，这位法官要听取关于缓交罚金的全部条件的汇报，不局限于原则同意。

（二）缓交的执行

1052 罪犯关于缓交罚金的请求必须由海关进行审核后，转呈司法机关，即使海关不同意缓交，也必须这样做，以便当事人对此提出上诉。

缓交罚金可以全部缓交，也可以部分缓交。在后一种情况下，由罪犯负责执行债务。倘若在规定期限内，其没有交付罚金，缓交决定即失效。

最后，我们将注意到，缓交罚金的决定具有个人属性，因而只是让被直接指名的人受益。但是，我们认为，过去旧制度法律体系中一个问题，如今仍没有解决：它对没有享受到这项宽大处理的同案被告的作用问题。实际上，《民法典》第 1285 条已规定，负连带责任的债务人之一责任免除或协议责任解除，对其他连带责任人同样有效，除非债权人对其他债务人有特别规定。但对债权人的特别规定中，应扣除对已经获得分期偿还的债务人份额。在海关的处罚和解方面，没有理由不运用这项法律规定[②]。

因此，从减免中受益的共同债务人必须看到，他们自己债务数额减少，要么由减免受益者的份额减少，要么是由他支付的金额减少，如果数额大于其应承担的份额。同样，根据《民法典》第 1287 条，债务的减免具有释放其相应担保额度的效果，因为对此，人们承担的是相类似的民事责任。

---

① 参见本书 1040。

② 参见：Cass. crim. 6 juillet 1954, Doc. cont. , n° 1096. -Aix-en-Provence 29 mars 1954, *ibid.* , n° 1099. -TGI Poitiers 11 mai 1967, *ibid.* , n° 1464. -Cf. Allix, *op. cit.* , p. 350。